Android™ 6

*À comunidade Android,
por criar e transformar uma plataforma que
desafia os desenvolvedores de aplicativos a
testarem os limites da sua imaginação.*

Paul e Harvey Deitel

D324a   Deitel, Paul.
                Android 6 para programadores : uma abordagem
         baseada em aplicativos / Paul Deitel, Harvey Deitel,
         Alexander Wald ; tradução: João Eduardo Nóbrega Tortello
         ; revisão técnica: Daniel Antonio Callegari. – 3. ed. – Porto
         Alegre : Bookman, 2016.
                xxxiii, 422 p. : il. ; 25 cm.

         ISBN 978-85-8260-411-3

                1. Programação - Android. I. Deitel, Harvey. II. Wald,
         Alexander. III. Título.

                                                    CDU 004.438Android

Catalogação na publicação: Poliana Sanchez de Araujo – CRB 10/2094

PAUL DEITEL • HARVEY DEITEL
ALEXANDER WALD

3ª EDIÇÃO

Android™ 6
para Programadores
Uma abordagem baseada em aplicativos

Tradução:
João Eduardo Nóbrega Tortello

Revisão técnica:
Daniel Antonio Callegari
Doutor em Ciência da Computação e professor da PUCRS

2016

Obra originalmente publicada sob o título
Android 6 for programmers: An App-Driven Approach, 3rd Edition
ISBN 978-0-13428936-6 / 0-13428936-6

Tradução autorizada a partir do original em língua inglesa da obra intitulada ANDROID 6 FOR PROGRAMMERS: AN APP-DRIVEN APPROACH, 3RD EDITION, de autoria de PAUL DEITEL; HARVEY DEITEL; ALEXANDER WALD, publicada pela Pearson Education, Inc., sob o selo Prentice Hall, © 2016.

A edição em língua portuguesa desta obra é publicada por Bookman Companhia Editora Ltda., uma divisão do Grupo A Educação S.A., © 2016.

DEITEL, o inseto com os dois polegares para cima e DIVE-INTO são marcas registradas de Deitel & Associates, Inc. Java é uma marca registrada de Oracle e/ou suas afiliadas. Google, Android, Google Play, Google Maps, Google Wallet, Nexus, YouTube, AdSense e AdMob são marcas registradas de Google, Inc. Microsoft® e Windows® são marcas registradas de Microsoft Corporation nos Estados Unidos e/ou em outros países. Outros nomes podem ser marcas registradas de seus respectivos detentores.

Gerente editorial: *Arysinha Jacques Affonso*

Colaboraram nesta edição:

Editora: *Mariana Belloli*

Preparação de originais: *Susana de Azeredo Gonçalves*

Capa: *Márcio Monticelli*, arte sobre capa original

Editoração eletrônica: *Techbooks*

Reservados todos os direitos de publicação, em língua portuguesa, à
BOOKMAN EDITORA LTDA., uma empresa do GRUPO A EDUCAÇÃO S.A.
Av. Jerônimo de Ornelas, 670 – Santana
90040-340 Porto Alegre RS
Fone: (51) 3027-7000   Fax: (51) 3027-7070

Unidade São Paulo
Rua Doutor Cesário Mota Jr., 63 – Vila Buarque
01221-020 São Paulo SP
Fone: (11) 3221-9033

SAC 0800 703-3444 – www.grupoa.com.br

É proibida a duplicação ou reprodução deste volume, no todo ou em parte, sob quaisquer formas ou por quaisquer meios (eletrônico, mecânico, gravação, fotocópia, distribuição na Web e outros), sem permissão expressa da Editora.

IMPRESSO NO BRASIL
PRINTED IN BRAZIL

Prefácio

Bem-vindo ao dinâmico mundo do desenvolvimento de aplicativos Android para *smartphones* e *tablets* com o SDK (Software Development Kit) para Android, a linguagem de programação Java™ e o IDE (Integrated Development Environment – ambiente de desenvolvimento integrado) Android Studio que está em franca evolução. Muitas das técnicas para Android que apresentamos também se aplicam ao desenvolvimento de aplicativos para Android Wear e Android TV; portanto, depois de ler este livro, você estará preparado para estudar o desenvolvimento de aplicativos para essas plataformas.

Este livro apresenta tecnologias de computação móvel de ponta para desenvolvedores de software profissionais. Em nossa *abordagem baseada em aplicativos*, apresentamos os conceitos em *aplicativos Android funcionais completos*, em vez de usarmos trechos de código. Cada capítulo (do 2 ao 9) apresenta um aplicativo. Os capítulos começam com uma introdução ao aplicativo, um teste mostrando um ou mais exemplos de execução e uma visão geral das tecnologias utilizadas para construí-lo. Passamos então a fazer um exame detalhado do código-fonte. Todos os códigos-fonte estão disponíveis no endereço

    www.grupoa.com.br

Recomendamos visualizar o código-fonte de cada aplicativo no IDE à medida que você ler o capítulo.

As oportunidades para os desenvolvedores de aplicativos Android são imensas. As vendas de dispositivos Android e os downloads de aplicativos estão crescendo exponencialmente. A primeira geração de telefones Android foi lançada em outubro de 2008. De acordo com o IDC, após o primeiro trimestre de 2015, o Android tinha 78% da fatia de mercado global de smartphones, comparados a 18,3% da Apple, 2,7% da Microsoft e 0,3% do Blackberry.[1] Mais de 1 bilhão de dispositivos Android foram comercializados apenas em 2014.[2] Na conferência Google I/O de 2015, o Google anunciou que, nos 12 meses anteriores, foram feitas 50 bilhões de instalações de aplicativos a partir do Google Play™ – a loja do Google para aplicativos Android.[3] A feroz competição entre as plataformas móveis populares e entre as empresas de telefonia móvel está levando à rápida inovação e à queda nos preços. Além disso, a concorrência entre as centenas de fabricantes de dispositivos Android impulsiona a inovação em hardware e software dentro da comunidade Android.

---

[1] http://www.idc.com/prodserv/smartphone-os-market-share.jsp.

[2] http://www.businessinsider.com/android-1-billion-shipments-2014-strategyanalytics-2015-2.

[3] http://bit.ly/2015GoogleIOKeynote.

Aviso sobre direitos de cópia e licença de código

A Deitel & Associates, Inc. detém os direitos autorais de todo código Android e de todos os aplicativos Android deste livro. Os exemplos de aplicativos Android do livro são licenciados pela Creative Commons Attribution 3.0 Unported License (http://creativecommons.org/licenses/by/3.0), *com a exceção de que não podem ser reutilizados de forma alguma em tutoriais educativos e livros-texto, seja em formato impresso ou digital. Além disso, os autores e a editora não dão qualquer garantia, expressa ou implícita, com relação a esses programas ou à documentação contida neste livro. Os autores e a editora não se responsabilizam por danos, casuais ou consequentes, ligados ou provenientes do fornecimento, desempenho ou uso desses programas. Você está livre para usar os aplicativos do livro como base para seus próprios aplicativos, ampliando a funcionalidade existente (de acordo com os termos da licença anterior). Caso tenha dúvidas, entre em contato conosco pelo endereço* deitel@deitel.com.

Público-alvo

Presumimos que você seja programador Java com experiência em programação orientada a objetos. Supomos também que já conheça XML – conforme vamos ver, os projetos Android contêm muitos arquivos XML, embora frequentemente você vá interagir com eles por meio de editores que ocultam grande parte ou todo o código XML. Utilizamos somente aplicativos funcionais completos; portanto, se você não conhece Java, mas tem experiência em programação orientada a objetos em uma linguagem baseada em C, como C++, C#, Swift ou Objective-C, deve conseguir dominar o material rapidamente, aprendendo uma boa quantidade de Java e programação orientada a objetos no estilo Java.

Este livro *não* é um tutorial sobre Java. Se estiver interessado em aprender Java, talvez queira conferir nossas publicações:

- *Java for Programmers, 3/e* (http://www.deitel.com/books/javafp3).
- Vídeos LiveLessons *Java Fundamentals, 2/e*. Estes vídeos estão disponíveis para assinantes do SafariBooksOnline.com e podem ser adquiridos em Informit.com e Udemy.com. Visite http://www.deitel.com/LiveLessons para ver os links de assinatura e aquisição.
- *Java How to Program, 10/e* (http://www.deitel.com/books/jhtp10; ISBN 0-13-380780-0).

Caso não conheça XML, existem muito tutoriais online gratuitos, incluindo:

- http://www.ibm.com/developerworks/xml/newto
- http://www.w3schools.com/xml/default.asp
- http://bit.ly/DeitelXMLBasics
- http://bit.ly/StructureXMLData

Recursos

Aqui estão alguns dos principais recursos do livro:

Abordagem baseada em aplicativos. Cada capítulo (do 2 ao 9) apresenta um aplicativo completamente codificado – discutimos o que o aplicativo faz, mostramos capturas de tela do aplicativo em ação, testamos e apresentamos uma visão geral das tecnologias e da arquitetura utilizada para construí-lo. Em seguida, construímos a interface gráfica do usuário e os arquivos de recurso do aplicativo, apresentamos o código completo e fazemos um acompanhamento detalhado do código. Discutimos os conceitos de programação e demonstramos a funcionalidade das APIs Android utilizadas.

SDK do Android 6. Abordamos vários recursos novos do SDK (Software Development Kit) para Android 6.

IDE Android Studio. Agora o Android Studio gratuito (baseado no IntelliJ IDEA Community Edition) é o IDE de escolha do Google para desenvolvimento de aplicativos Android (as ferramentas originais de desenvolvimento para Android eram baseadas no IDE Eclipse). O Android Studio, combinado com o SDK (Software Development Kit) gratuito do Android e com o JDK (Java Development Kit), também gratuito, fornece todo o software necessário para criar, executar e depurar aplicativos Android, exportá-los para distribuição (por exemplo, carregá-los no Google Play™) e muito mais. Consulte a seção "Antes de começar", após este Prefácio, para ver as instruções sobre download e instalação de software.

Material Design. Com o Android 5, o Google introduziu o novo visual e o novo comportamento do Android, baseados em sua especificação Material Design

```
http://www.google.com/design/spec/material-design/introduction.html
```

Na especificação, o Google dá um panorama dos objetivos e princípios do Material Design, fornece detalhes sobre técnicas de animação, estilização de elementos na tela, posicionamento de elementos, usos de componentes de interface de usuário específicos, padrões de interação com o usuário, acessibilidade, internacionalização e muito mais. Agora o Google usa princípios do Material Design em seus aplicativos móveis e para navegadores.

Material Design é um assunto extenso. Neste livro, nos concentramos nos seguintes aspectos dele:

- Uso dos *temas* `Material` incorporados ao Android – eles proporcionam aos componentes internos de interface do usuário do Android aparência e comportamento coerentes com os princípios do Material Design.
- Uso de *templates de aplicativo* internos do Android Studio – projetados pelo Google de acordo com os princípios do Material Design.
- Uso de *componentes de interface do usuário*, conforme for apropriado, recomendados pelas diretrizes do Material Design para propósitos específicos, como `FloatingActionButtons`, `TextInputLayouts` e `RecyclerViews`.

Além da especificação Material Design do Google, você talvez queira ler o livro *Android User Interface Design: Implementing Material Design for Developers, 2nd Edition*

```
http://bit.ly/IanCliftonMaterialDesign
```

de nosso colega de profissão e antigo revisor do *Android for Programmers*, Ian Clifton. Segundo Ian: "O Google anunciou as diretrizes do Material Design em 2014, criando um sistema de projeto que sugere como um aplicativo deve se parecer e se comportar. A finalidade era fornecer um framework de projeto que melhorasse a aparência visual de todos os aplicativos e criasse uma consistência comportamental inexistente em aplicativos anteriores. *Android User Interface Design: Implementing Material Design for Developers, 2nd Edition* aborda o Material Design em detalhes, tornando o projeto centralizado no usuário, a teoria das cores, a tipografia, os padrões de interação e outros aspectos do projeto acessíveis a todos os desenvolvedores."

Bibliotecas de suporte e compatibilidade de aplicativos. Um grande desafio enfrentado pelos desenvolvedores ao usarem novos recursos do Android é a compatibilidade com plataformas Android anteriores. Muitos recursos Android novos agora são introduzidos por bibliotecas de suporte. Elas permitem usar novos recursos em aplicativos destinados a plataformas Android atuais e anteriores. Uma delas é a biblioteca `AppCompat`. Os templates de aplicativo do Android Studio foram atualizados para usar a biblioteca `AppCompat` e seus temas, permitindo a execução de aplicativos novos na maioria dos dispositivos Android. Criando aplicativos com a biblioteca AppCompat desde o início, você não precisa reimplementar seu código caso decida oferecer suporte para versões mais antigas de Android a fim de atingir um público maior.

Além disso, na conferência de desenvolvedores Google I/O de 2015, o Google apresentou a Android Design Support Library

```
http://android-developers.blogspot.com/2015/05/
     android-design-support-library.html
```

para usar Material Design no Android 2.1 e superiores. O suporte para Material Design também está incorporado na maioria dos templates de aplicativo do Android Studio.

Web services REST e JSON. O Capítulo 7 apresenta o aplicativo **Weather Viewer**, o qual demonstra como chamar web services REST (Representational State Transfer) – nesse caso, o serviço de previsão climática para 16 dias do site `OpenWeatherMap.org`. Esse web service retorna a previsão climática em JSON (JavaScript Object Notation) – um conhecido formato de troca de dados baseados em texto utilizado para representar objetos como pares chave-valor de dados. O aplicativo usa também classes do pacote `org.json` para processar a resposta JSON do web service.

Permissões do Android 6.0. O Android 6.0 tem um novo modelo de permissões destinado a proporcionar uma melhor experiência para o usuário. Antes do Android 6.0, no momento da instalação, o usuário era obrigado a conceder antecipadamente todas as permissões que um aplicativo precisaria, o que frequentemente desencorajava os usuários a instalar aplicativos. Com o novo modelo, o aplicativo é instalado sem solicitar permissão. Em vez disso, uma permissão só é solicitada ao usuário na primeira vez em que o recurso correspondente é utilizado. O Capítulo 5 apresenta o novo modelo de permissões e o utiliza para solicitar permissão do usuário para manter uma imagem no armazenamento externo do dispositivo.

Fragmentos. A partir do Capítulo 4, utilizamos componentes `Fragment` para criar e gerenciar partes da interface gráfica de cada aplicativo. Você pode combinar vários fragmentos para criar interfaces do usuário que tiram proveito dos tamanhos de tela dos tablets. Pode também trocar facilmente os fragmentos para tornar suas interfaces gráficas mais dinâmicas, como fará no Capítulo 9.

Padrão view-holder, `ListView` e `RecyclerView`. Os aplicativos dos Capítulos 7 a 9 exibem listas rolantes de dados. O Capítulo 7 apresenta os dados em um componente ListView e introduz o padrão view-holder, o qual melhora o desempenho da rolagem reutilizando componentes de interface gráfica do usuário que saem da tela. Com `ListViews`, é recomendado usar o padrão view-holder. Os Capítulos 8 e 9 apresentam cada um uma lista de dados no componente `RecyclerView`, mais flexível e eficiente, para o qual o padrão view-holder é obrigatório.

Impressão. Demonstramos a classe `PrintHelper` (Capítulo 5) do framework de impressão do Android para imprimir a partir de um aplicativo. A classe `PrintHelper` fornece uma interface de usuário para selecionar uma impressora, tem um método para determinar se um dispositivo suporta impressão e fornece um método para imprimir um objeto `Bitmap`. `PrintHelper` faz parte da Android Support Library.

Modo imersivo. A barra de status na parte superior da tela e os botões de menu na parte inferior podem ser ocultos, permitindo que seus aplicativos ocupem uma parte maior da tela. Os usuários podem acessar a barra de status deslizando o dedo em um movimento rápido (*swipe*) de cima para baixo e a barra de sistema (com os botões voltar, home e aplicativos recentes) em um movimento rápido de baixo para cima.

Teste em smartphones, em tablets e no emulador Android. Para obter a melhor experiência e os melhores resultados no desenvolvimento de aplicativos, você deve testar seus aplicativos em smartphones e tablets Android reais. Você ainda pode ter uma experiência significativa usando apenas o emulador Android (consulte a seção "Antes de começar"); contudo, ele utiliza muito poder de processamento e pode ser lento, particularmente em jogos que têm muitas partes móveis. No Capítulo 1, mencionamos alguns recursos do Android que não são suportados no emulador.

Cloud Test Lab. O Google está trabalhando em um novo *Cloud Test Lab* – um site online para testar aplicativos em uma ampla variedade de dispositivos, orientações de dispositivo, localidades, idiomas falados e condições de rede. Você poderá fazer testes automatizados e receber relatórios detalhados contendo capturas de tela e vídeos de seu aplicativo em ação, assim como logs de erro para ajudá-lo a encontrar problemas e melhorar seus aplicativos. Para obter mais informações e se inscrever para ser avisado quando o Cloud Test Lab estiver disponível, visite

```
http://developers.google.com/cloud-test-lab/
```

Android Wear e Android TV. O Android Wear funciona em relógios inteligentes (*smart watches*). O Android TV funciona diretamente em algumas *smart TVs* e reprodutores de mídia que podem ser conectados à sua TV (normalmente, por meio de cabos HDMI). Muitas técnicas de Android apresentadas aqui também se aplicam ao desenvolvimento de aplicativos para Android Wear e Android TV. O SDK do Android fornece emuladores para Android Wear e Android TV, de modo que você pode testar seus aplicativos para essas plataformas mesmo que não tenha os dispositivos. Para saber mais sobre essas tecnologias do ponto de vista do desenvolvedor, visite

```
http://developer.android.com/wear/index.html
```

para Android Wear e

```
http://developer.android.com/tv/index.html
```

para Android TV.

Multimídia. Os aplicativos utilizam uma variedade de recursos multimídia para Android, incluindo elementos gráficos, imagens, animação quadro a quadro e áudio.

Upload de aplicativos no Google Play. O Capítulo 10, "Google Play e questões de comercialização de aplicativos", discute o Google Play e a abertura de uma conta de vendedor para que você possa vender seus aplicativos. Você vai aprender a preparar os aplicativos para enviar ao Google Play, vai encontrar dicas para estabelecer o preço de seus aplicativos e vai encontrar recursos para monetizá-los com anúncios e vendas incorporadas de bens virtuais. Também vai encontrar recursos para comercializar seus aplicativos. O Capítulo 10 pode ser lido após o Capítulo 1.

Recursos pedagógicos

Sintaxe em tons diferentes. Para facilitar a leitura, diferenciamos a sintaxe do código de modo similar ao uso de cores na sintaxe do Android Studio. Nossas convenções são as seguintes:

```
os comentários aparecem assim
as palavras-chave aparecem assim
os valores constantes e literais aparecem assim
o restante do código aparece assim
```

Realce de código. Destacamos os principais segmentos de código de cada programa com retângulos cinza.

Uso de fontes para dar ênfase. Utilizamos várias convenções de fonte:

- As ocorrências explicativas de termos importantes aparecem em **cinza e negrito** para fácil referência.
- Os componentes do IDE na tela aparecem na fonte **Helvética e em negrito** (por exemplo, o menu **File**).
- O código-fonte de programa aparece na fonte Lucida (por exemplo, `int x = 5;`).

Neste livro, você vai criar interfaces gráficas de usuário utilizando uma combinação de programação visual (apontar e clicar, arrastar e soltar) e escrita de código. Utilizamos fontes diferentes ao nos referirmos aos elementos de interface gráfica do usuário em código de programa e aos elementos de interface gráfica do usuário exibidos no IDE:

- Componentes de interface gráfica do usuário que criamos em um programa aparecem com seu nome de classe e nome de objeto na fonte Lucida – por exemplo, `Button saveContactButton`.
- Componentes de interface gráfica do usuário que fazem parte do IDE aparecem com o texto do componente na fonte **Helvética em negrito** e com fonte de texto normal para o tipo do componente – por exemplo, "o menu **File**" ou "o botão **Run**".

Uso do caractere >. Usamos o caractere > para indicar a seleção de um item em um menu. Por exemplo, usamos a notação **File > New** para indicar que você deve selecionar o item **New** no menu **File**.

Código-fonte. Todo o código-fonte do livro está disponível para download no endereço

```
www.grupoa.com.br
```

Cadastre-se gratuitamente no site, encontre e acesse a página do livro por meio do campo de busca e clique no link Conteúdo Online para fazer download dos códigos.

Documentação. Toda documentação sobre Android necessária para desenvolver aplicativos Android está disponível em

```
http://developer.android.com
```

Uma visão geral do Android Studio está disponível em

```
http://developer.android.com/tools/studio/index.html
```

Objetivos do capítulo. Cada capítulo começa com uma lista de objetivos de aprendizado.

Figuras. Há inúmeras tabelas, listagens de código-fonte e capturas de tela.

Engenharia de software. Enfatizamos a clareza e o desempenho dos programas, e nos concentramos na construção de software bem projetado e orientado a objetos.

Índice. Incluímos um índice abrangente para referência. O número de página da ocorrência de cada termo importante está realçado em **cinza e negrito**.

Aplicativos de código-fonte aberto

Os numerosos aplicativos Android de código aberto e gratuitos disponíveis online são recursos excelentes para aprender a desenvolver aplicativos Android. É interessante fazer download de aplicativos de código aberto e ler o código para entender como ele funciona.

Aviso: os termos das licenças de código aberto variam consideravelmente. Alguns permitem usar o código-fonte do aplicativo livremente para qualquer propósito, enquanto outros estipulam que o código está disponível apenas para uso pessoal – não para a criação de aplicativos para venda ou disponibilizados publicamente. **Leia atentamente as concessões do licenciamento.** Se quiser criar um aplicativo comercial baseado em um aplicativo de código aberto, você deve pensar na possibilidade de contratar um advogado com experiência em propriedade intelectual para ler a licença – esses advogados cobram caro.

Treinamento em vídeo LiveLessons
Android 6 App-Development Fundamentals

Nossos vídeos LiveLessons *Android 6 App-Development Fundamentals* (em inglês) mostram o que é preciso para começar a construir aplicativos Android robustos e poderosos com o Android 6, a linguagem de programação Java™ e o Android Studio. São 16 a 20 horas de treinamento especializado, sincronizado com este livro. Para obter mais informações sobre as LiveLessons da Deitel, visite

```
http://www.deitel.com/livelessons
```

ou entre em contato conosco no endereço deitel@deitel.com. Caso seja assinante do SafariBooksOnline.com, você também pode acessar nossas LiveLessons. Para um período de teste gratuito de 10 dias, registre-se no endereço

```
http://www.safaribooksonline.com/register
```

Ingresse nas comunidades da Deitel & Associates, Inc.

Para receber atualizações sobre esta e outras publicações, aplicativos novos e atualizados, Resource Centers, cursos de treinamento locais com instrutores e muito mais, ingresse nas redes sociais da Deitel em

- Facebook® – http://facebook.com/DeitelFan
- LinkedIn® – http://bit.ly/DeitelLinkedIn
- Twitter® – http://twitter.com/deitel

- Google+™ – `http://google.com/+DeitelFan`
- YouTube® – `http://youtube.com/DeitelTV`

e assine o boletim *Deitel Buzz Online*

```
http://www.deitel.com/newsletter/subscribe.html
```

Contato

Apreciamos sinceramente seus comentários, suas críticas, correções e sugestões de melhoria. Envie todas as perguntas e outras correspondências diretamente para os autores em

```
deitel@deitel.com
```

Você também pode mandar seus comentários, críticas, correções e sugestões para a editora da edição brasileira deste livro, em

```
secretariaeditorial@grupoa.com.br
```

Correções e esclarecimentos serão publicados à medida que o Android evoluir, no endereço (em inglês)

```
http://www.deitel.com/books/AndroidFP3
```

e no Facebook, LinkedIn, Twitter, Google+ e em *Deitel® Buzz Online*.

Visite `http://www.deitel.com` (em inglês) para

- Consultar nossa crescente lista de Resource Centers para programação online.
- Receber atualizações deste livro, assinar o boletim gratuito *Deitel® Buzz Online* enviado por e-mail, em `http://www.deitel.com/newsletter/subscribe.html`.
- Receber informações sobre nossos cursos de treinamento em linguagem de programação com instrutor *Dive Into® Series*, oferecidos nas instalações dos clientes em todo o mundo.

Agradecimentos

Agradecemos a Barbara Deitel pelas longas horas dedicadas a este projeto – ela criou todos os nossos Android Resource Centers e pesquisou pacientemente centenas de detalhes técnicos.

Agradecemos os esforços e o aconselhamento de nosso amigo e colega de profissão Mark L. Taub, editor-chefe do Pearson Technology Group. Mark e sua equipe publicam todos os nossos livros profissionais e produtos de vídeo LiveLessons. Michelle Housley recrutou membros ilustres da comunidade Android para revisar o manuscrito. Escolhemos a arte da capa e Chuti Prasertsith fez o design. John Fuller gerencia a produção de todos os nossos livros da Deitel Developer Series.

Agradecemos a Michael Morgano, ex-colega nosso na Deitel & Associates, Inc., agora desenvolvedor de Android na PHHHOTO, que foi coautor das primeiras edições desta obra e de nosso livro *iPhone for Programmers: An App-Driven Approach*. Michael é um desenvolvedor de software extraordinariamente talentoso.

Por fim, agradecemos a Abbey Deitel, ex-presidente da Deitel & Associates, Inc., e formada pela Tepper School of Management da Carnegie Mellon University, onde fez bacharelado em Gerenciamento Industrial. Abbey gerenciou as operações comerciais da Deitel & Associates, Inc. por 17 anos, sendo nesse período coautora de várias de nossas publicações, incluindo as versões dos Capítulos 1 e 10 das edições anteriores.

*Revisores do conteúdo deste livro e das edições recentes de
Android: Como Programar*
Gostaríamos de agradecer aos seguintes profissionais e acadêmicos que revisaram esta obra e/ou suas edições anteriores. Eles examinaram atentamente o texto e o código, dando muitas sugestões para melhorar a apresentação: Paul Beusterien (dirigente da Mobile Developer Solutions), Eric J. Bowden (diretor da Safe Driving Systems, LLC), Tony Cantrell (Georgia Northwestern Technical College), Ian G. Clifton (prestador de serviços, desenvolvedor de aplicativos Android e autor do livro *Android User Interface Design: Implementing Material Design for Developers, 2nd Edition*), Daniel Galpin (divulgador do Android e autor do livro *Intro to Android Application Development*), Jim Hathaway (desenvolvedor de aplicativos da Kellogg Company), Douglas Jones (engenheiro de software sênior da Fullpower Technologies), Charles Lasky (Nagautuck Community College), Enrique Lopez-Manas (principal arquiteto de Android da Sixt e professor de ciência da computação na Universidade de Alcalá em Madrid), Sebastian Nykopp (arquiteto-chefe da Reaktor), Michael Pardo (desenvolvedor Android da Mobiata), Luis Ramires (engenheiro-chefe de Android da Reverb), Ronan "Zero" Schwarz (diretor de informação da OpenIntents), Arijit Sengupta (Wright State University), Donald Smith (Columbia College), Jesus Ubaldo Quevedo-Torrero (Universidade de Wisconsin, Parkside), Dawn Wick (Southwestern Community College) e Frank Xu (Gannon University).

Bem, aqui está ele! Este livro o ajudará a desenvolver aplicativos Android rapidamente com Android 6 e Android Studio. Esperamos que você goste de lê-lo tanto quanto nós gostamos de escrevê-lo!

Paul Deitel
Harvey Deitel

Os autores

Paul Deitel, diretor-executivo e diretor técnico-chefe da Deitel & Associates, Inc., é formado pelo MIT, onde estudou Tecnologia da Informação. É Java Certified Programmer, Java Certified Developer e Oracle Java Champion. Também foi Microsoft Most Valuable Professional (MVP) para C#, de 2012 a 2014. Com a Deitel & Associates, Inc., ministrou centenas de cursos de programação para clientes de todo o mundo, incluindo Cisco, IBM, Siemens, Sun Microsystems, Dell, Fidelity, NASA (no Centro Espacial Kennedy), National Severe Storm Laboratory, White Sands Missile Range, Rogue Wave Software, Boeing, SunGard, Nortel Networks, Puma, iRobot, Invensys e muitas outras. Ele e seu coautor, Dr. Harvey Deitel, são os autores de livros profissionais e acadêmicos e dos vídeos sobre linguagens de programação mais vendidos no mundo.

Dr. Harvey Deitel, presidente do conselho administrativo e estrategista-chefe da Deitel & Associates, Inc., tem mais de 50 anos de experiência na área da computação. Dr. Deitel tem bacharelado e mestrado em Engenharia Elétrica pelo MIT e doutorado em Matemática pela Boston University – estudou Computação em todos esses cursos antes de virarem departamentos da Ciência da Computação. Tem ampla experiência em ensino superior, incluindo um período como professor e chefe do departamento de ciência da computação do Boston College antes de fundar a Deitel & Associates, Inc., em 1991, com seu filho, Paul. As publicações dos Deitel são reconhecidas internacionalmente, com traduções publicadas em japonês, alemão, russo, espanhol, francês, polonês, italiano, chinês simplificado, chinês tradicional, coreano, português, grego, urdu e turco. Dr. Deitel já deu centenas de cursos de programação para clientes corporativos, acadêmicos, governamentais e militares.

Alexander Wald, estagiário da Deitel, nos ajudou na conversão do livro e de nossos aplicativos Android do Android 4.3 e 4.4 usando Eclipse para Android 6 usando Android Studio. Atualmente, Alexander cursa Bacharelado em Ciência da Computação e em Engenharia Elétrica no Worcester Polytechnic Institute. Cedo se interessou por matemática e ciências e escreve código há 9 anos. É apaixonado por criação e inovação e por compartilhar seu conhecimento com outras pessoas.

Sobre a Deitel & Associates, Inc.

A Deitel & Associates é uma empresa que atua no mercado editorial, de treinamento corporativo e de desenvolvimento de software, especializada em linguagens de programação, tecnologia de objetos, tecnologias de Internet e software web, além de desenvolvimento de aplicativos para iOS e Android. Seus clientes incluem muitas das maiores empresas do mundo, órgãos governamentais, setores das forças armadas e instituições acadêmicas. Oferece cursos de treinamento com instrutores em todo o mundo sobre as principais linguagens e plataformas de programação – como desenvolvimento de aplicativos Android, desenvolvimento de aplicativos iOS, Swift™, Java™, C++, C, Visual C#®, Visual Basic®, programação para Internet e web e uma crescente lista de cursos de programação e desenvolvimento de software adicionais.

Há 40 anos, a Deitel & Associates, Inc. publica livros profissionais sobre programação, livros acadêmicos e cursos em vídeo LiveLessons. A Deitel & Associates, Inc. e os autores podem ser encontrados no endereço

```
deitel@deitel.com
```

Para saber mais sobre o currículo de treinamento corporativo *Dive-Into® Series* da Deitel (em inglês), visite

```
http://www.deitel.com/training
```

Para solicitar uma proposta de treinamento local com instrutores em sua organização, escreva para `deitel@deitel.com`.

Antes de começar

Nesta seção, você vai configurar seu computador para usá-lo com este livro. O Google atualiza frequentemente as ferramentas de desenvolvimento para Android™; portanto, antes de ler esta seção, verifique no site (em inglês)

    http://www.deitel.com/books/AndroidFP3

se postamos uma versão atualizada desta seção "Antes de começar".

Requisitos de sistema para software e hardware

Para desenvolver aplicativos Android, você precisa de um sistema Windows®, Linux® ou Mac® OS X®. Para ver os requisitos mais recentes do sistema operacional, visite

    http://developer.android.com/sdk/index.html#Requirements

e procure o cabeçalho **System Requirements**. Desenvolvemos os aplicativos deste livro usando os seguintes programas:

- Java SE 7 Software Development Kit
- IDE (Integrated Development Environment) Android Studio 1.4
- SDK do Android 6 (API 23)

Você verá como obter cada um deles nas seções a seguir.

Instalação do JDK (Java Development Kit)

O Android exige o JDK (Java Development Kit) versão 7 (JDK 7). Todos os recursos de linguagem Java do JDK 7 são suportados pelo Android Studio, mas a instrução try-with-resources só é suportada pelas versões da plataforma Android com API de níveis 19 e superiores. Para baixar o JDK 7 para Windows, OS X ou Linux, acesse

    http://www.oracle.com/technetwork/java/javase/downloads/
        java-archive-downloads-javase7-521261.html

Escolha a versão de 32 ou de 64 bits apropriada para o hardware e o sistema operacional de seu computador. Siga as instruções de instalação em

    http://docs.oracle.com/javase/7/docs/webnotes/install/index.html

O Android ainda não suporta recursos da linguagem Java 8, como expressões lambda, novos recursos de interface e as APIs de fluxo (*stream*). Você pode usar o JDK 8 (como fizemos ao desenvolver os aplicativos deste livro), desde que não utilize recursos exclusivos da linguagem Java 8 em seu código.

Instalação do Android Studio

O Android Studio do Google vem com o SDK (Software Development Kit) mais recente do Android e é baseado no conhecido IDE do Java IntelliJ® IDEA, da JetBrains. Para baixar o Android Studio, acesse

```
http://developer.android.com/sdk/index.html
```

e clique no botão **Download Android Studio**. Quando o download terminar, execute o instalador e siga as instruções na tela para concluir a instalação. Se você já tiver instalado uma versão anterior do Android Studio, ao final do processo de instalação aparecerá a janela **Complete Installation** e oferecerá a opção de importar suas configurações anteriores. Quando este livro estava sendo produzido, o Android Studio 1.4 era a versão lançada e o Android Studio 1.5 estava disponível como versão prévia de teste.

Uso de versões prévias de teste
Ao construir aplicativos para lançar no Google Play ou em outras lojas de aplicativos, é melhor usar a versão já lançada do Android Studio. Se quiser trabalhar com os novos recursos da versão de teste e de versões beta do Android Studio, o Google as disponibiliza em **Canary Channel** e **Beta Channel**. Você pode configurar o Android Studio de modo a obter atualizações desses canais. Para atualizar o Android Studio com as versões de teste mais recentes ou com a versão beta:

1. Abra o Android Studio.
2. Na janela **Welcome to Android Studio**, clique em **Configure**.
3. Clique em **Check for Update**.
4. Na caixa de diálogo **Platform and Plugin Updates**, clique no link **Updates**.
5. Na caixa de diálogo **Updates**, marque **Canary Channel** ou **Beta Channel** na lista suspensa à direita da caixa de seleção **Automatically check updates for**.
6. Clique em **OK** e depois em **Close**.
7. Clique novamente em **Check for Update**.
8. O IDE vai verificar se existem atualizações e o informará quando alguma se aplicar.
9. Clique em **Update and Restart** para instalar a versão mais recente do Android Studio.

Se você já tiver aberto um projeto no Android Studio e não o fechou, o IDE pulará a janela **Welcome to Android Studio** e abrirá o último projeto. Nesse caso, você pode acessar a caixa de diálogo **Updates** em um Mac via **Android Studio > Check for Updates...** ou no Windows/Linux via **Help > Check for Update...**. Então, continue a partir do *Passo 4* acima. Para ver uma lista de dicas e truques do Google para o Android Studio, visite:

```
http://developer.android.com/sdk/installing/studio-tips.html
```

Configure o Android Studio de forma a mostrar números de linha

Por padrão, o Android Studio não mostra números de linha ao lado do código que você escreve. Para ativar os números de linha e tornar mais fácil acompanhar nossos exemplos de código, siga estes passos:

1. Abra o Android Studio ( ).
2. Quando a janela **Welcome to Android Studio** aparecer, clique em **Configure** e, em seguida, clique em **Settings** para abrir a janela **Default Settings**. Se a janela **Welcome to**

Android Studio não aparecer, use os menus no Mac para selecionar **Android Studio > Preferences...** ou no Windows/Linux para selecionar **File > Other Settings > Default Settings...**.

3. Expanda o nó **Editor > General** e selecione **Appearance**; em seguida, certifique-se de que **Show line numbers** esteja selecionado e clique em **OK**.

Configure o Android Studio de forma a desabilitar o desdobramento de código

O recurso de desdobramento de código do Android Studio é habilitado por padrão. Esse recurso recolhe várias linhas de código em uma única linha para que você possa se concentrar em outros aspectos do código. Por exemplo, em um arquivo de código-fonte Java, todas as instruções import podem ser recolhidas em uma única linha para que fiquem ocultas, ou um método inteiro pode ser recolhido. Você pode expandir essas linhas se precisar examinar o código em detalhes. Em nosso IDE, desabilitamos esse recurso. Se quiser fazer isso, siga os passos da seção anterior e, então, sob **Editor > General > Code Folding**, desmarque **Show code folding outline**.

SDK do Android 6

Os exemplos de código deste livro foram escritos para o Android 6. Quando esta obra estava sendo produzida, o SDK do Android 6 era empacotado com o Android Studio. À medida que novas versões de Android forem lançadas, a mais recente será empacotada, o que poderá impedir a compilação correta de nossos aplicativos. Ao trabalhar com este livro, recomendamos usar o Android 6. Você pode instalar versões anteriores da plataforma Android, como segue:

1. Abra o Android Studio ( ).
2. Quando a janela **Welcome to Android Studio** aparecer, clique em **Configure** e, em seguida, clique em **SDK Manager** para abrir o gerenciador **Android SDK**. Se aparecer uma janela de projeto, em vez da janela **Welcome to Android Studio**, acesse o **gerenciador Android SDK** via **Tools > Android > SDK Manager**.
3. Na guia SDK Platforms, marque as versões de Android que deseja instalar e clique em **Apply** e em **OK**. Então, o IDE baixa e instala as versões de plataforma adicionais. O IDE também o ajudará a manter atualizadas as suas versões instaladas.

Crie AVDs (Android Virtual Devices)

O **emulador Android** do SDK do Android permite testar aplicativos em seu computador em vez de usar um dispositivo Android – evidentemente, isso é essencial se você não tem dispositivos Android. Para isso, crie AVDs (Android Virtual Devices) para executar no emulador. O emulador pode ser lento; portanto, a maioria dos desenvolvedores para Android prefere testar em dispositivos reais. Além disso, o emulador não suporta diversos recursos, inclusive ligações telefônicas, conexões USB, fones de ouvido e Bluetooth. Para ver as capacidades e limitações mais recentes do emulador, visite

`http://developer.android.com/tools/devices/emulator.html`

A seção **Using Hardware Acceleration** dessa página discute recursos que podem melhorar o desempenho do emulador, como usar a GPU (graphics processing unit – unidade de processamento gráfico) do computador para aumentar o desempenho de elementos gráficos e usar o emulador Intel HAXM (hardware accelerated execution manager) para aumentar o desempenho global do AVD. Existem também emuladores mais rápidos, de outros fornecedores, como o Genymotion.

Depois de instalar o Android Studio e antes de executar um aplicativo no emulador, você precisa criar pelo menos um **AVD (Android Virtual Device)** para o Android 6. Cada AVD define as características do dispositivo que você deseja emular, incluindo

- o tamanho da tela em pixels
- a densidade de pixels
- o tamanho físico da tela
- o tamanho do cartão SD para armazenamento de dados
- e muito mais.

A fim de testar seus aplicativos para vários dispositivos Android, você pode criar AVDs que emulem exclusivamente cada dispositivo. Você também pode usar o novo Cloud Test Lab do Google

```
https://developers.google.com/cloud-test-lab/
```

um site que permitirá carregar seu aplicativo e testá-lo em muitos dispositivos Android populares hoje em dia. Por padrão, o Android Studio cria um AVD configurado para usar a versão de Android empacotada com o IDE. Para este livro, usamos AVDs para dois dos dispositivos de referência para Android do Google – o celular Nexus 6 e o tablet Nexus 9 –, os quais executam Android padrão sem as modificações feitas por muitos fabricantes de dispositivo. É mais fácil criar AVDs no Android Studio quando já existe um projeto aberto no IDE. Por isso, vamos mostrar como criar os AVDs para Android 6 na Seção 1.9.

Configure um dispositivo Android para testar aplicativos

Testar aplicativos em dispositivos Android tende a ser mais rápido do que usar AVDs. Além disso, lembre-se de que existem alguns recursos que só podem ser testados em dispositivos reais. Para executar seus aplicativos em dispositivos Android, siga as instruções que se encontram em

```
http://developer.android.com/tools/device.html
```

Se estiver desenvolvendo no Microsoft Windows, você também precisará do driver Windows USB para dispositivos Android que instalou anteriormente nesta seção "Antes de começar". Em alguns casos, no Windows, talvez também sejam necessários drivers USB específicos do dispositivo do fabricante. Para ver uma lista de sites de drivers USB para várias marcas de dispositivo, visite

```
http://developer.android.com/tools/extras/oem-usb.html
```

Faça download dos exemplos de código do livro

O código-fonte dos aplicativos deste livro está disponível para download no endereço

```
http://www.grupoa.com.br
```

Cadastre-se gratuitamente, encontre a página do livro por meio do campo de busca. Na página do livro, clique em Conteúdo Online para fazer download dos arquivos. Dependendo de seu sistema operacional, clique duas vezes no arquivo ZIP para descompactá-lo ou clique com o botão direito do mouse e selecione a opção para extrair o conteúdo compactado. Lembre-se de onde os arquivos extraídos estão localizados em seu sistema para poder acessá-los depois.

Observação sobre o Android Studio e o SDK do Android

Se você importar um de nossos aplicativos para o Android Studio e ele não compilar, isso pode ser o resultado de atualizações feitas no Android Studio ou nas ferramentas da plataforma Android. Para esses problemas, consulte as perguntas e respostas sobre Android no StackOverflow, no endereço

```
http://stackoverflow.com/questions/tagged/android
```

e na comunidade de desenvolvedores de Android no Google+, no endereço

```
http://bit.ly/GoogleAndroidDevelopment
```

ou escreva para nós no endereço

```
deitel@deitel.com
```

Agora você já instalou todo o software e baixou os exemplos de código necessários para estudar o desenvolvimento de aplicativos Android com este livro e começar a desenvolver seus próprios aplicativos. Aproveite!

Sumário

1 Introdução ao Android — 1

1.1 Introdução — 2
1.2 Android – o sistema operacional móvel líder mundial — 3
1.3 Recursos do Android — 3
1.4 Sistema operacional Android — 6
    1.4.1 Android 2.2 (Froyo) — 7
    1.4.2 Android 2.3 (Gingerbread) — 7
    1.4.3 Android 3.0 a 3.2 (Honeycomb) — 8
    1.4.4 Android 4.0 a 4.0.4 (Ice Cream Sandwich) — 8
    1.4.5 Android 4.1 a 4.3 (Jelly Bean) — 9
    1.4.6 Android 4.4 (KitKat) — 10
    1.4.7 Android 5.0 e 5.1 (Lollipop) — 11
    1.4.8 Android 6 (Marshmallow) — 12
1.5 Faça download de aplicativos do Google Play — 13
1.6 Pacotes — 14
1.7 O SDK do Android — 16
1.8 Programação orientada a objetos: uma revisão rápida — 18
    1.8.1 O automóvel como um objeto — 18
    1.8.2 Métodos e classes — 19
    1.8.3 Instanciação — 19
    1.8.4 Reutilização — 19
    1.8.5 Mensagens e chamadas de método — 19
    1.8.6 Atributos e variáveis de instância — 20
    1.8.7 Encapsulamento — 20
    1.8.8 Herança — 20
    1.8.9 Análise e projeto orientados a objetos — 20
1.9 Teste do aplicativo **Tip Calculator** em um AVD — 21
    1.9.1 Abra o projeto do aplicativo **Tip Calculator** no Android Studio — 22
    1.9.2 Crie AVDs (Android Virtual Devices) — 24
    1.9.3 Execute o aplicativo **Tip Calculator** no AVD do smartphone Nexus 6 — 25
    1.9.4 Execute o aplicativo **Tip Calculator** em um aparelho Android — 30
1.10 Construção de excelentes aplicativos Android — 31
1.11 Recursos para desenvolvimento com Android — 32
1.12 Para finalizar — 34

2 Aplicativo Welcome — 35
Android Studio: projeto de interface visual, layouts, acessibilidade e internacionalização

- 2.1 Introdução — 36
- 2.2 Visão geral das tecnologias — 37
  - 2.2.1 Android Studio — 37
  - 2.2.2 `LinearLayout`, `TextView` e `ImageView` — 37
  - 2.2.3 XML (Extensible Markup Language) — 38
  - 2.2.4 Recursos do aplicativo — 38
  - 2.2.5 Acessibilidade — 38
  - 2.2.6 Internacionalização — 38
- 2.3 Criação de um aplicativo — 39
  - 2.3.1 Ativação do Android Studio — 39
  - 2.3.2 Criação de um novo projeto — 39
  - 2.3.3 Caixa de diálogo **Create New Project** — 40
  - 2.3.4 Passo **Target Android Devices** — 40
  - 2.3.5 Passo **Add an Activity to Mobile** — 42
  - 2.3.6 Passo **Customize the Activity** — 43
- 2.4 Janela do Android Studio — 44
  - 2.4.1 Janela **Project** — 45
  - 2.4.2 Janelas do editor — 46
  - 2.4.3 Janela **Component Tree** — 46
  - 2.4.4 Arquivos de recurso do aplicativo — 46
  - 2.4.5 Editor de layout — 47
  - 2.4.6 Interface gráfica de usuário padrão — 48
  - 2.4.7 Código XML para a interface gráfica de usuário padrão — 49
- 2.5 Construção da interface gráfica de usuário do aplicativo com o editor de layout — 49
  - 2.5.1 Adição de uma imagem ao projeto — 50
  - 2.5.2 Adição de um ícone de aplicativo — 51
  - 2.5.3 Alteração de `RelativeLayout` para `LinearLayout` — 52
  - 2.5.4 Alteração das propriedades `id` e `orientation` do componente `LinearLayout` — 53
  - 2.5.5 Configuração das propriedades `id` e `text` do componente `TextView` — 54
  - 2.5.6 Configuração da propriedade `textSize` do componente `TextView` – pixels em escala e pixels independentes de densidade — 55
  - 2.5.7 Configuração da propriedade `textColor` do componente `TextView` — 57
  - 2.5.8 Configuração da propriedade `gravity` do componente `TextView` — 58
  - 2.5.9 Configuração da propriedade `layout:gravity` do componente `TextView` — 59
  - 2.5.10 Configuração da propriedade `layout:weight` do componente `TextView` — 60
  - 2.5.11 Adição de um componente `ImageView` para exibir a imagem — 61
  - 2.5.12 Visualização do projeto — 64

2.6	Execução do aplicativo **Welcome**	65
2.7	Torne seu aplicativo acessível	66
2.8	Internacionalização de seu aplicativo	67
	2.8.1 Localização	68
	2.8.2 Nomes de pasta para recursos localizados	68
	2.8.3 Adição de traduções de strings ao projeto do aplicativo	68
	2.8.4 Localização de strings	68
	2.8.5 Teste do aplicativo em espanhol em um AVD	69
	2.8.6 Teste do aplicativo em espanhol em um dispositivo	70
	2.8.7 TalkBack e localização	71
	2.8.8 Lista de verificação para localização	71
	2.8.9 Tradução profissional	71
2.8	Para finalizar	72

3 Aplicativo Tip Calculator 73

GridLayout, EditText, SeekBar, tratamento de eventos, NumberFormat, personalização do tema do aplicativo e definição de suas funcionalidades com Java

3.1	Introdução	74
3.2	Teste do aplicativo **Tip Calculator**	75
3.3	Visão geral das tecnologias	76
	3.3.1 Classe `Activity`	76
	3.3.2 Métodos de ciclo de vida de `Activity`	77
	3.3.3 Biblioteca `AppCompat` e a classe `AppCompatActivity`	77
	3.3.4 Organização de views com um componente `GridLayout`	78
	3.3.5 Criação e personalização da interface gráfica do usuário com o editor de layout e com as janelas **Component Tree** e **Properties**	78
	3.3.6 Formatação de números como strings para moeda corrente específica da localidade e porcentagem	79
	3.3.7 Implementação da interface `TextWatcher` para lidar com alterações de texto em um componente `EditText`	79
	3.3.8 Implementação da interface `OnSeekBarChangeListener` para lidar com alterações na posição do cursor do componente `SeekBar`	79
	3.3.9 Temas Material Design	79
	3.3.10 Material Design: elevação e sombras	80
	3.3.11 Material Design: cores	80
	3.3.12 `AndroidManifest.xml`	81
	3.3.13 Pesquisa na janela **Properties**	81
3.4	Construção da interface gráfica do usuário	81
	3.4.1 Introdução ao componente `GridLayout`	81
	3.4.2 Criação do projeto `TipCalculator`	82
	3.4.3 Alteração para um componente `GridLayout`	83
	3.4.4 Adição dos componentes `TextView`, `EditText` e `SeekBar`	83
	3.4.5 Personalização das views	86

3.5 Tema padrão e personalização de cores de tema 89
   3.5.1 Temas parent 89
   3.5.2 Personalização das cores do tema 89
   3.5.3 Valores comuns de propriedades de Views como estilos 91
3.6 Adição da lógica do aplicativo 93
   3.6.1 As instruções package e import 93
   3.6.2 Subclasse MainActivity de AppCompatActivity 94
   3.6.3 Variáveis de classe e variáveis de instância 94
   3.6.4 Sobrescrita do método onCreate de Activity 95
   3.6.5 Método calculate de MainActivity 98
   3.6.6 Classe interna anônima que implementa a interface OnSeekBarChangeListener 98
   3.6.7 Classe interna anônima que implementa a interface TextWatcher 100
3.7 AndroidManifest.xml 101
   3.7.1 Elemento manifest 101
   3.7.2 Elemento application 101
   3.7.3 Elemento activity 102
   3.7.4 Elemento intent-filter 102
3.8 Para finalizar 104

4 Aplicativo Flag Quiz 105

Objetos Fragment, Menu, *preferências, objetos* Intent *explícitos,* Handler, AssetManager, *animações com tween, objetos* Animator, Toast, *listas de cores de estados, layouts para várias orientações de dispositivo, registro de mensagens de erro para depuração*

4.1 Introdução 107
4.2 Teste do aplicativo **Flag Quiz** 108
   4.2.1 Configuração dos ajustes do *quiz* 108
   4.2.2 O *quiz* 110
4.3 Visão geral das tecnologias 112
   4.3.1 Menus 112
   4.3.2 Fragmentos 113
   4.3.3 Métodos do ciclo de vida de um fragmento 114
   4.3.4 Gerenciamento de fragmentos 114
   4.3.5 Preferências 114
   4.3.6 Pasta assets 115
   4.3.7 Pastas de recurso 115
   4.3.8 Suporte para diferentes tamanhos e resoluções de tela 116
   4.3.9 Orientação do dispositivo 117
   4.3.10 Componentes Toast para exibir mensagens 117
   4.3.11 Uso de um objeto Handler para executar um objeto Runnable no futuro 117
   4.3.12 Aplicação de uma animação a um objeto View 117
   4.3.13 Uso de ViewAnimationUtils para criar um elemento Animator de revelação circular 118

4.3.14	Especificação de cores com base no estado de uma `view` por meio de uma lista de cores de estados	118
4.3.15	`AlertDialog`	118
4.3.16	Registro de mensagens de exceção	119
4.3.17	Ativação de outra atividade por meio de um objeto `Intent` explícito	119
4.3.18	Estruturas de dados em Java	120
4.3.19	Recursos do Java SE 7	120
4.3.20	`AndroidManifest.xml`	121
4.4	Criação do projeto, arquivos de recurso e classes adicionais	121
4.4.1	Criação do projeto	121
4.4.2	Layouts do template **Blank Activity**	122
4.4.3	Configuração do suporte para Java SE 7	123
4.4.4	Adição de imagens de bandeiras ao projeto	123
4.4.5	`strings.xml` e recursos de `String` formatados	123
4.4.6	`arrays.xml`	124
4.4.7	`colors.xml`	126
4.4.8	`button_text_color.xml`	127
4.4.9	Edição de `menu_main.xml`	127
4.4.10	Criação da animação da bandeira	128
4.4.11	`preferences.xml` para especificar as configurações do aplicativo	129
4.4.12	Adição das classes `SettingsActivity` e `SettingsActivityFragment` ao projeto	131
4.5	Construção da interface gráfica do usuário do aplicativo	132
4.5.1	Layout de `activity_main.xml` para dispositivos na orientação retrato	132
4.5.2	Projeto do layout de `fragment_main.xml`	132
4.5.3	Barra de ferramentas da view **Design** do editor de layout	138
4.5.4	Layout de `content_main.xml` para orientação paisagem de tablets	138
4.6	Classe `MainActivity`	140
4.6.1	A instrução package e as instruções import	140
4.6.2	Campos	141
4.6.3	Método sobrescrito `onCreate` de `Activity`	141
4.6.4	Método sobrescrito `onStart` de `Activity`	143
4.6.5	Método sobrescrito `onCreateOptionsMenu` de `Activity`	144
4.4.6	Método sobrescrito `onOptionsItemSelected` de `Activity`	145
4.6.7	Classe interna anônima que implementa `OnSharedPreferenceChangeListener`	145
4.7	Classe `MainActivityFragment`	147
4.7.1	As instruções package e import	147
4.7.2	Campos	148
4.7.3	Método sobrescrito `onCreateView` de `Fragment`	149
4.7.4	Método `updateGuessRows`	151
4.7.5	Método `updateRegions`	152
4.7.6	Método `resetQuiz`	152
4.7.7	Método `loadNextFlag`	154

	4.7.8 Método `getCountryName`	156
	4.7.9 Método `animate`	156
	4.7.10 Classe interna anônima que implementa `OnClickListener`	158
	4.7.11 Método `disableButtons`	160
4.8	Classe `SettingsActivity`	161
4.9	Classe `SettingsActivityFragment`	161
4.10	`AndroidManifest.xml`	162
4.11	Para finalizar	163

5 Aplicativo Doodlz 165

Elementos gráficos em 2D, tela de desenho, `bitmap`, acelerômetro, `SensorManager`, eventos multitouch, `MediaStore`, impressão, permissões do Android 6.0, Gradle

5.1	Introdução	167
5.2	Teste do aplicativo **Doodlz** em um AVD	168
5.3	Visão geral das tecnologias	172
	5.3.1 Métodos de ciclo de vida de `Activity` e `Fragment`	172
	5.3.2 `Views` personalizadas	173
	5.3.3 Uso de `SensorManager` para detectar eventos de acelerômetro	173
	5.3.4 Componentes `DialogFragment` personalizados	174
	5.3.5 Desenho com `Canvas`, `Paint` e `Bitmap`	174
	5.3.6 Processamento de múltiplos eventos de toque e armazenamento de linhas em objetos `Path`	175
	5.3.7 Salvamento no dispositivo	175
	5.3.8 Impressão e a classe `PrintHelper` da Android Support Library	176
	5.3.9 O novo modelo de permissões do Android 6.0 (Marshmallow)	176
	5.3.10 Adição de dependências usando o sistema de construção Gradle	176
5.4	Criação do projeto e recursos	176
	5.4.1 Criação do projeto	176
	5.4.2 Gradle: adição de uma biblioteca de suporte ao projeto	177
	5.4.3 `strings.xml`	177
	5.4.4 Importação de ícones Material Design para os itens de menu do aplicativo	178
	5.4.5 Menu de `MainActivityFragment`	179
	5.4.6 Adição de uma permissão a `AndroidManifest.xml`	181
5.5	Construção da interface gráfica do usuário do aplicativo	181
	5.5.1 Layout de `content_main.xml` para `MainActivity`	181
	5.5.2 Layout de `fragment_main.xml` para `MainActivityFragment`	181
	5.5.3 Layout de `fragment_color.xml` para `ColorDialogFragment`	182
	5.5.4 Layout de `fragment_line_width.xml` para `LineWidthDialogFragment`	185
	5.5.5 Adição da classe `EraseImageDialogFragment`	187
5.6	Classe `MainActivity`	187

5.7 Classe `MainActivityFragment` 188
    5.7.1 Instrução package, instruções import e campos 188
    5.7.2 Método sobrescrito `onCreateView` de `Fragment` 189
    5.7.3 Métodos `onResume` e `enableAccelerometerListening` 190
    5.7.4 Métodos `onPause` e `disableAccelerometerListening` 191
    5.7.5 Classe interna anônima para processar eventos de acelerômetro 192
    5.7.6 Método `confirmErase` 193
    5.7.7 Métodos sobrescritos `onCreateOptionsMenu` e `onOptionsItemSelected` de `Fragment` 193
    5.7.8 Método `saveImage` 195
    5.7.9 Método sobrescrito `onRequestPermissionsResult` 196
    5.7.10 Métodos `getDoodleView` e `setDialogOnScreen` 197
5.8 Classe `DoodleView` 198
    5.8.1 A instrução package e as instruções import 198
    5.8.2 Variáveis estáticas e de instância 198
    5.8.3 Construtor 199
    5.8.4 Método sobrescrito `onSizeChanged` de `View` 200
    5.8.5 Métodos `clear`, `setDrawingColor`, `getDrawingColor`, `setLineWidth` e `getLineWidth` 200
    5.8.6 Método sobrescrito `onDraw` de `View` 201
    5.8.7 Método sobrescrito `onTouchEvent` de `View` 202
    5.8.8 Método `touchStarted` 203
    5.8.9 Método `touchMoved` 204
    5.8.10 Método `touchEnded` 205
    5.8.11 Método `saveImage` 205
    5.8.12 Método `printImage` 206
5.9 Classe `ColorDialogFragment` 207
    5.9.1 Método sobrescrito `onCreateDialog` de `DialogFragment` 208
    5.9.2 Método `getDoodleFragment` 209
    5.9.3 Métodos sobrescritos de ciclo de vida `onAttach` e `onDetach` de `Fragment` 209
    5.9.4 Classe interna anônima que responde aos eventos dos componentes `SeekBar` para alfa, vermelho, verde e azul 210
5.10 Classe `LineWidthDialogFragment` 211
    5.10.1 Método `onCreateDialog` 213
    5.10.2 Classe interna anônima que responde aos eventos do componente `widthSeekBar` 213
5.11 Classe `EraseImageDialogFragment` 214
5.12 Para finalizar 215

6 Aplicativo Cannon Game 217

Animação quadro a quadro manual, elementos gráficos, som, threads, SurfaceView e SurfaceHolder, modo imersivo e tela inteira

    6.1 Introdução 218
    6.2 Teste do aplicativo **Cannon Game** 220

6.3	Visão geral das tecnologias	220
	6.3.1 Uso da pasta de recursos `res/raw`	220
	6.3.2 Métodos de ciclo de vida de `Activity` e `Fragment`	220
	6.3.3 Sobrescrita do método `onTouchEvent` de `View`	220
	6.3.4 Adição de som com `SoundPool` e `AudioManager`	220
	6.3.5 Animação quadro a quadro com `threads`, `SurfaceView` e `SurfaceHolder`	221
	6.3.6 Detecção de colisão simples	221
	6.3.7 Modo imersivo	222
6.4	Construção da interface gráfica do usuário e dos arquivos de recursos	222
	6.4.1 Criação do projeto	222
	6.4.2 Ajuste do tema para remover o título do aplicativo e a barra de aplicativo	223
	6.4.3 `strings.xml`	223
	6.4.4 Cores	223
	6.4.5 Adição dos sons ao aplicativo	224
	6.4.6 Adição da classe `MainActivityFragment`	224
	6.4.7 Edição de `activity_main.xml`	224
	6.4.8 Adição de `CannonView` a `fragment_main.xml`	225
6.5	Visão geral das classes deste aplicativo	225
6.6	Subclasse `MainActivity` de `AppCompatActivity`	226
6.7	Subclasse `MainActivityFragment` de `Fragment`	226
6.8	Classe `GameElement`	228
	6.8.1 Variáveis de instância e construtor	229
	6.8.2 Métodos update, draw e playSound	229
6.9	Subclasse `Blocker` de `GameElement`	230
6.10	Subclasse `Target` de `GameElement`	230
6.11	Classe `Cannon`	231
	6.11.1 Variáveis de instância e construtor	231
	6.11.2 Método `align`	232
	6.11.3 Método `fireCannonball`	232
	6.11.4 Método draw	233
	6.11.5 Métodos `getCannonball` e `removeCannonball`	234
6.12	Subclasse `Cannonball` de `GameElement`	234
	6.12.1 Variáveis de instância e construtor	234
	6.12.2 Métodos `getRadius`, `collidesWith`, `isOnScreen` e `reverseVelocityX`	235
	6.12.3 Método update	236
	6.12.4 Método draw	236
6.13	Subclasse `CannonView` de `SurfaceView`	237
	6.13.1 As instruções package e import	237
	6.13.2 Variáveis de instância e constantes	238
	6.13.3 Construtor	239
	6.13.4 Sobrescrita do método `onSizeChanged` de `View`	241
	6.13.5 Métodos `getScreenWidth`, `getScreenHeight` e `playSound`	241
	6.13.6 Método newGame	242
	6.13.7 Método updatePositions	244

6.13.8	Método `alignAndFireCannonball`	245
6.13.9	Método `showGameOverDialog`	246
6.13.10	Método `drawGameElements`	247
6.13.11	Método `testForCollisions`	248
6.13.12	Métodos `stopGame` e `releaseResources`	249
6.13.13	Implementação dos métodos de `SurfaceHolder.Callback`	250
6.13.14	Sobrescrita do método `onTouchEvent` de `View`	251
6.13.15	`CannonThread`: uso de uma thread para criar um loop de jogo	252
6.13.16	Métodos `hideSystemBars` e `showSystemBars`	253
6.14	Para finalizar	254

7 Aplicativo WeatherViewer   256

Web services REST, `AsyncTask`, `HttpUrlConnection`, *processamento de respostas JSON,* `JSONObject`, `JSONArray`, `ListView`, `ArrayAdapter`, *padrão* `ViewHolder`, `TextInputLayout`, `FloatingActionButton`

7.1	Introdução	257
7.2	Teste do aplicativo **WeatherViewer**	258
7.3	Visão geral das tecnologias	259
	7.3.1 Web Services	259
	7.3.2 JSON (JavaScript Object Notation) e o pacote `org.json`	261
	7.3.3 `HttpUrlConnection` ativando um web service REST	263
	7.3.4 Uso de `AsyncTask` para fazer solicitações de rede fora da thread da interface gráfica do usuário	263
	7.3.5 `ListView`, `ArrayAdapter` e o padrão View-Holder	263
	7.3.6 `FloatingActionButton`	264
	7.3.7 `TextInputLayout`	265
	7.3.8 `Snackbar`	265
7.4	Construção da interface gráfica do usuário e dos arquivos de recurso do aplicativo	265
	7.4.1 Criação do projeto	265
	7.4.2 `AndroidManifest.xml`	266
	7.4.3 `strings.xml`	266
	7.4.4 `colors.xml`	267
	7.4.5 `activity_main.xml`	267
	7.4.6 `content_main.xml`	267
	7.4.7 `list_item.xml`	268
7.5	Classe `Weather`	270
	7.5.1 Instrução package, instruções import e variáveis de instância	270
	7.5.2 Construtor	270
	7.5.3 Método `convertTimeStampToDay`	271
7.6	Classe `WeatherArrayAdapter`	272
	7.6.1 A instrução package e as instruções import	272
	7.6.2 Classe aninhada `ViewHolder`	273
	7.6.3 Variável de instância e construtor	273
	7.6.4 Método sobrescrito `getView` de `ArrayAdapter`	274
	7.6.5 Subclasse `AsyncTask` para baixar imagens em uma thread separada	276

7.7 Classe `MainActivity` 277
    7.7.1 A instrução package e as instruções `import` 278
    7.7.2 Variáveis de instância 278
    7.7.3 Método sobrescrito `onCreate` de `Activity` 279
    7.7.4 Métodos `dismissKeyboard` e `createURL` 280
    7.7.5 Subclasse `AsyncTask` para ativar um web service ... 281
    7.7.6 Método `convertJSONtoArrayList` 283
7.8 Para finalizar 284

8 Aplicativo Twitter® Searches   286

SharedPreferences, SharedPreferences . Editor, objetos `Intent` implícitos, selecionadores de intenção, RecyclerView, RecyclerView.Adapter, RecyclerView. ViewHolder, RecyclerView.ItemDecoration

8.1 Introdução 287
8.2 Teste do aplicativo 288
    8.2.1 Adição de uma pesquisa de favoritos 288
    8.2.2 Visualização dos resultados de uma pesquisa no Twitter ... 291
    8.2.3 Edição de uma pesquisa 291
    8.2.4 Compartilhamento de uma pesquisa 293
    8.2.5 Exclusão de uma pesquisa 294
    8.2.6 Rolagem por pesquisas salvas 294
8.3 Visão geral das tecnologias 295
    8.3.1 Armazenamento de dados de chave-valor em um arquivo `SharedPreferences` ... 295
    8.3.2 Objetos `Intent` implícitos e selecionadores de intenção ... 296
    8.3.3 `RecyclerView` 296
    8.3.4 `RecyclerView.Adapter` e `RecyclerView.ViewHolder` ... 297
    8.3.5 `RecyclerView.ItemDecoration` 297
    8.3.6 Exibição de uma lista de opções em um componente `AlertDialog` ... 297
8.4 Construção da interface gráfica do usuário e dos arquivos de recurso do aplicativo 297
    8.4.1 Criação do projeto 298
    8.4.2 `AndroidManifest.xml` 298
    8.4.3 Adição da biblioteca `RecyclerView` 298
    8.4.4 `colors.xml` 299
    8.4.5 `strings.xml` 299
    8.4.6 `arrays.xml` 299
    8.4.7 `dimens.xml` 299
    8.4.8 Adição do ícone do botão salvar 300
    8.4.9 `activity_main.xml` 300
    8.4.10 `content_main.xml` 300
    8.4.11 Layout do item de `RecyclerView`: `list_item.xml` ... 303
8.5 Classe `MainActivity` 304
    8.5.1 As instruções package e `import` 304
    8.5.2 Campos de `MainActivity` 305

	8.5.3 Método sobrescrito onCreate de Activity	305
	8.5.4 Rotina de tratamento de eventos TextWatcher e o método updateSaveFAB	308
	8.5.5 OnClickListener de saveButton	308
	8.5.6 Método addTaggedSearch	309
	8.5.7 Classe interna anônima que implementa View.OnClickListener para exibir resultados de pesquisa	310
	8.5.8 Classe interna anônima que implementa View.OnLongClickListener para compartilhar, editar ou excluir uma pesquisa	311
	8.5.9 Método shareSearch	313
	8.5.10 Método deleteSearch	314
8.6	Subclasse searchesAdapter de RecyclerView.Adapter	315
	8.6.1 Instrução package, instruções import, variáveis de instância e construtor	315
	8.6.2 Subclasse aninhada ViewHolder de RecyclerView.ViewHolder	316
	8.6.3 Métodos sobrescritos de RecyclerView.Adapter	317
8.7	Subclasse ItemDivider de RecyclerView.ItemDecoration	318
8.8	Observação sobre Fabric: a nova plataforma de desenvolvimento de aplicativos móveis do Twitter	320
8.9	Para finalizar	320

9 Aplicativo Address Book   322

FragmentTransactions e a pilha de retrocesso de fragmentos, SQLite, SQLiteDatabase, SQLiteOpenHelper, ContentProvider, ContentResolver, Loader, LoaderManager, Cursor e estilos de interface gráfica do usuário

9.1	Introdução	324
9.2	Teste do aplicativo **Address Book**	326
	9.2.1 Inclusão de um contato	326
	9.2.2 Visualização de um contato	327
	9.2.3 Edição de um contato	327
	9.2.4 Exclusão de um contato	327
9.3	Visão geral das tecnologias	328
	9.3.1 Exibição de fragmentos usando FragmentTransactions	328
	9.3.2 Comunicação de dados entre um fragmento e uma atividade hospedeira	329
	9.3.3 Manipulação de um banco de dados SQLite	329
	9.3.4 ContentProviders e ContentResolvers	329
	9.3.5 Loader e LoaderManager – acesso assíncrono ao banco de dados	330
	9.3.6 Definição de estilos e sua aplicação nos componentes da interface gráfica do usuário	331
	9.3.7 Especificação do plano de fundo de um componente TextView	331
9.4	Construção da interface gráfica do usuário e dos arquivos de recursos	331
	9.4.1 Criação do projeto	331
	9.4.2 Criação das classes do aplicativo	332
	9.4.3 Adição dos ícones do aplicativo	333
	9.4.4 strings.xml	333

	9.4.5 styles.xml	334
	9.4.6 textview_border.xml	335
	9.4.7 Layout de MainActivity	335
	9.4.8 Layout de ContactsFragment	337
	9.4.9 Layout de DetailFragment	338
	9.4.10 Layout de AddEditFragment	339
	9.4.11 Menu de DetailFragment	341
9.5	Visão geral das classes deste aplicativo	341
9.6	Classe DatabaseDescription	342
	9.6.1 Campos static	342
	9.6.2 Classe aninhada Contact	343
9.7	Classe AddressBookDatabaseHelper	344
9.8	Classe AddressBookContentProvider	346
	9.8.1 Campos de AddressBookContentProvider	346
	9.8.2 Métodos sobrescritos onCreate e getType	347
	9.8.3 Método sobrescrito query	348
	9.8.4 Método sobrescrito insert	350
	9.8.5 Método sobrescrito update	352
	9.8.6 Método sobrescrito delete	353
9.9	Classe MainActivity	354
	9.9.1 Superclasse, interfaces implementadas e campos	354
	9.9.2 Método sobrescrito onCreate	355
	9.9.3 Métodos de ContactsFragment.ContactsFragmentListener	356
	9.9.4 Método displayContact	357
	9.9.5 Método displayAddEditFragment	358
	9.9.6 Métodos de DetailFragment.DetailFragmentListener	358
	9.9.7 Método de AddEditFragment.AddEditFragmentListener	359
9.10	Classe ContactsFragment	360
	9.10.1 Superclasse e interface implementada	360
	9.10.2 ContactsFragmentListener	360
	9.10.3 Campos	361
	9.10.4 Método sobrescrito onCreateView de Fragment	361
	9.10.5 Métodos sobrescritos onAttach e onDetach de Fragment	363
	9.10.6 Método sobrescrito onActivityCreated de Fragment	363
	9.10.7 Método updateContactList	364
	9.10.8 Métodos de LoaderManager.LoaderCallbacks<Cursor>	364
9.11	Classe ContactsAdapter	365
9.12	Classe AddEditFragment	368
	9.12.1 Superclasse e interface implementada	368
	9.12.2 AddEditFragmentListener	369
	9.12.3 Campos	369
	9.12.4 Métodos sobrescritos onAttach, onDetach e onCreateView de Fragment	370
	9.12.5 nameChangedListener de TextWatcher e o método updateSaveButtonFAB	372
	9.12.6 saveContactButtonClicked de View.OnClickListener e o método saveContact	373

	9.12.7 Métodos de LoaderManager.LoaderCallbacks<Cursor>	374
9.13	Classe DetailFragment	376
	9.13.1 Superclasse e interface implementada	376
	9.13.2 DetailFragmentListener	377
	9.13.3 Campos	377
	9.13.4 Métodos sobrescritos onAttach, onDetach e onCreateView	378
	9.13.5 Métodos sobrescritos onCreateOptionsMenu e onOptionsItemSelected	379
	9.13.6 Método deleteContact e confirmDelete de DialogFragment	379
	9.13.7 Métodos de LoaderManager.LoaderCallback<Cursor>	380
9.14	Para finalizar	382

10 Google Play e questões de comercialização de aplicativos — 384

10.1 Introdução	385
10.2 Preparação de aplicativos para publicação	385
10.2.1 Teste do aplicativo	386
10.2.2 Acordo de Licença de Usuário Final	386
10.2.3 Ícones e rótulos	387
10.2.4 Controle de versão de seu aplicativo	387
10.2.5 Licenciamento para controle de acesso a aplicativos pagos	388
10.2.6 Ofuscação de seu código	388
10.2.7 Obtenção de uma chave privada para assinar digitalmente seu aplicativo	388
10.2.8 Imagem retratada e capturas de tela	388
10.2.9 Vídeo promocional do aplicativo	390
10.3 Precificação de seu aplicativo: gratuito ou pago	390
10.3.1 Aplicativos pagos	391
10.3.2 Aplicativos gratuitos	391
10.4 Monetização de aplicativos com anúncio incorporado	392
10.5 Monetização de aplicativos: utilização de cobrança incorporada para vender bens virtuais	393
10.6 Registro no Google Play	394
10.7 Abertura de uma conta no Google Payments	395
10.8 Carregamento de seus aplicativos no Google Play	395
10.9 Ativação do Play Store dentro de seu aplicativo	397
10.10 Gerenciamento de seus aplicativos no Google Play	398
10.11 Outras lojas de aplicativos Android	398
10.12 Outras plataformas de aplicativos móveis e como portar seus aplicativos	399
10.13 Comercialização de seus aplicativos	399
10.14 Para finalizar	403

Índice — 405

Introdução ao Android

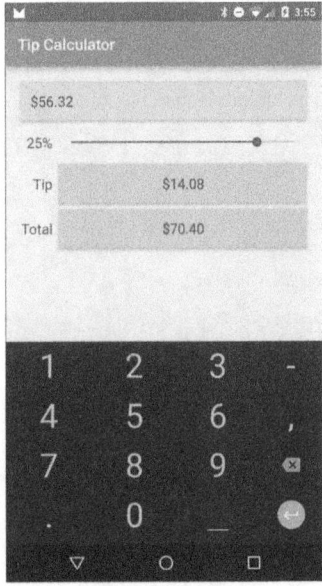

Objetivos

Neste capítulo, você vai:

- Conhecer a história do Android e do SDK do Android.
- Conhecer o Google Play Store para baixar aplicativos.
- Conhecer os pacotes Android utilizados neste livro para ajudá-lo a criar aplicativos Android.
- Fazer uma revisão rápida dos conceitos da tecnologia de objetos.
- Conhecer os tipos mais importantes de software para desenvolvimento de aplicativos Android, incluindo o SDK do Android, o SDK do Java e o ambiente de desenvolvimento integrado (IDE) do Android Studio.
- Aprender sobre documentos importantes do Android.
- Testar um aplicativo Android para calcular gorjetas no Android Studio.
- Conhecer as características de excelentes aplicativos Android.

Resumo

1.1 Introdução
1.2 Android – o sistema operacional móvel líder mundial
1.3 Recursos do Android
1.4 Sistema operacional Android
   1.4.1 Android 2.2 (Froyo)
   1.4.2 Android 2.3 (Gingerbread)
   1.4.3 Android 3.0 a 3.2 (Honeycomb)
   1.4.4 Android 4.0 a 4.0.4 (Ice Cream Sandwich)
   1.4.5 Android 4.1 a 4.3 (Jelly Bean)
   1.4.6 Android 4.4 (KitKat)
   1.4.7 Android 5.0 e 5.1 (Lollipop)
   1.4.8 Android 6 (Marshmallow)
1.5 Faça download de aplicativos do Google Play
1.6 Pacotes
1.7 O SDK do Android
1.8 Programação orientada a objetos: uma revisão rápida
   1.8.1 O automóvel como um objeto
   1.8.2 Métodos e classes
   1.8.3 Instanciação
   1.8.4 Reutilização
   1.8.5 Mensagens e chamadas de método
   1.8.6 Atributos e variáveis de instância
   1.8.7 Encapsulamento
   1.8.8 Herança
   1.8.9 Análise e projeto orientados a objetos
1.9 Teste do aplicativo **Tip Calculator** em um AVD
   1.9.1 Abra o projeto do aplicativo **Tip Calculator** no Android Studio
   1.9.2 Crie AVDs (Android Virtual Devices)
   1.9.3 Execute o aplicativo **Tip Calculator** no AVD do smartphone Nexus 6
   1.9.4 Execute o aplicativo **Tip Calculator** em um aparelho Android
1.10 Construção de excelentes aplicativos Android
1.11 Recursos para desenvolvimento com Android
1.12 Para finalizar

1.1 Introdução

Bem-vindo ao universo do desenvolvimento de aplicativos Android! Esperamos que trabalhar com este livro seja uma experiência instrutiva, desafiadora, divertida e recompensadora para você.

Esta obra se destina a *programadores Java*. Utilizamos somente aplicativos funcionais completos; portanto, se você não conhece Java, mas tem experiência com programação orientada a objetos em outra linguagem, como C#, Objective-C/Cocoa ou C++ (com bibliotecas de classe), deve conseguir dominar o material rapidamente, aprendendo bastante de Java e programação orientada a objetos no estilo Java à medida que aprende a desenvolver aplicativos Android.

Abordagem baseada em aplicativos

O livro usa uma **abordagem baseada em aplicativos** – os novos recursos são discutidos no contexto de aplicativos Android funcionais e completos, com um aplicativo por capítulo. Para cada aplicativo, primeiro descrevemos o aplicativo e, então, deixamos você testá-lo. Em seguida, apresentamos uma breve visão geral das importantes tecnologias **IDE** (ambiente de desenvolvimento integrado) **Android Studio**, Java e o **SDK** (Software Development Kit) **do Android** que vamos usar para implementar o aplicativo. Para aplicativos que assim o exigem, mostramos como projetar a interface gráfica do usuário utilizando o Android Studio. Então, fornecemos o código-fonte completo, usando números de linha, *sintaxe em tons diferentes* e *realce de código* para enfatizar as partes importantes do código. Mostramos também uma ou mais capturas de tela do aplicativo em execução. Então, fazemos um acompanhamento detalhado do código, enfatizando os novos conceitos de programação introduzidos no aplicativo. Você pode baixar o código-fonte de todos os aplicativos na página do livro no endereço

```
http://www.grupoa.com.br
```

1.2 Android – o sistema operacional móvel líder mundial

As vendas de aparelhos Android estão aumentando rapidamente, criando enormes oportunidades para os desenvolvedores de aplicativos Android.

- A primeira geração de telefones Android foi lançada em outubro de 2008. Em junho de 2015, o Android tinha 82,8% de participação no mercado global de smartphones, comparados com os 13,9% da Apple e 2,6% da Microsoft.[1]
- Bilhões de aplicativos foram baixados do Google Play e mais de 1 bilhão de aparelhos Android foram vendidos no mundo todo em 2014.[2]
- De acordo com a *PC World*, aproximadamente 230 milhões de tablets foram comercializados em 2014, dos quais 67,3% eram Android, comparados com os 27,6% de iOS e 5,1% de Microsoft Windows.[3]
- Atualmente, os dispositivos Android incluem smartphones, tablets, e-readers, robôs, motores a jato, satélites da NASA, consoles de jogos, geladeiras, televisões, câmeras, equipamentos voltados à saúde, relógios inteligentes (*smartwatches*), sistemas automotivos de "infotainment" de bordo (para controlar rádio, GPS, ligações telefônicas, termostato, etc.) e muitos outros.[4]
- Um relatório recente diz que, até 2019, a receita esperada de aplicativos móveis (de todas as plataformas) atingirá a casa dos US$99 bilhões.[5]

1.3 Recursos do Android

Franqueza e código-fonte aberto

Uma vantagem de desenvolver aplicativos Android é a franqueza (ou grau de abertura) da plataforma. O sistema operacional é de *código-fonte aberto* e gratuito. Isso permite ver o código-fonte do Android e como seus recursos são implementados. Você pode colaborar com o Android relatando erros:

```
http://source.android.com/source/report-bugs.html
```

ou participando dos grupos de discussão Open Source Project

```
http://source.android.com/community/index.html
```

Diversos aplicativos Android de código-fonte aberto, do Google e de outros, estão disponíveis na Internet (Fig. 1.1). A Figura 1.2 mostra onde se pode obter o código-fonte do Android, aprender a respeito da filosofia por trás do sistema operacional de código-fonte aberto e obter informações sobre licenciamento.

---

[1] http://www.idc.com/prodserv/smartphone-os-market-share.jsp.

[2] http://www.cnet.com/news/android-shipments-exceed-1-billion-for-first-time-in-2014/.

[3] http://www.pcworld.com/article/2896196/windows-forecast-to-gradually-grab-tabletmarket-share-from-ios-and-android.html.

[4] http://www.businessweek.com/articles/2013-05-29/behind-the-internet-of-things-is-android-and-its-everywhere.

[5] http://www.telecompetitor.com/mobile-app-forecast-calls-for-revenue-of-99-billion-by-2019/.

URL	Descrição
http://en.wikipedia.org/wiki/List_of_open_source_Android_applications	Ampla lista de aplicativos de código-fonte aberto organizada por categoria (por exemplo, games, comunicação, emuladores, multimídia, segurança).
http://developer.android.com/tools/samples/index.html	Instruções para acessar aplicativos de exemplo do Google para a plataforma Android – contém aproximadamente 100 aplicativos e games demonstrando vários recursos do Android.
http://github.com	O GitHub permite a você compartilhar seus aplicativos e código-fonte e colaborar com os projetos de código-fonte aberto de outras pessoas.
http://f-droid.org	Centenas de aplicativos Android de código-fonte aberto e gratuitos.
http://www.openintents.org	Bibliotecas de código-fonte aberto que podem ser utilizadas para melhorar recursos de aplicativos.
http://www.stackoverflow.com	Stack Overflow é um site de perguntas e respostas para programadores. Os usuários podem votar em cada resposta, e as melhores respostas aparecem no início.

Figura 1.1 | Sites de recursos para aplicativos e bibliotecas de código-fonte aberto para Android.

Título	URL
Get Android Source Code	http://source.android.com/source/downloading.html
Licenses	http://source.android.com/source/licenses.html
FAQs	http://source.android.com/source/faqs.html

Figura 1.2 | Recursos e código-fonte para o sistema operacional Android de código-fonte aberto.

O grau de abertura da plataforma estimula a rápida inovação. Ao contrário do iOS *patenteado* da Apple, que só existe em dispositivos Apple, o Android está disponível em aparelhos de dezenas de fabricantes de equipamento original (OEMs) e em numerosas operadoras de telecomunicações em todo o mundo. A intensa concorrência entre os OEMs e as operadoras beneficia os consumidores.

Java

Os aplicativos Android são desenvolvidos com Java – uma das linguagens de programação mais usadas do mundo. Essa linguagem foi uma escolha lógica para a plataforma Android, pois é poderosa, gratuita, de código-fonte aberto e usada por milhões de desenvolvedores. Os programadores Java experientes podem se aprofundar rapidamente no desenvolvimento com Android usando as APIs (interfaces de programação de aplicativo) Android do Google e de outros.

A linguagem Java é orientada a objetos e tem acesso às amplas bibliotecas de classe que ajudam a desenvolver aplicativos poderosos rapidamente. A programação de interfaces gráficas do usuário com Java é *baseada em eventos* – neste livro, você vai escrever aplicativos que respondem a vários *eventos* iniciados pelo usuário, como *toques na tela*. Além de programar partes de seus aplicativos diretamente, você também vai usar os IDEs do Android Studio para arrastar e soltar convenientemente objetos predefinidos, como botões e caixas de texto para seu lugar na tela, além de rotulá-los e redimensioná-los. Com o Android Studio é possível criar, executar, testar e depurar aplicativos Android de forma rápida e conveniente.

Tela multitouch

Os smartphones Android englobam a funcionalidade de telefone celular, cliente de Internet, MP3 player, console de jogos, câmera digital e muito mais em um dispositivo portátil com *telas multitouch* coloridas. Com o toque de seus dedos, você pode navegar facilmente entre as opções de usar seu telefone, executar aplicativos, tocar música, navegar na web e muito mais. A tela pode exibir um teclado para digitação de e-mails e mensagens de texto e para a inserção de dados em aplicativos (alguns dispositivos Android também têm teclados físicos).

Gestos

As telas *multitouch* permitem controlar o aparelho com *gestos* que envolvem apenas um toque ou vários toques simultâneos (Fig. 1.3).

Nome do gesto	Ação física	Utilizado para
Toque rápido (*touch*)	Tocar rapidamente na tela uma vez.	Abrir um aplicativo, "pressionar" um botão ou um item de menu.
Toque duplo rápido (*double touch*)	Tocar rapidamente na tela duas vezes.	Ampliar e reduzir imagens, mapas do Google Maps e páginas web.
Pressionamento longo (*long press*)	Tocar na tela e manter o dedo na posição.	Selecionar itens em uma visualização – por exemplo, verificar um item em uma lista.
Movimento rápido (*swipe*)	Tocar e mover rapidamente o dedo na tela na direção desejada.	Mover item por item em uma série, como no caso de fotos. Um movimento de *swipe* para automaticamente no próximo item.
Arrastamento (*drag*)	Tocar e arrastar o dedo pela tela.	Mover objetos ou ícones, ou rolar precisamente uma página web ou lista.
Zoom de pinça (*pinch zoom*)	Usando dois dedos, tocar na tela e juntá-los ou afastá-los.	Ampliar e então reduzir a tela (por exemplo, ampliando texto e imagens).

Figura 1.3 | Alguns gestos comuns no Android.

Aplicativos incorporados

Os dispositivos Android vêm com vários aplicativos padrão, os quais podem variar de acordo com o aparelho, o fabricante ou o serviço de telefonia móvel. Alguns dos aplicativos comumente incluídos são Telefone, Contatos, Correio, Navegador, Calculadora, Calendário, Relógio e Fotos.

Web services

Web services são componentes de software armazenados em um computador, os quais podem ser acessados por um aplicativo (ou por outro componente de software) em outro computador por meio da Internet. Com eles, você pode criar **mashups**, os quais permitem desenvolver aplicativos rapidamente *combinando* web services complementares, frequentemente de diferentes organizações e possivelmente com outras formas de feeds de informação. Por exemplo, o 100 Destinations

```
http://www.100destinations.co.uk
```

combina fotos e tweets do Twitter com os recursos de mapas do Google Maps, permitindo explorar países em todo o mundo por meio de fotos tiradas por outras pessoas.

O Programmableweb

```
http://www.programmableweb.com/
```

fornece um catálogo com mais de 14.000 APIs e mashups, além de guias práticos e exemplos de código para você criar seus próprios mashups. A Figura 1.4 lista alguns web services populares. Usamos os web services de clima do OpenWeatherMap.org no Capítulo 7.

Fonte de web services	Como é usada
Google Maps	Serviços de mapas
Twitter	Microblog
YouTube	Busca de vídeo
Facebook	Rede social
Instagram	Compartilhamento de fotos
Foursquare	Check-in móvel
LinkedIn	Rede social para negócios
Netflix	Aluguel de filmes
eBay	Leilões pela Internet
Wikipedia	Enciclopédia colaborativa
PayPal	Pagamentos
Amazon eCommerce	Compra de livros e muito mais
Salesforce.com	Gerenciamento de relacionamento com o cliente (CRM)
Skype	Telefonia pela Internet
Microsoft Bing	Search (pesquisar)
Flickr	Compartilhamento de fotos
Zillow	Avaliação de imóveis
Yahoo Search	Search (pesquisar)
WeatherBug	Clima

Figura 1.4 | Alguns web services populares (`http://www.programmableweb.com/category/all/apis`).

1.4 Sistema operacional Android

O sistema operacional Android foi desenvolvido pela Android, Inc., a qual foi adquirida pelo Google em 2005. Em 2007, foi formada a Open Handset Alliance™

```
http://www.openhandsetalliance.com/oha_members.html
```

para desenvolver, manter e evoluir o Android, impulsionando a inovação na tecnologia móvel, melhorando a experiência do usuário e reduzindo os custos.

Nesta seção, apresentamos a evolução do sistema operacional Android, mostrando suas versões e as funcionalidades mais importantes. O mercado do Android é fragmentado – muitos aparelhos ainda usam versões de Android mais antigas – portanto, para um desenvolvedor é proveitoso conhecer os recursos introduzidos em cada versão.

Convenção de atribuição de nomes de versão do Android
Cada nova versão do Android recebe um nome de sobremesa, em inglês, em ordem alfabética (Fig. 1.5).

Versão do Android	Nome	Versão do Android	Nome
Android 1.5	Cupcake	Android 4.0	Ice Cream Sandwich
Android 1.6	Donut	Android 4.1-4.3	Jelly Bean
Android 2.0–2.1	Eclair	Android 4.4	KitKat
Android 2.2	Froyo	Android 5.0-5.1	Lollipop
Android 2.3	Gingerbread	Android 6.0	Marshmallow
Android 3.0-3.2	Honeycomb		

Figura 1.5 | Números de versão do Android e os nomes correspondentes.

1.4.1 Android 2.2 (Froyo)

O **Android 2.2** (também chamado de **Froyo**, lançado em maio de 2010) introduziu o armazenamento externo, permitindo guardar os aplicativos em um dispositivo de memória externo, em vez de apenas na memória interna do aparelho Android. Ele introduziu também o serviço **Android Cloud to Device Messaging (C2DM)**. A **computação em nuvem** (*cloud computing*) permite utilizar software e dados armazenados na "nuvem" – isto é, acessados em computadores (ou servidores) remotos por meio da Internet e disponíveis de acordo com o pedido – em vez de em seu computador de mesa, notebook ou dispositivo móvel. Ela oferece a flexibilidade de aumentar ou diminuir recursos de computação para atender às suas necessidades em dado momento, tornando esse processo mais econômico do que o de comprar hardware caro para garantir a existência de armazenamento e poder de processamento suficientes para níveis de pico ocasionais. O Android C2DM permite aos desenvolvedores de aplicativos enviarem dados de seus servidores para seus aplicativos instalados em dispositivos Android, mesmo quando os aplicativos *não* estão sendo executados. O servidor avisa os aplicativos para que entrem em contato diretamente a fim de receber dados atualizados do aplicativo ou do usuário.[6] O C2DM foi substituído pelo Google Cloud Messaging, introduzido em 2012.

Para obter mais informações sobre os recursos do Android 2.2 – recursos gráficos OpenGL ES 2.0, framework de mídia e muito mais – visite

```
http://developer.android.com/about/versions/android-2.2-
   highlights.html
```

1.4.2 Android 2.3 (Gingerbread)

O **Android 2.3 (Gingerbread)**, lançado no final de 2010, acrescentou mais refinamentos para o usuário, como um teclado redesenhado, recursos de navegação aprimorados, maior eficiência no consumo de energia e muito mais. Adicionou também vários recursos voltados ao desenvolvedor, para comunicação (por exemplo, tecnologias que facilitam fazer e receber ligações dentro de um aplicativo), multimídia (por exemplo, novas APIs de áudio e gráficas) e games (por exemplo, melhor desempenho e novos sensores, como um giroscópio para um melhor processamento de movimentos).

---

[6] http://code.google.com/android/c2dm/.

Um dos novos recursos mais significativos no Android 2.3 foi o suporte para **comunicação em campo próximo (NFC, near-field communication)** – um padrão de conectividade sem fio de curto alcance que permite a comunicação entre dois dispositivos a uma distância de poucos centímetros. O suporte e os recursos para o NFC variam de acordo com o dispositivo Android. O NFC pode ser usado para pagamentos (por exemplo, um toque de seu aparelho Android habilitado para NFC em um dispositivo de pagamento de uma máquina de refrigerantes), para troca de dados, como contatos e imagens, para emparelhamento de dispositivos e acessórios e muito mais. Para ver mais recursos voltados ao desenvolvedor de Android 2.3, consulte

```
http://developer.android.com/about/versions/android-2.3-
    highlights.html
```

1.4.3 Android 3.0 a 3.2 (Honeycomb)

O **Android 3.0 (Honeycomb)** inclui aprimoramentos na interface do usuário feitos especificamente para dispositivos de tela grande (por exemplo, os tablets), como teclado redesenhado para digitação mais eficiente, interface do usuário em 3D visualmente atraente, navegação mais fácil entre telas dentro de um aplicativo e muito mais. Os novos recursos voltados ao desenvolvedor de Android 3.0 incluíram:

- fragmentos, os quais descrevem partes da interface do usuário de um aplicativo e podem ser combinados em uma única tela ou utilizados em várias telas;
- uma barra de ação persistente na parte superior da tela, fornecendo ao usuário opções para interagir com os aplicativos;
- a capacidade de adicionar layouts de tela grande a aplicativos já existentes, projetados para telas pequenas, a fim de otimizar seu aplicativo para uso em diferentes tamanhos de tela;
- uma interface do usuário visualmente atraente e mais funcional, conhecida como "Holo" por sua aparência e comportamento holográficos;
- um novo framework de animação;
- recursos gráficos e de multimídia aprimorados;
- a capacidade de usar arquiteturas de processador multinúcleo para melhorar o desempenho;
- suporte para Bluetooth ampliado (permitindo, por exemplo, que um aplicativo determine se existem dispositivos conectados, como fones de ouvido ou um teclado); e
- um framework de animação para dar vida a objetos da interface do usuário ou gráficos.

Para ver uma lista dos recursos voltados ao usuário e ao desenvolvedor e tecnologias da plataforma Android 3.0, acesse

```
http://developer.android.com/about/versions/android-3.0-
    highlights.html
```

1.4.4 Android 4.0 a 4.0.4 (Ice Cream Sandwich)

O **Android 4.0 (Ice Cream Sandwich)**, lançado em 2011, mesclou o Android 2.3 (Gingerbread) e o Android 3.0 (Honeycomb) em um único sistema operacional para uso em todos os dispositivos Android. Isso permitiu a incorporação, em seus aplicativos para smartphone, de recursos do Honeycomb – como a interface holográfica do usuário, um novo lançador (utilizado para personalizar a tela inicial do dispositivo e para ativar aplicativos) e muito mais – e a fácil adaptação de seus aplicativos para funcionar em diferentes dispositivos. O Ice Cream Sandwich também adicionou várias APIs para uma melhor comunicação entre os dispositivos, acessibilidade para usuários com deficiências (por exemplo, visual), redes sociais e muito mais (Fig. 1.6). Para ver uma lista completa das APIs do Android 4.0, consulte

```
http://developer.android.com/about/versions/android-4.0.html
```

Recurso	Descrição
Detecção de rosto	Usando a câmera, os dispositivos compatíveis podem determinar a posição dos olhos, do nariz e da boca do usuário. A câmera também pode monitorar o movimento dos olhos do usuário, permitindo a criação de aplicativos que mudam a perspectiva de acordo com o olhar do usuário.
Operador de câmera virtual	Ao filmar um vídeo com várias pessoas, a câmera focalizará automaticamente a que está falando.
Android Beam	Usando NFC, o **Android Beam** permite que você encoste dois dispositivos Android para compartilhar conteúdo (como contatos, imagens, vídeos).
Wi-Fi Direct	As APIs Wi-Fi P2P (peer-to-peer) permitem conectar vários aparelhos Android utilizando Wi-Fi. Sem utilizar fios, eles podem se comunicar a uma distância maior do que usando Bluetooth.
Social API	Acesse e compartilhe informações de contato entre redes sociais e aplicativos (com a permissão do usuário).
Calendar API	Adicione e compartilhe eventos entre vários aplicativos, gerencie alertas e participantes e muito mais.
APIs de acessibilidade	Use as novas APIs Accessibility Text-to-Speech para melhorar a experiência do usuário em seus aplicativos para pessoas com deficiências, como deficientes visuais, e muito mais. O modo explorar por toque permite aos usuários deficientes visuais tocar em qualquer parte na tela e ouvir uma voz descrevendo o conteúdo tocado.
Framework Android@Home	Use o **framework Android@Home** para criar aplicativos que controlam utensílios nas casas dos usuários, como termostatos, sistemas de irrigação, lâmpadas elétricas em rede e muito mais.
Dispositivos Bluetooth voltados à saúde	Crie aplicativos que se comunicam com dispositivos Bluetooth voltados à saúde, como balanças, monitores de batimento cardíaco e muito mais.

Figura 1.6 | Alguns recursos para desenvolvedores de Android Ice Cream Sandwich (`http://developer.android.com/about/versions/android-4.0.html`).

1.4.5 Android 4.1 a 4.3 (Jelly Bean)

O **Android Jelly Bean**, lançado em 2012, se concentrou em muitas melhorias de bastidor na plataforma, como melhores desempenho, acessibilidade, suporte para usuários internacionais e outros. Outros recursos novos incluíram o suporte para conectividade Bluetooth aprimorada (o Bluetooth LE foi introduzido no Android 4.3), telas externas, suporte para vários usuários em um único tablet, perfis de usuário restritos, maior segurança, aprimoramentos na aparência (tais como widgets de aplicativo redimensionáveis, bloqueio de widgets de tela e notificações expansíveis), recursos de localização e sensor otimizados, melhores recursos de mídia (áudio/vídeo) e troca mais transparente entre aplicativos e telas (Fig. 1.7). Além disso, o Google introduziu novas APIs, desenvolvidas separadamente das versões da plataforma Android:

- Google Cloud Messaging – uma solução independente de plataforma que permite aos desenvolvedores enviar mensagens para dispositivos.
- Google Play Services – um conjunto de APIs para incorporar funcionalidade do Google em seus aplicativos.

Para ver a lista de recursos do Jelly Bean, consulte

```
http://developer.android.com/about/versions/jelly-bean.html
```

Recurso	Descrição
Android Beam	Aprimorado para permitir comunicação via Bluetooth, além de NFC.
Widgets de tela de bloqueio	Crie widgets que aparecem na tela do usuário quando o aparelho está bloqueado, ou modifique seus widgets de tela inicial existentes para que também fiquem visíveis nessa situação.
Photo Sphere	APIs para trabalhar com os novos recursos de foto panorâmica. Permitem aos usuários tirar fotografias em 360° semelhantes às usadas no Street View do Google Maps.
Daydreams	Daydreams são protetores de tela interativos, ativados quando um aparelho está encaixado ou carregando. Eles podem reproduzir áudio e vídeo e responder às interações do usuário.
Suporte para idiomas	Novos recursos ajudam seus aplicativos a atingir usuários internacionais, como texto bidirecional (da esquerda para a direita ou da direita para a esquerda), teclados internacionais, layouts de teclado adicionais e muito mais.
Opções para o desenvolvedor	Vários novos recursos de monitoramento e depuração ajudam a melhorar seus aplicativos, como os relatórios de erros, que incluem uma captura de tela e informações de estado do dispositivo.

Figura 1.7 | Alguns recursos do Android Jelly Bean (`http://developer.android.com/about/versions/jelly-bean.html`).

1.4.6 Android 4.4 (KitKat)

O **Android 4.4 KitKat**, lançado em outubro de 2013, inclui várias melhorias de desempenho que tornam possível executar o sistema operacional em todos os aparelhos Android, inclusive em dispositivos mais antigos com restrição de memória, os quais são particularmente populares nos países em desenvolvimento.[7]

Permitir que mais usuários atualizem para o KitKat reduziu a "fragmentação" de versões de Android no mercado, o que tem sido um desafio para os desenvolvedores que antes tinham de projetar aplicativos para serem executados em várias versões do sistema operacional ou limitar seu mercado em potencial, tendo como alvo aplicativos para uma versão específica.

O Android KitKat inclui também aprimoramentos na segurança e na acessibilidade, recursos gráficos e de multimídia melhorados, ferramentas de análise de uso da

---

[7] `http://techcrunch.com/2013/10/31/android-4-4-kitkat-google/`.

memória e muito mais. A Figura 1.8 lista alguns recursos importantes do KitKat. Para ver uma lista completa, consulte

`http://developer.android.com/about/versions/kitkat.html`

Recurso	Descrição
Modo imersivo	A barra de status na parte superior da tela e os botões de menu na parte inferior podem ser ocultos, permitindo que seus aplicativos ocupem uma parte maior da tela. Os usuários podem acessar a barra de status fazendo um movimento rápido (*swipe*) deslizando o dedo de cima para baixo na tela, e a barra de sistema (com os botões voltar, home e aplicativos recentes) fazendo um movimento rápido de baixo para cima.
Framework de impressão	Crie funcionalidade de impressão em seus aplicativos, incluindo localizar impressoras disponíveis via Wi-Fi ou na nuvem, selecionar o tamanho do papel e especificar as páginas a serem impressas.
Framework de acesso ao armazenamento	Crie provedores de armazenamento de documentos que permitam aos usuários localizar, criar e editar arquivos (como documentos e imagens) entre vários aplicativos.
Provedor de SMS	Crie aplicativos de SMS (Short Message Service) ou MMS (Multimedia Messaging Service) com o novo provedor de SMS e as novas APIs. Agora os usuários podem selecionar seus aplicativos de troca de mensagens padrão.
Framework de transições	O novo framework torna mais fácil criar animações de transição.
Gravação de tela	Grave um vídeo de seu aplicativo para criar tutoriais e materiais de marketing.
Acessibilidade melhorada	A API gerenciadora de títulos permite aos aplicativos verificar as preferências de títulos do usuário (por exemplo, idioma, estilos de texto e muito mais).
Chromium WebView	Dê suporte aos padrões mais recentes para exibir conteúdo web, incluindo HTML5, CSS3 e uma versão mais rápida de JavaScript.
Detector e contador de passos	Crie aplicativos que identificam se o usuário está correndo, andando ou subindo a escada e que contam o número de passos.
Host Card Emulator (HCE)	O HCE permite que qualquer aplicativo realize transações NFC seguras (como pagamentos móveis) sem a necessidade de um elemento de segurança no cartão SIM controlado pela operadora de telefonia celular.

Figura 1.8 | Alguns recursos do Android KitKat (`http://developer.android.com/about/versions/kitkat.html`).

1.4.7 Android 5.0 e 5.1 (Lollipop)

O **Android Lollipop** – lançado em novembro de 2014 – foi uma atualização importante, com milhares de APIs aprimoradas para telefones e tablets e novos recursos que permitem aos desenvolvedores criar aplicativos para equipamentos que podem ser vestidos (tais como relógios inteligentes), TVs e carros. Uma das maiores mudanças foi o **Material Design** – uma reestruturação completa da interface do usuário (também usada em aplicativos web do Google). Outros recursos incluídos: um novo runtime Android, aprimoramentos na notificação (permitindo que os usuários interajam com uma notificação sem saírem do aplicativo atual), melhorias na interligação em rede (Bluetooth, Wi-Fi, celular e NFC), elementos gráficos de alto desempenho (OpenGL ES 3.1 e o Android Extension Pack), melhores recursos de áudio (captura, mixagem multicanal, reprodução e suporte para periféricos USB), recursos de câmera aprimorados, compartilhamento de tela, novo suporte para sensores, recursos de acessibilidade melhores, suporte para vários cartões SIM e muito mais. A Figura 1.9 lista alguns recursos importantes do Lollipop. Para ver uma lista completa, consulte

```
http://developer.android.com/about/versions/lollipop.html
    http://developer.android.com/about/versions/android-5.0.html
    http://developer.android.com/about/versions/android-5.1.html
```

Recurso	Descrição
Material design	Novo visual e novo comportamento do Google para aplicativos Android e web foram as principais novas características no Lollipop. O material design ajuda a criar aplicativos com belos efeitos de transição, sombras que dão profundidade à interface do usuário e enfatizam os componentes acionáveis, recursos de personalização e outros. Para ver os detalhes, visite https://www.google.com/design/spec/material-design/introduction.html.
Runtime ART	O Google substituiu o runtime Android original pelo novo runtime ART, compatível com máquinas de 64 bits, o qual utiliza uma combinação de interpretação, compilação AOT (ahead-of-time) e JIT (just-in-time) para melhorar o desempenho.
Documentos e atividades concorrentes na tela de aplicativos recentes	Agora os aplicativos podem fazer várias atividades e documentos aparecerem na tela de aplicativos recentes. Por exemplo, se o usuário tem várias guias abertas em um navegador web ou vários documentos abertos em um aplicativo de edição de texto, quando tocar no botão de aplicativos recentes (▣), cada guia do navegador ou documento poderá aparecer como um item separado que pode ser selecionado.
Captura e compartilhamento de tela	Agora os aplicativos podem capturar a tela do dispositivo e compartilhar o conteúdo com outros usuários em uma rede.
Projeto Volta	Recursos que ajudam a preservar a vida da bateria, incluindo o novo JobScheduler, que pode executar tarefas de forma assíncrona quando o dispositivo está carregando, conectado a uma rede não medida (isto é, usar Wi-Fi *versus* dados de celular) ou ocioso.

Figura 1.9 | Alguns recursos do Android Lollipop (http://developer.android.com/about/versions/lollipop.html).

1.4.8 Android 6 (Marshmallow)

O **Android Marshmallow**, lançado em setembro de 2015, era a versão atual de Android quando este livro estava sendo produzido. Alguns dos novos recursos incluem Now on Tap (para obter informações do Google Now no contexto de um aplicativo), Doze e App Standby (para economizar bateria), um novo modelo de permissões para facilitar a instalação de aplicativos, autenticação por impressão digital, melhor proteção para os dados, melhor suporte para seleção de texto, suporte para tela de 4K, novos recursos de áudio e vídeo, novos recursos de câmera (APIs de flash e reprocessamento de imagens) e muito mais. A Figura 1.10 lista alguns recursos importantes do Marshmallow. Para ver uma lista completa, consulte

```
http://developer.android.com/about/versions/marshmallow/android-
    6.0-changes.html
```

Recurso	Descrição
Doze	Usando software e sensores, o Android determina quando um dispositivo está parado por um período de tempo – como quando você o coloca sobre uma mesa durante a noite – e adia os processos de segundo plano que descarregam a bateria.
App Standby.	Para aplicativos abertos pelo usuário, mas com os quais ele não interagiu recentemente, o Android adia a atividade de rede de segundo plano.
Now on Tap	Toque e mantenha o toque no botão home enquanto está dentro de qualquer aplicativo e o Google Now inspecionará o que estiver na tela e apresentará informações relevantes na forma de cartões. Por exemplo, em uma mensagem de texto discutindo um filme, será exibido um cartão contendo informações sobre esse filme. Da mesma forma, em uma mensagem de texto mencionando o nome de um restaurante, aparecerá um cartão com as classificações, a localização e o número de telefone.
Novo modelo de permissões	Antes do Android 6.0, no momento da instalação o usuário era obrigado a conceder antecipadamente todas as permissões que um aplicativo precisaria – isso fazia muitas pessoas não instalarem certos aplicativos. Com o novo modelo, o aplicativo é instalado sem solicitar permissão. Em vez disso, uma permissão só é solicitada ao usuário na primeira vez em que o recurso correspondente é utilizado.
Autenticação por impressão digital	Para dispositivos com leitores de impressão digital, agora os aplicativos podem autenticar usuários por meio de suas impressões digitais.
Vínculo de aplicativos	Permite aos desenvolvedores associar aplicativos aos seus próprios domínios web e criar links na web que ativam aplicativos específicos do mesmo desenvolvedor.
Backup automático	O Android pode fazer backup e restaurar dados de um aplicativo automaticamente.
Direct Share	É possível definir alvos de compartilhamento direto em seu aplicativo, o que permite aos usuários compartilhar dados por meio de outros aplicativos, diretamente a partir do seu.
API Voice Interaction	Possibilita que os aplicativos respondam a interações de voz.
Suporte para caneta eletrônica Bluetooth	Os aplicativos podem responder a interações sensíveis à pressão de uma caneta eletrônica Bluetooth – por exemplo, em um aplicativo de desenho, fazer maior pressão com a caneta contra a tela poderia resultar em uma linha mais grossa.

Figura 1.10 | Alguns recursos do Android Marshmallow (`http://developer.android.com/about/versions/marshmallow/android-6.0-changes.html`).

1.5 Faça download de aplicativos do Google Play

Quando esta obra estava sendo produzida, havia mais de 1,6 milhão de aplicativos no **Google Play**, e o número está aumentando rapidamente.[8] A Figura 1.11 lista alguns aplicativos populares, tanto gratuitos como pagos, em várias categorias. Você pode baixar aplicativos por meio do aplicativo Play Store instalado em seu dispositivo Android. Também é possível fazer login em sua conta no Google Play, em

```
http://play.google.com
```

Em seguida, especifique o dispositivo Android no qual vai instalar o aplicativo. Ele será baixado por meio da conexão Wi-Fi ou 3G/4G do aparelho. No Capítulo 10, intitulado "Google Play e questões de comercialização de aplicativos", discutimos sobre mais lojas de aplicativos, sobre como oferecer seus aplicativos gratuitamente ou cobrando uma taxa, sobre o preço dos aplicativos e muito mais.

---

[8] `http://www.statista.com/statistics/266210/number-of-available-applications-in-the-google-play-store/`.

Categoria do Google Play	Alguns aplicativos populares na categoria
Livros e referências	WolframAlpha, Dictionary.com, Audible for Android, Kindle
Empresas	Polaris Office, OfficeSuite 8, QuickBooks Online, PayPal Here
Comunicação	Snapchat, LinkedIn, Pinterest, Instagram, WeChat, Line
Educação	Google Classroom, Star Tracker, Sight Words, Math Tricks
Entretenimento	Showtime Anytime, History Channel, Discovery Channel
Finanças	PayPal, Credit Karma, Google Wallet, Chase Mobile
Jogos	Pac-Man 256, Angry Birds 2, Fruit Ninja, Tetris, Solitaire
Saúde e cond. físico	RunKeeper, ViewRanger GPS, Calorie Counter
Estilo de vida	Assistant, Horoscope, Food Network, Starbucks
Plano de fundo interativo	Facebook, Next Launcher 3D Shell, Weather Live
Multimídia e vídeo	VHS Camera Recorder, VivaVideo Pro, musical.ly, GIF Keyboard
Cuidados médicos	Feed Baby Pro, CareZone, FollowMyHealth, Essential Anatomy
Música e áudio	SoundCloud, Spotify, Beats Music, Pandora, iHeartRadio
Notícias e revistas	BBC News, CBS News, NPR News, Reuters, NBC News
Fotografia	Google Camera, Instagram, Retrica, GoPro App, Pencil Sketch
Produtividade	Pocket, Wunderlist, Microsoft Word, Google Docs, SwiftKey
Compras	Zappos, Groupon, JackThreads, Fancy, Etsy, Home Depot
Social	Snapchat, Instagram, Meetup, textPlus, Pinterest, Tumblr
Esportes	Fox Sports, theScore, NBA 2015-16, ESPN, CBS Sports
Utilitários	CM Security Antivirus, Clean Master, Google Translate
Transporte	Uber, Lyft, MarrineTraffic, BringGo, DigiHUD Speedometer
Viagens e Local	Priceline, Google Earth, Eat24, GasBuddy, Hotels.com
Clima	AccuWeather, Weather Underground, Yahoo Weather
Widgets	Facebook, Pandora, Pocket Casts, Tasker, Weather Timeline

Figura 1.11 | Alguns aplicativos Android populares no Google Play.

1.6 Pacotes

O Android usa um conjunto de *pacotes*, que são grupos nomeados de classes predefinidas e relacionadas. Alguns pacotes são específicos do Android, outros são do Java e do Google. Esses pacotes permitem acessar convenientemente os recursos do sistema operacional Android e incorporá-los em seus aplicativos. Os pacotes do Android ajudam a criar aplicativos que obedecem às convenções de aparência e comportamento e diretrizes de estilo exclusivas do Android.

```
http://developer.android.com/design/index.html
```

A Figura 1.12 lista muitos dos pacotes discutidos neste livro. Para ver uma lista completa dos pacotes do Android, consulte

```
http://developer.android.com/reference/packages.html
```

Pacote	Descrição
android.animation	Classes para animação de propriedades. (Aplicativos **Flag Quiz** do Capítulo 4 e **Doodlz** do Capítulo 5.)
android.app	Inclui classes de alto nível do modelo de aplicativos Android. (Aplicativos **Flag Quiz** do Capítulo 4 e **Doodlz** do Capítulo 5.)
android.content	Acesso e publicação de dados em um dispositivo. (Aplicativo **Cannon Game** do Capítulo 6.)
android.content.res	Classes para acessar recursos de aplicativo (por exemplo, mídia, cores, desenhos, etc.) e informações de configuração de dispositivo que afetam o comportamento dos aplicativos. (Aplicativo **Flag Quiz** do Capítulo 4.)
android.database	Manipulação de dados retornados pelo provedor de conteúdo. (Aplicativo **Address Book** do Capítulo 9.)
android.database.sqlite	Gerenciamento de banco de dados SQLite para bancos de dados privados. (Aplicativo **Address Book** do Capítulo 9.)
android.graphics	Ferramentas gráficas usadas para desenhar na tela. (Aplicativos **Flag Quiz** do Capítulo 4 e **Doodlz** do Capítulo 5.)
android.graphics.drawable	Classes para elementos somente de exibição (como gradientes, etc.). (Aplicativo **Flag Quiz** do Capítulo 4.)
android.hardware	Suporte para hardware de dispositivo. (Aplicativo **Doodlz** do Capítulo 5.)
android.media	Classes para manipular interfaces de áudio e vídeo. (Aplicativo **Cannon Game** do Capítulo 6.)
android.net	Classes de acesso à rede. (Aplicativo **Twitter® Searches** do Capítulo 8.)
android.os	Serviços de sistemas operacionais. (Aplicativo **Tip Calculator** do Capítulo 3.)
android.preference	Trabalho com as preferências do usuário de um aplicativo. (Aplicativo **Flag Quiz** do Capítulo 4.)
android.provider	Acesso a provedores de conteúdo Android. (Aplicativo **Doodlz** do Capítulo 5.)
android.support.design.widget	Classes da Android Design Support Library que permitem executar, tanto em plataformas Android atuais como nas mais antigas, os recentes aprimoramentos feitos na interface gráfica do usuário. (Aplicativo **Weather Viewer** do Capítulo 7.)
android.support.v4.print	Parte da Android Support Library v4 para uso em API de plataforma níveis 4 e superiores. Inclui recursos para usar o framework de impressão do Android 4.4. (Aplicativo **Doodlz** do Capítulo 5.)
android.support.v7.app	Parte da Android Support Library v7 para uso em API de plataforma níveis 7 e superiores. Inclui componentes de biblioteca para compatibilidade de aplicativos, como as barras de aplicativo (anteriormente, barras de ação). (Aplicativo **Weather Viewer** do Capítulo 7.)
android.support.v7.widget	Parte da Android Support Library v7 para uso em API de plataforma níveis 7 e superiores. Inclui componentes e layouts de interface gráfica do usuário. (Aplicativo **Weather Viewer** do Capítulo 7.)
android.text	Renderização e monitoramento de alterações em texto. (Aplicativo **Tip Calculator** do Capítulo 3.)
android.util	Métodos utilitários e utilitários XML. (Aplicativo **Flag Quiz** do Capítulo 4.)
android.widget	Classes de interface do usuário para widgets. (Aplicativo **Tip Calculator** do Capítulo 3.)
android.view	Classes de interface do usuário para layout e interações do usuário. (Aplicativo **Flag Quiz** do Capítulo 4.)

Figura 1.12 | Pacotes Android e Java utilizados neste livro, listados com o capítulo em que aparecem pela *primeira* vez.

Vários dos pacotes que usamos pertencem às bibliotecas Android Support, as quais permitem utilizar os recursos mais recentes do Android em aplicativos que funcionam nas plataformas atuais e nas antigas. Para uma visão geral dos recursos mais importantes das bibliotecas Android Support, visite:

> https://developer.android.com/tools/support-library/features.html

1.6 O SDK do Android

O SDK (Software Development Kit) do Android fornece as ferramentas necessárias para construir aplicativos Android. Ele é instalado com o Android Studio. Consulte a seção "Antes de começar" (após o Prefácio) para ver os detalhes sobre como baixar o software necessário para desenvolver aplicativos Android, incluindo Java SE 7 e Android Studio.

Android Studio
O **Android Studio**[9] foi anunciado na conferência de desenvolvedores Google I/O de 2013 e agora é o IDE Android preferido do Google. O IDE inclui:

- projetista de interface gráfica do usuário
- editor de código com suporte para sintaxe colorida e numeração de linha
- recuo (*auto-indenting*) e preenchimento automáticos (isto é, sugestão de tipo)
- depurador
- sistema de controle de versão
- suporte para refatoração

e muito mais.

O emulador do Android
O **emulador do Android**, incluído no SDK do Android, permite executar aplicativos Android em um ambiente simulado dentro do Windows, Mac OS X ou Linux, sem usar um dispositivo Android real. O emulador exibe uma janela de interface de usuário realista. Ele será particularmente útil se você não tiver acesso a dispositivos Android para teste. Obviamente, você deve testar seus aplicativos em diversos dispositivos Android antes de carregá-los no Google Play.

Antes de executar um aplicativo no emulador, você precisa criar um **AVD (Android Virtual Device ou Dispositivo Android Virtual**), o qual define as características do dispositivo em que o teste vai ser feito, incluindo o hardware, a imagem do sistema, o tamanho da tela, o armazenamento de dados e muito mais. Se quiser testar seus aplicativos para vários dispositivos Android, você precisará criar AVDs separados para emular cada equipamento exclusivo ou usar o Cloud Test Lab da Google,

> https://developers.google.com/cloud-test-lab

que permite testar em muitos dispositivos diferentes.

No emulador, você pode reproduzir a maioria dos gestos (Fig. 1.13) e controles (Fig. 1.14) do Android usando o teclado e o mouse de seu computador. Os gestos com os dedos no emulador são um pouco limitados, pois seu computador

---

[9] O Android Studio é baseado no IDE Java JetBrains IntelliJ IDEA (http://www.jetbrains.com/idea/).

Gesto	Ação do emulador
Toque rápido (*touch*)	Clicar com o mouse uma vez. Apresentado no aplicativo **Tip Calculator** do Capítulo 3.
Duplo toque rápido (*double touch*)	Clicar duas vezes com o mouse.
Pressionamento longo (*long press*)	Clicar e manter o botão do mouse pressionado. Apresentado no aplicativo **Twitter® Searches** do Capítulo 8.
Arrastamento (*drag*)	Clicar, manter o botão do mouse pressionado e arrastar. Apresentado no aplicativo **Cannon Game** do Capítulo 6.
Movimento rápido (*swipe*)	Clicar e manter o botão do mouse pressionado, mover o cursor na direção do pressionamento e soltar o mouse. Apresentado no aplicativo **Weather Viewer** do Capítulo 7.
Zoom de pinça (*pinch zoom*)	Manter a tecla *Ctrl* (*Control*) pressionada. Vão aparecer dois círculos que simulam os dois toques. Mova os círculos para a posição inicial, clique e mantenha o botão do mouse pressionado e arraste os círculos até a posição final.

Figura 1.13 | Gestos do Android no emulador.

provavelmente não consegue simular todos os recursos de hardware do Android. Por exemplo, para testar aplicativos de GPS no emulador, você precisa criar arquivos que simulem leituras em um GPS. Além disso, embora seja possível simular mudanças de orientação (para o modo *retrato* ou *paisagem*), simular leituras de **acelerômetro** em particular (o acelerômetro permite que o dispositivo responda à aceleração para cima/para baixo, para esquerda/para direita e para frente/para trás) exige recursos que não

Controle	Ação do emulador
Back (voltar)	*Esc*
Botão call/dial (chamar/discar)	*F3*
Camera (câmera)	*Ctrl-5_TECLADO NUMÉRICO*, *Ctrl-F3*
Botão End Call (finalizar chamada)	*F4*
Home (início)	*Botão Home*
Menu (tecla programável esquerda)	*F2 ou botão Page Up*
Botão Power (ligar/desligar)	*F7*
Search (pesquisar)	*F5*
* (tecla programável direita)	*Shift-F2 ou botão Page Down*
Girar para a orientação anterior	*7_TECLADO NUMÉRICO*, *Ctrl-F11*
Girar para a próxima orientação	*9_TECLADO NUMÉRICO*, *Ctrl-F12*
Ativar/desativar rede celular	*F8*
Botão Volume Up (aumentar volume)	*SINAL DE ADIÇÃO_TECLADO NUMÉRICO*, *Ctrl-F5*
Botão Volume Down (diminuir volume)	*SINAL DE SUBTRAÇÃO_TECLADO NUMÉRICO*, *Ctrl-F6*

Figura 1.14 | Controles de hardware Android no emulador (para mais controles, acesse http://developer.android.com/tools/help/emulator.html).

estão presentes no emulador. Contudo, o emulador pode usar dados do sensor de um dispositivo Android real conectado ao computador, conforme descrito em

http://tools.android.com/tips/hardware-emulation

A Figura 1.15 lista funcionalidades do Android que *não* estão disponíveis no emulador. Para testar esses recursos, você pode instalar seu aplicativo em um dispositivo Android. Você vai começar a criar AVDs e a usar o emulador para desenvolver aplicativos Android no aplicativo **Welcome** do Capítulo 2.

1.8 Programação orientada a objetos: uma revisão rápida

O Android utiliza técnicas de programação orientada a objetos. Portanto, nesta seção vamos rever os fundamentos da tecnologia de objetos. Usamos todos esses conceitos neste livro.

Construir software de forma rápida, correta e econômica continua sendo um objetivo ilusório em uma época em que a demanda por software novo e mais poderoso está aumentando. Os *objetos* ou, mais precisamente (conforme veremos no Capítulo 3), as *classes* de onde os objetos vêm, são basicamente componentes de software *reutilizáveis*. Existem objetos data, objetos tempo, objetos áudio, objetos vídeo, objetos automóveis, objetos pessoas, etc. Praticamente qualquer *substantivo* pode ser representado de forma razoável como um objeto de software, em termos de *atributos* (por exemplo, nome, cor e tamanho) e *comportamentos* (por exemplo, cálculo, movimento e comunicação). Os desenvolvedores de software estão descobrindo que usar uma estratégia de projeto e implementação modular e orientada a objetos pode tornar os grupos de desenvolvimento de software muito mais produtivos do que poderiam ser com técnicas anteriormente populares, como a "programação estruturada" – frequentemente, os programas orientados a objetos são mais fáceis de entender, corrigir e modificar.

1.8.1 O automóvel como um objeto

Para ajudá-lo a entender os objetos e seu conteúdo, vamos começar com uma analogia simples. Suponha que você queira *dirigir um carro e fazê-lo ir mais rápido pressionando o pedal do acelerador*. O que precisa acontecer antes que você possa fazer isso? Bem, antes que você possa dirigir um carro, alguém tem de *projetá-lo*. Normalmente, um carro co-

---

Funcionalidades do Android não disponíveis no emulador

- Fazer ou receber ligações telefônicas reais (o emulador só permite chamadas simuladas)
- Bluetooth
- Conexões USB
- Fones de ouvido ligados ao dispositivo
- Determinar estado de rede conectada
- Determinar a carga da bateria ou o estado de carga de energia
- Determinar a inserção/ejeção de cartão SD
- Suporte direto para sensores (acelerômetro, barômetro, bússola, sensor de luz, sensor de proximidade) – contudo, é possível usar dados de sensor de um dispositivo conectado com USB

Figura 1.15 | Funcionalidades do Android não disponíveis no emulador (http://developer.android.com/tools/devices/emulator.html#limitations).

meça com desenhos de engenharia, semelhantes às *plantas baixas* que descrevem o projeto de uma casa. Esses desenhos incluem o projeto de um pedal de acelerador. O pedal *esconde* do motorista os mecanismos complexos que fazem o carro ir mais rápido, assim como o pedal do freio *esconde* os mecanismos que diminuem a velocidade do carro e o volante *esconde* os mecanismos que fazem o carro desviar. Isso permite que pessoas com pouco ou nenhum conhecimento do funcionamento de motores, freios e mecanismos de direção dirijam um carro facilmente.

Assim como não se pode fazer comida na cozinha de uma planta baixa, tampouco é possível dirigir os desenhos de engenharia de um carro. Antes que você possa dirigir um carro, ele precisa ser *construído* a partir dos desenhos de engenharia que o descrevem. Um carro pronto tem um pedal de acelerador real para fazê-lo ir mais rápido, mas mesmo isso não é suficiente – o carro não acelera sozinho (espera-se!), de modo que o motorista precisa *pressionar* o pedal para acelerá-lo.

1.8.2 Métodos e classes

Usemos nosso exemplo do carro para introduzir alguns conceitos importantes de programação orientada a objetos. Executar uma tarefa em um programa exige um **método**. O método contém as instruções do programa que realmente executam suas tarefas. O método oculta essas instruções de seu usuário, assim como o pedal do acelerador de um carro oculta do motorista os mecanismos que fazem o carro ir mais rápido. Uma classe contém os métodos que executam as tarefas da classe. Por exemplo, uma classe que represente uma conta bancária poderia conter um método para *depositar* dinheiro em uma conta, outro para *sacar* dinheiro de uma conta e um terceiro para *informar* o saldo da conta. Uma classe é conceitualmente semelhante aos desenhos de engenharia de um carro, os quais contêm o projeto de um pedal de acelerador, de um volante, etc.

1.8.3 Instanciação

Assim como alguém precisa *construir um carro* a partir de seus desenhos de engenharia antes que você possa dirigi-lo, é preciso *construir um objeto* de uma classe antes que um programa possa executar as tarefas que os métodos da classe definem. O processo de fazer isso é chamado de *instanciação*. Um objeto, então, é uma **instância** de sua classe.

1.8.4 Reutilização

Assim como os desenhos de engenharia de um carro podem ser *reutilizados* muitas vezes para construir muitos carros, você pode *reutilizar* uma classe muitas vezes para construir muitos objetos. A **reutilização** de classes já existentes ao construir novas classes e programas economiza tempo e trabalho. A reutilização também o ajuda a construir sistemas mais confiáveis e eficientes, pois as classes e componentes já existentes frequentemente passaram por extensivos testes, depuração e otimização de desempenho. Assim como a noção de *partes intercambiáveis* foi fundamental para a Revolução Industrial, as classes reutilizáveis são fundamentais para a revolução na área de software estimulada pela tecnologia de objetos.

1.8.5 Mensagens e chamadas de método

Quando você dirige um carro, pressionar o acelerador envia uma *mensagem* para o carro executar uma tarefa – ou seja, ir mais rápido. Da mesma forma, você *envia mensagens para um objeto*. Cada mensagem é uma **chamada de método** que diz a um método do objeto para que execute sua tarefa. Por exemplo, um programa poderia chamar um método *depositar* de um objeto de conta bancária em particular para que ele aumentasse o saldo da conta.

1.8.6 Atributos e variáveis de instância

Um carro, além de ter recursos para cumprir tarefas, também tem *atributos*, como cor, número de portas, capacidade de combustível no tanque, velocidade atual e registro do total de quilômetros rodados (isto é, a leitura de seu odômetro). Assim como seus recursos, os atributos do carro são representados como parte de seu projeto nos diagramas de engenharia (os quais, por exemplo, incluem um odômetro e um medidor de combustível). Quando você dirige um carro, esses atributos são transportados junto com o veículo. Todo carro mantém seus *próprios* atributos. Por exemplo, cada carro sabe a quantidade de combustível existente no tanque, mas *não* o quanto existe nos tanques de *outros* carros.

Da mesma forma, um objeto tem atributos que carrega consigo quando usado em um programa. Esses atributos são especificados como parte da classe do objeto. Por exemplo, um objeto conta bancária tem um *atributo saldo* que representa a quantidade de dinheiro existente na conta. Cada objeto conta bancária sabe o saldo da conta que representa, mas *não* os saldos das *outras* contas bancárias. Os atributos são especificados pelas **variáveis de instância** da classe.

1.8.7 Encapsulamento

As classes **encapsulam** (isto é, empacotam) atributos e métodos nos objetos – os atributos e métodos de um objeto estão intimamente relacionados. Os objetos podem se comunicar entre si, mas normalmente não podem saber como outros objetos são implementados – os detalhes da implementação ficam *ocultos* dentro dos próprios objetos. Essa **ocultação de informações** é fundamental para a boa engenharia de software.

1.8.8 Herança

Uma nova classe de objetos pode ser criada rápida e convenientemente por meio de **herança** – a nova classe absorve as características de outra já existente, possivelmente personalizando-as e adicionando suas próprias características exclusivas. Em nossa analogia automobilística, um "conversível" certamente *é um* objeto da classe mais *geral* "automóvel", mas mais *especificamente* o teto pode ser levantado ou abaixado.

1.8.9 Análise e projeto orientados a objetos

Como você vai criar o código de seus programas? Talvez, como muitos programadores, você simplesmente ligue o computador e comece a digitar. Essa estratégia pode funcionar para programas pequenos, mas e se você fosse solicitado a criar um sistema de software a fim de controlar milhares de caixas eletrônicos para um grande banco? Ou então suponha que você fosse solicitado a trabalhar em uma equipe com mil desenvolvedores de software para construir o próximo sistema de controle de tráfego aéreo dos Estados Unidos. Para projetos tão grandes e complexos, você não deve simplesmente sentar e começar a escrever programas.

Para criar as melhores soluções, você deve seguir um processo de **análise** detalhado para determinar os **requisitos** de seu projeto (isto é, definir *o que* o sistema deve fazer) e desenvolver um **projeto** que os satisfaça (isto é, decidir *como* o sistema deve fazer isso). De maneira ideal, você passaria por esse processo e examinaria o projeto cuidadosamente (e teria seu projeto examinado por outros profissionais de software) antes de escrever qualquer código. Se esse processo envolve analisar e projetar seu sistema do ponto de vista orientado a objetos, ele é denominado **processo de análise e projeto orientados a objetos** (OOAD – Object-Oriented Analysis and Design). Linguagens como Java são orientadas a objetos. Programar em uma linguagem assim, o que é chamado de **programação orientada a objetos** (OOP), permite implementar um projeto orientado a objetos como um sistema funcional.

1.9 Teste do aplicativo Tip Calculator em um AVD

Nesta seção, você vai executar e interagir com seu primeiro aplicativo Android usando um AVD e em um aparelho Android real, caso tenha um. O aplicativo **Tip Calculator** (Fig. 1.16(a)) – que você vai construir no Capítulo 3 – calcula e exibe o valor da gorjeta e o total da conta de um restaurante. À medida que você digita cada algarismo do valor da conta, tocando no teclado numérico, o aplicativo calcula e exibe o valor total e o da gorjeta, sendo esse uma porcentagem especificada no componente **SeekBar** do aplicativo – usamos 15% por padrão (Fig. 1.16(a)). É possível selecionar uma porcentagem no intervalo de 0 a 30% movendo o cursor do componente **SeekBar** – isso atualiza o componente **TextView** de porcentagem de gorjeta e exibe os valores da gorjeta e total atualizados nos componentes **TextView**s abaixo do **SeekBar** (Fig.1.16(b)).

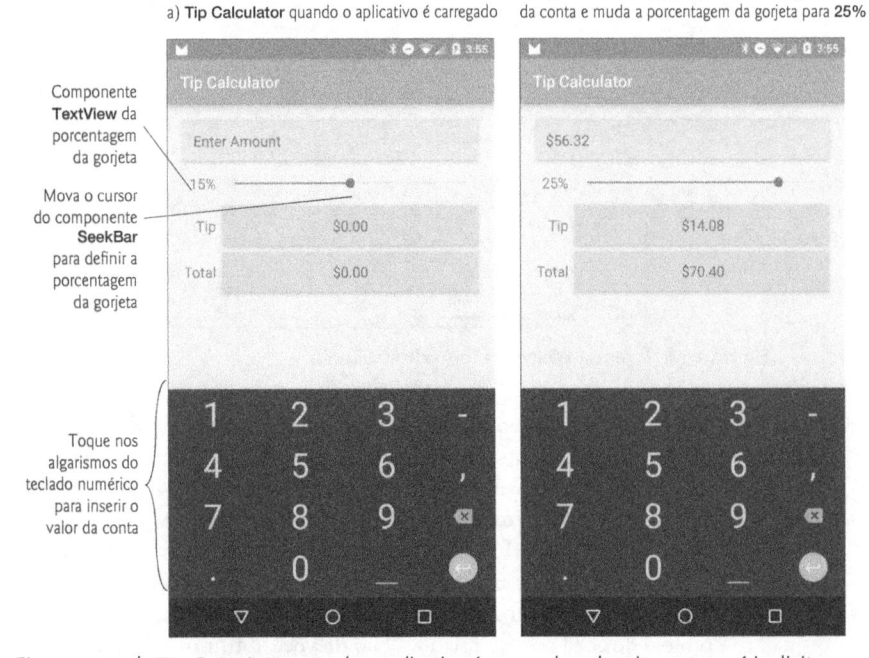

Figura 1.16 | **Tip Calculator** quando o aplicativo é carregado e depois que o usuário digita o valor da conta e muda a porcentagem da gorjeta.

1.9.1 Abra o projeto do aplicativo Tip Calculator no Android Studio

Para abrir o projeto do aplicativo **Tip Calculator**, execute os passos a seguir:

1. *Verifique sua configuração.* Caso ainda não tenha feito isso, execute os passos especificados na seção "Antes de começar".
2. *Abra o Android Studio.* Use o atalho Android Studio

   para abrir o IDE. No Windows, o atalho aparecerá no menu ou na tela **Iniciar**. No OS X, o atalho está localizado na pasta `Applications`. No Linux, o local do atalho depende de onde você extrai o arquivo ZIP contendo os arquivos do Android Studio. Quando você abre o Android Studio pela primeira vez, a janela **Welcome to Android Studio** aparece (Fig. 1.17).

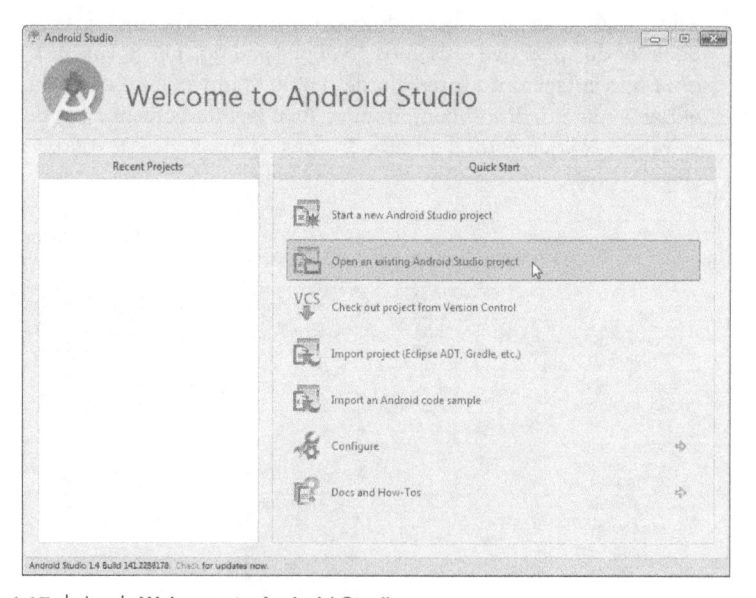

Figura 1.17 | Janela **Welcome to Android Studio**.

3. *Abra o projeto do aplicativo Tip Calculator.* No Android Studio, quando outro projeto já está aberto, você pode selecionar **File > Open...** a fim de navegar até o local desse projeto e abri-lo ou, na janela **Welcome to Android Studio** (Fig. 1.17), clique em **Open an existing Android Studio Project** para abrir a caixa de diálogo **Open File or Project** (Fig. 1.18). Navegue até a pasta de exemplos do livro, selecione a pasta `TipCalculator` e clique em **Choose** (Mac) ou em **OK** (Windows/Linux). O Android Studio armazena o caminho do SDK do Android nas configurações de projeto de cada projeto criado. Quando você abrir nossos projetos em seu sistema,

receberá uma mensagem de erro, caso o SDK de seu sistema esteja em um local diferente do nosso. Basta clicar no botão **OK** na caixa de diálogo de erro que aparece e o Android Studio atualizará as configurações de projeto para usar o SDK de seu sistema. Nesse ponto, o IDE abre o projeto e exibe seu conteúdo na janela **Project** (Fig. 1.19), no lado esquerdo do IDE. Se a janela Project não estiver visível, você pode vê-la selecionando **View > Tool Windows > Project**.

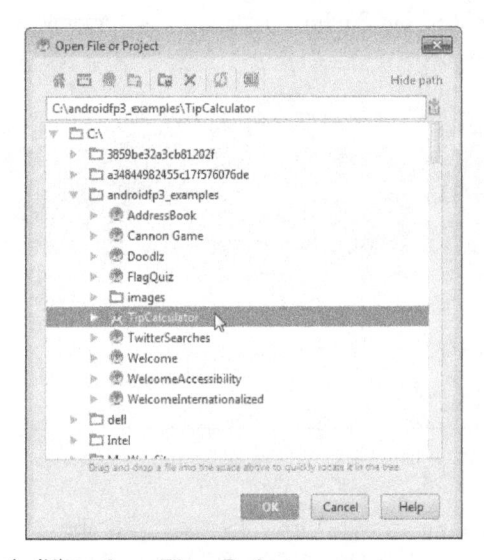

Figura 1.18 | Caixa de diálogo **Open File or Project**.

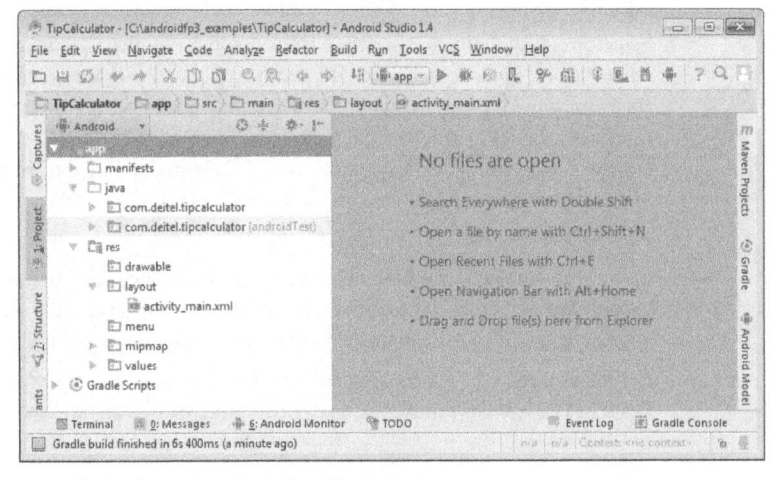

Figura 1.19 | Janela **Project** do projeto **Tip Calculator**.

1.9.2 Crie AVDs (Android Virtual Devices)

Conforme discutimos na seção "Antes de começar", você pode testar aplicativos para vários dispositivos Android criando AVDs (Android Virtual Devices) que emulam cada dispositivo único.[10] Nesta seção, você vai criar AVDs Android 6 para os dispositivos que usamos para testar os aplicativos deste livro – o telefone Nexus 6 e o tablet Nexus 9 do Google. Para criar esses AVDs, execute os passos a seguir:

1. No Android Studio, selecione **Tools > Android > AVD Manager** a fim de exibir a janela **Android Virtual Device Manager** (Fig. 1.20).

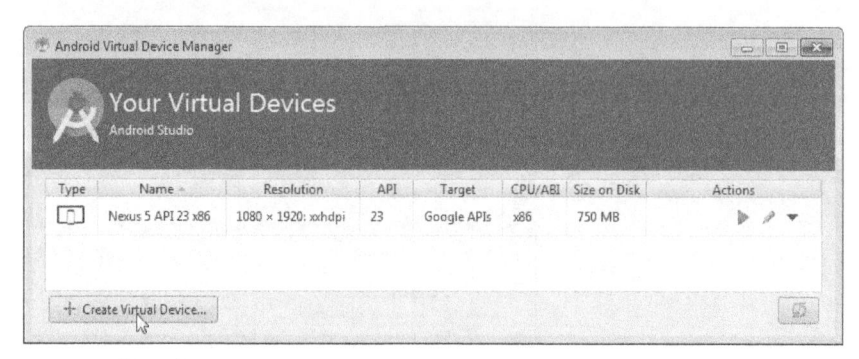

Figura 1.20 | Janela **Android Virtual Device Manager**.

2. Clique em **Create Virtual Device...** para abrir a janela **Virtual Device Configuration** (Fig. 1.21). **Category "Phone"** é selecionada por padrão, mas também é possível criar AVDs para **Tablet**, **Wear** e **TV**. Para sua conveniência, o Google fornece muitos dispositivos previamente configurados que podem ser usados para criar AVDs rapidamente. Selecione **Nexus 6** e clique em **Next**.

3. Selecione a imagem de sistema para o dispositivo virtual que você deseja criar – neste caso, aquela com o valor de plataforma Android **Marshmallow** para **Release Name**, o valor **23** para o **nível de API**, o valor **x86** para **ABI** (application binary interface) e o valor **Android 6.0 (with Google APIs)** para **Target**; em seguida, clique em **Next**. Esse valor de Target cria um AVD Android para Android 6 que também inclui suporte para APIs Services do Google Play.

4. Para **AVD Name**, especifique **Nexus 6 API 23**.

5. Clique no botão **Show Advanced Settings**, no canto inferior esquerdo da janela **Virtual Device Configuration**, role até a parte inferior das configurações avançadas, *desmarque* a opção **Enable Keyboard Input** e clique em **Finish** para criar o AVD.

6. Repita os passos de 1 a 6 para criar um AVD para o tablet Nexus 9, chamado **Nexus 9 API 23** – você vai usar esse AVD de tablet no Capítulo 2.

---

[10] Quando este livro estava em produção, ao se configurar o Android Studio, ele configurava um AVD que emulava o celular Nexus 5 do Google executando Android 6.0 (Marshmallow). Você ainda precisará executar os passos da Seção 1.9.2 para criar os AVDs adicionais necessários para teste.

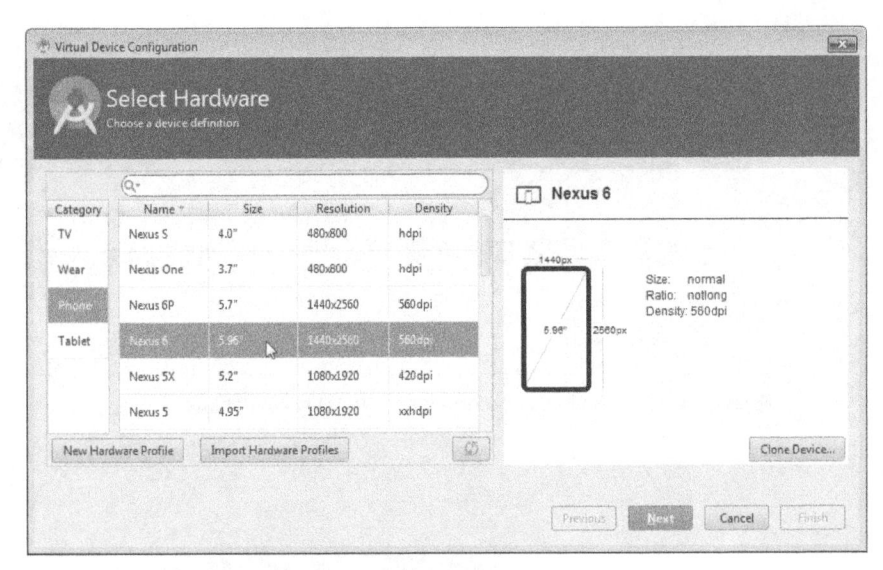

Figura 1.21 | Janela **Virtual Device Configuration**.

Se você deixar a opção **Enable Keyboard Input** marcada no Passo 5, poderá usar o teclado do computador para inserir dados em aplicativos que estejam executando no AVD. Contudo, isso impede a exibição do teclado numérico programável mostrado nas capturas de tela.

Cada AVD criado tem muitas outras opções especificadas em seu arquivo config.ini. Para corresponder mais precisamente à configuração de hardware de um dispositivo em particular, você pode modificar config.ini conforme descrito em:

```
http://developer.android.com/tools/devices/managing-avds.html
```

1.9.3 Execute o aplicativo Tip Calculator no AVD do smartphone Nexus 6

Para testar o aplicativo **Tip Calculator**, execute os passos a seguir:

1 *Verifique sua configuração.* Caso ainda não tenha feito isso, execute os passos especificados na seção "Antes de começar".

2 *Ative o AVD do Nexus 6.* Para este teste, usaremos o AVD do smartphone Nexus 6 que você configurou na Seção 1.9.2. Para ativar o AVD do Nexus 6, selecione **Tools > Android > AVD Manager** a fim de exibir a caixa de diálogo **Android Virtual Device Manager** (Fig. 1.22). Clique no botão **Launch this AVD in the emulator** (▶) na linha do AVD **Nexus 6 API 23**. Um AVD pode demorar algum tempo para carregar – não tente executar o aplicativo antes que o AVD acabe de ser carregado. Quando isso acontecer, o AVD exibirá a tela de bloqueio. Em um aparelho real, você a desbloqueia fazendo um movimento rápido (*swipe*) com o dedo. O gesto de pressionamento forte em um AVD é feito colocando-se o mouse sobre a "tela" do AVD e arrastando-o para cima. A Figura 1.23 mostra o AVD depois de ser desbloqueado.

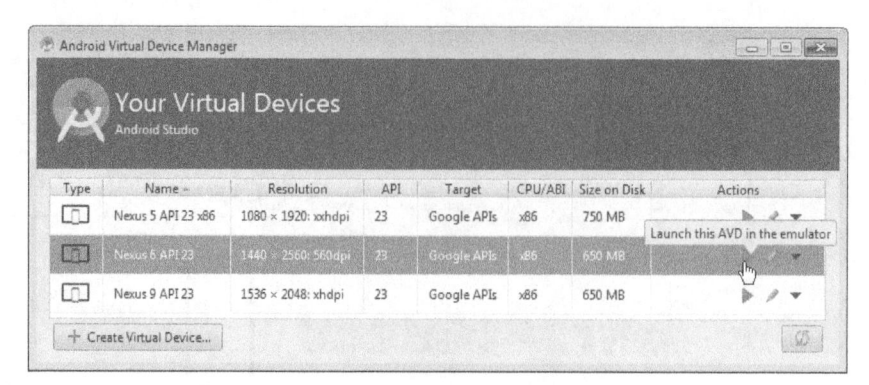

Figura 1.22 | Caixa de diálogo **Android Virtual Device Manager**.

Figura 1.23 | Tela inicial do AVD Nexus 6 depois de ser desbloqueado.

3. *Ative o aplicativo Tip Calculator.* No Android Studio, selecione **Run > Run 'app'** ou clique no botão **Run 'app'** (▶) na barra de ferramentas. Isso exibirá a caixa de diálogo **Device Chooser** (Fig. 1.24) com o AVD que está em execução já selecionado. Clique em **OK** para executar o aplicativo **Tip Calculator** no AVD (Fig. 1.25)

que você ativou no Passo 2.[11] Como alternativa a abrir a caixa de diálogo **Android Virtual Device Manager** no Passo 2, você pode clicar no botão **Run 'app'** (▶) na barra de ferramentas do Android Studio e a caixa de diálogo **Device Chooser** aparecerá. Então, use a opção **Launch emulator** na parte inferior da caixa de diálogo a fim de selecionar um AVD para ativar, no qual o aplicativo será executado.

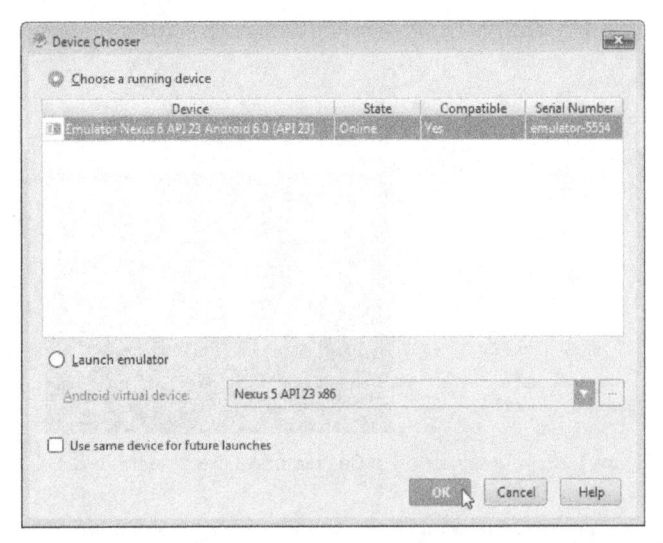

Figura 1.24 | **Device Chooser** para selecionar AVD ou dispositivo para testar um aplicativo.

4 ***Explore o AVD.*** Na parte inferior da tela do AVD existem vários *botões programáveis* que aparecem na tela de toque do dispositivo. Você toca neles para interagir com os aplicativos e com o sistema operacional Android. Em um AVD, os toques são dados clicando-se com o mouse. O botão para baixo (▼) remove o teclado numérico. Quando não há teclado numérico na tela, o botão de retrocesso (◀) é que aparece. Tocar nesse botão o leva de volta à tela anterior do aplicativo ou a um aplicativo anterior, caso você esteja na tela inicial do atual. O botão Home (◉) o leva de volta à tela inicial do dispositivo. O botão de aplicativos recentes (■) permite ver a lista de aplicativos usados recentemente para que você possa voltar a eles rapidamente. Na parte superior da tela está a barra de aplicativo, a qual exibe o nome do aplicativo e pode conter outros botões programáveis específicos – alguns

---

[11] O teclado numérico na Fig. 1.25 pode ser diferente de acordo com a versão de Android de seu AVD ou dispositivo ou se você tiver instalado e selecionado um teclado personalizado. Configuramos nosso AVD para exibir o teclado escuro a fim de obtermos um melhor contraste em nossas capturas de tela. Para isso, toque no ícone Home (◉) no AVD ou no dispositivo. Na tela inicial, toque no ícone do lançador (⚏) e abra o aplicativo **Settings**. Na seção **Personal**, toque em Language and Input. Em um AVD, toque em Android Keyboard (AOSP). Em um dispositivo, toque em **Google Keyboard** (o teclado Android padrão). Toque em **Appearance & layouts** e depois em **Theme**. Toque em **Material Dark** a fim de mudar para o teclado com fundo escuro.

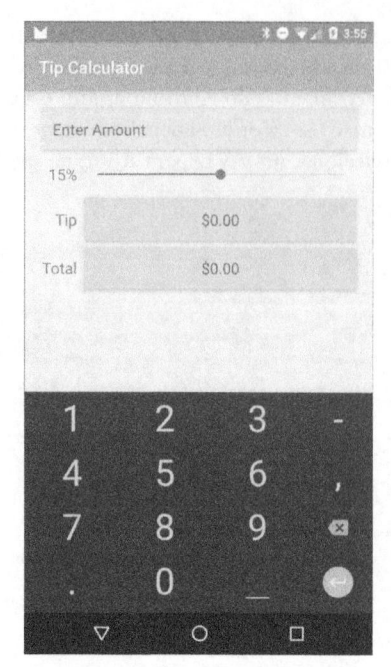

Figura 1.25 | O aplicativo **Tip Calculator** em execução no AVD.

podem aparecer na barra de aplicativo e o restante no **menu de opções** do aplicativo, o qual aparece naquela barra, na parte superior da tela, como (⋮). O número de opções na barra de aplicativo depende do tamanho do dispositivo – discutiremos isso no Capítulo 5.

5 *Digite um total de conta.* Digite 56.32 para o total da conta, tocando nos números do teclado numérico. Se cometer um erro, pressione o botão de exclusão (⌫), no canto inferior direito do teclado numérico, a fim de apagar o último algarismo digitado. Mesmo o teclado numérico contendo um ponto decimal, o aplicativo está configurado de modo a só ser possível digitar os algarismos de 0 a 9. Sempre que você toca em um algarismo ou exclui um, o aplicativo lê o que foi digitado até o momento e converte em um número – se você excluir todos os algarismos, o aplicativo exibirá **Enter Amount** no componente **TextView** novamente, na parte superior do aplicativo. O aplicativo divide o valor por 100 e mostra o resultado no componente **TextView** azul. Então, calcula e atualiza os valores da gorjeta e total exibidos. Usamos recursos de formato em moeda corrente do Android específicos para a localidade, a fim de mostrar os valores monetários formatados de acordo com o local atual do dispositivo. Para os Estados Unidos, à medida que você digita os quatro algarismos – 5, 6, 3 e 2 –, o total da conta é exibido sucessivamente como $0.05, $0.56, $5.63 e $56.32, respectivamente.

6 *Selecione uma porcentagem de gorjeta personalizada.* O componente **SeekBar** permite selecionar uma porcentagem personalizada, e os componentes **TextView**, na coluna da direita, abaixo do **SeekBar**, mostram o total da conta e a gorjeta correspondente. Arraste o cursor do componente **SeekBar** para a direita até que a porcentagem personalizada seja 25%. À medida que você arrasta o cursor, o valor de

SeekBar muda continuamente. O aplicativo atualiza a porcentagem da gorjeta, o valor dela e o total da conta de forma correspondente para cada valor de **SeekBar**, até que você solte o cursor. A Figura 1.26 mostra o aplicativo depois de inserido o valor da conta e selecionada a porcentagem da gorjeta.

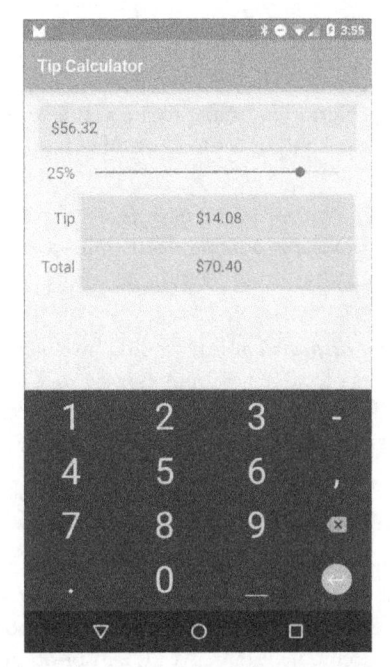

Figura 1.26 | O aplicativo **Tip Calculator** após a inserção do valor da conta e a seleção de uma gorjeta de 25%.

7. *Retorne à tela inicial.* Você pode voltar à tela inicial do AVD tocando no botão Home (◯) no AVD.

Solução de problemas na inicialização do AVD

Se houver algum problema na execução de um AVD, pode ser que memória demais de seu computador esteja alocada a ele. Para reduzir o tamanho da memória do AVD:

1. No Android Studio, selecione **Tools > Android > AVD Manager** a fim de abrir a janela **Android Virtual Device Manager**.
2. Você vai ver uma lista dos AVDs existentes. Para o AVD que você gostaria de reconfigurar, clique no ícone de lápis (✎) na coluna **Actions**.
3. Na janela **Virtual Device Configuration**, clique em **Show Advanced Settings** e role até a seção **Memory and Storage**.
4. Diminua o valor de **RAM**, dos 1536 MB (1,5 GB) padrão para 1 GB.
5. Clique em **Finish** e feche a janela **Android Virtual Device Manager**.

Se ainda não conseguir executar o AVD, repita esses passos e reduza a memória para 768 MB.

1.9.4 Execute o aplicativo Tip Calculator em um aparelho Android

Caso você possua um aparelho Android, pode executar um aplicativo nele facilmente para propósitos de teste.

1. *Habilite as opções de desenvolvedor no aparelho.* Primeiramente, você deve habilitar a depuração no aparelho. Para isso, acesse o aplicativo **Settings** do dispositivo e, então, selecione **About phone** (ou **About tablet**), localize o **Build number** (na parte inferior da lista) e toque nele sete vezes até ver **You are now a developer** na tela. Isso habilitará uma entrada chamada **Developer options** no aplicativo **Settings**.

2. *Habilite a depuração no aparelho.* Volte à tela principal do aplicativo **Settings**, selecione **Developer options** e certifique-se de que **USB debugging** esteja marcado – esse é o padrão ao se habilitar as opções de desenvolvedor no dispositivo pela primeira vez.

3. *Conecte o dispositivo.* Em seguida, use o cabo USB que veio com seu aparelho para conectá-lo ao seu computador. Se você for usuário de Windows, lembre-se de que, conforme visto na seção "Antes de começar", talvez precise instalar um driver USB para seu dispositivo. Consulte as páginas web a seguir para saber os detalhes:

   http://developer.android.com/tools/device.html
   http://developer.android.com/tools/extras/oem-usb.html

4. *Execute o aplicativo* **Tip Calculator** *no aparelho Android.* No Android Studio, selecione **Run > Run 'app'** ou clique no botão **Run 'app'** (▶) na barra de ferramentas. Isso exibirá a caixa de diálogo **Device Chooser** que vimos na Fig. 1.24. Selecione seu aparelho na lista de AVDs e dispositivos em execução. Clique em OK para executar o aplicativo **Tip Calculator** no AVD ou no aparelho selecionado.

Testes dos aplicativos do livro

Para ter uma ideia mais ampla dos recursos que você vai aprender neste livro, examine os testes dos aplicativos nos Capítulos 2 a 9.

Prepare-se para distribuir aplicativos

Ao construir aplicativos para distribuição por meio das lojas de aplicativos, como o Google Play, você deve testá-los no máximo de dispositivos reais que puder. Lembre-se de que alguns recursos podem ser testados *somente* em dispositivos reais. Caso você não tenha aparelhos Android disponíveis, crie AVDs que simulem os vários dispositivos nos quais gostaria de executar seu aplicativo – o AVD Manager fornece muitos templates de AVD previamente configurados. Ao configurar cada AVD para simular um dispositivo em particular, pesquise as especificações do aparelho online e configure o AVD de modo correspondente. Além disso, você pode modificar o arquivo `config.ini` do AVD, conforme descrito na Seção **Setting hardware emulation options**, no endereço

   http://developer.android.com/tools/devices/managing-avds-
      cmdline.html#hardwareopts

Esse arquivo contém opções que não podem ser configuradas por meio do **Android Virtual Device Manager**. Modificando essas opções é possível fazê-las corresponder mais precisamente à configuração de hardware de um dispositivo real.

1.10 Construção de excelentes aplicativos Android

Com mais de 1,6 milhão de aplicativos no Google Play,[12] como você faz para criar um aplicativo Android que as pessoas vão encontrar, baixar, usar e recomendar a outros? Reflita sobre o que torna um aplicativo divertido, útil, interessante, atraente e duradouro. Um nome de aplicativo engenhoso, um ícone interessante e uma descrição cativante podem atrair as pessoas para seu aplicativo no Google Play ou em uma das muitas outras lojas de aplicativos Android. Porém, uma vez que os usuários tenham baixado o aplicativo, o que os fará utilizá-lo regularmente e recomendá-lo a outros? A Figura 1.27 mostra algumas características de excelentes aplicativos.

Características de excelentes aplicativos

Games excelentes

- Interessantes e divertidos.
- Desafiadores.
- Níveis progressivos de dificuldade.
- Mostram sua pontuação e utilizam painéis de classificação para registrar as pontuações mais altas.
- Fornecem retorno sonoro e visual.
- Oferecem versões para um jogador, para vários jogadores e em rede.
- Possuem animações de alta qualidade.
- Descarregam código de entrada/saída que utilizam muito poder de processamento para separar threads de execução a fim de melhorar os tempos de resposta da interface e o desempenho do aplicativo.
- Inovam com tecnologia de realidade aumentada, aprimorando um ambiente do mundo real com componentes virtuais; isso é particularmente popular em aplicativos baseados em vídeo.

Utilitários interessantes

- Fornecem funcionalidade útil e informações precisas.
- Aumentam a produtividade pessoal e empresarial.
- Tornam as tarefas mais convenientes (por exemplo, mantendo uma lista de tarefas, gerenciando despesas).
- Tornam o usuário mais bem informado.
- Fornecem informações atuais (por exemplo, a cotação mais recente de ações, notícias, alertas de tempestades fortes, atualizações do tráfego).
- Utilizam serviços baseados na localidade para fornecer serviços locais (por exemplo, cupons de empresas locais, melhores preços de combustíveis, entrega de alimentos).

Características gerais

- Em dia com os recursos mais recentes do Android, mas compatível com várias versões de Android para dar suporte ao maior público possível.
- Funcionar corretamente.
- Corrigir erros prontamente.

Figura 1.27 | Características de excelentes aplicativos. (Parte I de 2)

---

[12] http://www.statista.com/statistics/266210/number-of-available-applications-in-the-google-play-store/.

> **Características de excelentes aplicativos**
>
> - Seguir as convenções padrão para interface gráfica de usuário de aplicativos Android.
> - Ser ativado rapidamente.
> - Ser rápido nas respostas.
> - Não exigir memória, largura de banda ou carga da bateria excessiva.
> - Ser original e criativo.
> - Duradouro – algo que seus usuários utilizem regularmente.
> - Usar ícones de qualidade profissional que apareçam no Google Play e no dispositivo do usuário.
> - Usar elementos gráficos, imagens, animações, áudio e vídeo de qualidade.
> - Ser intuitivo e fácil de usar (não exigir documentação de ajuda extensa).
> - Ser acessível a pessoas deficientes (`http://developer.android.com/guide/topics/ui/accessibility/index.html`).
> - Dar aos usuários motivos e um significado para contar a outros sobre seu aplicativo (por exemplo, você pode dar aos usuários a opção de postar suas pontuações no Facebook ou no Twitter).
> - Fornecer conteúdo adicional para aplicativos baseados em conteúdo (por exemplo, níveis de jogo, artigos, quebra-cabeças).
> - Estar localizado (Capítulo 2), ou seja, adaptado para cada país em que o aplicativo é oferecido (por exemplo, traduzir os arquivos de texto e de áudio do aplicativo, usar diferentes elementos gráficos de acordo com a localidade, etc.).
> - Oferecer desempenho, recursos e facilidade de uso melhores do que os dos aplicativos concorrentes.
> - Tirar proveito dos recursos internos do dispositivo.
> - Não solicitar permissões em excesso.
> - Ser projetado para executar da melhor maneira possível em uma ampla variedade de dispositivos Android.
> - Estar preparado para o futuro em relação a novos dispositivos de hardware – especifique os recursos de hardware exatos utilizados por seu aplicativo para que o Google Play possa filtrá-lo e exibi-lo na loja apenas para dispositivos compatíveis (`http://android-developers.blogspot.com/2010/06/future-proofing-your-app.html`).

Figura 1.27 | (Parte 2 de 2)

1.11 Recursos para desenvolvimento com Android

A Figura 1.28 lista parte da importante documentação do site Android Developer. À medida que se aprofundar no desenvolvimento de aplicativos Android, talvez você tenha perguntas sobre as ferramentas, questões de projeto, segurança e muito mais. Existem vários grupos de discussão e fóruns para desenvolvedores Android em que você pode obter as notícias mais recentes ou fazer perguntas (Fig. 1.29). A Figura 1.30 lista vários sites em que você encontrará dicas, vídeos e recursos para desenvolvimento com Android.

Título	URL
App Components	http://developer.android.com/guide/components/index.html
Using the Android Emulator	http://developer.android.com/tools/devices/emulator.html
Package Index	http://developer.android.com/reference/packages.html
Class Index	http://developer.android.com/reference/classes.html
Android Design	http://developer.android.com/design/index.html
Data Backup	http://developer.android.com/guide/topics/data/backup.html
Security Tips	http://developer.android.com/training/articles/security-tips.html
Android Studio	http://developer.android.com/sdk/index.html
Debugging	http://developer.android.com/tools/debugging/index.html
Tools Help	http://developer.android.com/tools/help/index.html
Performance Tips	http://developer.android.com/training/articles/perf-tips.html
Keeping Your App Responsive	http://developer.android.com/training/articles/perf-anr.html
Launch Checklist (for Google Play)	http://developer.android.com/distribute/tools/launch-checklist.html
Getting Started with Publishing	http://developer.android.com/distribute/googleplay/start.html
Managing Your App's Memory	http://developer.android.com/training/articles/memory.html
Google Play Developer Distribution Agreement	http://play.google.com/about/developer-distribution-agreement.html

Figura 1.28 | Documentação online importante para desenvolvedores Android (em inglês).

Título	Assinatura	Descrição
Android Discuss	Assine usando Google Groups: android-discuss Assine via e-mail: android-discuss-subscribe@googlegroups.com	Um grupo de discussão geral sobre o Android, em que você pode obter respostas às suas perguntas sobre desenvolvimento de aplicativos.
Stack Overflow	http://stackoverflow.com/questions/tagged/android	Use essa lista para questões sobre desenvolvimento de aplicativos Android e melhores práticas.
Android Developers	http://groups.google.com/forum/?fromgroups#!forum/android-developers	Os desenvolvedores Android experientes usam essa lista para solucionar problemas de aplicativos, problemas de projeto de interface gráfica do usuário, problemas de desempenho e muito mais.
Android Forums	http://www.androidforums.com	Faça perguntas, compartilhe dicas com outros desenvolvedores e encontre fóruns destinados a dispositivos Android específicos.

Figura 1.29 | Grupos de discussão e fóruns sobre Android (em inglês).

Dicas, vídeos e recursos para desenvolvimento com Android	URL
Exemplo de código e utilitários Android do Google	https://github.com/google (use o filtro "android")
Site Bright Hub™ para dicas sobre programação com Android e guias práticos	http://www.brighthub.com/mobile/google-android.aspx
O blog Android Developers	http://android-developers.blogspot.com/
Developer Center for Android do HTC	http://www.htcdev.com/
O site de desenvolvimento com Android da Motorola	http://developer.motorola.com/
Principais usuários de Android no Stack Overflow	http://stackoverflow.com/tags/android/topusers
Boletim semanal Android	http://androidweekly.net/
Blog Codependent de Chet Haase	http://graphics-geek.blogspot.com/
Blog sobre Android de Romain Guy	http://www.curious-creature.org/category/android/
Canal no YouTube® para desenvolvedores de Android	http://www.youtube.com/user/androiddevelopers
Vídeos da sessão Google I/O 2015 Developer Conference	https://events.google.com/io2015/videos

Figura 1.30 | Dicas, vídeos e recursos para desenvolvimento com Android (em inglês).

1.12 Para finalizar

Este capítulo apresentou uma breve história do Android e examinou sua funcionalidade. Fornecemos links para parte da documentação online e para grupos de discussão e fóruns que você pode usar para se conectar à comunidade de desenvolvedores e obter respostas para suas perguntas. Discutimos recursos do sistema operacional Android. Apresentamos os pacotes Java, Android e Google que permitem usar as funcionalidades de hardware e software necessárias para construir uma variedade de aplicativos Android. Você vai usar muitos desses pacotes neste livro. Discutimos ainda a programação com Java e o SDK Android. Você aprendeu sobre os gestos no Android e como fazer cada um deles em um dispositivo Android e no emulador. Oferecemos uma rápida revisão dos conceitos básicos da tecnologia de objetos, incluindo classes, objetos, atributos, comportamentos, encapsulamento, ocultação de informações, herança e muito mais. Você testou o aplicativo **Tip Calculator** no emulador do Android para AVDs de smartphone e de tablet.

No Capítulo 2, você vai construir seu primeiro aplicativo Android no Android Studio. O aplicativo exibirá texto e uma imagem. Você também vai aprender sobre acessibilidade e internacionalização do Android.

Aplicativo Welcome

Android Studio: projeto de interface visual, layouts, acessibilidade e internacionalização

Objetivos

Neste capítulo, você vai:

- Entender os fundamentos do IDE do Android Studio para escrever, testar e depurar seus aplicativos Android.
- Usar o IDE para criar um novo projeto de aplicativo.
- Projetar uma interface gráfica de usuário visualmente (sem programação) usando o editor de layout do IDE.
- Exibir texto e uma imagem em uma interface gráfica.
- Editar as propriedades de views (componentes da interface gráfica do usuário).
- Construir e ativar um aplicativo no emulador do Android.
- Tornar o aplicativo mais acessível para pessoas com deficiência visual, especificando strings para usar com os recursos TalkBack e Explore-by-Touch do Android.
- Dar suporte à internacionalização para que seu aplicativo possa exibir strings localizadas (adaptadas) em diferentes idiomas.

Resumo

2.1 Introdução
2.2 Visão geral das tecnologias
   2.2.1 Android Studio
   2.2.2 LinearLayout, TextView e ImageView
   2.2.3 XML (Extensible Markup Language)
   2.2.4 Recursos do aplicativo
   2.2.5 Acessibilidade
   2.2.6 Internacionalização
2.3 Criação de um aplicativo
   2.3.1 Ativação do Android Studio
   2.3.2 Criação de um novo projeto
   2.3.3 Caixa de diálogo **Create New Project**
   2.3.4 Passo **Target Android Devices**
   2.3.5 Passo **Add an Activity to Mobile**
   2.3.6 Passo **Customize the Activity**
2.4 Janela do Android Studio
   2.4.1 Janela **Project**
   2.4.2 Janelas do editor
   2.4.3 Janela **Component Tree**
   2.4.4 Arquivos de recurso do aplicativo
   2.4.5 Editor de layout
   2.4.6 Interface gráfica de usuário padrão
   2.4.7 Código XML para a interface gráfica de usuário padrão
2.5 Construção da interface gráfica de usuário do aplicativo com o editor de layout
   2.5.1 Adição de uma imagem ao projeto
   2.5.2 Adição de um ícone de aplicativo
   2.5.3 Alteração de RelativeLayout para LinearLayout
   2.5.4 Alteração das propriedades id e orientation do componente LinearLayout
   2.5.5 Configuração das propriedades id e text do componente TextView
   2.5.6 Configuração da propriedade textSize do componente TextView – pixels em escala e pixels independentes de densidade
   2.5.7 Configuração da propriedade textColor do componente TextView
   2.5.8 Configuração da propriedade gravity do componente TextView
   2.5.9 Configuração da propriedade layout:gravity do componente TextView
   2.5.10 Configuração da propriedade layout:weight do componente TextView
   2.5.11 Adição de um componente ImageView para exibir a imagem
   2.5.12 Visualização do projeto
2.6 Execução do aplicativo **Welcome**
2.7 Torne seu aplicativo acessível
2.8 Internacionalização de seu aplicativo
   2.8.1 Localização
   2.8.2 Nomes de pasta para recursos localizados
   2.8.3 Adição de traduções de strings ao projeto do aplicativo
   2.8.4 Localização de strings
   2.8.5 Teste do aplicativo em espanhol em um AVD
   2.8.6 Teste do aplicativo em espanhol em um dispositivo
   2.8.7 TalkBack e localização
   2.8.8 Lista de verificação para localização
   2.8.9 Tradução profissional
2.9 Para finalizar

2.1 Introdução

Neste capítulo, você vai construir o aplicativo **Welcome**, o qual exibe uma mensagem de boas-vindas e uma imagem. Vamos usar o Android Studio para criar um aplicativo simples (Figura 2.1) que funciona em celulares e tablets Android, nas orientações retrato e paisagem:

- Na orientação retrato, a altura do dispositivo é maior que sua largura.
- Na orientação paisagem, a largura é maior que a altura.

Você vai usar o editor de layout do Android Studio para construir a interface gráfica do usuário utilizando técnicas de *arrastar e soltar*. Vai também editar diretamente o código XML da interface. Vai executar seu aplicativo no *emulador* do Android e em um dispositivo Android, caso tenha um.

Você vai fornecer um texto descritivo para a imagem do aplicativo a fim de torná-lo mais *acessível* para deficientes visuais. Como vamos ver, o recurso *Explore by Touch* do

Figura 2.1 | Aplicativo **Welcome** executando no emulador do Android.

Anotações da figura:
- A barra de sistema superior do Android mostra itens que incluem a hora, o indicador de bateria, a situação da conexão do celular e ícones dos aplicativos que enviaram notificações a você
- Componente `TextView`
- Área cliente, na qual é exibido o conteúdo de seu aplicativo
- Componente `ImageView` mostrando o logotipo do besouro da Deitel
- A barra de sistema inferior do Android mostra (da esquerda para a direita) o botão *voltar*, o botão *Home* e o botão de *aplicativos recentes*.

Android permite que os usuários toquem em itens na tela e ouçam o recurso *TalkBack* pronunciar o texto descritivo correspondente. Vamos discutir como se faz para testar esses recursos, os quais só estão disponíveis em dispositivos Android.

Por fim, você vai *internacionalizar* o aplicativo para que possa fornecer strings *localizadas* (adaptadas à localidade) em diferentes idiomas. Então, vai alterar a configuração de localidade no emulador do Android para testar o aplicativo em espanhol. Quando seu aplicativo é executado, o Android escolhe as strings corretas com base na localidade do dispositivo. Mostramos como alterar a localidade em um dispositivo. Presumimos que você tenha lido o Prefácio, a seção "Antes de começar" e a Seção 1.9.

2.2 Visão geral das tecnologias

Esta seção apresenta as tecnologias que você vai usar para construir o aplicativo **Welcome**.

2.2.1 Android Studio

Na Seção 2.3, você vai usar o IDE (ambiente de desenvolvimento integrado) do Android Studio para criar um aplicativo. Conforme você vai ver, o IDE cria a interface gráfica de usuário padrão que contém o texto "Hello world!". Em seguida, você vai usar as views **Design** e **Text** do editor de layout e a janela **Properties** para construir visualmente uma interface gráfica de usuário simples, consistindo em um texto e uma imagem (Seção 2.5).

2.2.2 LinearLayout, TextView e ImageView

No Android, os componentes de interface de usuário são denominados **views**. **Layouts** são views que contêm e organizam outras views. Você vai usar um componente `LinearLayout` vertical para organizar o texto e a imagem do aplicativo, cada um ocupando metade do espaço vertical do componente. Um componente `LinearLayout` também pode organizar views horizontalmente.

O texto deste aplicativo é exibido em um componente `TextView`, e sua imagem é exibida em um componente `ImageView`. A interface gráfica de usuário padrão criada pelo Android Studio já contém um componente TextView. Você vai modificar suas propriedades, incluindo seu texto, tamanho e cor da fonte e seu tamanho relativo ao componente ImageView dentro do componente LinearLayout (Seção 2.5.5). Você vai usar a **Palette** de views do editor de layout (Figura 2.11) para arrastar e soltar um componente ImageView na interface gráfica do usuário (Seção 2.5.11) e vai configurar suas propriedades, incluindo sua fonte (origem) de imagem e o posicionamento dentro do componente LinearLayout.

2.2.3 XML (Extensible Markup Language)

É natural expressar interfaces gráficas do usuário com a linguagem XML (**Extensible Markup Language**). XML é um texto que pode ser lido por humanos e por computadores e, no contexto do Android, ajuda a especificar os layouts e componentes a serem usados e seus atributos, como tamanho, posição, cor, tamanho do texto, margens e preenchimento. O Android Studio analisa o código XML para exibir seu projeto no editor de layout e para gerar o código Java que produz a interface gráfica em tempo de execução (runtime). Você também vai usar arquivos XML para armazenar **recursos de aplicativo**, como strings, números e cores (Seção 2.2.4).

2.2.4 Recursos do aplicativo

Considera-se uma boa prática definir todas as strings, valores numéricos e outros valores em arquivos de recurso em XML, os quais são colocados nas subpastas da pasta res de um projeto. Na Seção 2.5.5, você vai criar recursos para strings (como o texto de um componente TextView) e medidas (como o tamanho da fonte). Para a cor da fonte do componente TextView, você vai criar um recurso de cor usando uma cor selecionada na paleta de cores do Material Design do Google:

```
http://www.google.com/design/spec/style/color.html
```

2.2.5 Acessibilidade

O Android fornece recursos de *acessibilidade* para ajudar pessoas com certas deficiências a usar seus dispositivos. Os deficientes visuais podem usar o recurso **TalkBack** do Android para permitir que um dispositivo pronuncie o texto da tela ou um texto que você forneça para ajudá-los a entender a finalidade e o conteúdo de uma view. O recurso **Explore by Touch** do Android permite ao usuário tocar na tela para ouvir o aplicativo TalkBack falar o que está na tela próximo ao local do toque. A Seção 2.7 mostra como habilitar esses recursos e como configurar as views de seu aplicativo para acessibilidade.

2.2.6 Internacionalização

Os dispositivos Android são usados no mundo todo. Para atingir o máximo de usuários com seus aplicativos, você deve pensar em personalizá-los para várias *localidades* e idiomas falados. Configurar seu aplicativo de modo que possa ser personalizado para várias localidades é conhecido como **internacionalização**. Personalizar seu aplicativo para uma localidade específica é conhecido como **localização***. A Seção 2.8 mostra como fornecer texto em espanhol para a string de acessibilidade dos componentes TextView e ImageView do aplicativo **Welcome** e como testar o aplicativo em um AVD ou dispositivo configurado para o idioma espanhol.

---

* N. de R.T.: Se estiver pesquisando na documentação oficial, o termo original em inglês é *localization*.

2.3 Criação de um aplicativo

Os exemplos deste livro foram desenvolvidos com o SDK do Android 6, que era o atual quando esta obra foi produzida. Esta seção mostra como usar o Android Studio para criar um novo projeto. Apresentamos recursos adicionais do IDE por todo o livro.

2.3.1 Ativação do Android Studio

Como você fez na Seção 1.9, abra o Android Studio por meio de seu atalho:

O IDE exibe a janela **Welcome** (Figura 1.17) ou o último projeto aberto.

2.3.2 Criação de um novo projeto

Um **projeto** é um grupo de arquivos relacionados, como arquivos de código, arquivos de recurso e imagens que compõem um aplicativo. Para criar um aplicativo, você deve primeiro criar seu projeto. Para isso, clique em **Start a new Android Studio project** na janela **Welcome** ou, se um projeto estiver aberto, selecione **File > New > New Project...**. Isso exibe a caixa de diálogo **Create New Project** (Figura 2.2).

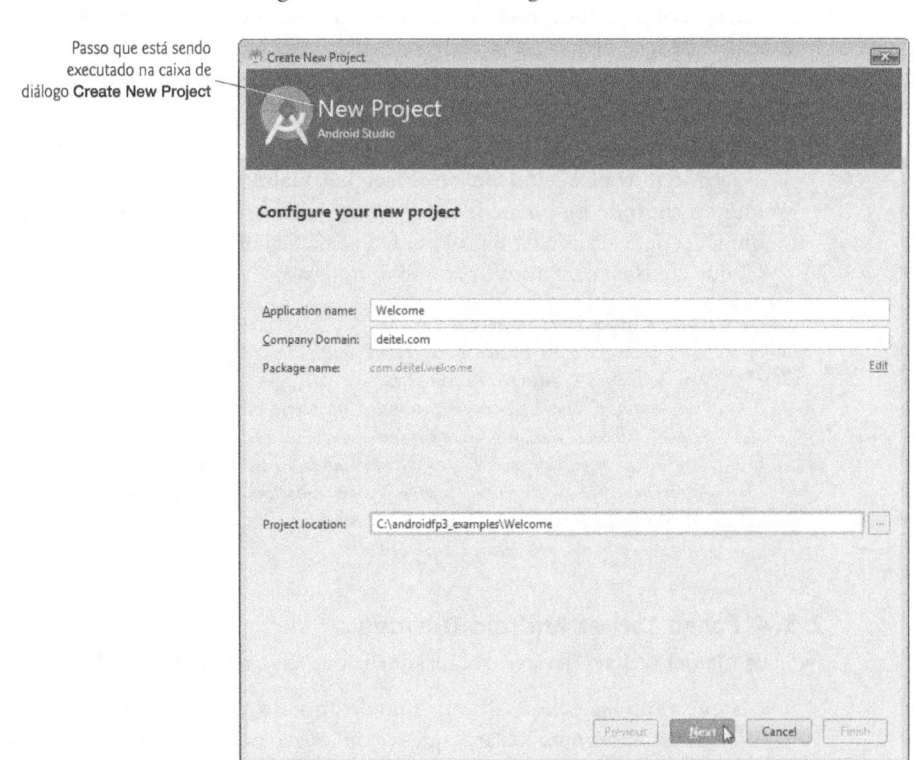

Figura 2.2 | Caixa de diálogo **Create New Project** – passo **New Project**.

2.3.3 Caixa de diálogo Create New Project

No passo **Configure your new project** da caixa de diálogo **Create New Project** (Figura 2.2), especifique as informações a seguir e clique em **Next**:

1. Campo **Application name:** o nome de seu aplicativo. Digite `Welcome` nesse campo.
2. Campo **Company Domain:** o nome de domínio do site de sua empresa. Usamos o domínio de nosso site `deitel.com`. Para propósitos de aprendizagem, você pode usar `example.com`, mas isso deve ser alterado, caso pretenda distribuir seu aplicativo.
3. Campo **Package name:** o nome do pacote Java para o código-fonte de seu aplicativo. O Android e a loja Google Play utilizam isso como *identificador exclusivo* do aplicativo, o qual deve permanecer o mesmo em todas as versões de seu aplicativo que você carregar na loja. Normalmente, o nome de pacote começa com o **Company Domain** de sua empresa ou instituição *ao contrário* – nosso **Company Domain** é `deitel.com`, de modo que nossos nomes de pacote Java começam com `com.deitel`. Isso é seguido por um ponto (.) e pelo nome do aplicativo, com todas as letras minúsculas e com os espaços removidos. Por convenção, os nomes de pacote utilizam apenas letras minúsculas. O IDE define o nome do pacote usando o texto digitado nos campos **Application Name** e **Company Domain**. Para personalizar o campo **Package name**, você pode clicar no link **Edit**, à direita do nome de pacote gerado.
4. Campo **Project location:** o caminho do local em seu computador onde o projeto será armazenado. Por padrão, o Android Studio coloca pastas de um projeto novo na subpasta `AndroidStudioProjects` em seu diretório de conta de usuário. O nome da pasta de um projeto consiste no nome do projeto com os espaços removidos. Também é possível personalizar o local inserindo um caminho ou clicando no botão de reticências (...) à direita do campo e procurando um local para armazenar o projeto. Depois de escolher um local, clique em **OK**. Clique em **Next** para avançar ao próximo passo.

> **Dica para evitar erros 2.1**
> *Se o caminho para a pasta na qual você deseja salvar um projeto contém espaços, a caixa de diálogo* **Create New Project** *exibe a mensagem "Your project location contains whitespace. This can cause problems on some platforms and is not recommended". (O local de seu projeto contém espaço em branco. Isso pode causar problemas em algumas plataformas e não é recomendado.) Para resolver isso, clique no botão de reticências (...) à direita do campo* **Project location** *da caixa de diálogo* **Create New Project** *e selecione um local que não contenha espaços; caso contrário, seu projeto poderá não compilar ou executar corretamente.*

2.3.4 Passo Target Android Devices

No passo **Target Android Devices** da caixa de diálogo **Create New Project** (Figura 2.3):

1. Marque a caixa de seleção de cada tipo de dispositivo Android (**Phone and Tablet**, **TV**, **Wear**, **Android Auto** e **Glass**) que seu aplicativo deve suportar. Para o aplicativo **Welcome**, certifique-se de que apenas o tipo **Phone and Tablet** esteja marcado.
2. Em seguida, selecione um valor para **Minimum SDK** na lista suspensa para cada tipo de dispositivo selecionado e clique em **Next**. O **Minimum SDK** é o nível míni-

mo de API do Android exigido para executar seu aplicativo. Isso permite que ele seja executado em dispositivos que suportam esse nível de API e mais altos. Para os aplicativos deste livro, selecione **API23: Android 6.0 (Marshmallow)** e clique em **Next**. A Figura 2.4 mostra as versões de SDK do Android e seus níveis de API – as versões não mostradas aqui são obsoletas e não devem ser usadas. A porcentagem de dispositivos Android que executa cada versão da plataforma aparece em

```
http://developer.android.com/about/dashboards/index.html
```

Observação sobre engenharia de software 2.1
Valores mais baixos de **Minimum SDK** *permitem que seu aplicativo seja executado em mais dispositivos – por exemplo, quando este livro estava sendo produzido, você podia atingir 94% dos dispositivos com a API 15. Geralmente, você deve utilizar o nível de API mais baixo em que seu aplicativo possa executar. Os recursos mais recentes, que não estão disponíveis em plataformas mais antigas, devem ser desativados quando seu aplicativo for instalado nessas plataformas.*

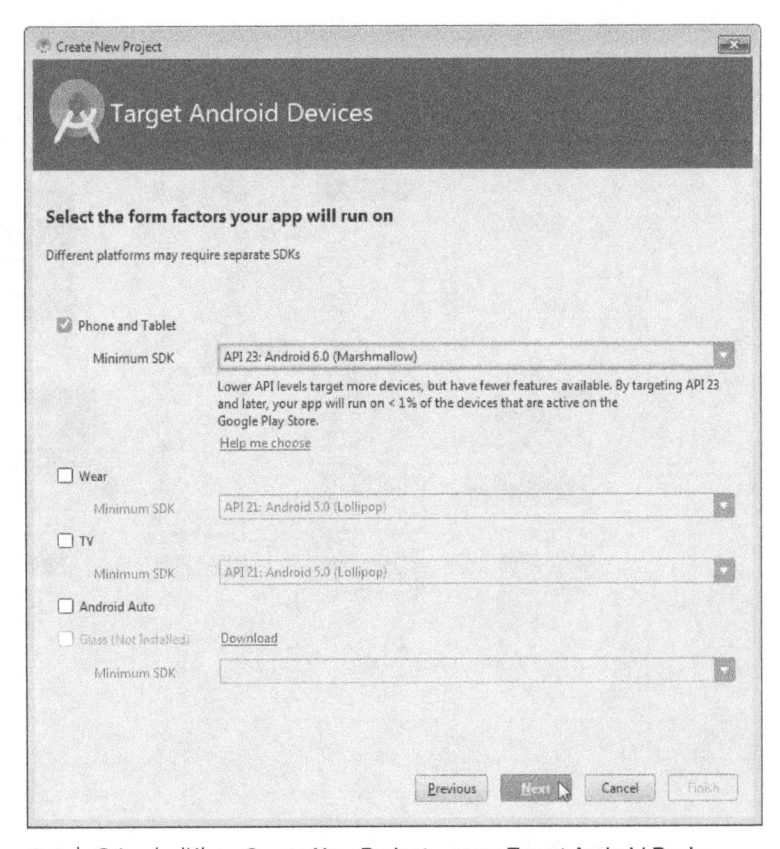

Figura 2.3 | Caixa de diálogo **Create New Project** – passo **Target Android Device**.

Versão do SDK	Nível de API	Versão do SDK	Nível de API	Versão do SDK	Nível de API
6,0	23	4,3	18	2.3.3-2.3.7	10
5,1	22	4.2.x	17	2,2	8
5,0	21	4.1.x	16		
4,4	19	4.0.3-4.0.4	15		

Figura 2.4 | Versões do SDK do Android e níveis de API. (http://developer.android.com/about/dashboards/index.html)

2.3.5 Passo Add an Activity to Mobile

No passo **Add an Activity to Mobile** (Figura 2.5), você vai selecionar um template de aplicativo. Os templates fornecem pontos de partida previamente configurados para projetos e lógica de aplicativo comuns.

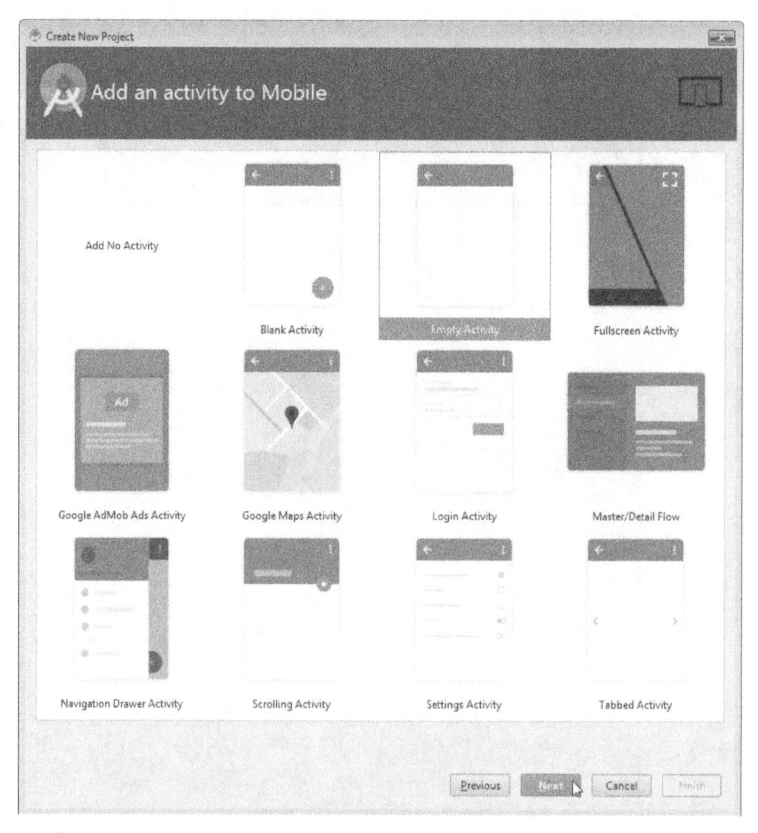

Figura 2.5 | Caixa de diálogo **Create New Project** – passo **Add an activity to Mobile**.

A Figura 2.6 descreve sucintamente três templates comumente usados da Figura 2.5. Para este aplicativo, selecione **Empty Activity** e, em seguida, clique em **Next**. Esse template define um aplicativo de tela única que exibe **Hello World!**. Vamos usar outros templates em capítulos posteriores. Para aplicativos de várias telas, você também pode definir uma nova tela adicionando uma das atividades da Figura 2.5 a um aplicativo já existente. Por exemplo, no aplicativo **Flag Quiz** do Capítulo 4, vamos adicionar uma atividade **Settings** que fornece uma tela na qual o usuário pode especificar as configurações dos testes.

Template	Descrição
Blank Activity	Utilizado para um *aplicativo de tela única* no qual você mesmo constrói a maior parte da interface gráfica do usuário. Fornece uma *barra de aplicativo* na parte superior do aplicativo, a qual exibe o nome do aplicativo e pode mostrar controles que permitem ao usuário interagir com ele. Inclui também um componente Material Design `FloatingActionButton`.
Fullscreen Activity	Utilizado para um *aplicativo de tela única* (semelhante a **Blank Activity**) que ocupa a tela inteira, mas pode alternar a visibilidade da barra de status do dispositivo e a barra de aplicativo do aplicativo.
Master/Detail Flow	Utilizado para um aplicativo que exibe uma *lista mestra* de itens, dos quais o usuário pode escolher um para ver seus detalhes – semelhante aos aplicativos incorporados **Email** e **Contacts**. Inclui lógica básica para permitir ao usuário selecionar um item na lista mestra e exibi-lo na view de detalhes. Para tablets, a lista mestra e os detalhes aparecem lado a lado na mesma tela. Para telefones, ela é mostrada em uma única tela, e a seleção de um item exibe seus detalhes em uma tela separada.

Figura 2.6 | Templates de `Activity`.

2.3.6 Passo Customize the Activity

Este passo (Figura 2.7) depende do template selecionado no passo anterior. Para o template **Empty Activity**, este passo permite especificar:

- **Activity Name** (nome da atividade) – `MainActivity` é o nome padrão fornecido pelo IDE. Esse é o nome de uma subclasse de `Activity` que controla a execução do aplicativo. A partir do Capítulo 3, vamos modificar essa classe para implementar as funcionalidades do aplicativo.
- **Layout Name** (nome do layout) – `activity_main` é o nome padrão fornecido pelo IDE. Esse arquivo (que tem a extensão `.xml`) armazena uma representação em XML da interface gráfica de usuário do aplicativo, que você vai construir na Seção 2.5 usando técnicas visuais.

Para este aplicativo, mantenha as configurações padrão e clique em **Finish** para criar o projeto.

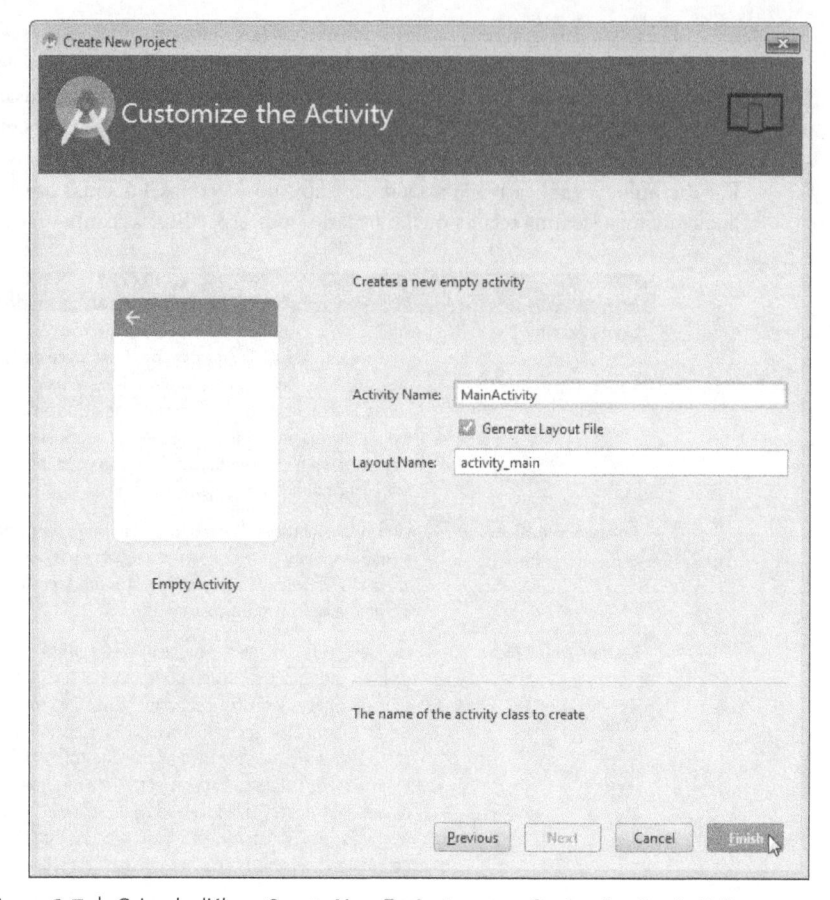

Figura 2.7 | Caixa de diálogo **Create New Project** – passo **Customize the Activity**.

2.4 Janela do Android Studio

Quando você termina de criar o projeto, o IDE abre os arquivos MainActivity.java e activity_main.xml. Feche MainActivity.java para que o IDE apareça como mostrado na Figura 2.8. O IDE mostra o editor de layout para que você possa começar a projetar a interface gráfica do usuário de seu aplicativo. Neste capítulo, discutimos apenas os recursos do IDE necessários para construir o aplicativo **Welcome**. Vamos apresentar mais recursos do IDE ao longo do livro.

Capítulo 2 Aplicativo Welcome 45

A janela **Project** mostra os arquivos do projeto no nó **app**   As janelas do editor – como os editores de layout e de código – aparecem aqui   **Component Tree** com as propriedades do item atualmente selecionado exibidas na janela **Properties**

Guias de janela recolhidas – você pode clicar em uma guia para expandir a janela correspondente

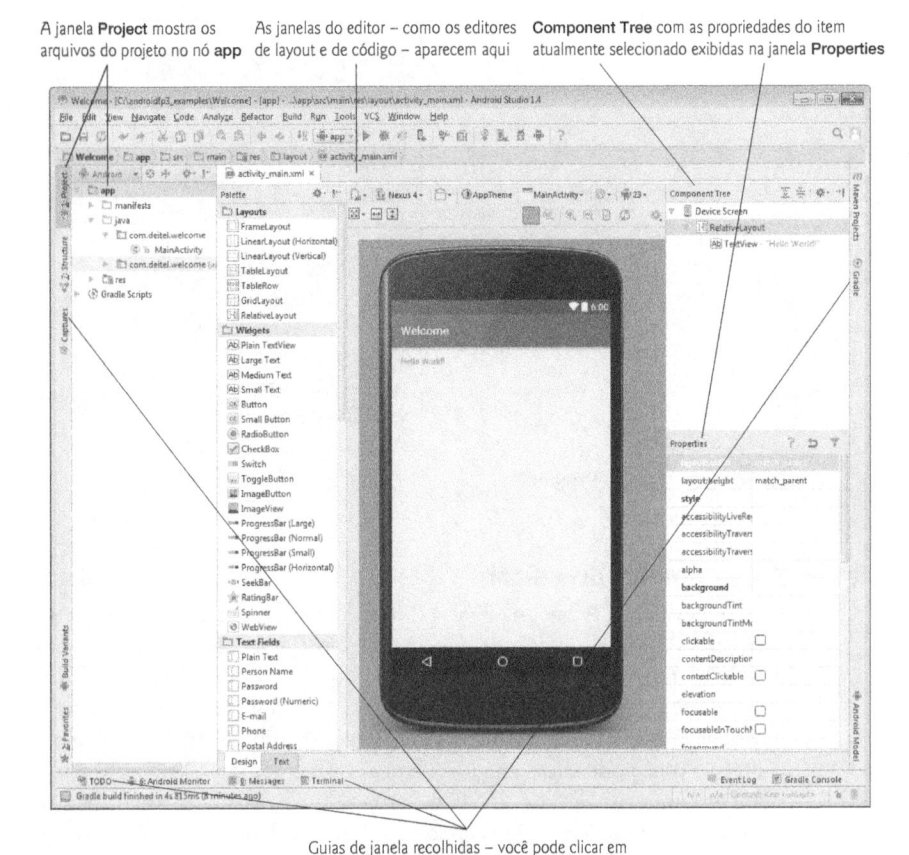

Figura 2.8 | Projeto Welcome aberto no Android Studio.

2.4.1 Janela Project

A janela **Project** dá acesso a todos os arquivos do projeto. É possível ter muitos projetos abertos simultaneamente no IDE – cada um em sua própria janela. A Figura 2.9 mostra o conteúdo do projeto do aplicativo **Welcome** na janela **Project** – expandimos a pasta res e sua pasta aninhada layout. A pasta app contém os arquivos que você vai editar para criar as interfaces gráficas do usuário e a lógica de seus aplicativos. O conteúdo da pasta app está organizado em pastas aninhadas que contêm arquivos. Neste capítulo, você vai usar apenas arquivos localizados na pasta res, a qual discutimos na Seção 2.4.4 – discutiremos as outras pastas e arquivos à medida que os utilizarmos em capítulos posteriores.

Figura 2.9 | Janela **Project**.

2.4.2 Janelas do editor
À direita da janela **Project** na Figura 2.8 está a janela do editor de layout. Quando você clica duas vezes em um arquivo na janela **Project**, seu conteúdo aparece em uma janela de edição apropriada, dependendo do tipo do arquivo. Para um arquivo Java, aparece o editor de código-fonte Java. Para um arquivo XML que representa uma interface gráfica de usuário (como `activity_main.xml`), a guia **Design** do editor de layout é exibida por padrão, e você pode clicar na guia **Text** para ver o código XML correspondente, lado a lado com uma visualização prévia do projeto (se a visualização não aparecer, é possível vê-la selecionando **View > Tool Windows > Preview**). Para outros arquivos XML é exibido um editor de XML personalizado ou um baseado em texto, dependendo da finalidade dos arquivos. Os editores de código para Java e XML o ajudam a escrever código de forma rápida e correta por meio do *preenchimento de código* – ao digitar, você pode pressionar *Enter* (ou *Return*) para preencher automaticamente um elemento de código Java ou um nome de elemento, nome de atributo ou valor XML que esteja realçado na janela de preenchimento de código.

2.4.3 Janela Component Tree
Quando o editor de layout está aberto na view **Design**, a janela **Component Tree** aparece no lado direito do IDE (Figura 2.8). Essa janela mostra os *layouts* e *views* (componentes de interface gráfica do usuário) que compõem a interface e suas relações pai-filho – por exemplo, um layout (o pai) poderia conter muitas views aninhadas (os filhos), incluindo outros layouts.

2.4.4 Arquivos de recurso do aplicativo
Arquivos de layout, como `activity_main.xml`, são recursos do aplicativo armazenados em subpastas da pasta **res** do projeto. As subpastas contêm diferentes tipos de recurso. Os que utilizamos neste aplicativo aparecem na Figura 2.10, e os outros (`menu`, `animator`, `anim`, `color`, `mipmap`, `raw` e `xml`) serão discutidos à medida que precisarmos deles mais adiante no livro.

Subpasta de recurso	Descrição
drawable	Nomes de pasta que começam com drawable normalmente contêm imagens. Essas pastas também podem conter arquivos XML representando formas e outros tipos de itens desenháveis (como as imagens que representam os estados *não pressionado* e *pressionado* de um botão).
layout	Nomes de pasta que começam com layout contêm arquivos XML que descrevem interfaces gráficas do usuário, como o arquivo activity_main.xml.
values	Nomes de pasta que começam com values contêm arquivos XML que especificam valores de *arrays* (arrays.xml), *cores* (colors.xml), *dimensões* (dimens.xml – valores como larguras, alturas e tamanhos de fonte), *strings* (strings.xml) e *estilos* (styles.xml). Esses nomes de arquivo são usados por convenção, mas *não* são obrigatórios – na verdade, você pode colocar todos os recursos desses tipos em *um* arquivo apenas. Considera-se uma boa prática definir os dados de arrays, cores, tamanhos, strings e estilos codificados no programa como *recursos*, para que possam ser facilmente modificados sem alterar o código Java do aplicativo. Por exemplo, se um *recurso de dimensão* é referenciado em muitos locais em seu código, você pode alterar o valor da dimensão no arquivo de recurso em vez de localizar cada ocorrência de um valor de dimensão codificado nos arquivos-fonte Java de seu aplicativo.

Figura 2.10 | Subpastas da pasta res do projeto utilizadas neste capítulo.

2.4.5 Editor de layout

Quando você cria um projeto, o IDE abre o arquivo activity_main.xml no editor de layout (Figura 2.11). Você também pode clicar duas vezes em activity_main.xml na pasta res/layout para abrir o arquivo no editor de layout.

Selecionando o tipo de tela para o projeto da interface gráfica do usuário

Os aplicativos Android podem ser executados em muitos tipos de dispositivos. Neste capítulo, você vai projetar a interface gráfica do usuário de um telefone Android. Conforme mencionamos na seção "Antes de começar", utilizamos para esse propósito um AVD que emula o telefone Google Nexus 6. O editor de layout vem com muitas configurações de dispositivo que representam vários tamanhos e resoluções de tela que podem ser usados para projetar sua interface. Para este capítulo, usamos o **Nexus 6** predefinido, o qual pode ser selecionado na lista suspensa de dispositivos virtuais, na parte superior do editor de layout na Figura 2.11 – **Nexus 4** é selecionado por padrão. Isso não quer dizer que o aplicativo só pode ser executado em um aparelho Nexus 6 – significa simplesmente que o projeto é para dispositivos com tamanho e resolução de tela similares aos do Nexus 6. Em capítulos posteriores, você vai ver como projetar suas interfaces gráficas para mudar de escala adequadamente para uma ampla variedade de dispositivos.

A **Palette** contém **Widgets** (views), **Layouts** e outros itens que podem ser arrastados e soltos na tela de desenho

A lista suspensa de dispositivos virtuais contém os dispositivos que podem ser usados para projetar sua interface gráfica do usuário – para este capítulo, selecione **Nexus 6**

Guia **Design** do editor de layout

Tela de desenho (a área de projeto da interface gráfica do usuário)

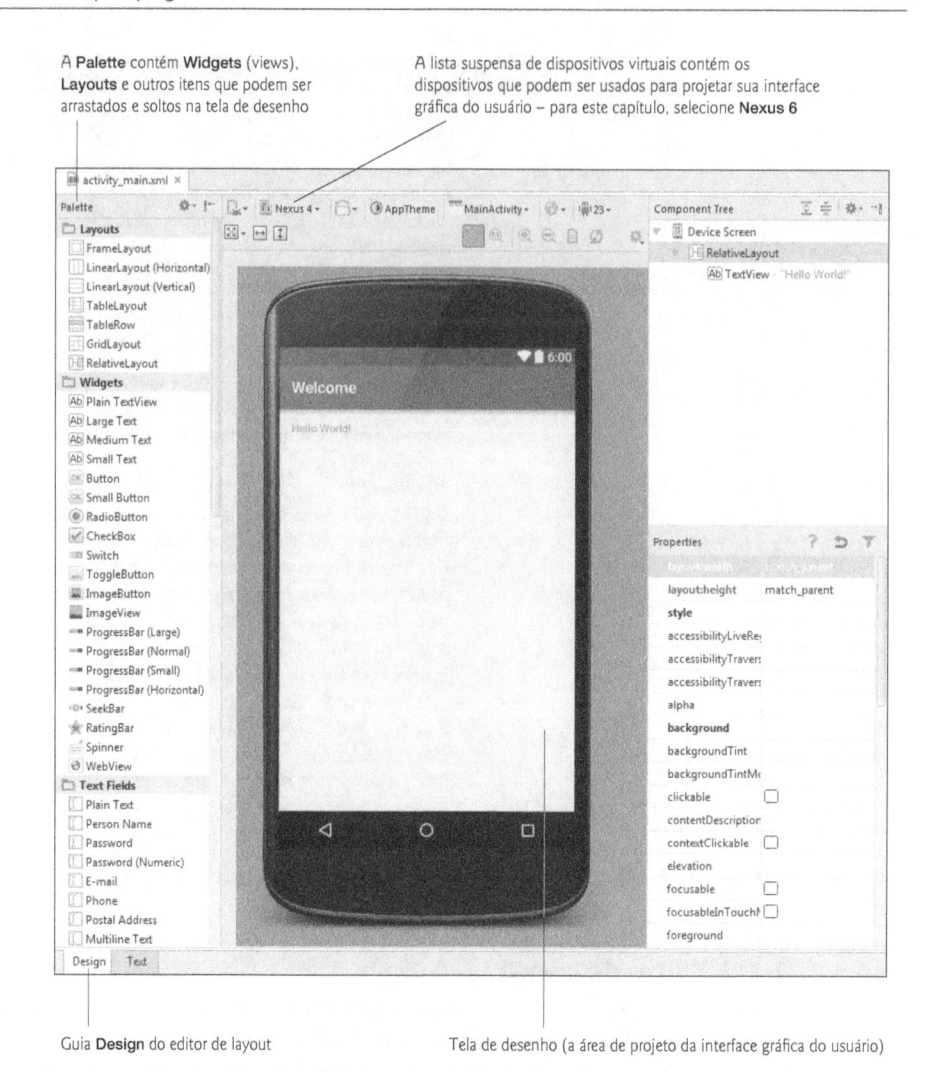

Figura 2.11 | Visão do editor de layout da interface gráfica de usuário padrão do aplicativo.

2.4.6 Interface gráfica de usuário padrão

A interface gráfica de usuário padrão para um aplicativo **Blank Page** (Figura 2.11) consiste em um componente RelativeLayout com fundo branco e um componente TextView contendo "Hello World!". Um componente RelativeLayout organiza as views *uma em relação à outra* ou *em relação ao layout em si* – por exemplo, você pode especificar que uma view deve aparecer *abaixo* de outra e ser *centralizada horizontalmente* dentro do componente RelativeLayout. Para o aplicativo **Welcome**, você vai alterar o componente RelativeLayout para um LinearLayout vertical, no qual texto e uma imagem serão dispostos de cima para baixo na tela, e cada um ocupará metade da altura do layout. Um componente TextView exibe texto. Você vai adicionar um componente ImageView para exibir a imagem. Vamos falar mais sobre cada um deles na Seção 2.5.

2.4.7 Código XML para a interface gráfica de usuário padrão

Como já mencionado, o arquivo `activity_main.xml` contém a representação XML da interface gráfica do usuário. A Figura 2.12 mostra o código XML inicial. Reduzimos a quantidade de recuo no código XML padrão para propósitos de publicação do livro. Você vai editar esse código XML diretamente para mudar o componente `RelativeLayout` para um `LinearLayout`.

```xml
 1  <?xml version="1.0" encoding="utf-8"?>
 2  <RelativeLayout xmlns:android="http://schemas.android.com/apk/res/android"
 3      xmlns:tools="http://schemas.android.com/tools"
 4      android:layout_width="match_parent"
 5      android:layout_height="match_parent"
 6      android:paddingBottom="@dimen/activity_vertical_margin"
 7      android:paddingLeft="@dimen/activity_horizontal_margin"
 8      android:paddingRight="@dimen/activity_horizontal_margin"
 9      android:paddingTop="@dimen/activity_vertical_margin"
10      tools:context=".MainActivity">
11
12      <TextView
13          android:layout_width="wrap_content"
14          android:layout_height="wrap_content"
15          android:text="@string/hello_world" />
16
17  </RelativeLayout>
```

Figura 2.12 | Conteúdo inicial do arquivo `activity_main.xml` do projeto.

Os valores de atributo que começam com @, como

`@dimen/activity_vertical_margin`

na linha 6, são *recursos* com valores definidos em outros arquivos. Por padrão, o editor de XML exibe o valor literal de um recurso (16dp para o recurso na linha 6) e realça o valor com um fundo verde claro (ou cinza claro, se você estiver usando o tema escuro do Android Studio). Isso permite ver o valor real do recurso utilizado em um contexto específico. Se você clicar no valor literal (16dp para @dimen/activity_vertical_margin), o editor exibirá, em vez disso, o nome do recurso correspondente.

2.5 Construção da interface gráfica de usuário do aplicativo com o editor de layout

Agora você vai criar a interface gráfica de usuário do aplicativo **Welcome**. O editor de layout do IDE permite construir a interface gráfica de usuário arrastando e soltando views – como `TextViews`, `ImageViews` e `Buttons`. Por padrão, o layout da interface gráfica de um aplicativo baseado no template **Empty Activity** é armazenado em um arquivo XML chamado `activity_main.xml`, localizado na pasta `res` do projeto, na subpasta `layout`. Neste capítulo, vamos usar o editor de layout e a janela **Component Tree** para construir a interface do usuário. Você só vai editar o código XML em `activity_main.xml` para alterar o layout usado para organizar os componentes `TextView` e `ImageView` deste aplicativo.

2.5.1 Adição de uma imagem ao projeto

Para este aplicativo, você precisará adicionar uma imagem ao projeto. Vamos usar a imagem do logotipo do besouro da Deitel[1] (bug.png), localizado nos exemplos do livro, na subpasta Welcome da pasta images. Todos os nomes de arquivo de recursos de imagem – e todos os outros recursos que você vai aprender em capítulos posteriores – devem ter letras *minúsculas*.

Pastas drawable

Os dispositivos Android têm *tamanhos de tela*, *resoluções* e *densidades de pixel* (isto é, pontos por polegada ou DPI – dots per inch) variados; portanto, você normalmente fornece imagens em resoluções variadas, que o sistema operacional escolhe com base na densidade de pixels de um dispositivo. Elas são colocadas em pastas drawable (na pasta res de um projeto), as quais armazenam imagens com diferentes densidades de pixel (Figura 2.13). Por exemplo, as imagens para dispositivos com densidade de pixels semelhante ao telefone Google Nexus 6 (560 dpi) que utilizamos em nosso AVD de telefone seriam colocadas na pasta drawable-xxxhdpi. Imagens para dispositivos com densidades de pixel menores são colocadas nas outras pastas drawable – normalmente a pasta que representa a densidade de pixels mais próxima da do dispositivo real.

Densidade	Descrição
drawable-ldpi	*Densidade baixa* – aproximadamente 120 pontos por polegada.
drawable-mdpi	*Densidade média* – aproximadamente 160 pontos por polegada.
drawable-hdpi	*Densidade alta* – aproximadamente 240 pontos por polegada.
drawable-xhdpi	*Densidade extra-alta* – aproximadamente 320 pontos por polegada.
drawable-xxhdpi	*Densidade extra-extra-alta* – aproximadamente 480 pontos por polegada.
drawable-xxxhdpi	*Densidade extra-extra-extra-alta* – aproximadamente 640 pontos por polegada.

Figura 2.13 | Densidades de pixels do Android.

O Android Studio exibe apenas uma pasta drawable contendo os recursos drawable do aplicativo, mesmo que seu projeto contenha recursos de várias densidades. Para um recurso armazenado em disco, na pasta drawable-xxxhdpi do projeto, o Android Studio exibe

nomedoarquivo.xml (xxxhdpi)

na pasta drawable do projeto.

Para este aplicativo, fornecemos somente uma versão da imagem. Caso o Android não consiga encontrar na pasta drawable uma imagem que mais se aproxime da densidade de pixels do dispositivo, mudará para a versão de outra pasta drawable, mais ou menos densa, conforme for necessário. Por padrão, o Android Studio cria somente uma pasta drawable sem um qualificador de DPI, a qual vamos usar para este aplicativo inicial. Para obter informações detalhadas sobre suporte para várias telas e tamanhos de tela no Android, visite:

http://developer.android.com/guide/practices/screens_support.html

---

[1] Antes de usar qualquer imagem em um aplicativo, você deve certificar-se de tê-la licenciado corretamente. Algumas licenças de imagem exigem que você pague pelo direito de utilizá-la e outras são de uso gratuito ou são licenças Creative Commons (creativecommons.org).

> **Observação sobre aparência e comportamento 2.1**
>
> *Imagens em baixa resolução não proporcionam boa escalabilidade. Para que as imagens sejam bem visualizadas, um dispositivo de alta densidade de pixels precisa de imagens de resolução mais alta do que um dispositivo de baixa densidade de pixels.*

Adicione **bug.png** *ao projeto*
Execute os passos a seguir para adicionar as imagens nesse projeto:

1. Na janela **Project**, expanda a pasta res do projeto.
2. Na pasta de exemplos do livro em seu sistema de arquivos, abra a pasta images e a subpasta Welcome.
3. Copie o arquivo bug.png e, então, na janela **Project** do Android Studio, selecione a subpasta drawable da pasta res e cole o arquivo nessa subpasta.
4. Na caixa de diálogo **Copy** que aparece, clique em **OK**.

Agora a imagem pode ser usada no aplicativo.

2.5.2 Adição de um ícone de aplicativo

Quando seu aplicativo é instalado em um dispositivo, seu ícone e seu nome aparecem, com todos os outros aplicativos instalados, no lançador de aplicativos (*launcher*), o qual você pode acessar por meio do ícone (⌘) na tela inicial de seu dispositivo. Para adicionar o ícone do lançador do aplicativo, clique com o botão direito do mouse na pasta res e selecione **New > Image Asset**. Isso abrirá a janela **Asset Studio** (Figura 2.14), a qual permite configurar o ícone do aplicativo a partir de uma imagem existente, de um clipe de arte ou de texto.

Para este aplicativo, escolhemos a imagem DeitelOrange.png, localizada na pasta images com os exemplos do livro. Para usar essa imagem:

1. Clique no botão de reticências à direita do campo **Image file:**.
2. Navegue até a pasta images na pasta de exemplos do livro.
3. Selecione DeitelOrange.png e clique em **OK**. Apresentações prévias das imagens em escala aparecem na área **Preview** da caixa de diálogo.
4. Clique em **Next** e depois em **Finish**.

O IDE cria diversas versões em escala da imagem, cada uma denominada ic_launcher.png, e as coloca nas subpastas mipmap[2] da pasta res do projeto. As subpastas mipmap são semelhantes às subpastas drawable, mas são específicas para o ícone do aplicativo. Ao carregar um aplicativo no Google Play, você pode carregar várias versões dele para vários tamanhos de dispositivo e resoluções de tela. Todas as imagens das pastas mipmap são carregadas com cada uma das versões de seu aplicativo, embora você possa remover as pastas drawable extras para densidades de pixel específicas de determinada versão do aplicativo a fim de minimizar o tamanho total da instalação para um dispositivo em particular.

> **Observação sobre aparência e comportamento 2.2**
>
> *Nem sempre as imagens são bem dimensionadas. Para aplicativos que você pretende colocar na loja Google Play, talvez queira pedir para um artista projetar ícones para as resoluções adequadas. No Capítulo 10, discutimos o envio de aplicativos para a loja Google Play e listamos várias empresas que oferecem serviços de projeto de ícones gratuitos e pagos.*

---

[2] Para saber a origem do termo *mipmap*, consulte https://en.wikipedia.org/wiki/Mipmap.

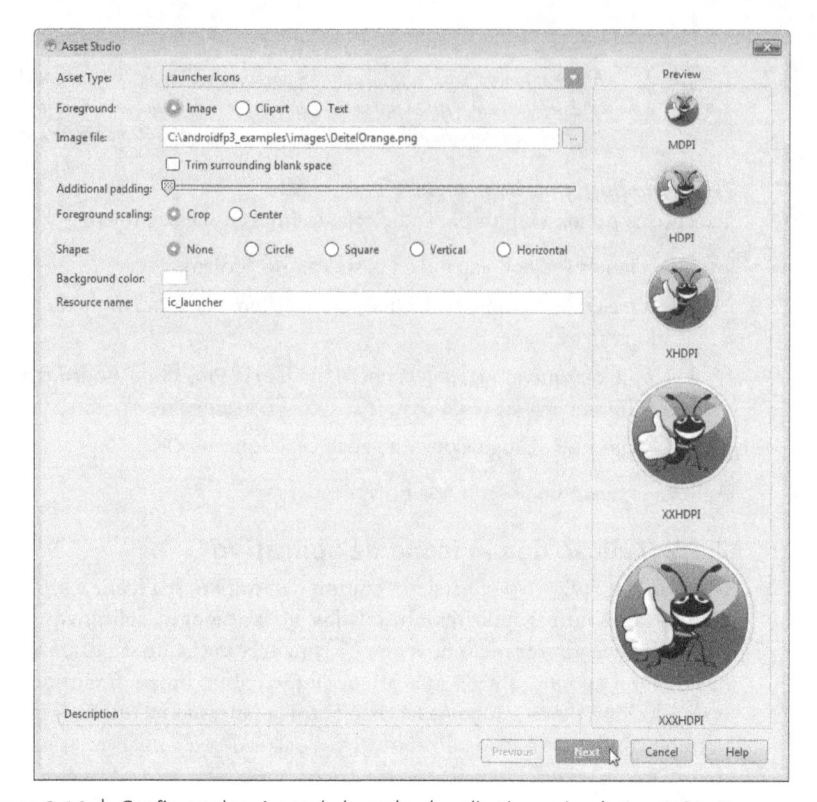

Figura 2.14 | Configurando o ícone do lançador de aplicativo na janela **Asset Studio**.

2.5.3 Alteração de `RelativeLayout` para `LinearLayout`

Quando você abre um arquivo XML de layout, o projeto do layout aparece no editor de layout e as views do layout e suas relações hierárquicas aparecem na janela **Component Tree** (Figura 2.15). Para configurar um layout ou uma view, selecione-o no editor de layout ou na janela **Component Tree** e use a janela **Properties**, abaixo da janela **Component Tree**, para especificar os valores de propriedade da view sem editar o código XML diretamente. Ao projetar e modificar layouts mais complexos, frequentemente é mais fácil trabalhar diretamente na janela **Component Tree**.

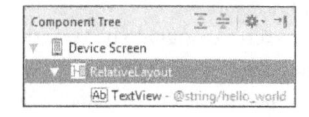

Figura 2.15 | Visualização hierárquica da interface gráfica do usuário na janela **Component Tree**.

Para algumas modificações na interface gráfica do usuário – como alterar o componente padrão `RelativeLayout` para um `LinearLayout` –, você deve editar diretamente o código XML do layout. (Isso poderá mudar à medida que o Google aprimorar os recursos do editor de layout.) Para isso:

1 Clique na guia **Text**, na parte inferior do editor de layout, para trocar da view **Design** para o texto XML do layout.

2 Na parte superior do código XML (linha 2 na Figura 2.12), clique duas vezes no nome do elemento XML `RelativeLayout` a fim de selecioná-lo e, então, comece a digitar `LinearLayout`.

3 À medida que você digita na linha 2, o IDE edita simultaneamente o identificador XML final correspondente (linha 17 na Figura 2.12) a fim de mantê-los sincronizados, e aparece uma janela de preenchimento automático de código contendo os nomes de elemento que começam com as letras digitadas até o momento. Quando `LinearLayout` aparecer nessa janela e for realçado, pressione *Enter* (ou *Return*) para selecionar `LinearLayout` e permitir que o Android Studio finalize a edição automaticamente.

4 Salve as alterações e volte para a guia **Design** do editor de layout.

A janela **Component Tree** deve agora aparecer como na Figura 2.16.

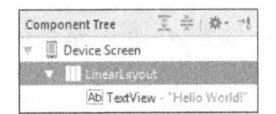

Figura 2.16 | Janela **Component Tree** após a mudança de `RelativeLayout` para `LinearLayout`.

2.5.4 Alteração das propriedades `id` e `orientation` do componente `LinearLayout`

Nesta seção, você vai personalizar as propriedades do componente `LinearLayout`. De modo geral, dê um nome relevante a cada layout e a cada componente. Isso ajuda a identificar facilmente cada view na janela **Component Tree** e permite manipular as views por meio de programação, conforme faremos em aplicativos subsequentes.

Quando uma interface gráfica de usuário é exibida no editor de layout, você pode usar a janela **Properties**, abaixo da janela **Component Tree** (Figura 2.8), para configurar as propriedades da view selecionada. Também é possível editar as propriedades mais usadas de uma view (conforme você vai fazer nesta seção) clicando nela duas vezes na tela de desenho. Então, o editor de layout exibe uma pequena caixa de diálogo, na qual é possível configurar a propriedade `id` da view e outras propriedades que dependem da view específica:

- Para um componente `LinearLayout`, você pode configurar a propriedade **orientation** para especificar se os filhos do layout serão organizados na orientação horizontal ou vertical.
- Para um componente `TextView`, você pode configurar a propriedade `text` exibida.
- Para um componente `ImageView`, você pode configurar a propriedade `src` (*source* ou fonte) da imagem a exibir.

Configuração das propriedades **orientation** *e* **id** *do componente* `LinearLayout`

Para alterar a propriedade `orientation` do componente `LinearLayout`, clique duas vezes no fundo branco da tela do telefone virtual no editor de layout a fim de exibir a caixa de diálogo de propriedades comuns desse componente; em seguida, selecione **vertical** na lista suspensa **orientation:**, como mostrado na Figura 2.17. Isso configura o valor da propriedade e remove a caixa de diálogo. O nome de uma view é definido configurando-se sua **propriedade id**, a qual é especificada no código XML do layout com o atributo android:id. Clique duas vezes no fundo branco da tela do telefone virtual, digite o nome welcomeLinearLayout no campo id: e pressione *Enter* (ou *Return*) para configurar o valor e remover a caixa de diálogo.

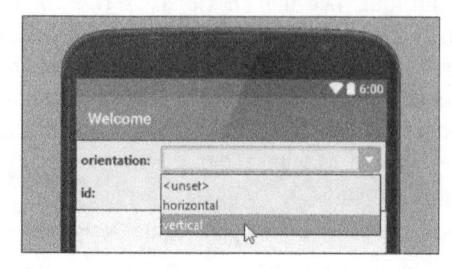

Figura 2.17 | Configurando a propriedade orientation do componente LinearLayout.

A representação em XML da propriedade id
Na representação em XML do layout – visível por meio da guia **Text** na parte inferior do editor de layout –, a propriedade android:id de LinearLayout tem o valor:

```
@+id/welcomeLinearLayout
```

O + na sintaxe @+id indica que um *novo* identificador deve ser criado usando o identificador à direita do sinal de barra normal (/). Em alguns casos, o código XML contém a mesma sintaxe, sem o +, para se referir a uma view existente – por exemplo, para especificar as relações entre as views em um componente RelativeLayout.

2.5.5 Configuração das propriedades id e text do componente TextView

A interface gráfica de usuário padrão do aplicativo **Welcome** já contém um componente TextView; portanto, você vai simplesmente modificar suas propriedades.

Configuração da propriedade id *do componente* TextView
Clique duas vezes no componente TextView no editor de layout e, então, na caixa de diálogo que aparece, configure a propriedade id: como welcomeTextView e pressione *Enter* (ou *Return*).

Configuração da propriedade text *do componente* TextView *usando um recurso de string*
De acordo com a documentação do Android para recursos de aplicativo

```
http://developer.android.com/guide/topics/resources/index.html
```

considera-se boa prática colocar strings, arrays de string, imagens, cores, tamanhos de fonte, dimensões e outros recursos de aplicativo em arquivos XML dentro das subpastas da pasta res do projeto, para que esses recursos possam ser gerenciados separadamente do código Java de seu aplicativo. Esse processo é conhecido como *exteriorizar* os recursos. Por exemplo, se você exterioriza valores de cor, todos os componentes que utilizam a mesma cor podem ser atualizados com uma nova cor simplesmente alterando-se o valor da cor em um arquivo de recursos centralizado.

Se quiser *localizar* seu aplicativo para vários idiomas, então armazenar as strings *separadamente* do código do aplicativo permitirá alterá-las facilmente. Na pasta res de seu projeto, a subpasta `values` contém um arquivo `strings.xml` que é utilizado para armazenar as strings do idioma padrão do aplicativo – inglês, para nossos aplicativos. Para fornecer strings localizadas para outros idiomas, você pode criar pastas `values` separadas para cada idioma, conforme demonstraremos na Seção 2.8.

Para configurar a propriedade `text` de `TextView`, crie um recurso de string no arquivo `strings.xml`, como segue:

1 Clique duas vezes na propriedade `welcomeTextView` no editor de layout ou selecione `welcomeTextView` e localize sua propriedade `text` na janela **Properties**.

2 Clique no botão de reticências (...), à direita do valor da propriedade, para exibir a caixa de diálogo **Resources**.

3 Na caixa de diálogo **Resources**, clique em **New Resource** e selecione **New String Value...** para exibir a caixa de diálogo **New String Value Resource** e preencha os campos **Resource name:** e **Resource value:**, como mostrado na Figura 2.18. Deixe as outras configurações (vamos discuti-las em seções e aplicativos posteriores) e clique em **OK** para criar o recurso de string chamado `welcome` e configurá-lo com o valor da propriedade `text` do componente `TextView`.

Figura 2.18 | Caixa de diálogo **New String Value Resource**.

Na janela **Properties**, a propriedade `text` deve agora aparecer como na Figura 2.19. O prefixo `@string/` indica que um recurso de string será usado para obter o valor da propriedade `text`, e `welcome` indica o recurso de string específico a usar. Por padrão, o recurso é colocado no arquivo `strings.xml` (localizado na pasta `res/values` do projeto).

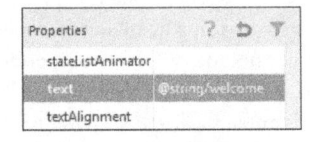

Figura 2.19 | Janela **Properties** após a alteração da propriedade `text` de `TextView`.

2.5.6 Configuração da propriedade `textSize` do componente `TextView` – pixels em escala e pixels independentes de densidade

Tamanhos podem ser especificados em diversas unidades de medida (Figura 2.20). A documentação para suporte de vários tamanhos de tela recomenda usar *pixels indepen-*

dentes de densidade para as dimensões das views e de outros elementos de tela, e *pixels independentes de escala* para tamanhos de fonte:

```
http://developer.android.com/guide/practices/screens_support.html
```

Unidade	Descrição	Unidade	Descrição
px	pixel	in	polegadas
dp ou dip	pixel independente de densidade	mm	milímetros
sp	pixel independente de escala		

Figura 2.20 | Unidades de medida.

Definir suas interfaces gráficas com **pixels independentes de densidade** permite à plataforma Android *mudar a escala* da interface com base na densidade de pixels da tela de determinado dispositivo. Um *pixel independente de densidade* é equivalente a um pixel em uma tela com 160 dpi. Em uma tela de 240 dpi, cada pixel independente de densidade vai mudar de escala por um fator de 240/160 (isto é, 1,5). Assim, um componente com 100 *pixels independentes de densidade* de largura vai mudar de escala para 150 *pixels* de largura *reais*. Em uma tela com 120 dpi, cada pixel independente de densidade muda de escala por um fator de 120/160 (isto é, 0,75). Assim, o mesmo componente com 100 pixels independentes de densidade de largura vai ter 75 pixels de largura reais. Os **pixels independentes de escala** mudam de escala como os pixels independentes de densidade, mas também mudam de acordo com o *tamanho de fonte preferido* do usuário (conforme especificado nas configurações do dispositivo).

Criação de um recurso de dimensão para o tamanho da fonte em um telefone
Agora, você vai aumentar o tamanho da fonte do componente `TextView`. Para mudar o tamanho da fonte:

1 Selecione `welcomeTextView` no editor de layout.

2 Localize a **propriedade textSize**, clique na coluna da direita para revelar o botão de reticências (...) e clique nele para exibir a caixa de diálogo **Resources**.

3 Na caixa de diálogo **Resources**, clique em **New Resource** e selecione **New Dimension Value...** para exibir a caixa de diálogo **New Dimension Value Resource**.

4 Na caixa de diálogo que aparece, especifique `welcome_textsize` para **Resource name** e `40sp` para **Resource value**; em seguida, clique em **OK** para fechar a caixa de diálogo e retornar à caixa de diálogo **Resources**. As letras `sp` no valor `40sp` indicam que essa é uma medida de pixel independente da escala. As letras `dp` em um valor de dimensão (por exemplo, `10dp`) indicam uma medida de pixel independente de densidade. Usamos o valor `40sp` para exibir texto em um telefone.

Na janela **Properties**, a propriedade `textSize` agora contém o valor:

```
@dimen/welcome_textsize
```

O prefixo `@dimen/` indica que o valor da propriedade `textSize` é um recurso de dimensão e `welcome_textsize` indica o recurso de dimensão específico a usar. Por padrão, o recurso é colocado no arquivo `dimens.xml` – localizado na pasta `res/values` do projeto.

Criação de um recurso de dimensão para o tamanho da fonte em um tablet grande
O tamanho de fonte 40sp funciona bem para dispositivos do tamanho de um telefone, mas é pequeno para tablets. O Android pode escolher automaticamente diferentes valores de recurso com base nos tamanhos do dispositivo, orientações, densidades de pixel, idiomas falados, localidades e muito mais. Para especificar um tamanho de fonte separado para dispositivos maiores, como os tablets:

1 Abra novamente a caixa de diálogo **New Dimension Value Resource**, conforme descrito anteriormente.

2 Digite welcome_textsize para **Resource name** (os nomes de recurso devem corresponder para que o Android selecione diferentes valores de recurso automaticamente) e 80sp para **Resource value**.

3 A seguir, você vai criar uma pasta de recursos values específica para dispositivos maiores, como os tablets, que têm larguras e alturas de *pelo menos* 600dp. Na caixa de diálogo **New Dimension Value Resource**, desmarque a caixa de seleção **values** e clique no botão **Add** (+) para abrir a caixa de diálogo **New Resource Directory**. Na lista **Available qualifiers** dessa caixa de diálogo, selecione **Screen Width** e clique no botão **>>** para adicionar o qualificador de tela **Screen Width** à lista **Chosen qualifiers**. Em seguida, digite 600 no campo **Screen width**.

4 Então, adicione o qualificador **Screen Height** à lista **Chosen qualifiers** e digite 600 para **Screen height**.

5 Clique em **OK** para criar uma pasta de recursos chamada values-xlarge.

6 Na caixa de diálogo **New Dimension Value Resource**, marque a caixa de seleção values-w600dp-h600dp e clique em **OK**. Isso cria outro recurso de dimensão welcome_textsize em um arquivo dimens.xml armazenado no disco, na pasta res/values-w600dp-h600dp do projeto. O Android vai usar esse recurso para dispositivos com larguras e alturas de tela extragrandes, com pelo menos 600dp, típicos da maioria dos tablets Android. O novo arquivo de recursos dimens.xml aparece no Android Studio, no nó res/values/dimens.xml do projeto, como

```
dimens.xml (w600dp-h600dp)
```

2.5.7 Configuração da propriedade textColor do componente TextView

Quando você precisa de cores personalizadas em seus aplicativos, as diretrizes do Material Design do Google recomendam usar cores da paleta Material Design, encontradas no endereço:

```
http://www.google.com/design/spec/style/color.html
```

As cores são especificadas como valores RGB (*red, green, blue* ou vermelho, verde, azul) ou ARGB (*alpha, red, green, blue* ou alfa, vermelho, verde, azul). Um valor RGB consiste em valores inteiros no intervalo de 0 a 255, os quais definem as quantidades de vermelho, verde e azul na cor, respectivamente. Cores personalizadas são definidas no formato *hexadecimal*; portanto, os componentes RGB são valores no intervalo de 00 (o valor hexadecimal para 0) a FF (o valor hexadecimal para 255).

O Android também aceita valores alfa (transparência) no intervalo de 00 (completamente transparente) a FF (completamente opaco). Para usar valores alfa, você especifica a cor como #AARRGGBB, em que os dois primeiros dígitos hexadecimais representam o valor alfa.

Se os dois dígitos de cada componente de cor forem iguais, você pode usar os formatos de valor abreviados #RGB ou #ARGB. Por exemplo, o valor RGB #9AC é equivalente a #99AACC, e o valor ARGB #F9AC é equivalente a #FF99AACC.

Para configurar a **propriedade textColor** do componente TextView com um novo recurso de cor:

1. Na janela **Properties**, clique no botão de reticências (...) para exibir a caixa de diálogo **Resources** e, então, clique em **New Resource** e selecione **New Color Value...**.
2. Na caixa de diálogo **New Color Value Resource**, digite welcome_text_color para **Resource name** e #2196F3 para **Resource value** (Figura 2.21); então, clique em **OK**.

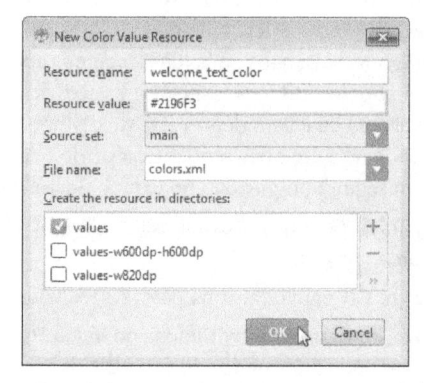

Figura 2.21 | Criando um **New Color Value Resource** para a propriedade textColor do componente TextView.

2.5.8 Configuração da propriedade gravity do componente TextView

Para centralizar o texto no componente TextView, caso ele utilize várias linhas, configure sua **propriedade gravity** como center. Para isso, expanda o nó dessa propriedade e marque a caixa de seleção **center** (Figura 2.22).

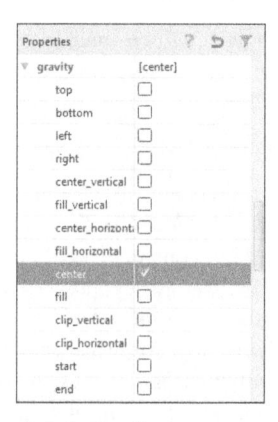

Figura 2.22 | Opções para a propriedade **Gravity** de um componente TextView.

2.5.9 Configuração da propriedade `layout:gravity` do componente `TextView`

Cada view colocada em um layout possui várias propriedades layout que permitem personalizar o tamanho e o posicionamento da view dentro do layout. Quando uma view é selecionada no editor de layout ou na janela **Component Tree**, a janela **Properties** lista as propriedades `layout` e `style` na parte superior, seguidas das propriedades específicas da view, em ordem alfabética (Figura 2.23).

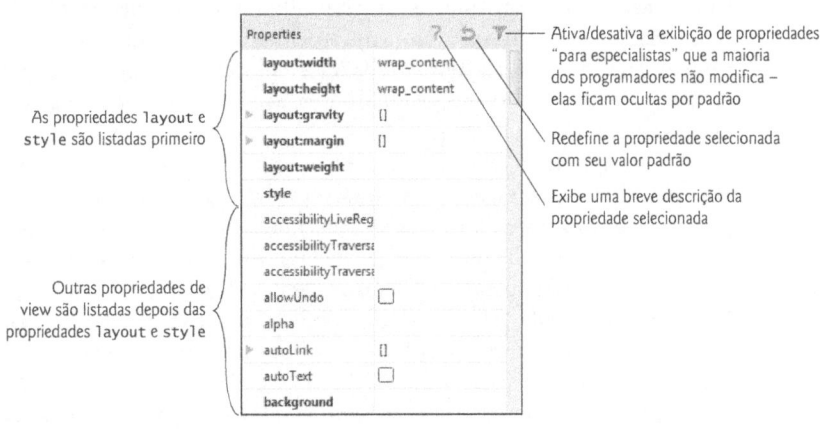

Figura 2.23 | Janela **Properties** mostrando as propriedades `layout` e `style` na parte superior.

Neste aplicativo, queremos centralizar o componente `TextView` horizontalmente dentro do componente `LinearLayout`. Para isso, você vai configurar sua **propriedade layout:gravity** como center e horizontal, como segue:

1. Com o componente `TextView` selecionado, expanda o nó da propriedade `layout:gravity` na janela **Properties**.

2. Clique no campo de valor à direita da opção center que aparece e, então, selecione a opção horizontal (Figura 2.24).

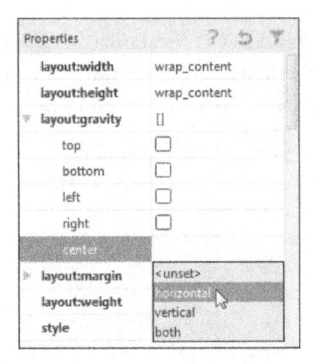

Figura 2.24 | Configurando a propriedade `layout:gravity` do componente `TextView`.

No arquivo XML do layout, as propriedades de layout têm nomes de atributo que começam com `layout_`. A configuração da propriedade `layout:gravity` anterior é representada em XML como:

```
android:layout_gravity="center_horizontal"
```

2.5.10 Configuração da propriedade `layout:weight` do componente `TextView`

Um `LinearLayout` pode dimensionar seus filhos proporcionalmente com base em suas propriedades `layout:weight`, as quais especificam o tamanho relativo da view com respeito às outras views do layout. Por padrão, a propriedade `layout:weight` é 0 para cada view adicionada a um componente `LinearLayout`, indicando que a view não deve ser dimensionada proporcionalmente.

Neste aplicativo, queremos que os componentes `TextView` e `ImageView` ocupem, cada um, metade do espaço vertical do `LinearLayout`. Isso é feito configurando-se a propriedade `layout:weight` de cada view com o mesmo valor. O componente `LinearLayout` usa a relação da propriedade `layout:weight` de cada view com a propriedade `layout:weight` total para alocar espaço para as views. Neste aplicativo, você vai configurar a propriedade `layout:weight` como 1 para `TextView` e para `ImageView` (Seção 2.5.11) – o total das propriedades `layout:weight` será 2 e cada view ocupará 1/2 da altura do layout.

Se você quisesse que o componente `TextView` ocupasse um terço da altura do `LinearLayout`, poderia configurar sua propriedade `layout:weight` como 1 e a propriedade `layout:weight` do `ImageView` como 2. Nesse caso, a propriedade `layout:weight` total seria 3; portanto, o componente `TextView` ocuparia 1/3 da altura e o componente `ImageView` ocuparia 2/3.

Configure a propriedade `layout:weight` do componente `TextView` como 1. O editor de layout exibe um ícone de lâmpada (💡) à esquerda da propriedade `layout:height` – se isso não acontecer imediatamente, clique na propriedade `layout:height` na janela **Properties**. Esses ícones – gerados por uma ferramenta do IDE conhecida como *Android Lint* – o avisam sobre problemas em potencial e o ajudam a corrigi-los. Quando você clica na lâmpada, o IDE exibe a mensagem "Use a layout_height of 0dp instead of wrap_content for better performance" (Use 0dp para a propriedade layout_height a fim de obter melhor desempenho). Clique na mensagem para aplicar a recomendação. Essa alteração permite que o componente `LinearLayout` calcule os tamanhos de seus filhos mais eficientemente. Agora o editor de layout deve aparecer como na Figura 2.25.

> **Dica para evitar erros 2.2**
> *O Android Lint procura erros comuns em seu projeto e dá sugestões para uma maior segurança, melhor desempenho, acessibilidade melhorada, internacionalização e outras. Algumas verificações ocorrem quando você constrói seus aplicativos e escreve código. Você também pode selecionar* **Analyze > Inspect Code...** *para fazer verificações adicionais em arquivos específicos ou em seu projeto inteiro. Para obter mais informações, visite* http://developer.android.com/tools/help/lint.html. *Para ver opções de configuração e saída do Android Lint, consulte* http://developer.android.com/tools/debugging/improving-w-lint.html.

Figura 2.25 | Janela do editor de layout após a configuração do componente `TextView`.

2.5.11 Adição de um componente `ImageView` para exibir a imagem

A seguir, você vai adicionar um componente `ImageView` à interface gráfica do usuário para exibir a imagem que adicionou ao projeto na Seção 2.5.1. Vai fazer isso arrastando um componente `ImageView` da seção **Widgets** da **Palette** para a tela de desenho, abaixo do componente `TextView`. Quando você arrasta uma view para a tela de desenho, o editor de layout exibe linhas-guia laranjas, linhas-guia verdes e uma dica de ferramenta (tooltip):

- As *linhas-guia laranjas* mostram os limites de cada view existente no layout.
- As *linhas-guia verdes* indicam onde a nova view será colocada com relação às views existentes – por padrão, novas views são adicionadas na parte inferior de um componente `LinearLayout` vertical, a não ser que você posicione o mouse acima da caixa laranja que limita a view superior do layout.
- A *dica de ferramenta* mostra como a view será configurada se você a soltar na posição atual.

Para adicionar e configurar o componente `ImageView`:

1 Na seção **Widgets** da **Palette**, arraste um componente `ImageView` para a área de desenho, como mostrado na Figura 2.26. *Antes de soltar o botão do mouse*, certifique-se de que **center** aparece na dica de ferramenta, na parte superior do projeto – isso indica que o editor de layout vai configurar a propriedade `layout:gravity` do componente `ImageView` de modo a centralizá-lo horizontalmente no `LinearLayout`. Quando você solta o componente `ImageView` liberando o mouse, o editor de layout presume que sua propriedade `layout:weight` deve ser a mesma do componente

TextView e configura `layout:weight` como 1. Ele também configura a propriedade `layout_height` como 0dp, como fizemos para o componente TextView. O novo componente ImageView aparece abaixo do componente TextView no projeto e abaixo de `welcomeTextView` na janela **Component Tree**. As propriedades de ImageView são exibidas na janela **Properties**.

Figura 2.26 | Arrastando e soltando um componente ImageView na interface gráfica do usuário.

2 Na janela **Properties**, localize a propriedade `src` do componente ImageView (a qual especifica a imagem a ser exibida) e, então, clique no botão de reticências de seu campo de valor para exibir a caixa de diálogo **Resources** (Figura 2.27). Quando a caixa de diálogo abrir, digite `bug` para procurar na lista de recursos pela imagem adicionada na Seção 2.5.1 e clique em **OK**. Para cada imagem colocada em uma pasta `drawable`, o IDE gera um identificador de recurso exclusivo (isto é, um nome de recurso) que pode ser usado para referenciar essa imagem. O identificador de recurso de uma imagem é o nome de arquivo da imagem sem a extensão – `bug`, para o arquivo `bug.png`.

3 Clique duas vezes no componente ImageView no editor de layout e configure sua propriedade **id:** como `bugImageView`.

Agora a interface gráfica do usuário deve aparecer como na Figura 2.28. Se você selecionar o componente ImageView no editor de layout, o Android Lint exibirá uma lâmpada (💡) ao lado do componente – clicar nela exibe uma mensagem indicando que está faltando uma propriedade para usuários deficientes visuais. Você vai corrigir isso na Seção 2.7.

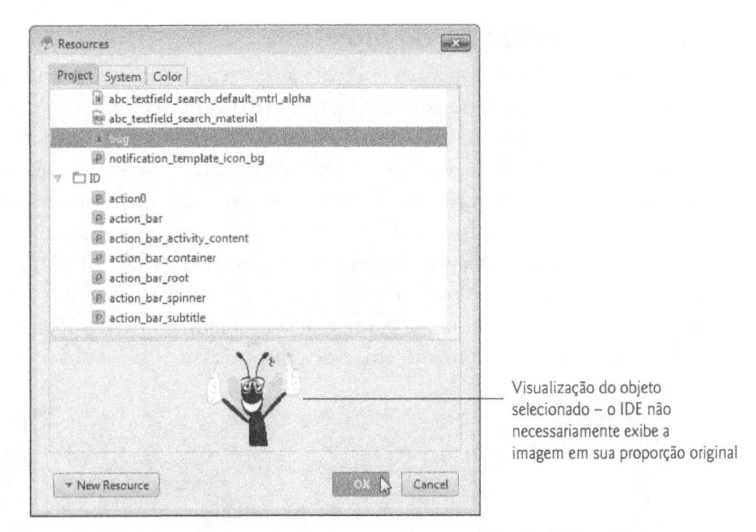

Figura 2.27 | Selecionando o recurso de imagem bug na caixa de diálogo **Resources**.

Android Lint indicando que no componente ImageView está faltando uma propriedade para usuários deficientes visuais

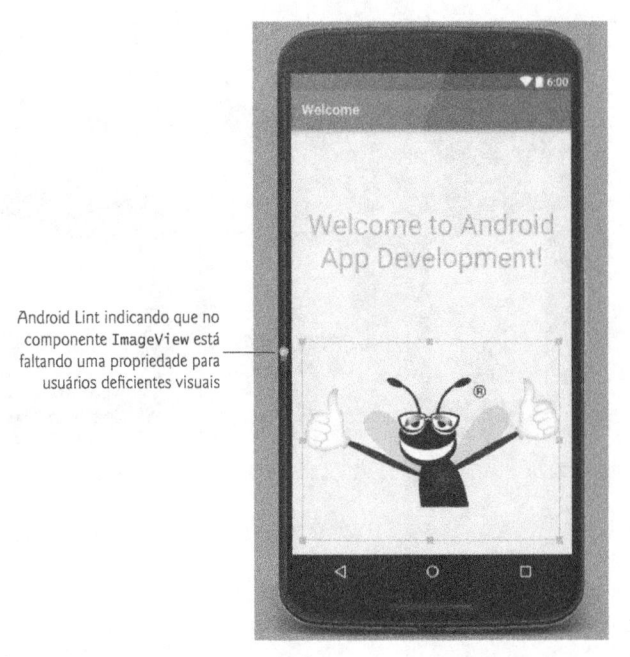

Visualização do objeto selecionado – o IDE não necessariamente exibe a imagem em sua proporção original

Figura 2.28 | Visualização do projeto concluído.

2.5.12 Visualização do projeto

O Android Studio também permite visualizar seu projeto na orientação paisagem e visualizá-lo para vários dispositivos. Para alternar o projeto entre as orientações retrato e paisagem, basta clicar no botão **Go to next state** ( ) na barra de ferramentas, na parte superior do editor de layout. Isso ajuda a determinar se seu projeto se ajusta adequadamente a cada orientação. Para visualizar o projeto para vários dispositivos, clique na lista suspensa de dispositivos virtuais (Figura 2.11) na parte superior do editor de layout e, então, selecione **Preview All Screen Sizes**. Isso exibe telas em miniatura (Figura 2.29) para muitos dispositivos presentes na lista de dispositivos virtuais – alguns na orientação retrato e alguns na orientação paisagem. Isso o ajuda a determinar rapidamente se seu projeto funciona corretamente em vários dispositivos.

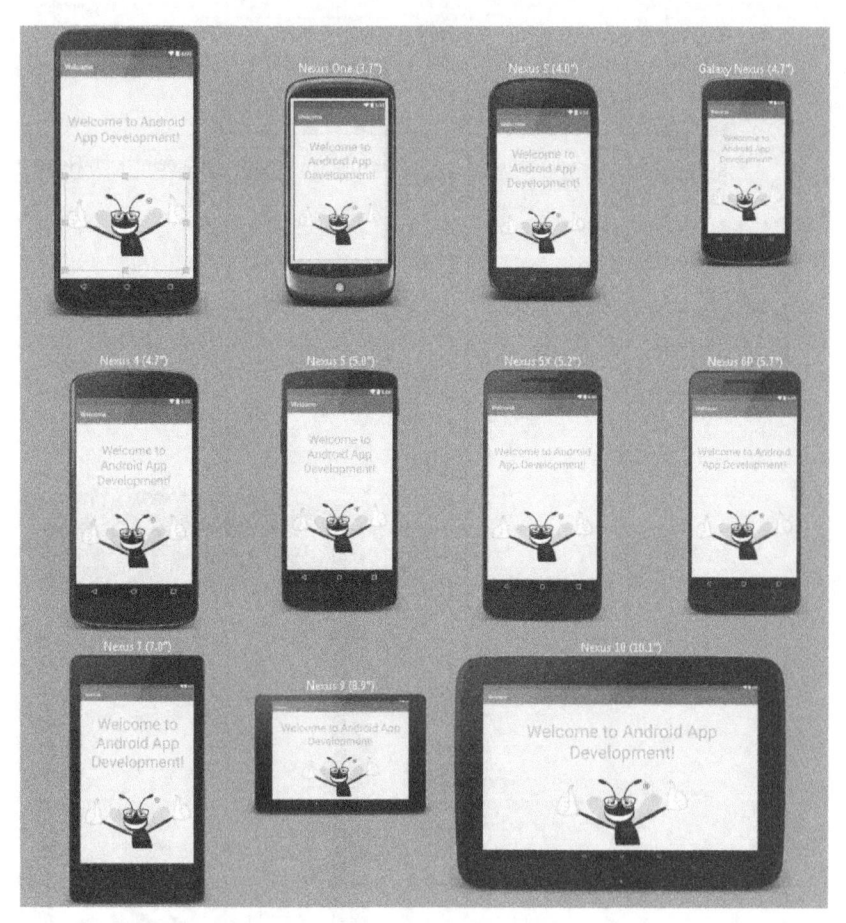

Figura 2.29 | Visualizando vários dispositivos para o projeto do aplicativo **Welcome**.

Você pode voltar para a exibição de apenas um dispositivo clicando na lista suspensa de dispositivos virtuais e selecionando **Remove Previews**. Também é possível visualizar seu projeto para um dispositivo em particular, selecionando esse dispositivo na lista suspensa de dispositivos virtuais.

2.6 Execução do aplicativo Welcome

Agora você está pronto para executar o aplicativo **Welcome**. Use os passos mostrados na Seção 1.9.3 para executar o aplicativo nos AVDs que você configurou anteriormente para o telefone Nexus 6 e o tablet Nexus 9. As Figuras 2.30 e 2.31 mostram o aplicativo executando no AVD Nexus 6 (nas orientações retrato e paisagem) e no AVD Nexus 9 (na orientação paisagem), respectivamente. Você pode alternar um AVD entre as orientações retrato e paisagem digitando *Ctrl + F11* ou *control + F11*. Em geral, para aplicativos que podem ser executados tanto em telefones como em tablets, você também fornecerá um layout de tablet que utilize melhor o espaço disponível na tela, conforme demonstraremos em capítulos posteriores. Caso tenha um dispositivo Android, você pode seguir os passos da Seção 1.9.4 para executar o aplicativo em seu dispositivo.

Figura 2.30 | Aplicativo **Welcome** executando no AVD do Nexus 6.

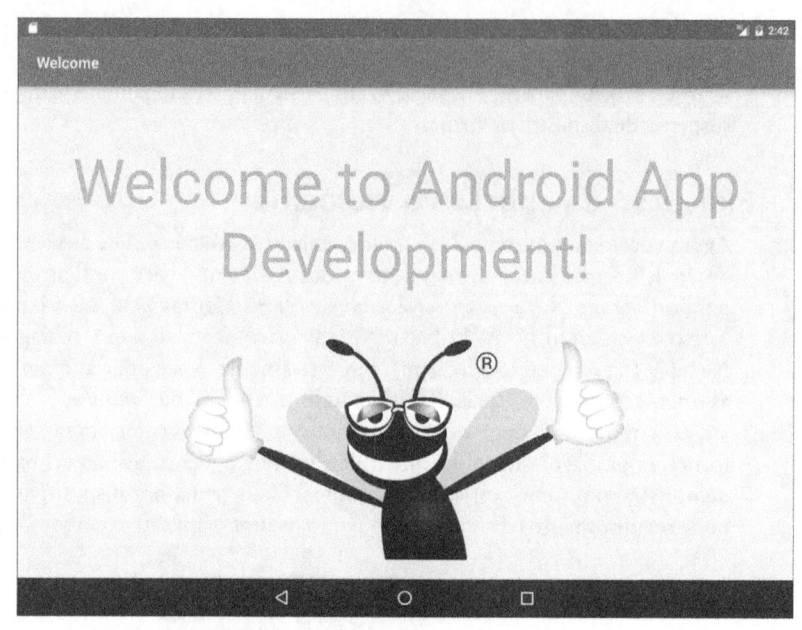

Figura 2.31 | Aplicativo **Welcome** executando no AVD do Nexus 9.

2.7 Torne seu aplicativo acessível

O Android contém recursos de *acessibilidade* para ajudar pessoas com certas deficiências a usar seus dispositivos. Para deficientes visuais, o recurso TalkBack do Android pode pronunciar o texto que está na tela ou que você fornece (ao projetar sua interface de usuário ou por meio de programação) para ajudar o usuário a entender a finalidade de uma view. O Android fornece também o recurso *Explore by Touch*, o qual permite ao usuário ouvir o aplicativo TalkBack pronunciar o que está no local em que tocar na tela.

Quando o recurso TalkBack está habilitado e o usuário toca em uma view para a qual está especificado texto de acessibilidade, o dispositivo vibra para indicar que o usuário tocou em uma view significativa e o recurso TalkBack pronuncia o texto de acessibilidade da view. Todas as views padrão do Android oferecem suporte para acessibilidade. Para as que exibem texto, o recurso TalkBack pronuncia esse texto por padrão – por exemplo, quando o usuário toca em um componente `TextView`, o TalkBack pronuncia o texto desse componente. O recurso TalkBack é habilitado no aplicativo **Settings**, sob **Accessibility**. Nessa página também é possível habilitar outros recursos de acessibilidade do Android, como um *tamanho de texto padrão maior* e a capacidade de usar *gestos que ampliam áreas da tela*. Atualmente, o recurso TalkBack *não* é suportado em AVDs, de modo que você precisa executar esse aplicativo em um dispositivo para ouvi-lo pronunciar o texto. Quando o TalkBack está habilitado, o Android o conduz por um tutorial sobre o uso do recurso com Explore by Touch.

Habilite o recurso TalkBack dos componentes `ImageView`

No aplicativo **Welcome**, não precisamos de texto mais descritivo para o componente `TextView`, pois o recurso TalkBack lerá o conteúdo desse componente. Contudo, para um componente `ImageView`, não há texto para o recurso TalkBack pronunciar, a não ser que você o forneça. Considera-se boa prática no Android garantir que *toda* view possa ser usada com o recurso TalkBack, fornecendo-se texto para a **propriedade** `contentDescription` de toda view que não exiba texto. Por isso, o IDE nos avisou de que algo estava errado, exibindo um ícone de lâmpada (💡 – como você viu na Figura 2.28) no editor de layout, ao lado do componente `ImageView`. Se você clicar na lâmpada, verá a mensagem, "[Accessibility] Missing `contentDescription` attribute on image" ([Acessibilidade] atributo `contentDescription` ausente na imagem.) O texto que você fornece deve ajudar o usuário a entender a finalidade do componente. Para um componente `ImageView`, o texto deve descrever a imagem.

Para adicionar o atributo `contentDescription` do componente `ImageView` (e eliminar o alerta):

1 Selecione `bugImageView` no editor de layout.

2 Na janela **Properties**, clique no botão de reticências à direita da propriedade `content Description` para abrir a caixa de diálogo **Resources**.

3 Clique em **New Resource** e selecione **New String Value...** para exibir a caixa de diálogo **New String Value Resource**.

4 No campo **Resource name**, especifique `deitel_logo`, no campo **Resource value**, especifique "`Deitel double-thumbs-up bug logo`" e, então, pressione **OK**. O novo recurso de string é escolhido automaticamente como o valor de `contentDescription`.

Depois que você configura a propriedade `contentDescription` do componente `ImageView`, o editor de layout remove a lâmpada de alerta.

Teste o aplicativo com TalkBack habilitado

Execute esse aplicativo em um dispositivo com TalkBack habilitado e, então, toque nos componentes `TextView` e `ImageView` para ouvir o recurso TalkBack pronunciar o texto correspondente.

Views criadas dinamicamente

Alguns aplicativos criam views dinamicamente em resposta às interações do usuário. Para essas views, você pode definir o texto de acessibilidade via programação. Para obter mais informações sobre isso, sobre outros recursos de acessibilidade do Android e para ver uma lista de verificação a ser seguida ao desenvolver aplicativos acessíveis, visite:

```
http://developer.android.com/design/patterns/accessibility.html
http://developer.android.com/guide/topics/ui/accessibility
```

2.8 Internacionalização de seu aplicativo

Para atingir o maior público possível, você deve pensar em projetar seus aplicativos de modo que possam ser personalizados para várias localidades e idiomas falados. Então, se você pretende oferecer seu aplicativo na França, por exemplo, deve traduzir seus recursos (texto, arquivos de áudio, etc.) para o francês. Você também poderia optar por usar diferentes cores, elementos gráficos e sons, com base na *localidade*. Para cada localidade, você vai ter um conjunto separado e personalizado de recursos. Quando o usuário ativa o aplicativo, o Android localiza e carrega automaticamente os recursos correspondentes às configurações de localidade do dispositivo. Projetar um aplicativo de modo que possa ser personalizado é conhecido como *internacionalização*. Personalizar os recursos de um aplicativo para cada localidade é conhecido como *localização* (adaptação à localidade).

2.8.1 Localização

Uma vantagem importante de definir seus valores de string como recursos de string (como fizemos neste aplicativo) é que você pode *localizar* (ou adaptar) facilmente seu aplicativo criando arquivos de recurso XML adicionais para esses recursos de string em outros idiomas. Em cada arquivo, você usa os mesmos nomes de recurso de string, mas fornece a string *traduzida*. O Android pode então escolher o arquivo de recursos apropriado, com base no idioma preferido do usuário do dispositivo.

2.8.2 Nomes de pasta para recursos localizados

Os arquivos de recurso XML que contêm strings localizadas (adaptadas à localidade) são colocados em subpastas da pasta res do projeto no disco. O Android usa um esquema especial de atribuição de nomes de pasta para escolher automaticamente os recursos localizados corretos – por exemplo, a pasta values-fr conteria um arquivo strings.xml para francês e a pasta values-es conteria um arquivo strings.xml para espanhol. Você também pode dar nomes a essas pastas com informações regionais – values-en-rUS conteria um arquivo strings.xml para o inglês norte-americano e values-en-rGB conteria um arquivo strings.xml para o inglês britânico. Se, para determinada localidade, não forem fornecidos recursos localizados, o Android usará os recursos *padrão* do aplicativo – isto é, os que estão na subpasta values da pasta res. Discutiremos essas convenções de atribuição de nomes de recurso alternativos em mais detalhes em capítulos posteriores.

2.8.3 Adição de traduções de strings ao projeto do aplicativo

O Android Studio fornece um **Translations Editor** para adicionar traduções de strings existentes ao seu aplicativo de maneira rápida e fácil. Siga estes passos para adicionar strings traduzidas ao projeto:

1 Na janela **Project**, expanda o nó values e abra o arquivo strings.xml.

2 No canto superior direito do editor, clique no link **Open editor** para abrir o **Translations Editor**.

3 No canto superior esquerdo do **Translations Editor**, clique no botão **Add Locale** ( ) e selecione **Spanish (es)** – você pode procurar essa entrada digitando parte do nome do idioma ou sua abreviatura (es). Depois que selecionar a localidade na lista, um arquivo strings.xml (es) será criado e colocado no nó strings.xml na janela **Project** (o arquivo é armazenado em uma pasta values-es no disco). O **Translations Editor** exibe também uma nova coluna para traduções em espanhol.

4 Para adicionar uma tradução em espanhol de determinado recurso de String, clique na célula da tradução **Spanish (es)** do recurso e digite o texto em espanhol no campo **Translation:**, na parte inferior da janela. Caso uma string não deva ser traduzida (por exemplo, uma string que nunca é exibida para o usuário), marque a caixa de seleção **Untranslatable** para esse recurso de String. Para o aplicativo **Welcome**, use as traduções da Seção 2.8.4.

Repita os passos anteriores para cada idioma a que queira dar suporte.

2.8.4 Localização de strings

Neste aplicativo, a interface gráfica do usuário contém um componente TextView que exibe uma string e uma string de descrição de conteúdo para o componente ImageView. Essas strings foram definidas como recursos de string no arquivo strings.xml. Agora você pode fornecer as strings traduzidas que serão armazenadas na nova versão do arquivo `strings.xml`. Para este aplicativo, você vai substituir as strings

```
"Welcome to Android App Development!"
"Deitel double-thumbs-up bug logo"
```

pelas strings em espanhol

```
"¡Bienvenido al Desarrollo de App Android!"
"El logo de Deitel que tiene el insecto con dedos pulgares hacia
    arriba"
```

Na janela **Translations Editor**:

1. Clique na célula da tradução de **Spanish (es)** do recurso `welcome` e, no campo **Translation:**, na parte inferior da janela, digite a string em espanhol "`¡Bienvenido al Desarrollo de App Android!`". Se não puder digitar caracteres e símbolos especiais em espanhol em seu teclado, copie as strings em espanhol de nosso arquivo `res/values-es/strings.xml` na versão final do aplicativo **Welcome** (localizado na pasta `WelcomeInternationalized` com os exemplos do capítulo) e, então, cole a string em espanhol no campo **Translation:**.

2. Em seguida, clique na célula do valor do recurso `deitel_logo` e, no campo **Translation:**, digite "`El logo de Deitel que tiene el insecto con dedos pulgares hacia arriba`".

3. Optamos por não traduzir o recurso `app_name`, embora pudéssemos ter traduzido. A janela deve aparecer como na Figura 2.32.

4. Salve o arquivo `strings.xml` em espanhol, selecionando **File > Save All** ou clicando no botão **Save All** (📄) da barra de ferramentas.

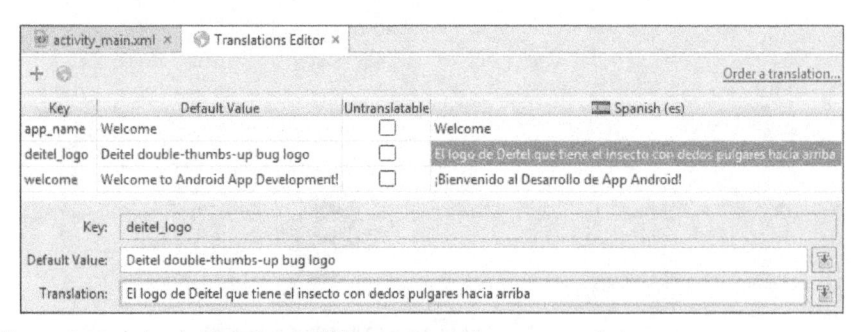

Figura 2.32 | Janela **Translations Editor** com as strings em espanhol.

2.8.5 Teste do aplicativo em espanhol em um AVD

Para testar o aplicativo em espanhol em um AVD, use o aplicativo **Custom Locale** que está instalado no AVD.

1. Clique no ícone Home (⬤) no AVD.

2. Clique no ícone do lançador de aplicativo (▦), localize e clique no ícone do aplicativo **Custom Locale** para abri-lo.

3. Arraste o mouse a fim de rolar até a opção **es - español**, clique nela e clique no botão **SELECT 'ES'** para alterar a localidade do AVD.

O emulador ou dispositivo muda sua configuração de idioma para espanhol.

Em seguida, execute o aplicativo **Welcome**, o que instala e ativa o aplicativo localizado (Figura 2.33). Quando o aplicativo começa a executar, o Android verifica as configurações de idioma do AVD (ou do dispositivo), determina que o AVD (ou dispositivo) está configurado para espanhol e utiliza os recursos de string `welcome` e `deitel_logo` definidos em `res/values-es/strings.xml`. Observe, entretanto, que o nome do aplicativo ainda aparece em *inglês* na barra de aplicativo, na parte superior do aplicativo. Isso porque *não* fornecemos uma versão localizada para o recurso de string `app_name` no arquivo `res/values-es/strings.xml`. Se o Android não consegue encontrar uma versão localizada de um recurso de string, ele usa a versão padrão do arquivo `res/values/strings.xml`.

Retorne o AVD para o inglês

Para retornar o AVD para o inglês:

1 Clique no ícone Home (⬜) no AVD.

2 Clique no ícone do lançador de aplicativo (⊕), localize e clique no ícone do aplicativo **Custom Locale** para abri-lo.

3 Arraste o mouse a fim de rolar até a opção **en-US - en-us**, clique nela e clique no botão **SELECT 'EN-US'** para alterar a localidade do AVD.

Figura 2.33 | Aplicativo **Welcome** executando em espanhol no AVD do Nexus 6.

2.8.6 Teste do aplicativo em espanhol em um dispositivo

Para testar em um dispositivo, você precisa alterar as configurações de idioma de seu dispositivo. Para isso:

1 Clique no ícone Home (⬜) no dispositivo.

2 Toque no ícone do lançador de aplicativo (⊕) e, então, localize e toque no ícone do aplicativo **Settings** (⚙).

3 No aplicativo **Settings**, role até a seção **Personal** e, então, toque em **Language & input**.

4 Toque em **Language** (o primeiro item da lista) e selecione **Español (España)** na lista de idiomas.

O dispositivo muda sua configuração de idioma para espanhol e volta para as configurações de **Language & input**, as quais agora são exibidas em espanhol. Execute o aplicativo no IDE para instalar e executar a versão localizada em seu dispositivo.

Retorne o dispositivo para o inglês
Para retornar o AVD (ou dispositivo) para o inglês:

1 Toque no ícone Home ( ) no emulador ou em seu dispositivo.

2 Toque no ícone do lançador de aplicativo ( ) e, então, localize e toque no ícone do aplicativo **Settings** ( ) – agora o aplicativo é chamado **Ajustes**, em espanhol.

3 Toque no item **Idioma y introduccion de texto** para acessar as configurações de idioma.

4 Toque no item **Idioma** e, então, na lista de idiomas, selecione **English (United States)**.

2.8.7 TalkBack e localização

Atualmente, o recurso TalkBack aceita inglês, espanhol, italiano, francês e alemão. Se você executar o aplicativo **Welcome** em um dispositivo com espanhol especificado como idioma e o recurso TalkBack habilitado, o TalkBack pronunciará as strings em espanhol do aplicativo quando cada view for tocada.

Na primeira vez que você trocar seu dispositivo para espanhol e habilitar o recurso TalkBack, o Android baixará automaticamente o conversor de texto para voz em espanhol. Se o recurso TalkBack *não* pronunciar as strings em espanhol, então esse conversor ainda não acabou de ser baixado e instalado. Nesse caso, tente executar o aplicativo novamente mais tarde.

2.8.8 Lista de verificação para localização

Para obter mais informações sobre localização dos recursos de seu aplicativo, consulte a *Localization Checklist* do Android em:

```
http://developer.android.com/distribute/tools/localization-
     checklist.html
```

2.8.9 Tradução profissional

As empresas de desenvolvimento de aplicativo frequentemente têm tradutores internos ou contratam outras empresas para fazer as traduções. Na verdade, no Google Play Developer Console – utilizado para publicar seus aplicativos na loja Google Play – você pode encontrar empresas de tradução e, na janela **Translations Editor**, há um link **Order translations**.... Para obter mais informações sobre o Google Play Developer Console, consulte o Capítulo 10 e

```
http://developer.android.com/distribute/googleplay/developer-
     console.html
```

Para obter mais informações sobre tradução, consulte

```
https://support.google.com/l10n/answer/6227218
```

2.8 Para finalizar

Neste capítulo, você usou o Android Studio para construir o aplicativo **Welcome**, que exibe uma mensagem de boas-vindas e uma imagem, sem escrever código. Criou uma interface gráfica de usuário simples usando o editor de layout do IDE e configurou propriedades de views usando a janela **Properties**.

No arquivo XML do layout, você mudou o componente `RelativeLayout` padrão para um `LinearLayout`, o qual configurou de forma a organizar as views verticalmente. O aplicativo apresentou texto em um componente `TextView` e uma imagem em um componente `ImageView`. Você modificou o componente TextView da interface de usuário padrão para exibir o texto do aplicativo centralizado na interface com um tamanho de fonte maior e em uma das cores de tema padrão. Também usou o componente **Palette** dos controles da interface do usuário do editor de layout para arrastar e soltar o componente `ImageView` na interface. Seguindo a melhor prática, você definiu todas as strings e valores numéricos em arquivos de recurso na pasta `res` do projeto.

Você aprendeu que o Android possui recursos de acessibilidade para ajudar pessoas com certas deficiências a usar seus dispositivos. Mostramos como habilitar o recurso TalkBack do Android para permitir que um dispositivo pronuncie o texto da tela ou o texto que você fornece a fim de ajudar o usuário deficiente visual a entender o objetivo e o conteúdo de uma view. Discutimos o recurso Explore by Touch do Android, o qual permite ao usuário tocar na tela para ouvir o aplicativo TalkBack falar o que está na tela próximo ao local do toque. Para os componentes `ImageView` do aplicativo, você forneceu descrições do conteúdo que podem ser usadas com TalkBack e Explore by Touch.

Por fim, você aprendeu a usar os recursos de internacionalização do Android para atingir o maior público possível para seus aplicativos. Você localizou (adaptou à localidade) o aplicativo **Welcome** com strings em espanhol para o texto do componente `TextView` e strings de acessibilidade do componente `ImageView`, e testou o aplicativo em um AVD configurado para espanhol.

O desenvolvimento para Android é uma combinação de projeto de interface gráfica do usuário e codificação em Java. No próximo capítulo, você vai desenvolver um aplicativo simples para calcular gorjetas, chamado **TIP Calculator**, utilizando o editor de layout para criar a interface gráfica do usuário visualmente e utilizando programação em Java para especificar o comportamento do aplicativo.

3

Aplicativo Tip Calculator

GridLayout, EditText, SeekBar, tratamento de eventos, NumberFormat, personalização do tema do aplicativo e definição de suas funcionalidades com Java

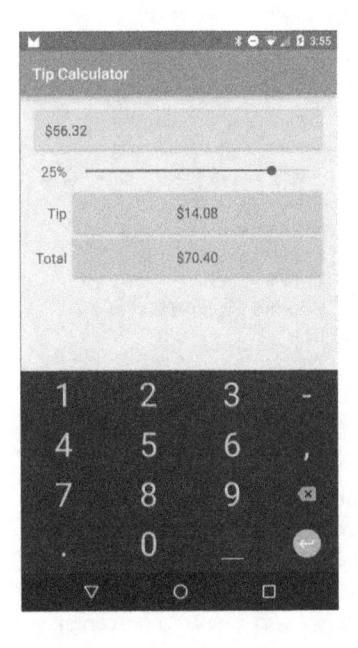

Objetivos
Neste capítulo, você vai:

- Alterar o tema padrão da interface gráfica do usuário.
- Personalizar as cores do tema da interface gráfica do usuário.
- Projetar uma interface gráfica do usuário usando um componente GridLayout.
- Usar a janela **Component Tree** do IDE para adicionar views a um componente GridLayout.
- Usar componentes TextView, um componente EditText e um componente SeekBar.
- Usar recursos de programação orientada a objetos com Java, incluindo classes, objetos, interfaces, classes internas anônimas e herança para adicionar funcionalidades a um aplicativo.
- Alterar o texto em um componente TextView via programação.
- Usar tratamento de eventos para responder às interações do usuário com componentes EditText e SeekBar.
- Especificar que o teclado numérico deve aparecer por padrão quando o aplicativo executar.
- Especificar que o aplicativo suporta apenas orientação retrato.

Resumo

- **3.1** Introdução
- **3.2** Teste do aplicativo **Tip Calculator**
- **3.3** Visão geral das tecnologias
  - 3.3.1 Classe `Activity`
  - 3.3.2 Métodos de ciclo de vida de `Activity`
  - 3.3.3 Biblioteca `AppCompat` e a classe `AppCompatActivity`
  - 3.3.4 Organização de views com um componente `GridLayout`
  - 3.3.5 Criação e personalização da interface gráfica do usuário com o editor de layout e com as janelas **Component Tree** e **Properties**
  - 3.3.6 Formatação de números como strings para moeda corrente específica da localidade e porcentagem
  - 3.3.7 Implementação da interface `TextWatcher` para lidar com alterações de texto em um componente `EditText`
  - 3.3.8 Implementação da interface `OnSeekBarChangeListener` para lidar com alterações na posição do cursor do componente `SeekBar`
  - 3.3.9 Temas Material Design
  - 3.3.10 Material Design: elevação e sombras
  - 3.3.11 Material Design: cores
  - 3.3.12 `AndroidManifest.xml`
  - 3.3.13 Pesquisa na janela **Properties**
- **3.4** Construção da interface gráfica do usuário
  - 3.4.1 Introdução ao componente `GridLayout`
  - 3.4.2 Criação do projeto `TipCalculator`
  - 3.4.3 Alteração para um componente `GridLayout`
  - 3.4.4 Adição dos componentes `TextView`, `EditText` e `SeekBar`
  - 3.4.5 Personalização das views
- **3.5** Tema padrão e personalização de cores de tema
  - 3.5.1 Temas parent
  - 3.5.2 Personalização das cores do tema
  - 3.5.3 Valores comuns de propriedades de Views como estilos
- **3.6** Adição da lógica do aplicativo
  - 3.6.1 As instruções `package` e `import`
  - 3.6.2 Subclasse `MainActivity` de `AppCompatActivity`
  - 3.6.3 Variáveis de classe e variáveis de instância
  - 3.6.4 Sobrescrita do método `onCreate` de `Activity`
  - 3.6.5 Método `calculate` de `MainActivity`
  - 3.6.6 Classe interna anônima que implementa a interface `OnSeekBarChangeListener`
  - 3.6.7 Classe interna anônima que implementa a interface `TextWatcher`
- **3.7** `AndroidManifest.xml`
  - 3.7.1 Elemento `manifest`
  - 3.7.2 Elemento `application`
  - 3.7.3 Elemento `activity`
  - 3.7.4 Elemento `intent-filter`
- **3.8** Para finalizar

3.1 Introdução

O aplicativo **Tip Calculator** (Figura 3.1(a)) calcula e exibe a gorjeta e o total para contas de um restaurante. Quando você toca no teclado numérico para digitar os algarismos do valor da conta, o aplicativo calcula e exibe a gorjeta e o valor total para a porcentagem de gorjeta atual (15% por padrão). Você pode especificar uma porcentagem de gorjeta de 0% a 30% movendo o *cursor* de um componente `SeekBar` – isso atualiza a porcentagem mostrada e recalcula a gorjeta e o total. Todos os valores numéricos são exibidos com formatação *específica da localidade*. A Figura 3.1(b) mostra o aplicativo depois que o usuário insere o valor 56.32 e muda a porcentagem da gorjeta para 25%.

Você vai começar testando o aplicativo. Em seguida, daremos uma visão geral das tecnologias utilizadas para criá-lo. Você vai construir a interface gráfica do aplicativo usando o editor de layout e a janela **Component Tree** do Android Studio. Por fim, vamos apresentar o código Java completo do aplicativo e analisá-lo detalhadamente.

Observação a respeito do teclado em nossas capturas de tela

O teclado numérico na Figura 3.1 pode ser diferente de acordo com a versão de Android de seu AVD ou dispositivo ou se você tiver instalado e selecionado um teclado persona-

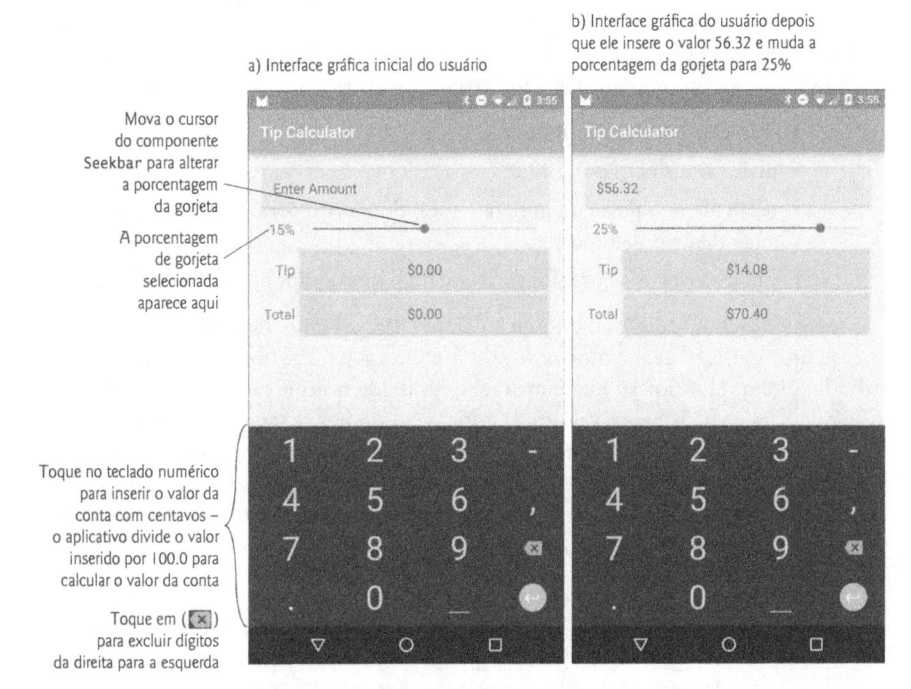

Figura 3.1 | Inserindo o total da conta e calculando a gorjeta.

lizado em seu dispositivo. Configuramos nosso AVD para exibir o *teclado escuro* a fim de obtermos um melhor contraste em nossas capturas de tela. Para isso:

1. Toque no ícone Home (⌂) no AVD ou no dispositivo.
2. Na tela inicial, toque no ícone do lançador de aplicativo (⋮⋮⋮) e abra o aplicativo **Settings**.
3. Na seção **Personal**, toque em **Language and Input**.
4. Em um AVD, toque em **Android Keyboard (AOSP)**. Em um dispositivo, toque em **Google Keyboard** – supomos que você está usando o teclado padrão do Android.
5. Toque em **Appearance & layouts** e depois em **Theme**.
6. Toque em **Material Dark** a fim de mudar para o teclado com fundo escuro.

3.2 Teste do aplicativo Tip Calculator

Abra e execute o aplicativo

Siga os passos das Seções 1.9.1 e 1.9.3 para abrir o projeto do aplicativo **Tip Calculator** no Android Studio e execute o aplicativo no AVD do Nexus 6. Se preferir, siga os passos da Seção 1.9.4 para executar o aplicativo em um telefone Android.

Digite um total de conta

Digite 56.32 para o total da conta, tocando nos números do teclado numérico. Se cometer um erro, pressione o botão de exclusão do teclado numérico (⌫) a fim de apagar o último algarismo digitado. Mesmo o teclado numérico contendo um ponto decimal, o aplicativo está configurado de modo a só aceitar dígitos de 0 a 9 – os outros botões de entrada do teclado numérico são ignorados e um dispositivo Android vibrará para indicar quando você toca em um botão de entrada inválido. Sempre que você toca em um dígito ou exclui um dígito, o aplicativo lê o que foi inserido até o momento e

- converte isso em um número;
- divide o número por 100.0 e exibe o novo valor da conta;
- recalcula os valores da gorjeta e total de acordo com a porcentagem atual da gorjeta (**15%** por padrão); e
- exibe os novos valores de gorjeta e total nos componentes TextView **Tip** e **Total**.

Se você excluir todos os dígitos, o aplicativo exibirá **Enter Amount** novamente no componente TextView azul e mostrará 0.00 nos componentes TextView laranjas. O aplicativo dividirá o valor por 100.0 e mostrará o resultado no componente TextView azul. Então, calculará e atualizará os valores da gorjeta e total nos componentes TextView.

Todos os valores monetários e a porcentagem da gorjeta são exibidos em formatos de moeda corrente específicos da localidade. Para os Estados Unidos, à medida que você digita os quatro algarismos 5, 6, 3 e 2, o total da conta é exibido sucessivamente como **$0.05**, **$0.56**, **$5.63** e **$56.32**, respectivamente.

Selecione uma porcentagem de gorjeta
Use o componente Seekbar – frequentemente chamado de *controle deslizante* ou *slider* em outras tecnologias de interface gráfica do usuário – para especificar a porcentagem da gorjeta. Arraste o *cursor* do componente Seekbar até que a porcentagem indique **25%** (Figura 3.1(b)). À medida que você arrasta o cursor, a gorjeta e o total são atualizados continuamente. Por padrão, o componente Seekbar permite selecionar valores de 0 a 100, mas especificamos um valor máximo de 30 para este aplicativo.

3.3 Visão geral das tecnologias

Esta seção apresenta os recursos do IDE e do Android que você vai usar para construir o aplicativo **Tip Calculator**. Supomos que você já conhece programação orientada a objetos com Java – apresentamos Java em nosso livro *Java SE 8 for Programmers* (http://bit.ly/JavaSE8FP). Você vai:

- usar várias classes Android para criar objetos;
- chamar métodos em classes e objetos;
- definir e chamar seus próprios métodos;
- usar herança para criar uma classe que define as funcionalidades do aplicativo **Tip Calculator**; e
- usar tratamento de eventos, classes internas anônimas e interfaces para processar as interações da interface gráfica do usuário.

3.3.1 Classe Activity

Os aplicativos Android têm quatro tipos de componentes executáveis – *atividades*, *serviços*, *provedores de conteúdo* e *receptores de transmissão por broadcast*. Neste capítulo, vamos discutir as atividades, as quais são definidas como subclasses de Activity (pacote android.app). Um aplicativo pode ter muitas atividades, uma das quais é a primeira que você vê ao ativá-lo. Você interage com uma atividade por meio de views – componentes da interface gráfica do usuário que herdam da classe View (pacote android.view).

Antes do Android 3.0, normalmente uma atividade distinta era associada a cada tela de um aplicativo. Como você vai ver a partir do Capítulo 4, uma atividade pode gerenciar vários fragmentos. Em um telefone, cada fragmento geralmente ocupa a tela inteira, e a atividade alterna entre os fragmentos com base nas interações do usuário. Em um tablet, as atividades normalmente exibem vários fragmentos por tela para aproveitar o tamanho grande da tela.

3.3.2 Métodos de ciclo de vida de Activity

Ao longo de toda sua vida, uma atividade (Activity) pode estar em um dentre vários *estados*: *ativa* (isto é, *em execução*), *pausada* ou *parada*. A atividade transita entre esses estados em resposta a vários *eventos*:

- Uma atividade *ativa* é *visível* na tela e "tem o foco" – isto é, está no *primeiro plano*. Você pode interagir com a atividade que está no primeiro plano.
- Uma atividade *pausada* é *visível* na tela, mas *não* tem o foco – como quando uma caixa de diálogo de alerta é exibida. Não é possível interagir com a atividade *pausada* até que ela se torne ativa – por exemplo, depois que o usuário descarta uma caixa de diálogo de alerta.
- Uma atividade *parada não é visível* na tela – ela está no *segundo plano* e é provável que seja encerrada pelo sistema quando a memória que ocupa for necessária. Uma atividade está *parada* quando outra atividade entra no *primeiro plano* e se torna *ativa*. Por exemplo, quando você atende a uma ligação telefônica, o aplicativo de telefone se torna *ativo* e o que estava sendo usado antes é *parado*.

À medida que uma atividade transita entre esses estados, o runtime do Android chama vários *métodos de ciclo de vida* – todos os quais são definidos na classe Activity, no pacote android.app. Você vai sobrescrever o método **onCreate** de *cada* atividade. Esse método é chamado pelo runtime do Android quando uma atividade está *começando* – isto é, quando sua interface gráfica do usuário está prestes a ser exibida para que o usuário possa interagir com a atividade. Outros métodos de ciclo de vida importantes incluem onStart, onPause, onRestart, onResume, onStop e onDestroy. Vamos discutir a maioria desses métodos em capítulos posteriores. Cada método de ciclo de vida de atividade que você sobrescreve *deve* chamar a versão da superclasse; caso contrário, ocorrerá uma *exceção*. Isso é necessário porque cada método de ciclo de vida da superclasse Activity contém o código que deve ser executado, além do código que você define em seus métodos de ciclo de vida sobrescritos. Para mais detalhes sobre o ciclo de vida de Activity, visite

http://developer.android.com/reference/android/app/Activity.html

3.3.3 Biblioteca AppCompat e a classe AppCompatActivity

Um grande desafio enfrentado pelos desenvolvedores ao usarem novos recursos do Android é a compatibilidade com plataformas Android anteriores. Agora o Google introduz muitos recursos novos do Android por meio da *Android Support Library* – um conjunto de bibliotecas que permite usar os recursos mais recentes do Android em aplicativos destinados a plataformas Android atuais e anteriores.

Uma delas é a biblioteca AppCompat, a qual permite que os aplicativos forneçam uma barra de aplicativo (anteriormente chamada de barra de ação) e muito mais, em dispositivos que executam Android 2.1 (API 7) e superiores – as barras de aplicativo foram originalmente introduzidas no Android 3.0 (API 11). Os templates de aplicativo do Android Studio foram atualizados para usar a biblioteca AppCompat, permitindo a execução de aplicativos novos em quase todos os dispositivos Android.

O template de aplicativo **Empty Activity** do Android Studio define a classe MainActivity do aplicativo como uma subclasse de AppCompatActivity (pacote android.support.v7.app) – uma subclasse indireta de Activity que suporta o uso dos recursos mais recentes do Android em aplicativos que executam em plataformas Android atuais e anteriores.

> **Observação sobre engenharia de software 3.1**
> *Criando aplicativos com a biblioteca* AppCompat *desde o início, você não precisa reimplementar seu código caso decida oferecer suporte para versões mais antigas de Android a fim de atingir um público maior para seu aplicativo.*

> **Observação sobre engenharia de software 3.2**
> *Alguns recursos do Android não estão disponíveis em versões anteriores, mesmo que você use as bibliotecas* AppCompat. *Por exemplo, os recursos de impressão do Android só estão disponíveis no Android 4.4 e superiores. Se você usa tais recursos em seu aplicativo, deve restringi-lo às plataformas suportadas ou desabilitá-los em versões de Android que não os suportam.*

Para mais detalhes sobre as Android Support Libraries, inclusive sobre quando utilizá-las e como configurá-las, visite:

    http://developer.android.com/tools/support-library

3.3.4 Organização de views com um componente GridLayout

Lembre-se de que as views de uma interface gráfica do usuário são organizadas em layouts. Vamos usar um componente GridLayout (pacote android.widget) para organizar views em células de uma grade retangular. As células podem ocupar *várias* linhas e colunas, possibilitando layouts complexos. Normalmente, GridLayout exige nível de API 14 ou mais alto. Contudo, a *Android Support Library* fornece versões alternativas de GridLayout e muitas outras views e layouts para que você possa utilizá-los em versões mais antigas do Android. Para obter mais informações sobre essa biblioteca e como utilizá-la em seus aplicativos, visite

    http://developer.android.com/tools/support-library/index.html

Vamos abordar mais layouts e views em capítulos posteriores – para ver uma lista completa, visite

    http://developer.android.com/reference/android/widget/package-
        summary.html

3.3.5 Criação e personalização da interface gráfica do usuário com o editor de layout e com as janelas Component Tree e Properties

Você vai criar componentes TextView, EditText e SeekBar usando o editor de layout (já utilizado no Capítulo 2) e a janela **Component Tree**; em seguida, vai personalizá-los com a janela **Properties** do IDE.

Um componente EditText – frequentemente chamado de *caixa de texto* ou *campo de texto* em outras tecnologias de interface gráfica do usuário – é uma *subclasse* de TextView (apresentado no Capítulo 2) que pode exibir texto *e* aceitar entrada de texto do usuário. Você vai especificar um componente EditText para entrada numérica, vai permitir que os usuários insiram apenas dígitos e vai restringir o número máximo de dígitos que podem ser inseridos.

Um componente `SeekBar` representa um valor inteiro no intervalo de 0 a 100 por padrão e permite ao usuário selecionar um número nesse intervalo movendo o cursor desse componente. Você vai personalizar o componente `SeekBar` de modo que o usuário possa escolher uma porcentagem de gorjeta somente no intervalo mais limitado de 0 a 30.

3.3.6 Formatação de números como strings para moeda corrente específica da localidade e porcentagem

Você vai usar a classe `NumberFormat` (pacote `java.text`) a fim de criar strings para moeda corrente *específica da localidade* e porcentagem – uma parte importante da *internacionalização* de seus aplicativos. Você também pode adicionar strings de *acessibilidade* e internacionalizar outro texto do aplicativo usando as técnicas aprendidas nas Seções 2.7 e 2.8.

3.3.7 Implementação da interface `TextWatcher` para lidar com alterações de texto em um componente `EditText`

Para responder aos eventos quando o usuário altera o texto do componente `EditText` deste aplicativo, você vai usar uma *classe interna anônima* para implementar a *interface* `TextWatcher` (do pacote `android.text`). Em particular, vai usar o método `onTextChanged` para exibir o valor da conta formatado em moeda corrente e para calcular a gorjeta e o total à medida que o usuário insere cada dígito. Se não estiver familiarizado com *classes internas anônimas*, visite

```
http://bit.ly/AnonymousInnerClasses
```

3.3.8 Implementação da interface `OnSeekBarChangeListener` para lidar com alterações na posição do cursor do componente `SeekBar`

Você vai usar outra classe interna anônima a fim de implementar a interface `SeekBar.OnSeekBarChangeListener` (do pacote `android.widget`) para responder ao movimento do *cursor* do componente `SeekBar`. Em particular, vai usar o método `onProgressChanged` para exibir a porcentagem de gorjeta personalizada e para calcular a gorjeta e o total à medida que o usuário move o cursor do componente `SeekBar`.

3.3.9 Temas Material Design

Um tema proporciona aparência e comportamento consistentes no Android. Os projetos criados para Android 5 e superiores usam temas que obedecem às diretrizes Material Design do Google. Existem vários temas Material Design predefinidos:

- O tema "claro" tem uma barra de aplicativo branca, um fundo de aplicativo branco e texto preto ou matizes de cinza-escuro.
- O tema "claro" com barra de aplicativo escura é igual ao anterior, mas a barra de aplicativo é preta com texto branco, por padrão.
- O tema "escuro" tem uma barra de aplicativo preta, um fundo de aplicativo cinza-escuro e texto branco ou matizes de cinza-claro.

Para cada um desses temas, existe

- uma versão `Theme.Material` (por exemplo, `Theme.Material.Light`) para aplicativos que não usam bibliotecas `AppCompat` e executam no Android 5 e superiores; e

- uma versão `Theme.AppCompat` (por exemplo, `Theme.AppCompat.Light`) para aplicativos que usam as bibliotecas `AppCompat` e executam no Android 2.1 e superiores.

Ao projetar uma interface gráfica do usuário, você pode escolher um dos temas predefinidos ou mesmo criar os seus próprios. Para este capítulo, vamos usar `Theme.AppCompat.Light.DarkActionBar`, que é o tema padrão dos templates de aplicativo do Android Studio. Os aplicativos que usam as bibliotecas `AppCompat` devem usar um dos temas `AppCompat`; caso contrário, algumas views não serão visualizadas corretamente. Para obter mais informações sobre cada tema e ver exemplos de capturas de tela, visite

```
http://www.google.com/design/spec/style/color.html#color-themes
http://developer.android.com/training/material/theme.html
```

Dica de desempenho 3.1
Muitos telefones Android atuais usam telas AMOLED. Nessas telas, um pixel preto é desativado e não consome energia. Os aplicativos que usam temas principalmente pretos podem reduzir o consumo de energia por aproximadamente 40% (`http://bit.ly/AndroidAMOLEDDisplay`).

3.3.10 Material Design: elevação e sombras

As diretrizes Material Design do Google recomendam que os objetos em suas interfaces de usuário projetem sombras, como acontece com objetos do mundo real. Quando você configura a **propriedade elevation** de uma view, o Android automaticamente projeta uma sombra para essa view. Valores maiores de `elevation` resultam em sombras mais pronunciadas. Para este aplicativo, vamos configurar a propriedade `elevation` dos componentes `TextView` azuis e laranjas que exibem valores monetários.

As diretrizes do Material Design contêm recomendações sobre elevação para vários componentes na tela – por exemplo, a elevação recomendada para uma caixa de diálogo é 24dp e a de um menu é 8dp. Para outras elevações recomendadas, consulte:

```
http://www.google.com/design/spec/what-is-material/
    elevation-shadows.html
```

3.3.11 Material Design: cores

Os desenvolvedores de aplicativos frequentemente personalizam as cores de um tema de acordo com a marca de uma empresa. Caso você precise personalizar cores de tema, as diretrizes Material Design do Google para cores[1] recomendam escolher uma paleta de cores composta de uma cor primária – com não mais do que três matizes (tons) – e uma cor contrastante. As cores primárias normalmente são usadas para colorir a barra de status e a barra de aplicativos na parte superior da tela, podendo também ser usadas em sua interface gráfica do usuário. A cor contrastante é usada para colorir várias views em sua interface gráfica, como componentes `SeekBar`, `CheckBox` e `RadioButton`. Uma vez escolhida a paleta, você pode usar o **Theme Editor** do Android Studio (Seção 3.5.2) para modificar as cores de um tema.

Exemplos de amostras das cores recomendadas da paleta de cores Material Design podem ser encontrados em

```
http://www.google.com/design/spec/style/color.html#color-color-palette
```

---

[1] http://www.google.com/design/spec/style/color.html.

Para ver as recomendações sobre paleta de cores, visite

```
http://www.materialpalette.com/
```

Esse site permite clicar em duas cores da paleta de cores Material Design do Google e, então, recomenda três tons da cor primária, uma cor secundária e cores para o texto e os ícones de seu aplicativo.

Neste aplicativo, vamos usar as amostras de cor exibidas no **Theme Editor** do Android Studio para selecionar

- uma *cor primária* azul para o fundo da barra de aplicativo;
- uma *cor primária escura* azul para a barra de status que aparece acima da barra de aplicativo; e
- uma *cor contrastante* laranja, usada para colorir o componente SeekBar.

Para a cor azul-claro do componente TextView de valores e para a cor laranja-claro dos componentes TextView de gorjeta e total, usamos a paleta de cores Material Design do Google a fim de escolher tonalidades mais claras das cores primárias e da cor contrastante.

3.3.12 AndroidManifest.xml

O arquivo AndroidManifest.xml é gerado pelo IDE quando um projeto de aplicativo é criado. Esse arquivo contém muitas das configurações que você especifica na caixa de diálogo **Create New Project** – o nome do aplicativo, o nome do pacote, o nome da(s) atividade(s) e muito mais. Você vai editar o código XML desse arquivo para adicionar uma nova configuração que obrigará o *teclado virtual* a ser exibido quando o aplicativo começar a executar. Também vai especificar que o aplicativo aceita apenas *orientação retrato* – isto é, a dimensão maior do dispositivo é vertical.

3.3.13 Pesquisa na janela Properties

A janela **Properties** permite procurar propriedades pelo nome ou por parte do nome, o que pode ajudar a encontrar e configurar propriedades mais rapidamente. Para isso, clique na barra de título da janela **Properties** e comece a digitar. Na parte superior da lista de propriedades, aparece a dica de ferramenta **Search for** mostrando o que foi digitado até o momento, e o Android Studio realça partes do nome de cada propriedade na lista que corresponda a tudo ou parte do que foi digitado. Então, você pode rolar pela lista procurando nomes de propriedade que contenham realces.

A janela também rolará para a propriedade específica que mais bem corresponda ao que foi digitado. Por exemplo, ao pesquisar as propriedades de um componente TextView, se você digitar "text co" ou "textco", a janela **Properties** realçará partes de muitas propriedades, mas rolará especificamente até a propriedade textColor e a realçará.

3.4 Construção da interface gráfica do usuário

Nesta seção, vamos mostrar os passos exatos para construir a interface gráfica do usuário do aplicativo **Tip Calculator**, incluindo como personalizar as cores primária e de contraste do tema Material.

3.4.1 Introdução ao componente GridLayout

Este aplicativo usa um componente GridLayout (pacote android.widget) para organizar views em quatro *linhas* e duas *colunas*, cada uma indexada a partir de 0, como os elementos de um array. O número de linhas e colunas de um componente `GridLayout` é especificado na janela **Properties**. Cada célula pode estar *vazia* ou conter uma ou mais *views*, incluindo layouts *contendo* outras views. A *altura* de uma linha é determinada pela view *mais alta* da linha. De modo similar, a *largura* de uma coluna é definida pela view *mais larga* da coluna. A Figura 3.2 mostra o componente `GridLayout` do aplicativo **Tip Calculator** rotulado por suas linhas e colunas – traçamos linhas horizontais para delinear as linhas e uma linha vertical para delinear as colunas. As views podem abranger *várias* linhas e/ou colunas – por exemplo, o componente `TextView` **Enter Amount** da Figura 3.2 abrange as duas colunas da linha 0.

Quando você arrasta uma view para um componente `GridLayout` na janela **Component Tree**, a view ocupa a próxima célula disponível na grade – as células preenchem o componente `GridLayout` da esquerda para a direita, até que uma linha dada esteja cheia; então, a próxima view aparece na primeira coluna da linha seguinte. Conforme você verá, também é possível especificar a linha e coluna exatas nas quais uma view deve ser colocada. Vamos discutir outros recursos de `GridLayout` quando apresentarmos os passos para a construção da interface gráfica do usuário.

Valores da propriedade `id` para as views deste aplicativo

A Figura 3.3 mostra os valores da propriedade `id` das views. Por clareza, nossa convenção de atribuição de nomes é usar o nome de classe da view na propriedade `id` e no nome da variável Java correspondente. Na primeira linha existem, na verdade, *dois* componentes na *mesma* célula da grade – `amountTextView` (que inicialmente mostra **Enter Amount**) *oculta* o componente `amountEditText` que recebe a entrada do usuário. Conforme você vai ver em breve, restringimos a entrada do usuário a valores inteiros, inseridos como dígitos inteiros; portanto, o usuário digitaria o valor da conta $34.56 como 3456. Isso garante que o usuário *não possa* digitar uma entrada inválida. Contudo, esse valor deve ser exibido como *moeda corrente*. À medida que o usuário insere cada dígito, dividimos o valor por 100.0 e o exibimos formatado em moeda corrente específica da localidade no componente `amountTextView`.

3.4.2 Criação do projeto `TipCalculator`

Siga os passos da Seção 2.3 para criar um projeto usando o template **Empty Activity**. Especifique os seguintes valores no passo **New Project** da caixa de diálogo **Create New Project**:

- **Application Name:** Tip Calculator
- **Company Domain:** deitel.com (ou especifique seu próprio nome de domínio)

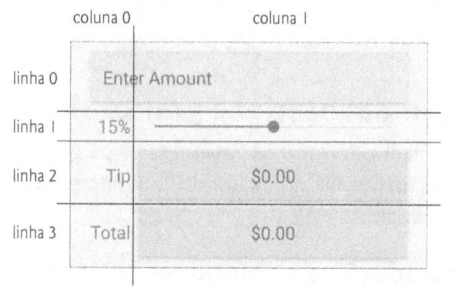

Figura 3.2 | Componente `GridLayout` da interface gráfica do usuário do aplicativo **Tip Calculator** rotulado por suas linhas e colunas.

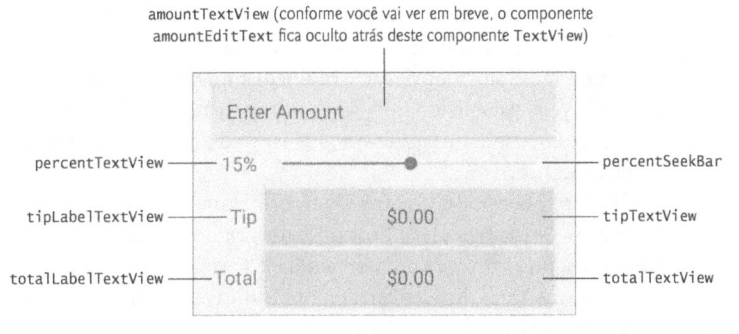

Figura 3.3 | Views do aplicativo **Tip Calculator** rotuladas com seus valores de propriedade `id`.

Para os passos restantes na caixa de diálogo **Create New Project**, use as mesmas configurações da Seção 2.3. Além disso, siga os passos da Seção 2.5.2 para adicionar um ícone de aplicativo ao seu projeto.

Uma vez aberto o projeto no Android Studio, no editor de layout, selecione **Nexus 6** na lista suspensa de dispositivos virtuais (Figura 2.11). Mais uma vez, usaremos esse dispositivo como base para nosso projeto. Além disso, exclua o componente `TextView` **Hello world!**.

3.4.3 Alteração para um componente `GridLayout`

Lembre-se de que o layout padrão para **Empty Activity** é `RelativeLayout`. Aqui, você vai mudar isso para `GridLayout`:

1 Clique na guia **Text**, na parte inferior do editor de layout, para trocar da view **Design** para o texto XML do layout.

2 Na parte superior do código XML, mude `RelativeLayout` para `GridLayout`.

3 Volte para a guia **Design** do editor de layout.

Especificação de duas colunas e margens padrão para o componente `GridLayout`
Lembre-se de que a interface gráfica do usuário na Figura 3.2 consiste em duas colunas. Para especificar isso, selecione `GridLayout` na janela **Component Tree** e mude sua propriedade `columnCount` para 2 – essa propriedade aparece perto da parte superior da janela **Properties**, com as outras propriedades de layout. Não é preciso configurar `rowCount` – isso será aumentado quando construirmos a interface gráfica do usuário.

Por padrão, *não há margens* – espaços que separam views – em torno das células de um componente `GridLayout`. As diretrizes do Material Design recomendam um espaço mínimo de 8dp entre views:

```
http://developer.android.com/design/style/metrics-grids.html
```

O componente `GridLayout` pode impor esse espaço recomendado. Com o componente `GridLayout` selecionado na janela **Component Tree**, na janela **Properties**, marque a **propriedade** `useDefaultMargins` do componente (o que a configura como `true`) para usar as margens recomendadas em torno das células do layout.

3.4.4 Adição dos componentes `TextView`, `EditText` e `SeekBar`

Agora vamos à construção da interface gráfica do usuário da Figura 3.2. Nesta seção, você vai começar com o layout e as views básicas. Na Seção 3.4.5, você vai personalizar as propriedades das views para concluir o projeto. Então, na Seção 3.5, você vai mudar o tema padrão e personalizar duas de suas cores. À medida que adicionar cada view à interface do usuário, configure sua propriedade id imediatamente, usando os nomes que aparecem na Figura 3.3. Você vai adicionar views ao componente GridLayout usando a janela **Component Tree**. Se você soltar uma view no lugar errado na janela **Component Tree**, pode arrastá-la para o local correto.

Você também pode arrastar views diretamente para o editor de layout. Para um componente GridLayout, o editor de layout exibe uma grade de linhas-guia verdes a fim de ajudá-lo a posicionar a view. À medida que você arrasta uma view pela grade, o editor de layout exibe uma dica de ferramenta indicando a linha e a coluna nas quais a view será colocada se for solta nesse local.

> **Dica para evitar erros 3.1**
> As células da grade de linhas-guia verdes do editor de layout são pequenas. Se você soltar uma view no lugar errado, o editor de layout mudará os valores das propriedades rowCount e columnCount do componente GridLayout e configurará incorretamente os valores das propriedades layout:row e layout:column da view, fazendo que sua interface gráfica de usuário seja organizada incorretamente. Se isso acontecer, redefina as propriedades rowCount e columnCount do componente GridLayout com base em seu projeto e altere as propriedades layout:row e layout:column da view para a linha e coluna corretas para seu projeto.

Passo 1: Adicione views à primeira linha

A primeira linha consiste nos componentes amountTextView e amountEditText – ambos ocupam a mesma célula e abrangem duas colunas. Sempre que você solta uma view no componente GridLayout na janela **Component Tree**, a view é colocada na *próxima célula aberta* do layout, a não ser que especifique de forma diferente, configurando suas propriedades layout:row e layout:column. Você vai fazer isso neste passo para que os componentes amountEditText e amountTextView apareçam na mesma célula, com amountTextView em primeiro plano.

Os componentes TextView deste aplicativo usam a fonte de tamanho *médio* do tema do aplicativo. A **Palette** do editor de layout fornece componentes TextView previamente configurados, chamados **Plain Text**, **Large Text**, **Medium Text** e **Small Text** (na seção **Widgets**), para vários tamanhos de texto. O componente TextView **Plain Text** usa o tamanho de fonte padrão do tema. Para os outros, o IDE configura a propriedade textAppearance do componente TextView usando os estilos do tema Material para os tamanhos de fonte correspondentes.

Execute os passos a seguir a fim de adicionar ao componente GridLayout um EditText e um TextView para receber e exibir o valor da conta:

1 Este aplicativo permite inserir somente *valores inteiros não negativos*, os quais ele divide por 100.0 para exibir o valor da conta. A seção **Text Fields** da **Palette** fornece componentes EditText *previamente configurados* para várias formas de entrada, incluindo nomes de pessoas, senhas, endereços de e-mail, números de telefone, horas, datas e números. Quando o usuário interage com um componente EditText, é exibido um teclado apropriado, com base no *tipo de entrada* do componente. Na seção **Text Fields** da **Palette**, arraste e solte um componente EditText **Number** no nó GridLayout na janela **Component Tree** – isso cria um EditText com a propriedade id editText no GridLayout. Altere a propriedade id para amountEditText. O componente EditText é colocado na *primeira* coluna da *primeira* linha do compo-

nente `GridLayout`. Configure a propriedade `layout:column` de `EditText` como 0 e a propriedade `layout:columnSpan` como 2 – essas configurações garantem que o `TextView` abranja as duas colunas da linha 0.

2 Arraste um componente `TextView` **Medium Text** da seção **Widgets** da **Palette** sobre `amountEditText` na janela **Component Tree** – uma linha preta horizontal aparece embaixo de `amountEditText`, indicando que o `TextView` será colocado após `amountEditText`. O IDE cria um componente `TextView` chamado `textView` e o aninha no nó `GridLayout`. O texto padrão "`Medium Text`" aparece no editor de layout. Você vai alterar isso no *Passo 5* (Seção 3.4.5). Mude a propriedade `id` do componente `TextView` para `amountTextView` e, então, configure as propriedades `layout:row` como 0, `layout:column` como 0 e `layout:columnSpan` como 2 – essas configurações garantem que o componente `TextView` abranja as duas colunas da linha 0, como você vai ver quando mudarmos a cor de fundo dele.

Passo 2: Adicione views à segunda linha
Em seguida, adicione os componentes `percentTextView` e `percentSeekBar` ao `GridLayout` para exibir e selecionar a porcentagem de gorjeta (certifique-se de configurar a propriedade `id` de cada view com o nome que especificamos):

1 Arraste um componente `TextView` **Medium** (`percentTextView`) da seção **Widgets** da **Palette** por cima de `amountTextView` no nó `GridLayout` da janela **Component Tree**. A nova view se torna a primeira na linha 1 (a segunda linha).

2 Arraste um componente `SeekBar` (`percentSeekBar`) da seção **Widgets** da **Palette** por cima de `percentTextView` no nó `GridLayout` da janela **Component Tree**. A nova view se torna a segunda na linha 1.

Passo 3: Adicione views à terceira linha
Em seguida, adicione os componentes `tipLabelTextView` e `tipTextView` para o `GridLayout` a fim de exibir o valor da gorjeta:

1 Arraste um componente `TextView` **Medium** (`tipLabelTextView`) por cima de `percentSeekBar` no nó `GridLayout`. A nova view se torna a primeira na linha 2 (a terceira linha).

2 Arraste um componente `TextView` **Medium** (`tipTextView`) por cima de `tipLabelTextView` no nó `GridLayout`. A nova view se torna a segunda na linha 2.

Passo 4: Adicione views à quarta linha
Em seguida, adicione os componentes `totalLabelTextView` e `totalTextView` para o `GridLayout` a fim de exibir o valor total da conta:

1 Arraste um componente `TextView` **Medium** (`totalLabelTextView`) por cima de `tipTextView` no nó `GridLayout`. Isso se torna a primeira view na linha 3 (a quarta linha).

2 Arraste um componente `TextView` **Medium** (`totalTextView`) por cima de `totalLabelTextView` no nó `GridLayout`. Isso se torna a segunda view na linha 3.

Exame do layout até o momento
A interface gráfica do usuário e a janela **Component Tree** devem agora aparecer como mostrado na Figura 3.4. Os símbolos de alerta mostrados no editor de layout e na janela **Component Tree** desaparecerão quando você concluir o projeto da interface, na Seção 3.4.5.

a) Projeto da interface gráfica do usuário até o momento

b) Janela **Component Tree** mostrando o layout e as views do aplicativo **Tip Calculator**

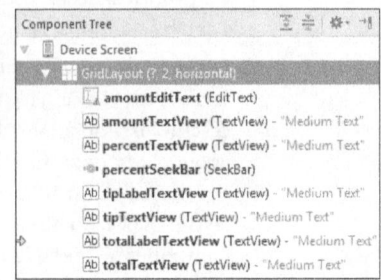

Figura 3.4 | Interface gráfica do usuário e a janela **Component Tree** após a adição das views ao `GridLayout`.

Observação a respeito do teclado virtual do componente `EditText`
Quando o teclado virtual é mostrado, o botão voltar do dispositivo (◁) se transforma no botão para baixo (▽), o qual permite remover o teclado. Se você fizer isso, o botão para baixo (▽) se transformará no botão voltar (◁), no qual pode tocar para retornar à atividade anterior – possivelmente um aplicativo anterior ou a tela inicial do dispositivo.

Normalmente, você tocaria no componente `EditText` para exibir o teclado virtual novamente. Contudo, neste aplicativo o componente `EditText` fica oculto atrás de um componente `TextView`. Se você quisesse remover o teclado deste aplicativo, precisaria sair dele e voltar novamente a fim de exibir o teclado outra vez. Por meio de programação, poderíamos obrigar o teclado a permanecer na tela, mas, neste aplicativo, isso impediria o botão voltar de ser exibido. Isso, por sua vez, o impediria de voltar à atividade anterior – um recurso básico do Android que todo usuário espera.

Usamos um teclado virtual do Android para demonstrar como escolher o teclado exibido para determinado componente `EditText`. Outra estratégia seria fornecer componentes `Button` representando os dígitos de 0 a 9 que sempre permanecem na tela. Poderíamos tratar seus eventos de clique e usar manipulação de `Strings`, em vez de um componente `EditText`, para monitorar a entrada do usuário.

3.4.5 Personalização das views
Agora, você vai personalizar mais propriedades das views. Como foi feito na Seção 2.5, também vai criar vários recursos de `String`, dimensão e cor.

Passo 5: Especifique o texto literal
A seguir, você vai especificar o texto literal para os componentes `amountTextView`, `percentTextView`, `tipLabelTextView` e `totalLabelTextView`. Quando a propriedade `text` de um componente `TextView` está vazia, é exibido o valor de sua **propriedade** `hint` (caso você especifique um) – essa propriedade é comumente usada com um componente `EditText` (uma subclasse de `TextView`) para ajudar o usuário a entender a finalidade desse componente. Estamos usando isso de forma semelhante no componente `amountTextView` a fim de dizer ao usuário para que digite um valor de conta:

1. Na janela **Component Tree**, selecione `amountTextView` e localize sua propriedade `hint` na janela **Properties**.

2. Clique no botão de reticências (...), à direita do valor da propriedade, para exibir a caixa de diálogo **Resources**.

3 Na caixa de diálogo, clique em **New Resource** e selecione **New String Value...** para exibir a caixa de diálogo **New String Value Resource** e configurar o campo **Resource name** como enter_amount e o campo **Resource value** como "Enter Amount". Deixe as outras configurações e clique em **OK** para criar o novo recurso String e configurá-lo com a propriedade hint de amountTextView.

Repita esses passos para configurar a propriedade text dos componentes percentTextView, tipLabelTextView e totalLabelTextView usando os valores mostrados na Figura 3.5.

*Passo 6: Alinhe os componentes **TextView** à direita na coluna da esquerda*
Na Figura 3.2, os componentes percentTextView, tipLabelTextView e totalLabelTextView estão alinhados à direita. Isso pode ser feito para todos os três componentes TextView simultaneamente, como segue:

1 Selecione o componente percentTextView.

2 Mantenha pressionada a tecla *Ctrl* no Windows/Linux ou *Command* no Mac e clique nos componentes tipLabelTextView e totalLabelTextView. Agora todos os três componentes TextView estão selecionados.

3 Expanda o nó da propriedade layout:gravity e marque a caixa de seleção right.

*Passo 7: Configure o componente **amountEditText***
No aplicativo final, o componente amountEditText fica *oculto* atrás do componente amountTextView e é configurado de modo a permitir a inserção somente de *dígitos* pelo usuário. Selecione o componente amountEditText e configure as seguintes propriedades:

1 Configure a **propriedade digits** como 0123456789 – isso permite que *apenas* dígitos sejam inseridos, mesmo o teclado numérico contendo outros caracteres, como os sinais de menos (-), a vírgula (,) e o ponto final (.).

2 Configure a **propriedade** maxLenght como 6. Restringimos o valor da conta a um máximo de *seis* dígitos – portanto, o maior valor de conta aceito é 9999.99.

*Passo 8: Configure o componente **amountTextView***
Para concluir a formatação do componente amountTextView, selecione-o e configure as seguintes propriedades:

1 Exclua o valor padrão da propriedade text ("Medium Text") – vamos exibir texto por meio de programação aqui, com base na entrada do usuário.

2 Expanda o nó da propriedade layout:gravity e configure fill como horizontal. Isso indica que o componente TextView deve ocupar todo o espaço horizontal restante nessa linha do GridLayout.

3 Configure a **propriedade background** (que especifica a cor de fundo da view) com um novo recurso de cor chamado amount_background, com o valor #BBDEFB – uma cor azul-claro escolhida na paleta de cores Material Design do Google.

View	Nome do recurso	Valor do recurso
percentTextView	tip_percentage	15%
tipLabelTextView	tip	Tip
totalLabelTextView	total	Total

Figura 3.5 | Nomes e valores de recurso String.

4 Adicione preenchimento em torno do componente TextView. A propriedade **padding** de uma view especifica o espaço extra em torno de seu conteúdo. A propriedade all especifica que o valor de preenchimento deve ser aplicado acima, à direita, abaixo e à esquerda do conteúdo da view. Também é possível configurar o preenchimento para cada um deles individualmente. Expanda o nó da propriedade padding, clique na propriedade all e no botão de reticências. Crie um recurso de dimensão chamado textview_padding, com o valor 12dp. Esse recurso vai ser usado novamente em breve.

5 Por último, adicione uma sombra à view, configurando a propriedade elevation com um novo recurso de dimensão chamado elevation, com o valor 4dp. Escolhemos esse valor para propósitos de demonstração a fim de enfatizar o efeito de sombra.

Passo 9: Configure o componente **percentTextView**

Observe que o componente percentTextView tem alinhamento mais alto que percentSeekBar. Isso parecerá melhor se for *centralizado verticalmente*. Para tanto, expanda o nó da propriedade layout:gravity e configure o valor de center como vertical. Lembre-se de que, anteriormente, você configurou layout:gravity como right. A combinação desses ajustes aparece no código XML do layout como

```
android:layout_gravity="center_vertical|right"
```

Uma *barra vertical* (|) é usada para separar vários valores de layout:gravity – neste caso, indicando que o componente TextView deve ser *centralizado verticalmente* e *alinhado à direita* dentro da célula da grade.

Passo 10: Configure o componente **percentSeekBar**

Selecione o componente percentSeekBar e configure as seguintes propriedades:

1 Por padrão, o intervalo de um componente SeekBar é de 0 a 100, e seu valor atual é indicado por sua **propriedade progress**. Este aplicativo permite porcentagens de gorjeta de 0 a 30 e especifica 15% como padrão. Configure a **propriedade max** do componente como 30 e a propriedade progress como 15.

2 Expanda o nó da propriedade layout:gravity e configure a propriedade fill como horizontal para que o componente SeekBar ocupe todo o espaço horizontal na coluna GridLayout do componente.

3 Configure a propriedade layout:height com um novo recurso de dimensão (seekbar_height), com o valor 40dp para aumentar o espaço vertical no qual o componente SeekBar é exibido.

Passo 11: Configure os componentes **tipTextView** *e* **totalTextView**

Para concluir a formatação dos componentes tipTextView e totalTextView, selecione-os e configure as seguintes propriedades:

1 Exclua o valor padrão da propriedade text ("Medium Text") – vamos exibir a gorjeta e o total calculados por meio de programação.

2 Expanda o nó da propriedade layout:gravity e configure a propriedade fill como horizontal para que cada componente TextView ocupe todo o espaço horizontal na coluna GridLayout dele.

3 Configure a propriedade background com um novo recurso de cor chamado result_background, com o valor #FFE0B2 – uma cor laranja-claro escolhida na paleta de cores Material Design do Google.

4 Configure a propriedade `gravity` como `center` para que os valores da gorjeta e do total calculados sejam centralizados dentro desses componentes `TextView`.

5 Expanda o nó da propriedade `padding`, clique no botão de reticências do valor `all` e selecione o recurso de dimensão chamado `textview_padding`, criado anteriormente para `amountTextView`.

6 Por último, adicione uma sombra a cada view, configurando a propriedade `elevation` com o recurso de dimensão para `elevation` criado anteriormente.

3.5 Tema padrão e personalização de cores de tema

Cada aplicativo tem um tema que define a aparência e o comportamento padrão das views utilizadas. O tema é especificado no arquivo `AndroidManifest.xml` do aplicativo (Seção 3.7). É possível personalizar aspectos do tema, como aqueles que definem o esquema de cores de um aplicativo, definindo **recursos style** no arquivo `styles.xml`, localizado na pasta `res/values` do aplicativo.

3.5.1 Temas parent

O arquivo de recursos `style.xml` contém uma propriedade `style` chamada "AppTheme", referenciada a partir do arquivo `AndroidManifest.xml` do aplicativo para especificar seu tema. Essa propriedade `style` também especifica um tema pai (`parent`), o qual é semelhante a uma superclasse em Java – a nova propriedade `style` herda os atributos de seu tema `pai` e seus valores padrão. Assim como uma subclasse Java, uma propriedade `style` pode substituir atributos do tema `pai` por valores personalizados para aplicativos específicos. Por exemplo, uma empresa poderia fazer isso para usar as cores de sua marca. Vamos usar esse conceito, na Seção 3.5.2, para personalizar três cores usadas no tema do aplicativo.

Conforme já mencionamos, agora os templates de aplicativo do Android Studio incluem suporte para as bibliotecas `AppCompat`, as quais permitem usar os recursos mais recentes do Android em versões mais antigas. Por padrão, o Android Studio configura o tema pai como

```
Theme.AppCompat.Light.DarkActionBar
```

um dos vários temas predefinidos da biblioteca `AppCompat` – os aplicativos que usam esse tema têm fundo claro, exceto quanto à barra de aplicativo escura na parte superior do aplicativo. Cada tema `AppCompat` utiliza as recomendações Material Design do Google para estilizar as interfaces gráficas do usuário de seus aplicativos.

3.5.2 Personalização das cores do tema

A Seção 3.3.11 discutiu onde as cores primárias, primárias escuras e de contraste de um tema são aplicadas nos elementos de tela de um aplicativo. Nesta seção, você vai usar o novo **Theme Editor** do Android Studio para mudar as cores primárias, primárias escuras e de contraste do aplicativo, substituindo com isso os valores dos atributos `android:colorPrimary`, `android:colorPrimaryDark` e `android:colorAccent` do tema, mostrados na Figura 3.6. Esses são três dos muitos atributos de tema que podem ser substituídos. Para ver a lista completa, visite:

```
http://developer.android.com/reference/android/R.attr.html
```

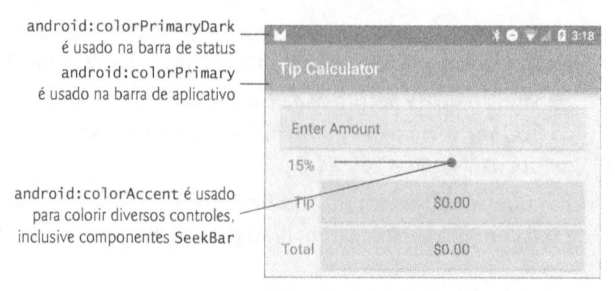

Figura 3.6 | Atributos de tema para cores primárias, primárias escuras e de contraste.

Modifique as cores primárias, primárias escuras e de contraste do tema
Para personalizar as cores:

1 Abra styles.xml. No canto superior direito do editor, clique no link **Open editor** a fim de exibir o **Theme Editor** (Figura 3.7), o qual mostra as cores atuais de colorPrimary (azul-escuro), colorPrimaryDark (um tom mais escuro de colorPrimary) e colorAccent (rosa-brilhante) – essas são as cores padrão especificadas no template de aplicativo **Empty Activity** do Android Studio. Para este aplicativo, vamos alterar colorPrimary e colorPrimaryDark para azuis mais claros e colorAccent para laranja.

2 Personalize o valor de colorPrimary do aplicativo, clicando em sua amostra de cor (Figura 3.7) para exibir a caixa de diálogo **Resources** (Figura 3.8). Na caixa de diálogo, clique na amostra de cor **Material Blue 500** e depois em **OK** para alterar o valor de colorPrimary – deixar o cursor do mouse sobre uma amostra de cor mostra seu nome em uma dica de ferramenta. O número **500** representa

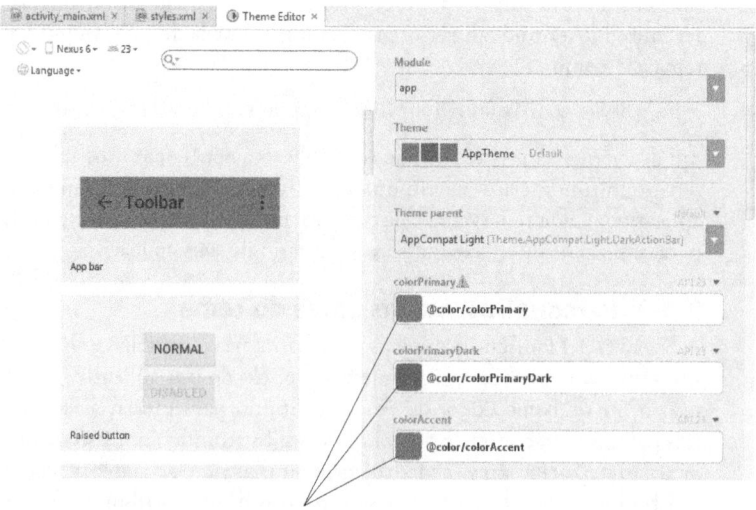

Figura 3.7 | O Theme Editor mostra visualizações estilizadas à esquerda e os atributos do tema à direita.

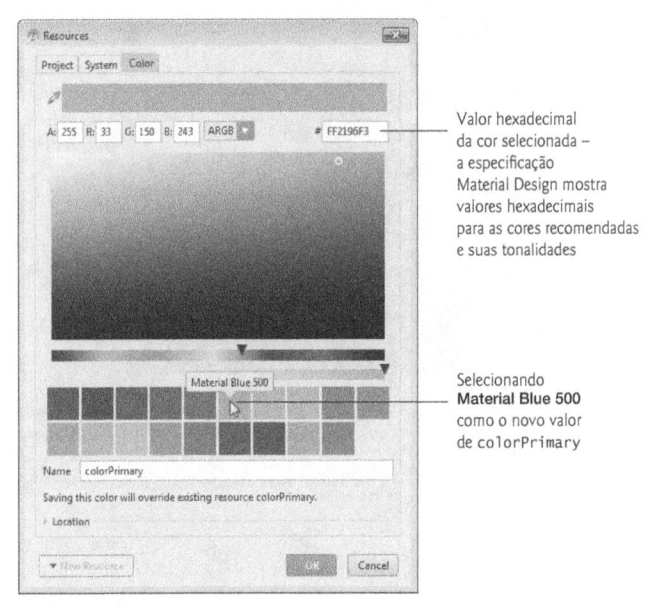

Figura 3.8 | Selecionando a amostra de cor **Material Blue 500** para `colorPrimary`.

um tom específico da cor **Material Blue**. Os tons de cada cor variam de 50 (uma tonalidade clara) a 900 (uma tonalidade escura) – você pode ver amostras dos tons de cada cor em

```
https://www.google.com/design/spec/style/color.html#color-color-
    palette
```

3   Em seguida, clique na amostra de cor `colorPrimaryDark` no **Theme Editor** a fim de exibir a caixa de diálogo **Resources**. O **Theme Editor** reconhece o novo valor de `colorPrimary` e exibe automaticamente uma amostra de cor contendo o tom mais escuro de `colorPrimary` recomendado que você deve usar para `colorPrimaryDark` – neste caso, **Material Blue 700**. Clique nessa amostra de cor (Figura 3.9) e depois em **OK**.

4   Em seguida, clique na amostra de cor `colorAccent` no **Theme Editor** a fim de exibir a caixa de diálogo **Resources**. Novamente, o **Theme Editor** reconhece que você alterou o valor de `colorPrimary` e exibe amostras de várias cores contrastantes complementares. Na caixa de diálogo, clique na amostra de cor **Orange accent 400** e depois em **OK** para alterar o valor de `colorAccent` (Figura 3.10). Em seguida, clique em **OK**.

Agora você concluiu o projeto do aplicativo, o qual deve aparecer como mostrado na Figura 3.11.

3.5.3 Valores comuns de propriedades de `Views` como estilos

Como você vai ver em aplicativos posteriores, os recursos `style` podem definir valores de propriedade comuns que devem ser aplicados a várias views. Um recurso `style` é aplicado a determinada view configurando-se sua **propriedade** `style`. Todas as altera-

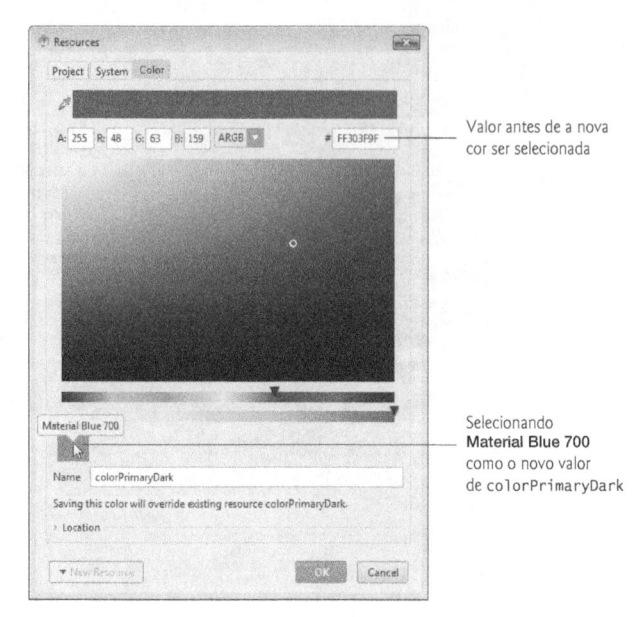

Figura 3.9 | Selecionando a amostra de cor **Material Blue 700** para `colorPrimaryDark`.

ções subsequentes feitas em um recurso `style` são aplicadas automaticamente a todas as views que o utilizam. Por exemplo, considere os componentes `tipTextView` e `totalTextView` que configuramos identicamente no Passo 11 da Seção 3.4.5. Poderíamos ter definido um recurso `style` especificando os valores das propriedades `layout:gravity`, `background`, `gravity`, `padding` e `elevation` e, então, configurando as propriedades `style` dos dois componentes `TextView` com o mesmo recurso `style`.

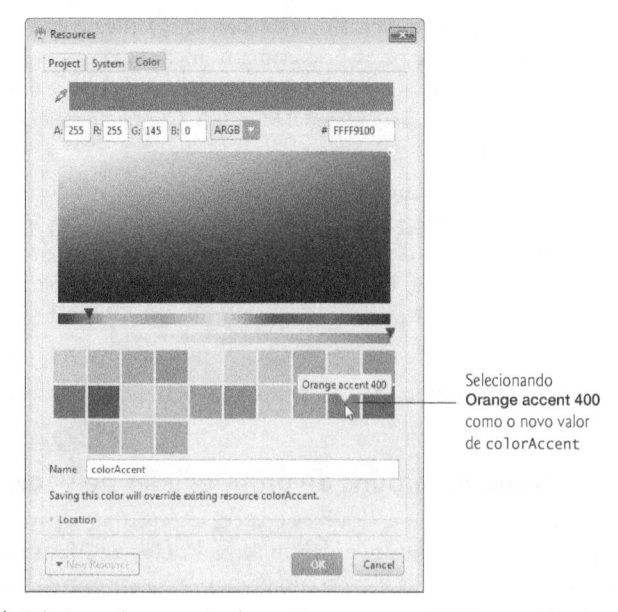

Figura 3.10 | Selecionando a amostra de cor **Orange accent 400** para `colorAccent`.

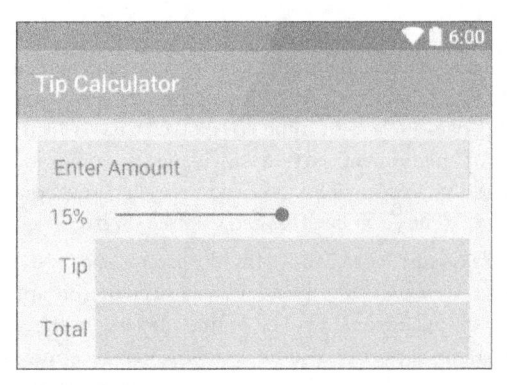

Figura 3.11 | Projeto concluído.

3.6 Adição da lógica do aplicativo

A classe `MainActivity` (Figuras 3.12 a 3.18) implementa a lógica do aplicativo **Tip Calculator**. Ela calcula os valores da gorjeta e o total da conta e os exibe no formato de moeda corrente específico da localidade. Para ver o arquivo, na janela Project, expanda o nó app/Java/com.deitel.tipcalculator e clique duas vezes em `MainActivity.java`. Você precisará digitar a maior parte do código das Figuras 3.12 a 3.18.

3.6.1 As instruções package e import

A Figura 3.12 mostra a instrução package e as instruções import de MainActivity.java. A instrução package na linha 3 foi inserida quando você criou o projeto. Quando um arquivo Java é aberto no IDE, as instruções import estão recolhidas – uma aparece com (+) à sua esquerda. Clique em (+) para ver a lista completa de instruções import.

```
1  // MainActivity.java
2  // Calcula o total da conta com base em uma porcentagem de gorjeta
3  package com.deitel.tipcalculator;
4
5  import android.os.Bundle; // para salvar informações de estado
6  import android.support.v7.app.AppCompatActivity; // classe base
7  import android.text.Editable; // para tratamento de eventos de EditText
8  import android.text.TextWatcher; // receptor de EditText
9  import android.widget.EditText; // para entrada do valor da conta
10 import android.widget.SeekBar; // para alterar a porcentagem de gorjeta
11 import android.widget.SeekBar.OnSeekBarChangeListener; // receptor de SeekBar
12 import android.widget.TextView; // para exibir texto
13
14 import java.text.NumberFormat; // para formatação de moeda corrente
15
```

Figura 3.12 | Instruções package e import de MainActivity.

As linhas 5 a 14 importam as classes e interfaces utilizadas pelo aplicativo:

- A classe `Bundle` do pacote `android.os` (linha 5) armazena pares chave–valor de informações – normalmente representando o estado de um aplicativo ou dados que precisam ser passados entre atividades. Quando outro aplicativo está para aparecer na tela – por exemplo, quando o usuário *recebe uma ligação telefônica* ou *ativa outro aplicativo*

–, o Android dá ao aplicativo que está sendo executado no momento a oportunidade de *salvar seu estado* em um `Bundle`. Subsequentemente, o runtime do Android pode encerrar o aplicativo – por exemplo, para reaver sua memória. Quando o aplicativo volta para a tela, o runtime do Android passa o `Bundle` do estado salvo anteriormente para o método onCreate da atividade (Seção 3.6.4). Então, o aplicativo pode usar o estado salvo para voltar ao estado em que estava quando outro aplicativo se tornou ativo. Vamos usar `Bundles`, no Capítulo 8, para passar dados entre atividades.

- A classe `AppCompatActivity` do pacote `android.support.v7.app` (linha 6) fornece os *métodos de ciclo de vida* básicos de um aplicativo – vamos discuti-los em breve. `AppCompatActivity` é uma subclasse indireta de `Activity` (pacote `android.app`) que suporta o uso de recursos mais recentes do Android em aplicativos que executam em plataformas Android atuais ou mais antigas.

- A interface `Editable` do pacote `android.text` (linha 7) permite modificar o conteúdo e a marcação de texto em uma interface gráfica do usuário.

- Você implementa a interface `TextWatcher` do pacote `android.text` (linha 8) para responder a eventos quando o usuário altera o texto em um componente `EditText`.

- O pacote `android.widget` (linhas 9, 10 e 12) contém os *widgets* (isto é, views) e layouts utilizados nas interfaces gráficas do usuário do Android. Este aplicativo usa os widgets `EditText` (linha 9), `SeekBar` (linha 10) e `TextView` (linha 12).

- Você implementa a interface `SeekBar.OnSeekBarChangeListener` do pacote `android.widget` (linha 11) para responder ao movimento, feito pelo usuário, do *cursor* de um componente `SeekBar`.

- A classe `NumberFormat` do pacote `java.text` (linha 14) fornece recursos de formatação numérica, como formatos de moeda corrente *específicos da localidade* e formatos de porcentagem.

3.6.2 Subclasse `MainActivity` de `AppCompatActivity`

A classe `MainActivity` (Figuras 3.13 a 3.18) é a subclasse de `Activity` do aplicativo **Tip Calculator**. Quando você criou o projeto `TipCalculator`, o IDE gerou essa classe como uma subclasse de `AppCompatActivity` (uma subclasse indireta de `Activity`) e sobrescreveu o método onCreate herdado da classe `Activity` (Figura 3.15). Toda subclasse de `Activity` *deve* sobrescrever esse método. Vamos discutir onCreate em breve.

```
16  // classe MainActivity do aplicativo Tip Calculator
17  public class MainActivity extends Activity {
18
```

Figura 3.13 | A classe `MainActivity` é uma subclasse de `Activity`.

3.6.3 Variáveis de classe e variáveis de instância

Figura 3.14 declara as variáveis da classe `MainActivity`. Os objetos `NumberFormat` (linhas 20 a 23) são usados para formatar valores de moeda corrente e porcentagens, respectivamente. O método estático getCurrencyInstance de `NumberFormat` retorna um objeto `NumberFormat` que formata valores como moeda corrente usando a localidade do dispositivo. Do mesmo modo, o método estático getPercentInstance formata valores como porcentagens usando a localidade do dispositivo.

```
19      // objetos formatadores de moeda corrente e porcentagem
20      private static final NumberFormat currencyFormat =
21         NumberFormat.getCurrencyInstance();
22      private static final NumberFormat percentFormat =
23         NumberFormat.getPercentInstance();
24
25      private double billAmount = 0.0; // valor da conta inserido pelo usuário
26      private double percent = 0.15; // porcentagem inicial da gorjeta
27      private TextView amountTextView; // mostra o valor da conta formatado
28      private TextView percentTextView; // mostra a porcentagem da gorjeta
29      private TextView tipTextView; // mostra o valor da gorjeta calculado
30      private TextView totalTextView; // mostra o valor total da conta calculado
31
```

Figura 3.14 | Variáveis de instância da classe `MainActivity`.

O valor da conta inserido pelo usuário no componente amountEditText será lido e armazenado como um valor double em billAmount (linha 25). A porcentagem de gorjeta (um valor inteiro no intervalo de 0 a 30), que o usuário define movendo o *cursor* do componente Seekbar, será dividida por 100.0 a fim de criar um valor double para uso nos cálculos e, então, armazenado em percent (linha 26). Por exemplo, se você selecionar 25 com o componente SeekBar, percent armazenará 0.25, de modo que o aplicativo multiplicará o valor da conta por 0.25 para calcular a gorjeta de 25%.

> **Observação sobre engenharia de software 3.3**
> *Para obter cálculos monetários precisos, use a classe BigDecimal (pacote java.math) – em vez do tipo double – para representar os valores monetários e efetuar cálculos.*

A linha 27 declara o componente TextView que exibe o valor da conta formatado em moeda corrente. A linha 28 declara o componente TextView que exibe a porcentagem de gorjeta com base na posição do *cursor* do elemento SeekBar (observe o valor de **15%** na Figura 3.1(a)). As variáveis nas linhas 29 e 30 vão fazer referência aos componentes TextView nos quais o aplicativo exibe a gorjeta e o total calculados.

3.6.4 Sobrescrita do método onCreate de Activity

O método onCreate (Figura 3.15) – *gerado automaticamente* com as linhas 33 a 36 quando você cria o projeto do aplicativo – é chamado pelo sistema quando uma atividade é *iniciada*. O método onCreate normalmente inicializa as variáveis de instância e as views da atividade. Esse método deve ser o mais simples possível para que o aplicativo *seja carregado rapidamente*. Na verdade, se o aplicativo demorar mais de cinco segundos para carregar, o sistema operacional vai exibir uma **caixa de diálogo ANR (Application Not Responding)**, dando ao usuário a opção de *terminar o aplicativo à força*. Você vai aprender a evitar esse problema no Capítulo 9.

```
32   // chamado quando a atividade é criada
33   @Override
34   protected void onCreate(Bundle savedInstanceState) {
35      super.onCreate(savedInstanceState); // chama a versão da superclasse
36      setContentView(R.layout.activity_main); // infla a GUI
37
38      // obtém referências para os TextView manipulados via programação
39      amountTextView = (TextView) findViewById(R.id.amountTextView);
```

Figura 3.15 | Sobrescrevendo o método onCreate de Activity. (Parte I de 2)

```
40        percentTextView = (TextView) findViewById(R.id.percentTextView);
41        tipTextView = (TextView) findViewById(R.id.tipTextView);
42        totalTextView = (TextView) findViewById(R.id.totalTextView);
43        tipTextView.setText(currencyFormat.format(0)); // configura texto como 0
44        totalTextView.setText(currencyFormat.format(0)); // configura texto como 0
45
46        // configura o receptor TextWatcher de amountEditText
47        EditText amountEditText =
48           (EditText) findViewById(R.id.amountEditText);
49        amountEditText.addTextChangedListener(amountEditTextWatcher);
50
51        // configura o receptor OnSeekBarChangeListener de percentSeekBar
52        SeekBar percentSeekBar =
53           (SeekBar) findViewById(R.id.percentSeekBar);
54        percentSeekBar.setOnSeekBarChangeListener(seekBarListener);
55     }
56
```

Figura 3.15 | Sobrescrevendo o método onCreate de Activity. (Parte I de 2)

Parâmetro Bundle de onCreate

Durante a execução do aplicativo, o usuário pode alterar a configuração do dispositivo – por exemplo, *girando-o, conectando um teclado Bluetooth* ou *abrindo um teclado físico*. Para proporcionar uma boa experiência ao usuário, o aplicativo deve continuar a funcionar naturalmente, apesar das mudanças na configuração. Quando o sistema chama onCreate, ele passa um argumento Bundle contendo o estado salvo da atividade, se houver um. Normalmente, você salva o estado nos métodos onPause ou onSaveInstanceState de Activity (demonstrado em aplicativos posteriores). A linha 35 chama o método onCreate da superclasse, o que é obrigatório ao sobrescrever onCreate.

A classe R gerada contém IDs de recursos

Quando você constrói a interface gráfica do usuário de seu aplicativo e adiciona *recursos* (como strings no arquivo strings.xml ou views no arquivo activity_main.xml) ao aplicativo, o IDE gera uma classe chamada R que contém *classes aninhadas* representando cada tipo de recurso presente na pasta res de seu projeto. As classes aninhadas são declaradas com a instrução static, de modo que você pode acessá-las em seu código com R.*NomeDaClasse*. Dentro das classes aninhadas da classe R, o IDE cria constantes static final int que permitem fazer referência aos recursos de seu aplicativo via programação (conforme vamos discutir daqui a pouco). Algumas das classes aninhadas na classe R incluem

- classe R.drawable – contém constantes para todos os itens drawable, como *imagens*, que você coloca nas várias pastas drawable da pasta res de seu aplicativo;
- classe R.id – contém constantes para as *views* em seus *arquivos de layout XML*;
- classe R.layout – contém constantes que representam cada *arquivo de layout* em seu projeto (como activity_main.xml); e
- classe R.string – contém constantes para cada String no arquivo strings.xml.

Infle a interface gráfica do usuário

A chamada de setContentView (linha 36) recebe a constante R.layout.activity_main para indicar qual arquivo XML representa a interface gráfica de MainActivity – neste caso, a constante representa o arquivo activity_main.xml. O método setContentView usa essa constante para carregar o documento XML correspondente, o qual é analisado sintaticamente pelo Android e convertido na interface gráfica do usuário do aplicativo. Esse processo é conhecido como **inflar (ou expandir) a interface gráfica do usuário**.

Obtenha referências para os widgets

Uma vez *inflado* o layout, você pode *obter referências para os widgets individuais* a fim de poder interagir com eles via programação. Para isso, use o método `findViewById` da classe `Activity`. Esse método recebe uma constante `int` representando a **Id** de uma view específica e retorna uma referência para essa. O nome da constante `R.id` de cada view é determinado pela propriedade **Id** do componente, a qual você especificou ao projetar a interface do usuário. Por exemplo, a constante de `amountEditText` é `R.id.amountEditText`.

As linhas 39 a 42 obtêm referências para os componentes `TextView` que alteramos no aplicativo via programação. A linha 39 obtém uma referência para o elemento `amountTextView` que é atualizado quando o usuário insere o valor da conta. A linha 40 obtém uma referência para o elemento `percentTextView` que é atualizado quando o usuário altera a porcentagem da gorjeta. As linhas 41 e 42 obtêm referências para os componentes `TextView` em que são exibidos a gorjeta e o total calculados.

Exibição dos valores iniciais nos componentes `TextView`

As linhas 43 e 44 configuram o texto dos componentes `tipTextView` e `totalTextView` como 0 em um formato de moeda corrente *específico da localidade*, chamando o **método format** do objeto `currencyFormat`. O texto de cada um desses componentes `TextView` mudará quando o usuário inserir o valor da conta.

Registro dos objetos receptores de eventos

As linhas 47 a 49 obtêm o `amountEditText` e chamam seu método `addTextChangedListener` para registrar o objeto `TextWatcher`, o qual responde aos eventos gerados quando o usuário altera o conteúdo do componente `EditText`. Definimos esse receptor* (Figura 3.18) como um objeto de classe interna anônima e o atribuímos à variável de instância `amountEditTextWatcher`. Embora pudéssemos definir a classe interna anônima no lugar de `amountEditTextWatcher`, na linha 49, optamos por defini-la mais adiante na classe para facilitar a leitura do código.

> **Observação sobre engenharia de software 3.4**
> Em vez de definir classes internas anônimas em métodos grandes, defina-as como variáveis de instância `private final` para tornar seu código mais fácil de depurar, modificar e manter.

As linhas 52 e 53 obtêm uma referência para `percentSeekBar`. A linha 54 chama o método `setOnSeekBarChangeListener` de `SeekBar` para registrar o objeto `OnSeekBarChangeListener` que responde aos *eventos* gerados quando o usuário move o cursor do componente `SeekBar`. A Figura 3.17 define esse receptor como um objeto de classe interna anônima que é atribuído à variável de instância `seekBarListener`.

Observação a respeito da vinculação de dados do Android 6

Agora o Android tem uma **biblioteca de suporte**, a **Data Binding**, que pode ser usada com aplicativos Android destinados ao Android 2.1 (nível de API 7) e superiores. Em

---

* N. de R.T.: Do original, *listener*.

seus arquivos XML de layout, você pode incluir expressões de vinculação de dados que manipulam objetos Java e atualizam dinamicamente os dados nas interfaces de usuário de seus aplicativos.

Além disso, cada arquivo XML de layout que contém views com `ids` tem uma classe gerada automaticamente correspondente. Para cada view com uma `id`, a classe tem uma variável de instância `public final` referenciando essa view. Você pode criar uma instância dessa classe de vinculação para substituir todas as chamadas a `findViewById`, o que pode simplificar bastante seus métodos `onCreate` nas classes `Activity` e `Fragment` com interfaces de usuário complexas. O nome de cada variável de instância é a `id` especificada no layout da view correspondente. O nome da classe de vinculação é baseado no nome do layout – para `activity_main.xml`, o nome da classe é `ActivityMainBinding`.

Quando este livro estava sendo produzido, a biblioteca Data Binding era uma versão beta de teste sujeita a alterações significativas, tanto na sintaxe das expressões de vinculação de dados como no suporte para ferramentas do Android Studio. Mais informações sobre vinculação de dados do Android podem ser encontradas em

https://developer.android.com/tools/data-binding/guide.html

3.6.5 Método calculate de MainActivity

O método `calculate` (Figura 3.16) é chamado pelos receptores de `EditText` e `SeekBar` para atualizar os componentes `TextView` de gorjeta e total sempre que o usuário *altera* o valor da conta. A linha 60 exibe a porcentagem de gorjeta no componente `percentTextView`. As linhas 63 e 64 calculam a gorjeta e o total com base no componente `billAmount`. As linhas 67 e 68 exibem os valores no formato de moeda corrente.

```
57     // calcula e exibe os valores de gorjeta e total
58     private void calculate() {
59        // formata a porcentagem e exibe em percentTextView
60        percentTextView.setText(percentFormat.format(percent));
61
62        // calcula a gorjeta e o total
63        double tip = billAmount * percent;
64        double total = billAmount + tip;
65
66        // exibe a gorjeta e o total, formatados como moeda corrente
67        tipTextView.setText(currencyFormat.format(tip));
68        totalTextView.setText(currencyFormat.format(total));
69     }
70
```

Figura 3.16 | Método calculate de `MainActivity`.

3.6.6 Classe interna anônima que implementa a interface OnSeekBarChangeListener

As linhas 72 a 87 (Figura 3.17) criam o objeto de *classe interna anônima* que responde aos *eventos* de `percentSeekBar`. O objeto é atribuído à variável de instância `seekBarListener`. A linha 54 (Figura 3.15) registrou `seekBarListener` como objeto de *tratamento de eventos* `OnSeekBarChangeListener` de `percentSeekBar`. Por clareza, definimos todos os objetos de tratamento de eventos (menos os mais simples) dessa maneira para não congestionar o método `onCreate` com esse código.

```
71    // objeto receptor para eventos de cursor de SeekBar alterado
72    private final OnSeekBarChangeListener seekBarListener =
73       new OnSeekBarChangeListener() {
74          // atualiza a porcentagem e, então, chama calculate
75          @Override
76          public void onProgressChanged(SeekBar seekBar, int progress,
77             boolean fromUser) {
78             percent = progress / 100.0; // configura porcentagem com base no cursor
79             calculate(); // calcula e exibe a gorjeta e o total
80          }
81
82          @Override
83          public void onStartTrackingTouch(SeekBar seekBar) { }
84
85          @Override
86          public void onStopTrackingTouch(SeekBar seekBar) { }
87       };
88
```

Figura 3.17 | Classe interna anônima que implementa a interface OnSeekBarChangeListener.

Sobrescrita do método *onProgressChanged* da interface *OnSeekBarChangeListener*

As linhas 75 a 86 (Figura 3.17) implementam os métodos da interface OnSeekBarChangeListener. O método onProgressChanged é chamado sempre que a posição do cursor do componente SeekBar muda. A linha 78 calcula o valor de percent usando o parâmetro progress do método – um valor int representando a posição do *cursor* do componente SeekBar. Dividimos o valor por 100.0 para obtermos a porcentagem. A linha 79 chama o método calculate para recalcular e exibir a gorjeta e o total.

Sobrescrita dos métodos *onStartTrackingTouch* e *onStopTrackingTouch* da interface *OnSeekBarChangeListener*

A linguagem Java exige que *cada* método de uma interface que você implemente seja sobrescrito. Este aplicativo não precisa saber quando o usuário começa a mover o cursor do componente SeekBar (onStartTrackingTouch) ou quando para de movê-lo (onStopTrackingTouch); portanto, fornecemos simplesmente um corpo vazio para cada um deles (linhas 82 a 86) a fim de cumprir o contrato da interface.

Ferramentas do Android Studio para sobrescrever métodos

O Android Studio pode criar métodos vazios que sobrescrevem métodos herdados das superclasses da classe ou que implementam métodos de interface. Quando você coloca o cursor no corpo de uma classe e seleciona a opção de menu **Code > Override Methods...**, o IDE exibe a caixa de diálogo **Select Methods to Override/Implement** listando cada método que pode ser sobrescrito na classe atual. Essa lista inclui todos os métodos herdados na hierarquia da classe e os métodos de quaisquer interfaces implementadas por toda a hierarquia.

> **Dica para evitar erros 3.2**
> Usar a opção de menu **Code > Override Methods...** *do Android Studio o ajuda a escrever código mais rapidamente e com menos erros.*

3.6.7 Classe interna anônima que implementa a interface `TextWatcher`

As linhas 90 a 114 da Figura 3.18 criam um objeto de *classe interna anônima* que responde aos *eventos* de `amountEditText` e o atribuem à variável de instância `amountEditTextWatcher`. A linha 49 (Figura 3.15) registrou esse objeto para *receber* os eventos de `amountEditText` que ocorrem quando o texto muda.

```
89    // objeto receptor para eventos de texto alterado de EditText
90    private final TextWatcher amountEditTextWatcher = new TextWatcher() {
91       // chamado quando o usuário modifica o valor da conta
92       @Override
93       public void onTextChanged(CharSequence s, int start,
94          int before, int count) {
95
96          try { // obtém o valor da conta e o exibe como moeda corrente
97             billAmount = Double.parseDouble(s.toString()) / 100.0;
98             amountTextView.setText(currencyFormat.format(billAmount));
99          }
100         catch (NumberFormatException e) { // se s está vazio ou é não numérico
101            amountTextView.setText("");
102            billAmount = 0.0;
103         }
104
105         calculate(); // atualiza os componentes TextView de gorjeta e total
106      }
107
108      @Override
109      public void afterTextChanged(Editable s) { }
110
111      @Override
112      public void beforeTextChanged(
113         CharSequence s, int start, int count, int after) { }
114   };
115 }
```

Figura 3.18 | Classe interna anônima que implementa a interface `TextWatcher`.

*Sobrescrita do método **onTextChanged** da interface **TextWatcher***

O método `onTextChanged` (linhas 92 a 106) é chamado quando o texto do componente `amountEditText` é *modificado*. O método recebe quatro parâmetros. Neste exemplo, usamos apenas `CharSequence s`, que contém uma cópia do texto de `amountEditText`. Os outros parâmetros indicam que os count caracteres, a partir de `start`, *substituíram* o texto anterior de comprimento `before`.

A linha 97 converte a entrada do usuário de `amountEditText` em um valor double. Permitimos ao usuário inserir somente números inteiros, em centavos; portanto, dividimos o valor convertido por 100.0 para obtermos o valor da conta real — por exemplo, se o usuário digitar 2495, o valor da conta será 24.95. A linha 98 exibe o valor da conta atualizado. Se ocorre uma exceção, as linhas 101 e 102 limpam o `amountTextView` e configuram `billAmount` como `0.0`. A linha 105 chama `calculate` para recalcular e exibir a gorjeta e o total com base no valor atual da conta.

*Outros métodos do componente **TextWatcher** **amountEditTextWatcher***

Este aplicativo *não* precisa saber que alterações estão para ser feitas no texto (`beforeTextChanged`) ou que o texto já foi alterado (`afterTextChanged`); portanto, simplesmente implementamos cada um desses métodos da interface `TextWatcher` com um corpo *vazio* (linhas 108 a 113) para cumprir o contrato da interface.

3.7 AndroidManifest.xml

Nesta seção, você vai modificar o arquivo `AndroidManifest.xml` para especificar que a atividade deste aplicativo suporta apenas a orientação retrato de um dispositivo e que o teclado virtual sempre deve ser exibido quando a atividade aparecer pela primeira vez na tela ou ao se voltar para ela. Para abrir o manifesto, clique duas vezes em Android-Manifest.xml na pasta `manifest` da janela **Project**. A Figura 3.19 mostra o manifesto concluído, com nossas alterações realçadas – o restante do arquivo foi gerado automaticamente pelo Android Studio quando criamos o projeto do aplicativo. Vamos discutir alguns aspectos do manifesto aqui. Para ver uma lista de todos os elementos que um manifesto pode conter, seus atributos e valores, visite

> http://developer.android.com/guide/topics/manifest/manifest-intro.html android:icon

```
 1  <?xml version="1.0" encoding="utf-8"?>
 2  <manifest xmlns:android="http://schemas.android.com/apk/res/android"
 3      package="com.deitel.tipcalculator" >
 4
 5      <application
 6          android:allowBackup="true"
 7          android:icon="@mipmap/ic_launcher"
 8          android:label="@string/app_name"
 9          android:supportsRtl="true"
10          android:theme="@style/AppTheme" >
11          <activity
12              android:name=".MainActivity"
13              android:label="@string/app_name"
14              android:screenOrientation="portrait"
15              android:windowSoftInputMode="stateAlwaysVisible">
16              <intent-filter>
17                  <action android:name="android.intent.action.MAIN" />
18
19                  <category android:name="android.intent.category.LAUNCHER" />
20              </intent-filter>
21          </activity>
22      </application>
23
24  </manifest>
```

Figura 3.19 | Conteúdo de AndroidManifest.xml.

3.7.1 Elemento manifest

O **elemento manifest** (linhas 2 a 24) indica que o conteúdo desse arquivo XML representa o manifesto do aplicativo. O atributo package desse elemento especifica o nome do pacote Java do aplicativo, configurado quando o projeto do aplicativo foi criado (Seção 3.4.2). Lembre-se de que, para aplicativos enviados à loja Google Play, o nome de pacote é usado como identificador exclusivo do aplicativo.

3.7.2 Elemento application

O **elemento application** aninhado do elemento manifest (linhas 5 a 21) especifica atributos do aplicativo, incluindo

- **android:allowBackup** – Se o backup dos dados do aplicativo deve ser feito automaticamente ou não pelo Android para que possam ser restaurados posteriormente no dispositivo ou em um novo aparelho.

- **android:icon** – O ícone em que você toca no lançador para executar o aplicativo.
- **android:label** – O nome do aplicativo, que normalmente é exibido abaixo do ícone no lançador e é frequentemente exibido na barra de aplicativo quando o aplicativo está executando.
- **android:supportsRtl** – Se a interface do aplicativo pode ou não ser rebatida horizontalmente para suportar idiomas escritos da direita para a esquerda, como o árabe e o hebraico.
- **android:theme** – O tema que determina a aparência e o comportamento padrão das views do aplicativo.

Elementos aninhados no elemento `application` definem os componentes do aplicativo, como suas atividades.

3.7.3 Elemento `activity`

O **elemento `activity`** aninhado do elemento `application` (linhas 10 a 20) descreve uma atividade. Um aplicativo pode ter muitas atividades, uma das quais destinada a ser aquela que é exibida quando o usuário toca no ícone do aplicativo no lançador para executar o aplicativo. Cada elemento `activity` especifica pelo menos os seguintes atributos:

- **android:name** – O nome de classe da `atividade`. A notação ".MainActivity" é a abreviatura de "com.deitel.MainActivity" (onde com.deitel é o inverso do nome de domínio especificado ao se criar o projeto do aplicativo).
- **android:name** – O nome da `atividade`. Frequentemente, ele é exibido na barra de aplicativo quando a atividade está na tela. Para aplicativos de atividade única, esse nome normalmente é o mesmo do aplicativo.

Para `MainActivity`, adicionamos os seguintes atributos:

- **android:screenOrientation** – Em geral, a maioria dos aplicativos deve suportar as orientações retrato *e* paisagem. Na orientação *retrato*, a maior dimensão do dispositivo é a vertical. Na orientação *paisagem*, a maior dimensão do dispositivo é a horizontal. No aplicativo **Tip Calculator**, girar o dispositivo para a orientação paisagem em um telefone típico faria o teclado numérico ocultar a maior parte da interface gráfica do usuário. Por isso, configuramos essa propriedade como "portrait", para suportar *apenas* a orientação retrato.
- **android:windowSoftInputMode** – No aplicativo **Tip Calculator**, o teclado numérico virtual deve ser exibido imediatamente quando o aplicativo for executado e deve reaparecer sempre que o usuário voltar ao aplicativo. Por isso, configuramos essa propriedade como "stateAlwaysVisible". Isso *não* exibirá o teclado numérico virtual se um teclado físico estiver presente.

3.7.4 Elemento `intent-filter`

O Android usa **intenções** (`intents`) como mecanismo para comunicação entre componentes executáveis – como atividades, serviços de segundo plano e o sistema operacional. Você *declara sua intenção* e o Android usa **troca de mensagens de intenção** para coordenar os componentes executáveis a fim de fazer o que você pretende. Esse *fraco acoplamento* torna fácil misturar e combinar partes de aplicativos diferentes. Você diz ao Android o que deseja fazer e, então, permite que ele encontre os aplicativos instalados com atividades que possam lidar com a tarefa.

Comunicação entre aplicativos

Um exemplo de como as intenções são usadas é a *coordenação de esforços entre aplicativos separados*. Pense em como o compartilhamento de fotos pode ser feito no Android:

- A maioria dos aplicativos Android de rede social fornece seus próprios recursos de compartilhamento de fotos. Cada aplicativo pode anunciar em seu manifesto a atividade específica que carrega uma foto na conta do usuário.
- Outros aplicativos podem usar esses recursos de compartilhamento de fotos, em vez de implementar os seus próprios. Por exemplo, um aplicativo de edição de fotos pode fornecer uma opção **Compartilhar Foto**. O aplicativo pode responder ao pedido de compartilhamento de fotos de um usuário *declarando sua intenção* de compartilhar uma foto – isto é, criando uma intenção de compartilhamento de fotos e passando-a para o Android.
- O Android examina a intenção para determinar quais aplicativos instalados fornecem atividades que podem compartilhar fotos.
- Se houver apenas *um* aplicativo, o Android executará a atividade de compartilhamento de fotos desse aplicativo.
- Se houver *muitos* aplicativos assim, o Android exibirá uma lista deles e pedirá ao *usuário para que decida* a atividade de compartilhamento de fotos de qual aplicativo deve ser executada.

Uma vantagem importante dessa estratégia de acoplamento fraco é que o desenvolvedor do aplicativo de edição de fotos não precisa incorporar suporte para cada site de rede social possível. Publicando uma intenção de compartilhamento de fotos, o aplicativo suporta automaticamente *qualquer* aplicativo que declare uma atividade de compartilhamento de fotos em seu manifesto, incluindo os aplicativos que o usuário já tem instalados e quaisquer que ele decida instalar no futuro. Para ver uma lista dos itens que podem ser usados com intenções, visite

```
http://developer.android.com/reference/android/content/
    Intent.html#constants
```

Execução de aplicativos

Outro exemplo de como as intenções são usadas é a *ativação de atividades*. Quando você toca no ícone de um aplicativo no lançador do dispositivo, sua intenção é executar o aplicativo. Nesse caso, o lançador publica uma intenção de executar a atividade principal do aplicativo (discutida daqui a pouco). O Android responde a essa intenção ativando o aplicativo e executando a atividade específica, designada no manifesto do aplicativo como atividade principal.

Como é determinada a atividade a ser executada

O Android usa as informações do manifesto para determinar as atividades que podem responder às intenções e quais intenções cada atividade pode manipular. No manifesto, o **elemento `intent-filter`** aninhado do elemento `activity` (Figura 3.19, linhas 16 a 20) determina quais tipos de intenção podem ativar uma atividade. Se uma intenção combina com o elemento `intent-filter` de apenas uma atividade, o Android executa essa atividade. Se há várias combinações, o Android apresenta uma lista na qual o usuário pode escolher um aplicativo e, então, executa a atividade apropriada nesse aplicativo.

O Android também passa a intenção para a atividade, pois frequentemente uma `intenção` contém dados que a atividade pode usar para executar sua tarefa. Por exemplo, um aplicativo de edição de fotos pode incluir, em uma intenção de compartilhamento de fotos, a foto específica a compartilhar.

O elemento `intent-filter` deve conter um ou mais **elementos action**. A ação `"android.intent.action.MAIN"` na linha 17 da Figura 3.19 indica que `MainActivity` é a atividade a ser executada quando o aplicativo for ativado. O **elemento category** opcional, na linha 19, especifica o que inicia a intenção – para `"android.intent.category.LAUNCHER"`, é o lançador do dispositivo. Essa categoria também indica que a atividade deve aparecer como um ícone no lançador do dispositivo, junto com os ícones de outros aplicativos instalados do usuário.

Vamos discutir e programar intenções no próximo capítulo. Para obter mais informações sobre intenções e filtros de intenção, visite

```
http://developer.android.com/guide/components/intents-filters.html
```

3.8 Para finalizar

Neste capítulo, você criou o aplicativo interativo **Tip Calculator**. Discutimos os recursos do aplicativo e, em seguida, você o testou para calcular a gorjeta e o total com base no valor da conta. Você construiu a interface gráfica do aplicativo usando o editor de layout, a janela **Component Tree** e a janela **Properties** do Android Studio. Também editou o código XML do layout e usou o **Theme Editor** para personalizar as cores primárias, primárias escuras e de contraste do tema `Theme.AppCompat.Light.DarkActionBar`, configuradas pelo IDE quando você criou o projeto. Apresentamos o código da classe `MainActivity`, uma subclasse de `AppCompatActivity` (e uma subclasse indireta de `Activity`) que definiu a lógica do aplicativo.

Na interface gráfica do aplicativo, você usou um componente `GridLayout` para organizar as views em linhas e colunas. Exibiu texto em componentes `TextView` e recebeu entrada de um componente `EditText` e de um componente `SeekBar`.

A classe `MainActivity` exigiu muitos recursos de programação orientada a objetos com Java, incluindo classes, objetos, métodos, interfaces, classes internas anônimas e herança. Explicamos a ideia de inflar a interface gráfica do usuário a partir de seu arquivo XML em sua representação na tela. Você aprendeu sobre a classe `Activity` do Android e parte do ciclo de vida de `Activity`. Em particular, sobrescreveu o método `onCreate` para inicializar o aplicativo quando ele é ativado. No método `onCreate`, você usou o método `findViewById` de `Activity` a fim de obter referências para cada uma das views com que o aplicativo interage via programação. Definiu uma classe interna anônima para implementar a interface `TextWatcher`, permitindo ao aplicativo calcular novas gorjetas e totais quando o usuário insere o valor da conta no componente `EditText`. Você também definiu uma classe interna anônima para implementar a interface `OnSeekBarChangeListener`, permitindo ao aplicativo calcular uma nova gorjeta e um novo total quando o usuário muda a porcentagem de gorjeta movendo o cursor do objeto `SeekBar`.

Por último, editou o arquivo `AndroidManifest.xml` para especificar que `MainActivity` devia suportar somente a orientação retrato e que sempre devia exibir o teclado numérico. Discutimos também os outros elementos colocados no manifesto pelo Android Studio quando você criou o projeto.

No Capítulo 4, você vai construir o aplicativo **Flag Quiz**, no qual o usuário vê um elemento gráfico, que é a bandeira de um país, e precisa adivinhar qual é esse país em 2, 4, 6 ou 8 tentativas. Você vai usar um menu e caixas de seleção para personalizar o teste, especificando o número de opções de palpite e limitando as bandeiras a regiões específicas do mundo.

4

Aplicativo Flag Quiz

Objetos `Fragment`, `Menu`, preferências, objetos `Intent` explícitos, `Handler`, `AssetManager`, animações com tween, objetos `Animator`, `Toast`, listas de cores de estados, layouts para várias orientações de dispositivo, registro de mensagens de erro para depuração

Objetivos

Neste capítulo, você vai:

- Usar objetos `Fragment` para fazer melhor uso do espaço útil disponível na tela na interface gráfica do usuário de uma atividade em telefones e tablets.
- Exibir um ícone de configurações na barra de aplicativo para permitir aos usuários acessar suas preferências no aplicativo.
- Usar um objeto `PreferenceFragment` para gerenciar automaticamente e salvar as preferências do usuário de um aplicativo.
- Usar um objeto `SharedPreferences.Editor` para modificar pares chave-valor de dados associados a um aplicativo.
- Usar as subpastas `assets` de um aplicativo para organizar recursos de imagem e manipulá-los com um componente `AssetManager`.
- Definir uma animação e aplicá-la a um elemento `View`.
- Usar um componente `Handler` a fim de agendar uma tarefa futura para execução na thread da interface gráfica do usuário.
- Usar componentes `Toast` para exibir brevemente mensagens para o usuário.
- Ativar uma atividade específica com um objeto `Intent` explícito.
- Usar coleções do pacote `java.util`.
- Definir layouts para várias orientações de dispositivo.
- Usar o mecanismo de log do Android para registrar mensagens de erro.

Resumo

4.1 Introdução
4.2 Teste do aplicativo **Flag Quiz**
    4.2.1 Configuração dos ajustes do *quiz*
    4.2.2 O *quiz*
4.3 Visão geral das tecnologias
    4.3.1 Menus
    4.3.2 Fragmentos
    4.3.3 Métodos do ciclo de vida de um fragmento
    4.3.4 Gerenciamento de fragmentos
    4.3.5 Preferências
    4.3.6 Pasta `assets`
    4.3.7 Pastas de recurso
    4.3.8 Suporte para diferentes tamanhos e resoluções de tela
    4.3.9 Orientação do dispositivo
    4.3.10 Componentes `Toast` para exibir mensagens
    4.3.11 Uso de um objeto `Handler` para executar um objeto `Runnable` no futuro
    4.3.12 Aplicação de uma animação a um objeto `View`
    4.3.13 Uso de `ViewAnimationUtils` para criar um elemento Animator de revelação circular
    4.3.14 Especificação de cores com base no estado de uma `view` por meio de uma lista de cores de estados
    4.3.15 `AlertDialog`
    4.3.16 Registro de mensagens de exceção
    4.3.17 Ativação de outra atividade por meio de um objeto `Intent` explícito
    4.3.18 Estruturas de dados em Java
    4.3.19 Recursos do Java SE 7
    4.3.20 `AndroidManifest.xml`
4.4 Criação do projeto, arquivos de recurso e classes adicionais
    4.4.1 Criação do projeto
    4.4.2 Layouts do template **Blank Activity**
    4.4.3 Configuração do suporte para Java SE 7
    4.4.4 Adição de imagens de bandeiras ao projeto
    4.4.5 `strings.xml` e recursos de String formatados
    4.4.6 `arrays.xml`
    4.4.7 `colors.xml`
    4.4.8 `button_text_color.xml`
    4.4.9 Edição de `menu_main.xml`
    4.4.10 Criação da animação da bandeira
    4.4.11 `preferences.xml` para especificar as configurações do aplicativo
    4.4.12 Adição das classes `SettingsActivity` e `SettingsActivityFragment` ao projeto
4.5 Construção da interface gráfica do usuário do aplicativo
    4.5.1 Layout de `activity_main.xml` para dispositivos na orientação retrato
    4.5.2 Projeto do layout de `fragment_quiz.xml`
    4.5.3 Barra de ferramentas da view **Design** do editor de layout
    4.5.4 Layout de `content_main.xml` para orientação paisagem de tablets
4.6 Classe `MainActivity`
    4.6.1 A instrução package e as instruções import
    4.6.2 Campos
    4.6.3 Método sobrescrito onCreate de Activity
    4.6.4 Método sobrescrito onStart de Activity
    4.6.5 Método sobrescrito onCreateOptionsMenu de Activity
    4.6.6 Método sobrescrito onOptionsItemSelected de Activity
    4.6.7 Classe interna anônima que implementa OnSharedPreferenceChangeListener
4.7 Classe `MainActivity`
    4.7.1 As instruções package e import
    4.7.2 Campos
    4.7.3 Método sobrescrito onCreateView de Fragment
    4.7.4 Método updateGuessRows
    4.7.5 Método updateRegions
    4.7.6 Método resetQuiz
    4.7.7 Método loadNextFlag
    4.7.8 Método getCountryName
    4.7.9 Método animate
    4.7.10 Classe interna anônima que implementa OnClickListener
    4.7.11 Método disableButtons
4.8 Classe `SettingsActivity`
4.9 Classe `SettingsActivityFragment`
4.10 `AndroidManifest.xml`
4.11 Para finalizar

4.1 Introdução

O aplicativo **Flag Quiz** testa sua capacidade de identificar corretamente 10 bandeiras de vários países e territórios (Figura 4.1). Por padrão, o aplicativo apresenta uma imagem de bandeira e quatro componentes Button com nomes de países em que você clica para adivinhar a resposta – uma é correta e as outras são respostas incorretas, selecionadas aleatoriamente e *não duplicadas*. O aplicativo exibe o progresso do usuário no teste (*quiz*), mostrando o número da pergunta (até 10) em um componente TextView acima da imagem da bandeira atual.

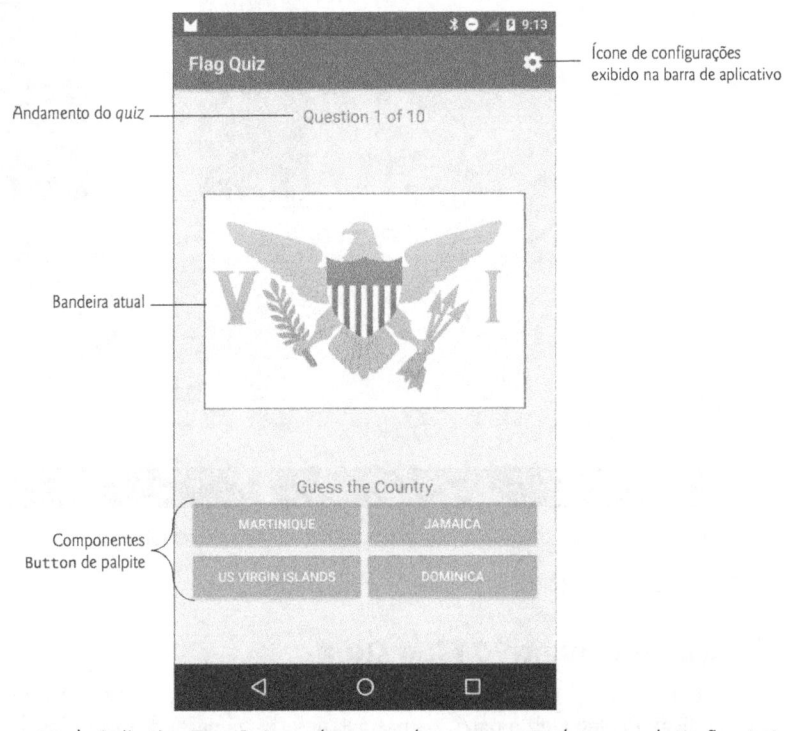

Figura 4.1 | Aplicativo **Flag Quiz** sendo executado em um smartphone na orientação retrato.

Conforme você verá, o aplicativo também permite controlar a dificuldade do *quiz*, especificando se vai exibir 2, 4, 6 ou 8 componentes Button de palpite e escolhendo as regiões do mundo que devem ser incluídas no *quiz*. Essas opções são exibidas de formas diferentes, de acordo com o dispositivo que está executando o aplicativo e com sua orientação – o aplicativo aceita orientação retrato em *qualquer* dispositivo, mas orientação paisagem apenas em tablets.

Na orientação retrato, o aplicativo exibe um ícone de configurações ( ) na barra de aplicativo. Quando o usuário toca nesse ícone, o aplicativo exibe uma tela separada (outra atividade) para configurar o número de componentes Button de palpite e as regiões do mundo a usar no *quiz*. Em um tablet na orientação paisagem (Figura 4.2), o aplicativo usa um layout diferente, que sempre exibe simultaneamente suas configurações e o *quiz*.

Primeiramente, você vai testar o aplicativo. Em seguida, vamos ver um panorama das tecnologias utilizadas para construí-lo. Depois, você vai projetar a interface gráfica do usuário do aplicativo. Por fim, apresentaremos e acompanharemos o código-fonte completo do aplicativo, discutindo os recursos novos com mais detalhes.

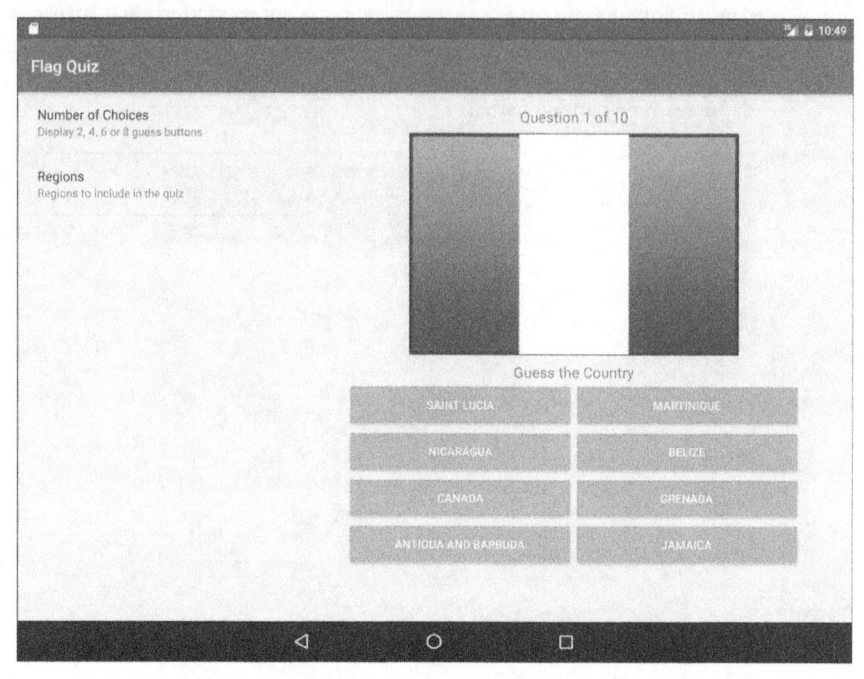

Figura 4.2 | Aplicativo **Flag Quiz** sendo executado em um tablet na orientação paisagem.

4.2 Teste do aplicativo Flag Quiz

Agora você vai testar o aplicativo **Flag Quiz**. Para isso, abra o Android Studio, abra o aplicativo **Flag Quiz** a partir da pasta `FlagQuiz` na pasta de exemplos do livro e execute-o no AVD ou em um dispositivo. Isso constrói o projeto e executa o aplicativo (Figura 4.1 ou Figura 4.2).

4.2.1 Configuração dos ajustes do *quiz*

Quando o aplicativo é instalado e executado pela primeira vez, o *quiz* é configurado para exibir quatro componentes `Button` de palpite e selecionar bandeiras de *todas* as regiões do mundo. Para este teste, você vai alterar as opções do aplicativo para selecionar apenas bandeiras da América do Norte e vai manter a configuração padrão de quatro componentes `Button` de palpite por bandeira.

Em um telefone, tablet ou AVD na orientação retrato, toque no ícone de configuração (⚙) na barra de aplicativo (Figura 4.1) para ver a tela **Settings** (Figura 4.3(a)). Em um tablet ou AVD de tablet na orientação *paisagem*, as configurações do aplicativo aparecem no lado esquerdo da tela (Figura 4.2). Toque em **Number of Choices** a fim de exibir a caixa de diálogo para selecionar o número de componentes `Button` que devem aparecer com cada bandeira (Figura 4.3(b)). (Em um tablet ou AVD de tablet na orientação paisagem, o aplicativo inteiro fica acinzentado e a caixa de diálogo é centralizada na tela.) Por padrão, **4** é selecionado – usamos essa configuração padrão. Para facilitar o *quiz*, você poderia selecionar 2. Para torná-lo mais desafiador, poderia selecionar **6** ou **8**. Toque em **CANCEL** (ou toque na tela, fora da caixa de diálogo) para voltar à tela **Settings**.

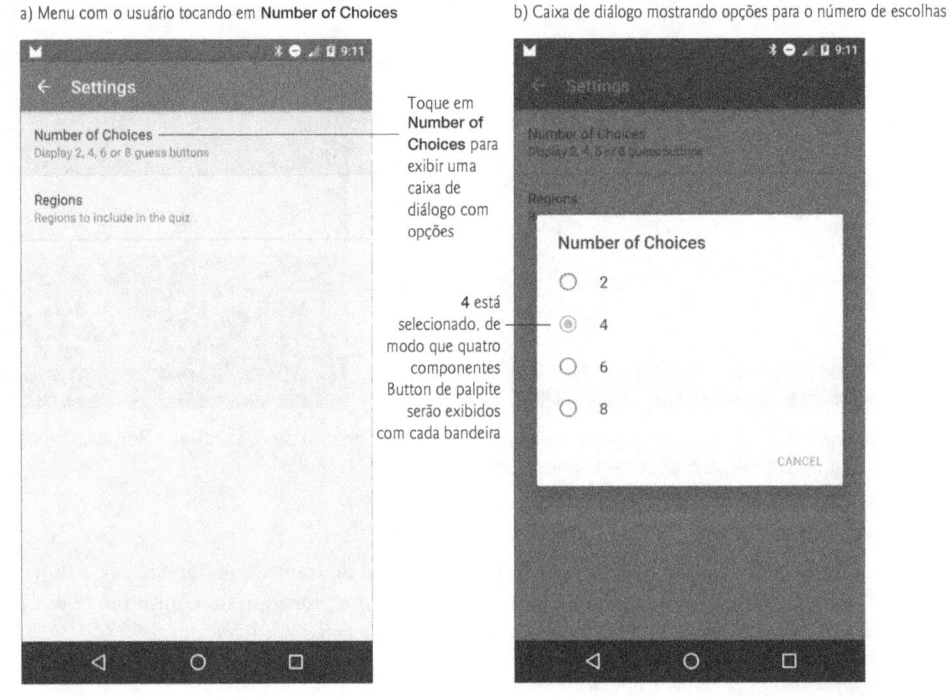

Figura 4.3 | Tela de configurações do aplicativo **Flag Quiz** e a caixa de diálogo **Number of Choices**.

Em seguida, toque em **Regions** (Figura 4.4(a)) para exibir as caixas de seleção que representam as regiões do mundo (Figura 4.4(b)). Por padrão, todas as regiões são habilitadas quando o aplicativo é executado pela primeira vez; portanto, todas as bandeiras fornecidas com o aplicativo podem ser selecionadas aleatoriamente para um *quiz*. Toque nas caixas de seleção ao lado de **Africa**, **Asia**, **Europe**, **Oceania** (Austrália, Nova Zelândia e as ilhas vizinhas) e **South America** a fim de desmarcá-las – isso exclui do *quiz* os países dessas regiões. Toque em **OK** para salvar suas configurações. Em um telefone, tablet ou AVD na orientação retrato, toque no botão voltar (◁) para retornar à tela de *quiz* e iniciar um novo jogo com suas configurações atualizadas. Em um tablet ou AVD de tablet na orientação paisagem, um novo *quiz* com as configurações atualizadas aparece imediatamente no lado direito da tela.

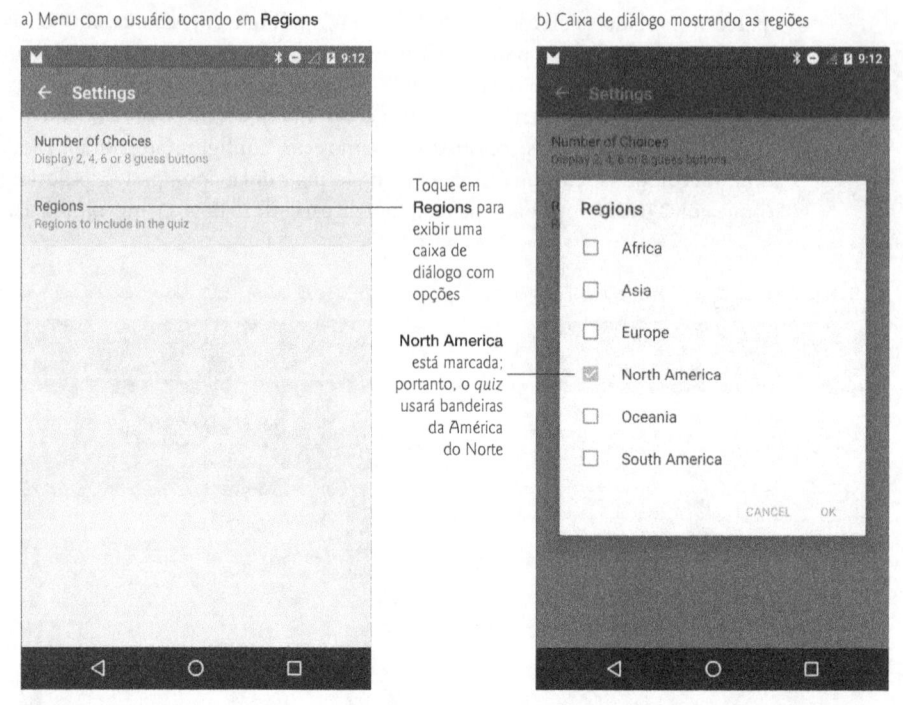

Figura 4.4 | Tela de configurações do aplicativo **Flag Quiz** e a caixa de diálogo **Regions** (após a desmarcação de **Africa**, **Asia**, **Europe**, **Oceania** e **South America**).

4.2.2 O quiz

Um novo *quiz* começa com o número de escolhas de resposta selecionadas e bandeiras apenas da região (ou regiões) selecionada. Faça o *quiz* tocando no componente Button de palpite do país que você acha que corresponde a cada bandeira.

Quando se faz uma seleção correta
Se a escolha estiver correta (Figura 4.5(a)), o aplicativo desabilita todos os componentes Button de resposta e exibe o nome do país em verde, seguido por um ponto de exclamação, na parte inferior da tela (Figura 4.5(b)). Após uma breve espera, o aplicativo carrega a próxima bandeira, a anima e um novo conjunto de componentes Button de resposta aparece na tela. O aplicativo transita da questão atual do *quiz* para a seguinte com uma animação de *revelação circular*:

- Primeiro, um círculo de diâmetro grande é reduzido na tela até que seu diâmetro chegue a zero, ocultando assim os componentes Button de bandeira e de palpite da pergunta atual do *quiz*.
- Então, o diâmetro do círculo aumenta a partir de zero até que os novos componentes Button de bandeira e de palpite da nova pergunta fiquem totalmente visíveis na tela.

a) Escolhendo a resposta correta   b) Resposta correta exibida

O componente Button que está sendo tocado (**US VIRGIN ISLANDS**) tem uma elevação maior e, portanto, uma sombra mais pronunciada

Todos os componentes Button são desabilitados depois de um palpite correto

Resposta correta mostrada em verde

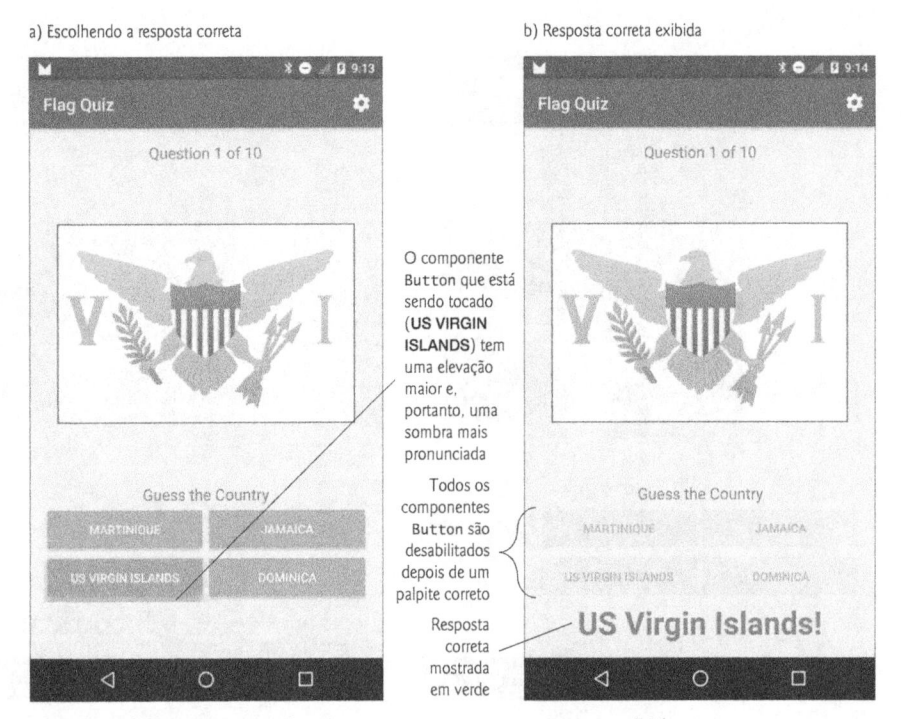

Figura 4.5 | O usuário escolhendo a resposta correta e a resposta exibida.

Quando se faz uma seleção incorreta
Para cada componente Button de nome de país incorreto tocado (Figura 4.6(a)), o aplicativo

- desabilita o componente Button de nome de país correspondente;
- usa uma animação para fazer a bandeira *tremular* horizontalmente; e
- exibe **Incorrect!** em vermelho na parte inferior da tela (Figura 4.6(b)).

Continue arriscando até obter a resposta correta para essa bandeira.

Complete o quiz
Depois que você seleciona os 10 nomes de país corretos, um componente AlertDialog pop-up aparece sobre o aplicativo mostrando o número total de palpites e a porcentagem de respostas certas (Figura 4.7). Essa é uma caixa de diálogo modal; portanto, você deve interagir com ela para descartá-la – para uma caixa de diálogo não modal, tocar no botão voltar (◁) do AVD ou do dispositivo a removerá. Quando você toca no componente Button **RESET QUIZ** da caixa de diálogo, o Android a remove e um novo *quiz* começa, usando o mesmo número de opções de palpite e região (ou regiões) do *quiz* recém-concluído.

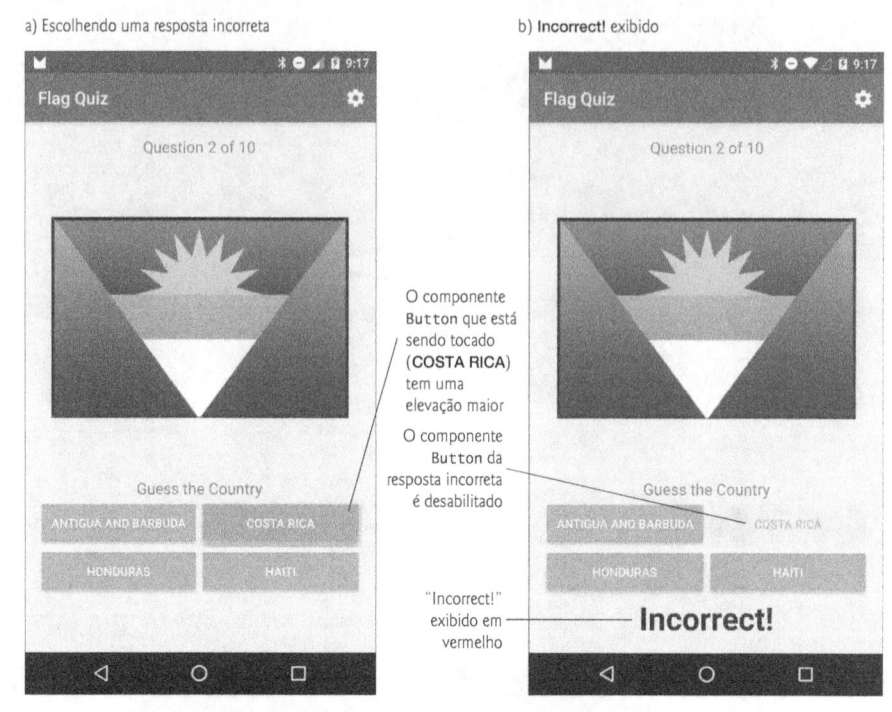

Figura 4.6 | Resposta incorreta desabilitada no aplicativo **Flag Quiz**.

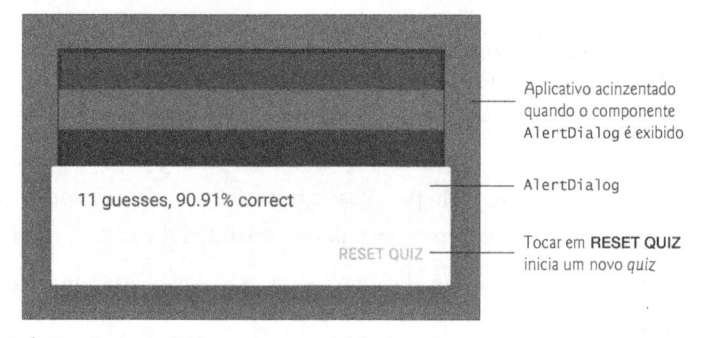

Figura 4.7 | Resultados exibidos após a conclusão do *quiz*.

4.3 Visão geral das tecnologias

Esta seção apresenta os recursos que você vai usar para construir o aplicativo **Flag Quiz**.

4.3.1 Menus

Quando o projeto de um aplicativo é criado no IDE, o objeto `MainActivity` é configurado para exibir um menu de opções (⋮) no lado direito da barra de ação. Neste caso, vamos mostrar o menu de opções somente quando o aplicativo estiver na orientação retrato. Tocar no ícone ⋮ expande um menu que, por padrão, contém apenas um item de menu **Settings** – normalmente usado para exibir as configurações de um aplicativo para o usuário. Para este aplicativo, vamos modificar o arquivo XML do menu, fornecendo um ícone (🔧) para o item de menu **Settings** e especificando que o ícone deve ser exibido diretamente na barra de aplicativo. Isso permitirá ao usuário tocar uma vez para ver as configurações do aplicativo, em vez de primeiro ter de abrir o menu de opções e, então, tocar em **Settings**. Você vai usar o **Vector Asset Studio** do Android Studio para adicionar o ícone de configurações Material Design ao projeto. Em aplicativos posteriores, vamos ver como criar itens de menu adicionais.

O menu de opções é um objeto da classe `Menu` (pacote `android.view`). Você sobrescreve o método `onCreateOptionsMenu` de `Activity` (Seção 4.6.5) e usa o argumento `Menu` do método para adicionar itens de menu – ou via programação ou inflando um documento XML que descreve os itens de menu. Quando o usuário seleciona um item de menu, o método `onOptionsItemSelected` de `Activity` (Seção 4.6.6) responde à seleção.

4.3.2 Fragmentos

Um **fragmento** normalmente representa uma parte reutilizável da interface do usuário de uma atividade, mas também pode representar lógica de programa reutilizável. Este aplicativo utiliza fragmentos para criar e gerenciar partes da interface gráfica do aplicativo. Você pode combinar vários fragmentos para criar interfaces do usuário que fazem melhor uso dos tamanhos de tela dos tablets. Pode também trocar facilmente os fragmentos para tornar suas interfaces gráficas mais dinâmicas – você vai fazer isso no Capítulo 9.

`Fragment` (pacote `android.app`) é a classe base de todos os fragmentos. Ao usar subclasses de `AppCompatActivity` com fragmentos, você deve usar a versão da Android Support Library dessa classe, do pacote `android.support.v4.app`. O aplicativo **Flag Quiz** define as seguintes subclasses diretas e indiretas de `Fragment`:

- A classe `MainActivityFragment` (Seção 4.7) – uma subclasse direta de `Fragment` – exibe a interface gráfica do usuário e define a lógica do *quiz*. Assim como uma atividade, cada objeto `Fragment` tem seu próprio layout, normalmente definido como um arquivo de recurso de layout XML (as interfaces gráficas do usuário também podem ser criadas dinamicamente). Na Seção 4.5.2, você vai construir a interface gráfica do usuário de `MainActivityFragment`. Vai criar *dois* layouts para `MainActivity` – um para dispositivos na orientação retrato e um apenas para tablets na orientação paisagem. Então, vai reutilizar a classe `MainActivityFragment` nos dois layouts.

- A classe `SettingsActivityFragment` (Seção 4.9) é uma subclasse de **PreferenceFragment** (pacote `android.preference`), a qual mantém automaticamente as preferências do usuário de um aplicativo em um arquivo associado a ele. Conforme vamos ver, você cria um arquivo XML descrevendo as preferências do usuário e, então, a classe `PreferenceFragment` usa esse arquivo XML para construir uma interface gráfica do usuário com as preferências apropriadas (Figuras 4.3 e 4.4). Discutimos mais preferências na Seção 4.3.5.

- Quando um *quiz* é concluído, o aplicativo cria uma subclasse anônima de `DialogFragment` (pacote `android.support.v4.app`) e exibe um componente `AlertDialog` (apresentado na Seção 4.3.15) contendo os resultados (Seção 4.7.10).

Fragmentos *precisam* estar contidos em uma atividade – eles não podem ser executados independentemente. Quando este aplicativo é executado na orientação paisagem em um tablet, `MainActivity` armazena todos os objetos `Fragment`. Na orientação retrato (em qualquer dispositivo), `SettingsActivity` (Seção 4.8) armazena o elemento `SettingsActivityFragment`, e `MainActivity` armazena os outros.

4.3.3 Métodos do ciclo de vida de um fragmento

Como uma atividade, cada fragmento tem um *ciclo de vida* e fornece métodos que podem ser sobrescritos para responder a *eventos de ciclo de vida*. Neste aplicativo, você vai sobrescrever

- `onCreate` – Este método (que você vai sobrescrever na classe `SettingsActivityFragment`) é chamado quando um fragmento é criado. `MainActivityFragment` e `SettingsActivityFragment` são criados quando o aplicativo infla os layouts de suas atividades pai. O componente `DialogFragment` que exibe os resultados do *quiz* é criado e exibido dinamicamente quando o usuário conclui um *quiz*.

- `onCreateView` – Este método (que você vai sobrescrever na classe `MainActivityFragment`) é chamado depois de `onCreate` para construir e retornar um objeto `View` contendo a interface gráfica do fragmento. Conforme você vai ver, este método recebe um objeto `LayoutInflater`, usado para inflar a interface gráfica de um fragmento via programação a partir dos componentes especificados em um layout XML predefinido.

Fragmentos podem adicionar seus próprios itens de menu ao menu de uma atividade hospedeira. Assim como a classe `Activity`, objetos `Fragment` também têm o método de ciclo de vida `onCreateOptionsMenu` e o método de tratamento de eventos `onOptionsItemSelected`.

Vamos discutir outros métodos do ciclo de vida de um fragmento à medida que os encontrarmos ao longo do livro. Para ver os detalhes completos do ciclo de vida, visite

```
http://developer.android.com/guide/components/fragments.html
```

4.3.4 Gerenciamento de fragmentos

Uma atividade gerencia seus fragmentos por meio de um elemento `FragmentManager` (pacote `android.app`) – acessível por meio do método `getFragmentManager` de `Activity`. Se a atividade precisa interagir com um fragmento declarado em seu layout e tem uma propriedade `id`, a atividade pode chamar o método `findFragmentById` de `FragmentManager` a fim de obter uma referência para o fragmento especificado. Conforme você vai ver no Capítulo 9, um elemento `FragmentManager` pode usar objetos `FragmentTransaction` para *adicionar, remover* e *fazer a transição* entre fragmentos dinamicamente.

Para compatibilidade com plataformas anteriores, as subclasses de `AppCompatActivity` devem usar a versão da Android Support Library de `FragmentManager` do pacote `android.support.v4.app`, em vez da que está no pacote `android.app`. A classe `AppCompatActivity` herda o método `getSupportFragmentManager` da classe `FragmentActivity` da Android Support Library para obter o elemento `FragmentManager` correto.

4.3.5 Preferências

Na Seção 4.2.1, você personalizou o *quiz* alterando as configurações do aplicativo. Essas configurações são armazenadas persistentemente como pares *chave–valor* em um arquivo – cada *chave* permite pesquisar rapidamente um *valor* correspondente. As chaves presentes no arquivo devem ser objetos `String` e os valores podem ser objetos `String` ou valores de tipos primitivos. Tal arquivo é manipulado por meio de um objeto da classe `SharedPreferences` (pacote `android.content`) e só é acessível ao aplicativo que o cria.

Um elemento `PreferenceFragment` usa objetos `Preference` (pacote `android.preference`) para gerenciar configurações do aplicativo e as armazena em um arquivo por intermédio de um objeto `SharedPreferences`. Este aplicativo usa a subclasse `ListPreference` de `Preference` para gerenciar o número de componentes `Button` de palpite exibidos para cada bandeira e a subclasse `MultiSelectListPreference` de `Preference` para gerenciar as regiões do mundo a serem incluídas no *quiz*. A subclasse `ListPreference` cria botões de opção *mutuamente exclusivos*, dos quais apenas um pode ser selecionado (Figura 4.3(b)). A subclasse `MultiSelectListPreference` cria uma interface gráfica do usuário contendo caixas de seleção, as quais podem ser selecionadas em qualquer número (Figura 4.4(b)). Você vai usar um objeto `PreferenceManager` (pacote `android.preference`) para acessar e interagir com o arquivo `SharedPreferences` padrão do aplicativo.

Vai também interagir diretamente com o arquivo `SharedPreferences` padrão do aplicativo:

- Ao iniciar um *quiz*, vai consultar as preferências do aplicativo para determinar o número de componentes `Button` de palpite a exibir e a região (ou regiões) da qual vai selecionar bandeiras.

- Quando o usuário alterar a preferência de regiões, o aplicativo garantirá que pelo menos uma região seja selecionada; caso contrário, não haveria bandeiras para incluir no *quiz*. Se nenhuma for selecionada, o aplicativo editará a preferência de regiões para selecionar North America.

Para modificar o conteúdo de um arquivo `SharedPreferences`, você vai usar um objeto `SharedPreferences.Editor` (Seção 4.6.7).

4.3.6 Pasta assets

As imagens de bandeira são carregadas no aplicativo somente quando necessário e estão localizadas na **pasta assets** do aplicativo.[1] Para adicionar imagens ao projeto, copiamos a pasta de cada região a partir de nosso sistema de arquivos para a pasta `assets` na janela **Project** (Seção 4.4.4). As imagens estão localizadas na pasta `images/FlagQuizImages` com os exemplos do livro.

Ao contrário das pastas `drawable` de um aplicativo, que exigem que seus conteúdos de imagem estejam no nível raiz em cada pasta, a pasta `assets` pode conter arquivos de qualquer tipo, e eles podem ser organizados em subpastas – mantemos as imagens das bandeiras de cada região em uma subpasta separada. Os arquivos das subpastas de `assets` são acessados por meio de um componente `AssetManager` (pacote `android.content.res`), o qual pode fornecer uma lista de todos os nomes de arquivo de uma subpasta especificada e pode ser usado para acessar cada asset.

4.3.7 Pastas de recurso

Na Seção 2.4.4, você aprendeu sobre as subpastas `drawable`, `layout` e `values` da pasta `res` de um aplicativo. Neste aplicativo, vai usar também as pastas de recurso `menu`, `anim`, `color` e `xml`. A Figura 4.8 mostra essas pastas e também as pastas `animator` e `raw`.

---

[1] Obtivemos as imagens de http://www.free-country-flags.com.

Subpasta de recurso	Descrição
anim	Nomes de pasta que começam com anim contêm arquivos XML que definem *animações com tween*, as quais podem mudar a *transparência*, o *tamanho*, a *posição* e a *rotação* de um objeto ao longo do tempo. Você vai definir uma animação assim na Seção 4.4.10 e, então, na Seção 4.7.10, vai mexer nela para criar um *efeito de tremular* a fim de dar ao usuário um retorno visual sobre um palpite incorreto.
animator	Nomes de pasta que começam com animator contêm arquivos XML que definem *animações de propriedade*, as quais alteram o valor de uma propriedade de um objeto ao longo do tempo. Em Java, normalmente uma propriedade é implementada em uma classe como uma variável de instância, com métodos de acesso set e get.
color	Nomes de pasta que começam com color contêm arquivos XML que definem listas de cores de estados – listas de cores para vários estados, como os de um componente Button (*não pressionado, pressionado, habilitado, desabilitado* e assim por diante). Vamos usar uma lista de cores de estado, na Seção 4.4.8, a fim de definir cores distintas para quando os componentes Button de palpite estiverem *habilitados* ou *desabilitados*.
raw	Nomes de pasta que começam com raw contêm arquivos de recurso (como clipes de áudio) que são lidos em um aplicativo como fluxos de bytes. Vamos usar esses recursos no Capítulo 6 para reproduzir sons.
menu	Nomes de pasta que começam com menu contêm arquivos XML que descrevem o conteúdo de menus. Quando um projeto é criado, o IDE define automaticamente um menu com uma opção **Settings**.
xml	Nomes de pasta que começam com xml contêm arquivos XML que não se encaixam nas outras categorias de recurso – frequentemente, arquivos de dados XML usados pelo aplicativo. Na Seção 4.4.11, você vai criar um arquivo XML que representa as preferências exibidas pelo componente SettingsActivityFragment deste aplicativo.

Figura 4.8 | Outras subpastas dentro da pasta res de um projeto.

4.3.8 Suporte para diferentes tamanhos e resoluções de tela

Na Seção 2.5.1, você aprendeu que os dispositivos Android têm vários *tamanhos de tela, resoluções* e *densidades de pixel* (pontos por polegada ou DPI). Aprendeu também que, normalmente, você fornece imagens e outros recursos visuais em diversas resoluções a fim de que o Android possa escolher o melhor recurso para a densidade de pixels de um dispositivo. Da mesma forma, na Seção 2.8, você aprendeu a fornecer recursos de String para diferentes idiomas e regiões. O Android utiliza pastas de recurso com *nomes qualificados* para escolher as imagens apropriadas de acordo com a densidade de pixels de um dispositivo, e as strings de idioma corretas de acordo com as configurações de localidade e região do dispositivo. Esse mecanismo também pode ser usado para selecionar recursos de qualquer uma das pastas de recurso discutidas na Seção 4.3.7.

Para a MainActivity deste aplicativo, você vai usar a largura de tela mínima e qualificadores de tamanho e orientação para determinar o layout a ser usado – um para orientação retrato em telefones e tablets e outro apenas para tablets na orientação paisagem. Para isso, vai definir dois layouts que apresentam o conteúdo de MainActivity:

- content_main.xml é o layout padrão que exibe apenas o elemento MainActivityFragment.

- content_main.xml (sw700dp-land) *só* é usado em dispositivos (isto é, tablets) quando o aplicativo está na orientação paisagem (land).

Os nomes de pasta de recurso qualificados (no disco) têm o formato:

nome-qualificadores

onde *qualificadores* consiste em um ou mais qualificadores separados por traços (-). Atualmente existem 19 tipos de qualificadores para designar quando o Android deve escolher arquivos de recurso específicos. Vamos explicar outros qualificadores à medida que os utilizarmos ao longo do livro. Para ver uma descrição completa de todos os qualificadores da subpasta res e as regras para a ordem na qual eles devem ser definidos no nome totalmente qualificado de uma pasta, visite

```
http://developer.android.com/guide/topics/resources/providing-
        resources.html#AlternativeResources
```

4.3.9 Orientação do dispositivo

Neste caso, exibimos o componente Menu somente quando o aplicativo está sendo executado em um dispositivo do tamanho de um telefone ou quando está sendo executado em um tablet na orientação retrato (Seção 4.6.5). Para determinar isso, vamos obter um objeto da classe Configuration (pacote android.content.res), o qual contém a variável de instância public orientation contendo ORIENTATION_PORTRAIT ou ORIENTATION_LANDSCAPE para a orientação atual do dispositivo.

4.3.10 Componentes Toast para exibir mensagens

Um componente Toast (pacote android.widget) exibe uma mensagem brevemente e, então, desaparece da tela. Componentes Toast são frequentemente usados para exibir mensagens de erro secundárias ou mensagens informativas. Usamos componentes Toast como segue:

- Para indicar que o *quiz* vai ser reiniciado depois que o usuário alterar as configurações do aplicativo.
- Para indicar que pelo menos uma região deve ser selecionada caso o usuário cancele a seleção de todas as regiões – nessa situação, o aplicativo define North America como região padrão para o *quiz*.

4.3.11 Uso de um objeto Handler para executar um objeto Runnable no futuro

Quando o usuário dá um palpite correto, o aplicativo exibe a resposta certa por dois segundos antes de mostrar a próxima bandeira. Para isso, usamos um objeto Handler (pacote android.os). O método postDelayed de Handler recebe como argumentos um objeto Runnable para executar e um valor de tempo de espera em milissegundos. Decorrido o tempo de espera, o objeto Runnable de Handler é executado na *mesma thread* que criou o objeto Handler.

> **Dica para evitar erros 4.1**
> *As operações que interagem com a interface gráfica do usuário ou a modificam devem ser efetuadas na thread da interface (também chamada de thread de IU ou thread principal), pois os componentes da interface não são seguros para threads.*

4.3.12 Aplicação de uma animação a um objeto View

Quando o usuário faz uma escolha incorreta, o aplicativo faz a bandeira tremular ao aplicar um objeto Animation (pacote android.view.animation) no componente ImageView. Usamos o método estático loadAnimation de AnimationUtils para carregar a animação de um arquivo XML que especifica as opções de animação. Também especificamos o número de vezes que a animação deve se repetir com o método `setRepeatCount` de `Animation` e fazemos a animação chamando o método `startAnimation` de `View` (com o objeto `Animation` como argumento) no componente `ImageView`.

4.3.13 Uso de `ViewAnimationUtils` para criar um elemento `Animator` de revelação circular

Animações podem tornar um aplicativo visualmente mais atraente. Neste caso, logo após o usuário fazer uma escolha correta, o aplicativo anima a bandeira, os componentes `Button` de resposta saem da tela e a bandeira e os componentes `Button` de resposta seguintes aparecem. Para fazer isso, na Seção 4.7.9, você vai usar a classe `ViewAnimationUtils` para criar um objeto `Animator` de *revelação circular*, chamando o método `createCircularReveal`. Então, vai definir a duração da animação e iniciá-la chamando os métodos `setDuration` e `start` de `Animator`, respectivamente. A animação aparece como uma janela circular diminuindo ou aumentando, a qual exibe parte de um elemento da interface do usuário.

4.3.14 Especificação de cores com base no estado de uma view por meio de uma lista de cores de estados

Um **arquivo de recurso de lista de cores de estado** define um recurso de cor que altera as cores de acordo com o estado de uma view. Por exemplo, você poderia definir uma lista de cores de estado para a cor de fundo de um componente `Button`, especificando diferentes cores para os seus estados *pressionado*, *não pressionado*, *habilitado* e *desabilitado*. Da mesma forma, para um componente `CheckBox` você poderia especificar diferentes cores para seus estados *marcado* e *não marcado*.

Neste caso, quando o usuário dá um palpite incorreto, o aplicativo desabilita o componente `Button` de palpite e, quando o palpite é correto, desabilita todos os componentes `Button` de palpite. Em um componente `Button` desabilitado é difícil ler o texto branco. Para resolver esse problema, você vai definir uma **lista de cores de estado**, especificando a cor do texto de um componente `Button` de acordo com seu estado habilitado ou desabilitado (Seção 4.4.8). Para obter mais informações sobre listas de cores de estado, visite

> http://developer.android.com/guide/topics/resources/color-list-resource.html

4.3.15 `AlertDialog`

As mensagens, opções e confirmações podem ser exibidas para os usuários do aplicativo por meio de componentes `AlertDialog` (pacote `android.app`). Um componente `AlertDialog` é uma **caixa de diálogo modal** – ao ser exibida, o usuário não pode interagir com o aplicativo até que a caixa de diálogo seja removida (fechada). Conforme você vai ver, a criação e a configuração do componente `AlertDialog` são feitas com um objeto `AlertDialog.Builder`, sendo ele então utilizado para criar o componente `AlertDialog`.

Os componentes `AlertDialog` podem exibir botões, caixas de seleção, botões de opção e listas de itens em que o usuário pode tocar para responder à mensagem da caixa de diálogo. Podem também exibir interfaces gráficas do usuário personalizadas. Um componente `AlertDialog` padrão pode ter até três botões, representando:

- Uma *ação negativa* – Cancela a ação especificada da caixa de diálogo, frequentemente rotulada com **CANCEL** ou **NO**. Quando existem vários botões na caixa de diálogo, esse é o que fica mais à esquerda.

- Uma *ação positiva* – Aceita a ação especificada da caixa de diálogo, frequentemente rotulada com **OK** ou **YES**. Quando existem vários botões na caixa de diálogo, esse é o que fica mais à direita.
- Uma *ação neutra* – Esse botão indica que o usuário não quer cancelar nem aceitar a ação especificada pela caixa de diálogo. Por exemplo, um aplicativo que pede ao usuário para que se registre a fim de obter acesso a recursos adicionais poderia fornecer o botão neutro **REMIND ME LATER** (lembre-me depois).

Usamos um componente `AlertDialog` no final de um *quiz* para exibir os resultados ao usuário (Seção 4.7.10) e para permitir que ele toque em um botão para reiniciar o *quiz*. Você vai implementar a interface `DialogInterface.OnClickListener` (pacote android.content) para tratar o evento do botão. Mais informações sobre as caixas de diálogo do Android podem ser encontradas em

```
http://developer.android.com/guide/topics/ui/dialogs.html
```

4.3.16 Registro de mensagens de exceção

Quando ocorrem exceções ou quando você quer monitorar aspectos importantes da execução de seu código, é possível *registrar* mensagens para propósitos de depuração com o mecanismo de log interno do Android. O Android fornece a classe `Log` (pacote android.util) com vários métodos estáticos que representam mensagens com diversos detalhes. As mensagens registradas podem ser vistas na parte inferior da guia **LogCat** do Android Device Monitor ou com a ferramenta **logcat do Android**. Abra a janela Android Device Monitor no Android Studio, selecionando **View > Tool Windows > Android Monitor**. Para saber mais detalhes sobre mensagens de log, visite:

```
http://developer.android.com/tools/debugging/debugging-log.html
```

4.3.17 Ativação de outra atividade por meio de um objeto `Intent` explícito

Conforme você aprendeu na Seção 3.7.4, o Android usa uma técnica conhecida como *troca de mensagens de intenção* para transmitir informações entre atividades dentro de um aplicativo ou atividades em aplicativos separados. Cada atividade declarada no arquivo `AndroidManifest.xml` pode especificar *filtros de intenção* indicando as *ações* que ela consegue manipular. Em cada aplicativo até aqui, o IDE criou um filtro de intenção para sua única atividade, indicando que ele podia responder à ação predefinida chamada android.intent.action.MAIN, a qual especifica que a atividade pode ser usada para *ativar* o aplicativo a fim de iniciar sua execução. Uma atividade é ativada usando-se um objeto `Intent` que indica uma *ação* a ser executada e os *dados* sobre os quais essa ação vai atuar.

Objetos `Intent` implícitos e explícitos

Este aplicativo utiliza um objeto `Intent` **explícito**. Quando este aplicativo é executado na orientação retrato, suas preferências são exibidas *explicitamente* no elemento SettingsActivity (Seção 4.8) – a atividade específica que sabe gerenciar as preferências deste aplicativo. A Seção 4.6.6 mostra como usar um objeto `Intent` explícito para ativar uma atividade específica no mesmo aplicativo.

O Android também aceita objetos `Intent` **implícitos**, para os quais *não* é preciso especificar explicitamente qual componente deve manipular a intenção. Por exemplo, um objeto `Intent` pode ser usado para mostrar o conteúdo de uma URL e permitir que o Android ative a atividade mais adequada (um navegador web) de acordo com o tipo de dado. Se *várias* atividades puderem tratar a ação e os dados passados para startActivity, o sistema exibirá uma *caixa de diálogo* na qual o usuário poderá selecionar a atividade a ser usada (possivelmente um dos vários navegadores que estiverem instalados). Se o sistema não consegue encontrar uma atividade para tratar a ação, então o método startActivity lança uma exceção ActivityNotFoundException. Em geral, considera-se boa prática tratar essa exceção para evitar a falha de seu aplicativo. Também é possível evitar que essa exceção ocorra usando o método resolveActivity de Intent para determinar se existe uma atividade para manipular a intenção. Para obter mais informações sobre objetos Intent, visite

```
http://developer.android.com/guide/components/intents-filters.html
```

4.3.18 Estruturas de dados em Java

Este aplicativo usa várias estruturas de dados do pacote java.util. Ele carrega dinamicamente os nomes de arquivo de imagem para as regiões habilitadas e os armazena em um objeto ArrayList<String>. Usamos o método shuffle de Collections para tornar a ordem dos nomes de arquivo de imagem aleatória para cada novo jogo (Seção 4.7.7). Usamos um segundo objeto ArrayList<String> para armazenar os nomes de arquivo de imagem dos países válidos para o *quiz* atual. Usamos também um objeto Set<String> para armazenar as regiões do mundo incluídas em um *quiz*. Nós nos referimos ao objeto ArrayList<String> com uma variável de tipo interface List<String>.

> **Observação sobre engenharia de software 4.1**
> *Faça referência aos objetos de coleção usando variáveis do tipo de interface genérica correspondente para que você possa alterar estruturas de dados facilmente, sem afetar o restante do código de seu aplicativo.*

4.3.19 Recursos do Java SE 7

O Android suporta Java SE 7 integralmente. Para uma lista completa dos recursos introduzidos no Java SE 7, visite

```
http://www.oracle.com/technetwork/java/javase/jdk7-relnotes-
   418459.html
```

Este aplicativo usa os seguintes recursos do Java SE 7:

- Inferência de tipos para criação de instância genérica – Se o compilador pode inferir o tipo de um objeto genérico a partir do contexto, você pode substituir <*tipo*> por <> ao criar o objeto. Por exemplo, no código de MainActivityFragment do aplicativo **Flag Quiz**, a variável de instância quizCountriesList é declarada como sendo do tipo List<String>, de modo que o compilador sabe que a coleção deve conter objetos String. Assim, quando criamos o objeto ArrayList correspondente, podemos usar o *operador diamante* <> do Java SE 7 na instrução a seguir, e o compilador infere que <> deve ser <String> com base na declaração de quizCountriesList:

```
quizCountriesList = new ArrayList<>();
```

- A instrução try-*with-resources* – Em vez de declarar um recurso, utilizá-lo em um bloco try e fechá-lo em um bloco finally, você pode usar a instrução try-*with-resources* para declarar o recurso nos parênteses do bloco try e usar o recurso no bloco try. O recurso é fechado *implicitamente* quando o controle do programa sai do bloco try. Por exemplo, no código de MainActivityFragment do aplicativo Flag Quiz, usamos um objeto InputStream para ler os bytes das imagens de bandeira e os utilizamos para criar objetos Drawable (Seção 4.7.7):

```
try (InputStream stream =
   assets.open(region + "/" + nextImage + ".png")) {
   // código que poderia lançar uma exceção
}
```

4.3.20 AndroidManifest.xml

Conforme você aprendeu no Capítulo 3, o arquivo AndroidManifest.xml é gerado no momento em que um aplicativo é criado. Em um aplicativo Android, todas as atividades devem ser listadas em seu arquivo de manifesto. Vamos mostrar como adicionar atividades ao projeto. Quando você adicionar a atividade SettingsActivity ao projeto (Seção 4.4.12), o IDE também a adicionará ao arquivo de manifesto. Para ver os detalhes completos de AndroidManifest.xml, visite

http://developer.android.com/guide/topics/manifest/manifest-intro.html

Vamos abordar vários outros aspectos do arquivo AndroidManifest.xml em aplicativos subsequentes.

4.4 Criação do projeto, arquivos de recurso e classes adicionais

Nesta seção, você vai criar o projeto e configurar os recursos de String, array, cor e animação utilizados pelo aplicativo Flag Quiz. Também vai criar classes adicionais para uma segunda atividade, a qual permite ao usuário mudar as configurações do aplicativo.

4.4.1 Criação do projeto

Siga os passos da Seção 2.3 para criar um projeto. Especifique os seguintes valores no passo **New Project** da caixa de diálogo **Create New Project**:

- **Application Name:** Flag Quiz
- **Company Domain:** deitel.com (ou especifique seu próprio nome de domínio)

Para os passos restantes da caixa de diálogo **Create New Project**, use as mesmas configurações da Seção 2.3, mas desta vez, no passo **Add an activity to Mobile**, selecione **Blank Activity**, em vez de **Empty Activity**, e marque a caixa de seleção **Use a Fragment**. Mantenha os nomes padrão fornecidos para **Activity Name, Layout Name, Title** e **Menu Resource Name** e, então, clique em **Finish** para criar o projeto. O IDE criará vários arquivos Java e de recurso, incluindo

- uma classe MainActivity;
- uma subclasse de Fragment chamada MainActivityFragment, exibida pelo componente MainActivity;
- arquivos de layout para MainActivity e para MainActivityFragment; e
- um arquivo menu_main.xml definindo o menu de opções de MainActivity.

Além disso, siga os passos da Seção 2.5.2 para adicionar um ícone de aplicativo ao seu projeto.

Quando o projeto é aberto no Android Studio, o IDE exibe `content_main.xml` no editor de layout. Selecione **Nexus 6** na lista suspensa de dispositivos virtuais (Figura 2.11) – mais uma vez vamos usar esse dispositivo como base para nosso projeto.

4.4.2 Layouts do template Blank Activity

Blank Activity é um template de aplicativo compatível com versões anteriores (para Android 2.1 e superiores) que usa recursos da Android Design Support Library. Esse template pode ser usado com ou sem um objeto `Fragment`. Quando a opção Fragment é usada, o IDE cria layouts chamados `activity_main.xml`, `content_main.xml` e `fragment_main.xml`.

activity_main.xml

O layout em `activity_main.xml` contém um `CoordinatorLayout` (do pacote `android.support.design.widget` da Android Design Support Library). Os templates de aplicativo dos layouts de `CoordinatorLayout` definidos pelo Android Studio normalmente contêm uma barra de aplicativo, definida como `Toolbar` (pacote `android.support.v7.widget`). Os templates definem a barra de aplicativo explicitamente para compatibilidade com versões anteriores do Android que não suportavam barras de aplicativo. Os elementos `CoordinatorLayout` também ajudam a gerenciar interações com views aninhadas baseadas no Material Design – como tirar uma parte de uma interface gráfica de usuário do caminho quando uma view é animada na tela e restaurar a interface em seu local original quando uma view é animada "para fora" da tela.

O layout `activity_main.xml` padrão incorpora (por meio de um elemento `<include>` no código XML) a interface gráfica do usuário definida em `content_main.xml`. O layout padrão contém também um componente `FloatingActionButton` – um botão de imagem redondo da Android Design Support Library que tem elevação mais alta que os outros componentes da interface gráfica, de modo que "flutua" sobre a interface. Normalmente, um componente `FloatingActionButton` enfatiza uma ação importante que o usuário pode executar tocando no botão. Cada aplicativo baseado no template **Blank Activity** inclui um componente `FloatingActionButton` e outros recursos Material Design. Você vai usar componentes `FloatingActionButton` a partir do Capítulo 7.

content_main.xml

O layout `content_main.xml` define a parte da interface gráfica do usuário de `MainActivity` que aparece abaixo da barra de aplicativo e acima da barra de sistema. Quando se escolhe a opção Fragment do template **Blank Activity**, esse arquivo contém apenas um elemento `<fragment>` que exibe a interface gráfica do usuário de `MainActivityFragment` definida em `fragment_main.xml`. Se você não escolher a opção Fragment do template, esse arquivo definirá um componente `RelativeLayout` contendo um elemento `TextView`, e a interface gráfica do usuário de `MainActivity` seria definida aqui.

fragment_main.xml

O layout `fragment_main.xml` é definido apenas quando se escolhe a opção Fragment do modelo **Blank Activity**. Ao usar um objeto `Fragment`, é aqui que você define a principal interface gráfica do usuário.

Preparação para o projeto da interface gráfica do usuário

Não precisamos de `FloatingActionButton` para este aplicativo; portanto, abra o layout `activity_main.xml` e exclua o botão rosa-brilhante no canto inferior direito. Além disso, selecione `CoodinatorLayout` na janela **Component Tree** e configure a propriedade **id** do layout como `coordinatorLayout`. Abra o layout `fragment_main.xml` e remova o componente `TextView` **Hello World!** definido pelo template de aplicativo.

4.4.3 Configuração do suporte para Java SE 7

Neste aplicativo, usamos recursos de programação do Java SE 7. Por padrão, um novo projeto do Android Studio utiliza Java SE 6. Para usar Java SE 7:

1 Clique com o botão direito do mouse na pasta app do projeto e selecione **Open Module Settings** para abrir a janela **Project Structure**.

2 Certifique-se de que a guia **Properties** esteja selecionada na parte superior da janela.

3 Nas listas suspensas **Source Compatibility** e **Target Compatibility**, selecione 1.7 e clique em **OK**.

4.4.4 Adição de imagens de bandeiras ao projeto

Siga estes passos para criar uma pasta `assets` e adicionar as bandeiras ao projeto:

1 Clique com o botão direito do mouse na pasta app na janela **Project** e selecione **New > Folder > Assets Folder**. Na caixa de diálogo **Customize the Activity** que aparece, clique em **Finish**.

2 Navegue até a pasta no disco que contém os exemplos do livro e copie todas as pastas localizadas na pasta `images/FlagQuizImages`.

3 Clique na pasta `assets` na janela **Project** e cole as pastas que você copiou no passo anterior. Na caixa de diálogo **Copy** que aparece, clique em **OK** para copiar as pastas e suas imagens em seu projeto.

4.4.5 `strings.xml` e recursos de `String` formatados

Na Seção 3.4.5, você aprendeu a criar um recurso de `String` usando a caixa de diálogo **Resources**. Para este aplicativo, vamos criar os recursos de `String` (e muitos outros) antecipadamente, utilizando-os à medida que projetarmos a interface gráfica do usuário e a partir do código do programa. Agora você vai criar recursos de `String` usando o **Translations Editor** que viu pela primeira vez na Seção 2.8:

1 Na janela **Project**, expanda o nó `res/values` e abra o arquivo `strings.xml`.

2 No canto superior direito do editor, clique no link **Open Editor** para abrir o **Translations Editor**.

3 No canto superior esquerdo do **Translations Editor**, clique no botão **Add Key** (⊕).

4 Na caixa de diálogo que aparece, digite `number_of_choices` para **Key** e **Number of Choices** para **Default Value**; em seguida, clique em **OK** para criar o recurso.

5 Repita o *Passo 4* para cada um dos recursos de string restantes listados na tabela (Figura 4.9).

> **Observação sobre aparência e comportamento 4.1**
> *As diretrizes de projeto do Android indicam que o texto exibido em sua interface gráfica do usuário deve ser breve, simples e amigável, com as palavras importantes em primeiro lugar. Para ver detalhes sobre o estilo de redação recomendada, consulte* http://developer.android.com/design/style/writing.html.

Nome do recurso	Valores
number_of_choices_description	Display 2, 4, 6 or 8 guess buttons
world_regions	Regions
world_regions_description	Regions to include in the quiz
guess_country	Guess the Country
results	%1$d guesses, %2$.02f%% correct
incorrect_answer	Incorrect!
default_region_message	One region must be selected. Setting North America as the default region.
restarting_quiz	Quiz will restart with your new settings
question	Question %1$d of %2$d
reset_quiz	Reset Quiz
image_description	Image of the current flag in the quiz
default_region	North_America

Figura 4.9 | Recursos de String usados no aplicativo **Flag Quiz**.

Formate Strings como recursos de String

Os recursos results e question são Strings *de formato*. Quando um recurso String contém vários especificadores de formato, você deve numerá-los para propósitos de adaptação ao idioma. No recurso results

```
%1$d guesses, %2$.02f%% correct
```

a notação 1$ em %1$d indica que o *primeiro* valor a inserir na String deve substituir o especificador de formato %1$d. Do mesmo modo, 2$ em %2$.02f indica que o *segundo* valor a inserir na String deve substituir o especificador de formato %2$.02f. O d no primeiro especificador de formato indica que estamos formatando um valor inteiro, e o f no segundo especificador formata um número em ponto flutuante. Nas versões localizadas (adaptadas à localidade) de strings.xml, os especificadores de formato %1$d e %2$.02f podem ser reordenados, conforme for necessário, para traduzir corretamente o recurso de String. O *primeiro* valor inserido substituirá %1$d – *independentemente* de onde aparecer na String de formato – e o *segundo* valor substituirá %2$.02f, *independentemente* de onde aparecer na String de formato.

4.4.6 arrays.xml

Tecnicamente, todos os recursos da pasta res/values de seu aplicativo podem ser definidos no *mesmo* arquivo. Contudo, para facilitar o gerenciamento de diferentes tipos de recursos, separamos os arquivos que normalmente são usados para cada um deles. Por exemplo, por convenção, os recursos de array normalmente são definidos em arrays.xml, os de cores em colors.xml, os de String em strings.xml e os de valores numéricos em values.xml. Este aplicativo usa três recursos de array de Strings que são definidos em arrays.xml:

- regions_list especifica o nome das regiões do mundo com as palavras separadas por *sublinhados* – esses valores são usados para carregar nomes de arquivo de imagem a partir das pastas corretas, e também como valores selecionados das regiões do mundo que o usuário escolhe no componente SettingsActivityFragment.

- `regions_list_for_settings` especifica os nomes das regiões do mundo com as palavras separadas por *espaços* – esses valores são usados no componente `SettingsActivityFragment` para mostrar as caixas de seleção de nomes de região para o usuário.
- `guesses_list` especifica as `Strings` 2, 4, 6 e 8 – esses valores são usados no componente `SettingsActivityFragment` para mostrar os botões de opção que permitem ao usuário selecionar o número de componentes `Button` de palpite a exibir.

A Figura 4.10 mostra os nomes e valores de elemento desses três recursos de array.

Nome do recurso de array	Valores
regions_list	Africa, Asia, Europe, North_America, Oceania, South_America
regions_list_for_settings	Africa, Asia, Europe, North America, Oceania, South America
guesses_list	2, 4, 6, 8

Figura 4.10 | Recursos de array `String` definidos em `arrays.xml`.

Para criar `arrays.xml` e configurar os recursos de array, execute os passos a seguir:

1. Na pasta `res` do projeto, clique com o botão direito do mouse na pasta `values` e, então, selecione **New > Values resource file** para exibir a caixa de diálogo **New Resource File**. Como você clicou na pasta `values` com o botão direito do mouse, a caixa de diálogo é previamente configurada para adicionar um arquivo de recurso **Values** a essa pasta.
2. Especifique `arrays.xml` no campo **File name** e clique em **OK** para criar o arquivo.
3. O Android Studio não fornece um editor de recursos de `String` para arrays de `String`; portanto, você precisará editar o código XML para criar os recursos de array de `Strings`.

Cada recurso de array de `Strings` tem o seguinte formato:

```
<string-array name="nome_do_recurso">
    <item>valor do primeiro elemento</item>
    <item>valor do segundo elemento</item>
    ...
</string-array>
```

A Figura 4.11 mostra o arquivo XML completado.

```
1   <?xml version="1.0" encoding="utf-8"?>
2   <resources>
3
4       <string-array name="regions_list">
5           <item>Africa</item>
6           <item>Asia</item>
7           <item>Europe</item>
8           <item>North_America</item>
9           <item>Oceania</item>
```

Figura 4.11 | `arrays.xml` define os recursos de array de `Strings` usados no aplicativo **Flag Quiz**. (Parte 1 de 2)

```
10          <item>South_America</item>
11      </string-array>
12
13      <string-array name="regions_list_for_settings">
14          <item>Africa</item>
15          <item>Asia</item>
16          <item>Europe</item>
17          <item>North America</item>
18          <item>Oceania</item>
19          <item>South America</item>
20      </string-array>
21
22      <string-array name="guesses_list">
23          <item>2</item>
24          <item>4</item>
25          <item>6</item>
26          <item>8</item>
27      </string-array>
28
29  </resources>
```

Figura 4.11 | (Parte 2 de 2)

4.4.7 colors.xml

Este aplicativo exibe as respostas corretas na cor verde e as incorretas em vermelho. Como qualquer outro recurso, os recursos de cor devem ser definidos em XML para que as cores possam ser facilmente alteradas sem modificar o código-fonte Java de seu aplicativo e para que você possa usar as capacidades de escolha de recursos do Android a fim de fornecer recursos de cor para vários cenários (diferentes localidades, cores para noite e para dia, etc.). Normalmente, as cores são definidas no arquivo colors.xml, o qual é criado pela maioria dos templates de aplicativo do Android Studio ou quando você define cores usando a técnica mostrada na Seção 2.5.7; caso contrário, é preciso criar o arquivo.

O template de aplicativo **Blank Activity** já contém um arquivo colors.xml que define os recursos de cores primárias, primárias escuras e de contraste do tema. Aqui, você vai adicionar recursos de cor para as respostas corretas e incorretas, e vai modificar a cor de contraste do aplicativo. Para isso, vai editar o código XML diretamente, em vez de usar o **Theme Editor** para modificar as cores do tema, como fez na Seção 3.5.

Abra o arquivo colors.xml (Figura 4.12) da pasta res/values do projeto e adicione as linhas 6 e 7. Além disso, mude o valor hexadecimal da cor chamada colorAccent (linha 5) de #FF4081 (o rosa-brilhante padrão definido pelo template de aplicativo) para #448AFF (um tom de azul mais claro que o usado para colorPrimary e colorPrimaryDark). No IDE, observe que o editor de XML exibe uma amostra de cor à esquerda de cada cor.

```
1   <?xml version="1.0" encoding="utf-8"?>
2   <resources>
3       <color name="colorPrimary">#3F51B5</color>
4       <color name="colorPrimaryDark">#303F9F</color>
5       <color name="colorAccent">#448AFF</color>
6       <color name="correct_answer">#00CC00</color>
7       <color name="incorrect_answer">#FF0000</color>
8   </resources>
```

Figura 4.12 | colors.xml define os recursos de cor do aplicativo.

4.4.8 button_text_color.xml

Conforme discutimos na Seção 4.3.14, quando um recurso de lista de cores de estado é fornecido para a cor de um componente Button (de primeiro ou de segundo plano), a cor apropriada da lista é selecionada com base no estado do componente. Para este aplicativo, você vai definir cores para o texto dos componentes Button de resposta nos estados *habilitado* e *desabilitado*. Para criar o arquivo de recurso de lista de cores de estado:

1. Clique com o botão direito do mouse na pasta res do projeto e selecione **New > Android resource file** para exibir a caixa de diálogo **New Resource File**.
2. Especifique button_text_color.xml para **File name**.
3. Na lista suspensa **Resource type**, selecione **Color**. **Root element** mudará automaticamente para selector e **Directory name** mudará automaticamente para color.
4. Clique em **OK** para criar o arquivo. O arquivo button_text_color.xml será colocado em uma pasta res/color, a qual o IDE cria automaticamente com o arquivo.
5. Adicione ao arquivo o texto mostrado na Figura 4.13.

O elemento <selector> (linhas 2 a 10) contém elementos <item>, cada um especificando uma cor para um estado do componente Button em particular. Nessa lista de cores de estado, especificamos a propriedade android:state_enabled em cada elemento <item> – uma vez para o estado *habilitado* (true; linhas 3 a 5) e uma vez para o estado *desabilitado* (false; linhas 7 a 9). A propriedade android:color (linhas 4 e 8) especifica a cor para o estado.

```
1   <?xml version="1.0" encoding="utf-8"?>
2   <selector xmlns:android="http://schemas.android.com/apk/res/android">
3       <item
4           android:color="@android:color/primary_text_dark"
5           android:state_enabled="true"/>
6
7       <item
8           android:color="@android:color/darker_gray"
9           android:state_enabled="false"/>
10  </selector>
```

Figura 4.13 | button_text_color.xml define a cor do texto de um botão para os estados *habilitado* e *desabilitado*.

4.4.9 Edição de menu_main.xml

No teste do aplicativo, você tocou no ícone (⚙) para acessar as configurações do aplicativo. Aqui, vai adicionar esse ícone ao projeto e depois vai editar menu_main.xml para exibi-lo na barra de aplicativo. Para adicionar o ícone ao projeto:

1. Selecione **File > New > Vector Asset** a fim de exibir o **Vector Asset Studio** – essa ferramenta permite adicionar ao seu projeto quaisquer *ícones Material Design* recomendados pelo Google (https://www.google.com/design/icons/). Cada ícone é definido como um elemento gráfico vetorial escalonável, que muda de escala suavemente para qualquer tamanho.
2. Clique no botão **Choose** e, na caixa de diálogo que aparece, role para localizar o ícone (⚙), selecione-o e clique em **OK**. O IDE atualiza **Resource name** automaticamente para corresponder ao ícone selecionado – você pode editar esse nome, se desejar. Mantenha as outras configurações da caixa de diálogo como estão.

3 Clique em **Next** e depois em **Finish** para adicionar à pasta res/drawable a representação escalonável do ícone – ic_settings_24dp.xml.

4 Por padrão, cada ícone adicionado ao projeto dessa maneira é preto, o que seria difícil de ver contra o fundo azul-escuro da barra de aplicativo. Para mudar isso, abra ic_settings_24dp.xml e mude o atributo android:fillColor do elemento <path> para branco, como em

```
android:fillColor="@android:color/white"
```

A seguir, você vai adicionar o ícone a menu_main.xml:

1 Abra menu_main.xml no editor – esse arquivo está localizado na pasta res/menu.

2 No elemento <item>, adicione o seguinte atributo android:icon (uma visualização do ícone aparece na margem cinza à esquerda da linha):

```
android:icon="@drawable/ic_settings_24dp"
```

3 É possível obrigar um item de menu a aparecer na barra de aplicativo. Nesse caso, ele é conhecido como *ação*. Por padrão, a ação é exibida como o ícone do item de menu (se houver um); caso contrário, é exibido o texto do item. Para obrigar o item de menu a aparecer como uma ação na barra de aplicativo, altere o atributo app:showAsAction do elemento <item> para

```
app:showAsAction="always"
```

No próximo capítulo, você vai ver como especificar que os itens de menu devem aparecer na barra de aplicativo somente se houver espaço.

4.4.10 Criação da animação da bandeira

Nesta seção, você vai criar a animação que faz a bandeira tremular quando o usuário dá um palpite incorreto. Vamos mostrar como o aplicativo utiliza essa animação na Seção 4.7.10. Para criar a animação:

1 Clique com o botão direito do mouse na pasta res do projeto e selecione **New > Android resource file** para exibir a caixa de diálogo **New Resource File**.

2 No campo **File name**, digite incorrect_shake.xml.

3 Na lista suspensa **Resource type**, selecione **Animation**. O IDE muda **Root element** para set e **Directory name** para anim.

4 Clique em **OK** para criar o arquivo. O arquivo XML abre imediatamente.

O IDE não fornece um editor para animações; portanto, você precisa modificar o conteúdo XML do arquivo como mostrado na Figura 4.14.

```
1  <?xml version="1.0" encoding="utf-8"?>
2
3  <set xmlns:android="http://schemas.android.com/apk/res/android"
4      android:interpolator="@android:anim/decelerate_interpolator" >
5
6      <translate android:duration="100" android:fromXDelta="0"
7          android:toXDelta="-5%p" />
```

Figura 4.14 | incorrect_shake.xml define uma animação de bandeira para quando o usuário dá um palpite incorreto. (Parte I de 2)

```
 8
 9      <translate android:duration="100" android:fromXDelta="-5%p"
10         android:toXDelta="5%p" android:startOffset="100" />
11
12      <translate android:duration="100" android:fromXDelta="5%p"
13         android:toXDelta="-5%p" android:startOffset="200" />
14  </set>
```

Figura 4.14 | (Parte 2 de 2)

Neste exemplo, usamos **animações de** View para criar um *efeito de tremular* que consiste em três animações em um elemento **set de animação** (linhas 3 a 14) – uma coleção de animações que constituem uma animação maior. Elementos set de animação podem conter qualquer combinação de **animações com tween** – alpha (transparência), scale (redimensionamento), translate (movimento) e rotate. Nossa animação de tremular consiste em uma série de três animações translate. Uma animação translate movimenta um componente View dentro de seu componente pai. O Android também suporta *animações de propriedade*, com as quais é possível animar qualquer propriedade de qualquer objeto.

A primeira animação translate (linhas 6 e 7) move um componente View de um ponto inicial para uma posição final durante um período de tempo especificado. O **atributo android:fromXDelta** é o deslocamento do componente View quando a animação começa, e o **atributo android:toXDelta** é o deslocamento desse componente quando a animação termina. Esses atributos podem ter

- valores absolutos (em pixels)
- uma porcentagem do tamanho do componente View animado
- uma porcentagem do tamanho do *pai* do componente View animado

Para o atributo android:fromXDelta, especificamos o valor absoluto 0. Para o atributo android:toXDelta, especificamos o valor -5%p, o qual indica que o componente View deve se mover para a *esquerda* (devido ao sinal de subtração) por 5% da largura do pai (indicado pelo p). Para mover por 5% da largura do componente View, basta remover o p. O **atributo android:duration** especifica quanto tempo dura a animação, em milissegundos. Assim, a animação nas linhas 6 e 7 vai mover o componente View para a esquerda por 5% da largura de seu pai, em 100 milissegundos.

A segunda animação (linhas 9 e 10) continua a partir de onde a primeira terminou, movendo o componente View do deslocamento de -5%p até um deslocamento de %5p, em 100 milissegundos. Por padrão, as animações de um elemento set de animação são aplicadas simultaneamente (ou seja, em paralelo), mas você pode usar o **atributo android:startOffset** para especificar o número de milissegundos no futuro a partir de quando uma animação deva ser iniciada. Isso pode ser usado para sequenciar as animações em um elemento set. Neste caso, a segunda animação começa 100 milissegundos após a primeira. A terceira animação (linhas 12 e 13) é igual à segunda, mas na direção oposta, e começa 200 milissegundos depois da primeira animação.

4.4.11 preferences.xml para especificar as configurações do aplicativo

Nesta seção, você vai criar o arquivo preferences.xml utilizado pelo componente SettingsActivityFragment para exibir as preferências do aplicativo. Para criar o arquivo:

1 Clique com o botão direito do mouse na pasta res do projeto e selecione **New > Android resource file** para abrir a caixa de diálogo **New Resource File**.

Propriedade	Valor	Descrição
entries	@array/guesses_list	Array de Strings que será exibido na lista de opções.
entryValues	@array/guesses_list	Array dos valores associados às opções na propriedade **Entries**. O valor da entrada selecionada será armazenado no elemento SharedPreferences do aplicativo.
key	pref_numberOfChoices	O nome da preferência armazenada no elemento SharedPreferences do aplicativo.
title	@string/number_of_choices	O título da preferência exibida na interface gráfica do usuário.
summary	@string/number_of_choices_description	Descrição resumida da preferência, que é exibida abaixo de seu título.
persistent	true	Se a preferência deve persistir ou não depois que o aplicativo terminar – se for true, a classe PreferenceFragment faz o valor da preferência persistir imediatamente sempre que ele mudar.
defaultValue	4	O item da propriedade **Entries** que é selecionado por padrão.

Figura 4.15 | Valores da propriedade ListPreference.

2 No campo **File name**, digite o nome preferences.xml.

3 Na lista suspensa **Resource type**, selecione **XML**. **Root element** mudará automaticamente para PreferenceScreen, que representa uma tela na qual as preferências serão exibidas. **Directory name** mudará automaticamente para xml.

4 Clique em **OK** para criar o arquivo. O arquivo preferences.xml será colocado na pasta xml, a qual é criada automaticamente.

5 Se o IDE não abriu res/xml/preferences.xml automaticamente, clique duas vezes no arquivo para abri-lo.

Agora você vai adicionar dois tipos de preferências ao arquivo: **ListPreference** e **MultiSelectListPreference**. Cada preferência tem propriedades, as quais explicamos na Figura

Propriedade	Valor	Descrição
entries	@array/regions_list_for_settings	Array de Strings que será exibido na lista de opções.
entryValues	@array/regions_list	Array dos valores associados às opções na propriedade **Entries**. Os valores das entradas selecionadas serão *todos* armazenados no elemento SharedPreferences do aplicativo.
key	pref_regionsToInclude	O nome da preferência armazenada no elemento SharedPreferences do aplicativo.
title	@string/world_regions	O título da preferência exibida na interface gráfica do usuário.
summary	@string/world_regions_description	Descrição resumida da preferência, que é exibida abaixo de seu título.
persistent	true	Se a preferência deve persistir depois que o aplicativo terminar.
defaultValue	@array/regions_list	Array dos valores padrão para essa preferência – neste caso, todas as regiões serão selecionadas por padrão.

Figura 4.16 | Valores da propriedade MultiSelectListPreference.

4.15 para **ListPreference** e na Figura 4.16 para **MultiSelectListPreference**. Para adicionar as preferências e suas propriedades ao arquivo, será necessário editar o código XML. A Figura 4.17 mostra o arquivo XML completado.

4.4.12 Adição das classes `SettingsActivity` e `SettingsActivityFragment` ao projeto

Nesta seção, você vai criar a classe `SettingsActivity` (discutida na Seção 4.8) e a classe `SettingsActivityFragment` (Seção 4.9), adicionando ao projeto uma nova **Blank Activity** que utiliza um fragmento. Para adicionar as classes `SettingsActivity` e `SettingsActivityFragment` (e seus layouts) ao projeto, execute os passos a seguir:

1. Clique com o botão direito do mouse na pasta app e selecione **New > Activity > Blank Activity** para abrir a caixa de diálogo **New Android Activity**.

2. No campo **Activity Name**, digite `SettingsActivity`. **Layout Name** e **Title** serão atualizados automaticamente de acordo com o que você digitar no campo **Activity Name**.

3. Especifique `Settings` no campo **Title** para adicionar um novo recurso de `String` a `strings.xml`, o qual será exibido na barra de aplicativo de `SettingsActivity`.

4. Marque **Use a Fragment**, o que criará a classe `SettingsActivityFragment` e seu layout correspondente.

5. Selecione `MainActivity` para **Hierarchical Parent** da nova classe `SettingsActivity` (use o botão ... à direita da lista suspensa). Isso diz ao Android Studio para que gere código que coloque, na barra de aplicativo da atividade, um botão em que o usuário pode tocar para voltar à atividade pai (isto é, `MainActivity`). Ele é conhecido como *botão subir*.

6. Clique em **Finish** para criar as classes e os layouts.

```xml
 1  <?xml version="1.0" encoding="utf-8"?>
 2  <PreferenceScreen
 3      xmlns:android="http://schemas.android.com/apk/res/android">
 4
 5      <ListPreference
 6          android:entries="@array/guesses_list"
 7          android:entryValues="@array/guesses_list"
 8          android:key="pref_numberOfChoices"
 9          android:title="@string/number_of_choices"
10          android:summary="@string/number_of_choices_description"
11          android:persistent="true"
12          android:defaultValue="4" />
13
14      <MultiSelectListPreference
15          android:entries="@array/regions_list_for_settings"
16          android:entryValues="@array/regions_list"
17          android:key="pref_regionsToInclude"
18          android:title="@string/world_regions"
19          android:summary="@string/world_regions_description"
20          android:persistent="true"
21          android:defaultValue="@array/regions_list" />
22
23  </PreferenceScreen>
```

Figura 4.17 | `preferences.xml` define as preferências exibidas pela classe `SettingsActivityFragment`.

O IDE cria os arquivos de layout `activity_settings.xml`, `content_settings.xml` e `fragment_settings.xml` na pasta `res/layout` e os arquivos de código `SettingsActivity.java` e `SettingsActivityFragment.java` na pasta de pacotes Java do aplicativo. Abra o arquivo de layout `activity_settings.xml` e exclua `FloatingActionButton`, como você fez na Seção 4.4.2 para `activity_main.xml`.

4.5 Construção da interface gráfica do usuário do aplicativo

Nesta seção, você vai construir a interface do usuário do aplicativo **Flag Quiz**. Nos dois capítulos anteriores, vimos como criar uma interface gráfica do usuário e como configurar propriedades de componentes, de modo que as Seções 4.5.1 a 4.5.4 se concentram principalmente nos novos recursos. Muitas propriedades de componentes que precisam ser configuradas são especificadas em tabelas.

4.5.1 Layout de `activity_main.xml` para dispositivos na orientação retrato

Nos dois aplicativos anteriores, você definiu a interface gráfica do usuário em `activity_main.xml`. Ao trabalhar com fragmentos, a interface gráfica de uma atividade normalmente exibe uma ou mais interfaces de `Fragment`. Neste aplicativo, o layout de `MainActivity` – `activity_main.xml` – usa um elemento `<include>` no código XML para incluir a interface gráfica definida em `content_main.xml`. O layout `content_main.xml`, por sua vez, exibe `MainActivityFragment` para o qual a interface gráfica é definida em `fragment_main.xml`. Todos os três arquivos de layout foram criados pelo IDE quando você criou o projeto na Seção 4.4.1.

O arquivo `content_main.xml` definido pelo IDE contém um elemento `<fragment>` como layout raiz. Em tempo de execução, a interface gráfica do usuário de `MainActivityFragment` preencherá a parte da tela ocupada por esse elemento `<fragment>`.

> **Observação sobre aparência e comportamento 4.2**
> *De acordo com as diretrizes de projeto do Android, 16dp é o espaço recomendado entre as margens da área em que se pode tocar na tela de um dispositivo e o conteúdo do aplicativo; contudo, muitos aplicativos (como os games) utilizam a tela inteira.*

Trabalhamos com vários fragmentos no código deste aplicativo. Para tornar o código mais legível ao obter referências para esses fragmentos, alteramos a propriedade **id** desse elemento `<fragment>`. Para isso:

1. Abra o arquivo `content_main.xml` na guia **Design**.
2. Na janela **Component Tree**, selecione `fragment`– a propriedade **id** padrão criada pelo IDE.
3. Na janela **Properties**, configure a propriedade **id** como `quizFragment`.
4. Salve `content_main.xml`.

4.5.2 Projeto do layout de `fragment_main.xml`

Normalmente, você vai definir um layout para cada um de seus fragmentos, embora não precise definir um para o elemento `SettingsActivityFragment` deste aplicativo – a interface gráfica do usuário será gerada automaticamente pelos recursos herdados de sua superclasse `PreferenceFragment`. Esta seção apresenta o layout de `MainActivityFrag-`

ment (`fragment_main.xml`). A Figura 4.18 mostra os valores das propriedades **id** da interface gráfica do usuário de `MainActivityFragment` – você deve configurá-los quando adicionar os componentes ao layout.

Utilizando as técnicas aprendidas no Capítulo 3, você vai construir a interface gráfica do usuário da Figura 4.18. Lembre-se de que frequentemente é mais fácil selecionar um componente de interface gráfica do usuário em particular na janela **Component Tree**. Você vai começar com o layout e os controles básicos e, em seguida, vai personalizar as propriedades dos controles para concluir o projeto.

Passo 1: Mude de `RelativeLayout` para `LinearLayout`

Como nos layouts `activity_main.xml` dos dois aplicativos anteriores, o layout padrão em `fragment_main.xml` é um `RelativeLayout`. Aqui, para o projeto deste aplicativo, você vai mudar isso para um `LinearLayout` vertical:

1. Abra o arquivo `fragment_main.xml` e troque para a guia **Text**.
2. No código XML, mude `RelativeLayout` para `LinearLayout`.
3. Volte para a guia **Design**.
4. Na janela **Component Tree**, selecione `LinearLayout`.
5. Na janela **Properties**, configure a **orientação** de `LinearLayout` como `vertical`.
6. Certifique-se de que **layout:width** e **layout:height** estejam configurados como `match_parent`.
7. Configure a propriedade **id** de `LinearLayout` como `quizLinearLayout` para acesso via programação.

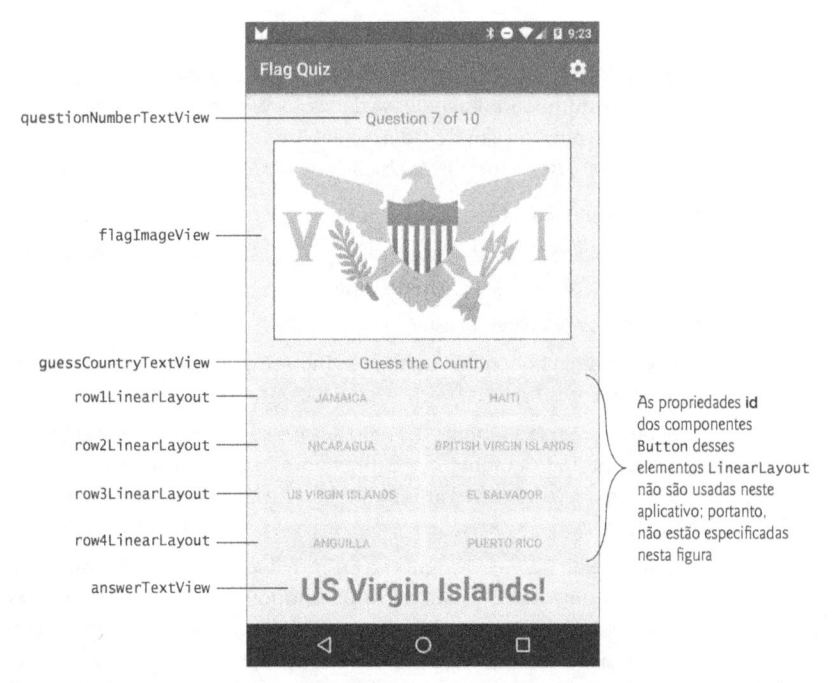

Figura 4.18 | Componentes da interface gráfica do usuário do aplicativo **Flag Quiz** rotulados com seus valores de propriedade **id** – os componentes são organizados em um `LinearLayout` vertical.

Por padrão, o IDE configura as propriedades **Padding Left** e **Padding Right** do layout com um recurso de dimensão predefinido chamado `@dimen/activity_horizontal_margin` – localizado no arquivo `dimens.xml` da pasta `res/values` do projeto. O valor desse recurso é `16dp`; portanto, haverá `16dp` de preenchimento nos lados esquerdo e direito do layout. O IDE gerou esse recurso quando você criou o projeto do aplicativo. Do mesmo modo, o IDE configura as propriedades **Padding Top** e **Padding Bottom** como `@dimen/activity_vertical_margin` – outro recurso de dimensão predefinido com o valor `16dp`. Portanto, haverá um preenchimento de `16dp` acima e abaixo do layout. Assim, toda a interface gráfica do usuário de `MainActivityFragment` será inserida com uma distância de `16dp` a partir da interface gráfica do usuário de `MainActivity`.

Passo 2: Adicione `questionNumberTextView` a `LinearLayout`
Arraste um componente **Medium Text** da seção **Widgets** da **Palette** para o componente `quizLinearLayout` na janela **Component Tree** e configure sua propriedade **id** como `questionNumberTextView`. Use a janela **Properties** para configurar as seguintes propriedades:

- **layout:gravity center:** `horizontal` – Centraliza o componente horizontalmente dentro do layout.
- **layout:margin:** `@dimen/spacing` – Configure isso apenas para a **margem inferior** a fim de adicionar um espaço de `8dp` abaixo desse componente. *Crie este recurso de dimensão* usando as técnicas aprendidas na Seção 2.5.6.
- **text:** `@string/question` – Para configurar esta propriedade, clique no campo da propriedade **text** e, então, clique no botão de reticências (...). Na guia **Project** da caixa de diálogo **Resources** (Figura 4.19), selecione o recurso `question` e clique em **OK**.

Passo 3: Adicione `flagImageView` a `LinearLayout`
Arraste um componente **ImageView** da seção **Widgets** da **Palette** para o componente `quizLinearLayout` na janela **Component Tree** e configure sua propriedade **id** como `flagImageView`. Use a janela **Properties** para configurar as seguintes propriedades:

- **layout:width:** `match_parent`
- **layout:height:** `0dp` – Isso permitirá que a altura do componente `View` seja determinada pela propriedade **layout:weight**.
- **layout:gravity center:** `both`
- **layout:margin bottom:** `@dimen/spacing` – Adiciona um espaço de `8dp` abaixo desse componente.
- **layout:margin left** e **right:** `@dimen/activity_horizontal_margin` – Adiciona um espaço de `16dp` à esquerda e à direita desse componente para que a bandeira completa apareça durante a animação de tremular que a move para a esquerda e para a direita.
- **layout:weight:** `1` – Configurar a propriedade `layout:weight` desse componente como 1 (o padrão é 0 para todos os componentes) torna `flagImageView` mais importante que os outros componentes de `quizLinearLayout`. Quando o Android organizar os componentes, eles usarão *apenas o espaço vertical necessário* e `flagImageView` ocupará *todo o espaço vertical restante*. Configurar **layout:height** de `flagI-`

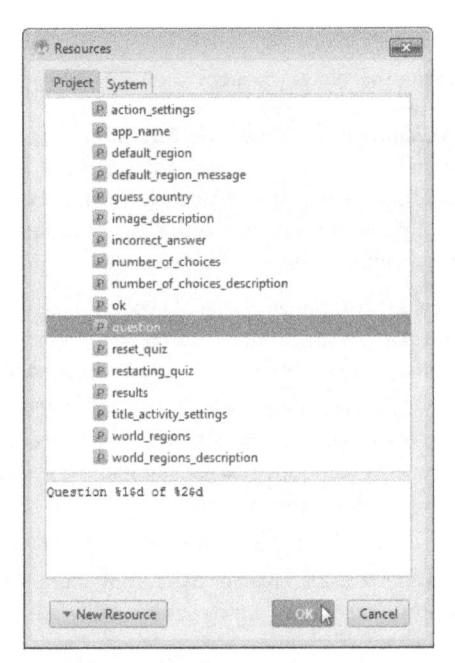

Figura 4.19 | Caixa de diálogo **Resource Chooser** – selecionando o recurso de String question existente.

mageView como 0dp é recomendado pelo IDE para ajudar o Android a organizar a interface gráfica do usuário mais rapidamente em tempo de execução.

- **adjustViewBounds:** true – Configurar a propriedade **Adjust View Bounds** de ImageView como true (marcando sua caixa de seleção) indica que ImageView mantém a proporção de sua imagem.
- **contentDescription:** @string/image_description
- **scaleType:** fitCenter – Isso indica que ImageView deve mudar a escala da imagem de modo a preencher sua largura ou altura, ao passo que mantém a proporção da imagem original. Se a largura da imagem for menor que a do componente ImageView, a imagem será centralizada horizontalmente. Do mesmo modo, se a altura da imagem for menor que a do componente ImageView, a imagem será centralizada verticalmente.

> **Observação sobre aparência e comportamento 4.3**
>
> *Lembre-se de que, no Android, considera-se como melhor prática garantir que todo componente da interface gráfica do usuário possa ser usado com TalkBack. Para componentes que não possuem texto descritivo, como ImageViews, configure a propriedade* contentDescription *do componente.*

Passo 4: Adicione guessCountryTextView a LinearLayout

Arraste um componente **Medium Text** da seção **Widgets** da **Palette** para o componente quizLinearLayout na janela **Component Tree** e configure sua propriedade id como guessCountryTextView. Use a janela **Properties** para configurar as seguintes propriedades:

- **layout:gravity center:** `horizontal`
- **text:** `@string/guess_country`

*Passo 5: Adicione os componentes **Button** a **LinearLayout***
Para este aplicativo, adicionamos os componentes Button ao layout em linhas – cada linha é um componente LinearLayout horizontal contendo dois componentes Button. Você vai configurar as propriedades dos oito componentes Button no *Passo 7*. Siga estes passos para adicionar os oito componentes Button ao layout:

1. Arraste um componente **LinearLayout (Horizontal)** da seção **Layout** da **Palette** para quizLinearLayout na janela **Component Tree** e configure sua propriedade **id** como row1LinearLayout e sua propriedade **layout:height** como `wrap_content`.

2. Arraste um componente **Button** da seção **Widgets** da **Palette** para row1LinearLayout na janela **Component Tree**. Não é necessário configurar sua propriedade **id** porque os componentes Button não são referenciados por propriedades **id** no código Java deste aplicativo.

3. Repita o *Passo 2* para o outro componente Button na primeira linha.

4. Repita os *Passos 1 a 3* para os três componentes LinearLayout restantes e configure suas propriedades **id** com os valores mostrados na Figura 4.18 para criar as três últimas linhas de botões.

*Passo 6: Adicione **answerTextView** a **LinearLayout***
Arraste um componente **Medium Text** da seção **Widgets** da **Palette** para o componente quizLinearLayout na janela **Component Tree** e configure sua propriedade **id** como answerTextView. Use a janela **Properties** para configurar as seguintes propriedades:

- **layout:gravity:** Marque **bottom** e configure **center** como `horizontal`.
- **gravity:** `center_horizontal` – Isso centraliza o texto de TextView ao ser exibido em duas ou mais linhas.
- **textSize:** `@dimen/answer_size` – Isso muda o tamanho do texto para 36sp. Crie este recurso de dimensão usando as técnicas aprendidas na Seção 2.5.6.
- **textStyle:** `bold`

A propriedade **text** desse componente TextView será configurada via programação. Neste ponto, a janela **Component Tree** deve aparecer como mostrado na Figura 4.20.

*Passo 7: Configuração das propriedades dos componentes **Button***
Uma vez concluído o *Passo 6*, configure as propriedades dos componentes Button com os valores mostrados na Figura 4.21 – você pode selecionar todos os oito componentes Button na janela **Component Tree** e, então, configurar essas propriedades deles ao mesmo tempo:

- Configurar a propriedade **layout:width** de cada componente Button como `0dp` e **layout:weight** como 1 permite que os componentes Button de determinado elemento LinearLayout dividam o espaço horizontal igualmente.
- Configurar a propriedade **layout:height** de cada componente Button como `match_parent` ajusta a altura do componente Button com a altura de **LinearLayout**.

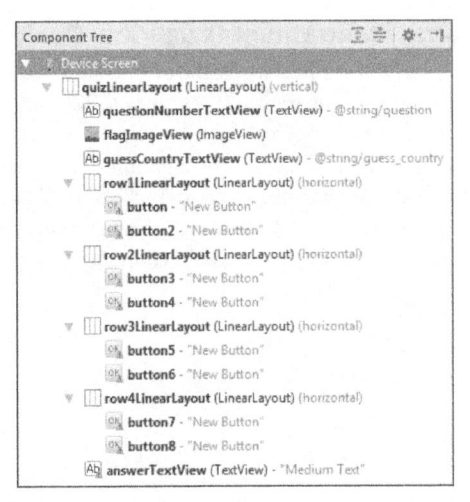

Figura 4.20 | Janela **Component Tree** para `fragment_main.xml`.

- Configurar a propriedade **lines** de cada componente `Button` como 2 garante que todos os componentes `Button` tenham a mesma altura para nomes de países que ocupam diferentes números de linhas – se o texto de um componente `Button` for longo demais, qualquer texto que não caiba em duas linhas será simplesmente truncado.
- Configurar a propriedade **style** como `@android:style/Widget.Material.Button.Colored` faz que o componente `Button` assuma uma aparência colorida, de acordo com as cores do tema do aplicativo. A cor do componente será a cor de contraste do aplicativo, a qual foi especificada na Seção 4.4.7. Para configurar essa propriedade, clique nas reticências (...) para abrir a caixa de diálogo **Resources** e, então, selecione `Widget.Material.Button.Colored` na guia **System** e clique em **OK**.
- Configurar a propriedade `textColor` com a lista de cores de estado `@color/button_text_color` definida na Seção 4.4.8 garante que a cor do texto mude de acordo com os estados habilitado/desabilitado de cada componente `Button`.

Componente da interface gráfica do usuário	Propriedade	Valor
Button	*Parâmetros do layout* layout:width layout:height layout:weight	 0dp match_parent 1
	Outras propriedades lines textColor style	 2 @color/button_text_color @android:style/Widget.Material. Button.Colored

Figura 4.21 | Valores de propriedades para os componentes `Button` em `fragment_main.xml`.

4.5.3 Barra de ferramentas da view Design do editor de layout

Agora você concluiu a interface gráfica do usuário de MainActivityFragment. A barra de ferramentas do editor de layout (Figura 4.22) contém vários botões que permitem visualizar o projeto para outros tamanhos e orientações de tela. Em particular, você pode ver imagens em miniatura de muitos tamanhos e orientações de tela. Para isso, primeiramente abra o arquivo content_main.xml, clique na lista suspensa de dispositivos virtuais na parte superior do editor de layout e selecione **Preview All Screen Sizes**. A Figura 4.23 mostra alguns dos botões da barra de ferramentas do editor de layout.

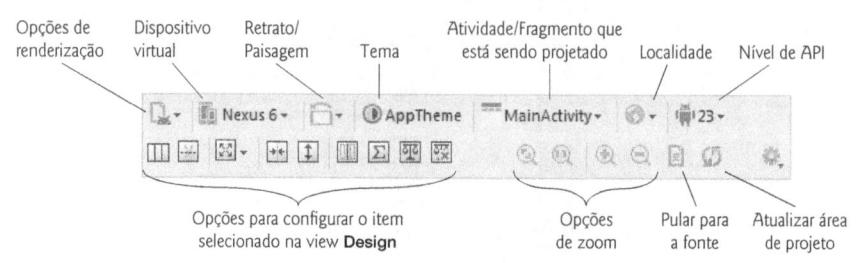

Figura 4.22 | Opções de configuração da tela de desenho (canvas).

Opção	Descrição
Opções de renderização	Visualiza uma tela de projeto por vez ou mostra seu projeto em diversos tamanhos de tela simultaneamente.
Dispositivo virtual	O Android funciona em diversos dispositivos, de modo que o editor de layout vem com muitas configurações de dispositivo que representam vários tamanhos e resoluções de tela que podem ser usados para projetar sua interface gráfica do usuário. Neste livro, usamos as telas predefinidas do **Nexus 6** e **Nexus 9**, dependendo do aplicativo. Na Figura 4.22, selecionamos **Nexus 6**.
Retrato/paisagem	Alterna a área de projeto entre as orientações *retrato* e *paisagem*.
Tema	Pode ser usado para definir o tema da interface gráfica do usuário.
Atividade/fragmento que está sendo projetado	Mostra a classe Activity ou Fragment correspondente à interface gráfica do usuário que está sendo projetada.
Localidade	Para aplicativos *internacionalizados* (Seção 2.8), permite selecionar uma localização específica para que você possa ver, por exemplo, como seu projeto fica com strings em um idioma diferente.
Nível de API	Especifica o nível de API utilizado para o projeto. Com cada novo nível de API normalmente existem novos recursos de interface gráfica do usuário. A janela do editor de layout mostra somente os recursos que estão disponíveis no nível de API selecionado.

Figura 4.23 | Explicação das opções de configuração da tela de desenho.

4.5.4 Layout de content_main.xml para orientação paisagem de tablets

Conforme mencionamos, o layout content_main.xml padrão de MainActivity exibe a interface gráfica do usuário de MainActivityFragment. Agora você vai definir o layout de MainActivity para tablets na orientação paisagem, a qual mostra SettingsActivityFragment e MainActivityFragment lado a lado. Para isso, vai criar um segundo layout content_main.xml, o qual o Android usará apenas nos dispositivos apropriados.

Crie `content_main.xml` *para tablets na orientação paisagem*
Para criar o layout, execute os passos a seguir:

1. Clique com o botão direito do mouse na pasta `res/layout` do projeto e selecione **New > Layout resource file**.
2. Digite `content_main.xml` no campo **File name** da caixa de diálogo **New Resource File**.
3. Certifique-se de que `LinearLayout` esteja especificado no campo **Root element**.
4. Na lista **Available qualifiers**, selecione o qualificador **Smallest Screen Width**, clique no botão **>>** para adicioná-lo à lista **Chosen Qualifiers** e configure seu valor como 700 – o layout se destina a telas com pelo menos 700 pixels de largura.
5. Na lista **Available qualifiers**, selecione o qualificador **Orientation**, clique no botão **>>** para adicioná-lo à lista **Chosen Qualifiers** e configure seu valor como `Landscape`.
6. Clique em **OK**.

Isso cria o arquivo `content_main.xml`, o qual é armazenado em uma subpasta de `res` chamada

```
layout-sw700dp-land
```

indicando que o layout só deve ser usado em um dispositivo com largura de tela (`sw`) mínima de 700dp e somente quando estiver na orientação paisagem (`land`). O Android usa os qualificadores `sw` e `land` para selecionar os recursos apropriados em tempo de execução.

No Android Studio, a janela **Project** não mostra as pastas `layout` e `layout--sw700dp-land` separadas, conforme você verá se explorar as pastas do projeto no disco. Em vez disso, ele combina os dois layouts em um único nó `content_main.xml` (2) na pasta `res/layout` da janela **Project** – o (2) indica que existem dois layouts no nó. Expandir esse nó mostra

- `content_main.xml` e
- `content_main.xml (sw700dp-land)`.

O layout sem qualificadores entre parênteses é o padrão. O que tem qualificadores só será usado se for apropriado. Depois da criação do arquivo, o Android Studio abre o layout no editor de layout. A view **Design** apresenta o layout na orientação de layout.

Crie a interface gráfica do usuário para layout de tablet
A seguir, você vai construir a interface gráfica do usuário para layout de tablet.

1. Selecione `LinearLayout (vertical)` na janela **Component Tree** e configure a propriedade **orientation** como `horizontal`.
2. Clique em **<fragment>** na seção **Custom** da **Palette**. Na caixa de diálogo **Fragments**, selecione `SettingsActivityFragment` e clique em **OK**. Em seguida, clique no nó `LinearLayout` na janela **Component Tree**. Isso adiciona o **<fragment>** ao layout. Configure a propriedade **id** do **<fragment>** como `settingsActivityFragment`.
3. Repita o passo anterior, mas desta vez selecione `MainActivityFragment`. Além disso, configure a propriedade **id** desse **<fragment>** como `quizFragment`.
4. Selecione o nó `settingsActivityFragment` na janela **Component Tree**. Configure **layout:width** como `0dp`, **layout:height** como `match_parent` e **layout:weight** como 1.

5 Selecione o nó `quizFragment` na janela **Component Tree**. Configure **layout:width** como 0dp, **layout:height** como `match_parent` e **layout:weight** como 2. A propriedade **layout:weight** de `MainActivityFragment` é 2 e a de `SettingsActivityFragment` é 1; portanto, o total das larguras é 3 e `MainActivityFragment` ocupará dois terços do espaço horizontal do layout.

6 Troque para a guia **Text** e adicione as duas linhas a seguir ao identificador `LinearLayout` de abertura para garantir que a parte superior do layout apareça abaixo da barra de aplicativo e não atrás dela:

```
xmlns:app="http://schemas.android.com/apk/res-auto"
app:layout_behavior="@string/appbar_scrolling_view_behavior"
```

Selecione um fragmento para visualizar na view Design do editor de layout
A view **Design** do editor de layout pode mostrar uma visualização de qualquer fragmento (ou fragmentos) exibido em um layout. Se você não especificar o fragmento a ser visualizado, o editor de layout exibirá a mensagem "**Rendering Problems**". Para especificar o fragmento a ser visualizado, clique com o botão direito do mouse no fragmento – na view **Design** ou na janela **Component Tree** – e clique em **Choose Preview Layout....** Em seguida, na caixa de diálogo **Resources**, selecione o nome do layout de fragmento.

4.6 Classe `MainActivity`

A classe `MainActivity` (Seções 4.6.1 a 4.6.7) contém o elemento `MainActivityFragment` do aplicativo quando este está sendo executado na orientação retrato e contém `SettingsActivityFragment` e `MainActivityFragment` quando está sendo executado em um tablet na orientação paisagem.

4.6.1 A instrução `package` e as instruções `import`

A Figura 4.24 mostra a instrução `package` e as instruções `import` de `MainActivity`. As linhas 6 a 19 importam as diversas classes e interfaces Java e Android utilizadas pelo aplicativo. Realçamos as instruções `import` novas e discutimos as classes e interfaces correspondentes na Seção 4.3 e à medida que forem encontradas nas Seções 4.6.2 a 4.6.7.

```
1   // MainActivity.java
2   // Hospeda MainActivityFragment em um telefone e
3   // MainActivityFragment e SettingsActivityFragment em um tablet
4   package com.deitel.flagquiz;
5
6   import android.content.Intent;
7   import android.content.SharedPreferences;
8   import android.content.SharedPreferences.OnSharedPreferenceChangeListener;
9   import android.content.pm.ActivityInfo;
10  import android.content.res.Configuration;
11  import android.os.Bundle;
12  import android.preference.PreferenceManager;
13  import android.support.v7.app.AppCompatActivity;
14  import android.support.v7.widget.Toolbar;
15  import android.view.Menu;
16  import android.view.MenuItem;
```

Figura 4.24 | Instrução `package` e instruções `import` de `MainActivity`. (Parte I de 2)

```
17   import android.widget.Toast;
18
19   import java.util.Set;
20
```

Figura 4.24 | (Parte 2 de 2)

4.6.2 Campos

A Figura 4.25 mostra os campos da classe `MainActivity`. As linhas 23 e 24 definem constantes para as chaves de preferências criadas na Seção 4.4.11. Você vai utilizá-las para acessar os valores das preferências. A variável `boolean phoneDevice` (linha 26) especifica se o aplicativo está sendo executado em um telefone – em caso positivo, só permitirá a orientação retrato. A variável `boolean preferencesChanged` (linha 27) especifica se as preferências do aplicativo mudaram – em caso positivo, o método de ciclo de vida `onStart` de `MainActivity` (Seção 4.6.4) chamará os métodos update-GuessRows (Seção 4.7.4) e updateRegions (Seção 4.7.5) de `MainActivityFragment` para reconfigurar o teste com base nas novas configurações. Configuramos essa variável `boolean` inicialmente como `true` para que, quando o aplicativo for executado pela primeira vez, o quiz seja configurado com as preferências padrão.

```
21   public class MainActivity extends Activity {
22      // chaves para ler dados de SharedPreferences
23      public static final String CHOICES = "pref_numberOfChoices";
24      public static final String REGIONS = "pref_regionsToInclude";
25
26      private boolean phoneDevice = true; // para impor o modo retrato
27      private boolean preferencesChanged = true; // preferências mudaram?
28
```

Figura 4.25 | Declaração e campos de `MainActivity`.

4.6.3 Método sobrescrito `onCreate` de `Activity`

A Figura 4.26 mostra o método sobrescrito `onCreate` de `Activity` – removemos a rotina de tratamento de eventos predefinida para `FloatingActionButton`, a qual não é usada neste aplicativo. A linha 33 chama `setContentView` para configurar a interface gráfica do usuário de `MainActivity`. Lembre-se de que `activity_main.xml` incorpora em seu layout o conteúdo do arquivo `content_main.xml` e que este aplicativo tem duas versões desse arquivo. Ao inflar `activity_main.xml`, o Android incorpora o arquivo `content_main.xml` padrão da pasta `res/layout` do aplicativo, a não ser que o aplicativo esteja sendo executado em um dispositivo com pelo menos 700 pixels de largura na orientação paisagem – nesse caso, o Android usa a versão que está na pasta `res/layout-sw700dp-land`. As linhas 34 e 35 foram geradas pelo IDE para configurar o componente `Toolbar` definido no layout de `MainActivity` como barra de aplicativo (anteriormente chamada de barra de ação) – novamente, essa é a maneira compatível com versões anteriores pela qual um aplicativo exibe uma barra de aplicativo.

Configure os valores de preferência padrão e registre um receptor de alteração
Quando o aplicativo é instalado e ativado pela primeira vez, a linha 38 configura as *preferências padrão* chamando o método `setDefaultValues` de PreferenceManager – isso cria e inicializa o arquivo `SharedPreferences` do aplicativo usando os valores padrão especificados em `preferences.xml`. O método exige três argumentos:

```
29    // configura MainActivity
30    @Override
31    protected void onCreate(Bundle savedInstanceState) {
32       super.onCreate(savedInstanceState);
33       setContentView(R.layout.activity_main);
34       Toolbar toolbar = (Toolbar) findViewById(R.id.toolbar);
35       setSupportActionBar(toolbar);
36
37       // configura valores padrão para SharedPreferences do aplicativo
38       PreferenceManager.setDefaultValues(this, R.xml.preferences, false);
39
40       // registra receptor para alterações em SharedPreferences
41       PreferenceManager.getDefaultSharedPreferences(this).
42          registerOnSharedPreferenceChangeListener(
43             preferencesChangeListener);
44
45       // determina o tamanho da tela
46       int screenSize = getResources().getConfiguration().screenLayout &
47          Configuration.SCREENLAYOUT_SIZE_MASK;
48
49       // se o dispositivo é um tablet, configura phoneDevice como false
50       if (screenSize == Configuration.SCREENLAYOUT_SIZE_LARGE ||
51          screenSize == Configuration.SCREENLAYOUT_SIZE_XLARGE)
52          phoneDevice = false; // não é um dispositivo do tamanho de um telefone
53
54       // se estiver sendo executado em dispositivo do tamanho de um telefone,
         // só permite orientação retrato
55       if (phoneDevice)
56          setRequestedOrientation(
57             ActivityInfo.SCREEN_ORIENTATION_PORTRAIT);
58    }
59
```

Figura 4.26 | Método sobrescrito onCreate de Activity em MainActivity.

- O elemento **Context** (pacote **android.content**) das preferências, o qual dá acesso às informações sobre o ambiente em que o aplicativo está sendo executado e permite usar vários serviços do Android – neste caso, o elemento **Context** é a atividade (this) para a qual você está configurando as preferências padrão.

- O identificador do recurso para o arquivo XML de preferências (R.xml.preferences) que você criou na Seção 4.4.11.

- Uma variável boolean indicando se os valores padrão devem ser redefinidos sempre que o método setDefaultValues for chamado – false indica que os valores de preferência padrão devem ser configurados somente na primeira vez que esse método for chamado.

Sempre que o usuário altera as preferências do aplicativo, MainActivity deve chamar o método updateGuessRows ou updateRegions de MainActivityFragment para reconfigurar o *quiz*. MainActivity registra um elemento OnSharedPreferenceChangedListener (linhas 41 a 43) para que seja notificado sempre que uma preferência mudar. O método **getDefaultSharedPreferences** de PreferenceManager retorna uma referência para o objeto SharedPreferences que representa as preferências do aplicativo, e o método **registerOnSharedPreferenceChangeListener** de SharedPreferences registra o receptor (definido na Seção 4.6.7).

Configure um telefone para a orientação retrato
As linhas 46 a 52 determinam se o aplicativo está sendo executado em um tablet ou em um telefone. O método herdado `getResources` retorna o objeto `Resources` (pacote `android.content.res`) do aplicativo para acessar seus recursos e determinar informações sobre seu ambiente. O método `getConfiguration` retorna um objeto `Configuration` (pacote `android.content.res`) contendo a variável de instância `public screenLayout`, a qual especifica a categoria do tamanho de tela do dispositivo. Para isso, primeiro você combina o valor de `screenLayout` com `Configuration.SCREEN-LAYOUT_SIZE_MASK` usando o operador E bit a bit (&). Então, compara o resultado com as constantes `SCREENLAYOUT_SIZE_LARGE` e `SCREENLAYOUT_SIZE_XLARGE` (linhas 50 e 51). Se uma ou outra corresponder, o aplicativo está sendo executado em um dispositivo com tamanho de tablet. Por fim, se o dispositivo é um telefone, as linhas 56 e 57 chamam o método herdado `setRequestedOrientation` de `Activity` para obrigar o aplicativo a exibir `MainActivity` somente na orientação retrato.

4.6.4 Método sobrescrito onStart de Activity

O método de ciclo de vida sobrescrito `onStart` de `Activity` (Figura 4.27) é chamado em dois cenários:

- Quando o aplicativo é executado pela primeira vez, `onStart` é chamado após `onCreate`. Usamos `onStart` neste caso para garantir que o teste seja configurado corretamente, com base nas preferências padrão do aplicativo, quando este for instalado e executado pela primeira vez, ou com base nas preferências atualizadas do usuário, quando for ativado subsequentemente.

- Quando o aplicativo está sendo executado na orientação retrato e o usuário abre a atividade `SettingsActivity`, a `MainActivity` é *pausada*, enquanto `SettingsActivity` é exibida. Quando o usuário retorna para `MainActivity`, `onStart` é chamado novamente. Usamos `onStart` neste caso para garantir que o teste seja reconfigurado corretamente caso o usuário tenha feito quaisquer alterações nas preferências.

Nos dois casos, se `preferencesChanged` for `true`, `onStart` chama os métodos `updateGuessRows` (Seção 4.7.4) e `updateRegions` (Seção 4.7.5) de `MainActivityFragment` para reconfigurar o *quiz*. Para obter uma referência para `MainActivityFragment`, a fim de que possamos chamar seus métodos, as linhas 68 a 70 utilizam o método herdado `getSupportFragmentManager` de `AppCompatActivity` para obter o elemento `FragmentManager` e, então, chamam seu método `findFragmentById`. Em seguida, as linhas 71 a 74 chamam os métodos `updateGuessRows` e `updateRegions` de `MainActivityFragment`, passando como argumento o objeto `SharedPreferences` do aplicativo para que esses métodos possam carregar as preferências atuais. A linha 75 reinicia o *quiz* e a linha 76 configura `preferencesChanged` novamente como `false`.

```
60      // chamado depois que onCreate completa a execução
61      @Override
62      protected void onStart() {
63          super.onStart();
64
65          if (preferencesChanged) {
```

Figura 4.27 | Método sobrescrito `onStart` de `Activity` em `MainActivity`. (Parte 1 de 2)

```
66          // agora que as preferências padrão foram configuradas,
67          // inicializa MainActivityFragment e inicia o teste
68          MainActivityFragment quizFragment = (MainActivityFragment)
69             getSupportFragmentManager().findFragmentById(
70                R.id.quizFragment);
71          quizFragment.updateGuessRows(
72             PreferenceManager.getDefaultSharedPreferences(this));
73          quizFragment.updateRegions(
74             PreferenceManager.getDefaultSharedPreferences(this));
75          quizFragment.resetQuiz();
76          preferencesChanged = false;
77       }
78    }
79
```

Figura 4.27 | (Parte 2 de 2)

4.6.5 Método sobrescrito onCreateOptionsMenu de Activity

O método sobrescrito onCreateOptionsMenu de Activity (Figura 4.28) inicializa o menu de opções da atividade – esse método e o método onOptionsItemSelected (Seção 4.6.6) foram gerados automaticamente pelo template **Blank Activity** do Android Studio. O sistema passa o objeto Menu onde as opções vão aparecer. Neste caso, queremos mostrar o menu somente quando o aplicativo estiver executando na orientação retrato; portanto, modificamos esse método para verificar a orientação do dispositivo. A linha 84 usa o objeto Resources de Activity (retornado pelo método herdado **getResources**) para obter um objeto Configuration (retornado pelo método **getConfiguration**) que representa a configuração atual do dispositivo. A variável de instância public orientation desse objeto contém Configuration.ORIENTATION_PORTRAIT ou Configuration.ORIENTATION_LANDSCAPE. Se o dispositivo está na orientação retrato (linha 87), a linha 89 cria o menu a partir de menu_main.xml – o recurso de menu padrão configurado pelo IDE quando você criou o projeto. O método herdado **getMenuInflater** de Activity retorna um objeto **MenuInflater**, sobre o qual chamamos **inflate** com dois argumentos – o identificador do recurso de menu que preenche o menu e o objeto Menu no qual os itens do menu vão ser colocados. Retornar true de onCreateOptionsMenu indica que o menu deve ser exibido.

```
80    // mostra o menu se o aplicativo estiver sendo executado em um
      // telefone ou em um tablet na orientação retrato
81    @Override
82    public boolean onCreateOptionsMenu(Menu menu) {
83       // obtém a orientação atual do dispositivo
84       int orientation = getResources().getConfiguration().orientation;
85
86       // só exibe o menu do aplicativo na orientação retrato
87       if (orientation == Configuration.ORIENTATION_PORTRAIT) {
88          // infla o menu
89          getMenuInflater().inflate(R.menu.menu_main, menu);
90          return true;
91       }
92       else
93          return false;
94    }
95
```

Figura 4.28 | Método sobrescrito onCreateOptionsMenu de Activity em MainActivity.

4.4.6 Método sobrescrito onOptionsItemSelected de Activity

O método onOptionsItemSelected (Figura 4.29) é chamado quando um item de menu é selecionado. Neste aplicativo, o menu padrão, fornecido pelo IDE quando você criou o projeto, contém apenas o item **Settings**; portanto, se esse método foi chamado, o usuário selecionou **Settings**. A linha 99 cria um objeto Intent explícito para ativar a SettingsActivity. O construtor de Intent usado aqui recebe o objeto Context, a partir do qual a atividade vai ser ativada, e a classe que representa essa atividade (SettingsActivity.class). Então, passamos esse objeto Intent para o método herdado startActivity de Activity para ativar a atividade (linha 100).

```
96   // exibe SettingsActivity ao ser executado em um telefone
97   @Override
98   public boolean onOptionsItemSelected(MenuItem item) {
99      Intent preferencesIntent = new Intent(this, SettingsActivity.class);
100     startActivity(preferencesIntent);
101     return super.onOptionsItemSelected(item);
102  }
103
```

Figura 4.29 | Método sobrescrito onOptionsItemSelected de Activity em MainActivity.

4.6.7 Classe interna anônima que implementa OnSharedPreferenceChangeListener

preferenceChangeListener (Figura 4.30) é um objeto de classe interna anônima que implementa a interface OnSharedPreferenceChangeListener. Esse objeto foi registrado no método onCreate para detectar as alterações feitas no elemento SharedPreferences do aplicativo. Quando uma alteração ocorre, o método onSharedPreferenceChanged configura preferencesChanged como true (linha 111) e depois obtém uma referência para o elemento MainActivityFragment (linhas 113 a 115) para que o *quiz* possa ser reiniciado com as novas preferências. Se a preferência CHOICES mudou, as linhas 118 e 119 chamam os métodos updateGuessRows e resetQuiz de MainActivityFragment.

```
104  // receptor para alterações feitas em SharedPreferences do aplicativo
105  private OnSharedPreferenceChangeListener preferencesChangeListener =
106     new OnSharedPreferenceChangeListener() {
107        // chamado quando o usuário altera as preferências do aplicativo
108        @Override
109        public void onSharedPreferenceChanged(
110           SharedPreferences sharedPreferences, String key) {
111           preferencesChanged = true; // o usuário mudou as configurações
112                                      do aplicativo
113           MainActivityFragment quizFragment = (MainActivityFragment)
114              getSupportFragmentManager().findFragmentById(
115                 R.id.quizFragment);
116
117           if (key.equals(CHOICES)) { // o nº de escolhas a exibir mudou
118              quizFragment.updateGuessRows(sharedPreferences);
```

Figura 4.30 | Classe interna anônima que implementa a interface OnSharedPreferenceChangeListener. (Parte 1 de 2)

```
119                    quizFragment.resetQuiz();
120                }
121                else if (key.equals(REGIONS)) { // as regiões a incluir mudaram
122                    Set<String> regions =
123                        sharedPreferences.getStringSet(REGIONS, null);
124
125                    if (regions != null && regions.size() > 0) {
126                        quizFragment.updateRegions(sharedPreferences);
127                        quizFragment.resetQuiz();
128                    }
129                    else {
130                        // deve selecionar uma região -- define North America como padrão
131                        SharedPreferences.Editor editor =
132                            sharedPreferences.edit();
133                        regions.add(getString(R.string.default_region));
134                        editor.putStringSet(REGIONS, regions);
135                        editor.apply();
136
137                        Toast.makeText(MainActivity.this,
138                            R.string.default_region_message,
139                            Toast.LENGTH_SHORT).show();
140                    }
141                }
142
143                Toast.makeText(MainActivity.this,
144                    R.string.restarting_quiz,
145                    Toast.LENGTH_SHORT).show();
146            }
147        };
148    }
```

Figura 4.30 | (Parte 2 de 2)

Se a preferência REGIONS mudou, as linhas 122 e 123 obtêm o objeto Set<String> que contém as regiões habilitadas. O método **getStringSet** de SharedPreferences retorna um objeto Set<String> para a chave especificada. O *quiz* deve ter pelo menos uma região habilitada; portanto, se o objeto Set<String> não está vazio, as linhas 126 e 127 chamam os métodos updateRegions e resetQuiz de MainActivityFragment.

Se Set<String> está vazio, as linhas 131 a 135 atualizam a preferência REGIONS, com North America configurada como região padrão. Para obter o nome da região padrão, a linha 133 chama o método herdado **getString** de Activity, o qual retorna o recurso de String para o identificador de recurso especificado (R.string.default_region).

Para alterar o conteúdo de um objeto SharedPreferences, primeiramente chame seu método **edit** a fim de obter um objeto SharedPreferences.Editor (linha 131 e 132), o qual pode adicionar e remover pares chave-valor e modificar o valor associado a uma chave específica em um arquivo SharedPreferences. A linha 134 chama o método **putStringSet** de SharedPreferences.Editor para armazenar o conteúdo de regions (o elemento Set<String>). A linha 135 *efetiva* (salva) as alterações, chamando o método **apply** de SharedPreferences.Editor, o qual faz imediatamente as alterações na representação de SharedPreferences que está na memória e as escreve de forma assíncrona no arquivo, em segundo plano. Existe também um método **commit** que escreve as alterações no arquivo de forma síncrona (imediatamente).

As linhas 137 a 139 usam um Toast para indicar que a região padrão foi definida. O método `makeText` de `Toast` recebe como argumentos o objeto `Context` no qual o componente `Toast` é exibido, a mensagem a ser exibida e a duração da exibição. O método `show` de `Toast` exibe o componente `Toast`. Independentemente da preferência alterada, as linhas 143 a 145 exibem o componente `Toast`, indicando que o *quiz* será reiniciado com as novas preferências. A Figura 4.31 mostra o componente `Toast` que aparece depois que o usuário altera as preferências do aplicativo.

> Quiz will restart with your new settings

Figura 4.31 | Componente `Toast` exibido após uma preferência mudar.

4.7 Classe MainActivityFragment

A classe `MainActivityFragment` (Figuras 4.32 a 4.42) – uma subclasse da classe `Fragment` da Android Support Library (pacote `android.support.v4.app`) – constrói a interface gráfica do usuário do aplicativo **Flag Quiz** e implementa a lógica do *quiz*.

4.7.1 As instruções package e import

A Figura 4.32 mostra a instrução `package` e as instruções `import` de `MainActivityFragment`. As linhas 5 a 36 importam as diversas classes e interfaces Java e Android utilizadas pelo aplicativo. Realçamos as instruções `import` mais relevantes e discutimos as classes e interfaces correspondentes na Seção 4.3 e à medida que forem encontradas nas Seções 4.7.2 a 4.7.11.

```
1   // MainActivityFragment.java
2   // Contém a lógica do aplicativo Flag Quiz
3   package com.deitel.flagquiz;
4
5   import java.io.IOException;
6   import java.io.InputStream;
7   import java.security.SecureRandom;
8   import java.util.ArrayList;
9   import java.util.Collections;
10  import java.util.List;
11  import java.util.Set;
12
13  import android.animation.Animator;
14  import android.animation.AnimatorListenerAdapter;
15  import android.app.AlertDialog;
16  import android.app.Dialog;
17  import android.content.DialogInterface;
18  import android.content.SharedPreferences;
19  import android.content.res.AssetManager;
20  import android.graphics.drawable.Drawable;
21  import android.os.Bundle;
22  import android.support.v4.app.DialogFragment;
23  import android.support.v4.app.Fragment;
```

Figura 4.32 | Instrução `statement` e instruções `import` de `MainActivityFragment`. (Parte 1 de 2)

```
24    import android.os.Handler;
25    import android.util.Log;
26    import android.view.LayoutInflater;
27    import android.view.View;
28    import android.view.View.OnClickListener;
29    import android.view.ViewAnimationUtils;
30    import android.view.ViewGroup;
31    import android.view.animation.Animation;
32    import android.view.animation.AnimationUtils;
33    import android.widget.Button;
34    import android.widget.ImageView;
35    import android.widget.LinearLayout;
36    import android.widget.TextView;
37
```

Figura 4.32 | (Parte 2 de 2)

4.7.2 Campos

A Figura 4.33 lista as variáveis estáticas e de instância da classe `MainActivityFragment`. A constante TAG (linha 40) é usada quando registramos mensagens de erro usando a classe Log (Figura 4.38) para diferenciar as mensagens de erro dessa atividade das outras que estão sendo gravadas no log do dispositivo. A constante FLAGS_IN_QUIZ (linha 42) representa o número de bandeiras no teste.

```
38    public class MainActivityFragment extends Fragment {
39        // String usada ao registrar mensagens de erro
40        private static final String TAG = "FlagQuiz Activity";
41
42        private static final int FLAGS_IN_QUIZ = 10;
43
44        private List<String> fileNameList; // nomes de arquivo das bandeiras
45        private List<String> quizCountriesList; // países no quiz atual
46        private Set<String> regionsSet; // regiões do mundo no quiz atual
47        private String correctAnswer; // país correto da bandeira atual
48        private int totalGuesses; // número de palpites dados
49        private int correctAnswers; // número de palpites corretos
50        private int guessRows; // número de linhas exibindo Button de palpite
51        private SecureRandom random; // usado para tornar o quiz aleatório
52        private Handler handler; // para atrasar o carregamento da próxima bandeira
53        private Animation shakeAnimation; // animação para palpite incorreto
54
55        private LinearLayout quizLinearLayout; // layout que contém o quiz
56        private TextView questionNumberTextView; // mostra o número da pergunta atual
57        private ImageView flagImageView; // exibe uma bandeira
58        private LinearLayout[] guessLinearLayouts; // linhas de Button de resposta
59        private TextView answerTextView; // exibe a resposta correta
60
```

Figura 4.33 | Campos de MainActivityFragment.

> **Boa prática de programação 4.1**
> *Para ter maior legibilidade e capacidade de modificação, use constantes String para representar literais String de nomes de arquivo (como aquelas usadas como nomes de arquivos ou para registrar mensagens de erro) que não precisem ser adaptados a outros idiomas e, portanto, não sejam definidos em strings.xml.*

A variável `fileNameList` (linha 44) armazena os nomes de arquivo de imagem das bandeiras para as regiões geográficas correntemente habilitadas. A variável `quizCountriesList` (linha 45) armazena os nomes de arquivo das bandeiras para os países utilizados no *quiz* atual. A variável `regionsSet` (linha 46) armazena as regiões geográficas que estão habilitadas.

A variável `correctAnswer` (linha 47) armazena o nome de arquivo da bandeira para a resposta correta da bandeira atual. A variável `totalGuesses` (linha 48) armazena o número total de palpites corretos e incorretos dados pelo jogador até o momento. A variável `correctAnswers` (linha 49) é o número de palpites corretos até o momento; isso finalmente será igual a `FLAGS_IN_QUIZ` se o usuário completar o teste. A variável `guessRows` (linha 50) é o número de componentes `LinearLayout` com dois elementos `Button` que exibem as escolhas de bandeira para a resposta – isso é controlado pelas configurações do aplicativo (Seção 4.7.4).

A variável `random` (linha 51) é o gerador de números aleatórios utilizado para selecionar aleatoriamente as bandeiras que serão incluídas no teste e qual componente `Button` dos componentes `LinearLayout` com dois elementos `Button` representa a resposta correta. Quando o usuário seleciona uma resposta correta e o teste não acabou, usamos o elemento `handler` do objeto `Handler` (linha 52) para carregar a próxima bandeira, após um breve espaço de tempo.

O elemento `shakeAnimation` de `Animation` (linha 53) armazena a *animação de tremular*, inflada dinamicamente, que é aplicada à imagem da bandeira quando é dado um palpite incorreto. As linhas 55 a 59 contêm variáveis que usamos para manipular vários componentes da interface gráfica do usuário via programação.

4.7.3 Método sobrescrito onCreateView de Fragment

O método `onCreateView` de `MainActivityFragment` (Figura 4.34) infla a interface gráfica do usuário e inicializa a maioria das variáveis de instância de `MainActivityFragment` – `guessRows` e `regionsSet` são inicializadas quando `MainActivity` chama os métodos `updateGuessRows` e `updateRegions` de `MainActivityFragment`. Após a chamada do método `onCreateView` da superclasse (linha 65), inflamos a interface gráfica do usuário de `MainActivityFragment` (linhas 66 e 67) usando o objeto `LayoutInflater` recebido como argumento pelo método `onCreateView`. O método **inflate** de `LayoutInflater` recebe três argumentos:

- O identificador do recurso de layout indicando o layout a ser inflado.
- O elemento `ViewGroup` (objeto layout) no qual o fragmento será exibido, o qual é recebido como segundo argumento de `onCreateView`.
- Um valor `boolean` indicando se a interface gráfica inflada precisa ou não ser anexada ao elemento `ViewGroup` no segundo argumento. No método `onCreateView` de um fragmento, isso sempre deve ser `false` – o sistema anexa um fragmento automaticamente ao elemento `ViewGroup` da atividade hospedeira apropriada. Passar `true` aqui causaria uma exceção, pois a interface gráfica do fragmento já está anexada.

O método `inflate` retorna uma referência para um elemento `View` que contém a interface gráfica do usuário inflada. Armazenamos isso na variável local `view` para que possa ser retornada por `onCreateView` depois que as outras variáveis de instância de `MainActivityFragment` forem inicializadas. [*Obs.:* removemos dessa classe o construtor vazio sem argumentos gerado automaticamente (o qual aparecia antes do método `onCreateView`

```java
61    // configura MainActivityFragment quando sua View é criada
62    @Override
63    public View onCreateView(LayoutInflater inflater, ViewGroup container,
64        Bundle savedInstanceState) {
65      super.onCreateView(inflater, container, savedInstanceState);
66      View view =
67          inflater.inflate(R.layout.fragment_main, container, false);
68
69      fileNameList = new ArrayList<>();        // operador diamante
70      quizCountriesList = new ArrayList<>();
71      random = new SecureRandom();
72      handler = new Handler();
73
74      // carrega a animação de tremular utilizada para respostas incorretas
75      shakeAnimation = AnimationUtils.loadAnimation(getActivity(),
76          R.anim.incorrect_shake);
77      shakeAnimation.setRepeatCount(3); // a animação se repete três vezes
78
79      // obtém referências para componentes da interface gráfica do usuário
80      quizLinearLayout =
81          (LinearLayout) view.findViewById(R.id.quizLinearLayout);
82      questionNumberTextView =
83          (TextView) view.findViewById(R.id.questionNumberTextView);
84      flagImageView = (ImageView) view.findViewById(R.id.flagImageView);
85      guessLinearLayouts = new LinearLayout[4];
86      guessLinearLayouts[0] =
87          (LinearLayout) view.findViewById(R.id.row1LinearLayout);
88      guessLinearLayouts[1] =
89          (LinearLayout) view.findViewById(R.id.row2LinearLayout);
90      guessLinearLayouts[2] =
91          (LinearLayout) view.findViewById(R.id.row3LinearLayout);
92      guessLinearLayouts[3] =
93          (LinearLayout) view.findViewById(R.id.row4LinearLayout);
94      answerTextView = (TextView) view.findViewById(R.id.answerTextView);
95
96      // configura receptores para os componentes Button de palpite
97      for (LinearLayout row : guessLinearLayouts) {
98        for (int column = 0; column < row.getChildCount(); column++) {
99          Button button = (Button) row.getChildAt(column);
100         button.setOnClickListener(guessButtonListener);
101       }
102     }
103
104     // configura o texto de questionNumberTextView
105     questionNumberTextView.setText(
106         getString(R.string.question, 1, FLAGS_IN_QUIZ));
107     return view; // retorna a view do fragmento para exibição
108   }
109
```

Figura 4.34 | Método sobrescrito onCreateView de Fragment em MainActivityFragment.

na definição de classe criada pelo IDE), pois o compilador fornece um construtor padrão para qualquer classe sem construtores.]

As linhas 69 e 70 criam os objetos `ArrayList<String>` que armazenarão os nomes de arquivo de imagem das bandeiras para as regiões geográficas correntemente habilitadas e os nomes dos países do *quiz* atual, respectivamente. A linha 71 cria o objeto SecureRandom para tornar aleatórios as bandeiras e os componentes Button de palpite do *quiz*. A linha 72 cria o objeto handler, o qual vamos usar para atrasar a exibição da próxima bandeira por dois segundos depois que o usuário der um palpite correto para a bandeira atual.

As linhas 75 e 76 carregam dinamicamente a *animação de tremular* que vai ser aplicada à bandeira quando for dado um palpite incorreto. O método estático loadAnimation de AnimationUtils carrega a animação do arquivo XML representado pela constante R.anim.incorrect_shake. O primeiro argumento indica o objeto Context que contém os recursos que serão animados – o método herdado getActivity de Fragment retorna a classe Activity que armazena esse fragmento. Activity é uma subclasse indireta de Context. A linha 77 especifica o número de vezes que a animação deve se repetir com o método setRepeatCount de Animation.

As linhas 80 a 94 obtêm referências para vários componentes da interface gráfica do usuário que vamos manipular via programação. As linhas 97 a 102 obtêm cada componente Button de palpite dos quatro elementos guessLinearLayout e registram guessButtonListener (Seção 4.7.10) como OnClickListener – implementamos essa interface para tratar o evento disparado quando o usuário toca em qualquer um dos componentes Button de palpite.

As linhas 105 e 106 configuram o texto em questionNumberTextView como a String retornada pela chamada a uma versão sobrecarregada do método herdado getString de Fragment. O primeiro argumento de format é o recurso String R.string.question, o qual representa a String de formato

```
Question %1$d of %2$d
```

Essa String contém espaços reservados para dois valores inteiros (conforme descrito na Seção 4.4.5). Os argumentos restantes são os valores a inserir na String de formato. A linha 107 retorna a interface gráfica do usuário de MainActivityFragment.

4.7.4 Método updateGuessRows

O método updateGuessRows (Figura 4.35) é chamado a partir do componente MainActivity do aplicativo quando este é ativado e sempre que o usuário muda o número de componentes Button de palpite a exibir com cada bandeira. As linhas 113 e 114 utilizam o argumento SharedPreferences do método para obter a String da chave MainActivity.CHOICES – uma constante contendo o nome da preferência na qual o elemento SettingsActivityFragment armazena o número de componentes Button de palpite a exibir. A linha 115 converte o valor da preferência para int e o divide por 2 para determinar o valor dos elementos guessRow, o qual indica quantos dos componentes guessLinearLayout devem ser exibidos – cada um com dois componentes Button de palpite. Em seguida, as linhas 118 e 119 ocultam todos os componentes guessLinearLayouts para que as linhas 122 e 123 possam mostrar os componentes guessLinearLayout apropriados, com base no valor dos elementos guessRow. A constante View.GONE (linha 119) indica que o Android não deve considerar os tamanhos dos componentes especificados ao organizar o restante dos componentes no layout. Há também a constante View.INVISIBLE, a qual simplesmente oculta o componente, e qualquer espaço alocado para ele permanece vazio na tela.

```
110    // atualiza guessRows com base no valor em SharedPreferences
111    public void updateGuessRows(SharedPreferences sharedPreferences) {
112       // obtém o número de botões de palpite a serem exibidos
113       String choices =
114          sharedPreferences.getString(MainActivity.CHOICES, null);
115       guessRows = Integer.parseInt(choices) / 2;
116
```

Figura 4.35 | Método updateGuessRows de MainActivityFragment. (Parte I de 2)

```
117        // oculta todos os componentes LinearLayout de botão de palpite
118        for (LinearLayout layout : guessLinearLayouts)
119           layout.setVisibility(View.GONE);
120
121        // exibe os LinearLayout de botão de palpite apropriados
122        for (int row = 0; row < guessRows; row++)
123           guessLinearLayouts[row].setVisibility(View.VISIBLE);
124     }
125
```

Figura 4.35 | (Parte 2 de 2)

4.7.5 Método updateRegions

O método updateRegions (Figura 4.36) é chamado a partir do componente MainActivity do aplicativo quando esse é ativado e sempre que o usuário muda as regiões do mundo que devem ser incluídas no *quiz*. As linhas 128 e 129 usam o argumento SharedPreferences do método para obter os nomes de todas as regiões habilitadas como um objeto Set<String>. MainActivity.REGIONS é uma constante contendo o nome da preferência na qual SettingsActivityFragment armazena as regiões do mundo habilitadas.

```
126     // atualiza as regiões do mundo para o teste, com base nos
            valores de SharedPreferences
127     public void updateRegions(SharedPreferences sharedPreferences) {
128        regionsSet =
129           sharedPreferences.getStringSet(MainActivity.REGIONS, null);
130     }
131
```

Figura 4.36 | Método updateRegions de MainActivityFragment.

4.7.6 Método resetQuiz

O método resetQuiz (Figura 4.37) prepara e inicia um *quiz*. Lembre-se de que as imagens do jogo estão armazenadas na pasta assets do aplicativo. Para acessar o conteúdo dessa pasta, o método obtém o componente AssetManager do aplicativo (linha 135) chamando o método **getAssets** da atividade pai. Em seguida, a linha 136 limpa a lista fileNameList a fim de preparar o carregamento dos nomes de arquivo de imagem apenas das regiões geográficas habilitadas. As linhas 140 a 146 iteram por todas as regiões do mundo habilitadas. Para cada uma delas, usamos o método list de AssetManager (linha 142) para obter um array dos nomes de arquivo de imagem das bandeiras, os quais armazenamos no array de Strings paths. As linhas 144 e 145 removem a extensão .png de cada nome de arquivo e colocam os nomes no componente fileNameList. O método list de AssetManager lança exceções IOException, as quais são *verificadas* (portanto, você deve capturar ou declarar a exceção). Se ocorrer uma exceção porque o aplicativo não consegue acessar a pasta assets, as linhas 148 a 150 a capturam e a *registram* para propósitos de depuração, com o mecanismo de log interno do Android. O método estático **e** de Log é usado para registrar mensagens de erro. Você pode ver uma lista completa de métodos de Log em

http://developer.android.com/reference/android/util/Log.html

```
132    // prepara e inicia o próximo quiz
133    public void resetQuiz() {
134       // usa AssetManager para obter nomes de arquivo de imagem
              para as regiões habilitadas
135       AssetManager assets = getActivity().getAssets();
136       fileNameList.clear(); // esvazia a lista de nomes de arquivo de imagem
137
138       try {
139          // itera por cada região
140          for (String region : regionsSet) {
141             // obtém uma lista de todos os arquivos de imagem de
                   bandeira nessa região
142             String[] paths = assets.list(region);
143
144             for (String path : paths)
145                fileNameList.add(path.replace(".png", ""));
146          }
147       }
148       catch (IOException exception) {
149          Log.e(TAG, "Error loading image file names", exception);
150       }
151
152       correctAnswers = 0; // redefine o número de respostas corretas dadas
153       totalGuesses = 0; // redefine o número total de palpites dados pelo usuário
154       quizCountriesList.clear(); // limpa a lista anterior de países do quiz
155
156       int flagCounter = 1;
157       int numberOfFlags = fileNameList.size();
158
159       // adiciona nomes de arquivo aleatórios FLAGS_IN_QUIZ a quizCountriesList
160       while (flagCounter <= FLAGS_IN_QUIZ) {
161          int randomIndex = random.nextInt(numberOfFlags);
162
163          // obtém o nome de arquivo aleatório
164          String filename = fileNameList.get(randomIndex);
165
166          // se a região está habilitada e ainda não foi escolhida
167          if (!quizCountriesList.contains(filename)) {
168             quizCountriesList.add(filename); // adiciona o arquivo à lista
169             ++flagCounter;
170          }
171       }
172
173       loadNextFlag(); // inicia o quiz carregando a primeira bandeira
174    }
175
```

Figura 4.37 | Método resetQuiz de MainActivityFragment.

Em seguida, as linhas 152 a 154 redefinem os contadores para o número de palpites corretos dados pelo usuário (correctAnswers) e para o número total de palpites (totalGuesses) como 0 e limpam a lista quizCountriesList.

As linhas 160 a 171 adicionam 10 (FLAGS_IN_QUIZ) nomes de arquivo selecionados aleatoriamente à lista quizCountriesList. Obtemos o número total de bandeiras e então geramos o índice aleatoriamente no intervalo de 0 até o número de bandeiras menos um. Usamos esse índice para selecionar um nome de arquivo de imagem da lista fileNameList. Se quizCountriesList ainda não contém esse nome de arquivo, o adicionamos em quizCountriesList e incrementamos flagCounter. Repetimos esse processo até que 10 (FLAGS_IN_QUIZ) nomes de arquivo únicos tenham sido selecionados. Então, a linha 173 chama loadNextFlag (Figura 4.38) para carregar a primeira bandeira do teste.

4.7.7 Método loadNextFlag

O método loadNextFlag (Figura 4.38) carrega e exibe a próxima bandeira e o conjunto de componentes Button de resposta correspondente. Os nomes de arquivo de imagem em quizCountriesList têm o formato

nomeRegião-nomePaís

sem a extensão .png. Se um *nomeRegião* ou um *nomePaís* contém várias palavras, elas são separadas por sublinhados (_).

```
176   // depois que o usuário adivinha uma bandeira correta, carrega a próxima bandeira
177   private void loadNextFlag() {
178      // obtém o nome do arquivo da próxima bandeira e o remove da lista
179      String nextImage = quizCountriesList.remove(0);
180      correctAnswer = nextImage; // atualiza a resposta correta
181      answerTextView.setText(""); // limpa answerTextView
182
183      // exibe o número da pergunta atual
184      questionNumberTextView.setText(getString(
185         R.string.question, (correctAnswers + 1), FLAGS_IN_QUIZ));
186
187      // extrai a região a partir do nome da próxima imagem
188      String region = nextImage.substring(0, nextImage.indexOf('-'));
189
190      // usa o AssetManager para carregar a próxima imagem da pasta assets
191      AssetManager assets = getActivity().getAssets();
192
193      // obtém um objeto InputStream para o asset que representa
194      // a próxima bandeira e tenta usar o InputStream
195      try (InputStream stream =
196         assets.open(region + "/" + nextImage + ".png")) {
197         // carrega o asset como um Drawable e exibe em flagImageView
198         Drawable flag = Drawable.createFromStream(stream, nextImage);
199         flagImageView.setImageDrawable(flag);
200
201         animate(false); // anima a bandeira na tela
202      }
203      catch (IOException exception) {
204         Log.e(TAG, "Error loading " + nextImage, exception);
205      }
206
207      Collections.shuffle(fileNameList); // embaralha os nomes
208
209      // coloca a resposta correta no final de fileNameList
210      int correct = fileNameList.indexOf(correctAnswer);
211      fileNameList.add(fileNameList.remove(correct));
212
213      // adiciona 2, 4, 6 ou 8 componentes Button de palpite,
              com base no valor de guessRows
214      for (int row = 0; row < guessRows; row++) {
215         // coloca componentes Button em currentTableRow
```

Figura 4.38 | Método loadNextFlag de MainActivityFragment. (Parte 1 de 2)

```
216          for (int column = 0;
217             column < guessLinearLayouts[row].getChildCount();
218             column++) {
219          // obtém referência para o Button a configurar
220          Button newGuessButton =
221             (Button) guessLinearLayouts[row].getChildAt(column);
222          newGuessButton.setEnabled(true);
223
224          // obtém o nome do país e o configura como o texto de newGuessButton
225          String filename = fileNameList.get((row * 2) + column);
226          newGuessButton.setText(getCountryName(filename));
227       }
228    }
229
230    // substitui aleatoriamente um Button com a resposta correta
231    int row = random.nextInt(guessRows); // seleciona linha aleatória
232    int column = random.nextInt(2); // seleciona coluna aleatória
233    LinearLayout randomRow = guessLinearLayouts[row]; // obtém a linha
234    String countryName = getCountryName(correctAnswer);
235    ((Button) randomRow.getChildAt(column)).setText(countryName);
236 }
237
```

Figura 4.38 | (Parte 2 de 2)

A linha 179 remove o primeiro nome de `quizCountriesList` e o armazena em `nextImage`. Também o salvamos em `correctAnswer` para que possa ser usado posteriormente para determinar se o usuário deu um palpite correto. Em seguida, limpamos o componente `answerTextView` e exibimos o número da pergunta atual no componente `questionNumberTextView` (linhas 184 e 185) usando o recurso `String` formatado `R.string.question`.

A linha 188 extrai de `nextImage` a região a ser usada como nome da subpasta `assets` a partir da qual vamos carregar a imagem. Em seguida, obtemos o componente `AssetManager` e, então, o utilizamos na instrução try-*with-resources* a fim de abrir um elemento `InputStream` (pacote `java.io`) para ler os bytes do arquivo da imagem de bandeira. Usamos esse fluxo (stream) como argumento para o método estático `createFromStream` da classe `Drawable`, o qual cria um objeto `Drawable` (pacote `android.graphics.drawable`). O objeto `Drawable` é configurado como item de `flagImageView` a exibir, chamando seu método `setImageDrawable`. Se ocorrer uma exceção, a registramos para propósitos de depuração (linha 204). Em seguida, chamamos o método `animate` com `false` para animar os próximos componentes `Button` de bandeira e de resposta na tela (linha 201).

Em seguida, a linha 207 embaralha `fileNameList`, e as linhas 210 e 211 localizam a resposta correta (`correctAnswer`) e a movem para o final de `fileNameList` – posteriormente, vamos inserir essa resposta aleatoriamente em um dos componentes `Button` de palpite.

As linhas 214 a 228 iteram pelos componentes `Button` em `guessLinearLayouts` pelo número atual de `guessRows`. Para cada componente `Button`:

- as linhas 220 e 221 obtêm uma referência para o próximo objeto `Button`
- a linha 222 habilita o componente `Button`
- a linha 225 obtém o nome de arquivo de bandeira de `fileNameList`

- a linha 226 configura o texto do componente Button com o nome do país retornado pelo método getCountryName (Seção 4.7.8)

As linhas 231 a 235 escolhem uma linha (com base no número atual de guessRows) e uma coluna aleatórias e, então, configuram o texto do componente Button correspondente.

4.7.8 Método getCountryName

O método getCountryName (Figura 4.39) obtém o nome do país via parsing, a partir do nome de arquivo de imagem. Primeiramente, obtemos uma substring a partir do traço (-) que separa a região do nome do país. Então, chamamos o método replace de String para substituir os sublinhados (_) por espaços.

```
238    // obtém o nome do arquivo de bandeira de países via parsing e
           retorna o nome do país
239    private String getCountryName(String name) {
240       return name.substring(name.indexOf('-') + 1).replace('_', ' ');
241    }
242
```

Figura 4.39 | Método getCountryName de MainActivityFragment.

4.7.9 Método animate

O método animate (Figura 4.40) executa a animação de *revelação circular* no layout inteiro (quizLinearLayout) do *quiz* para fazer a transição entre as perguntas. As linhas 246 e 247 retornam imediatamente para a primeira pergunta a fim de permitir que ela apenas apareça, em vez de ser animada na tela. As linhas 250 a 253 calculam as coordenadas na tela do centro da interface gráfica do usuário do *quiz*. As linhas 256 e 257 calculam o raio máximo do círculo na animação (o raio mínimo é sempre 0). O método animate aceita um único parâmetro, animateOut, e pode ser usado de duas maneiras. A linha 262 usa animateOut para determinar se a animação mostrará ou ocultará o *quiz*.

```
243    // anima o quizLinearLayout inteiro para dentro da tela ou
           para fora dela
244    private void animate(boolean animateOut) {
245       // impede a animação na interface gráfica do usuário
              para a primeira bandeira
246       if (correctAnswers == 0)
247          return;
248
249       // calcula o centro x e o centro y
250       int centerX = (quizLinearLayout.getLeft() +
251          quizLinearLayout.getRight()) / 2;
252       int centerY = (quizLinearLayout.getTop() +
253          quizLinearLayout.getBottom()) / 2;
254
255       // calcula o raio da animação
256       int radius = Math.max(quizLinearLayout.getWidth(),
257          quizLinearLayout.getHeight());
258
```

Figura 4.40 | Método animate de MainActivityFragment. (Parte 1 de 2)

```
259        Animator animator;
260
261        // se quizLinearLayout deve animar para fora e não para dentro
262        if (animateOut) {
263           // cria a animação de revelação circular
264           animator = ViewAnimationUtils.createCircularReveal(
265              quizLinearLayout, centerX, centerY, radius, 0);
266           animator.addListener(
267              new AnimatorListenerAdapter() {
268                 // chamado quando a animação termina
269                 @Override
270                 public void onAnimationEnd(Animator animation) {
271                    loadNextFlag();
272                 }
273              }
274           );
275        }
276        else { // se quizLinearLayout deve animar para dentro
277           animator = ViewAnimationUtils.createCircularReveal(
278              quizLinearLayout, centerX, centerY, 0, radius);
279        }
280
281        animator.setDuration(500); // define a duração da animação
                                           como 500 ms
282        animator.start(); // inicia a animação
283     }
284
```

Figura 4.40 | (Parte 2 de 2)

Se o método animate for chamado com o valor true, animará quizLinearLayout para fora da tela (linhas 264 a 274). As linhas 264 e 265 criam um objeto Animator de revelação circular chamando o método createCircularReveal de ViewAnimationUtils. Esse método recebe cinco parâmetros:

- O primeiro especifica a View na qual a animação vai ser aplicada (quizLinear-Layout).

- O segundo e o terceiro fornecem as coordenadas *x* e *y* do centro do círculo da animação.

- Os dois últimos determinam o raio inicial e final do círculo da animação.

Como isso anima quizLinearLayout para fora da tela, seu raio inicial é o raio calculado e seu raio final é 0. As linhas 266 a 274 criam e associam um **AnimatorListenerAdapter** a Animator. O método **onAnimationEnd** de AnimatorListenerAdapter (linhas 269 a 272) é chamado quando a animação termina e carrega a próxima bandeira (linha 271).

Se o método animate for chamado com o valor false, animará quizLinearLayout na tela, no início da próxima pergunta. As linhas 277 e 278 criam o Animator chamando o método createCircularReveal, mas desta vez especificamos 0 para o raio inicial e o raio calculado para o final. Isso faz que quizLinearLayout seja animado "para dentro" na tela, não "para fora" dela.

A linha 281 chama o método setDuration de Animator para especificar uma duração de 500 milissegundos para a animação. Por fim, a linha 282 inicia a animação.

4.7.10 Classe interna anônima que implementa OnClickListener

Na Figura 4.34, as linhas 97 a 102 registraram guessButtonListener (Figura 4.41) como objeto de tratamento de eventos para cada componente Button de palpite. A variável de instância guessButtonListener faz referência a um objeto de classe interna anônima que implementa a interface OnClickListener para responder a eventos de Button. O método recebe como parâmetro v o componente Button que foi clicado. Obtemos o texto do componente Button (linha 290) e o nome do país obtido via parsing (linha 291) e, em seguida, incrementamos totalGuesses (o total de palpites). Se o palpite estiver correto (linha 294), incrementamos correctAnswers. Em seguida, configuramos o texto de answerTextView com o nome do país e mudamos sua cor para aquela representada pela constante R.color.correct_answer (verde) e chamamos nosso método utilitário disableButtons (Seção 4.7.11) para desabilitar todos os componentes Button de resposta.

```java
285    // chamado quando um componente Button de palpite é tocado
286    private OnClickListener guessButtonListener = new OnClickListener() {
287       @Override
288       public void onClick(View v) {
289          Button guessButton = ((Button) v);
290          String guess = guessButton.getText().toString();
291          String answer = getCountryName(correctAnswer);
292          ++totalGuesses; // incrementa o número de palpites dados pelo usuário
293
294          if (guess.equals(answer)) { // se o palpite é correto
295             ++correctAnswers; // incrementa o número de respostas corretas
296
297             // exibe a resposta correta em texto verde
298             answerTextView.setText(answer + "!");
299             answerTextView.setTextColor(
300                getResources().getColor(R.color.correct_answer,
301                   getContext().getTheme()));
302
303             disableButtons(); // desabilita todos os componentes Button de palpite
304
305             // se o usuário identificou FLAGS_IN_QUIZ bandeiras corretamente
306             if (correctAnswers == FLAGS_IN_QUIZ) {
307                // DialogFragment para exibir estatísticas do quiz e iniciar
                   novo quiz
308                DialogFragment quizResults =
309                   new DialogFragment() {
310                      // cria um AlertDialog e o retorna
311                      @Override
312                      public Dialog onCreateDialog(Bundle bundle) {
313                         AlertDialog.Builder builder =
314                            new AlertDialog.Builder(getActivity());
315                         builder.setMessage(
316                            getString(R.string.results,
317                               totalGuesses,
318                               (1000 / (double) totalGuesses)));
319
320                         // botão "Reset Quiz"
321                         builder.setPositiveButton(R.string.reset_quiz,
322                            new DialogInterface.OnClickListener() {
323                               public void onClick(DialogInterface dialog,
324                                  int id) {
```

Figura 4.41 | Classe interna anônima que implementa OnClickListener. (Parte 1 de 2)

```
325                        resetQuiz();
326                     }
327                  }
328               );
329
330               return builder.create(); // retorna o AlertDialog
331            }
332         };
333
334         // usa o FragmentManager para exibir o DialogFragment
335         quizResults.setCancelable(false);
336         quizResults.show(getFragmentManager(), "quiz results");
337      }
338      else { // a resposta está correta, mas o quiz não acabou
339         // carrega a próxima bandeira após um atraso de 2 segundos
340         handler.postDelayed(
341            new Runnable() {
342               @Override
343               public void run() {
344                  animate(true); // anima a bandeira para fora da tela
345               }
346            }, 2000); // 2000 milissegundos para um atraso de 2 segundos
347      }
348   }
349   else { // a resposta estava incorreta
350      flagImageView.startAnimation(shakeAnimation); // reproduz o tremular
351
352      // exibe "Incorrect!" em vermelho
353      answerTextView.setText(R.string.incorrect_answer);
354      answerTextView.setTextColor(getResources().getColor(
355         R.color.incorrect_answer, getContext().getTheme()));
356      guessButton.setEnabled(false); // desabilita a resposta incorreta
357   }
358      }
359   };
360
```

Figura 4.41 | (Parte 2 de 2)

Se correctAnswers for igual a FLAGS_IN_QUIZ (linha 306), o *quiz* terminou. As linhas 308 a 332 criam uma classe interna anônima que estende DialogFragment (pacote android.support.v4.app) e será usada para exibir os resultados do *quiz*. O método **onCreateDialog** de DialogFragment usa um AlertDialog.Builder (discutido daqui a pouco) a fim de configurar e criar um AlertDialog para mostrar os resultados do *quiz* e, então, o retorna. Quando o usuário toca no componente Button **Reset Quiz** dessa caixa de diálogo, o método resetQuiz é chamado para iniciar um novo jogo (linha 325). A linha 335 indica que a caixa de diálogo não pode ser cancelada – o usuário precisa interagir com ela, pois tocar fora dela ou tocar no botão voltar não fará que o usuário volte para o *quiz*. Para exibir o componente DialogFragment, a linha 336 chama seu método **show**, passando como argumentos o elemento FragmentManager retornado por getFragmentManager e uma String. O segundo argumento pode ser usado com o método **getFragmentByTag** de FragmentManager para obter uma referência para o componente DialogFragment posteriormente – não usamos essa capacidade neste aplicativo.

Se correctAnswers for menor que FLAGS_IN_QUIZ, as linhas 340 a 346 chamam o método postDelayed do objeto handler de Handler. O primeiro argumento define uma classe interna anônima que implementa a interface Runnable – isso representa a tarefa a ser executada, animate(true), a qual anima os componentes Button de bandeira e resposta fora da tela e inicia a transição para a próxima pergunta alguns milissegundos no futuro. O segundo argumento é o atraso em milissegundos (2000). Se o palpite estiver incorreto, a linha 350 chama o método `startAnimation` de `flagImageView` para reproduzir a animação `shakeAnimation` que foi carregada no método `onCreateView`. Também configuramos o texto em `answerTextView` para mostrar "`Incorrect!`" em vermelho (linhas 353 a 355) e, então, desabilitamos o componente `guessButton` correspondente à resposta incorreta.

> **Observação sobre aparência e comportamento 4.4**
> *É possível configurar o título de `AlertDialog` (o qual aparece acima da mensagem da caixa de diálogo) com o método `setTitle` de `AlertDialog.Builder`. De acordo com as diretrizes de projeto do Android para caixas de diálogo (http://developer.android.com/design/building-blocks/dialogs.html), a maioria delas não precisa de títulos. Uma caixa de diálogo deve exibir um título para "uma operação de alto risco, envolvendo possível perda de dados, conectividade, cobranças extras e assim por diante". Além disso, as caixas de diálogo que exibem listas de opções utilizam o título para especificar sua finalidade.*

Criação e configuração do componente `AlertDialog`
As linhas 313 a 329 usam um `AlertDialog.Builder` para criar e configurar um componente `AlertDialog`. As linhas 313 e 314 criam o `AlertDialog.Builder`, passando a atividade do fragmento como o argumento `Context` – a caixa de diálogo será exibida no contexto da atividade que contém `MainActivityFragment`. Em seguida, as linhas 315 a 318 configuram a mensagem da caixa de diálogo com uma `String` formatada, mostrando os resultados do *quiz* – o recurso `R.string.results` contém espaços reservados para o número total de palpites e para a porcentagem de palpites totais que estavam corretos.

Neste componente `AlertDialog`, precisamos de apenas um botão que permita ao usuário aceitar a mensagem e reiniciar o *quiz*. Especificamos isso como o botão *positivo* da caixa de diálogo (linhas 321 a 328) – tocar nesse botão indica que o usuário aceita a mensagem exibida e remove a caixa de diálogo. O método `setPositiveButton` recebe o rótulo do botão (especificado com o recurso `String R.string.reset_quiz`) e uma referência para a rotina de tratamento de eventos do botão. Se o aplicativo não precisa responder ao evento, você pode especificar `null` para a rotina de tratamento. Neste caso, fornecemos um objeto de uma classe interna anônima que implementa a interface `DialogInterface.OnClickListener`. Você sobrescreve o método `onClick` dessa interface para responder ao evento gerado quando o usuário toca no componente `Button` correspondente na caixa de diálogo.

4.7.11 Método `disableButtons`

O método `disableButtons` (Figura 4.42) itera pelos componentes `Button` de palpite e os desabilita. Esse método é chamado quando o usuário dá um palpite correto.

```
361    // método utilitário que desabilita todos os Button de resposta
362    private void disableButtons() {
363       for (int row = 0; row < guessRows; row++) {
364          LinearLayout guessRow = guessLinearLayouts[row];
365          for (int i = 0; i < guessRow.getChildCount(); i++)
366             guessRow.getChildAt(i).setEnabled(false);
367       }
368    }
369 }
```

Figura 4.42 | Método `disableButtons` de `MainActivityFragment`.

4.8 Classe SettingsActivity

A classe SettingsActivity (Figura 4.43) armazena o componente SettingsActivityFragment quando o aplicativo está sendo executado na orientação retrato. O método sobrescrito onCreate (linhas 11 a 18) chama o método setContentView para inflar a interface gráfica do usuário definida por activity_settings.xml (representado pelo recurso R.layout.activity_settings) e, então, exibe o componente Toolbar definido no layout de SettingsActivity. A linha 17 exibe, na barra de aplicativo, um *botão subir* em que o usuário pode tocar para voltar à MainActivity pai. O IDE acrescentou essa linha quando você adicionou SettingsActivity ao projeto e especificou seu pai hierárquico (Seção 4.4.12). Removemos da classe o código gerado automaticamente restante, não utilizado neste aplicativo. Você também pode remover o recurso de menu menu_settings.xml, não utilizado.

```
1  // SettingsActivity.java
2  // atividade para exibir SettingsActivityFragment em um telefone
3  package com.deitel.flagquiz;
4
5  import android.os.Bundle;
6  import android.support.v7.app.AppCompatActivity;
7  import android.support.v7.widget.Toolbar;
8
9  public class SettingsActivity extends AppCompatActivity {
10     // infla a interface gráfica do usuário, exibe a Toolbar e
            adiciona o botão "subir"
11     @Override
12     protected void onCreate(Bundle savedInstanceState) {
13        super.onCreate(savedInstanceState);
14        setContentView(R.layout.activity_settings);
15        Toolbar toolbar = (Toolbar) findViewById(R.id.toolbar);
16        setSupportActionBar(toolbar);
17        getSupportActionBar().setDisplayHomeAsUpEnabled(true);
18     }
19  }
```

Figura 4.43 | SettingsActivity exibe SettingsActivityFragment em um telefone e em um tablet na orientação retrato.

4.9 Classe SettingsActivityFragment

A classe SettingsActivityFragment (Figura 4.44) herda de PreferenceFragment (pacote android.preference). Quando SettingsActivityFragment é criado, o método onCreate (linhas 10 a 14) constrói a interface gráfica de preferências chamando o método herdado **addPreferencesFromResource** de PreferenceFragment para construí-la a partir do arquivo preferences.xml (Seção 4.4.11). À medida que o usuário interage com a interface gráfica de preferências, as preferências são automaticamente armazenadas em um arquivo SharedPreferences no dispositivo. Caso o arquivo não exista, será criado; caso contrário, será atualizado. Removemos dessa classe o outro código gerado automaticamente (e não usado).

```
1  // SettingsActivityFragment.java
2  // subclasse de PreferenceFragment para gerenciar configurações do aplicativo
3  package com.deitel.flagquiz;
4
```

Figura 4.44 | A subclasse SettingsActivityFragment de PreferenceFragment exibe as preferências do aplicativo. (Parte 1 de 2)

```
 5  import android.os.Bundle;
 6  import android.preference.PreferenceFragment;
 7
 8  public class SettingsActivityFragment extends PreferenceFragment {
 9     // cria interface gráfica de preferências do usuário a partir
           do arquivo preferences.xml em res/xml
10     @Override
11     public void onCreate(Bundle bundle) {
12        super.onCreate(bundle);
13        addPreferencesFromResource(R.xml.preferences); // carrega do XML
14     }
15  }
```

Figura 4.44 | (Parte 2 de 2)

4.10 AndroidManifest.xml

A Figura 4.45 mostra o arquivo de manifesto gerado automaticamente para o aplicativo **Flag Quiz**. Cada atividade em um aplicativo deve ser declarada no arquivo `AndroidManifest.xml`; caso contrário, o Android não saberá que a atividade existe e não poderá ativá-la. Quando você criou o aplicativo, o IDE declarou a `MainActivity` em `AndroidManifest.xml` (linhas 11 a 21). A notação

```
.MainActivity
```

na linha 12, indica que a classe está no pacote especificado na linha 2 e é a abreviatura de

```
com.deitel.flagquiz.MainActivity
```

Adicionamos a linha 14, a qual vamos discutir daqui a pouco.

```
 1  <?xml version="1.0" encoding="utf-8"?>
 2  <manifest package="com.deitel.flagquiz"
 3     xmlns:android="http://schemas.android.com/apk/res/android">
 4
 5     <application
 6        android:allowBackup="true"
 7        android:icon="@mipmap/ic_launcher"
 8        android:label="@string/app_name"
 9        android:supportsRtl="true"
10        android:theme="@style/AppTheme">
11        <activity
12           android:name=".MainActivity"
13           android:label="@string/app_name"
14           android:launchMode="singleTop"
15           android:theme="@style/AppTheme.NoActionBar">
16           <intent-filter>
17              <action android:name="android.intent.action.MAIN"/>
18
19              <category android:name="android.intent.category.LAUNCHER"/>
20           </intent-filter>
21        </activity>
22        <activity
23           android:name=".SettingsActivity"
24           android:label="@string/title_activity_settings"
25           android:parentActivityName=".MainActivity"
26           android:theme="@style/AppTheme.NoActionBar">
```

Figura 4.45 | AndroidManifest.xml com `SettingsActivity` declarada. (Parte 1 de 2)

```
27            <meta-data
28                android:name="android.support.PARENT_ACTIVITY"
29                android:value="com.deitel.flagquiz.MainActivity">
30        </activity>
31    </application>
32
33 </manifest>
```

Figura 4.45 | (Parte 2 de 2)

Quando você adicionou `SettingsActivity` ao projeto (Seção 4.4.1), o IDE adicionou `SettingsActivity` ao arquivo de manifesto automaticamente (linhas 22 a 30). Se você criasse uma atividade sem usar as ferramentas do IDE, teria de declarar a nova atividade inserindo um elemento `<activity>`, como o que aparece nas linhas 22 a 30. Para ver os detalhes completos do arquivo de manifesto, visite

```
http://developer.android.com/guide/topics/manifest/
    manifest-intro.html
```

Modo de ativação

A linha 14 especifica o modo de ativação (`launchMode`) de `MainActivity`. Por padrão, cada atividade criada utiliza o modo de ativação "standard". Nesse modo, quando o Android recebe uma intenção para ativar a atividade, cria uma instância dessa atividade.

Lembre-se, da Seção 4.4.12, de que você especificou o pai hierárquico de `SettingsActivity`. Novamente, isso permite ao Android definir um *botão subir* na barra de aplicativo, no qual o usuário pode tocar para voltar à atividade pai especificada. Quando o usuário toca nesse botão e a atividade pai usa o modo de ativação "standard", o Android utiliza uma intenção para ativar a atividade pai. Isso resulta em uma nova instância de `MainActivity`. Faz também que o aplicativo **Flag Quiz** falhe em `OnSharedPreferenceChangeListener` de `MainActivity` (Seção 4.6.7) ao tentar atualizar um `quizFragment` que não existe mais – ele foi definido em uma instância diferente de `MainActivity`.

A linha 14 corrige esse problema alterando o modo de ativação de `MainActivity` para "singleTop". Com esse modo de ativação, quando o usuário toca no *botão subir*, o Android traz a `MainActivity` *existente* para o primeiro plano, em vez de criar um objeto `MainActivity`. Para obter mais informações sobre os valores de `launchMode` do elemento `<activity>`, visite

```
https://developer.android.com/guide/topics/manifest/
    activity-element.html#lmode
```

4.11 Para finalizar

Neste capítulo, você construiu o aplicativo **Flag Quiz**, que testa a capacidade de um usuário identificar bandeiras de países corretamente. Um aspecto importante deste aplicativo foi o uso de fragmentos para criar partes da interface gráfica do usuário de uma atividade. Você usou duas atividades para exibir o `MainActivityFragment` e o `SettingsActivityFragment` quando o aplicativo estava na orientação retrato. Usou uma atividade para exibir os dois fragmentos quando o aplicativo estava em um tablet na orientação paisagem – usando melhor o espaço útil disponível na tela. Você usou uma subclasse de `PreferenceFragment` para manter automaticamente e persistir as configurações do aplicativo, e usou uma subclasse de `DialogFragment` para exibir um componente `AlertDialog` para o usuário. Discutimos partes do ciclo de vida de um fragmento e mostramos como usar o componente `FragmentManager` para obter uma referência para um fragmento a fim de que você pudesse interagir com ele via programação.

Na orientação retrato, você forneceu um ícone para o item de menu **Settings** de `MainActivity`. Ele apareceu na barra de aplicativo para que o usuário pudesse tocar nele para exibir a `SettingsActivity` contendo o `SettingsActivityFragment`. Para ativar `SettingsActivity`, você usou um objeto `Intent` explícito. Você viu como obter preferências do arquivo `SharedPreferences` do aplicativo e como editar esse arquivo usando um `SharedPreferences.Editor`.

Mostramos como usar um objeto `Configuration` para determinar se o aplicativo executava em um tablet na orientação paisagem. Demonstramos como gerenciar um grande número de recursos de imagem utilizando subpastas da pasta `assets` do aplicativo e como acessar esses recursos por meio de um componente `AssetManager`. Você criou um elemento `Drawable` a partir dos bytes de uma imagem, lendo-os de um `InputStream` e exibiu o elemento `Drawable` em um componente `ImageView`.

Você conheceu subpastas adicionais da pasta `res` do aplicativo – `menu` para armazenar arquivos de recurso de menu, `anim` para armazenar arquivos de recurso de animação e `xml` para armazenar arquivos XML. Discutimos como usar qualificadores para criar uma pasta para armazenar um layout que só deve ser usado em dispositivos grandes na orientação paisagem. Também demonstramos como usar um recurso lista de cores de estado para garantir que o texto dos componentes `Button` fosse legível, tanto para o estado *habilitado* como para o estado *desabilitado*.

Você usou objetos `Toast` para exibir mensagens de erro secundárias ou informativas que aparecem brevemente na tela. Para exibir a próxima bandeira no *quiz*, após uma breve espera, usou um objeto `Handler`, o qual executa um `Runnable` após um número especificado de milissegundos. Você aprendeu que o `Runnable` de um `Handler` é executado na thread que criou o objeto `Handler` (a thread da interface gráfica do usuário, neste aplicativo).

Definimos uma animação em XML e a aplicamos ao componente `ImageView` do aplicativo quando o usuário dava um palpite incorreto, para fornecer a ele uma resposta visual. Usamos também `ViewAnimationUtils` para criar um `Animator` de revelação circular para fazer a transição entre as perguntas. Você aprendeu a registrar exceções para propósitos de depuração com o mecanismo de `log` interno do Android. Também usou várias classes e interfaces do pacote `java.util`, incluindo `List`, `ArrayList`, `Collections` e `Set`.

Por último, apresentamos o arquivo `AndroidManifest.xml` do aplicativo. Discutimos os elementos `<activity>`, gerados automaticamente. Também alteramos o modo de ativação de `MainActivity` para "`singleTop`" a fim de que o aplicativo usasse uma única instância de `MainActivity`, em vez de criar uma a cada vez que o usuário tocasse no botão subir na barra de aplicativo.

No Capítulo 5, apresentamos o aplicativo **Doodlz**, o qual utiliza recursos gráficos do Android para transformar a tela de um dispositivo em uma *tela de desenho virtual*. Você também vai aprender sobre o modo imersivo e sobre os recursos de impressão do Android.

5

Aplicativo Doodlz

Elementos gráficos em 2D, tela de desenho, `bitmap`, acelerômetro, `SensorManager`, eventos multitouch, `MediaStore`, impressão, permissões do Android 6.0, Gradle

Objetivos
Neste capítulo, você vai:

- Detectar quando o usuário toca na tela, move o dedo pela tela e retira o dedo da tela.
- Processar múltiplos toques na tela para que o usuário possa desenhar simultaneamente com vários dedos.
- Usar um componente `SensorManager` e o acelerômetro para detectar eventos de movimento.
- Usar um objeto `Paint` para especificar a cor e a largura de uma linha.
- Usar objetos `Path` para armazenar os dados de cada linha e um objeto `Canvas` para desenhar cada linha em um componente `Bitmap`.
- Criar um menu e exibir itens de menu na barra de aplicativo.
- Usar o framework de impressão e a classe `PrintHelper` da Android Support Library para permitir ao usuário imprimir um desenho.
- Usar o novo modelo de permissões do Android 6.0 a fim de pedir autorização para salvar uma imagem no armazenamento externo.
- Adicionar bibliotecas a um aplicativo com o sistema de construção Gradle.

Resumo

5.1 Introdução
5.2 Teste do aplicativo **Doodlz** em um AVD
5.3 Visão geral das tecnologias
  5.3.1 Métodos de ciclo de vida de `Activity` e `Fragment`
  5.3.2 Views personalizadas
  5.3.3 Uso de `SensorManager` para detectar eventos de acelerômetro
  5.3.4 Componentes `DialogFragment` personalizados
  5.3.5 Desenho com `Canvas`, `Paint` e `Bitmap`
  5.3.6 Processamento de múltiplos eventos de toque e armazenamento de linhas em objetos `Path`
  5.3.7 Salvamento no dispositivo
  5.3.8 Impressão e a classe `PrintHelper` da Android Support Library
  5.3.9 O novo modelo de permissões do Android 6.0 (Marshmallow)
  5.3.10 Adição de dependências usando o sistema de construção Gradle
5.4 Criação do projeto e recursos
  5.4.1 Criação do projeto
  5.4.2 Gradle: adição de uma biblioteca de suporte ao projeto
  5.4.3 `strings.xml`
  5.4.4 Importação de ícones Material Design para os itens de menu do aplicativo
  5.4.5 Menu de `MainActivityFragment`
  5.4.6 Adição de uma permissão a `AndroidManifest.xml`
5.5 Construção da interface gráfica do usuário do aplicativo
  5.5.1 Layout de `content_main.xml` para `MainActivity`
  5.5.2 Layout de `fragment_main.xml` para `MainActivityFragment`
  5.5.3 Layout de `fragment_color.xml` para `ColorDialogFragment`
  5.5.4 Layout de `fragment_line_width.xml` para `LineWidthDialogFragment`
  5.5.5 Adição da classe `EraseImageDialogFragment`
5.6 Classe `MainActivity`
5.7 Classe `MainActivityFragment`
  5.7.1 Instrução package, instruções import e campos
  5.7.2 Método sobrescrito `onCreateView` de `Fragment`
  5.7.3 Métodos `onResume` e `enableAccelerometerListening`
  5.7.4 Métodos `onPause` e `disableAccelerometerListening`
  5.7.5 Classe interna anônima para processar eventos de acelerômetro
  5.7.6 Método `confirmErase`
  5.7.7 Métodos sobrescritos `onCreateOptionsMenu` e `onOptionsItemSelected` de `Fragment`
  5.7.8 Método `saveImage`
  5.7.9 Método sobrescrito `onRequestPermissionsResult`
  5.7.10 Métodos `getDoodleView` e `setDialogOnScreen`
5.8 Classe `DoodleView`
  5.8.1 A instrução package e as instruções import
  5.8.2 Variáveis estáticas e de instância
  5.8.3 Construtor
  5.8.4 Método sobrescrito `onSizeChanged` de `View`
  5.8.5 Métodos `clear`, `setDrawingColor`, `getDrawingColor`, `setLineWidth` e `getLineWidth`
  5.8.6 Método sobrescrito `onDraw` de `View`
  5.8.7 Método sobrescrito `onTouchEvent` de `View`
  5.8.8 Método `touchStarted`
  5.8.9 Método `touchMoved`
  5.8.10 Método `touchEnded`
  5.8.11 Método `saveImage`
  5.8.12 Método `printImage`
5.9 Classe `ColorDialogFragment`
  5.9.1 Método sobrescrito `onCreateDialog` de `DialogFragment`
  5.9.2 Método `getDoodleFragment`
  5.9.3 Métodos sobrescritos de ciclo de vida `onAttach` e `onDetach` de `Fragment`
  5.9.4 Classe interna anônima que responde aos eventos dos componentes `SeekBar` para alfa, vermelho, verde e azul
5.10 Classe `LineWidthDialogFragment`
  5.10.1 Método `onCreateDialog`
  5.10.2 Classe interna anônima que responde aos eventos do componente `widthSeekBar`
5.11 Classe `EraseImageDialogFragment`
5.12 Para finalizar

5.1 Introdução

O aplicativo **Doodlz** permite que você pinte arrastando um ou mais dedos pela tela (Figura 5.1). O aplicativo fornece opções para configurar a cor e a espessura da linha do desenho. Opções adicionais permitem

- limpar a tela;
- salvar o desenho atual em seu dispositivo;
- imprimir o desenho atual.

Dependendo do tamanho da tela de seu dispositivo, algumas ou todas as opções do aplicativo aparecem como ícones diretamente na barra de aplicativo – os que não couberem serão exibidos como texto no menu de opções excedentes (⋮), que aparece na barra de aplicativo.

Figura 5.1 | Aplicativo **Doodlz** com um desenho finalizado.

Este aplicativo apresenta o novo mecanismo de permissões do Android 6.0. Por exemplo, o Android exige permissão do usuário para que um aplicativo salve arquivos (como os desenhos deste aplicativo) em um dispositivo. No Android 6.0, em vez de apresentar ao usuário uma lista completa de permissões exigidas no momento da instalação, o aplicativo solicita cada permissão individualmente somente quando ela é necessária para executar determinada tarefa pela primeira vez. Neste aplicativo, o Android solicita permissão na primeira vez que o usuário tenta salvar um desenho.

Primeiramente, você vai testar o aplicativo. Em seguida, vamos ver um panorama das tecnologias utilizadas para construí-lo. Depois, você vai projetar a interface gráfica do usuário do aplicativo. Por fim, acompanharemos o código-fonte completo, enfatizando os recursos novos.

5.2 Teste do aplicativo Doodlz em um AVD

Abra e execute o aplicativo
Abra o Android Studio e abra o aplicativo **Doodlz** a partir da pasta Doodlz na pasta de exemplos do livro e execute-o no AVD ou em um dispositivo. Isso constrói o projeto e executa o aplicativo.

Entenda as opções do aplicativo
A Figura 5.2(a) e (b) mostra a barra de aplicativo e o menu de opções excedentes no AVD Nexus 6, e a Figura 5.2(c) mostra a barra de aplicativo no AVD Nexus 9.

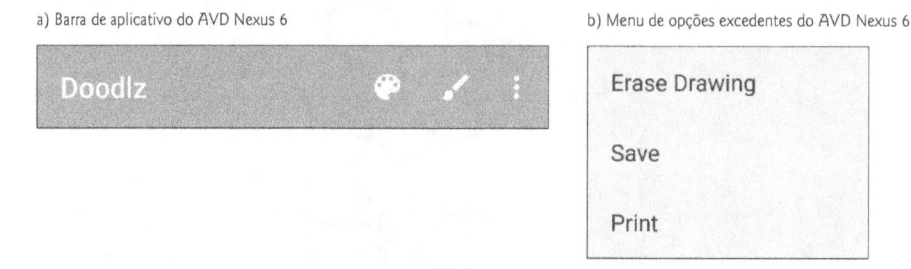

a) Barra de aplicativo do AVD Nexus 6

b) Menu de opções excedentes do AVD Nexus 6

c) Barra de aplicativo do AVD Nexus 9 – havia espaço suficiente na barra de aplicativo para exibir todos os itens de menu como ícones

Figura 5.2 | Barra de aplicativo e menu de itens excedentes do aplicativo **Doodlz**.

Este aplicativo tem os seguintes itens de menu:

- **Color** (🎨) – Exibe uma caixa de diálogo para mudar a cor da linha.
- **Line Width** (✏️) – Exibe uma caixa de diálogo para mudar a espessura da linha que será desenhada quando você arrastar seu dedo (ou dedos) na tela.
- **Erase Image** (🗑) – Primeiro confirma se você deseja apagar a imagem inteira e depois limpa a área de desenho caso a ação não seja cancelada.
- **Save** (💾) – Salva a imagem no dispositivo. Você pode ver a imagem com o aplicativo **Photos** do Google, abrindo o menu desse aplicativo e tocando em **Device Folders** para ver miniaturas de suas imagens armazenadas.[1]
- **Print** (🖨) – Exibe uma interface a fim de selecionar uma impressora disponível para que você possa imprimir sua imagem ou salvá-la como um documento PDF (o padrão).

Você vai explorar cada uma dessas opções em breve.

---

[1] Em alguns dispositivos, talvez seja necessário tirar uma foto com a câmera do aparelho antes de você salvar corretamente a partir do aplicativo **Doodlz**.

Observação sobre aparência e comportamento 5.1

Quando um item de menu aparece na barra de aplicativo, se ele tiver um ícone, esse ícone será exibido; caso contrário, o texto do item de menu será mostrado com letras em versalete. Neste aplicativo, os itens de menu que não cabem na barra de aplicativo estão acessíveis no menu de opções suspenso (⋮), o qual exibe os itens utilizando seus rótulos de texto.

Mude a cor do pincel para vermelha

Para mudar a cor do pincel, toque em (🎨) na barra de aplicativo – ou selecione **Color** no menu de opções se o ícone não aparecer na barra de aplicativo. Isso exibe a caixa de diálogo **Choose Color** (Figura 5.3).

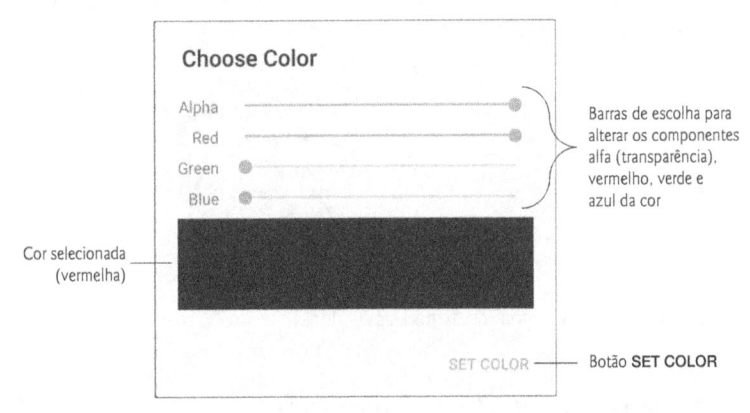

Figura 5.3 | Mudando a cor de desenho para vermelha.

As cores são definidas no *esquema de cores ARGB*, no qual os componentes *alfa* (ou seja, *transparência*), vermelho, verde e azul, respectivamente, são especificados por valores inteiros no intervalo 0 a 255. Para alfa, 0 significa *completamente transparente* e 255 significa *completamente opaco*. Para vermelho, verde e azul, 0 significa *nada* dessa cor e 255 significa a *quantidade máxima* dessa cor. A interface consiste nas barras de escolha (SeekBars) **Alpha**, **Red**, **Green** e **Blue**, que permitem selecionar, respectivamente, a quantidade de alfa, vermelho, verde e azul na cor de desenho. Você arrasta as barras de escolha para mudar a cor. Quando você faz isso, o aplicativo exibe a nova cor abaixo das barras de escolha. Selecione uma cor vermelha agora, arrastando a barra de escolha **Red** para a direita, como na Figura 5.3. Toque no botão **SET COLOR** para defini-la como cor de desenho e fechar a caixa de diálogo. Se não quiser mudar a cor, basta tocar fora da caixa de diálogo para fechá-la. Você pode apagar mudando a cor de desenho para branca (ou seja, movendo todos os cursores das barras de escolha totalmente para a direita).

Mude a espessura da linha

Para mudar a espessura da linha, toque em (✏️) na barra de aplicativo – ou selecione **Line Width** no menu de opções se o ícone não aparecer na barra de aplicativo. Isso exibe a caixa de diálogo **Choose Line Width**. Arraste a barra de escolha da espessura de linha para a direita a fim de tornar a linha mais grossa (Figura 5.4). Toque no botão **SET LINE WIDTH** para voltar à área de desenho.

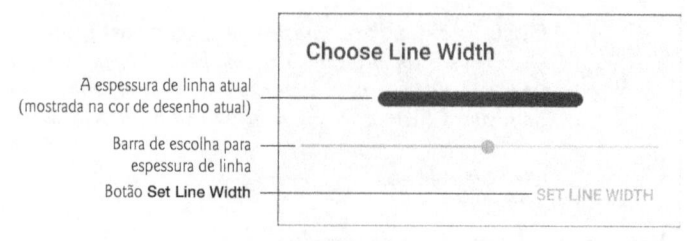

Figura 5.4 | Mudando a espessura da linha.

Desenhe as pétalas da flor
Arraste seu "dedo" – o mouse ao usar o emulador – na área de desenho para desenhar pétalas de flor (Figura 5.5).

Figura 5.5 | Desenhando as pétalas da flor.

Mude a cor do pincel para verde-escuro
Toque em (🎨) ou selecione o item de menu **Color** para exibir a caixa de diálogo **Choose Color**. Selecione um tom escuro de verde arrastando a barra de escolha **Green** para a direita e certificando-se de que as barras de escolha **Red** e **Blue** estejam na extremidade esquerda (Figura 5.6(a)).

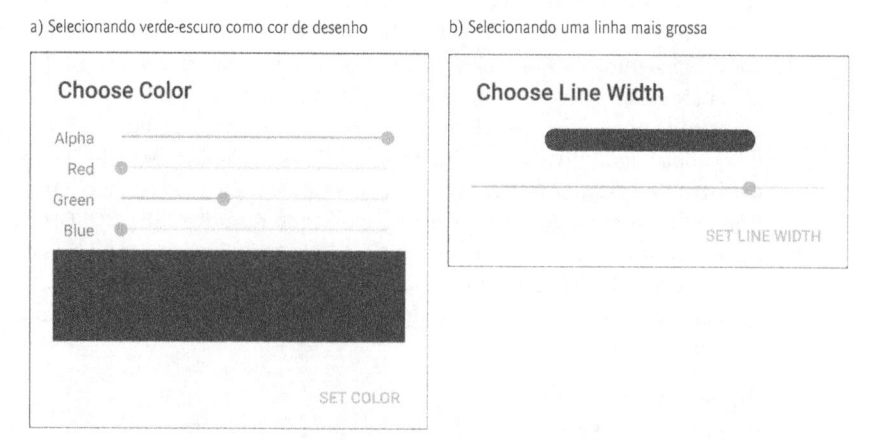

Figura 5.6 | Mudando a cor para verde-escuro e tornando a linha mais grossa.

Mude a espessura da linha e desenhe o caule e as folhas

Toque em (✐) ou selecione o item de menu **Line Width** para exibir a caixa de diálogo **Choose Line Width**. Arraste a barra de escolha da espessura de linha para a direita a fim de tornar a linha mais grossa (Figura 5.6(b)). Desenhe o caule e as folhas da flor. Repita os passos mencionados anteriormente para escolher uma cor verde mais clara e uma linha mais fina e, em seguida, desenhe a grama (Figura 5.7).

Figura 5.7 | Desenhando o caule e a grama.

Finalize o desenho

Em seguida, mude a cor do desenho para azul semitransparente (Figura 5.8(a)) e selecione uma linha mais estreita (Figura 5.8(b)). Então, desenhe os pingos de chuva (Figura 5.9).

a) Selecionando azul como cor de desenho

b) Selecionando uma linha mais fina

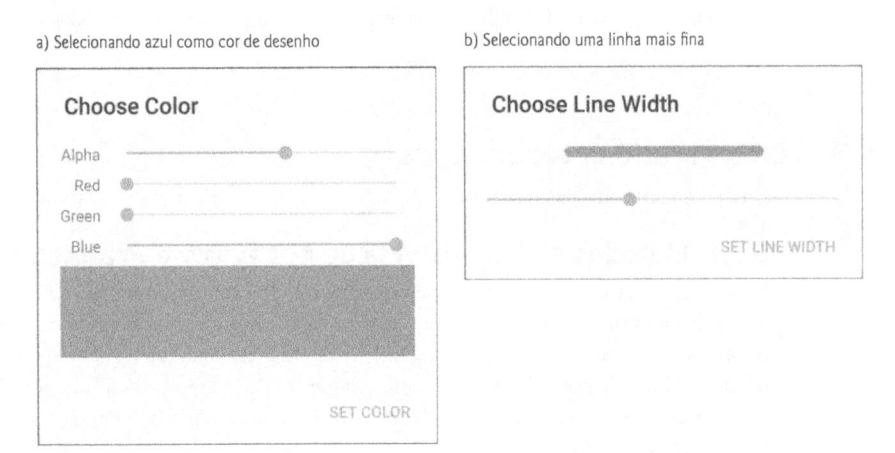

Figura 5.8 | Mudando a cor para azul e estreitando a linha.

Figura 5.9 | Desenhando a chuva na nova cor e espessura de linha.

Salve a imagem
Você pode salvar sua imagem no dispositivo e vê-la usando o aplicativo **Photos**. Para isso, toque em (🖫) na barra de aplicativo – ou selecione **Save** no menu de opções se o ícone não aparecer na barra de aplicativo. Então, veja essa e outras imagens armazenadas no dispositivo abrindo o aplicativo **Photos**.

Imprima a imagem
Para imprimir a imagem, toque em (🖨) na barra de aplicativo – ou selecione **Print** no menu de opções se o ícone não aparecer na barra de aplicativo. Isso exibe uma caixa de diálogo com opções de impressão. Por padrão, é possível salvar a imagem como um documento PDF. Para selecionar uma impressora, toque em **Save as PDF** e selecione uma das impressoras disponíveis na lista. Se não aparecer uma impressora na lista, você precisa configurar o Google Cloud Print para sua impressora. Para obter informações sobre isso, visite:

```
http://www.google.com/cloudprint/learn/
```

5.3 Visão geral das tecnologias

Esta seção apresenta as novas tecnologias que usamos no aplicativo **Doodlz**.

5.3.1 Métodos de ciclo de vida de Activity e Fragment

O ciclo de vida de um fragmento está ligado ao de sua atividade pai. Existem seis métodos de ciclo de vida de Activity que têm métodos de ciclo de vida de Fragment correspondentes – onCreate, onStart, onResume, onPause, onStop e onDestroy. Quando o sistema chamar esses métodos em uma atividade, chamará também os métodos correspondentes (e possivelmente outros métodos de ciclo de vida de Fragment) em todos os fragmentos anexados da atividade.

Este aplicativo utiliza os métodos de ciclo de vida onResume e onPause de Fragment. O método **onResume** de uma atividade é chamado quando um fragmento está na tela, pronto para o usuário interagir com ele. Quando uma atividade armazena fragmentos e é retomada, os métodos onResume de todos os seus fragmentos são chamados. Neste aplicativo, MainActivityFragment sobrescreve onResume para permitir a detecção dos eventos de acelerômetro a fim de que o usuário possa chacoalhar o dispositivo para apagar um desenho (Seção 5.7.3).

O método **onPause** de uma atividade (Activity) é chamado quando *outra* atividade recebe o foco, o que pausa aquela que perde o foco e a envia para o segundo plano. Quando uma atividade armazena fragmentos e é pausada, os métodos onPause de todos os seus fragmentos são chamados. Neste aplicativo, MainActivityFragment sobrescreve **onPause** para suspender a detecção dos eventos de chacoalhar para apagar do acelerômetro (Seção 5.7.4).

> **Dica de desempenho 5.1**
> *Quando um aplicativo é pausado, deve remover os receptores de eventos de sensor para que esses eventos não sejam transmitidos para ele quando não estiver na tela. Isso economiza bateria.*

Discutiremos outros métodos de ciclo de vida de Activity e Fragment quando forem necessários. Para obter mais informações sobre o ciclo de vida completo de Activity, visite

```
http://developer.android.com/reference/android/app/Activity.html
    #ActivityLifecycle
```

e para obter mais informações sobre o ciclo de vida completo de Fragment, visite

```
http://developer.android.com/guide/components/fragments.html
    #Lifecycle
```

5.3.2 Views personalizadas

Você pode criar uma *view personalizada* estendendo a classe View ou uma de suas subclasses, como fazemos com a classe DoodleView (Seção 5.8), a qual estende View. Para adicionar um componente personalizado ao arquivo XML de um layout, você deve *qualificar totalmente seu nome* (isto é, fornecer seu nome de pacote e de classe); portanto, a classe da view personalizada deve existir antes que se possa adicioná-la ao layout. Demonstramos como criar a classe DoodleView e como adicioná-la a um layout na Seção 5.5.2.

5.3.3 Uso de SensorManager para detectar eventos de acelerômetro

Neste aplicativo, você pode chacoalhar o dispositivo para apagar um desenho. A maioria dos dispositivos tem um **acelerômetro** para detectar seu movimento. Outros sensores atualmente suportados incluem gravidade, giroscópio, luz, aceleração linear, campo magnético, orientação, pressão, proximidade, vetor de rotação e temperatura. Você vai usar as constantes para os tipos de sensores da classe **Sensor** a fim de especificar os sensores para os quais seu aplicativo deve receber dados. A lista de constantes de Sensor pode ser encontrada no endereço

```
http://developer.android.com/reference/android/hardware/Sensor.html
```

Vamos discutir o acelerômetro e o tratamento de eventos de sensor na Seção 5.7. Para ver uma discussão completa sobre outros sensores do Android, consulte o *Sensors Overview* no endereço

```
http://developer.android.com/guide/topics/sensors/
     sensors_overview.html
```

5.3.4 Componentes DialogFragment personalizados

Vários aplicativos têm usado elementos AlertDialog em componentes DialogFragment para exibir informações para o usuário ou para fazer perguntas e receber respostas na forma de cliques em componentes Button. Os elementos AlertDialog que você usou até aqui foram criados com classes internas anônimas que estendiam DialogFragment e exibiam apenas texto e botões. Os elementos AlertDialog também podem conter views personalizadas. Neste aplicativo, você vai definir três subclasses de DialogFragment:

- ColorDialogFragment (Seção 5.9) exibe um elemento AlertDialog com um objeto View personalizado que contém componentes de interface gráfica do usuário para visualizar e selecionar uma nova cor de desenho ARGB.
- LineWidthDialogFragment (Seção 5.10) exibe um elemento AlertDialog com uma view personalizada que contém uma interface gráfica do usuário para visualizar e selecionar a espessura da linha.
- EraseImageDialogFragment (Seção 5.11) exibe um elemento AlertDialog padrão solicitando ao usuário que confirme se a imagem inteira deve ser apagada.

Para ColorDialogFragment e EraseImageDialogFragment, você vai inflar a view personalizada a partir de um arquivo de recurso de layout. Em cada uma das três subclasses de DialogFragment, vai também sobrescrever os seguintes métodos de ciclo de vida de Fragment:

- **onAttach** – O *primeiro* método de ciclo de vida de Fragment chamado quando um fragmento é anexado a uma atividade pai.
- **onDetach** – O *último* método de ciclo de vida de Fragment chamado quando um fragmento está para ser desanexado de uma atividade pai.

Impeça que várias caixas de diálogo apareçam ao mesmo tempo
É possível que a rotina de tratamento do evento de chacoalhar tente exibir a caixa de diálogo de confirmação para apagar uma imagem quando outra caixa de diálogo já estiver na tela. Para evitar isso, você vai usar onAttach e onDetach para configurar o valor de uma variável boolean que indica se uma caixa de diálogo está na tela. Quando o valor dessa variável boolean é true, não permitimos que a rotina de tratamento do evento de chacoalhar exiba uma caixa de diálogo.

5.3.5 Desenho com Canvas, Paint e Bitmap

Você pode usar métodos da classe Canvas para desenhar texto, linhas e círculos. Os métodos de Canvas desenham no Bitmap de um objeto View (ambos do pacote android.graphics). Você pode associar um Canvas a um Bitmap e, então, usar o Canvas para fazer um desenho no Bitmap, o qual pode então ser exibido na tela (Seção 5.8). Um objeto Bitmap também pode ser salvo em um arquivo – vamos usar essa capacidade para armazenar desenhos na galeria do dispositivo quando o usuário tocar na opção **Save**. Cada método de desenho da classe Canvas utiliza um objeto da classe Paint (pacote android.graphics) para especificar as características do desenho, incluindo cor, espessura da linha, tamanho da fonte e muito mais. Essas capacidades são apresentadas com o método onDraw na classe DoodleView (Seção 5.8.6). Para obter mais detalhes sobre as características de desenho que podem ser especificadas com um objeto Paint, visite

http://developer.android.com/reference/android/graphics/Paint.html

5.3.6 Processamento de múltiplos eventos de toque e armazenamento de linhas em objetos Path

Você pode arrastar um ou mais dedos pela tela para desenhar. O aplicativo armazena a informação de *cada* dedo como um objeto Path (pacote android.graphics) que representa segmentos de linha e curvas. Os *eventos de toque* são processados sobrescrevendo-se o método onTouchEvent de View (Seção 5.8.7). Esse método recebe um objeto MotionEvent (pacote android.View) que contém o tipo de evento de toque ocorrido e o identificador do dedo (isto é, *ponteiro*) que gerou o evento. Usamos identificadores para distinguir diferentes dedos e adicionar informações aos objetos Path correspondentes. Usamos o tipo do evento de toque para determinar se o usuário *tocou* na tela, *arrastou* pela tela ou *tirou um dedo* da tela.

Além do tratamento de eventos de toque padrão, o Android 6.0 oferece suporte aprimorado para o uso de uma caneta digital Bluetooth (stylus) com aplicativos, incluindo o acesso a dados de pressão e qual botão da caneta o usuário pressiona. Neste aplicativo, por exemplo, você poderia usar um botão da caneta eletrônica para especificar um modo de apagamento, ou poderia usar os dados de pressão da caneta para alterar a espessura do traço dinamicamente, à medida que o usuário desenha. Para obter mais informações, visite

https://developer.android.com/about/versions/marshmallow/
android-6.0.html#bluetooth-stylus

5.3.7 Salvamento no dispositivo

A opção **Save** do aplicativo permite salvar um desenho no dispositivo. A imagem pode ser vista no aplicativo **Photos**, selecionando **Device Folders** no menu do aplicativo para ver miniaturas das imagens armazenadas – toque em uma miniatura para ver a imagem em tamanho real. Um objeto **ContentResolver** (pacote android.content) permite ao aplicativo ler e armazenar dados em um dispositivo. Você vai usar um objeto ContentResolver (Seção 5.8.11) e o método **insertImage** da classe MediaStore.Images. Media para salvar uma imagem no aplicativo **Photos** do dispositivo. O componente **MediaStore** gerencia os arquivos de mídia (imagens, áudio e vídeo) armazenados em um dispositivo.

5.3.8 Impressão e a classe `PrintHelper` da Android Support Library

Neste aplicativo, usamos a classe `PrintHelper` (Seção 5.8.12) do framework de impressão do Android para imprimir o desenho atual. A classe `PrintHelper` fornece uma interface de usuário para selecionar uma impressora, tem um método para determinar se um dispositivo suporta impressão e fornece um método para imprimir um objeto `Bitmap`. A classe `PrintHelper` faz parte da *Android Support Library*, a qual fornece novos recursos Android para uso em versões atuais e anteriores do Android. A biblioteca de suporte também contém recursos de conveniência adicionais, como a classe `PrintHelper`, que suporta versões específicas do Android.

5.3.9 O novo modelo de permissões do Android 6.0 (Marshmallow)

O Android exige a permissão `android.permission.WRITE_EXTERNAL_PERMISSION` antes que um aplicativo possa escrever no armazenamento externo. Para o aplicativo **Doodlz**, precisamos dessa permissão para salvar a imagem desenhada pelo usuário.

O Android 6.0 (Marshmallow) tem um novo modelo de permissões destinado a proporcionar uma melhor experiência para o usuário. Antes do Android 6.0, *no momento da instalação*, o usuário era obrigado a conceder antecipadamente todas as permissões que um aplicativo precisaria – isso fazia muitas pessoas não instalar certos aplicativos. Com o novo modelo, o aplicativo é instalado *sem* solicitar permissão. Em vez disso, uma permissão só é solicitada ao usuário na primeira vez em que o recurso correspondente é utilizado.

Uma vez que o usuário concede uma permissão, o aplicativo permanece com ela até:

- ser reinstalado, ou
- o usuário alterar as permissões por meio do aplicativo **Settings** do Android.

Você vai aprender a implementar o novo modelo de permissões nas Seções 5.7.8 e 5.7.9.

5.3.10 Adição de dependências usando o sistema de construção Gradle

O Android Studio usa o **sistema de construção Gradle** para compilar seu código em um arquivo APK – o aplicativo instalável. O Gradle também manipula dependências do projeto, como a inclusão no processo de construção de quaisquer bibliotecas usadas pelo aplicativo. Para o aplicativo **Doodlz**, você vai adicionar uma dependência de biblioteca de suporte ao seu projeto a fim de que possa usar a classe `PrintHelper` para imprimir uma imagem (Seção 5.4.2).

5.4 Criação do projeto e recursos

Nesta seção, você vai criar o projeto, importar ícones Material Design para os itens de menu do aplicativo e editar os vários recursos utilizados pela interface gráfica do usuário e pelo código Java do aplicativo.

5.4.1 Criação do projeto

Crie um projeto **Blank App**. Especifique os seguintes valores no passo **New Project** da caixa de diálogo **Create New Project**:

- **Application Name:** `Doodlz`
- **Company Domain:** `deitel.com` (ou especifique seu próprio nome de domínio)

Para os passos restantes na caixa de diálogo **Create New Project**, use as mesmas configurações da Seção 4.4.1. Isso cria uma `MainActivity` que armazena um fragmento. O fragmento definirá a área de desenho do aplicativo e responderá aos toques do usuário. Siga os passos da Seção 2.5.2 para adicionar um ícone de aplicativo ao seu projeto.

Uma vez aberto o projeto no Android Studio, no editor de layout, selecione **Nexus 6** na lista suspensa de dispositivos virtuais (Figura 2.11). Além disso, exclua o componente `TextView` **Hello World!** em `fragment_main.xml` e `FloatingActionButton` em `activity_main.xml`.

Use o **Theme Editor** (Seção 3.5.2) para especificar **Material Blue 500** como cor primária, **Material Blue 700** como cor primária escura e **Light blue accent 400** como cor de contraste do aplicativo. Além disso, siga os passos da Seção 4.4.3 para configurar o projeto com suporte para Java SE 7.

5.4.2 Gradle: adição de uma biblioteca de suporte ao projeto

Este aplicativo exige a Android Support Library para usar a classe `PrintHelper`. Para adicionar a biblioteca de suporte como uma dependência de projeto, siga os seguintes passos:

1. Clique com o botão direito do mouse na pasta app e selecione **Open Module Settings**.
2. Na janela **Project Structure** que aparece, abra a guia **Dependencies**.
3. Clique no botão **Add** (+) e selecione **Library dependency** para abrir a caixa de diálogo **Choose Library Dependency**.
4. Selecione **support-v4 (com.android.support:support-v4:23.1.0)** na lista e clique em **OK**. A dependência aparecerá na lista da guia **Dependencies**.
5. Clique em **OK**. O IDE mostrará **Gradle project sync in progress...** enquanto o projeto está sendo configurado para usar a Android Support Library.

Para obter mais informações sobre quando usar e como configurar a Android Support Library, visite

```
http://developer.android.com/tools/support-library
    http://developer.android.com/tools/support-library/setup.html
```

5.4.3 `strings.xml`

Você criou recursos de `String` em capítulos anteriores, de modo que mostramos aqui apenas uma tabela dos nomes de recursos de `String` e valores correspondentes (Figura 5.10). Clique duas vezes em `strings.xml` na pasta `res/values` e clique no link **Open editor** a fim de exibir o **Translations Editor** para criar esses recursos de `String`.

> **Observação sobre aparência e comportamento 5.2**
> *Para linguagens que aceitam letras maiúsculas, a especificação Material Design do Google indica que o texto de um componente* `Button` *deve usar todas as letras em maiúsculas (por exemplo,* CANCEL *ou* SET COLOR*).*

Nome do recurso	Valores
button_erase	Erase Image
button_set_color	Set Color
button_set_line_width	Set Line Width
line_imageview_description	This displays the line thickness
label_alpha	Alpha
label_red	Red
label_green	Green
label_blue	Blue
menuitem_color	Color
menuitem_delete	Erase Drawing
menuitem_line_width	Line Width
menuitem_save	Save
menuitem_print	Print
message_erase	Erase the drawing?
message_error_saving	There was an error saving the image
message_saved	Your saved painting can be viewed in the Photos app by selecting Device Folders from that app\'s menu [Obs.: \' é a sequência de escape de aspas simples (') – sem a \, o IDE emite o alerta "Apostrophe not preceded by \".]
message_error_printing	Your device does not support printing
permission_explanation	To save an image, the app requires permission to write to external storage
title_color_dialog	Choose Color
title_line_width_dialog	Choose Line Width

Figura 5.10 | Recursos de String usados no aplicativo **Doodlz**.

5.4.4 Importação de ícones Material Design para os itens de menu do aplicativo

O menu deste aplicativo especifica ícones para cada item. Os itens de menus que cabem na barra de aplicativo (o que depende do dispositivo) exibem o ícone correspondente. Use as técnicas aprendidas na Seção 4.4.9 para importar os seguintes ícones vetoriais Material Design:

- (ic_palette_24dp)
- (ic_brush_24dp)
- (ic_delete_24dp)
- (ic_save_24dp)
- (ic_print_24dp)

Os nomes nos parênteses são aqueles exibidos como dicas de ferramentas na caixa de diálogo **Vector Asset Studio** quando se deixa o cursor alguns instantes sobre uma imagem. Para cada imagem, abra seu arquivo XML e altere fillColor para

```
@android:color/white
```

a fim de que os ícones sejam exibidos na cor branca contra a barra de aplicativo azul do aplicativo.

5.4.5 Menu de MainActivityFragment

No Capítulo 4, você editou o menu padrão fornecido pelo IDE para exibir o item de menu **Settings** do aplicativo **Flag Quiz**. Neste aplicativo, você vai definir seu próprio menu para MainActivityFragment. Aqui, não vamos usar o menu padrão de MainActivity; portanto, pode excluir o arquivo menu_main.xml da pasta res/menu de seu projeto. Remova também os métodos onCreateOptionsMenu e onOptionsItemSelected da classe MainActivity, pois não serão usados.

Menus para diferentes versões de Android
Lembre-se de que, nas versões de Android anteriores a 4.4, não existe capacidade de impressão. Se estiver desenvolvendo um aplicativo com menus para várias versões de Android, talvez queira criar diversos recursos de menu usando os qualificadores de recurso discutidos em aplicativos anteriores. Por exemplo, você poderia criar um recurso de menu para versões de Android anteriores a 4.4 e outro para versões de Android 4.4 e superiores. No recurso de menu para versões anteriores a Android 4.4, você pode omitir as opções de menu que não estão disponíveis nelas. Para obter mais informações sobre a criação de recursos de menu, visite

```
http://developer.android.com/guide/topics/ui/menus.html
```

Criação do menu
Para criar o recurso de menu, siga os seguintes passos:

1 Clique com o botão direito do mouse na pasta res/menu e selecione **New > Menu resource file** para abrir a caixa de diálogo **New Resource File**.

2 Digite doodle_fragment_menu.xml no campo **File name** e clique em **OK**. O IDE abre o arquivo no editor, onde exibe seu código XML. Você precisa editar o código XML diretamente para adicionar itens de menu ao recurso de menu.

3 Nesse menu, vamos usar a propriedade showAsAction de cada item para especificar que ele deve ser exibido na barra de aplicativo, se houver espaço. Ao trabalhar com as Android Support Libraries para fornecer uma barra de aplicativo compatível com versões anteriores, você deve usar o atributo showAsAction do namespace XML app, em vez do namespace XML android. Edite o identificador de abertura do elemento <menu> para incluir o namespace XML app

```
xmlns:app="http://schemas.android.com/apk/res-auto"
```

4 Adicione o código do primeiro item de menu da Figura 5.11 ao arquivo XML. A propriedade id do item de menu é @+id/color, sua propriedade title é @string/menuitem_color, sua propriedade icon é @drawable/ic_palette_24dp e sua propriedade showAsAction é ifRoom. O valor ifRoom indica que o Android deve exibir o item de menu na barra de aplicativo, se houver espaço; caso contrário, o item aparecerá como texto no menu de opções excedentes, à direita da barra de aplicativo. Outros valores de showAsAction podem ser encontrados em

```
http://developer.android.com/guide/topics/resources/
    menu-resource.html
```

```xml
1  <item
2      android:id="@+id/color"
3      android:title="@string/menuitem_color"
4      android:icon="@drawable/ic_palette_24dp"
5      app:showAsAction="ifRoom">
6  </item>
```

Figura 5.11 | Um elemento `<item>` representando um item de menu.

    5 Repita o *Passo 3* para cada identificador e título da Figura 5.12 a fim de criar os itens de menu para **Line Width**, **Delete**, **Save** e **Print**; em seguida, salve e feche o arquivo do menu. O código XML completo para o menu está mostrado na Figura 5.13.

Id	Título
@+id/line_width	@string/menuitem_line_width
@+id/delete_drawing	@string/menuitem_delete
@+id/save	@string/menuitem_save
@+id/print	@string/menuitem_print

Figura 5.12 | Itens de menu adicionais para `MainActivityFragment`.

```xml
1   <?xml version="1.0" encoding="utf-8"?>
2   <menu xmlns:android="http://schemas.android.com/apk/res/android"
3       xmlns:app="http://schemas.android.com/apk/res-auto">
4       <item
5           android:id="@+id/color"
6           android:title="@string/menuitem_color"
7           android:icon="@drawable/ic_palette_24dp"
8           app:showAsAction="ifRoom">
9       </item>
10
11      <item
12          android:id="@+id/line_width"
13          android:title="@string/menuitem_line_width"
14          android:icon="@drawable/ic_brush_24dp"
15          app:showAsAction="ifRoom">
16      </item>
17
18      <item
19          android:id="@+id/delete_drawing"
20          android:title="@string/menuitem_delete"
21          android:icon="@drawable/ic_delete_24dp"
22          app:showAsAction="ifRoom">
23      </item>
24
25      <item
26          android:id="@+id/save"
27          android:title="@string/menuitem_save"
28          android:icon="@drawable/ic_save_24dp"
```

Figura 5.13 | `doodle_fragment_menu.xml`. (Parte 1 de 2)

```
29            app:showAsAction="ifRoom">
30        </item>
31
32        <item
33            android:id="@+id/print"
34            android:title="@string/menuitem_print"
35            android:icon="@drawable/ic_print_24dp"
36            app:showAsAction="ifRoom">
37        </item>
38    </menu>
```

Figura 5.13 | (Parte 2 de 2)

5.4.6 Adição de uma permissão a `AndroidManifest.xml`

Além de usar o novo modelo de permissões do Android 6.0, no qual o aplicativo pede ao usuário para que conceda permissões dinamicamente, cada aplicativo também precisa especificar no arquivo `AndroidManifest.xml` as permissões que utiliza. Para isso:

1 Expanda a pasta `manifests` do projeto e abra `AndroidManifest.xml`.

2 Dentro do elemento `<manifest>` e antes do elemento `<application>`, adicione

```
<uses-permission
    android:name="android.permission.WRITE_EXTERNAL_STORAGE" />
```

5.5 Construção da interface gráfica do usuário do aplicativo

Nesta seção, você vai criar a interface gráfica do usuário e as classes para as caixas de diálogo do aplicativo.

5.5.1 Layout de `content_main.xml` para `MainActivity`

O layout de `content_main.xml` para a `MainActivity` deste aplicativo contém apenas `MainActivityFragment`, o qual foi criado automaticamente quando você gerou o projeto. Para ter um código mais legível, alteramos a propriedade **id** do fragmento:

1 Abra `content_main.xml` na view **Design** do editor de layout.

2 Selecione o fragmento na janela **Component Tree**, altere sua propriedade **id** para `doodleFragment` na janela **Properties** e salve o layout.

5.5.2 Layout de `fragment_main.xml` para `MainActivityFragment`

O layout de `fragment_main.xml` para `MainActivityFragment` precisa exibir apenas uma `DoodleView`. O arquivo do layout foi criado com um `RelativeLayout` automaticamente quando você gerou o projeto. Para mudar o elemento raiz do layout de `RelativeLayout` para `DoodleView`, primeiramente crie a classe `DoodleView` (uma subclasse de `View`), para que possa selecioná-la ao colocar a view personalizada no layout:

1 Expanda a pasta `java` na janela **Project**.

2 Clique com o botão direito do mouse no nó com.deitel.doodlz e selecione **New > Java Class**.

3 Na caixa de diálogo **Create New Class** que aparece, digite DoodleView no campo **Name** e clique em **OK**. O arquivo será aberto automaticamente no editor.

4 Em DoodleView.java, indique que a classe DoodleView é uma subclasse de View adicionando extends View à definição da classe. Se o IDE não adicionar uma instrução import para android.view.View, coloque o cursor imediatamente após extends View. Em seguida, clique na lâmpada vermelha (💡) que aparece acima do início da definição da classe DoodleView e selecione **Import Class**.

5 O IDE exibirá um erro, indicando que você não definiu um construtor para a nova classe. Para corrigir isso, coloque o cursor imediatamente após extends View. Clique na lâmpada vermelha (💡) que aparece acima do início da definição da classe DoodleView e selecione **Create constructor matching super**. Na caixa de diálogo **Choose Super Class Constructors**, escolha o construtor que possui dois argumentos e clique em **OK**. O IDE adicionará o construtor à classe. Você vai adicionar código a esse construtor na Seção 5.8.3. O construtor com dois argumentos é chamado pelo Android ao inflar a DoodleView a partir de um layout – o segundo argumento especifica as propriedades de View definidas no arquivo XML do layout. Você pode saber mais sobre os construtores da classe View em

> http://developer.android.com/reference/android/view/View.html#View
>   (android.content.Context)

6 Volte para fragment_main.xml no editor de layout e clique na guia **Text**.

7 Mude RelativeLayout para com.deitel.doodlz.DoodleView.

8 Remova as propriedades de top, right, bottom e left padding – a DoodleView deve ocupar a tela inteira.

9 Na view **Design**, selecione **CustomView - com.deitel.doodlz.DoodleView** na janela **Component Tree** e configure a propriedade **id** como doodleView.

10 Salve e feche fragment_main.xml.

5.5.3 Layout de fragment_color.xml para ColorDialogFragment

O layout de fragment_color.xml para o componente ColorDialogFragment contém um elemento GridLayout de duas colunas que exibe uma interface gráfica do usuário para selecionar e visualizar uma nova cor de desenho. Nesta seção, você vai criar o layout de ColorDialogFragment e a classe ColorDialogFragment. Para adicionar o layout de fragment_color.xml:

1 Expanda o nó res/layout do projeto na janela **Project**.

2 Clique com o botão direito do mouse na pasta layout e selecione **New > Layout resource file** para exibir a caixa de diálogo **New Resource File**.

3 No campo **File name** da caixa de diálogo, digite fragment_color.xml.

4 No campo **Root element**, digite GridLayout e clique em **OK**.

5 Na janela **Component Tree**, selecione o **GridLayout**.

6 Na janela **Properties**, altere o valor de **id** para `colorDialogGridLayout` e **column-Count** para 2.

7 Usando a **Palette** do editor de layout, arraste componentes **Plain TextView** e **SeekBar** para o nó `colorDialogGridLayout` na janela **Component Tree**. Arraste os itens na ordem em que estão listados na Figura 5.14 e configure a propriedade **id** de cada item como mostrado na figura. A seguir, vamos mostrar a você como adicionar a `colorView`.

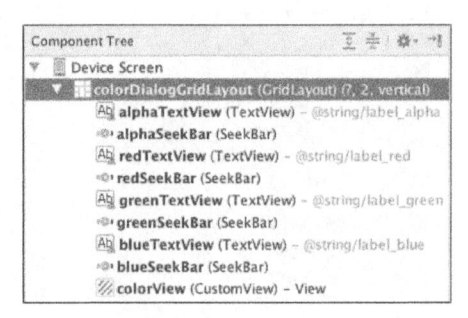

Figura 5.14 | Visão da janela **Component Tree** para `fragment_color.xml`.

Adicione a `colorView` ao Layout

A `colorView` não precisa de sua própria classe – vamos usar, via programação, métodos da classe `View` para alterar a cor exibida na `colorView`. O Android Studio não fornece uma operação de arrastar e soltar para adicionar um objeto da classe `View` a um layout; portanto, você precisará editar diretamente o código XML do layout para adicionar a `colorView`. Para isso:

1 Clique na guia **Text**, na parte inferior do editor de layout, para trocar da view **Design** para o texto XML do layout.

2 Adicione o código da Figura 5.15 imediatamente antes do identificador `</GridLayout>` de fechamento.

```
1   <View
2       android:layout_width="wrap_content"
3       android:layout_height="@dimen/color_view_height"
4       android:id="@+id/colorView"
5       android:layout_column="0"
6       android:layout_columnSpan="2"
7       android:layout_gravity="fill_horizontal"/>
```

Figura 5.15 | `fragment_color.xml`.

3 Volte para a guia **Design** do editor de layout.

4 Configure as propriedades dos componentes da interface gráfica do usuário com os valores mostrados na Figura 5.16. Para o valor de dimensão `color_view_height`, lembre-se de que, na caixa de diálogo **Resources**, você pode clicar em **New Resource** e selecionar **New Dimension Value...** para abrir a caixa de diálogo **New Dimension Value Resource**. Especifique 80dp para `color_view_height`.

5 Salve e feche `fragment_color.xml`.

Componente da interface gráfica do usuário	Propriedade	Valor
colorDialogGridLayout	columnCount	2
	orientation	vertical
	useDefaultMargins	true
	padding top	@dimen/activity_vertical_margin
	padding bottom	@dimen/activity_vertical_margin
	padding left	@dimen/activity_horizontal_margin
	padding right	@dimen/activity_horizontal_margin
alphaTextView	*Parâmetros do layout*	
	layout:column	0
	layout:gravity	right, center_vertical
	layout:row	0
	Outras propriedades	
	text	@string/label_alpha
alphaSeekBar	*Parâmetros do layout*	
	layout:column	1
	layout:gravity	fill_horizontal
	layout:row	0
	Outras propriedades	
	max	255
redTextView	*Parâmetros do layout*	
	layout:column	0
	layout:gravity	right, center_vertical
	layout:row	1
	Outras propriedades	
	text	@string/label_red
redSeekBar	*Parâmetros do layout*	
	layout:column	1
	layout:gravity	fill_horizontal
	layout:row	1
	Outras propriedades	
	max	255
greenTextView	*Parâmetros do layout*	
	layout:column	0
	layout:gravity	right, center_vertical
	layout:row	2
	Outras propriedades	
	text	@string/label_green
greenSeekBar	*Parâmetros do layout*	
	layout:column	1
	layout:gravity	fill_horizontal
	layout:row	2
	Outras propriedades	
	max	255

Figura 5.16 | Valores de propriedade para os componentes da interface gráfica do usuário em fragment_color.xml. (Parte 1 de 2)

Componente da interface gráfica do usuário	Propriedade	Valor
blueTextView	*Parâmetros do layout*	
	layout:column	0
	layout:gravity	right, center_vertical
	layout:row	3
	Outras propriedades	
	text	@string/label_blue
blueSeekBar	*Parâmetros do layout*	
	layout:column	1
	layout:gravity	fill_horizontal
	layout:row	3
	Outras propriedades	
	max	255
colorView	*Parâmetros do layout*	
	layout:height	@dimen/color_view_height
	layout:column	0
	layout:columnSpan	2
	layout:gravity	fill_horizontal

Figura 5.16 | (Parte 2 de 2)

Adicione a classe ColorDialogFragment *ao projeto*
Para adicionar a classe ColorDialogFragment ao projeto:

1. Na pasta java do projeto, clique com o botão direito do mouse no pacote superior com.deitel.doodlz e selecione **New > Java Class** para exibir a caixa de diálogo **Create New Class**.

2. No campo **Name**, digite ColorDialogFragment.

3. Clique em **OK** para criar a classe. Você vai criar o código para essa classe na Seção 5.9.

5.5.4 Layout de fragment_line_width.xml para LineWidthDialogFragment

O layout de fragment_line_width.xml para o componente LineWidthDialogFragment contém um elemento GridLayout que exibe uma interface gráfica do usuário para selecionar e visualizar uma nova espessura de linha. Nesta seção, você vai criar o layout de LineWidthDialogFragment e a classe LineWidthDialogFragment. Para adicionar o layout de fragment_line_width.xml:

1. Expanda o nó res/layout do projeto na janela **Project**.

2. Clique com o botão direito do mouse na pasta layout e selecione **New > Layout resource file** para exibir a caixa de diálogo **New Resource File**.

3. No campo **File name** da caixa de diálogo, digite fragment_line_width.xml.

4. No campo **Root element**, digite GridLayout e clique em **OK**.

5. Na janela **Component Tree**, selecione o componente GridLayout e altere o valor de sua propriedade **id** para lineWidthDialogGridLayout.

6 Usando a **Palette** do editor de layout, arraste um componente **ImageView** e um componente **SeekBar** para o nó lineWidthDialogGridLayout na janela **Component Tree** a fim de que a janela apareça como mostrado na Figura 5.17. Configure a propriedade **id** de cada item como mostrado na figura.

```
Component Tree
▼ Device Screen
  ▼ lineWidthDialogGridLayout (GridLayout)
      widthImageView (ImageView)
      widthSeekBar (SeekBar)
```

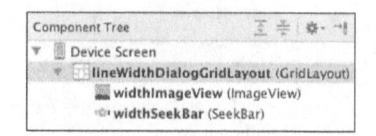

Figura 5.17 | Visão da janela **Component Tree** para fragment_line_width.xml.

7 Configure as propriedades dos componentes da interface gráfica do usuário com os valores mostrados na Figura 5.18. Configure o valor de dimensão line_imageview_height como 50dp.

8 Salve e feche fragment_line_width.xml.

Componente da interface gráfica do usuário	Propriedade	Valor
lineWidthDialog GridLayout	column Count	1
	orientation	vertical
	useDefaultMargins	true
	padding top	@dimen/activity_vertical_margin
	padding bottom	@dimen/activity_vertical_margin
	padding left	@dimen/activity_horizontal_margin
	padding right	@dimen/activity_horizontal_margin
widthImageView	*Parâmetros do layout*	
	layout:height	@dimen/line_imageview_height
	layout:gravity	fill_horizontal
	Outras propriedades	
	contentDescription	@string/line_imageview_description
widthSeekBar	*Parâmetros do layout*	
	layout:gravity	fill_horizontal
	Outras propriedades	
	max	50

Figura 5.18 | Valores de propriedade para os componentes da interface gráfica do usuário em fragment_line_width.xml.

Adicione a classe **LineWidthDialogFragment** *ao projeto*

Para adicionar a classe LineWidthDialogFragment ao projeto:

1 Na pasta java do projeto, clique com o botão direito do mouse no pacote superior com.deitel.doodlz e selecione **New > Java Class** para exibir a caixa de diálogo **Create New Class**.

2 No campo **Name**, digite LineWidthDialogFragment.

3 Clique em **OK** para criar a classe.

5.5.5 Adição da classe `EraseImageDialogFragment`

A classe `EraseImageDialogFragment` não exige um recurso de layout, pois vai exibir um componente `AlertDialog` simples contendo texto. Para adicionar a classe `EraseImageDialogFragment` ao projeto:

1. Na pasta java do projeto, clique com o botão direito do mouse no pacote superior `com.deitel.doodlz` e selecione **New > Java Class** para exibir a caixa de diálogo **Create New Class**.
2. No campo **Name**, digite `EraseImageDialogFragment`.
3. Clique em **OK** para criar a classe.

5.6 Classe `MainActivity`

O aplicativo consiste em seis classes:

- `MainActivity` (discutida a seguir) – Esta é a atividade pai dos fragmentos do aplicativo.
- `MainActivityFragment` (Seção 5.7) – Gerencia o componente `DoodleView` e o tratamento de eventos de acelerômetro.
- `DoodleView` (Seção 5.8) – Fornece os recursos de desenho, salvamento e impressão.
- `ColorDialogFragment` (Seção 5.9) – Um componente `DialogFragment` exibido quando o usuário escolhe a opção para definir a cor do desenho.
- `LineWidthDialogFragment` (Seção 5.10) – Um componente `DialogFragment` exibido quando o usuário escolhe a opção para definir espessura da linha.
- `EraseImageDialogFragment` (Seção 5.11) – Um componente `DialogFragment` exibido quando o usuário escolhe a opção de apagar ou quando chacoalha o dispositivo para apagar o desenho atual.

O método `onCreate` da classe `MainActivity` (Figura 5.19) infla a interface gráfica do usuário (linha 16) e configura sua barra de aplicativo (linhas 17 e 18); então, usa as técnicas que você aprendeu na Seção 4.6.3 para determinar o tamanho do dispositivo e configurar a orientação de `MainActivity`. Se este aplicativo estiver sendo executado em um dispositivo extragrande (linha 26), configuramos a orientação como paisagem (linhas 27 e 28); caso contrário, a configuramos como retrato (linhas 30 e 31). Removemos os outros métodos gerados automaticamente na classe `MainActivity`, pois não são usados neste aplicativo.

```
1   // MainActivity.java
2   // Configura o layout de MainActivity
3   package com.deitel.doodlz;
4
5   import android.content.pm.ActivityInfo;
6   import android.content.res.Configuration;
7   import android.os.Bundle;
8   import android.support.v7.app.AppCompatActivity;
9   import android.support.v7.widget.Toolbar;
```

Figura 5.19 | Classe `MainActivity`. (Parte 1 de 2)

```
10
11  public class MainActivity extends AppCompatActivity {
12     // configura a orientação da tela para este aplicativo
13     @Override
14     protected void onCreate(Bundle savedInstanceState) {
15        super.onCreate(savedInstanceState);
16        setContentView(R.layout.activity_main);
17        Toolbar toolbar = (Toolbar) findViewById(R.id.toolbar);
18        setSupportActionBar(toolbar);
19
20        // determina o tamanho da tela
21        int screenSize =
22           getResources().getConfiguration().screenLayout &
23              Configuration.SCREENLAYOUT_SIZE_MASK;
24
25        // usa paisagem para tablets extragrandes; caso contrário, usa retrato
26        if (screenSize == Configuration.SCREENLAYOUT_SIZE_XLARGE)
27           setRequestedOrientation(
28              ActivityInfo.SCREEN_ORIENTATION_LANDSCAPE);
29        else
30           setRequestedOrientation(
31              ActivityInfo.SCREEN_ORIENTATION_PORTRAIT);
32     }
33  }
```

Figura 5.19 | (Parte 2 de 2)

5.7 Classe MainActivityFragment

A classe MainActivityFragment (Seções 5.7.1 a 5.7.10) exibe o componente DoodleView (Seção 5.8), gerencia as opções de menu mostradas na barra de aplicativo e no menu de opções e gerencia o tratamento de eventos de sensor para o recurso *chacoalhar para apagar* do aplicativo.

5.7.1 Instrução package, instruções import e campos

A Seção 5.3 discutiu as novas classes e interfaces importantes utilizadas pela classe MainActivityFragment. Realçamos essas classes e interfaces na Figura 5.20. A variável doodleView (linha 24) representa a área de desenho. As informações de acelerômetro são transmitidas para o aplicativo como valores float. As variáveis float nas linhas 25 a 27 são usadas para calcular mudanças na aceleração do dispositivo a fim de determinar quando ocorre um *evento de chacoalhar* (para que possamos perguntar se o usuário deseja apagar o desenho). A linha 28 define uma variável boolean com o valor padrão false que será usada por toda essa classe para especificar quando há uma caixa de diálogo exibida na tela. Usamos isso para impedir que várias caixas de diálogo sejam exibidas simultaneamente – por exemplo, se a caixa de diálogo **Choose Color** está sendo exibida e o usuário chacoalha o dispositivo acidentalmente, a caixa de diálogo para apagar a imagem *não* deve ser exibida. A constante na linha 31 é usada para garantir que pequenos movimentos do dispositivo (que acontecem frequentemente) *não* sejam interpretados como chacoalhos – escolhemos essa constante por tentativa e erro, chacoalhando o aplicativo em vários tipos diferentes de dispositivos. A constante na linha 35 é usada para identificar o pedido da permissão necessária para salvar o desenho do usuário.

```
1   // MainActivityFragment.java
2   // Fragmento no qual o componente DoodleView é exibido
3   package com.deitel.doodlz;
4
5   import android.Manifest;
6   import android.app.AlertDialog;
7   import android.content.Context;
8   import android.content.DialogInterface;
9   import android.content.pm.PackageManager;
10  import android.hardware.Sensor;
11  import android.hardware.SensorEvent;
12  import android.hardware.SensorEventListener;
13  import android.hardware.SensorManager;
14  import android.os.Bundle;
15  import android.support.v4.app.Fragment;
16  import android.view.LayoutInflater;
17  import android.view.Menu;
18  import android.view.MenuInflater;
19  import android.view.MenuItem;
20  import android.view.View;
21  import android.view.ViewGroup;
22
23  public class MainActivityFragment extends Fragment {
24     private DoodleView doodleView; // trata eventos de toque e desenha
25     private float acceleration;
26     private float currentAcceleration;
27     private float lastAcceleration;
28     private boolean dialogOnScreen = false;
29
30     // valor usado para determinar se usuário chacoalhou dispositivo para apagar
31     private static final int ACCELERATION_THRESHOLD = 100000;
32
33     // usado para identificar o pedido para usar armazenamento externo,
34     // necessário para o recurso de salvamento de imagem
35     private static final int SAVE_IMAGE_PERMISSION_REQUEST_CODE = 1;
36
```

Figura 5.20 | Instrução package, instruções import e campos da classe MainActivityFragment.

5.7.2 Método sobrescrito onCreateView de Fragment

O método onCreateView (Figura 5.21) infla a interface gráfica do usuário e inicializa as variáveis de instância de MainActivityFragment. Um fragmento pode colocar itens na barra de aplicativo e no menu de opções do aplicativo. Para isso, o fragmento deve chamar seu método setHasOptionsMenu com o argumento true. Se a atividade pai também tem itens no menu de opções, então os itens da atividade e os do fragmento serão colocados na barra de aplicativo e no menu de opções (de acordo com suas configurações).

```
37     // chamado quando a view de Fragment precisa ser criada
38     @Override
39     public View onCreateView(LayoutInflater inflater, ViewGroup container,
40        Bundle savedInstanceState) {
41        super.onCreateView(inflater, container, savedInstanceState);
42        View view =
43           inflater.inflate(R.layout.fragment_main, container, false);
44
```

Figura 5.21 | Sobrescrita do método onCreateView de Fragment. (Parte 1 de 2)

```
45        setHasOptionsMenu(true); // este fragmento tem itens de menu a exibir
46
47        // obtém referência para o componente DoodleView
48        doodleView = (DoodleView) view.findViewById(R.id.doodleView);
49
50        // inicializa valores de aceleração
51        acceleration = 0.00f;
52        currentAcceleration = SensorManager.GRAVITY_EARTH;
53        lastAcceleration = SensorManager.GRAVITY_EARTH;
54        return view;
55     }
56
```

Figura 5.21 | (Parte 2 de 2)

A linha 48 obtém uma referência para o componente DoodleView e, então, as linhas 51 a 53 inicializam as variáveis de instância que ajudam a calcular mudanças de aceleração para determinar se o usuário chacoalhou o dispositivo. Inicialmente, configuramos as variáveis currentAcceleration e lastAcceleration com a constante GRAVITY_EARTH de SensorManager, a qual representa a aceleração devido à gravidade da Terra. SensorManager também fornece constantes para outros planetas do sistema solar, para a Lua e para outros valores interessantes, os quais você pode ver no endereço

```
http://developer.android.com/reference/android/hardware/
       SensorManager.html
```

5.7.3 Métodos onResume e enableAccelerometerListening

A detecção do acelerômetro deve ser habilitada somente quando o componente MainActivityFragment está visível. Por isso, sobrescrevemos o método de ciclo de vida onResume de Fragment (Figura 5.22, linhas 58 a 62), o qual é chamado quando o fragmento está na tela, pronto para o usuário interagir com ele. O método onResume chama o método enableAccelerometerListening (linhas 65 a 75) para começar a receber eventos de acelerômetro. Um componente SensorManager é usado para registrar receptores para eventos de acelerômetro.

O método enableAccelerometerListening primeiramente usa getSystemService de Activity para recuperar o serviço SensorManager do sistema, o qual permite que o aplicativo interaja com os sensores do dispositivo. Então, as linhas 72 a 74 registram o recebimento de eventos de acelerômetro usando o método registerListener de SensorManager, o qual recebe três argumentos:

- O SensorEventListener que responde aos eventos (definidos na Seção 5.7.5).
- Um objeto Sensor representando o tipo de dado de sensor que o aplicativo deseja receber – isso é obtido chamando o método getDefaultSensor de SensorManager e passando uma constante do tipo Sensor (Sensor.TYPE_ACCELEROMETER neste aplicativo).
- A taxa com que o Android transmite eventos de sensor – SENSOR_DELAY_NORMAL indica a taxa padrão. Uma taxa mais rápida pode ser usada para obter dados mais precisos, mas isso também utiliza mais CPU e bateria.

```
57     // começa a detectar eventos de sensor
58     @Override
59     public void onResume() {
60        super.onResume();
61        enableAccelerometerListening(); // recebe evento de chacoalhar
62     }
63
64     // habilita a detecção de eventos de acelerômetro
65     private void enableAccelerometerListening() {
66        // obtém o SensorManager
67        SensorManager sensorManager =
68           (SensorManager) getActivity().getSystemService(
69              Context.SENSOR_SERVICE);
70
71        // registro para detectar eventos de acelerômetro
72        sensorManager.registerListener(sensorEventListener,
73           sensorManager.getDefaultSensor(Sensor.TYPE_ACCELEROMETER),
74           SensorManager.SENSOR_DELAY_NORMAL);
75     }
76
```

Figura 5.22 | Métodos onResume e enableAccelerometerListening.

5.7.4 Métodos onPause e disableAccelerometerListening

Para garantir que a detecção do acelerômetro seja desabilitada quando o elemento MainActivityFragment não estiver na tela, sobrescrevemos o método de ciclo de vida onPause de Fragment (Figura 5.23, linhas 78 a 82), o qual chama o método disableAccelerometerListening (linhas 85 a 94). O método disableAccelerometerListening usa o método unregisterListener da classe **SensorManager** a fim de parar de detectar eventos de acelerômetro.

```
77     // para de detectar eventos de acelerômetro
78     @Override
79     public void onPause() {
80        super.onPause();
81        disableAccelerometerListening(); // para de detectar chacoalho
82     }
83
84     // desabilita a detecção de eventos de acelerômetro
85     private void disableAccelerometerListening() {
86        // obtém o componente SensorManager
87        SensorManager sensorManager =
88           (SensorManager) getActivity().getSystemService(
89              Context.SENSOR_SERVICE);
90
91        // para de detectar eventos de acelerômetro
92        sensorManager.unregisterListener(sensorEventListener,
93           sensorManager.getDefaultSensor(Sensor.TYPE_ACCELEROMETER));
94     }
95
```

Figura 5.23 | Métodos onPause e disableAccelerometerListening.

5.7.5 Classe interna anônima para processar eventos de acelerômetro

A Figura 5.24 sobrescreve o método onSensorChanged de SensorEventListener (linhas 100 a 123) para processar eventos de acelerômetro. Se o usuário movimenta o dispositivo, esse método determina se o movimento foi suficiente para ser considerado um chacoalhar. Em caso positivo, a linha 121 chama o método confirmErase (Seção 5.7.6) para exibir um elemento EraseImageDialogFragment (Seção 5.11) e confirmar se o usuário realmente quer apagar a imagem. A interface SensorEventListener contém também o método onAccuracyChanged (linha 127) – não usamos esse método neste aplicativo, de modo que fornecemos um corpo vazio, pois o método é exigido pela interface.

```
96      // rotina de tratamento para eventos de acelerômetro
97      private final SensorEventListener sensorEventListener =
98         new SensorEventListener() {
99            // usa acelerômetro para determinar se usuário chacoalhou dispositivo
100           @Override
101           public void onSensorChanged(SensorEvent event) {
102              // garante que outras caixas de diálogo não sejam exibidas
103              if (!dialogOnScreen) {
104                 // obtém valores x, y e z para o componente SensorEvent
105                 float x = event.values[0];
106                 float y = event.values[1];
107                 float z = event.values[2];
108
109                 // salva valor de aceleração anterior
110                 lastAcceleration = currentAcceleration;
111
112                 // calcula a aceleração atual
113                 currentAcceleration = x * x + y * y + z * z;
114
115                 // calcula a mudança na aceleração
116                 acceleration = currentAcceleration *
117                    (currentAcceleration - lastAcceleration);
118
119                 // se a aceleração está acima de determinado limite
120                 if (acceleration > ACCELERATION_THRESHOLD)
121                    confirmErase();
122              }
123           }
124
125           // método obrigatório da interface SensorEventListener
126           @Override
127           public void onAccuracyChanged(Sensor sensor, int accuracy) {}
128        };
129
```

Figura 5.24 | Classe interna anônima que implementa a interface SensorEventListener para processar eventos de acelerômetro.

O usuário pode chacoalhar o dispositivo mesmo quando caixas de diálogo já estão exibidas na tela. Por isso, onSensorChanged primeiramente verifica se uma caixa de diálogo está sendo exibida (linha 103). Esse teste garante que nenhuma outra caixa de diálogo esteja sendo exibida; caso contrário, onSensorChanged simplesmente retorna. Isso é importante, pois os eventos de sensor ocorrem em uma thread de execução diferente. Sem esse teste, poderíamos exibir a caixa de diálogo de confirmação para apagar a imagem quando outra caixa de diálogo estivesse na tela.

O parâmetro `SensorEvent` contém informações sobre a alteração ocorrida no sensor. Para eventos de acelerômetro, o array `values` desse parâmetro contém três elementos, representando a aceleração (em *metros/segundo*^{2}) nas direções *x* (esquerda/direita), *y* (para cima/para baixo) e *z* (para frente/para trás). Uma descrição e o diagrama do sistema de coordenadas usado pela API de `SensorEvent` estão disponíveis no endereço

```
http://developer.android.com/reference/android/hardware/
    SensorEvent.html
```

Esse link também descreve os significados no mundo real dos valores de *x*, *y* e *z* de `SensorEvent` para cada objeto `Sensor` diferente.

As linhas 105 a 107 armazenam os valores de aceleração. É importante tratar os eventos de sensor rapidamente ou copiar os dados do evento (como fizemos), pois o array de valores de sensor é *reutilizado* para cada evento de sensor. A linha 110 armazena o último valor de `currentAcceleration`. A linha 113 soma os quadrados dos valores de x, y e z da aceleração e os armazena em `currentAcceleration`. Em seguida, usando os valores de `currentAcceleration` e `lastAcceleration`, calculamos um valor (`acceleration`) que pode ser comparado com nossa constante `ACCELERATION_THRESHOLD`. Se o valor for maior que a constante, o usuário movimentou o dispositivo o bastante para que o aplicativo considere o movimento um chacoalhar. Nesse caso, chamamos o método `confirmErase`.

5.7.6 Método confirmErase

O método `confirmErase` (Figura 5.25) simplesmente cria um elemento `EraseImageDialogFragment` (Seção 5.11) e utiliza o método show de `DialogFragment` para exibi-lo.

```
130      // confirma se a imagem deve ser apagada
131      private void confirmErase() {
132         EraseImageDialogFragment fragment = new EraseImageDialogFragment();
133         fragment.show(getFragmentManager(), "erase dialog");
134      }
135
```

Figura 5.25 | O método `confirmErase` exibe um elemento `EraseImageDialogFragment`.

5.7.7 Métodos sobrescritos onCreateOptionsMenu e onOptionsItemSelected de Fragment

A Figura 5.26 sobrescreve o método `onCreateOptionsMenu` de Fragment (linhas 137 a 141) para adicionar as opções ao argumento `Menu` do método usando seu argumento `MenuInflater`. Quando o usuário seleciona um item de menu, o método `onOptionsItemSelected` de Fragment (linhas 144 a 169) responde à seleção.

Usamos o método `getItemID` do argumento de `MenuItem` (linha 147) para obter o identificador de recurso do item de menu selecionado e, então, adotamos diferentes ações, de acordo com a seleção. As ações são as seguintes:

- Para `R.id.color`, as linhas 149 e 150 criam e mostram um elemento `ColorDialogFragment` (Seção 5.9) para permitir que o usuário selecione uma nova cor de desenho.

- Para R.id.line_width, as linhas 153 a 155 criam e mostram um elemento LineWidthDialogFragment (Seção 5.10) para permitir que o usuário selecione uma nova espessura de linha.
- Para R.id.delete_drawing, a linha 158 chama o método confirmErase (Seção 5.7.6) para exibir um elemento EraseImageDialogFragment (Seção 5.11) e confirmar se o usuário realmente quer apagar a imagem.
- Para R.id.save, a linha 161 chama o método saveImage para salvar o desenho como uma imagem armazenada no aplicativo **Photos** do dispositivo após conferir e, se necessário, solicitar a permissão para escrever no armazenamento externo.
- Para R.id.print, a linha 164 chama o método printImage de doodleView para permitir que o usuário salve a imagem como PDF ou a imprima.

```
136    // exibe os itens de menu do fragmento
137    @Override
138    public void onCreateOptionsMenu(Menu menu, MenuInflater inflater) {
139       super.onCreateOptionsMenu(menu, inflater);
140       inflater.inflate(R.menu.doodle_fragment_menu, menu);
141    }
142
143    // trata a escolha no menu de opções
144    @Override
145    public boolean onOptionsItemSelected(MenuItem item) {
146       // escolhe com base no identificador de MenuItem
147       switch (item.getItemId()) {
148          case R.id.color:
149             ColorDialogFragment colorDialog = new ColorDialogFragment();
150             colorDialog.show(getFragmentManager(), "color dialog");
151             return true; // consome o evento de menu
152          case R.id.line_width:
153             LineWidthDialogFragment widthDialog =
154                new LineWidthDialogFragment();
155             widthDialog.show(getFragmentManager(), "line width dialog");
156             return true; // consome o evento de menu
157          case R.id.delete_drawing:
158             confirmErase(); // confirma antes de apagar a imagem
159             return true; // consome o evento de menu
160          case R.id.save:
161             saveImage(); // verifica a permissão e salva a imagem atual
162             return true; // consome o evento de menu
163          case R.id.print:
164             doodleView.printImage(); // imprime a imagem atual
165             return true; // consome o evento de menu
166       }
167
168       return super.onOptionsItemSelected(item);
169    }
170
```

Figura 5.26 | Métodos sobrescritos onCreateOptionsMenu e onOptionsItemSelected de Fragment.

5.7.8 Método saveImage

O método saveImage (Figura 5.27) é chamado pelo método onOptionsItemSelected quando o usuário seleciona a opção **Save** no menu de opções. O método saveImage implementa parte do novo modelo de permissões do Android 6.0, que primeiro verifica se o aplicativo tem a permissão exigida antes de executar uma tarefa. Se não tiver, o aplicativo solicita a permissão do usuário antes de tentar executar a tarefa.

As linhas 176 a 178 verificam se o aplicativo ainda não tem permissão para escrever no armazenamento externo a fim de salvar a imagem. Se o aplicativo não tem a permissão android.permission.WRITE_EXTERNAL_STORAGE, as linhas 181 e 182 usam o método interno **shouldShowRequestPermissionRationale** para determinar se deve ser exibida uma explicação do motivo pelo qual o aplicativo precisa dessa permissão. O método retorna **true** quando seria útil explicar ao usuário por que o aplicativo exige a permissão – por exemplo, se o usuário negou a permissão anteriormente. Se assim for, as linhas 183 a 203 criam e exibem uma caixa de diálogo com a explicação. Quando o usuário clica no botão **OK** da caixa de diálogo, as linhas 195 a 197 solicitam a permissão android.permission.WRITE_EXTERNAL_STORAGE usando o método herdado **requestPermissions** de Fragment. Se não é necessária uma explicação – por exemplo, se essa é a primeira vez que o aplicativo precisa da permissão –, as linhas 207 a 209 solicitam a permissão imediatamente.

```
171    // solicita a permissão necessária para salvar a imagem, se
172    // necessário, ou salva a imagem se o aplicativo já tem permissão
173    private void saveImage() {
174       // verifica se o aplicativo não tem a permissão necessária
175       // para salvar a imagem
176       if (getContext().checkSelfPermission(
177          Manifest.permission.WRITE_EXTERNAL_STORAGE) !=
178          PackageManager.PERMISSION_GRANTED) {
179
180          // mostra explicação do motivo de a permissão ser necessária
181          if (shouldShowRequestPermissionRationale(
182             Manifest.permission.WRITE_EXTERNAL_STORAGE)) {
183             AlertDialog.Builder builder =
184                new AlertDialog.Builder(getActivity());
185
186             // configura a mensagem de Alert Dialog
187             builder.setMessage(R.string.permission_explanation);
188
189             // adiciona um botão OK à caixa de diálogo
190             builder.setPositiveButton(android.R.string.ok,
191                new DialogInterface.OnClickListener() {
192                   @Override
193                   public void onClick(DialogInterface dialog, int which) {
194                      // solicita permissão
195                      requestPermissions(new String[]{
196                         Manifest.permission.WRITE_EXTERNAL_STORAGE},
197                         SAVE_IMAGE_PERMISSION_REQUEST_CODE);
```

Figura 5.27 | Método saveImage. (Parte 1 de 2)

```
198                    }
199                }
200            );
201
202            // exibe a caixa de diálogo
203            builder.create().show();
204        }
205        else {
206            // solicita permissão
207            requestPermissions(
208                new String[]{Manifest.permission.WRITE_EXTERNAL_STORAGE},
209                SAVE_IMAGE_PERMISSION_REQUEST_CODE);
210        }
211    }
212    else { // se o aplicativo já tem permissão para escrever no
                armazenamento externo
213        doodleView.saveImage(); // salva a imagem
214    }
215 }
216
```

Figura 5.27 | (Parte 2 de 2)

O método `requestPermissions` recebe um array de `Strings` das permissões que o aplicativo está solicitando e um inteiro (`SAVE_IMAGE_PERMISSION_REQUEST_CODE`), que é usado para identificar esse pedido de permissão. Quando `requestPermissions` é chamado, o Android exibe uma caixa de diálogo (Figura 5.28) permitindo ao usuário negar ou conceder (**DENY** ou **ALLOW**) as permissões solicitadas. O sistema chama o método de callback **onRequestPermissionsResult** (Seção 5.7.9) para processar a resposta do usuário. Se o aplicativo já tem a permissão solicitada, a linha 213 chama o método `saveImage` de `DoodleView` para salvar a imagem.

Figura 5.28 | Caixa de diálogo permitindo ao usuário negar ou permitir a escrita no armazenamento externo.

5.7.9 Método sobrescrito onRequestPermissionsResult

O método `onRequestPermissionsResult` (Figura 5.29) recebe uma permissão `requestCode` para o pedido feito e a passa para a instrução `switch` nas linhas 224 a 229, que executa o código apropriado para o pedido. Este aplicativo tem apenas um pedido de permissão; portanto, a instrução `switch` tem apenas um `case` identificado pela constante `SAVE_IMAGE_PERMISSION_REQUEST_CODE`. Para aplicativos que exigem várias permissões, você deve especificar valores exclusivos para cada permissão quando chamar o método `requestPermissions`. A linha 226 verifica se o usuário permitiu ao aplicativo escrever no armazenamento externo. Em caso positivo, a linha 227 chama o método `saveImage` de `DoodleView` para salvar a imagem.

> **Observação sobre engenharia de software 5.1**
> *Se o usuário tentar salvar a imagem e negar a permissão, na próxima vez que tentar salvar, a caixa de diálogo de permissão conterá uma caixa de seleção* **Never ask again**. *Se o usuário marcar essa caixa e negar a permissão, nas tentativas futuras de salvar, o método* onRequestPermissionResult *será chamado com o argumento* PackageManager.PERMISSION_DENIED. *Um aplicativo de produção deve tratar esse caso e dizer ao usuário como alterar as permissões por meio do aplicativo* **Settings**.

```
217    // chamado pelo sistema quando o usuário concede ou nega a
218    // permissão para salvar uma imagem
219    @Override
220    public void onRequestPermissionsResult(int requestCode,
221       String[] permissions, int[] grantResults) {
222       // escolhe a ação apropriada com base no recurso que
223       // solicitou permissão
224       switch (requestCode) {
225          case SAVE_IMAGE_PERMISSION_REQUEST_CODE:
226             if (grantResults[0] == PackageManager.PERMISSION_GRANTED)
227                doodleView.saveImage(); // salva a imagem
228             return;
229       }
230    }
231
```

Figura 5.29 | Método sobrescrito onRequestPermissionsResult de Fragment.

5.7.10 Métodos getDoodleView e setDialogOnScreen

Os métodos getDoodleView e setDialogOnScreen (Fig. 5.30) são chamados pelos métodos das subclasses de DialogFragment do aplicativo. O método getDoodleView retorna uma referência para o objeto DoodleView desse fragmento para que um elemento DialogFragment possa definir a cor de desenho, a largura da linha ou limpar a imagem. O método setDialogOnScreen é chamado pelos métodos de ciclo de vida de Fragment das subclasses do DialogFragment do aplicativo para indicar quando uma caixa de diálogo está na tela.

> **Observação sobre engenharia de software 5.2**
> *Os fragmentos deste aplicativo interagem uns com os outros diretamente. Optamos por essa estratégia fortemente acoplada por simplicidade. Em geral, uma atividade pai gerencia as interações dos fragmentos de um aplicativo. Para passar dados a um fragmento, a atividade fornece um objeto* Bundle *com argumentos. Cada classe de* Fragment *normalmente fornece uma interface de métodos de callback que a atividade implementa. Quando o fragmento precisa notificar sua atividade pai sobre uma mudança de estado, ele chama o método de callback apropriado. Essas técnicas tornam os fragmentos mais reutilizáveis entre as atividades. Vamos demonstrá-las no aplicativo* **Address Book** *do Capítulo 9.*

```
232    // retorna o objeto DoodleView
233    public DoodleView getDoodleView() {
234       return doodleView;
235    }
236
```

Figura 5.30 | Métodos getDoodleView e setDialogOnScreen. (Parte 1 de 2)

```
237    // indica se uma caixa de diálogo está sendo exibida
238    public void setDialogOnScreen(boolean visible) {
239       dialogOnScreen = visible;
240    }
241 }
```

Figura 5.30 | (Parte 2 de 2)

5.8 Classe DoodleView

A classe DoodleView (Seções 5.8.1 a 5.8.12) processa os toques do usuário e desenha as linhas correspondentes.

5.8.1 A instrução package e as instruções import

A Figura 5.31 lista a instrução package e as instruções import de DoodleView. As classes e interfaces novas estão realçadas aqui. Muitas delas foram discutidas na Seção 5.3, e as restantes serão discutidas à medida que as usarmos ao longo da classe DoodleView.

```
1  // DoodleView.java
2  // View principal do aplicativo Doodlz
3  package com.deitel.doodlz;
4
5  import android.content.Context;
6  import android.graphics.Bitmap;
7  import android.graphics.Canvas;
8  import android.graphics.Color;
9  import android.graphics.Paint;
10 import android.graphics.Path;
11 import android.graphics.Point;
12 import android.provider.MediaStore;
13 import android.support.v4.print.PrintHelper;
14 import android.util.AttributeSet;
15 import android.view.Gravity;
16 import android.view.MotionEvent;
17 import android.view.View;
18 import android.widget.Toast;
19
20 import java.util.HashMap;
21 import java.util.Map;
22
```

Figura 5.31 | Instrução package e instruções import de DoodleView.

5.8.2 Variáveis estáticas e de instância

As variáveis estáticas e de instância da classe DoodleView (Figura 5.32) são usadas para gerenciar os dados do conjunto de linhas que o usuário está desenhando e para desenhar essas linhas. A linha 34 cria o elemento pathMap, o qual mapeia cada identificador de dedo (conhecido como ponteiro) em um objeto Path correspondente para as linhas que estão sendo desenhadas. A linha 35 cria o objeto previousPointMap, o qual mantém o último ponto de cada dedo – à medida que cada dedo se move, desenhamos uma linha de seu ponto atual até seu ponto anterior. Vamos discutir outros campos à medida que os utilizarmos na classe DoodleView.

```
23   // view personalizada para desenhar
24   public class DoodleView extends View {
25      // usado para determinar se o usuário moveu um dedo o suficiente
            para desenhar novamente
26      private static final float TOUCH_TOLERANCE = 10;
27
28      private Bitmap bitmap; // área de desenho para exibição ou salvamento
29      private Canvas bitmapCanvas; // usado para desenhar no bitmap
30      private final Paint paintScreen; // usado para desenhar o bitmap na tela
31      private final Paint paintLine; // usado para desenhar linhas no bitmap
32
33      // mapas dos objetos Path que estão sendo desenhados e os objetos Point
            desses objetos Path
34      private final Map<Integer, Path> pathMap = new HashMap<>();
35      private final Map<Integer, Point> previousPointMap =  new HashMap<>();
36
```

Figura 5.32 | Variáveis estáticas e de instância de DoodleView.

5.8.3 Construtor

O construtor (Figura 5.33) inicializa diversas variáveis de instância da classe – os dois componentes Map são inicializados em suas declarações na Figura 5.32. A linha 40 da Figura 5.33 cria o objeto paintScreen, do tipo Paint, que vai ser usado para exibir o desenho do usuário na tela, e a linha 43 cria o objeto paintLine que especifica as configurações da(s) linha(s) que o usuário está desenhando. As linhas 44 a 48 especificam as configurações do objeto paintLine. Passamos true para o método setAntiAlias de Paint para habilitar o *anti-aliasing* que suaviza as bordas das linhas. Em seguida, configuramos o estilo de desenho como Paint.Style.STROKE, com o método setStyle de Paint. O estilo pode ser STROKE, FILL ou FILL_AND_STROKE para uma linha, para uma forma preenchida sem borda e para uma forma preenchida com borda, respectivamente. A opção padrão é Paint.Style.FILL. Configuramos a largura da linha usando o método setStrokeWidth de Paint. Isso define a *largura de linha padrão* do aplicativo como cinco pixels. Também usamos o método setStrokeCap de Paint para arredondar as extremidades das linhas com Paint.Cap.ROUND.

```
37   // o construtor de DoodleView o inicializa
38   public DoodleView(Context context, AttributeSet attrs) {
39      super(context, attrs); // passa context para o construtor de View
40      paintScreen = new Paint(); // usado para exibir bitmap na tela
41
42      // ajusta as configurações de exibição iniciais da linha pintada
43      paintLine = new Paint();
44      paintLine.setAntiAlias(true); // suaviza as bordas da linha desenhada
45      paintLine.setColor(Color.BLACK); // a cor padrão é preta
46      paintLine.setStyle(Paint.Style.STROKE); // linha cheia
47      paintLine.setStrokeWidth(5); // configura a espessura de linha padrão
48      paintLine.setStrokeCap(Paint.Cap.ROUND); // extremidades da linha
                                                    arredondadas
49   }
50
```

Figura 5.33 | Construtor de DoodleView.

5.8.4 Método sobrescrito onSizeChanged de View

O tamanho do objeto DoodleView não é determinado até que ele seja inflado e adicionado à hierarquia de Views da MainActivity; portanto, não podemos determinar o tamanho do objeto Bitmap de desenho em onCreate. Assim, sobrescrevemos o método onSizeChanged de View (Figura 5.34), o qual é chamado quando o tamanho de DoodleView é modificado – por exemplo, quando é adicionado à hierarquia de Views de uma atividade ou quando o usuário gira o dispositivo. Neste caso, onSizeChanged é chamado somente quando o objeto DoodleView é adicionado à hierarquia de Views da atividade de Doodlz, pois o aplicativo sempre aparece no modo retrato em telefones e tablets pequenos, e no modo paisagem em tablets grandes.

> **Observação sobre engenharia de software 5.3**
> *Em aplicativos que aceitam tanto orientação retrato como paisagem, onSizeChanged é chamado sempre que o usuário gira o dispositivo. Neste aplicativo, isso resultaria em um novo Bitmap sempre que o método fosse chamado. Ao substituir um Bitmap, você deve chamar o método recycle do Bitmap anterior a fim de liberar seus recursos.*

```
51    // cria o Bitmap e o Canvas com base no tamanho da View
52    @Override
53    public void onSizeChanged(int w, int h, int oldW, int oldH) {
54       bitmap = Bitmap.createBitmap(getWidth(), getHeight(),
55          Bitmap.Config.ARGB_8888);
56       bitmapCanvas = new Canvas(bitmap);
57       bitmap.eraseColor(Color.WHITE); // apaga o Bitmap usando branco
58    }
59
```

Figura 5.34 | Método sobrescrito onSizeChanged de View.

O método estático createBitmap de Bitmap cria um objeto Bitmap com a largura e a altura especificadas – aqui, usamos a largura e a altura de DoodleView como dimensões do Bitmap. O último argumento de createBitmap é a codificação de Bitmap, a qual especifica como cada pixel do objeto Bitmap é armazenado. A constante Bitmap.Config.ARGB_8888 indica que a cor de cada pixel é armazenada em quatro bytes (um byte para cada valor de alfa, vermelho, verde e azul) da cor do pixel. Em seguida, criamos um novo Canvas, que é usado para desenhar formas diretamente no objeto Bitmap. Por fim, usamos o método eraseColor de Bitmap para preencher o objeto Bitmap com pixels brancos – o fundo padrão de Bitmap é preto.

5.8.5 Métodos clear, setDrawingColor, getDrawingColor, setLineWidth e getLineWidth

A Figura 5.35 define os métodos clear (linhas 61 a 66), setDrawingColor (linhas 69 a 71), getDrawingColor (linhas 74 a 76), setLineWidth (linhas 79 a 81) e getLineWidth (linhas 84 a 86), os quais são chamados a partir de MainActivityFragment. O método clear, o qual usamos no elemento EraseImageDialogFragment, esvazia pathMap e previousPointMap, apaga o objeto Bitmap configurando todos os seus pixels com a cor branca e, então, chama o método **invalidate** herdado de View para indicar que a View precisa ser redesenhada. Em seguida, o sistema determina automaticamente quando o método onDraw de View deve ser chamado. O método setDrawingColor muda a cor de desenho atual, configurando a cor do objeto paintLine. O método setColor de Paint recebe um valor int representando a nova cor no formato ARGB. O método getDrawingColor retorna a cor atual, a qual usamos em ColorDialogFragment. O método setLineWidth configura a largura do traço de paintLine com o número especificado de pixels. O método getLineWidth retorna a largura de traço atual, a qual usamos em LineWidthDialogFragment.

```
60     // limpa o desenho
61     public void clear() {
62        pathMap.clear(); // remove todos os caminhos
63        previousPointMap.clear(); // remove todos os pontos anteriores
64        bitmap.eraseColor(Color.WHITE); // apaga o bitmap
65        invalidate(); // atualiza a tela
66     }
67
68     // configura a cor da linha pintada
69     public void setDrawingColor(int color) {
70        paintLine.setColor(color);
71     }
72
73     // retorna a cor da linha pintada
74     public int getDrawingColor() {
75        return paintLine.getColor();
76     }
77
78     // configura a largura da linha pintada
79     public void setLineWidth(int width) {
80        paintLine.setStrokeWidth(width);
81     }
82
83     // retorna a largura da linha pintada
84     public int getLineWidth() {
85        return (int) paintLine.getStrokeWidth();
86     }
87
```

Figura 5.35 | Métodos clear, setDrawingColor, getDrawingColor, setLineWidth e getLineWidth de DoodleView.

5.8.6 Método sobrescrito onDraw de View

Quando uma View precisa ser *redesenhada*, seu método onDraw é chamado. A Figura 5.36 sobrescreve onDraw para exibir o bitmap (o objeto Bitmap que contém o desenho) em DoodleView chamando o método **drawBitmap** do argumento de Canvas. O primeiro argumento é o objeto Bitmap a ser desenhado, os dois argumentos seguintes são as coordenadas *x-y* em que deve ser colocado o canto superior esquerdo do objeto Bitmap na View, e o último argumento é o objeto Paint que especifica as características do desenho. Então, as linhas 95 e 96 iteram sobre os componentes Path que estão sendo desenhados e os exibem. Para cada chave Integer no elemento pathMap, passamos o objeto Path correspondente para o método **drawPath** de Canvas a fim de desenhar o objeto Path usando o objeto paintLine, o qual define a *largura* e a *cor* da linha.

```
88      // faz desenho personalizado quando DoodleView é atualizado na tela
89      @Override
90      protected void onDraw(Canvas canvas) {
91         // desenha a tela de fundo
92         canvas.drawBitmap(bitmap, 0, 0, paintScreen);
93
94         // para cada caminho que está sendo desenhado
95         for (Integer key : pathMap.keySet())
96            canvas.drawPath(pathMap.get(key), paintLine); // desenha linha
97      }
98
```

Figura 5.36 | Método sobrescrito onDraw de View.

5.8.7 Método sobrescrito onTouchEvent de View

O método onTouchEvent (Figura 5.37) é chamado quando a View recebe um evento de toque. O Android suporta *multitouch* – isto é, vários dedos tocando na tela. A qualquer momento, o usuário pode tocar na tela com mais dedos ou retirar os dedos dela. Por isso, cada dedo – conhecido como *ponteiro* – tem um identificador exclusivo que o diferencia nos eventos de toque. Vamos usar esse identificador para localizar os objetos Path correspondentes que representam cada linha que está sendo desenhada. Esses objetos Path são armazenados em pathMap.

```
99      // trata evento de toque
100     @Override
101     public boolean onTouchEvent(MotionEvent event) {
102        int action = event.getActionMasked(); // tipo de evento
103        int actionIndex = event.getActionIndex(); // ponteiro (isto é, dedo)
104
105        // determina se o toque começou, terminou ou está ocorrendo
106        if (action == MotionEvent.ACTION_DOWN ||
107            action == MotionEvent.ACTION_POINTER_DOWN) {
108           touchStarted(event.getX(actionIndex), event.getY(actionIndex),
109              event.getPointerId(actionIndex));
110        }
111        else if (action == MotionEvent.ACTION_UP ||
112            action == MotionEvent.ACTION_POINTER_UP) {
113           touchEnded(event.getPointerId(actionIndex));
114        }
115        else {
116           touchMoved(event);
117        }
118
119        invalidate(); // redesenha
120        return true;
121     }
122
```

Figura 5.37 | Método sobrescrito onTouchEvent de View.

O método **getActionMasked** de MotionEvent (linha 102) retorna um valor int representando o tipo de MotionEvent, o qual você pode usar com constantes da classe MotionEvent para determinar como vai tratar cada evento. O método **getActionIndex** de MotionEvent (linha 103) retorna um índice inteiro representando o dedo que causou o evento. Esse índice *não* é o identificador exclusivo do dedo – é apenas o índice no qual a informação do dedo está localizada nesse objeto `MotionEvent`. Para obtermos o identificador exclusivo do dedo, que persiste entre os objetos `MotionEvent` até que o usuário retire esse dedo da tela, vamos usar o método **getPointerID** de `MotionEvent` (linhas 109 e 113), passando o índice do dedo como argumento.

Se a ação for `MotionEvent.ACTION_DOWN` ou `MotionEvent.ACTION_POINTER_DOWN` (linhas 106 e 107), o usuário *tocou na tela com um novo dedo*. O primeiro dedo a tocar na tela gera um evento `MotionEvent.ACTION_DOWN`, e todos os outros dedos geram eventos `MotionEvent.ACTION_POINTER_DOWN`. Para esses casos, chamamos o método touchStarted (Figura 5.38) para armazenar as coordenadas iniciais do toque. Se ação for `MotionEvent.ACTION_UP` ou `MotionEvent.ACTION_POINTER_UP`, o usuário *retirou um dedo da tela*, de modo que chamamos o método touchEnded (Figura 5.40) para desenhar o objeto `Path` completo no `bitmap`, a fim de que tenhamos um registro permanente desse objeto `Path`. Para todos os outros eventos de toque, chamamos o método touchMoved (Figura 5.39) para desenhar as linhas. Depois que o evento é processado, a linha 119 (da Figura 5.37) chama o método `invalidate` herdado de `View` para redesenhar a tela, e a linha 120 retorna `true` para indicar que o evento foi processado.

5.8.8 Método touchStarted

O método `touchStarted` (Figura 5.38) é chamado quando um dedo *toca* a tela pela primeira vez. As coordenadas do toque e seu identificador são fornecidos como argumentos. Se um objeto `Path` já existe para determinado identificador (linha 129), chamamos o método `reset` de `Path` para *limpar* quaisquer pontos já existentes, a fim de que possamos *reutilizar* o objeto `Path` para um novo traço. Caso contrário, criamos um objeto `Path`, o adicionamos a `pathMap` e, então, adicionamos um novo objeto `Point` a `previousPointMap`. As linhas 142 a 144 chamam o método `moveTo` de `Path` para configurar as coordenadas iniciais de `Path` e especificar os novos valores x e y de `Point`.

```
123    // chamado quando o usuário toca na tela
124    private void touchStarted(float x, float y, int lineID) {
125        Path path; // usado para armazenar o caminho para o identificador de
                          toque dado
126        Point point; // usado para armazenar o último ponto no caminho
127
128        // se já existe um caminho para este lineID
129        if (pathMap.containsKey(lineID)) {
130            path = pathMap.get(lineID); // obtém o objeto Path
131            path.reset(); // redefine o objeto Path, pois um novo toque começou
132            point = previousPointMap.get(lineID); // obtém o último ponto do caminho
133        }
134        else {
135            path = new Path();
136            pathMap.put(lineID, path); // adiciona o objeto Path ao mapa
137            point = new Point(); // cria um objeto Point
138            previousPointMap.put(lineID, point); // adiciona o objeto Point ao mapa
139        }
140
141        // move até as coordenadas do toque
142        path.moveTo(x, y);
143        point.x = (int) x;
144        point.y = (int) y;
145    }
146
```

Figura 5.38 | Método `touchStarted` da classe `DoodleView`.

5.8.9 Método touchMoved

O método touchMoved (Figura 5.39) é chamado quando o usuário movimenta um ou mais dedos pela tela. O evento de sistema MotionEvent passado por onTouchEvent contém informações de toque para vários movimentos na tela, caso ocorram ao mesmo tempo. O método **getPointerCount** de MotionEvent (linha 150) retorna o número de toques que esse objeto MotionEvent descreve. Para cada um, armazenamos o identificador do dedo (linha 152) em pointerID e armazenamos o índice do dedo correspondente desse objeto MotionEvent (linha 153) em pointerIndex. Então, verificamos se existe um objeto Path correspondente em pathMap (linha 156). Se existir, usamos os métodos getX e getY de MotionEvent para obter as últimas coordenadas desse evento de *arrastar* para o pointerIndex especificado. Obtemos o objeto Path correspondente e o último objeto Point para o pointerID de cada HashMap respectivo e, então, calculamos a diferença entre o último ponto e o ponto atual – queremos atualizar o objeto Path *somente* se o usuário tiver realizado um movimento por uma distância maior que nossa constante TOUCH_TOLERANCE. Fazemos isso porque muitos dispositivos são sensíveis o suficiente para gerar objetos MotionEvent indicando pequenos movimentos quando o usuário está tentando manter um dedo imóvel na tela. Se o usuário movimentou um dedo por mais do que TOUCH_TOLERANCE, usamos o método **quadTo** de Path (linhas 173 e 174) para adicionar uma curva geométrica (especificamente, uma *curva de Bezier quadrática*) do objeto Point anterior até o novo objeto Point. Então, atualizamos o objeto Point mais recente para esse dedo.

```
147    // chamado quando o usuário arrasta o dedo pela tela
148    private void touchMoved(MotionEvent event) {
149        // para cada um dos ponteiros em MotionEvent
150        for (int i = 0; i < event.getPointerCount(); i++) {
151            // obtém o identificador e o índice do ponteiro
152            int pointerID = event.getPointerId(i);
153            int pointerIndex = event.findPointerIndex(pointerID);
154
155            // se existe um caminho associado ao ponteiro
156            if (pathMap.containsKey(pointerID)) {
157                // obtém as novas coordenadas do ponteiro
158                float newX = event.getX(pointerIndex);
159                float newY = event.getY(pointerIndex);
160
161                // obtém o caminho e o ponto anterior associados
162                // a esse ponteiro
163                Path path = pathMap.get(pointerID);
164                Point point = previousPointMap.get(pointerID);
165
166                // calcula quanto o usuário moveu desde a última atualização
167                float deltaX = Math.abs(newX - point.x);
168                float deltaY = Math.abs(newY - point.y);
169
170                // se a distância é suficiente para ter importância
171                if (deltaX >= TOUCH_TOLERANCE || deltaY >= TOUCH_TOLERANCE) {
```

Figura 5.39 | Método touchMoved da classe DoodleView. (Parte I de 2)

```
172                // move o caminho para o novo local
173                path.quadTo(point.x, point.y, (newX + point.x) / 2,
174                   (newY + point.y) / 2);
175
176                // armazena as novas coordenadas
177                point.x = (int) newX;
178                point.y = (int) newY;
179             }
180          }
181       }
182    }
183
```

Figura 5.39 | (Parte 2 de 2)

5.8.10 Método touchEnded

O método touchEnded (Figura 5.40) é chamado quando o usuário retira um dedo da tela. O método recebe como argumento o identificador do dedo (lineID) para o toque que acabou de terminar. A linha 186 obtém o objeto Path correspondente. A linha 187 chama o método drawPath de bitmapCanvas para desenhar o Path no objeto Bitmap chamado bitmap, antes de chamarmos o método reset de Path para limpar o traço. Redefinir Path não apaga na tela sua linha pintada correspondente, pois essas linhas já foram desenhadas no bitmap que está sendo exibido. As linhas que estão sendo desenhadas pelo usuário são exibidas por cima desse bitmap.

```
184    // chamado quando o usuário finaliza um toque
185    private void touchEnded(int lineID) {
186       Path path = pathMap.get(lineID); // obtém o Path correspondente
187       bitmapCanvas.drawPath(path, paintLine); // desenha no bitmapCanvas
188       path.reset(); // redefine o caminho
189    }
190
```

Figura 5.40 | Método touchEnded da classe DoodleView.

5.8.11 Método saveImage

O método saveImage (Figura 5.41) salva o desenho atual. A linha 194 cria um nome de arquivo para a imagem e, então, as linhas 197 a 199 armazenam a imagem no aplicativo **Photos** do dispositivo chamando o método insertImage da classe MediaStore.Images. Media. O método recebe quatro argumentos:

- um ContentResolver, utilizado para determinar onde a imagem deve ser armazenada no dispositivo
- o objeto Bitmap a ser armazenado
- o nome da imagem
- uma descrição da imagem

O método `insertImage` retorna um objeto `String` representando o local da imagem no dispositivo, ou null, caso a imagem não possa ser salva. As linhas 201 a 217 verificam se a imagem foi salva e exibem o elemento `Toast` apropriado.

```
191    // salva a imagem atual
192    public void saveImage() {
193        // usa "Doodlz", seguido da hora atual, como nome da imagem
194        final String name = "Doodlz" + System.currentTimeMillis() + ".jpg";
195
196        // insere a imagem no dispositivo
197        String location = MediaStore.Images.Media.insertImage(
198           getContext().getContentResolver(), bitmap, name,
199           "Doodlz Drawing");
200
201        if (location != null) {
202           // exibe uma mensagem indicando que a imagem foi salva
203           Toast message = Toast.makeText(getContext(),
204              R.string.message_saved,
205              Toast.LENGTH_SHORT);
206           message.setGravity(Gravity.CENTER, message.getXOffset() / 2,
207              message.getYOffset() / 2);
208           message.show();
209        }
210        else {
211           // exibe uma mensagem indicando que houve um erro ao salvar
212           Toast message = Toast.makeText(getContext(),
213              R.string.message_error_saving, Toast.LENGTH_SHORT);
214           message.setGravity(Gravity.CENTER, message.getXOffset() / 2,
215              message.getYOffset() / 2);
216           message.show();
217        }
218    }
219
```

Figura 5.41 | Método `saveImage` de `DoodleView`.

5.8.12 Método `printImage`

O método `printImage` (Figura 5.42) usa a classe `PrintHelper` da Android Support Library para imprimir o desenho atual – isso só está disponível em dispositivos que executam Android 4.4 ou superior. A linha 222 primeiramente confirma se existe suporte para impressão no dispositivo. Em caso positivo, a linha 224 cria um objeto `PrintHelper`. Em seguida, a linha 227 especifica o *modo de escala* da imagem – `PrintHelper.SCALE_MODE_FIT` indica que a imagem deve caber dentro da área imprimível do papel. Existe também o modo de escala `PrintHelper.SCALE_MODE_FILL`, o qual faz a imagem preencher o papel, possivelmente cortando parte da imagem. Por fim, a linha 228 chama o método `printBitmap` da classe `PrintHelper`, passando como argumentos o nome da tarefa de impressão (usado pela impressora para identificar a impressão) e o objeto `Bitmap` que contém a imagem a ser impressa. Isso exibe a caixa de diálogo de impressão do Android, a qual permite ao usuário escolher se vai salvar a imagem como um documento PDF no dispositivo ou se vai imprimi-la em uma impressora disponível.

```
220    // imprime a imagem atual
221    public void printImage() {
222       if (PrintHelper.systemSupportsPrint()) {
223          // usa PrintHelper da Android Support Library para imprimir imagem
224          PrintHelper printHelper = new PrintHelper(getContext());
225
226          // encaixa a imagem nos limites da página e a imprime
227          printHelper.setScaleMode(PrintHelper.SCALE_MODE_FIT);
228          printHelper.printBitmap("Doodlz Image", bitmap);
229       }
230       else {
231          // exibe uma mensagem indicando que o sistema não permite impressão
232          Toast message = Toast.makeText(getContext(),
233             R.string.message_error_printing, Toast.LENGTH_SHORT);
234          message.setGravity(Gravity.CENTER, message.getXOffset() / 2,
235             message.getYOffset() / 2);
236          message.show();
237       }
238    }
239 }
```

Figura 5.42 | Método `printImage` de `DoodleView`.

5.9 Classe ColorDialogFragment

A classe `ColorDialogFragment` (Figuras 5.43 a 5.47) estende `DialogFragment` a fim de criar um componente `AlertDialog` para configurar a cor de desenho. As variáveis de instância da classe (linhas 18 a 23) são usadas para referenciar os controles da interface gráfica do usuário a fim de selecionar a nova cor, exibir uma visualização dela e armazená-la como um valor `int` de 32 bits representando os valores ARGB da cor.

```
1   // ColorDialogFragment.java
2   // Permite ao usuário configurar a cor de desenho em DoodleView
3   package com.deitel.doodlz;
4
5   import android.app.Activity;
6   import android.app.AlertDialog;
7   import android.app.Dialog;
8   import android.content.DialogInterface;
9   import android.graphics.Color;
10  import android.os.Bundle;
11  import android.support.v4.app.DialogFragment;
12  import android.view.View;
13  import android.widget.SeekBar;
14  import android.widget.SeekBar.OnSeekBarChangeListener;
15
16  // classe para a caixa de diálogo Select Color
17  public class ColorDialogFragment extends DialogFragment {
18     private SeekBar alphaSeekBar;
19     private SeekBar redSeekBar;
20     private SeekBar greenSeekBar;
21     private SeekBar blueSeekBar;
22     private View colorView;
23     private int color;
24
```

Figura 5.43 | Instrução `package`, instruções `import` e variáveis de instância de `ColorDialogFragment`.

5.9.1 Método sobrescrito onCreateDialog de DialogFragment

O método onCreateDialog (Figura 5.44) infla o objeto View personalizado (linhas 31 e 32) definido por fragment_color.xml, o qual contém a interface gráfica do usuário para selecionar uma cor, e anexa esse objeto View ao componente AlertDialog chamando o método setView de AlertDialog.Builder (linha 33). As linhas 39 a 47 obtêm referências para os componentes SeekBar e colorView da caixa de diálogo. Em seguida, as linhas 50 a 53 registram colorChangedListener (Figura 5.47) como receptor para os eventos dos componentes SeekBar.

```
25    // cria um componente AlertDialog e o retorna
26    @Override
27    public Dialog onCreateDialog(Bundle bundle) {
28       // cria caixa de diálogo
29       AlertDialog.Builder builder =
30          new AlertDialog.Builder(getActivity());
31       View colorDialogView = getActivity().getLayoutInflater().inflate(
32          R.layout.fragment_color, null);
33       builder.setView(colorDialogView); // adiciona a interface gráfica
                                           do usuário à caixa de diálogo
34
35       // configura a mensagem de AlertDialog
36       builder.setTitle(R.string.title_color_dialog);
37
38       // obtém componentes SeekBar de cor e configura seus receptores onChange
39       alphaSeekBar = (SeekBar) colorDialogView.findViewById(
40          R.id.alphaSeekBar);
41       redSeekBar = (SeekBar) colorDialogView.findViewById(
42          R.id.redSeekBar);
43       greenSeekBar = (SeekBar) colorDialogView.findViewById(
44          R.id.greenSeekBar);
45       blueSeekBar = (SeekBar) colorDialogView.findViewById(
46          R.id.blueSeekBar);
47       colorView = colorDialogView.findViewById(R.id.colorView);
48
49       // registra receptores de eventos de SeekBar
50       alphaSeekBar.setOnSeekBarChangeListener(colorChangedListener);
51       redSeekBar.setOnSeekBarChangeListener(colorChangedListener);
52       greenSeekBar.setOnSeekBarChangeListener(colorChangedListener);
53       blueSeekBar.setOnSeekBarChangeListener(colorChangedListener);
54
55       // usa a cor de desenho atual para configurar valores dos SeekBar
56       final DoodleView doodleView = getDoodleFragment().getDoodleView();
57       color = doodleView.getDrawingColor();
58       alphaSeekBar.setProgress(Color.alpha(color));
59       redSeekBar.setProgress(Color.red(color));
60       greenSeekBar.setProgress(Color.green(color));
61       blueSeekBar.setProgress(Color.blue(color));
62
63       // adiciona o componente Button Set Color
```

Figura 5.44 | Método sobrescrito onCreateDialog de DialogFragment. (Parte 1 de 2)

```
64        builder.setPositiveButton(R.string.button_set_color,
65           new DialogInterface.OnClickListener() {
66              public void onClick(DialogInterface dialog, int id) {
67                 doodleView.setDrawingColor(color);
68              }
69           }
70        );
71
72        return builder.create(); // retorna a caixa de diálogo
73     }
74
```

Figura 5.44 | (Parte 2 de 2)

A linha 56 (Figura 5.44) chama o método getDoodleFragment (Figura 5.45) a fim de obter uma referência para o componente DoodleFragment e, então, chama o método getDoodleView de MainActivityFragment para obter o elemento DoodleView. As linhas 57 a 61 obtêm a cor de desenho atual de DoodleView e, então, a utilizam para configurar o valor de cada componente SeekBar. Os métodos estáticos alpha, red, green e blue de Color extraem os valores ARGB da cor, e o método setProgress de SeekBar posiciona os cursores. As linhas 64 a 70 configuram o botão positivo de AlertDialog para configurar a nova cor de desenho de DoodleView. A linha 72 retorna o componente AlertDialog.

5.9.2 Método getDoodleFragment

O método getDoodleFragment (Figura 5.45) simplesmente usa o FragmentManager para obter uma referência para DoodleFragment.

```
75     // obtém uma referência para o componente DoodleFragment
76     private MainActivityFragment getDoodleFragment() {
77        return (MainActivityFragment) getFragmentManager().findFragmentById(
78           R.id.doodleFragment);
79     }
80
```

Figura 5.45 | Método getDoodleFragment.

5.9.3 Métodos sobrescritos de ciclo de vida onAttach e onDetach de Fragment

Quando o componente ColorDialogFragment é adicionado a uma atividade pai, o método onAttach (Figura 5.46, linhas 82 a 89) é chamado. A linha 85 obtém uma referência para o componente MainActivityFragment. Se essa referência não é nula, a linha 88 chama o método setDialogOnScreen de MainActivityFragment para indicar que a caixa de diálogo **Choose Color** está sendo exibida no momento. Quando o componente ColorDialogFragment é removido de uma atividade pai, o método onDetach (linhas 92 a 99) é chamado. A linha 98 chama o método setDialogOnScreen de MainActivityFragment para indicar que a caixa de diálogo **Choose Color** não está mais na tela.

```
81      // informa MainActivityFragment que a caixa de diálogo está sendo exibida
82      @Override
83      public void onAttach(Activity activity) {
84         super.onAttach(activity);
85         MainActivityFragment fragment = getDoodleFragment();
86
87         if (fragment != null)
88            fragment.setDialogOnScreen(true);
89      }
90
91      // informa MainActivityFragment que a caixa de diálogo não está mais
           sendo exibida
92      @Override
93      public void onDetach() {
94         super.onDetach();
95         MainActivityFragment fragment = getDoodleFragment();
96
97         if (fragment != null)
98            fragment.setDialogOnScreen(false);
99      }
100
```

Figura 5.46 | Métodos sobrescritos onAttach e onDetach de Fragment.

5.9.4 Classe interna anônima que responde aos eventos dos componentes SeekBar para alfa, vermelho, verde e azul

A Figura 5.47 define uma classe interna anônima que implementa a interface OnSeekBarChangeListener para responder aos eventos quando o usuário ajusta os componentes SeekBar do componente Dialog **Choose Color**. Isso foi registrado como rotina de tratamento de eventos dos componentes SeekBar na Figura 5.44 (linhas 50 a 53). O método onProgressChanged (Figura 5.47, linhas 105 a 114) é chamado quando a posição do cursor de um componente SeekBar muda. Se o usuário moveu o cursor de um componente SeekBar (linha 109), as linhas 110 a 112 armazenam a nova cor. O método estático **argb** da classe Color combina os valores dos componentes SeekBar em um objeto Color e retorna a cor apropriada como um valor int. Então, usamos o método **setBackgroundColor** da classe View para atualizar o elemento colorView com a cor correspondente ao estado dos componentes SeekBar.

```
101      // Receptor para os componentes SeekBar na caixa de diálogo de cor
102      private final OnSeekBarChangeListener colorChangedListener =
103         new OnSeekBarChangeListener() {
104            // exibe a cor atualizada
105            @Override
106            public void onProgressChanged(SeekBar seekBar, int progress,
107               boolean fromUser) {
108
109               if (fromUser) // o usuário, não o programa, alterou o
                                    cursor do componente SeekBar
110                  color = Color.argb(alphaSeekBar.getProgress(),
111                     redSeekBar.getProgress(), greenSeekBar.getProgress(),
112                     blueSeekBar.getProgress());
113               colorView.setBackgroundColor(color);
114            }
```

Figura 5.47 | Classe interna anônima que implementa a interface OnSeekBarChangeListener para responder aos eventos dos componentes SeekBar para alfa, vermelho, verde e azul. (Parte 1 de 2)

```
115
116     @Override
117     public void onStartTrackingTouch(SeekBar seekBar) {} // exigido
118
119     @Override
120     public void onStopTrackingTouch(SeekBar seekBar) {} // exigido
121   };
122 }
```

Figura 5.47 | (Parte 2 de 2)

5.10 Classe LineWidthDialogFragment

A classe LineWidthDialogFragment (Figura 5.48) estende DialogFragment a fim de criar um componente AlertDialog para configurar a largura da linha. Ela é semelhante à classe ColorDialogFragment; portanto, discutimos aqui somente as principais diferen-

```
 1  // LineWidthDialogFragment.java
 2  // Permite ao usuário configurar a cor de desenho em DoodleView
 3  package com.deitel.doodlz;
 4
 5  import android.app.Activity;
 6  import android.app.AlertDialog;
 7  import android.app.Dialog;
 8  import android.content.DialogInterface;
 9  import android.graphics.Bitmap;
10  import android.graphics.Canvas;
11  import android.graphics.Paint;
12  import android.os.Bundle;
13  import android.support.v4.app.DialogFragment;
14  import android.view.View;
15  import android.widget.ImageView;
16  import android.widget.SeekBar;
17  import android.widget.SeekBar.OnSeekBarChangeListener;
18
19  // classe para a caixa de diálogo Select Line Width
20  public class LineWidthDialogFragment extends DialogFragment {
21     private ImageView widthImageView;
22
23     // cria um componente AlertDialog e o retorna
24     @Override
25     public Dialog onCreateDialog(Bundle bundle) {
26        // cria a caixa de diálogo
27        AlertDialog.Builder builder =
28           new AlertDialog.Builder(getActivity());
29        View lineWidthDialogView =
30           getActivity().getLayoutInflater().inflate(
31              R.layout.fragment_line_width, null);
32        builder.setView(lineWidthDialogView); // adiciona a GUI à caixa de diálogo
33
34        // configura a mensagem de AlertDialog
35        builder.setTitle(R.string.title_line_width_dialog);
36
37        // obtém o componente ImageView
38        widthImageView = (ImageView) lineWidthDialogView.findViewById(
39           R.id.widthImageView);
```

Figura 5.48 | Classe LineWidthDialogFragment. (Parte 1 de 3)

```java
40
41        // configura widthSeekBar
42        final DoodleView doodleView = getDoodleFragment().getDoodleView();
43        final SeekBar widthSeekBar = (SeekBar)
44           lineWidthDialogView.findViewById(R.id.widthSeekBar);
45        widthSeekBar.setOnSeekBarChangeListener(lineWidthChanged);
46        widthSeekBar.setProgress(doodleView.getLineWidth());
47
48        // adiciona o componente Button Set Line Width
49        builder.setPositiveButton(R.string.button_set_line_width,
50           new DialogInterface.OnClickListener() {
51              public void onClick(DialogInterface dialog, int id) {
52                 doodleView.setLineWidth(widthSeekBar.getProgress());
53              }
54           }
55        );
56
57        return builder.create(); // retorna a caixa de diálogo
58     }
59
60     // retorna uma referência para o componente MainActivityFragment
61     private MainActivityFragment getDoodleFragment() {
62        return (MainActivityFragment) getFragmentManager().findFragmentById(
63           R.id.doodleFragment);
64     }
65
66     // informa MainActivityFragment que a caixa de diálogo está sendo exibida
67     @Override
68     public void onAttach(Activity activity) {
69        super.onAttach(activity);
70        MainActivityFragment fragment = getDoodleFragment();
71
72        if (fragment != null)
73           fragment.setDialogOnScreen(true);
74     }
75
76     // informa MainActivityFragment que a caixa de diálogo não está mais
           sendo exibida
77     @Override
78     public void onDetach() {
79        super.onDetach();
80        MainActivityFragment fragment = getDoodleFragment();
81
82        if (fragment != null)
83           fragment.setDialogOnScreen(false);
84     }
85
86     // Receptor para o componente SeekBar na caixa de diálogo de largura
87     private final OnSeekBarChangeListener lineWidthChanged =
88        new OnSeekBarChangeListener() {
89           final Bitmap bitmap = Bitmap.createBitmap(
90              400, 100, Bitmap.Config.ARGB_8888);
91           final Canvas canvas = new Canvas(bitmap); // desenha no bitmap
92
93           @Override
94           public void onProgressChanged(SeekBar seekBar, int progress,
95              boolean fromUser) {
96              // configura um objeto Paint para o valor de SeekBar atual
97              Paint p = new Paint();
```

Figura 5.48 | (Parte 2 de 3)

```
 98                p.setColor(
 99                    getDoodleFragment().getDoodleView().getDrawingColor());
100                p.setStrokeCap(Paint.Cap.ROUND);
101                p.setStrokeWidth(progress);
102
103                // apaga o bitmap e redesenha a linha
104                bitmap.eraseColor(
105                    getResources().getColor(android.R.color.transparent,
106                        getContext().getTheme()));
107                canvas.drawLine(30, 50, 370, 50, p);
108                widthImageView.setImageBitmap(bitmap);
109            }
110
111            @Override
112            public void onStartTrackingTouch(SeekBar seekBar) {} // exigido
113
114            @Override
115            public void onStopTrackingTouch(SeekBar seekBar) {} // exigido
116        };
117 }
```

Figura 5.48 | (Parte 3 de 3)

ças. A única variável de instância da classe é um elemento `ImageView` (linha 21), no qual desenhamos uma linha mostrando a configuração de largura de linha atual.

5.10.1 Método onCreateDialog

O método `onCreateDialog` (linhas 24 a 58) infla o objeto `View` personalizado (linhas 29 a 31), definido por `fragment_line_width.xml`, que exibe a interface gráfica do usuário para selecionar a espessura da linha e anexa esse objeto `View` ao componente `AlertDialog` chamando o método `setView` de `AlertDialog.Builder` (linha 32). As linhas 38 e 39 obtêm uma referência para o elemento `ImageView` no qual a amostra da linha será desenhada. Em seguida, as linhas 42 a 46 obtêm uma referência para o elemento `widthSeekBar`, registram `lineWidthChanged` (linhas 87 a 116) como receptor de `SeekBar` e configuram o valor atual do componente `SeekBar` com a largura de linha atual. As linhas 49 a 55 definem o botão positivo da caixa de diálogo para chamar o método `setLineWidth` de `DoodleView` quando o usuário tocar no botão **Set Line Width**. A linha 57 retorna o componente `AlertDialog` para exibição.

5.10.2 Classe interna anônima que responde aos eventos do componente widthSeekBar

As linhas 87 a 116 definem o receptor `OnSeekBarChangeListener` de `lineWidthChanged` que responde aos eventos quando o usuário ajusta o componente `SeekBar` na caixa de diálogo **Choose Line Width**. As linhas 89 e 90 criam um objeto `Bitmap` para exibir uma amostra da linha representando a espessura selecionada. A linha 91 cria um `Canvas` para desenhar no objeto `Bitmap`. O método `onProgressChanged` (linhas 93 a 109) desenha a amostra de linha com base na cor de desenho atual e no valor do componente `SeekBar`. Primeiramente, as linhas 97 a 101 configuram um objeto `Paint` para desenhar a amostra de linha. O método `setStrokeCap` da classe `Paint` (linha 100) especifica a aparência das extremidades da linha – neste caso, elas são arredondadas (`Paint.Cap.ROUND`). As linhas 104 a 106 limpam o fundo do bitmap com a cor `android.R.color.transparent` predefinida do Android, com o método `eraseColor` de `Bitmap`. Usamos o objeto `canvas` para desenhar a amostra de linha. Por fim, a linha 108 exibe o `bitmap` em `widthImageView`, passando-o para o método `setImageBitmap` de `ImageView`.

5.11 Classe EraseImageDialogFragment

A classe `EraseImageDialogFragment` (Figura 5.49) estende `DialogFragment` para criar um componente `AlertDialog` que confirma se o usuário quer realmente apagar a imagem inteira. Ela é semelhante às classes `ColorDialogFragment` e `LineWidthDialogFragment`; portanto, discutimos aqui somente o método `onCreateDialog` (linhas 15 a 35). O método cria um componente `AlertDialog` com botões **Erase Image** e **Cancel**. As linhas 24 a 30 configuram **Erase Image** como o botão positivo – quando o usuário toca nele, a linha 27 do receptor do botão chama o método `clear` de `DoodleView` para apagar a imagem. A linha 33 configura **Cancel** como o botão negativo – quando o usuário toca nele, a caixa de diálogo é descartada. Neste caso, usamos o recurso de

```
1   // EraseImageDialogFragment.java
2   // Permite ao usuário apagar a imagem
3   package com.deitel.doodlz;
4
5   import android.app.Activity;
6   import android.app.AlertDialog;
7   import android.app.Dialog;
8   import android.support.v4.app.DialogFragment;
9   import android.content.DialogInterface;
10  import android.os.Bundle;
11
12  // classe para a caixa de diálogo Erase Image
13  public class EraseImageDialogFragment extends DialogFragment {
14     // cria um componente AlertDialog e o retorna
15     @Override
16     public Dialog onCreateDialog(Bundle bundle) {
17        AlertDialog.Builder builder =
18           new AlertDialog.Builder(getActivity());
19
20        // configura a mensagem de AlertDialog
21        builder.setMessage(R.string.message_erase);
22
23        // adiciona o componente Button Erase
24        builder.setPositiveButton(R.string.button_erase,
25           new DialogInterface.OnClickListener() {
26              public void onClick(DialogInterface dialog, int id) {
27                 getDoodleFragment().getDoodleView().clear(); // apaga a imagem
28              }
29           }
30        );
31
32        // adiciona o componente Button Cancel
33        builder.setNegativeButton(android.R.string.cancel, null);
34        return builder.create(); // return dialog
35     }
36
37     // obtém uma referência para o componente MainActivityFragment
38     private MainActivityFragment getDoodleFragment() {
39        return (MainActivityFragment) getFragmentManager().findFragmentById(
```

Figura 5.49 | Classe `EraseImageDialogFragment`. (Parte 1 de 2)

```
41     }
42
43     // informa MainActivityFragment que a caixa de diálogo está sendo exibida
44     @Override
45     public void onAttach(Activity activity) {
46        super.onAttach(activity);
47        MainActivityFragment fragment = getDoodleFragment();
48
49        if (fragment != null)
50           fragment.setDialogOnScreen(true);
51     }
52
53     // informa MainActivityFragment que a caixa de diálogo não está mais
          sendo exibida
54     @Override
55     public void onDetach() {
56        super.onDetach();
57        MainActivityFragment fragment = getDoodleFragment();
58
59        if (fragment != null)
60           fragment.setDialogOnScreen(false);
61     }
62  }
```

Figura 5.49 | (Parte 2 de 2)

String predefinido do Android android.R.string.cancel. Para ver outros recursos de String predefinidos, visite

    http://developer.android.com/reference/android/R.string.html

A linha 34 retorna o componente AlertDialog.

5.12 Para finalizar

Neste capítulo, você construiu o aplicativo **Doodlz**, que permite aos usuários pintar arrastando um ou mais dedos pela tela. Você implementou um recurso de chacoalhar para apagar usando o componente SensorManager do Android para registrar um receptor SensorEventListener que responde a eventos de acelerômetro, e aprendeu que o Android suporta muitos outros sensores.

Você criou subclasses de DialogFragment para exibir views personalizadas em elementos AlertDialog. Também sobrescreveu os métodos de ciclo de vida onAttach e onDetach de Fragment, os quais são chamados quando um fragmento é anexado ou desanexado de uma atividade pai, respectivamente.

Mostramos como associar um Canvas a um Bitmap e, então, usar o Canvas para desenhar no Bitmap. Demonstramos como tratar eventos multitouch para que o aplicativo pudesse responder a vários dedos sendo arrastados simultaneamente pela tela. Você armazenou as informações de cada dedo como um objeto Path. Processou os eventos de toque sobrescrevendo o método onTouchEvent de View, o qual recebe um parâmetro MotionEvent contendo o tipo de evento e o identificador do ponteiro (dedo) que o gerou. Usamos os identificadores para distinguir os diferentes dedos e adicionamos as informações nos objetos Path correspondentes.

Você usou um ContentResolver e o método de MediaStore.Images.Media.insertImage para salvar uma imagem no dispositivo. Para habilitar esse recurso, o novo modelo de permissões do Android 6.0 foi usado a fim de solicitar permissão do usuário para salvar no armazenamento externo.

Mostramos como usar o framework de impressão para permitir aos usuários imprimir seus desenhos. Você usou a classe `PrintHelper` da Android Support Library para imprimir um `bitmap`. A classe `PrintHelper` exibiu uma interface de usuário para selecionar uma impressora ou salvar a imagem em um documento PDF. Para incorporar recursos da Android Support Library no aplicativo, você usou o Gradle para especificar a dependência do aplicativo de recursos dessa biblioteca.

No Capítulo 6, você vai criar o aplicativo **Cannon Game** usando múltiplas threads e animação quadro a quadro. Vai manipular gestos de toque para disparar um canhão. Vai também aprender a criar um loop de jogo que atualiza a tela o mais rápido possível para gerar animações suaves e fazer que o jogo pareça ser executado com a mesma rapidez, independentemente da velocidade do processador do dispositivo.

6

Aplicativo Cannon Game

Animação quadro a quadro manual, elementos gráficos, som, threads, SurfaceView e SurfaceHolder, modo imersivo e tela inteira

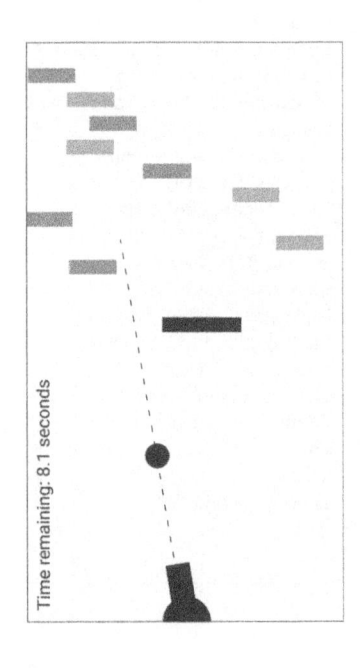

Objetivos
Neste capítulo, você vai:
- Criar um aplicativo de jogo simples, divertido e fácil de codificar.
- Criar uma subclasse de SurfaceView personalizada para exibir os elementos gráficos do jogo a partir de uma thread de execução separada.
- Desenhar elementos gráficos usando componentes Paint e um Canvas.
- Sobrescrever o método onTouchEvent de View para disparar uma bala de canhão quando o usuário toca na tela.
- Realizar detecção de colisão simples.
- Adicionar som a seu aplicativo usando SoundPool e AudioManager.
- Sobrescrever o método de ciclo de vida onDestroy de Fragment.
- Usar o modo imersivo para permitir que o jogo ocupe a tela inteira, mas ainda deixar que o usuário acesse as barras de sistema.

Resumo

6.1 Introdução
6.2 Teste do aplicativo **Cannon Game**
6.3 Visão geral das tecnologias
   6.3.1 Uso da pasta de recursos `res/raw`
   6.3.2 Métodos de ciclo de vida de `Activity` e `Fragment`
   6.3.3 Sobrescrita do método `onTouchEvent` de `View`
   6.3.4 Adição de som com `SoundPool` e `AudioManager`
   6.3.5 Animação quadro a quadro com `Threads`, `SurfaceView` e `SurfaceHolder`
   6.3.6 Detecção de colisão simples
   6.3.7 Modo imersivo
6.4 Construção da interface gráfica do usuário e dos arquivos de recursos
   6.4.1 Criação do projeto
   6.4.2 Ajuste do tema para remover o título do aplicativo e a barra de aplicativo
   6.4.3 `strings.xml`
   6.4.4 Cores
   6.4.5 Adição dos sons ao aplicativo
   6.4.6 Adição da classe `MainActivityFragment`
   6.4.7 Edição de `activity_main.xml`
   6.4.8 Adição de `CannonView` a `fragment_main.xml`
6.5 Visão geral das classes deste aplicativo
6.6 Subclasse `MainActivity` de `AppCompatActivity`
6.7 Subclasse `MainActivityFragment` de `Fragment`
6.8 Classe `GameElement`
   6.8.1 Variáveis de instância e construtor
   6.8.2 Métodos `update`, `draw` e `playSound`
6.9 Subclasse `Blocker` de `GameElement`
6.10 Subclasse `Target` de `GameElement`
6.11 Classe `Cannon`
   6.11.1 Variáveis de instância e construtor
   6.11.2 Método `align`
   6.11.3 Método `fireCannonball`
   6.11.4 Método `draw`
   6.11.5 Métodos `getCannonball` e `removeCannonball`
6.12 Subclasse `Cannonball` de `GameElement`
   6.12.1 Variáveis de instância e construtor
   6.12.2 Métodos `getRadius`, `collidesWith`, `isOnScreen` e `reverseVelocityX`
   6.12.3 Método `update`
   6.12.4 Método `draw`
6.13 Subclasse `CannonView` de `SurfaceView`
   6.13.1 As instruções `package` e `import`
   6.13.2 Variáveis de instância e constantes
   6.13.3 Construtor
   6.13.4 Sobrescrita do método `onSizeChanged` de `View`
   6.13.5 Métodos `getScreenWidth`, `getScreenHeight` e `playSound`
   6.13.6 Método `newGame`
   6.13.7 Método `updatePositions`
   6.13.8 Método `alignAndFireCannonball`
   6.13.9 Método `showGameOverDialog`
   6.13.10 Método `drawGameElements`
   6.13.11 Método `testForCollisions`
   6.13.12 Métodos `stopGame` e `releaseResources`
   6.13.13 Implementação dos métodos de `SurfaceHolder.Callback`
   6.13.14 Sobrescrita do método `onTouchEvent` de `View`
   6.13.15 `CannonThread`: uso de uma `thread` para criar um loop de jogo
   6.13.16 Métodos `hideSystemBars` e `showSystemBars`
6.14 Para finalizar

6.1 Introdução

O aplicativo **Cannon Game**[1] desafia o jogador a destruir nove alvos antes que um limite de 10 segundos expire (Figura 6.1). O jogo consiste em quatro tipos de componentes visuais – um *canhão* controlado pelo jogador, uma *bala de canhão*, nove *alvos* e uma

---

[1] Gostaríamos de agradecer ao professor Hugues Bersini – autor de um livro sobre programação orientada a objetos em francês para a Éditions Eyrolles, Secteur Informatique – por compartilhar conosco sua refatoração sugerida para nosso aplicativo **Cannon Game** original. Usamos isso como inspiração para nossa própria refatoração nas versões mais recentes do aplicativo neste livro e no *iOS® 8 for Programmers: An App-Driven Approach*.

barreira que defende os alvos. Você aponta e dispara o canhão *tocando* na tela – o canhão então mira no ponto tocado e dispara a bala em linha reta nessa direção.

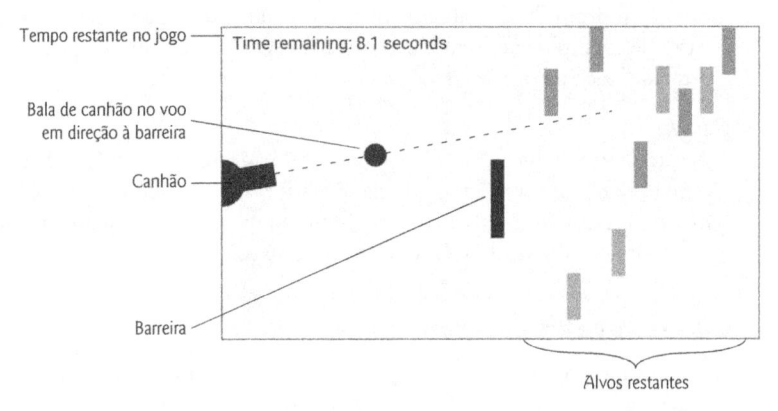

Figura 6.1 Aplicativo **Cannon Game** concluído.

Sempre que você destrói um alvo, três segundos de bônus são *adicionados* ao tempo restante, e sempre que você atinge a barreira, uma penalidade de dois segundos é *subtraída* do tempo restante. Você ganha destruindo todos os nove alvos antes que o tempo termine – se o cronômetro zerar, você perdeu. Ao final do jogo, o aplicativo exibe um componente AlertDialog indicando se você ganhou ou perdeu e mostra o número de tiros disparados e o tempo decorrido (Figura 6.2).

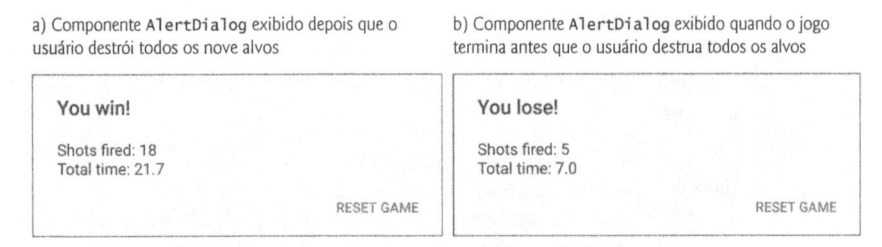

Figura 6.2 Componentes AlertDialog do aplicativo **Cannon Game** mostrando uma vitória e uma derrota.

Quando você dispara o canhão, o jogo reproduz um *som de disparo*. Quando a bala do canhão atinge um alvo, um *som de vidro quebrando* é emitido e esse alvo desaparece. Quando a bala do canhão atinge a barreira, é emitido um *som de golpe* e a bala ricocheteia. A barreira não pode ser destruída. Cada um dos alvos e a barreira se movem *verticalmente* em velocidades diferentes, mudando de direção quando atingem a parte superior ou inferior da tela.

[*Obs.*: O emulador do Android é lento em alguns computadores. Para obter a melhor experiência, você deve testar este aplicativo em um dispositivo Android. Em um emulador lento, às vezes a bala de canhão parece passar pela barreira ou pelos alvos.]

6.2 Teste do aplicativo Cannon Game

Abra e execute o aplicativo
Abra o Android Studio, abra o aplicativo **Cannon Game** a partir da pasta CannonGame na pasta de exemplos do livro e execute-o no AVD ou em um dispositivo. Isso constrói o projeto e executa o aplicativo.

Jogue
Toque na tela para mirar e disparar o canhão. Você só poderá disparar uma bala de canhão se não houver outra na tela. Se estiver executando em um AVD, seu "dedo" é o mouse. Destrua todos os alvos o mais rápido que puder – o jogo termina se o cronômetro expira ou se você destrói todos os nove alvos.

6.3 Visão geral das tecnologias

Esta seção apresenta as tecnologias novas que usamos no aplicativo **Cannon Game**, na ordem em que são encontradas no capítulo.

6.3.1 Uso da pasta de recursos res/raw

Os arquivos de mídia, como os sons usados no aplicativo **Cannon Game**, são colocados na pasta de recursos **res/raw** do aplicativo. A Seção 6.4.5 discute como criar essa pasta. Você vai copiar os arquivos de som do aplicativo para ela.

6.3.2 Métodos de ciclo de vida de Activity e Fragment

Apresentamos os métodos de ciclo de vida de Activity e Fragment na Seção 5.3.1. Este aplicativo utiliza o método de ciclo de vida onDestroy de Fragment. Quando uma atividade é encerrada, seu método onDestroy é chamado, o qual, por sua vez, chama os métodos onDestroy de todos os fragmentos armazenados pela atividade. Usamos esse método no componente MainActivityFragment para liberar os recursos de som de CannonView.

> **Dica para evitar erros 6.1**
> Não é garantido que o método onDestroy seja chamado; portanto, ele só deve ser usado para liberar recursos, não para salvar dados. A documentação do Android recomenda salvar dados nos métodos onPause ou onSaveInstanceState.

6.3.3 Sobrescrita do método onTouchEvent de View

Os usuários interagem com este aplicativo tocando na tela do dispositivo. Um toque alinha o canhão para o ponto do toque na tela e, então, dispara o canhão. Para processar eventos de toque simples para o componente CannonView, você vai sobrescrever o método **onTouchEvent** de View (Seção 6.13.14) e, então, vai usar constantes da classe MotionEvent (pacote android.view) para testar qual tipo de evento ocorreu e processá-lo de forma correspondente.

6.3.4 Adição de som com SoundPool e AudioManager

Os efeitos sonoros de um aplicativo são gerenciados com um objeto **SoundPool** (pacote android.media), o qual pode ser usado para *carregar*, *reproduzir* e *descarregar* sons. Os sons são reproduzidos por meio de um dos fluxos (streams) de áudio do Android para *alarmes, música, notificações, toques de telefone, sons do sistema, chamadas telefônicas* e muito mais. Você vai configurar e criar um objeto `SoundPool` usando um objeto `SoundPool.Builder`. Vai também usar um objeto `AudioAttributes.Builder` para criar um objeto `AudioAttributes`, o qual será associado ao objeto `SoundPool`. Chamamos o método `setUsage` de `AudioAttributes` para designar o som como áudio de jogo. A documentação do Android recomenda que jogos utilizem o *fluxo de áudio de música* para reproduzir sons, pois o volume desse fluxo pode ser controlado por meio dos botões de volume do dispositivo. Além disso, usamos o método `setVolumeControlStream` de `Activity` para permitir que o volume do jogo seja controlado com os botões de volume do dispositivo. O método recebe uma constante da classe `AudioManager` (pacote `android.media`), a qual dá acesso aos controles de volume e toque de telefone do dispositivo.

6.3.5 Animação quadro a quadro com threads, SurfaceView e SurfaceHolder

Este aplicativo *faz suas animações manualmente* ao atualizar os elementos do jogo em uma thread de execução separada. Para isso, usamos uma subclasse de `Thread` com um método run que instrui nosso objeto personalizado `CannonView` a atualizar as posições de todos os elementos do jogo e, então, os desenha. O método run faz as *animações quadro a quadro* – isso é conhecido como **loop do jogo**.

Todas as atualizações feitas na interface do usuário de um aplicativo devem ocorrer na thread de execução da interface, pois os componentes da interface não são seguros para threads – atualizações feitas fora da thread da interface gráfica do usuário podem corrompê-la. Contudo, os jogos frequentemente exigem lógica complexa que deve ser executada em threads de execução separadas, e essas threads muitas vezes precisam desenhar na tela. Para esses casos, o Android fornece a classe `SurfaceView` – uma subclasse de `View` que fornece uma área de desenho dedicada na qual outras threads podem exibir elementos gráficos na tela, de forma segura para threads.

> **Dica de desempenho 6.1**
> *É importante minimizar o volume de trabalho feito na thread da interface gráfica para garantir que suas respostas permaneçam rápidas e que não sejam exibidas caixas de diálogo ANR (Application Not Responding).*

Você manipula um elemento `SurfaceView` por meio de um objeto da classe `SurfaceHolder`, o qual permite obter um elemento `Canvas` no qual elementos gráficos podem ser desenhados. A classe `SurfaceHolder` também fornece métodos que dão a uma thread *acesso exclusivo* ao `Canvas` para desenhar – somente uma thread por vez pode desenhar em um elemento `SurfaceView`. Cada subclasse de `SurfaceView` deve implementar a interface `SurfaceHolder.Callback`, a qual contém métodos que são chamados quando o objeto `SurfaceView` é *criado*, *alterado* (por exemplo, em seu tamanho ou sua orientação) ou *destruído*.

6.3.6 Detecção de colisão simples

O elemento `CannonView` realiza *detecção de colisão* simples para determinar se a bala do canhão atingiu uma das bordas de `CannonView`, a barreira ou uma seção do alvo. Essas técnicas são apresentadas na Seção 6.13.11.

Os frameworks de desenvolvimento de jogos normalmente fornecem recursos de detecção de colisão mais sofisticados, "com precisão de pixel". Muitos deles (gratuitos e pagos) estão disponíveis para desenvolvimento desde jogos 2D mais simples até os mais complexos games 3D estilo console (como os games para PlayStation˙ da Sony e Xbox˙ da Microsoft). A Figura 6.3 lista alguns frameworks para desenvolvimento de jogos – existem muitos outros. Muitos suportam várias plataformas, incluindo Android e iOS. Alguns exigem C++ ou outras linguagens de programação.

Frameworks para desenvolvimento de jogos
AndEngine - http://www.andengine.org
Cocos2D - http://code.google.com/p/cocos2d-android
GameMaker - http://www.yoyogames.com/studio
libgdx - https://libgdx.badlogicgames.com
Unity - http://www.unity3d.com
Unreal Engine - http://www.unrealengine.com

Figura 6.3 | Frameworks para desenvolvimento de jogos.

6.3.7 Modo imersivo

Para causar a imersão dos usuários nos jogos, os desenvolvedores frequentemente utilizam temas de tela inteira, como

```
Theme.Material.Light.NoActionBar.Fullscreen
```

que exibe somente a barra de sistema inferior. Em telefones na orientação paisagem, essa barra de sistema aparece na margem direita da tela.

No Android 4.4 (KitKat), o Google adicionou suporte para o *modo imersivo* de tela inteira (Seção 6.13.16), o qual permite a um aplicativo utilizar a tela toda. Quando um aplicativo está no modo imersivo, o usuário pode deslizar o dedo de cima para baixo na tela para exibir as barras de sistema temporariamente. Se o usuário não interage com as barras de sistema, elas desaparecem após alguns segundos.

6.4 Construção da interface gráfica do usuário e dos arquivos de recursos

Nesta seção, você vai criar os arquivos de recurso, os arquivos de layout da interface gráfica do usuário e as classes do aplicativo.

6.4.1 Criação do projeto

Para este aplicativo, você vai adicionar um fragmento e seu layout manualmente – grande parte do código gerado automaticamente no template **Blank Activity** com um fragmento não é necessária no aplicativo **Cannon Game**. Crie um projeto usando o template **Empty Activity**. No passo **New Project** da caixa de diálogo **Create New Project**, especifique

- **Application Name:** Cannon Game
- **Company Domain:** deitel.com (ou especifique seu próprio nome de domínio)

No editor de layout, selecione **Nexus 6** na lista suspensa de dispositivos virtuais (Figura 2.11). Mais uma vez, usaremos esse dispositivo como base para nosso projeto. Além disso, exclua o componente TextView **Hello World!** de activity_main.xml. Como já fez antes, adicione um ícone de aplicativo ao seu projeto.

Configure o aplicativo para a orientação paisagem

O jogo **Cannon** é projetado apenas para a orientação paisagem. Siga os passos da Seção 3.7 para configurar a orientação da tela, mas desta vez configure `android:screenOrientation` como `landscape`, em vez de `portrait`.

6.4.2 Ajuste do tema para remover o título do aplicativo e a barra de aplicativo

Conforme mencionamos na Seção 6.3.7, os desenvolvedores frequentemente utilizam temas de tela inteira, como

```
Theme.Material.Light.NoActionBar.Fullscreen
```

que exibe somente a barra de sistema inferior, a qual, na orientação paisagem, aparece na margem direita da tela. Os temas `AppCompat` não incluem um de tela inteira por padrão, mas você pode modificar o tema do aplicativo para conseguir isso. Para isso:

1. Abra `styles.xml`.
2. Adicione as linhas a seguir ao elemento `<style>`:

```xml
<item name="windowNoTitle">true</item>
<item name="windowActionBar">false</item>
<item name="android:windowFullscreen">true</item>
```

A primeira linha indica que o título (normalmente, o nome do aplicativo) não deve ser exibido. A segunda indica que a barra de aplicativo não deve aparecer. A última linha indica que o aplicativo deve usar a tela inteira.

6.4.3 `strings.xml`

Você criou recursos de `String` em capítulos anteriores, de modo que mostramos aqui apenas uma tabela dos nomes de recursos de `String` e valores correspondentes (Figura 6.4). Clique duas vezes em `strings.xml` na pasta `res/values` e clique no link **Open editor** a fim de exibir o **Translations Editor** para criar esses recursos de `String`.

Nome do recurso	Valores
results_format	Shots fired: %1$d\nTotal time: %2$.1f
reset_game	Reset Game
win	You win!
lose	You lose!
time_remaining_format	Time remaining: %.1f seconds

Figura 6.4 | Recursos de `String` usados no aplicativo **Cannon Game**.

6.4.4 Cores

Este aplicativo desenha alvos de cores alternadas no objeto `Canvas`. Neste caso, adicionamos a `colors.xml` os seguintes recursos de cor azul-escuro e amarelo:

```xml
<color name="dark">#1976D2</color>
<color name="light">#FFE100</color>
```

6.4.5 Adição dos sons ao aplicativo

Conforme mencionamos, os arquivos de som são armazenados na pasta res/raw do aplicativo. Este aplicativo usa três arquivos de som – blocker_hit.wav, target_hit.wav e cannon_fire.wav –, os quais se encontram com os exemplos do livro na pasta sounds. Para adicionar esses arquivos ao seu projeto:

1. Clique com o botão direito do mouse na pasta res do aplicativo e selecione **New > Android resource directory** para abrir a caixa de diálogo **New Resource Directory**.

2. Na lista suspensa **Resource type**, selecione raw. **Directory name** mudará automaticamente para raw.

3. Clique em **OK** para criar a pasta.

4. Copie e cole os arquivos de som para a pasta res/raw. Na caixa de diálogo **Copy** que aparece, clique em **OK**.

6.4.6 Adição da classe `MainActivityFragment`

A seguir, você vai adicionar a classe MainActivityFragment ao projeto:

1. Na janela **Project**, clique com o botão direito do mouse no nó **com.deitel.cannongame** e selecione **New > Fragment > Fragment (Blank)**.

2. Para **Fragment Name** especifique MainActivityFragment, e para **Fragment Layout Name** especifique fragment_main.

3. Desmarque as caixas de seleção de **Include fragment factory methods?** e **Include interface callbacks?**

Por padrão, fragment_main.xml contém um FrameLayout que exibe um elemento TextView. Um FrameLayout se destina a exibir uma view, mas também pode ser usado para views em camadas. Remova o elemento TextView – neste aplicativo, o FrameLayout exibirá o elemento CannonView.

6.4.7 Edição de `activity_main.xml`

Neste aplicativo, o layout de MainActivity exibe apenas MainActivityFragment. Edite o layout, como segue:

1. Abra activity_main.xml no editor de layout e troque para a guia **Text**.

2. Mude RelativeLayout para fragment e remova as propriedades de preenchimento para que o elemento fragment preencha a tela inteira.

3. Troque para a view **Design**, selecione **fragment** na janela **Component Tree** e configure a propriedade **id** como fragment.

4. Configure **name** como com.deitel.cannongame.MainActivityFragment – em vez de digitar isso, você pode clicar no botão de reticências à direita do campo do valor da propriedade **name** e selecionar a classe na caixa de diálogo **Fragments** que aparece.

Lembre-se de que a view **Design** do editor de layout pode mostrar uma visualização de um fragmento exibido em um layout específico. Se você não especificar o fragmento a ser visualizado no layout de MainActivity, o editor de layout exibirá a mensagem "Rendering Problems". Para especificar o fragmento a ser visualizado, clique com o botão direito do mouse no fragmento – na view **Design** ou na janela **Component Tree** – e clique em **Choose Preview Layout**.... Em seguida, na caixa de diálogo **Resources**, selecione o nome do layout de fragmento.

6.4.8 Adição de `CannonView` a `fragment_main.xml`

Você vai adicionar a `CannonView` a `fragment_main.xml`. Primeiro, você precisa criar o arquivo `CannonView.java` para que possa selecionar a classe `CannonView` quando colocar um elemento **CustomView** no layout. Para criar `CannonView.java` e adicionar a Cannon-View ao layout, siga os seguintes passos:

1. Expanda a pasta `java` na janela **Project**.
2. Clique com o botão direito do mouse na pasta do pacote `com.deitel.cannongame` e selecione **New > Java Class**.
3. Na caixa de diálogo **Create New Class** que aparece, digite `CannonView` no campo **Name** e clique em **OK**. O arquivo será aberto automaticamente no editor.
4. Em `CannonView.java`, indique que `CannonView` estende `SurfaceView`. Se a instrução `import` para a classe `android.view.SurfaceView` não aparecer, coloque o cursor no final do nome da classe SurfaceView. Clique no menu da lâmpada vermelha (💡) que aparece acima do início da linha e selecione **Import Class**.
5. Coloque o cursor no final de `SurfaceView` caso ainda não tenha feito isso. Clique no menu da lâmpada vermelha que aparece e selecione **Create constructor matching super**. Escolha o construtor de dois argumentos na lista da caixa de diálogo **Choose Super Class Constructors** que aparece e clique em **OK**. O IDE adicionará o construtor ao arquivo automaticamente.
6. Volte para a view **Design** de `fragment_main.xml` no editor de layout.
7. Clique em **CustomView** na seção **Custom** da **Palette**.
8. Na caixa de diálogo **Views** que aparece, selecione `CannonView (com.deitel.cannongame)` e clique em **OK**.
9. Na janela **Component Tree**, deixe o cursor parado alguns instantes sobre **FrameLayout** e clique. A **view (CustomView)** – que é um elemento `CannonView` – deve aparecer na janela **Component Tree** dentro do **FrameLayout**.
10. Certifique-se de que **view (CustomView)** esteja selecionada na janela **Component Tree**. Na janela **Properties**, configure **layout:width** e **layout:height** como `match_parent`.
11. Na janela **Properties**, altere a propriedade **id** da `view` para `cannonView`.
12. Salve e feche `fragment_main.xml`.

6.5 Visão geral das classes deste aplicativo

Este aplicativo tem oito classes:

- `MainActivity` (a subclasse de `AppCompatActivity`, Seção 6.6) – Armazena `MainActivityFragment`.
- `MainActivityFragment` (Seção 6.7) – Exibe `CannonView`.
- `GameElement` (Seção 6.8) – A superclasse de itens que se movem para cima e para baixo (`Blocker` e `Target`) ou pela tela (`Cannonball`).
- `Blocker` (Seção 6.9) – Representa uma barreira, a qual torna mais desafiador destruir os alvos.

- `Target` (Seção 6.10) – Representa um alvo que pode ser destruído por uma bala de canhão.
- `Cannon` (Seção 6.11) – Representa o canhão, o qual dispara uma bala sempre que o usuário toca na tela.
- `Cannonball` (Seção 6.12) – Representa uma bala de canhão disparada quando o usuário toca na tela.
- `CannonView` (Seção 6.13) – Contém a lógica do jogo e coordena os comportamentos dos objetos `Blocker`, `Target`, `Cannonball` e `Cannon`.

Você precisa criar as classes `GameElement`, `Blocker`, `Target`, `Cannonball` e `Cannon`. Para cada classe, clique com o botão direito do mouse na pasta do pacote `com.deitel.cannongame` na pasta app/java do projeto e selecione **New > Java Class**. Na caixa de diálogo **Create New Class**, digite o nome da classe no campo **Name** e clique em **OK**.

6.6 Subclasse `MainActivity` de `AppCompatActivity`

A classe `MainActivity` (Figura 6.5) armazena o elemento `MainActivityFragment` do aplicativo **Cannon Game**. Neste aplicativo, sobrescrevemos apenas o método `onCreate` de `Activity`, o qual infla a interface gráfica do usuário.

```
1  // MainActivity.java
2  // MainActivity exibe MainActivityFragment
3  package com.deitel.cannongame;
4
5  import android.support.v7.app.AppCompatActivity;
6  import android.os.Bundle;
7
8  public class MainActivity extends AppCompatActivity {
9      // chamado quando o aplicativo é ativado pela primeira vez
10     @Override
11     protected void onCreate(Bundle savedInstanceState) {
12         super.onCreate(savedInstanceState);
13         setContentView(R.layout.activity_main);
14     }
15 }
```

Figura 6.5 | A classe `MainActivity` exibe `MainActivityFragment`.

6.7 Subclasse `MainActivityFragment` de `Fragment`

A classe `MainActivityFragment` (Figura 6.6) sobrescreve quatro métodos de `Fragment`:

- `onCreateView` (linhas 17 a 28) – Conforme você aprendeu na Seção 4.3.3, este método é chamado depois do método `onCreate` de um objeto `Fragment` para construir e retornar um objeto `View` contendo a interface gráfica do fragmento. As linhas 22 e 23 inflam a interface gráfica. A linha 26 obtém uma referência para o objeto `CannonView` de `MainActivityFragment` a fim de que possamos chamar seus métodos.
- `onActivityCreated` (linhas 31 a 37) – Este método é chamado depois que a atividade que armazena o fragmento é criada. A linha 36 chama o método `setVolumeControlStream` de `Activity` para permitir que o volume do jogo seja controlado pelos botões de volume do dispositivo. Existem sete fluxos de som, identificados por constantes de `AudioManager`, mas o fluxo de música (`AudioManager.STRE-`

AM_MUSIC) é recomendado para som em jogos, pois o volume desse fluxo pode ser controlado pelos botões do dispositivo.
- onPause (linhas 40 a 44) – Quando a MainActivity é enviada para o *segundo plano* (e, assim, pausada), o método onPause de MainActivityFragment é executado. A linha 43 chama o método stopGame de CannonView (Seção 6.13.12) para interromper o loop do jogo.
- onDestroy (linhas 47 a 51) – Quando MainActivity é destruída, seu método onDestroy chama onDestroy de MainActivityFragment. A linha 50 chama o método releaseResources de CannonView para liberar os recursos de som (Seção 6.13.12).

```java
 1  // MainActivityFragment.java
 2  // MainActivityFragment cria e gerencia um componente CannonView
 3  package com.deitel.cannongame;
 4
 5  import android.media.AudioManager;
 6  import android.os.Bundle;
 7  import android.support.v4.app.Fragment;
 8  import android.view.LayoutInflater;
 9  import android.view.View;
10  import android.view.ViewGroup;
11
12  public class MainActivityFragment extends Fragment {
13     private CannonView cannonView; // view personalizada para mostrar o jogo
14
15     // chamado quando a view do Fragment precisa ser criada
16     @Override
17     public View onCreateView(LayoutInflater inflater, ViewGroup container,
18        Bundle savedInstanceState) {
19        super.onCreateView(inflater, container, savedInstanceState);
20
21        // infla o layout de fragment_main.xml
22        View view =
23           inflater.inflate(R.layout.fragment_main, container, false);
24
25        // obtém uma referência para o componente CannonView
26        cannonView = (CannonView) view.findViewById(R.id.cannonView);
27        return view;
28     }
29
30     // configura o controle de volume quando a atividade é criada
31     @Override
32     public void onActivityCreated(Bundle savedInstanceState) {
33        super.onActivityCreated(savedInstanceState);
34
35        // permite que os botões de volume configurem o volume do jogo
36        getActivity().setVolumeControlStream(AudioManager.STREAM_MUSIC);
37     }
38
39     // quando MainActivity é pausada, termina o jogo
40     @Override
41     public void onPause() {
42        super.onPause();
43        cannonView.stopGame(); // termina o jogo
44     }
45
46     // quando MainActivity é pausada, MainActivityFragment libera os recursos
47     @Override
```

Figura 6.6 | MainActivityFragment cria e gerencia o elemento CannonView. (Parte 1 de 2)

```
48        public void onDestroy() {
49           super.onDestroy();
50           cannonView.releaseResources();
51        }
52     }
```

Figura 6.6 | (Parte 2 de 2)

6.8 Classe GameElement

A classe GameElement (Figura 6.7) – a superclasse de Blocker, Target e Cannonball – contém os dados e funcionalidades comuns de um objeto que se move no aplicativo **Cannon Game**.

```
 1    // GameElement.java
 2    // Representa um elemento do jogo delimitado por um retângulo
 3    package com.deitel.cannongame;
 4
 5    import android.graphics.Canvas;
 6    import android.graphics.Paint;
 7    import android.graphics.Rect;
 8
 9    public class GameElement {
10       protected CannonView view; // a view que contém esse GameElement
11       protected Paint paint = new Paint(); // objeto Paint para desenhar
                                              esse GameElement
12       protected Rect shape; // os limites retangulares do GameElement
13       private float velocityY; // a velocidade vertical desse GameElement
14       private int soundId; // o som associado a esse GameElement
15
16       // construtor público
17       public GameElement(CannonView view, int color, int soundId, int x,
18          int y, int width, int length, float velocityY) {
19          this.view = view;
20          paint.setColor(color);
21          shape = new Rect(x, y, x + width, y + length); // define os limites
22          this.soundId = soundId;
23          this.velocityY = velocityY;
24       }
25
26       // atualiza a posição de GameElement e verifica se há colisões com a parede
27       public void update(double interval) {
28          // atualiza a posição vertical
29          shape.offset(0, (int) (velocityY * interval));
30
31          // se esse GameElement colide com a parede, inverte a direção
32          if (shape.top < 0 && velocityY < 0 ||
33             shape.bottom > view.getScreenHeight() && velocityY > 0)
34             velocityY *= -1; // inverte a velocidade desse GameElement
35       }
36
37       // desenha esse GameElement no objeto Canvas dado
```

Figura 6.7 | A classe GameElement representa um elemento do jogo delimitado por um retângulo. (Parte I de 2)

```
38     public void draw(Canvas canvas) {
39         canvas.drawRect(shape, paint);
40     }
41
42     // reproduz o som correspondente a esse tipo de GameElement
43     public void playSound() {
44         view.playSound(soundId);
45     }
46 }
```

Figura 6.7 | (Parte 2 de 2)

6.8.1 Variáveis de instância e construtor

O construtor de GameElement recebe uma referência para o elemento CannonView (Seção 6.13), o qual implementa a lógica do jogo e desenha seus elementos. O construtor recebe um valor int representando a cor de 32 bits do GameElement e um valor int representando o identificador de um som associado a esse GameElement. CannonView armazena todos os sons do jogo e fornece um identificador para cada um. O construtor recebe também

- valores int para as posições x e y do canto superior esquerdo do GameElement;
- valores int para sua largura e altura; e
- uma velocidade vertical inicial, velocityY, desse GameElement.

A linha 20 configura a cor do objeto paint usando a representação int da cor passada para o construtor. A linha 21 calcula os limites do GameElement e os armazena em um objeto Rect que representa um retângulo.

6.8.2 Métodos update, draw e playSound

Um GameElement tem os seguintes métodos:

- update (linhas 27 a 35) – Em cada iteração do loop do jogo, esse método é chamado para atualizar a posição do GameElement. A linha 29 atualiza a posição vertical de shape com base na velocidade vertical (velocityY) e no tempo decorrido entre as chamadas a update, os quais o método recebe como o parâmetro interval. As linhas 32 a 34 verificam se esse GameElement está colidindo com a margem superior ou inferior da tela e, em caso positivo, invertem sua velocidade vertical.
- draw (linhas 38–40) – Este método é chamado quando um GameElement precisa ser redesenhado na tela. O método recebe um Canvas e desenha esse GameElement como um retângulo na tela – vamos sobrescrever esse método na classe Cannonball para, em vez disso, desenhar um círculo. A variável de instância paint de GameElement especifica a cor do retângulo, e shape de GameElement especifica os limites do retângulo na tela.
- playSound (linhas 43 a 45) – Todo elemento do jogo tem um som associado, que pode ser reproduzido chamando-se o método playSound. Esse método passa o valor da variável de instância soundId para o método playSound de CannonView. A classe CannonView carrega e mantém referências para os sons do jogo.

6.9 Subclasse Blocker de GameElement

A classe Blocker (Figura 6.8) – uma subclasse de GameElement – representa a barreira, a qual torna mais difícil para o jogador destruir alvos. O valor da variável missPenalty, da classe Blocker, é subtraído do tempo restante no jogo se o objeto Cannonball colide com o objeto Blocker. O método getMissPenalty (linhas 17 a 19) retorna o valor da penalidade (missPenalty) – esse método é chamado a partir do método testForCollisions de CannonView ao se subtrair missPenalty do tempo restante (Seção 6.13.11). O construtor de Blocker (linhas 9 a 14) passa seus argumentos e o identificador do som de golpe na barreira (CannonView.BLOCKER_SOUND_ID) para o construtor da superclasse (linha 11) e, então, inicializa missPenalty.

```
1  // Blocker.java
2  // Subclasse de GameElement personalizada para Blocker
3  package com.deitel.cannongame;
4
5  public class Blocker extends GameElement {
6     private int missPenalty; // a penalidade por erro para essa barreira
7
8     // construtor
9     public Blocker(CannonView view, int color, int missPenalty, int x,
10       int y, int width, int length, float velocityY) {
11       super(view, color, CannonView.BLOCKER_SOUND_ID, x, y, width, length,
12          velocityY);
13       this.missPenalty = missPenalty;
14    }
15
16    // retorna a penalidade por erro para essa barreira
17    public int getMissPenalty() {
18       return missPenalty;
19    }
20  }
```

Figura 6.8 | Subclasse Blocker de GameElement.

6.10 Subclasse Target de GameElement

A classe Target (Figura 6.9) – uma subclasse de GameElement – representa um alvo que o jogador pode destruir. O valor da variável hitPenalty, da classe Target, é adicionado ao tempo restante no jogo se o objeto Cannonball colide com um objeto Target. O método getHitReward (linhas 17 a 19) retorna o valor de hitReward – esse método é chamado a partir do método testForCollisions de CannonView ao se somar hitReward ao tempo restante (Seção 6.13.11). O construtor de Target (linhas 9 a 14) passa seus argumentos e o identificador do som de golpe no alvo (CannonView.TARGET_SOUND_ID) para o construtor de super (linha 11) e, então, inicializa hitReward.

```
1  // Target.java
2  // Subclasse de GameElement personalizada para Target
3  package com.deitel.cannongame;
4
```

Figura 6.9 | Subclasse Target de GameElement. (Parte 1 de 2)

```
 5    public class Target extends GameElement {
 6       private int hitReward; // a recompensa por acerto para esse alvo
 7
 8       // construtor
 9       public Target(CannonView view, int color, int hitReward, int x, int y,
10          int width, int length, float velocityY) {
11          super(view, color, CannonView.TARGET_SOUND_ID, x, y, width, length,
12             velocityY);
13          this.hitReward = hitReward;
14       }
15
16       // retorna a recompensa por acerto para esse alvo
17       public int getHitReward() {
18          return hitReward;
19       }
20    }
```

Figura 6.9 | (Parte 2 de 2)

6.11 Classe Cannon

A classe Cannon (Figuras 6.10 a 6.14) representa o canhão no aplicativo **Cannon Game**. O canhão tem uma base e um cano, e pode disparar uma bala.

6.11.1 Variáveis de instância e construtor

O construtor de Cannon (Figura 6.10) tem quatro parâmetros. Ele recebe

- a CannonView em que esse objeto Cannon está (view);
- o raio da base do objeto Cannon (baseRadius);
- o comprimento do cano do objeto Cannon (barrelLength); e
- a largura do cano do objeto Cannon (barrelWidth).

A linha 25 configura a largura do traço do objeto Paint de modo que o cano seja desenhado com a largura do canhão (barrelWidth) dada. A linha 27 alinha o cano do objeto Cannon de modo a ficar inicialmente paralelo em relação às margens superior e inferior da tela. A classe Cannon tem os seguintes objetos: Point barrelEnd, utilizado para desenhar o cano, barrelAngle para armazenar o ângulo atual do cano, e cannonball para armazenar o objeto Cannonball disparado mais recentemente, se ainda estiver na tela.

```
 1    // Cannon.java
 2    // Representa o canhão e dispara a bala
 3    package com.deitel.cannongame;
 4
 5    import android.graphics.Canvas;
 6    import android.graphics.Color;
 7    import android.graphics.Paint;
 8    import android.graphics.Point;
 9
10    public class Cannon {
11       private int baseRadius; // Raio da base do canhão
```

Figura 6.10 | Variáveis de instância e construtor de Cannon. (Parte 1 de 2)

```
12    private int barrelLength; // Comprimento do cano do canhão
13    private Point barrelEnd = new Point(); // ponto extremo do cano do canhão
14    private double barrelAngle; // ângulo do cano do canhão
15    private Cannonball cannonball; // a bala de canhão
16    private Paint paint = new Paint(); // objeto Paint para desenhar o canhão
17    private CannonView view; // view contendo o canhão
18
19    // construtor
20    public Cannon(CannonView view, int baseRadius, int barrelLength,
21       int barrelWidth) {
22       this.view = view;
23       this.baseRadius = baseRadius;
24       this.barrelLength = barrelLength;
25       paint.setStrokeWidth(barrelWidth); // configura a largura do cano
26       paint.setColor(Color.BLACK); // a cor do canhão é preta
27       align(Math.PI / 2); // cano do canhão voltado diretamente para a direita
28    }
29
```

Figura 6.10 | (Parte 2 de 2)

6.11.2 Método align

O método align (Figura 6.11) mira o canhão. O método recebe como argumento o ângulo do cano, em radianos. Usamos cannonLength e barrelAngle para determinar os valores de coordenada *x* e *y* do ponto extremo do cano do canhão, barrelEnd – isso é usado para desenhar uma linha do centro da base do canhão na margem esquerda da tela até o ponto extremo do cano do canhão. A linha 32 armazena o valor de barrelAngle para que, posteriormente, a bala seja disparada no ângulo dado.

```
30    // alinha o cano do canhão com o ângulo dado
31    public void align(double barrelAngle) {
32       this.barrelAngle = barrelAngle;
33       barrelEnd.x = (int) (barrelLength * Math.sin(barrelAngle));
34       barrelEnd.y = (int) (-barrelLength * Math.cos(barrelAngle)) +
35          view.getScreenHeight() / 2;
36    }
37
```

Figura 6.11 | Método align de Cannon.

6.11.3 Método fireCannonball

O método fireCannonball (Figura 6.12) dispara um objeto Cannonball pela tela, na trajetória atual do objeto Cannon (barrelAngle). As linhas 41 a 46 calculam os componentes horizontal e vertical da velocidade da bala. As linhas 49 e 50 calculam o raio da bala, o qual é proporcional a CannonView.CANNONBALL_RADIUS_PERCENT relativamente à altura da tela. As linhas 53 a 56 "carregam o canhão" (isto é, constroem uma nova bala e a posicionam dentro do canhão). Por fim, reproduzimos o som de disparo da bala (linha 58).

```
38      // cria e dispara a bala na direção apontada pelo canhão
39      public void fireCannonball() {
40         // calcula o componente x da velocidade da bala
41         int velocityX = (int) (CannonView.CANNONBALL_SPEED_PERCENT *
42            view.getScreenWidth() * Math.sin(barrelAngle));
43
44         // calcula o componente y da velocidade da bala
45         int velocityY = (int) (CannonView.CANNONBALL_SPEED_PERCENT *
46            view.getScreenWidth() * -Math.cos(barrelAngle));
47
48         // calcula o raio da bala
49         int radius = (int) (view.getScreenHeight() *
50            CannonView.CANNONBALL_RADIUS_PERCENT);
51
52         // constrói a bala e a posiciona no canhão
53         cannonball = new Cannonball(view, Color.BLACK,
54            CannonView.CANNON_SOUND_ID, -radius,
55            view.getScreenHeight() / 2 - radius, radius, velocityX,
56            velocityY);
57
58         cannonball.playSound(); // reproduz o som de disparo da bala
59      }
60
```

Figura 6.12 | Método fireCannonball de Cannon.

6.11.4 Método draw

O método draw (Figura 6.13) desenha o canhão na tela. Desenhamos o canhão em duas partes. Primeiro desenhamos o cano e depois a base.

```
61      // desenha o canhão no objeto Canvas
62      public void draw(Canvas canvas) {
63         // desenha o cano do canhão
64         canvas.drawLine(0, view.getScreenHeight() / 2, barrelEnd.x,
65            barrelEnd.y, paint);
66
67         // desenha a base do canhão
68         canvas.drawCircle(0, (int) view.getScreenHeight() / 2,
69            (int) baseRadius, paint);
70      }
71
```

Figura 6.13 | Método draw de Cannon.

Desenho do cano do canhão com o método **drawLine** *de* **Canvas**

Usamos o **método drawLine** de Canvas para exibir o cano do canhão (linhas 64 e 65). Esse método recebe cinco parâmetros – os quatro primeiros representam as coordenadas *x-y* do início e do fim da linha, e o último é o objeto Paint que especifica as características da linha, como sua espessura. Lembre-se de que paint foi configurado para desenhar o cano com a espessura dada no construtor (Figura 6.10, linha 25).

Desenho da base do canhão com o método **drawCircle** *de* **Canvas**
As linhas 68 e 69 usam o método drawCircle de Canvas para desenhar a base semicircular do canhão, desenhando um círculo centralizado na margem esquerda da tela. Como um círculo é exibido com base em seu ponto central, metade dele é desenhada para fora do lado esquerdo da SurfaceView.

6.11.5 Métodos getCannonball e removeCannonball

A Figura 6.14 mostra os métodos getCannonball e removeCannonball. O método getCannonball (linhas 73 a 75) retorna a instância atual de Cannonball, a qual Cannon armazena. O valor null para cannonball significa que, no momento, não há bala de canhão no jogo. CannonView usa esse método para não disparar uma bala se outra já estiver na tela (Seção 6.13.8, Figura 6.26). O método removeCannonball (linhas 78 a 80 da Figura 6.14) remove a bala do jogo, configurando cannonball como null. CannonView usa esse método para remover a bala de canhão do jogo quando um alvo é destruído ou depois que ela sai da tela (Seção 6.13.11, Figura 6.29).

```
72      // retorna a bala disparada pelo canhão
73      public Cannonball getCannonball() {
74          return cannonball;
75      }
76
77      // remove a bala do jogo
78      public void removeCannonball() {
79          cannonball = null;
80      }
81  }
```

Figura 6.14 | Métodos getCannonball e removeCannonball de CannonView.

6.12 Subclasse Cannonball de GameElement

A subclasse Cannonball de GameElement (Seções 6.12.1 a 6.12.4) representa uma bala disparada pelo canhão.

6.12.1 Variáveis de instância e construtor

O construtor de Cannonball (Figura 6.15) recebe o raio da bala, em vez da largura e altura no construtor de GameElement. As linhas 15 e 16 chamam super com os valores de width e height calculados a partir do raio. O construtor recebe também a velocidade horizontal da bala de canhão, velocityX, e sua velocidade vertical, velocityY. A linha 18 inicializa onScreen como true, pois a bala de canhão está inicialmente na tela.

```
1   // Cannonball.java
2   // Representa a bala disparada pelo canhão
3   package com.deitel.cannongame;
4
5   import android.graphics.Canvas;
6   import android.graphics.Rect;
```

Figura 6.15 | Variáveis de instância e construtor de Cannonball. (Parte 1 de 2)

```
7
8   public class Cannonball extends GameElement {
9      private float velocityX;
10     private boolean onScreen;
11
12     // construtor
13     public Cannonball(CannonView view, int color, int soundId, int x,
14        int y, int radius, float velocityX, float velocityY) {
15        super(view, color, soundId, x, y,
16           2 * radius, 2 * radius, velocityY);
17        this.velocityX = velocityX;
18        onScreen = true;
19     }
20
```

Figura 6.15 | (Parte 2 de 2)

6.12.2 Métodos getRadius, collidesWith, isOnScreen e reverseVelocityX

O método getRadius (Figura 6.16, linhas 22 a 24) retorna o raio da bala de canhão, encontrando a metade da distância entre os limites shape.right e shape.left do objeto shape de Cannonball. O método isOnScreen (linhas 32 a 34) retorna true se a bala está na tela.

```
21     // obtém o raio da bala
22     private int getRadius() {
23        return (shape.right - shape.left) / 2;
24     }
25
26     // testa se a bala colide com o GameElement dado
27     public boolean collidesWith(GameElement element) {
28        return (Rect.intersects(shape, element.shape) && velocityX > 0);
29     }
30
31     // retorna true se essa bala está na tela
32     public boolean isOnScreen() {
33        return onScreen;
34     }
35
36     // inverte a velocidade horizontal da bala
37     public void reverseVelocityX() {
38        velocityX *= -1;
39     }
40
```

Figura 6.16 | Métodos getRadius, collidesWith, isOnScreen e reverseVelocityX de Cannonball.

Verificação de colisões com outro GameElement com o método **collidesWith**

O método collidesWith (linhas 27 a 29) verifica se a bala *colidiu* com o GameElement dado. Fazemos *detecção de colisão* simples com base no limite retangular da bala de canhão. Duas condições devem ser satisfeitas se a bala de canhão está colidindo com o GameElement:

- Os limites da bala, armazenados no objeto shape Rect, devem cruzar com os limites do objeto shape do GameElement dado. O método intersects de Rect é usado para verificar se os limites da bala de canhão e o GameElement dado se cruzam.
- A bala deve estar se movendo horizontalmente em direção ao GameElement dado. Ela viaja da esquerda para a direita (a não ser que atinja a barreira). Se velocityX (a velocidade horizontal) for positiva, a bala está se movendo da esquerda para a direita em direção ao GameElement dado.

Reversão da velocidade horizontal da bala com reverseVelocityX

O método reverseVelocityX inverte a velocidade horizontal da bala de canhão multiplicando velocityX por -1. Se o método collidesWith retorna true, o método testForCollisions de CannonView chama reverseVelocityX para inverter a velocidade horizontal da bala; portanto, a bala ricocheteia em direção ao canhão (Seção 6.13.11).

6.12.3 Método update

O método update (Figura 6.17) primeiramente chama o método update da superclasse (linha 44) para atualizar a velocidade vertical da bala e verificar se há colisões verticais. A linha 47 usa o **método offset** de Rect para transladar horizontalmente os limites dessa bala de canhão. Multiplicamos sua velocidade horizontal (velocityX) pela quantidade de tempo decorrido (interval) para determinar a quantidade de translação. Se a bala atinge uma das margens da tela, as linhas 50 a 53 configuram onScreen como false.

```
41    // atualiza a posição da bala
42    @Override
43    public void update(double interval) {
44       super.update(interval); // atualiza a posição vertical da bala
45
46       // atualiza a posição horizontal
47       shape.offset((int) (velocityX * interval), 0);
48
49       // se a bala sai da tela
50       if (shape.top < 0 || shape.left < 0 ||
51          shape.bottom > view.getScreenHeight() ||
52          shape.right > view.getScreenWidth())
53          onScreen = false; // a configura para ser removida
54    }
55
```

Figura 6.17 | Método sobrescrito update de GameElement.

6.12.4 Método draw

O método draw (Figura 6.18) sobrescreve o método draw de GameElement e usa o **método drawCircle** de Canvas para desenhar a bala de canhão em sua posição atual. Os dois primeiros argumentos representam as coordenadas do *centro* do círculo. O terceiro argumento é o *raio* do círculo. O último argumento é o objeto Paint que especifica as características de desenho do círculo.

```
56     // desenha a bala de canhão na tela de desenho dada
57     @Override
58     public void draw(Canvas canvas) {
59        canvas.drawCircle(shape.left + getRadius(),
60           shape.top + getRadius(), getRadius(), paint);
61     }
62  }
```

Figura 6.18 | Método sobrescrito draw de GameElement.

6.13 Subclasse CannonView de SurfaceView

A classe CannonView (Figuras 6.19 a 6.33) é uma subclasse personalizada de View que implementa a lógica do aplicativo **Cannon Game** e desenha objetos do jogo na tela.

6.13.1 As instruções package e import

A Figura 6.19 lista a instrução package e as instruções import da classe CannonView. A Seção 6.3 discute as novas classes e interfaces importantes utilizadas pela classe CannonView. Nós as realçamos na Figura 6.19.

```
1   // CannonView.java
2   // Exibe e controla o aplicativo Cannon Game
3   package com.deitel.cannongame;
4
5   import android.app.Activity;
6   import android.app.AlertDialog;
7   import android.app.Dialog;
8   import android.app.DialogFragment;
9   import android.content.Context;
10  import android.content.DialogInterface;
11  import android.graphics.Canvas;
12  import android.graphics.Color;
13  import android.graphics.Paint;
14  import android.graphics.Point;
15  import android.media.AudioAttributes;
16  import android.media.SoundPool;
17  import android.os.Build;
18  import android.os.Bundle;
19  import android.util.AttributeSet;
20  import android.util.Log;
21  import android.util.SparseIntArray;
22  import android.view.MotionEvent;
23  import android.view.SurfaceHolder;
24  import android.view.SurfaceView;
25  import android.view.View;
26
27  import java.util.ArrayList;
28  import java.util.Random;
29
30  public class CannonView extends SurfaceView
31     implements SurfaceHolder.Callback {
32
```

Figura 6.19 | Instruções package e import da classe CannonView.

6.13.2 Variáveis de instância e constantes

A Figura 6.20 lista o grande número de constantes e variáveis de instância da classe CannonView. Vamos explicar cada uma delas à medida que as encontrarmos na discussão. Muitas das constantes são usadas em cálculos que mudam a escala dos tamanhos dos elementos do jogo de acordo com as dimensões da tela.

```
33    private static final String TAG = "CannonView"; // para registrar erros
34
35    // constantes para interação do jogo
36    public static final int MISS_PENALTY = 2; // segundos subtraídos em caso de erro
37    public static final int HIT_REWARD = 3; // segundos adicionados em caso de acerto
38
39    // constantes para o canhão
40    public static final double CANNON_BASE_RADIUS_PERCENT = 3.0 / 40;
41    public static final double CANNON_BARREL_WIDTH_PERCENT = 3.0 / 40;
42    public static final double CANNON_BARREL_LENGTH_PERCENT = 1.0 / 10;
43
44    // constantes para a bala
45    public static final double CANNONBALL_RADIUS_PERCENT = 3.0 / 80;
46    public static final double CANNONBALL_SPEED_PERCENT = 3.0 / 2;
47
48    // constantes para os alvos
49    public static final double TARGET_WIDTH_PERCENT = 1.0 / 40;
50    public static final double TARGET_LENGTH_PERCENT = 3.0 / 20;
51    public static final double TARGET_FIRST_X_PERCENT = 3.0 / 5;
52    public static final double TARGET_SPACING_PERCENT = 1.0 / 60;
53    public static final double TARGET_PIECES = 9;
54    public static final double TARGET_MIN_SPEED_PERCENT = 3.0 / 4;
55    public static final double TARGET_MAX_SPEED_PERCENT = 6.0 / 4;
56
57    // constantes para a barreira
58    public static final double BLOCKER_WIDTH_PERCENT = 1.0 / 40;
59    public static final double BLOCKER_LENGTH_PERCENT = 1.0 / 4;
60    public static final double BLOCKER_X_PERCENT = 1.0 / 2;
61    public static final double BLOCKER_SPEED_PERCENT = 1.0;
62
63    // o tamanho do texto é 1/18 da largura da tela
64    public static final double TEXT_SIZE_PERCENT = 1.0 / 18;
65
66    private CannonThread cannonThread; // controla o loop do jogo
67    private Activity activity; // para exibir a caixa de diálogo Game Over
                                //        na thread da interface gráfica do usuário
68    private boolean dialogIsDisplayed = false;
69
70    // objetos do jogo
71    private Cannon cannon;
72    private Blocker blocker;
73    private ArrayList<Target> targets;
74
75    // variáveis de dimensão
76    private int screenWidth;
77    private int screenHeight;
78
79    // variáveis para o loop do jogo e controle de estatísticas
```

Figura 6.20 | Variáveis estáticas e de instância da classe CannonView. (Parte 1 de 2)

```
80     private boolean gameOver; // o jogo terminou?
81     private double timeLeft; // tempo restante, em segundos
82     private int shotsFired; // tiros disparados pelo usuário
83     private double totalElapsedTime; // segundos decorridos
84
85     // constantes e variáveis para gerenciar sons
86     public static final int TARGET_SOUND_ID = 0;
87     public static final int CANNON_SOUND_ID = 1;
88     public static final int BLOCKER_SOUND_ID = 2;
89     private SoundPool soundPool; // reproduz os efeitos sonoros
90     private SparseIntArray soundMap; // mapeia os identificadores para SoundPool
91
92     // variáveis Paint utilizadas ao desenhar cada item na tela
93     private Paint textPaint; // objeto Paint usado para desenhar texto
94     private Paint backgroundPaint; // objeto Paint usado para limpar a área de desenho
95
```

Figura 6.20 | (Parte 2 de 2)

6.13.3 Construtor

A Figura 6.21 mostra o construtor da classe `CannonView`. Quando um objeto `View` é inflado, seu construtor é chamado com um objeto `Context` e um `AttributeSet` como argumentos. O objeto `Context` é a atividade que exibe o elemento `MainActivityFragment` que contém o componente `CannonView`, e **AttributeSet** (pacote `android.util`) contém os valores de atributo de `CannonView` configurados no documento XML do layout. Esses argumentos são passados para o construtor da superclasse (linha 96) para garantir que o objeto `View` personalizado seja corretamente configurado com os valores de quaisquer atributos padrão da `View` especificados no código XML. A linha 99 armazena uma referência para o objeto `MainActivity` a fim de que possamos usá-lo ao final de um jogo para exibir um componente `AlertDialog` a partir da thread da interface gráfica do usuário. Apesar de termos optado por armazenar a referência à `Activity`, poderíamos acessá-la a qualquer momento chamando o método herdado `getContext` de `View`.

```
96     // construtor
97     public CannonView(Context context, AttributeSet attrs) {
98        super(context, attrs); // chama o construtor da superclasse
99        activity = (Activity) context; // armazena referência para MainActivity
100
101       // registra o receptor de SurfaceHolder.Callback
102       getHolder().addCallback(this);
103
104       // configura atributos de áudio para o áudio do jogo
105       AudioAttributes.Builder attrBuilder = new AudioAttributes.Builder();
106       attrBuilder.setUsage(AudioAttributes.USAGE_GAME);
107
108       // inicializa o SoundPool para reproduzir os três efeitos sonoros
              do aplicativo
109       SoundPool.Builder builder = new SoundPool.Builder();
110       builder.setMaxStreams(1);
111       builder.setAudioAttributes(attrBuilder.build());
```

Figura 6.21 | Construtor de `CannonView`. (Parte 1 de 2)

```
112        soundPool = builder.build();
113
114        // cria objeto Map de sons e carrega os sons previamente
115        soundMap = new SparseIntArray(3); // cria um SparseIntArray
116        soundMap.put(TARGET_SOUND_ID,
117           soundPool.load(context, R.raw.target_hit, 1));
118        soundMap.put(CANNON_SOUND_ID,
119           soundPool.load(context, R.raw.cannon_fire, 1));
120        soundMap.put(BLOCKER_SOUND_ID,
121           soundPool.load(context, R.raw.blocker_hit, 1));
122
123        textPaint = new Paint();
124        backgroundPaint = new Paint();
125        backgroundPaint.setColor(Color.WHITE);
126     }
127
```

Figura 6.21 | (Parte 2 de 2)

Registro do receptor `SurfaceHolder.Callback`

A linha 102 registra `this` (isto é, `CannonView`) como o `SurfaceHolder.Callback` que recebe chamadas de método quando `SurfaceView` é *criada*, *atualizada* e *destruída*. O método herdado **getHolder** de `SurfaceView` retorna o objeto `SurfaceHolder` correspondente para gerenciar `SurfaceView`, e o método **addCallback** de `SurfaceHolder` armazena o objeto que implementa a interface `SurfaceHolder.Callback`.

Configuração do componente `SoundPool` e carregamento dos sons

As linhas 105 a 121 configuram os sons que usamos no aplicativo. Primeiramente, criamos um objeto `AudioAttributes.Builder` (linha 105) e chamamos o método `setUsage` (linha 106), o qual recebe uma constante representando o motivo pelo qual o áudio será usado. Para este aplicativo, usamos a constante `AudioAttribute.USAGE_GAME`, indicando que o áudio está sendo usado como áudio do jogo. Em seguida, criamos um objeto `SoundPool.Builder` (linha 109), o qual nos permite criar o `SoundPool` utilizado para carregar e reproduzir os efeitos sonoros do aplicativo. Depois, chamamos o método `setMaxStreams` de `SoundPool.Builder` (linha 110), o qual recebe um argumento representando o número máximo de fluxos de som que podem ser reproduzidos simultaneamente. Reproduzimos apenas um som por vez; portanto, passamos 1. Alguns jogos mais complexos podem reproduzir muitos sons ao mesmo tempo. Então, chamamos o método `setAudioAttributes` de `AudioAttributes.Builder` (linha 111) para usar os atributos de áudio com o objeto `SoundPool`, após criá-lo.

A linha 115 cria um elemento `SparseIntArray` (soundMap) que mapeia chaves inteiras em valores inteiros. `SparseIntArray` é semelhante – porém, mais eficiente – a um elemento `HashMap<Integer, Integer>` para números pequenos de pares chave-valor. Nesse caso, mapeamos as chaves de som (definidas na Figura 6.20, linhas 86 a 88) para os identificadores dos sons carregados, os quais são representados pelos valores de retorno do **método load** de `SoundPool` (chamado na Figura 6.21, linhas 117, 119 e 121). Cada identificador de som pode ser usado para *reproduzir* um som (e depois para devolver seus recursos para o sistema). O método `load` de `SoundPool` recebe três argumentos – o objeto `Context` do aplicativo, um identificador de recurso que representa o arquivo de som a ser carregado e a prioridade do som. De acordo com a documentação desse método, o último argumento não é usado atualmente e deve ser especificado como 1.

Criação dos objetos `Paint` *usados para desenhar o plano de fundo e o texto do cronômetro*
As linhas 123 e 124 criam os objetos `Paint` utilizados ao se desenhar o plano de fundo e o texto de **Time remaining** do jogo. A cor do texto é preta por padrão e a linha 125 configura o plano de fundo com a cor branca.

6.13.4 Sobrescrita do método onSizeChanged de View

A Figura 6.22 sobrescreve o **método** `onSizeChanged` da classe `View`, o qual é chamado quando o tamanho de `View` muda, inclusive quando o objeto `View` é adicionado à hierarquia de `View`s, quando o layout é inflado. Este aplicativo sempre aparece no modo paisagem; portanto, `onSizeChanged` é chamado somente uma vez, quando o método `onCreate` da atividade infla a interface gráfica do usuário. O método recebe largura e altura novas e antigas da `View`. Na primeira vez que esse método é chamado, a largura e altura antigas são 0. As linhas 138 e 139 configuram o objeto `textPaint`, que é usado para desenhar o texto de **Time remaining**. A linha 138 define o tamanho do texto como `TEXT_SIZE_PERCENT` da altura da tela (`screenHeight`). Chegamos ao valor de `TEXT_SIZE_PERCENT` e dos outros fatores de escala na Figura 6.20 por meio de tentativa e erro, escolhendo valores que faziam os elementos do jogo ter a melhor aparência na tela.

```
128     // chamado quando o tamanho do componente SurfaceView muda,
129     // como quando ele é adicionado à hierarquia de Views
130     @Override
131     protected void onSizeChanged(int w, int h, int oldw, int oldh) {
132         super.onSizeChanged(w, h, oldw, oldh);
133
134         screenWidth = w;  // armazena a largura de CannonView
135         screenHeight = h; // armazena a altura de CannonView
136
137         // configura propriedades de texto
138         textPaint.setTextSize((int) (TEXT_SIZE_PERCENT * screenHeight));
139         textPaint.setAntiAlias(true); // suaviza o texto
140     }
141
```

Figura 6.22 | Sobrescrita do método `onSizeChanged` de `View`.

6.13.5 Métodos getScreenWidth, getScreenHeight e playSound

Na Figura 6.23, os métodos `getScreenWidth` e `getScreenHeight` retornam a largura e a altura da tela, as quais são atualizadas no método `onSizeChanged` (Figura 6.22). Usando o **método** `play` de `soundPool`, o método `playSound` (linhas 153 a 155) reproduz o som em `soundMap` com o `soundId` dado, o qual foi associado ao som quando `soundMap` foi construído (Figura 6.21, linhas 113 a 119). O valor de `soundId` é usado como chave de soundMap para localizar o identificador do som no SoundPool. Um objeto da classe GameElement pode chamar o método playSound para reproduzir seu som.

```
142    // obtém a largura da tela do jogo
143    public int getScreenWidth() {
144       return screenWidth;
145    }
146
147    // obtém a altura da tela do jogo
148    public int getScreenHeight() {
149       return screenHeight;
150    }
151
152    // reproduz um som com o soundId em soundMap
153    public void playSound(int soundId) {
154       soundPool.play(soundMap.get(soundId), 1, 1, 1, 0, 1f);
155    }
156
```

Figura 6.23 | Métodos getScreenWidth, getScreenHeight e playSound de CannonView.

6.13.6 Método newGame

O método newGame (Figura 6.24) reinicia as variáveis de instância utilizadas para controlar o jogo. As linhas 160 a 163 criam um objeto Cannon com

- raio da base igual a CANNON_BASE_RADIUS_PERCENT da altura da tela;
- comprimento do cano igual a CANNON_BARREL_LENGTH_PERCENT da largura da tela; e
- largura do cano igual a CANNON_BARREL_WIDTH_PERCENT da altura da tela.

```
157    // reinicia todos os elementos de tela e inicia um novo jogo
158    public void newGame() {
159       // constrói um novo canhão
160       cannon = new Cannon(this,
161          (int) (CANNON_BASE_RADIUS_PERCENT * screenHeight),
162          (int) (CANNON_BARREL_LENGTH_PERCENT * screenWidth),
163          (int) (CANNON_BARREL_WIDTH_PERCENT * screenHeight));
164
165       Random random = new Random(); // para determinar velocidades aleatórias
166       targets = new ArrayList<>(); // constrói uma nova lista de alvos
167
168       // inicializa targetX para o primeiro alvo da esquerda
169       int targetX = (int) (TARGET_FIRST_X_PERCENT * screenWidth);
170
171       // calcula a coordenada Y dos alvos
172       int targetY = (int) ((0.5 - TARGET_LENGTH_PERCENT / 2) *
173          screenHeight);
```

Figura 6.24 | Método newGame de CannonView. (Parte 1 de 2)

```java
174
175        // adiciona TARGET_PIECES alvos à lista de alvos
176        for (int n = 0; n < TARGET_PIECES; n++) {
177
178           // determina a velocidade aleatória entre os valores min e max
179           // para o alvo n
180           double velocity = screenHeight * (random.nextDouble() *
181              (TARGET_MAX_SPEED_PERCENT - TARGET_MIN_SPEED_PERCENT) +
182              TARGET_MIN_SPEED_PERCENT);
183
184           // alterna as cores dos alvos entre escura e clara
185           int color = (n % 2 == 0) ?
186              getResources().getColor(R.color.dark,
187                 getContext().getTheme()) :
188              getResources().getColor(R.color.light,
189                 getContext().getTheme());
190
191           velocity *= -1; // inverte a velocidade inicial para o próximo alvo
192
193           // cria e adiciona um novo alvo à lista de alvos
194           targets.add(new Target(this, color, HIT_REWARD, targetX, targetY,
195              (int) (TARGET_WIDTH_PERCENT * screenWidth),
196              (int) (TARGET_LENGTH_PERCENT * screenHeight),
197              (int) velocity));
198
199           // aumenta a coordenada x para posicionar o próximo alvo mais
200           // à direita
201           targetX += (TARGET_WIDTH_PERCENT + TARGET_SPACING_PERCENT) *
202              screenWidth;
203        }
204
205        // cria uma barreira
206        blocker = new Blocker(this, Color.BLACK, MISS_PENALTY,
207           (int) (BLOCKER_X_PERCENT * screenWidth),
208           (int) ((0.5 - BLOCKER_LENGTH_PERCENT / 2) * screenHeight),
209           (int) (BLOCKER_WIDTH_PERCENT * screenWidth),
210           (int) (BLOCKER_LENGTH_PERCENT * screenHeight),
211           (float) (BLOCKER_SPEED_PERCENT * screenHeight));
212
213        timeLeft = 10; // inicia a contagem regressiva em 10 segundos
214
215        shotsFired = 0; // configura o número inicial de tiros disparados
216        totalElapsedTime = 0.0; // configura o tempo decorrido como zero
217
218        if (gameOver) {// inicia um novo jogo depois que o último terminou
219           gameOver = false; // o jogo não terminou
220           cannonThread = new CannonThread(getHolder()); // cria thread
221           cannonThread.start(); // inicia a thread de loop do jogo
222        }
223
224        hideSystemBars();
225     }
226
```

Figura 6.24 | (Parte 2 de 2)

A linha 165 cria um objeto `Random` que é utilizado para tornar aleatórias as velocidades dos alvos. A linha 166 cria um `ArrayList` de alvos. A linha 169 inicializa `targetX` com o número de pixels a partir da esquerda em que o primeiro alvo será posicionado na tela. O primeiro alvo é posicionado a `TARGET_FIRST_X_PERCENT` na tela. As linhas 172 e 173 inicializam `targetY` com um valor para centralizar verticalmente todos os alvos na tela. As linhas 176 a 203 constroem `TARGET_PIECES` (9) novos alvos e os adicionam a `targets`. As linhas 180 a 182 configuram a velocidade do novo alvo com um valor aleatório entre as porcentagens de altura da tela `TARGET_MIN_SPEED_PERCENT` e `TARGET_MAX_SPEED_PERCENT`. As linhas 185 a 189 configuram a cor do novo alvo, alternando entre as cores `R.color.dark` e `R.color.light` e entre velocidades verticais positivas e negativas. A linha 191 inverte a velocidade de cada novo alvo para que alguns alvos se movam para cima no início e alguns para baixo. O novo alvo é construído e adicionado a `targets` (linhas 194 a 197). O alvo recebe uma largura proporcional a `TARGET_WIDTH_PERCENT` da largura da tela e uma altura proporcional a `TARGET_HEIGHT_PERCENT` da altura da tela. Por fim, `targetX` é incrementado para posicionar o próximo alvo.

Uma nova barreira é construída e armazenada em `blocker`, nas linhas 206 a 211. No início do jogo, a barreira é posicionada em uma localização proporcional a `BLOCKER_X_PERCENT` da largura da tela a partir da esquerda e é centralizada verticalmente na tela. A largura da barreira é proporcional a `BLOCKER_WIDTH_PERCENT` da largura da tela, e sua altura é proporcional a `BLOCKER_HEIGHT_PERCENT` da altura da tela. A velocidade da barreira é proporcional a `BLOCKER_SPEED_PERCENT` da altura da tela.

Se a variável `gameOver` for `true` – o que ocorre somente *após* o primeiro jogo terminar –, a linha 219 zera `gameOver` e as linhas 220 e 221 criam um objeto `CannonThread` e chamam seu método `start` para começar o *loop* que controla o jogo. A linha 224 chama o método `hideSystemBars` (Seção 6.13.16) para colocar o aplicativo no modo imersivo – isso oculta as barras de sistema e permite que o usuário as exiba a qualquer momento, deslizando o dedo de cima para baixo na tela.

6.13.7 Método updatePositions

O método `updatePositions` (Figura 6.25) é chamado pelo método `run` de `CannonThread` (Seção 6.13.15) para atualizar as posições dos elementos na tela e fazer uma *detecção de colisão* simples. Os novos locais dos elementos do jogo são calculados com base no tempo decorrido, em milissegundos, entre o quadro anterior e o quadro atual da animação. Isso permite que o jogo atualize a quantidade pela qual cada elemento se move com base na *taxa de atualização* do dispositivo. Discutiremos isso com mais detalhes quando abordarmos os loops do jogo na Seção 6.13.15.

```
227    // chamado repetidamente por CannonThread para atualizar os elementos do jogo
228    private void updatePositions(double elapsedTimeMS) {
229        double interval = elapsedTimeMS / 1000.0; // converte em segundos
230
231        // atualiza a posição da bala, se estiver na tela
232        if (cannon.getCannonball() != null)
233            cannon.getCannonball().update(interval);
234
235        blocker.update(interval); // atualiza a posição da barreira
```

Figura 6.25 | Método `updatePositions` de `CannonView`. (Parte I de 2)

```
236
237        for (GameElement target : targets)
238           target.update(interval); // atualiza a posição do alvo
239
240        timeLeft -= interval; // subtrai do tempo restante
241
242        // se o cronômetro foi zerado
243        if (timeLeft <= 0) {
244           timeLeft = 0.0;
245           gameOver = true; // o jogo terminou
246           cannonThread.setRunning(false); // termina a thread
247           showGameOverDialog(R.string.lose); // mostra caixa de diálogo de derrota
248        }
249
250        // se todas as peças foram atingidas
251        if (targets.isEmpty()) {
252           cannonThread.setRunning(false); // termina a thread
253           showGameOverDialog(R.string.win); // mostra caixa de diálogo de vitória
254           gameOver = true;
255        }
256     }
257
```

Figura 6.25 | (Parte 2 de 2)

Tempo decorrido desde o último quadro de animação
A linha 229 converte o tempo decorrido desde o último quadro de animação, de milissegundos para segundos. Esse valor é usado para modificar as posições de vários elementos do jogo.

Atualização das posições da bala, da barreira e do alvo
Para atualizar as posições dos GameElements, as linhas 232 a 238 chamam os métodos update da bala de canhão (se houver uma na tela), da barreira e de todos os alvos restantes. O método update recebe o tempo decorrido desde o quadro anterior, para que as posições possam ser atualizadas pela quantidade correta para o intervalo.

Atualização do tempo restante e determinação de tempo esgotado
Diminuímos timeLeft do tempo decorrido desde o quadro de animação anterior (linha 240). Se timeLeft chegar a zero, o jogo terminou; portanto, configuramos timeLeft como 0.0 para o caso de ser negativo (caso contrário, às vezes mostraríamos um tempo final negativo na tela). Então, configuramos gameOver como true, terminamos CannonThread chamando seu método setRunning com o argumento false e chamamos o método showGameOverDialog com o identificador do recurso de String que representa a mensagem de derrota.

6.13.8 Método alignAndFireCannonball

Quando o usuário toca na tela, o método onTouchEvent (Seção 6.13.14) chama alignAndFireCannonball (Figura 6.26). As linhas 267 a 272 calculam o ângulo necessário para mirar o canhão no ponto do toque. A linha 275 chama o método align do canhão para mirá-lo com o ângulo da trajetória. Por fim, se a bala existe e está na tela, as linhas 280 e 281 a disparam e incrementam shotsFired.

```
258    // alinha o cano e dispara uma bala, caso não haja
259    // uma na tela
260    public void alignAndFireCannonball(MotionEvent event) {
261       // obtém o local do toque nessa view
262       Point touchPoint = new Point((int) event.getX(),
263          (int) event.getY());
264
265       // calcula a distância do toque a partir do centro da tela
266       // no eixo y
267       double centerMinusY = (screenHeight / 2 - touchPoint.y);
268
269       double angle = 0; // inicializa o ângulo com 0
270
271       // calcula o ângulo do cano em relação à horizontal
272       angle = Math.atan2(touchPoint.x, centerMinusY);
273
274       // aponta o cano para o ponto onde a tela foi tocada
275       cannon.align(angle);
276
277       // dispara a bala se ainda não houver uma na tela
278       if (cannon.getCannonball() == null ||
279          !cannon.getCannonball().isOnScreen()) {
280          cannon.fireCannonball();
281          ++shotsFired;
282       }
283    }
284
```

Figura 6.26 | Método alignAndFireCannonball de CannonView.

6.13.9 Método showGameOverDialog

Quando o jogo termina, o método showGameOverDialog (Figura 6.27) exibe um elemento DialogFragment (usando as técnicas que você aprendeu na Seção 4.7.10) contendo um componente AlertDialog que indica se o jogador ganhou ou perdeu, o número de tiros disparados e o tempo total decorrido. A chamada do método setPositiveButton (linhas 301 a 311) cria um botão de reinício para começar um novo jogo.

```
285    // exibe um componente AlertDialog quando o jogo termina
286    private void showGameOverDialog(final int messageId) {
287       // DialogFragment para exibir estatísticas do jogo e começar outro
288       final DialogFragment gameResult =
289          new DialogFragment() {
290             // cria um componente AlertDialog e o retorna
291             @Override
292             public Dialog onCreateDialog(Bundle bundle) {
293                // cria caixa de diálogo exibindo o recurso de String para
                      messageId
294                AlertDialog.Builder builder =
295                   new AlertDialog.Builder(getActivity());
296                builder.setTitle(getResources().getString(messageId));
297
298                // exibe o número de tiros disparados e o tempo total decorrido
299                builder.setMessage(getResources().getString(
```

Figura 6.27 | Método showGameOverDialog de CannonView. (Parte 1 de 2)

```
300                        R.string.results_format, shotsFired, totalElapsedTime));
301             builder.setPositiveButton(R.string.reset_game,
302                new DialogInterface.OnClickListener() {
303                   // chamado quando o componente Button "Reset Game" é
                         pressionado
304                   @Override
305                   public void onClick(DialogInterface dialog,
306                      int which) {
307                      dialogIsDisplayed = false;
308                      newGame(); // prepara e inicia um novo jogo
309                   }
310                }
311             );
312
313             return builder.create(); // retorna o componente AlertDialog
314          }
315       };
316
317       // na thread da interface gráfica do usuário, usa FragmentManager
             para exibir o DialogFragment
318       activity.runOnUiThread(
319          new Runnable() {
320             public void run() {
321                showSystemBars(); // caixa de diálogo modal
322                dialogIsDisplayed = true;
323                gameResult.setCancelable(false); // modal dialog
324                gameResult.show(activity.getFragmentManager(), "results");
325             }
326          }
327       );
328    }
329
```

Figura 6.27 | (Parte 2 de 2)

O método onClick do receptor do componente Button indica que a caixa de diálogo não está mais aparecendo e chama newGame para configurar e iniciar um novo jogo. Uma caixa de diálogo deve ser exibida a partir da thread da interface gráfica do usuário, de modo que as linhas 318 a 327 chamam o método **runOnUiThread** de Activity para especificar um objeto Runnable, o qual deve ser executado na thread da interface assim que possível. O argumento é um objeto de uma classe interna anônima que implementa Runnable. O método run de Runnable chama o método showSystemBars (Seção 6.13.16) para retirar o aplicativo do modo imersivo e, então, indica que a caixa de diálogo está sendo exibida e a exibe.

6.13.10 Método drawGameElements

O método drawGameElements (Figura 6.28) desenha o canhão, a bala, a barreira e os alvos no componente SurfaceView usando o elemento Canvas que CannonThread (Seção 6.13.15) obtém do objeto SurfaceHolder de SurfaceView.

*Limpeza da tela de desenho com o método **drawRect***

Primeiramente, chamamos o **método drawRect** de Canvas (linhas 333 e 334) para limpar a tela de desenho, de modo que todos os elementos do jogo possam aparecer em suas novas posições. O método recebe as coordenadas *x-y* do canto superior esquerdo do retângulo, a largura e altura do retângulo e o objeto Paint que especifica as caracte-

```
330    // desenha o jogo no objeto Canvas dado
331    public void drawGameElements(Canvas canvas) {
332       // limpa o plano de fundo
333       canvas.drawRect(0, 0, canvas.getWidth(), canvas.getHeight(),
334          backgroundPaint);
335
336       // exibe o tempo restante
337       canvas.drawText(getResources().getString(
338          R.string.time_remaining_format, timeLeft), 50, 100, textPaint);
339
340       cannon.draw(canvas); // desenha o canhão
341
342       // desenha os elementos do jogo
343       if (cannon.getCannonball() != null &&
344          cannon.getCannonball().isOnScreen())
345          cannon.getCannonball().draw(canvas);
346
347       blocker.draw(canvas); // desenha a barreira
348
349       // desenha todos os alvos
350       for (GameElement target : targets)
351          target.draw(canvas);
352    }
353
```

Figura 6.28 | Método drawGameElements de CannonView.

rísticas do desenho – lembre-se de que backgroundPaint configura a cor do desenho como branca.

Exibição do tempo restante com o método drawText de Canvas
Em seguida, chamamos o **método drawText** de Canvas (linhas 337 e 338) para exibir o tempo restante no jogo. Passamos como argumentos para o objeto String a ser exibido as coordenadas *x* e *y* nas quais ele vai aparecer e o objeto textPaint (configurado na Figura 6.22, linhas 138 e 139) para descrever como o texto deve ser apresentado (isto é, o tamanho da fonte, a cor e outros atributos do texto).

Desenho do canhão, da bala, da barreira e dos alvos com o método draw
As linhas 339 a 350 desenham o canhão, a bala (se estiver na tela), a barreira e os alvos. Cada um desses elementos é desenhado chamando-se seu método draw e passando-se canvas.

6.13.11 Método testForCollisions

O método testForCollisions (Figura 6.29) verifica se a bala de canhão está colidindo com algum dos alvos ou com a barreira e aplica certos efeitos no jogo, caso ocorra uma colisão. As linhas 359 e 360 verificam se a bala está na tela. Se estiver, a linha 362 chama o método collidesWith de Cannonball para determinar se a bala está colidindo com um alvo. Se houver uma colisão, a linha 363 chama o método playSound de Target para reproduzir o som de golpe no alvo, a linha 366 incrementa timeLeft com o valor da recompensa por acerto associada ao alvo e as linhas 368 e 369 removem a bala e o alvo da tela. A linha 370 decrementa n para garantir que o alvo que agora está na posição n seja testado quanto à existência de uma colisão. A linha 376 destrói a bala associada ao canhão, caso não esteja na tela. Se a bala de canhão ainda está na tela, as linhas 380 e 381 chamam `collidesWith` novamente para determinar se a bala está colidindo com a barreira. Se estiver, a linha 382 chama o método `playSound` de `Blocker` para reproduzir o som de golpe na barreira, a linha 385 inverte a velocidade horizontal da bala, chamando o método `reverseVelocityX` da classe `Cannonball`, e a linha 388 decrementa `timeLeft` com o valor da penalidade por erro associada à barreira.

```
354    // verifica se a bala colide com a barreira ou qualquer um dos alvos
355    // e trata as colisões
356    public void testForCollisions() {
357       // remove quaisquer alvos em que a bala
358       // colida
359       if (cannon.getCannonball() != null &&
360          cannon.getCannonball().isOnScreen()) {
361          for (int n = 0; n < targets.size(); n++) {
362             if (cannon.getCannonball().collidesWith(targets.get(n))) {
363                targets.get(n).playSound(); // reproduz o som de golpe no alvo
364
365                // adiciona ao tempo restante o tempo de recompensas por acerto
366                timeLeft += targets.get(n).getHitReward();
367
368                cannon.removeCannonball(); // remove a bala do jogo
369                targets.remove(n); // remove o alvo atingido
370                --n; // certifica-se de que não pulamos o teste do novo alvo n
371                break;
372             }
373          }
374       }
375       else { // remove a bala, caso não deva estar na tela
376          cannon.removeCannonball();
377       }
378
379       // verifica se a bala colide com a barreira
380       if (cannon.getCannonball() != null &&
381          cannon.getCannonball().collidesWith(blocker)) {
382          blocker.playSound(); // reproduz o som de golpe na barreira
383
384          // inverte a direção da bala
385          cannon.getCannonball().reverseVelocityX();
386
387          // subtrai do tempo restante a penalidade por erro da barreira
388          timeLeft -= blocker.getMissPenalty();
389       }
390    }
391
```

Figura 6.29 | Método `testForCollisions` de `CannonView`.

6.13.12 Métodos stopGame e releaseResources

Os métodos `onPause` e `onDestroy` da classe `MainActivityFragment` (Seção 6.13) chamam os métodos `stopGame` e `releaseResources` da classe `CannonView`, respectivamente (Figura 6.30). O método `stopGame` (linhas 393 a 396) é chamado a partir do objeto `Activity` principal para interromper o jogo quando o método `onPause` de `Activity` é chamado – por simplicidade, não armazenamos o estado do jogo neste exemplo. O método releaseResources (linhas 399 a 402) chama o **método release** de SoundPool para liberar os recursos associados ao objeto SoundPool.

```
392    // interrompe o jogo: chamado pelo método onPause de CannonGameFragment
393    public void stopGame() {
394       if (cannonThread != null)
395          cannonThread.setRunning(false); // diz à thread para terminar
396    }
397
398    // libera recursos: chamado pelo método onDestroy de CannonGame
399    public void releaseResources() {
400       soundPool.release(); // libera todos os recursos usados pelo SoundPool
401       soundPool = null;
402    }
403
```

Figura 6.30 | Métodos stopGame e releaseResources de CannonView.

6.13.13 Implementação dos métodos de SurfaceHolder.Callback

A Figura 6.31 implementa os métodos **surfaceChanged**, **surfaceCreated** e **surfaceDestroyed** da interface SurfaceHolder.Callback. O método surfaceChanged tem um corpo vazio neste aplicativo, pois este *sempre* é exibido na orientação paisagem. Esse método é chamado quando o tamanho ou a orientação da SurfaceView muda, e normalmente seria usado para exibir os elementos gráficos outra vez, com base nessas alterações.

```
404    // chamado quando o tamanho da superfície muda
405    @Override
406    public void surfaceChanged(SurfaceHolder holder, int format,
407       int width, int height) { }
408
409    // chamado quando a superfície é criada
410    @Override
411    public void surfaceCreated(SurfaceHolder holder) {
412       if (!dialogIsDisplayed) {
413          newGame(); // prepara e inicia um novo jogo
414          cannonThread = new CannonThread(holder); // cria a thread
415          cannonThread.setRunning(true); // inicia a execução do jogo
416          cannonThread.start(); // inicia a thread do loop do jogo
417       }
418    }
419
420    // chamado quando a superfície é destruída
421    @Override
422    public void surfaceDestroyed(SurfaceHolder holder) {
423       // garante que essa thread termine corretamente
424       boolean retry = true;
425       cannonThread.setRunning(false); // termina cannonThread
426
427       while (retry) {
```

Figura 6.31 | Implementação dos métodos de SurfaceHolder.Callback. (Parte I de 2)

```
428            try {
429               cannonThread.join(); // espera que cannonThread termine
430               retry = false;
431            }
432            catch (InterruptedException e) {
433               Log.e(TAG, "Thread interrupted", e);
434            }
435         }
436      }
437
```

Figura 6.31 | (Parte 2 de 2)

O método surfaceCreated (linhas 410 a 418) é chamado quando o objeto SurfaceView é criado – por exemplo, quando o aplicativo é carregado pela primeira vez ou quando é retomado do segundo plano. Usamos surfaceCreated para criar e iniciar a thread CannonThread a fim de iniciar o loop do jogo. O método surfaceDestroyed (linhas 421 a 436) é chamado quando o objeto SurfaceView é destruído – por exemplo, quando o aplicativo termina. Usamos surfaceDestroyed para garantir que CannonThread termine corretamente. Primeiramente, a linha 425 chama o método setRunning de CannonThread, com false como argumento, para indicar que a thread deve *parar*; então, as linhas 427 a 435 esperam que a thread *termine*. Isso garante que não seja feita qualquer tentativa de desenhar na SurfaceView uma vez que surfaceDestroyed termine de ser executado.

6.13.14 Sobrescrita do método onTouchEvent de View

Neste exemplo, sobrescrevemos o método onTouchEvent de View (Figura 6.32) para determinar quando o usuário toca na tela. O parâmetro MotionEvent contém informações sobre o evento ocorrido. A linha 442 usa o método getAction de MotionEvent para determinar o tipo de evento de toque. Em seguida, as linhas 445 e 446 determinam se o usuário tocou na tela (MotionEvent.ACTION_DOWN) ou arrastou um dedo nela (MotionEvent.ACTION_MOVE). De qualquer modo, a linha 448 chama o método alignAndFireCannonball de cannonView para apontar e disparar o canhão na direção do ponto desse toque. Então, a linha 451 retorna true para indicar que o evento de toque foi tratado.

```
438      // chamado quando o usuário toca na tela nessa atividade
439      @Override
440      public boolean onTouchEvent(MotionEvent e) {
441         // obtém valor int representando o tipo de ação que causou esse evento
442         int action = e.getAction();
443
444         // o usuário tocou na tela ou arrastou o dedo pela tela
445         if (action == MotionEvent.ACTION_DOWN ||
446            action == MotionEvent.ACTION_MOVE) {
447            // dispara a bala de canhão na direção do ponto do toque
448            alignAndFireCannonball(e);
449         }
450
451         return true;
452      }
453
```

Figura 6.32 | Sobrescrita do método onTouchEvent de View.

6.13.15 CannonThread: uso de uma thread para criar um loop de jogo

A Figura 6.33 define uma subclasse de Thread que atualiza o jogo. A thread mantém uma referência para SurfaceHolder de SurfaceView (linha 456) e um valor booleano que indica se a thread está *em execução*.

```
454    // subclasse de Thread para controlar o loop de jogo
455    private class CannonThread extends Thread {
456       private SurfaceHolder surfaceHolder; // para manipular canvas
457       private boolean threadIsRunning = true; // executando por padrão
458
459       // inicializa o SurfaceHolder
460       public CannonThread(SurfaceHolder holder) {
461          surfaceHolder = holder;
462          setName("CannonThread");
463       }
464
465       // altera o estado de execução
466       public void setRunning(boolean running) {
467          threadIsRunning = running;
468       }
469
470       // controla o loop de jogo
471       @Override
472       public void run() {
473          Canvas canvas = null; // usado para desenhar
474          long previousFrameTime = System.currentTimeMillis();
475
476          while (threadIsRunning) {
477             try {
478                // obtém objeto Canvas para desenho exclusivo a partir dessa thread
479                canvas = surfaceHolder.lockCanvas(null);
480
481                // bloqueia o surfaceHolder para desenhar
482                synchronized(surfaceHolder) {
483                   long currentTime = System.currentTimeMillis();
484                   double elapsedTimeMS = currentTime - previousFrameTime;
485                   totalElapsedTime += elapsedTimeMS / 1000.0;
486                   updatePositions(elapsedTimeMS); // atualiza o estado do jogo
487                   testForCollisions(); // testa colisões contra GameElements
488                   drawGameElements(canvas); // desenha usando o canvas
489                   previousFrameTime = currentTime; // atualiza o tempo anterior
490                }
491             }
492             finally {
493                // exibe o conteúdo da tela de desenho em CannonView
494                // e permite que outras threads utilizem o objeto Canvas
495                if (canvas != null)
496                   surfaceHolder.unlockCanvasAndPost(canvas);
497             }
498          }
499       }
500    }
```

Figura 6.33 | A classe aninhada CannonThread gerencia o loop de jogo, atualizando os elementos do jogo a cada TIME_INTERVAL milissegundos.

O método `run` da classe (linhas 471 a 499) faz as *animações quadro a quadro* – isso é conhecido como *loop do jogo*. Cada atualização dos elementos do jogo na tela é feita com base no número de milissegundos decorridos desde a última atualização. A linha 474 obtém a hora atual do sistema, em milissegundos, quando a thread começa a ser executada. As linhas 476 a 498 ficam em loop até que `threadIsRunning` seja `false`.

Primeiramente, obtemos o objeto `Canvas` para desenhar no elemento `SurfaceView`, chamando o método `lockCanvas` de `SurfaceHolder` (linha 479). Somente uma thread por vez pode desenhar em um elemento `SurfaceView`. Para garantir isso, você deve primeiro *bloquear* o elemento `SurfaceHolder`, especificando-o como a expressão entre parênteses de um bloco `synchronized` (linha 482). Em seguida, obtemos o tempo atual, em milissegundos, e então calculamos o tempo decorrido e o somamos ao tempo total até o momento – isso vai ser usado para ajudar a exibir a quantidade de tempo restante no jogo. A linha 486 chama o método `updatePositions` para mover todos os elementos do jogo, passando como argumento o tempo decorrido, em milissegundos. Isso garante que o jogo opere na mesma velocidade, *independentemente do quanto o dispositivo seja rápido*. Se o tempo entre os quadros for maior (isto é, o dispositivo é mais lento), os elementos do jogo vão se mover mais quando cada quadro da animação for exibido. Se o tempo entre os quadros for menor (isto é, o dispositivo é mais rápido), os elementos do jogo vão se mover menos quando cada quadro da animação for exibido. A linha 487 chama `testForCollisions` para determinar se a bala colidiu com a barreira ou com um alvo:

- Se ocorre uma colisão com a barreira, `testForCollisions` inverte a velocidade da bala.
- Se ocorre uma colisão com um alvo, `testForCollisions` remove a bala.

Por fim, a linha 488 chama o método `drawGameElements` para desenhar os elementos do jogo usando o objeto `Canvas` de `SurfaceView`, e a linha 489 armazena o tempo atual (`currentTime`) em `previousFrameTime` a fim de se preparar para calcular o tempo decorrido entre esse quadro da animação e o *próximo*.

6.13.16 Métodos `hideSystemBars` e `showSystemBars`

Este aplicativo usa o *modo imersivo* – a qualquer momento, durante a interação do jogo, o usuário pode ver as barras de sistema deslizando o dedo de cima para baixo na tela. O modo imersivo só está disponível em dispositivos que executam Android 4.4 ou superior. Assim, os métodos `hideSystemBars` e `showSystemBars` (Figura 6.34) primeiramente verificam se a versão do Android do dispositivo (`Build.VERSION_SDK_INT`) é maior ou igual a `Build.VERSION_CODES_KITKAT` – a constante para o Android 4.4 (API nível 19). Em caso positivo, os dois métodos usam o método `setSystemUiVisibility` de `View` para configurar as barras de sistema e a barra de aplicativo (apesar de já termos ocultado a barra de aplicativo, modificando o tema do aplicativo). Para ocultar as barras de sistema e a barra de aplicativo e colocar a interface do usuário no modo imersivo, passamos para `setSystemUiVisibility` as constantes que são combinadas por meio do operador OU bit a bit (|) nas linhas 505 a 510. Para mostrar as barras de sistema e a barra de aplicativo, passamos para `setSystemUiVisibility` as constantes que são combinadas nas linhas 517 a 519. Essas combinações de constantes de `View` garantem que o elemento `CannonView` *não* seja redimensionado toda vez que as barras de sistema e a barra de aplicativo forem ocultadas e reexibidas. Em vez disso, as barras de sistema e a barra de aplicativo se *sobrepõem* ao elemento `CannonView` – isto é, parte do elemento `CannonView` fica temporariamente oculta quando as barras de sistema e a barra de aplicativo estão na tela. Para obter mais informações sobre o modo imersivo, visite

```
http://developer.android.com/training/system-ui/immersive.html
```

```
501    // oculta as barras de sistema e a barra de aplicativo
502    private void hideSystemBars() {
503       if (Build.VERSION.SDK_INT >= Build.VERSION_CODES.KITKAT)
504          setSystemUiVisibility(
505             View.SYSTEM_UI_FLAG_LAYOUT_STABLE |
506             View.SYSTEM_UI_FLAG_LAYOUT_HIDE_NAVIGATION |
507             View.SYSTEM_UI_FLAG_LAYOUT_FULLSCREEN |
508             View.SYSTEM_UI_FLAG_HIDE_NAVIGATION |
509             View.SYSTEM_UI_FLAG_FULLSCREEN |
510             View.SYSTEM_UI_FLAG_IMMERSIVE);
511    }
512
513    // mostra as barras de sistema e a barra de aplicativo
514    private void showSystemBars() {
515       if (Build.VERSION.SDK_INT >= Build.VERSION_CODES.KITKAT)
516          setSystemUiVisibility(
517             View.SYSTEM_UI_FLAG_LAYOUT_STABLE |
518             View.SYSTEM_UI_FLAG_LAYOUT_HIDE_NAVIGATION |
519             View.SYSTEM_UI_FLAG_LAYOUT_FULLSCREEN);
520    }
521 }
```

Figura 6.34 | Métodos `hideSystemBars` e `showSystemBars` de `DoodleView`.

6.14 Para finalizar

Neste capítulo, você criou o aplicativo **Cannon Game**, o qual desafia o jogador a destruir nove alvos antes que um limite de tempo de 10 segundos expire. O usuário mira e dispara o canhão tocando na tela. Para desenhar na tela a partir de uma thread separada, você criou uma view personalizada, estendendo a classe `SurfaceView`. Você aprendeu que os nomes de classe de componentes personalizados devem ser totalmente qualificados no elemento de layout XML que representa o componente. Apresentamos mais métodos do ciclo de vida de `Fragment`. Você aprendeu que o método `onPause` é chamado quando um fragmento é pausado e que o método `onDestroy` é chamado quando o fragmento é destruído. Você tratou toques sobrescrevendo o método `onTouchEvent` de `View`. Adicionou efeitos sonoros à pasta `res/raw` do aplicativo e os gerenciou com um objeto `SoundPool`. Também usou o serviço `AudioManager` do sistema para obter o volume de música atual do dispositivo e o utilizou como volume de reprodução.

  Este aplicativo realiza suas animações manualmente, atualizando os elementos do jogo em um componente `SurfaceView` de uma thread de execução separada. Para isso, você estendeu a classe `Thread` e criou um método run que exibe elementos gráficos chamando métodos da classe `Canvas`. Você usou o objeto `SurfaceHolder` de `SurfaceView` para obter o `Canvas` apropriado. Também aprendeu a construir um loop que controla um jogo com base na quantidade de tempo decorrido entre quadros de animação, para que o jogo opere na mesma velocidade global em todos os dispositivos, independentemente da velocidade de seus processadores. Por fim, você usou o modo imersivo para permitir ao aplicativo usar a tela inteira.

No Capítulo 7, você vai construir o aplicativo **WeatherViewer**. Você vai usar web services para interagir com o serviço de previsão climática para 16 dias, a partir de OpenWeatherMap.org. Assim como muitos web services atuais, o OpenWeatherMap.org retornará os dados da previsão no formato JSON (JavaScript Object Notation). Você vai processar a resposta usando as classes JSONObject e JSONArray do pacote org.json. Então, vai exibir a previsão diária em um componente ListView.

7

Aplicativo WeatherViewer

Web services REST, AsyncTask, HttpUrlConnection, processamento de respostas JSON, JSONObject, JSONArray, ListView, ArrayAdapter, padrão ViewHolder, TextInputLayout, FloatingActionButton

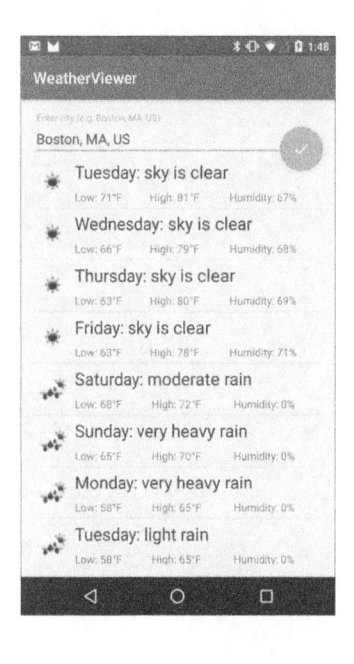

Objetivos
Neste capítulo, você vai:

- Usar os web services REST gratuitos de OpenWeatherMap.org para obter a previsão climática de 16 dias para uma cidade especificada pelo usuário.
- Usar uma AsyncTask e uma HttpUrlConnection para ativar um web service REST ou para baixar uma imagem em uma thread separada e enviar os resultados para a thread da interface gráfica do usuário.
- Processar uma resposta JSON usando as classes JSONObject e JSONArray do pacote org.json.
- Definir um ArrayAdapter que especifica os dados a serem exibidos em uma ListView.
- Usar o padrão ViewHolder para reutilizar views que rolam para fora da tela em uma ListView, em vez de criar novas views.
- Usar os componentes Material Design TextInputLayout, Snackbar e FloatingActionButton da Android Design Support Library.

Capítulo 7 Aplicativo WeatherViewer **257**

<table>
<tr><td rowspan="2">**Resumo**</td><td>
7.1 Introdução
7.2 Teste do aplicativo **WeatherViewer**
7.3 Visão geral das tecnologias
   7.3.1 Web Services
   7.3.2 JSON (JavaScript Object Notation) e o pacote `org.json`
   7.3.3 `HttpUrlConnection` ativando um web service REST
   7.3.4 Uso de AsyncTask para fazer solicitações de rede fora da thread da interface gráfica do usuário
   7.3.5 `ListView`, `ArrayAdapter` e o padrão View-Holder
   7.3.6 `FloatingActionButton`
   7.3.7 `TextInputLayout`
   7.3.8 Snackbar
7.4 Construção da interface gráfica do usuário e dos arquivos de recurso do aplicativo
   7.4.1 Criação do projeto
   7.4.2 `AndroidManifest.xml`
   7.4.3 `strings.xml`
   7.4.4 `colors.xml`
   7.4.5 `activity_main.xml`
   7.4.6 `content_main.xml`
   7.4.7 `list_item.xml`
</td><td>
7.5 Classe `Weather`
   7.5.1 Instrução package, instruções import e variáveis de instância
   7.5.2 Construtor
   7.5.3 Método `convertTimeStampToDay`
7.6 Classe `WeatherArrayAdapter`
   7.6.1 A instrução package e as instruções import
   7.6.2 Classe aninhada `ViewHolder`
   7.6.3 Variável de instância e construtor
   7.6.4 Método sobrescrito `getView` de `ArrayAdapter`
   7.6.5 Subclasse AsyncTask para baixar imagens em uma thread separada
7.7 Classe `MainActivity`
   7.7.1 A instrução package e as instruções import
   7.7.2 Variáveis de instância
   7.7.3 Método sobrescrito `onCreate` de Activity
   7.7.4 Métodos `dismissKeyboard` e `createURL`
   7.7.5 Subclasse AsyncTask para ativar um web service
   7.7.6 Método `convertJSONtoArrayList`
7.8 Para finalizar
</td></tr>
</table>

7.1 Introdução

O aplicativo **WeatherViewer** (Figura 7.1) usa os web services REST gratuitos de `OpenWeatherMap.org` para obter a previsão climática de 16 dias para uma cidade especificada. O aplicativo recebe os dados climáticos no formato *JSON (JavaScript Object Notation)*. A lista de dados climáticos é exibida em um componente `ListView` – uma view que mostra uma lista rolante de itens. Neste aplicativo, você vai usar um formato personalizado de item de lista para exibir:

- um ícone da condição climática;
- o dia da semana com uma descrição textual do clima nesse dia;
- a temperatura mais alta e a mais baixa do dia (em °F); e
- a porcentagem de umidade.

Os itens precedentes representam um subconjunto dos dados de previsão retornados. Para ver os detalhes dos dados retornados pela API de previsão climática para 16 dias, visite

    `http://openweathermap.org/forecast16`

Para ver uma lista de todas as APIs de dados climáticos fornecidos por `OpenWeatherMap.org`, visite

    `http://openweathermap.org/api`

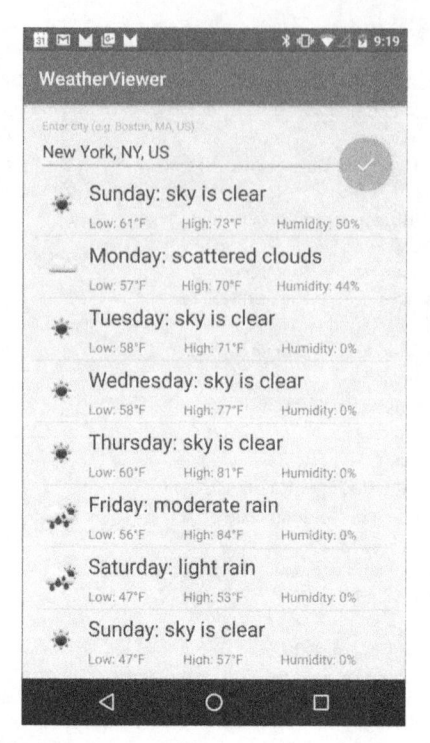

Figura 7.1 | Aplicativo **Weather Viewer** exibindo a previsão climática para Nova York, NY, EUA.

7.2 Teste do aplicativo WeatherViewer

Abra e execute o aplicativo
Abra o Android Studio e abra o aplicativo **WeatherViewer** a partir da pasta Weather-Viewer na pasta de exemplos do livro. Antes de executar este aplicativo, você precisa adicionar sua própria chave de API para OpenWeatherMap.org. Consulte a Seção 7.3.1 para ver informações sobre como obter sua chave e onde você deve colocá-la no projeto. *Isso é exigido, antes que você possa executar o aplicativo.* Depois de adicionar sua chave de API ao projeto, execute o aplicativo no AVD ou em um dispositivo.

Veja a previsão climática de 16 dias para uma cidade
Quando o aplicativo é executado pela primeira vez, o componente EditText, na parte superior da interface do usuário, recebe o foco, e o teclado virtual aparece para que você possa digitar o nome de uma cidade (Figura 7.2). Depois do nome da cidade, digite uma vírgula e o código do país. Neste caso, digitamos New York, NY, US para localizar o clima para Nova York, NY, nos Estados Unidos. Depois de digitado o nome da cidade, toque no botão circular flutuante, o qual contém o ícone de "pronto" (✓), para submeter a cidade para o aplicativo, o qual então solicita a previsão climática de 16 dias para essa cidade (mostrada na Figura 7.1).

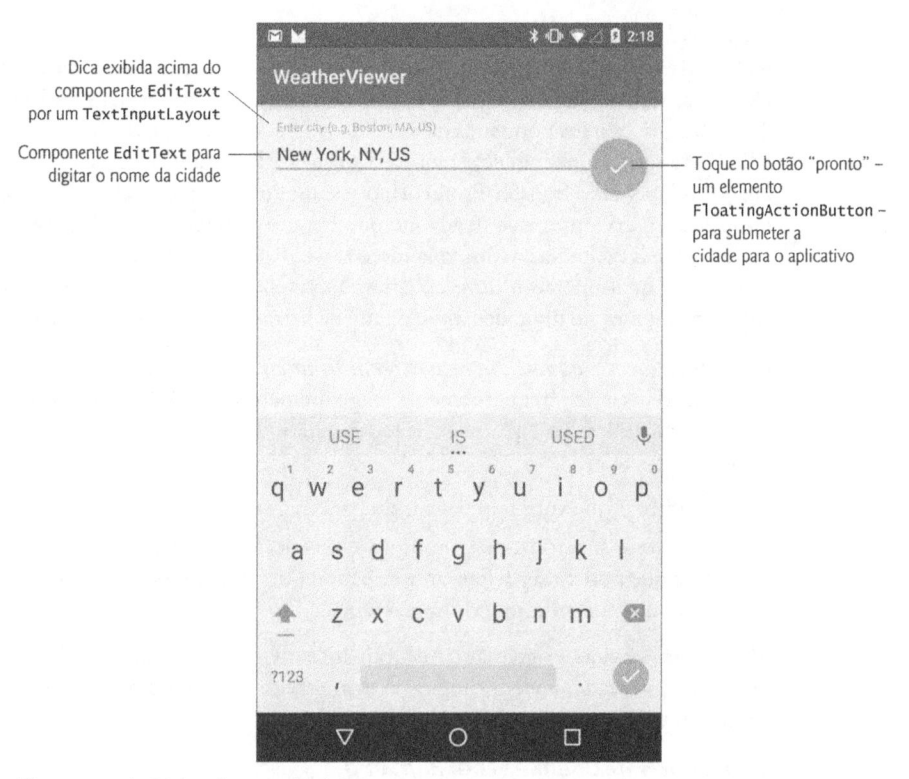

Figura 7.2 | Digitando uma cidade.

7.3 Visão geral das tecnologias

Esta seção apresenta os recursos que você vai usar para construir o aplicativo **WeatherViewer**.

7.3.1 Web Services

Este capítulo apresenta os web services, os quais promovem a portabilidade e a reutilização de software em aplicativos que operam pela Internet. Um **web service** é um componente de software que pode ser acessado por meio de uma rede.

A máquina em que um web service reside é o **hospedeiro (*host*) do web service**. O cliente – neste caso, o aplicativo **WeatherViewer** – envia um pedido por meio de uma rede para o hospedeiro do web service, o qual processa o pedido e retorna uma resposta ao cliente pela rede. Essa computação distribuída beneficia os sistemas de várias maneiras. Por exemplo, um aplicativo pode acessar dados sob demanda por meio de um web service em vez de armazená-los diretamente no dispositivo. Da mesma forma, um aplicativo que não tenha poder de processamento para efetuar cálculos específicos poderia usar um web service para usufruir dos recursos superiores de outro sistema.

Web services REST
REST (Representational State Transfer) se refere a um estilo arquitetônico para implementar web services – frequentemente chamados de **web services RESTful**. Muitos dos web services mais populares da atualidade, gratuitos e pagos, são RESTful. Embora REST não seja um padrão em si, os web services RESTful utilizam padrões web, como HTTP (HyperText Transfer Protocol), que é usado pelos navegadores web para comunicação com servidores web. Cada método em um web service RESTful é identificado por uma URL exclusiva. Assim, quando o servidor recebe uma solicitação, ele sabe imediatamente qual operação deve executar. Tais web services podem ser usados em um aplicativo ou mesmo digitados diretamente na barra de endereços de um navegador web.

Os web services frequentemente exigem uma chave de API
Usar um web service frequentemente exige uma **chave de API** única de seu provedor. Quando seu aplicativo faz uma solicitação para o web service, a chave de API permite ao provedor:

- confirmar que você tem permissão para usar o web service; e
- monitorar sua utilização – muitos web services limitam o número total de solicitações que podem ser feitas em um período de tempo específico (por exemplo, por segundo, por minuto, por hora, etc.).

Alguns web services exigem autenticação antes de fornecer uma chave de API ao aplicativo – na verdade, você faz login no web service via programação, antes de receber permissão para utilizá-lo.

Web services de **OpenWeatherMap.org**
Os web services de OpenWeatherMap.org utilizados no aplicativo **WeatherViewer** são gratuitos, mas o OpenWeatherMap.org limita o número de solicitações – atualmente, esses limites são de 1.200 solicitações por minuto e 1,7 milhão de solicitações por dia. O OpenWeatherMap.org é um serviço *freemium* – além do nível gratuito que você vai usar neste aplicativo, eles oferecem níveis pagos, com limites de solicitações mais altos, atualizações de dados mais frequentes e outros recursos. Para obter mais informações sobre os web services de OpenWeatherMap.org, visite:

http://openweathermap.org/api

Licença dos web services de **OpenWeatherMap.org**
O OpenWeatherMap.org usa uma licença Creative Commons pública para seus web services. Para ver os termos da licença, visite:

http://creativecommons.org/licenses/by-sa/2.0/

Para obter mais informações sobre os termos da licença, consulte a seção Licenses em

http://openweathermap.org/terms

Obtenha uma chave de API do **OpenWeatherMap.org**
Antes de executar este aplicativo, você precisa obter sua própria chave de API de OpenWeatherMap.org.

http://openweathermap.org/register

Depois do registro, copie a chave de API em hexadecimal da página web de confirmação e substitua YOUR_API_KEY pela sua chave em strings.xml.

7.3.2 JSON (JavaScript Object Notation) e o pacote org.json

JSON (JavaScript Object Notation) é uma alternativa ao XML para representar dados. JSON é um formato de troca de dados baseado em texto, utilizado para representar objetos em JavaScript, como coleções de pares nome/valor representados como Strings. JSON é um formato simples que torna fácil criar, ler e analisar objetos. Visto que é muito mais simples que XML, permite que os programas transmitam dados pela Internet de forma eficiente. Cada objeto JSON é representado como uma lista de nomes e valores de propriedade contidos em chaves, no seguinte formato:

{nomePropriedade1: valor1, nomePropriedade2: valor2}

Cada nome de propriedade é uma String. Arrays são representados em JSON com colchetes, no seguinte formato:

[valor1, valor2, valor3]

Cada elemento do array pode ser uma String, um número, um objeto JSON, true, false ou null. A Figura 7.3 mostra o código JSON retornado pelo web service de previsão diária de OpenWeatherMap.org usado neste aplicativo – esse exemplo em particular contém dois dias de dados climáticos (linhas 15 a 57).

```
 1  {
 2      "city": {
 3          "id": 5128581,
 4          "name": "New York",
 5          "coord": {
 6              "lon": -74.005966,
 7              "lat": 40.714272
 8          },
 9          "country": "US",
10          "population": 0
11      },
12      "cod": "200",
13      "message": 0.0102,
14      "cnt": 2,
15      "list": [{ // você vai usar este array de objetos para obter o clima diário
16          "dt": 1442419200,
17          "temp": {
18              "day": 79.9,
19              "min": 71.74,
20              "max": 82.53,
21              "night": 71.85,
22              "eve": 82.53,
23              "morn": 71.74
24          },
25          "pressure": 1037.39,
26          "humidity": 64,
27          "weather": [{
28              "id": 800,
29              "main": "Clear",
30              "description": "sky is clear",
```

Figura 7.3 | Exemplo de código JSON do web service de previsão diária de OpenWeatherMap.org. (Parte 1 de 2)

```
31              "icon": "01d"
32          }],
33          "speed": 0.92,
34          "deg": 250,
35          "clouds": 0
36      }, { // fim do primeiro elemento do array e início do segundo
37          "dt": 1442505600,
38          "temp": {
39              "day": 79.92,
40              "min": 66.72,
41              "max": 83.1,
42              "night": 70.79,
43              "eve": 81.99,
44              "morn": 66.72
45          },
46          "pressure": 1032.46,
47          "humidity": 62,
48          "weather": [{
49              "id": 800,
50              "main": "Clear",
51              "description": "sky is clear",
52              "icon": "01d"
53          }],
54          "speed": 1.99,
55          "deg": 224,
56          "clouds": 0
57      }] // fim do segundo elemento do array e fim do array
58  }
```

Figura 7.3 | (Parte 2 de 2)

No objeto JSON, há muitas propriedades retornadas pela previsão diária. Usamos apenas a propriedade "`list`" – um array de objetos JSON representando as previsões para até 16 dias (7 por padrão, a menos que você especifique de outra forma). Cada elemento do array "`list`" contém muitas propriedades, das quais usamos:

- "`dt`" – um inteiro `long` contendo o carimbo de data/hora (timestamp) representado como o número de segundos desde 1º de janeiro de 1970, GMT. Convertemos isso em um nome de dia.

- "`temp`" – um objeto JSON que contém propriedades `double` representando as temperaturas do dia. Usamos apenas as temperaturas mínimas ("`min`") e máximas ("`max`"), mas o web service também retorna as temperaturas médias durante o dia ("`day`"), durante a noite ("`night`"), do anoitecer ("`eve`") e da manhã ("`morn`").

- "`humidity`" – um valor `int` representando a porcentagem de umidade.

- "`weather`" – um objeto JSON contendo várias propriedades, incluindo uma descrição das condições ("`description`") e o nome do ícone que as representa ("`icon`").

Pacote **org.json**

Você vai usar as seguintes classes do **pacote org.json** para processar os dados JSON recebidos pelo aplicativo (Seção 7.7.6):

- **JSONObject** – Um dos construtores dessa classe converte uma `String` de dados JSON em um `JSONObject` contendo um `Map<String, Object>` que mapeia as chaves JSON em seus valores correspondentes. Você acessa as propriedades JSON em seu código por meio de métodos `get` de `JSONObject`, os quais permitem obter o valor de uma chave JSON como um dos tipos `JSONObject`, `JSONArray`, `Object`, `boolean`, `double`, `int`, `long` ou `String`.

- `JSONArray` – Essa classe representa um array JSON e fornece métodos para acessar seus elementos. A propriedade "`list`" na resposta de `OpenWeatherMap.org` será manipulada como um `JSONArray`.

7.3.3 `HttpUrlConnection` ativando um web service REST

Para ativar o web service de previsão diária de `OpenWeatherMap.org`, você vai converter a `String` da URL do web service em um objeto `URL` e vai usar esse objeto `URL` para abrir uma `HttpUrlConnection` (Seção 7.7.5). Isso fará a solicitação HTTP para o web service. Para receber a resposta JSON, você vai ler todos os dados do `InputStream` de `HttpUrlConnection` e colocá-los em uma `String`. Vamos mostrar como converter isso em um `JSONObject` para processamento.

7.3.4 Uso de `AsyncTask` para fazer solicitações de rede fora da thread da interface gráfica do usuário

Você deve efetuar *operações longas* ou operações que *bloqueiam* a execução até que terminem (por exemplo, acesso a arquivos e a bancos de dados), *fora* da thread da interface gráfica do usuário. Isso ajuda a manter a velocidade de resposta do aplicativo e evita *caixas de diálogo Activity Not Responding (ANR)*, que aparecem quando o Android acha que a interface gráfica não está respondendo. Vimos, no Capítulo 6, que as atualizações na interface do usuário de um aplicativo devem ser feitas na thread dessa interface, pois seus componentes não são seguros para threads.

Para efetuar tarefas de longa duração que resultam em atualizações na interface gráfica do usuário, o Android fornece a classe `AsyncTask` (pacote `android.os`), a qual executa a operação de longa duração em uma thread e transmite os resultados para a thread da interface. Os detalhes da criação e manipulação de threads são tratados pela classe `AsyncTask`, assim como a comunicação dos resultados de `AsyncTask` para a thread da interface gráfica do usuário. Neste aplicativo, vamos usar duas subclasses de `AsyncTask` – uma vai ativar o web service de `OpenWeatherMap.org` (Seção 7.7.5) e a outra vai baixar uma imagem da condição climática (Seção 7.6.5).

7.3.5 `ListView`, `ArrayAdapter` e o padrão View-Holder

Este aplicativo exibe os dados climáticos em um componente `ListView` (pacote `android.widget`) – uma lista rolante de itens. `ListView` é uma subclasse de **AdapterView** (pacote `android.widget`), a qual representa uma view que obtém seus dados de uma fonte por meio de um objeto **Adapter** (pacote `android.widget`). Neste aplicativo, usamos uma subclasse de **ArrayAdapter** (pacote `android.widget`) para criar um objeto que preenche o elemento `ListView` utilizando dados de um objeto coleção `ArrayList` (Seção 7.6). Quando o aplicativo atualizar o `ArrayList` com dados climáticos, vamos chamar o método **notifyDataSetChanged** de ArrayAdapter para indicar que os dados subjacentes no elemento `ArrayList` mudaram. Então, o adaptador notificará o componente `ListView` para que atualize sua lista de itens exibidos. Isso é conhecido como **vinculação de dados**. Vários tipos de componentes AdapterView podem ser vinculados a dados com um objeto Adapter. No Capítulo 9, você vai aprender a vincular dados de banco de dados a um componente `ListView`. Para obter mais detalhes sobre vinculação de dados no Android e vários tutoriais, visite

http://developer.android.com/guide/topics/ui/binding.html

Padrão View-Holder

Por padrão, um componente `ListView` pode exibir um ou dois elementos `TextView`. Neste aplicativo, você vai adaptar os itens de `ListView` para exibir uma `ImageView` e vários elementos `TextView` em um layout personalizado. Criar itens de `ListView` personalizados envolve a dispendiosa sobrecarga em tempo de execução de criar objetos dinamicamente. Para listas grandes, com layouts de lista de itens complexos e nos quais o usuário rola rapidamente, essa sobrecarga pode impedir uma rolagem suave. Para reduzir essa sobrecarga quando os itens do componente `ListView` rolam para fora da tela, o Android reutiliza esses itens de lista para os novos que estão entrando na tela. Para layouts de itens complexos, você pode aproveitar os componentes de interface gráfica existentes nos itens de lista reutilizados para aumentar o desempenho de um componente `ListView`.

Para isso, introduzimos o **padrão view-holder**, no qual você cria uma classe (normalmente chamada `ViewHolder`) contendo variáveis de instância para as views que exibem os dados dos itens de um componente `ListView`. Quando um item de `ListView` é criado, você também cria um objeto `ViewHolder` e inicializa suas variáveis de instância com referências para as views aninhadas do item. Então, você armazena esse objeto `ViewHolder` com o item de `ListView`, o qual é uma `View`. O método `setTag` da classe `View` permite adicionar qualquer objeto a uma `view`. Então, esse objeto fica disponível por meio do método `getTag` da `View`. Vamos especificar como identificador o objeto `ViewHolder` que contém referências para as views aninhadas do item de `ListView`.

Quando um novo item está a ponto de rolar para a tela, o elemento `ListView` verifica se uma view reutilizável está disponível. Se não estiver, inflamos a view do novo item a partir de um arquivo XML de layout e armazenamos referências para os componentes da interface gráfica do usuário em um objeto `ViewHolder`. Então, usamos `setTag` para configurar esse objeto `ViewHolder` como identificador para o item de `ListView`. Se existe um item reutilizável disponível, obtemos o identificador desse item com o método `getTag`, o qual retornará o objeto `ViewHolder` existente, criado anteriormente para esse item de `ListView`. Independentemente de como obtemos o objeto `ViewHolder`, exibiremos os dados nas views referenciadas de `ViewHolder`.

7.3.6 FloatingActionButton

Os usuários tocam em botões para iniciar ações. Com o Material Design, no Android 5.0, o Google introduziu o **botão de ação flutuante** (o Google refere-se a isso como "FAB"), um botão que flutua sobre a interface de usuário do aplicativo – isto é, tem uma elevação Material Design maior que a do restante da interface – e especifica uma ação importante. Por exemplo, um aplicativo de contatos poderia usar um botão de ação flutuante contendo um ícone + para promover a ação de adicionar um novo contato. Neste aplicativo, usamos um botão de ação flutuante contendo o ícone de pronto (✓) para permitir ao usuário submeter uma cidade para o aplicativo e obter a previsão para ela. Com o Android 6.0 e a nova Android Design Support Library, o Google formalizou o botão de ação flutuante como a classe `FloatingActionButton` (pacote `android.support.design.widget`). No Android Studio 1.4, o Google reimplementou os templates de aplicativos para usar Material Design, e a maioria dos novos templates inclui um `FloatingActionButton` por padrão.

`FloatingActionButton` é uma subclasse de `ImageView`, a qual permite a um `FloatingActionButton` exibir uma imagem. As diretrizes do Material Design sugerem posicionar um `FloatingActionButton` a pelo menos `16dp` das margens em um telefone e a pelo menos `24dp` das margens em um tablet – os templates de aplicativos padrão configuram isso para você. Para saber mais detalhes sobre como e quando usar um `FloatingActionButton`, visite

> https://www.google.com/design/spec/components/buttons-floating-action-button.html

7.3.7 TextInputLayout

Neste aplicativo, você vai usar um elemento `EditText` para permitir ao usuário digitar a cidade para a qual gostaria de obter a previsão climática. Para ajudar o usuário a entender a finalidade de um elemento `EditText`, você pode fornecer um texto de dica, exibido quando o elemento está vazio. Quando o usuário começa a digitar texto, a dica desaparece – possivelmente fazendo que o usuário se esqueça da finalidade do elemento `EditText`.

O `TextInputLayout` (pacote `android.support.design.widget`) da Android Design Support Library resolve esse problema. Em um `TextInputLayout`, quando o elemento `EditText` recebe o foco, o `TextInputLayout` anima o texto da dica, mudando seu tamanho original para um menor, o qual é exibido acima do elemento `EditText` para que o usuário possa digitar dados e ver a dica (Figura 7.2). Neste caso, o elemento `EditText` recebe o foco quando o aplicativo começa a executar, de modo que o `TextInputLayout` coloca a dica imediatamente acima do `EditText`.

7.3.8 Snackbar

`Snackbar` (pacote `android.support.design.widget`) é um componente Material Design conceitualmente semelhante a um `Toast`. Além de aparecer na tela por um limite de tempo especificado, os componentes `Snackbar` também são interativos. Os usuários podem passar o dedo rapidamente por eles para removê-los. Um componente `Snackbar` também tem uma ação associada para executar quando o usuário toca nele. Neste aplicativo, vamos usar um componente `Snackbar` para exibir mensagens informativas.

7.4 Construção da interface gráfica do usuário e dos arquivos de recurso do aplicativo

Nesta seção, examinamos as novas características da interface gráfica do usuário e os arquivos de recurso do aplicativo **Weather Viewer**.

7.4.1 Criação do projeto

Crie um projeto usando o template **Blank Activity**. No passo **New Project** da caixa de diálogo **Create New Project**, especifique:

- **Application Name:** `WeatherViewer`
- **Company Domain:** `deitel.com` (ou especifique seu próprio nome de domínio)

Para os passos restantes na caixa de diálogo **Create New Project**, use as mesmas configurações da Seção 2.3. Siga os passos da Seção 2.5.2 para adicionar um ícone de aplicativo ao seu projeto. Além disso, siga os passos da Seção 4.4.3 para configurar o suporte a Java SE 7 para o projeto.

7.4.2 AndroidManifest.xml

O aplicativo **WeatherViewer** é projetado apenas para a orientação retrato. Siga os passos executados na Seção 3.7 para configurar a propriedade `android:screenOrientation` como `portrait`. Além disso, adicione a seguinte permissão de acesso à Internet ao elemento `<manifest>` antes de seu elemento `<application>` aninhado:

```
<uses-permission android:name="android.permission.INTERNET" />
```

Isso permite ao aplicativo acessar a Internet, o que é necessário para ativar um web service.

Permissões concedidas automaticamente no Android 6.0

O novo modelo de permissões do Android 6.0 (apresentado no Capítulo 5) garante automaticamente a permissão de Internet no momento da instalação, pois o acesso à Internet é considerado fundamental nos aplicativos atuais. No Android 6.0, a permissão de Internet e muitas outras que, de acordo com o Google, não apresentam "grande risco à privacidade ou à segurança do usuário", são concedidas automaticamente no momento da instalação – essas permissões estão agrupadas na categoria `PROTECTION_NORMAL`. Para ver uma lista completa de tais permissões, visite:

```
https://developer.android.com/preview/features/runtime-
    permissions.html#best-practices
```

O Android não pede aos usuários para conceder tais permissões, e os usuários não podem revogá-las no aplicativo. Por isso, seu código não precisa verificar se o aplicativo recebeu a permissão `PROTECTION_NORMAL`. Contudo, você ainda precisa solicitar essas permissões em `AndroidManifest.xml`, para compatibilidade com versões anteriores do Android.

7.4.3 strings.xml

Clique duas vezes em `strings.xml` na pasta `res/values` e clique no link **Open editor** a fim de exibir o **Translations Editor** para criar os recursos de `String` da Figura 7.4.

Nome do recurso	Valores
api_key	*Use sua própria chave de API de OpenWeatherMap.org para o valor deste recurso.*
web_service_url	http://api.openweathermap.org/data/2.5/forecast/daily?q=
invalid_url	Invalid URL
weather_condition_image	A graphical representation of the weather conditions
high_temp	High: %s
low_temp	Low: %s
day_description	%1$s: %2$s
humidity	Humidity: %s
hint_text	Enter city (e.g, Boston, MA, US)
read_error	Unable to read weather data
connect_error	Unable to connect to OpenWeatherMap.org

Figura 7.4 | Recursos de `String` usados no aplicativo **WeatherViewer**.

7.4.4 colors.xml

O template **Blank Activity** do Android Studio personaliza as cores primárias, primárias escuras e de contraste do aplicativo. Neste aplicativo, alteramos a cor de contraste do template (colorAccent) para uma tonalidade azul (valor hexadecimal #448AFF) em colors.xml.

7.4.5 activity_main.xml

O template **Blank Activity** do Android Studio divide a interface gráfica do usuário de MainActivity em dois arquivos:

- activity_main.xml define o componente Toolbar (o substituto da barra de aplicativo em uma AppCompatActivity) da atividade e um FloatingActionButton, posicionado no canto inferior direito por padrão.
- content_main.xml define o restante da interface gráfica do usuário de MainActivity e é incluído no arquivo activity_main.xml por meio de um elemento <include>.

Faça as seguintes alterações em activity_main.xml para este aplicativo:

1. Adicione a propriedade **id** coordinatorLayout ao CoordinatorLayout — você vai usar isso para especificar o layout no qual um componente Snackbar será exibido.

2. Adicione o botão Material Design de pronto (✓) ao projeto por meio do **Vector Asset Studio** (como fez na Seção 4.4.9) e especifique esse novo ícone para a propriedade **src** predefinida de FloatingActionButton.

3. Edite o código XML do layout para configurar várias propriedades de FloatingActionButton que não estão disponíveis pela janela **Properties**. Altere layout_gravity de bottom|end para top|end a fim de que o FloatingActionButton apareça no canto superior direito da interface do usuário.

4. A fim de mover o botão de modo a sobrepor a margem direita do elemento EditText, defina um novo recurso de dimensão chamado fab_margin_top com o valor 90dp. Use esse recurso de dimensão e o recurso de dimensão fab_margin definido pelo template **Blank Activity** para estabelecer as seguintes margens para FloatingActionButton:

```
android:layout_marginTop="@dimen/fab_margin_top"
android:layout_marginEnd="@dimen/fab_margin"
android:layout_marginBottom="@dimen/fab_margin"
android:layout_marginStart="@dimen/fab_margin"
```

5. Por fim, remova layout_margin de FloatingActionButton, predefinida pelo template **Blank Activity**.

7.4.6 content_main.xml

Este layout é incluído em activity_main.xml e define a principal interface gráfica do usuário de MainActivity. Execute os passos a seguir:

1. Remova o elemento TextView padrão definido pelo template **Blank Activity** e mude o RelativeLayout para um LinearLayout vertical.

2. Em seguida, insira um TextInputLayout. Na view **Design** do editor de layout, clique em **CustomView** na seção **Custom**. Na caixa de diálogo que aparece, comece a digitar TextInputLayout para pesquisar a lista de componentes de interface gráfica do usuário personalizados. Quando o IDE realçar TextInputLayout, clique

em **OK** e, então, na janela **Component Tree**, clique em `LinearLayout` para inserir o `TextInputLayout` como um layout aninhado.

3. Para adicionar um `EditText` ao `TextInputLayout`, troque para a view **Text** do editor de layout e, então, mude o sinal `/>` de fechamento do elemento `TextInputLayout` para `>`, posicione o cursor à direita de `>`, pressione *Enter* e digite `</`. O IDE completará o identificador de fechamento automaticamente. Entre os identificadores de início e fim de `TextInputLayout`, digite `<EditText`. O IDE mostrará uma janela de preenchimento automático com `EditText` selecionado. Pressione *Enter* para inserir um elemento `EditText` e configure seu `layout_width` como `match_parent` e `layout_height` como `wrap_content`. Na view **Design**, configure a propriedade **id** de `EditText` como `locationEditText`, marque a caixa de seleção de sua propriedade **singleLine** e configure sua propriedade **hint** com o recurso de `String hint_text`.

4. Para completar o layout, arraste um componente `ListView` para o `LinearLayout` na janela **Component Tree**. Configure **layout:width** como `match_parent`, **layout:height** como `0dp`, **layout:weight** como `1` e **id** como `weatherListView`. Lembre-se de que o valor `0dp` para **layout:height** é recomendado pelo IDE para obter uma apresentação mais eficiente ao se usar **layout:weight** para determinar a altura de uma `view`.

7.4.7 list_item.xml

Agora você vai adicionar o layout de `list_item.xml` ao projeto e definir o layout personalizado para exibir dados climáticos em um item de `ListView` (Figura 7.5). Esse layout será inflado pelo adaptador `WeatherArrayAdapter` a fim de criar a interface do usuário para novos itens de `ListView` (Seção 7.6.4).

`LinearLayout` horizontal contendo um elemento `ImageView` e `GridLayout`

Tuesday: sky is clear		
Low: 58°F	High: 71°F	Humidity: 0%

`GridLayout` de duas linhas e três colunas contendo quatro componentes `TextView`

Figura 7.5 | Layout para o clima de um dia exibido em um item de `ListView`.

Passo 1: Criação do arquivo de layout e personalização da orientação do `LinearLayout`

Crie o arquivo de layout `list_item.xml` com os passos a seguir:

1. Clique com o botão direito do mouse na pasta `layout` do projeto e selecione **New > Layout resource file**.
2. Digite `list_item.xml` no campo **File name** da caixa de diálogo **New Resource File**.
3. Certifique-se de que `LinearLayout` esteja especificado no campo **Root element** e clique em **OK**. O arquivo `list_item.xml` aparecerá no diretório `layout` na janela **Project** e será aberto no editor de layout.
4. Selecione o `LinearLayout` e mude sua orientação para `horizontal` – esse layout consistirá em um elemento `ImageView` e um `GridLayout` contendo as outras views.

Passo 2: Adição do elemento `ImageView` *para exibir um ícone de condição climática*
Execute os passos a seguir para adicionar e configurar o elemento `ImageView`:

1. Arraste um elemento `ImageView` da **Palette** para o `LinearLayout` na janela **Component Tree**.

2. Configure a propriedade **id** como `conditionImageView`.

3. Configure **layout:width** como `50dp` – defina o recurso de dimensão `image_side_length` para esse valor.

4. Configure **layout:height** como `match_parent` – a altura do elemento `ImageView` corresponderá à altura do item de `ListView`.

5. Configure **contentDescription** com o recurso de `String` `weather_condition_image` criado na Seção 7.4.3.

6. Configure **scaleType** como `fitCenter` – o ícone se encaixará dentro dos limites do elemento `ImageView` e será centralizado horizontal e verticalmente.

Passo 3: Adição do `GridLayout` *para exibir os componentes* `TextView`
Execute os passos a seguir para adicionar e configurar o `GridLayout`:

1. Arraste um `GridLayout` da **Palette** para o `LinearLayout` na janela **Component Tree**.

2. Configure **columnCount** como 3 e **rowCount** como 2.

3. Configure **layout:width** como `0dp` – a largura desse `GridLayout` será determinada pela propriedade **layout:weight**.

4. Configure **layout:height** como `match_parent` – a altura do `GridLayout` corresponderá à altura do item de `ListView`.

5. Configure **layout:weight** como 1 – a largura do `GridLayout` ocupará todo o espaço horizontal restante em seu `LinearLayout` pai.

6. Marque a propriedade **useDefaultMargins** para adicionar o espaçamento padrão entre as células do `GridLayout`.

Passo 4: Adição dos componentes `TextView`
Execute os passos a seguir para adicionar e configurar os quatro componentes `TextView`:

1. Arraste um elemento **Large Text** para o `GridLayout` na janela **Component Tree** e configure a propriedade **id** como `dayTextView`, **layout:column** como 0 e **layout:columnSpan** como 3.

2. Arraste três elementos **Plain TextView** para o `GridLayout` na janela **Component Tree** e configure as propriedades **id** como `lowTextView`, `hiTextView` e `humidityTextView`, respectivamente. Para cada um desses componentes `TextView`, configure as propriedades **layout:row** como 1 e **layout:columnWeight** como 1. Esses componentes vão aparecer na segunda linha do `GridLayout` e, como todos têm o mesmo valor para a propriedade **layout:columnWeight**, as colunas terão tamanho igual.

3. Configure a propriedade **layout:column** de `lowTextView` como 0, de `hiTextView` como 1 e de `humidityTextView` como 2.

Isso completa o layout de `list_item.xml`. Não é preciso alterar a propriedade **text** dos componentes `TextView` – o texto será definido via programação.

7.5 Classe Weather

Este aplicativo é composto de três classes, discutidas nas Seções 7.5 a 7.7:

- A classe Weather (esta seção) representa os dados climáticos de um dia. A classe MainActivity converterá os dados climáticos JSON em um ArrayList<Weather>.

- A classe WeatherArrayAdapter (Seção 7.6) define uma subclasse de ArrayAdapter personalizada para vincular o ArrayList<Weather> ao elemento ListView de MainActivity. Os itens de ListView são indexados a partir de 0 e as views aninhadas de cada item de ListView são preenchidas com dados do objeto Weather no mesmo índice de ArrayList<Weather>.

- A classe MainActivity (Seção 7.7) define a interface do usuário do aplicativo e a lógica para interagir com o web service de previsão climática de OpenWeatherMap.org e para processar a resposta JSON.

Nesta seção, nos concentramos na classe Weather.

7.5.1 Instrução package, instruções import e variáveis de instância

A Figura 7.6 contém a instrução package, as instruções import e as variáveis de instância da classe Weather. Você vai usar classes dos pacotes java.text e java.util (linhas 5 a 8) a fim de converter o carimbo de hora para o clima de cada dia no nome do dia (Monday, Tuesday, etc.). As variáveis de instância são declaradas como final, pois não precisam ser modificadas depois de serem inicializadas. Também as tornamos public – lembre-se de que as Strings Java são imutáveis; portanto, mesmo as variáveis de instância sendo public, seus valores não podem mudar.

```
1   // Weather.java
2   // Mantém as informações climáticas de um dia
3   package com.deitel.weatherviewer;
4
5   import java.text.NumberFormat;
6   import java.text.SimpleDateFormat;
7   import java.util.Calendar;
8   import java.util.TimeZone;
9
10  class Weather {
11     public final String dayOfWeek;
12     public final String minTemp;
13     public final String maxTemp;
14     public final String humidity;
15     public final String description;
16     public final String iconURL;
17
```

Figura 7.6 | Instrução package, instruções import e variáveis de instância da classe Weather.

7.5.2 Construtor

O construtor de Weather (Figura 7.7) inicializa as variáveis de instância da classe:

- O objeto NumberFormat cria Strings a partir de valores numéricos. As linhas 22 e 23 configuram o objeto para arredondar valores de ponto flutuante em números inteiros.

- A linha 25 chama nosso método utilitário convertTimeStampToDay (Seção 7.5.3) para obter a String do nome do dia e inicializa dayOfWeek.
- As linhas 26 e 27 formatam os valores de temperatura máximos e mínimos do dia como números inteiros, usando o objeto numberFormat. Anexamos °F no final de cada String formatada, pois vamos solicitar temperaturas em Fahrenheit – a sequência de escape Unicode \u00B0 representa o símbolo de grau (°). As APIs de OpenWeatherMap.org também aceitam os formatos de temperatura em Kelvin (o padrão) e Celsius.
- As linhas 28 e 29 obtêm um NumberFormat para formatação de porcentagem específica da localidade e a utilizam para formatar a porcentagem de umidade. O web service retorna essa porcentagem como um número inteiro; portanto, dividimos o valor por 100.0 para a formatação – nos Estados Unidos, 1.00 é formatado como 100%, 0.5 como 50%, etc.
- A linha 30 inicializa a descrição da condição climática.
- As linhas 31 e 32 criam uma String para a URL que representa a imagem da condição climática para o dia – isso será usado para baixar a imagem.

```
18    // construtor
19    public Weather(long timeStamp, double minTemp, double maxTemp,
20       double humidity, String description, String iconName) {
21       // NumberFormat para formatar temperaturas em double
             arredondadas para inteiros
22       NumberFormat numberFormat = NumberFormat.getInstance();
23       numberFormat.setMaximumFractionDigits(0);
24
25       this.dayOfWeek = convertTimeStampToDay(timeStamp);
26       this.minTemp = numberFormat.format(minTemp) + "\u00B0F";
27       this.maxTemp = numberFormat.format(maxTemp) + "\u00B0F";
28       this.humidity =
29          NumberFormat.getPercentInstance().format(humidity / 100.0);
30       this.description = description;
31       this.iconURL =
32          "http://openweathermap.org/img/w/" + iconName + ".png";
33    }
34
```

Figura 7.7 | Construtor da classe Weather.

7.5.3 Método convertTimeStampToDay

O método utilitário convertTimeStampToDay (Figura 7.8) recebe como argumento um valor long representando o número de segundos decorridos desde 1º de janeiro de 1970, GMT – a maneira padrão de representar tempo em sistemas Linux (o Android é baseado no Linux). Para fazer a conversão:

- A linha 37 obtém um objeto Calendar para manipular datas e horas; então, a linha 38 chama o método setTimeInMillis para configurar a hora usando o argumento timestamp. O argumento timestamp é em segundos; portanto, multiplicamos por 1000 a fim de convertê-lo para milissegundos.
- A linha 39 obtém o objeto TimeZone padrão, o qual usamos para ajustar a hora com base no fuso horário do dispositivo (linhas 42 e 43).

- A linha 46 cria um `SimpleDateFormat` que formata um objeto `Date`. O argumento "EEEE" do construtor formata o objeto `Date` como o nome do dia (Monday, Tuesday, etc.). Para ver uma lista completa dos formatos, visite:

  http://developer.android.com/reference/java/text/SimpleDateFormat.html

- A linha 47 formata e retorna o nome do dia. O método `getTime` de `Calendar` retorna um objeto `Date` contendo a hora. Esse objeto `Date` é passado para o método `format` de `SimpleDateFormat` a fim de obter o nome do dia.

```
35    // converte o timestamp no nome de um dia (por exemplo, Monday, Tuesday...)
36    private static String convertTimeStampToDay(long timeStamp) {
37       Calendar calendar = Calendar.getInstance(); // cria Calendar
38       calendar.setTimeInMillis(timeStamp * 1000); // configura a hora
39       TimeZone tz = TimeZone.getDefault(); // obtém o fuso horário do dispositivo
40
41       // ajusta a hora para o fuso horário do dispositivo
42       calendar.add(Calendar.MILLISECOND,
43          tz.getOffset(calendar.getTimeInMillis()));
44
45       // SimpleDateFormat que retorna o nome do dia
46       SimpleDateFormat dateFormatter = new SimpleDateFormat("EEEE");
47       return dateFormatter.format(calendar.getTime());
48    }
49 }
```

Figura 7.8 | Método `convertTimeStampToDay` de `Weather`.

7.6 Classe WeatherArrayAdapter

A classe `WeatherArrayAdapter` define uma subclasse de `ArrayAdapter` para vincular um `ArrayList<Weather>` ao elemento `ListView` de `MainActivity`.

7.6.1 A instrução package e as instruções import

A Figura 7.9 contém a instrução `package` e as instruções `import` de `WeatherArrayAdapter`. Vamos discutir os tipos importados à medida que os encontrarmos.

Os itens de `ListView` deste aplicativo exibem um layout personalizado. Cada item contém uma imagem (o ícone da condição climática) e texto representando o dia, a descrição do clima, a temperatura mais baixa, a temperatura mais alta e a umidade. Para mapear dados climáticos em itens de `ListView`, estendemos a classe `ArrayAdapter` (linha 23) para podermos sobrescrever o método `getView` de `ArrayAdapter` a fim de configurar um layout personalizado para cada item de `ListView`.

```
1  // WeatherArrayAdapter.java
2  // ArrayAdapter para exibir os elementos de um List<Weather> em uma ListView
3  package com.deitel.weatherviewer;
4
5  import android.content.Context;
6  import android.graphics.Bitmap;
7  import android.graphics.BitmapFactory;
8  import android.os.AsyncTask;
```

Figura 7.9 | Instrução package e instruções import da classe WeatherArrayAdapter. (Parte 1 de 2)

```
 9   import android.view.LayoutInflater;
10   import android.view.View;
11   import android.view.ViewGroup;
12   import android.widget.ArrayAdapter;
13   import android.widget.ImageView;
14   import android.widget.TextView;
15
16   import java.io.InputStream;
17   import java.net.HttpURLConnection;
18   import java.net.URL;
19   import java.util.HashMap;
20   import java.util.List;
21   import java.util.Map;
22
23   class WeatherArrayAdapter extends ArrayAdapter<Weather> {
```

Figura 7.9 | (Parte 2 de 2)

7.6.2 Classe aninhada ViewHolder

A classe aninhada ViewHolder (Figura 7.10) define as variáveis de instância que a classe WeatherArrayAdapter acessa diretamente ao manipular objetos ViewHolder. Quando um item de ListView for criado, vamos associar a ele um novo objeto ViewHolder. Se já houver um item de ListView sendo reutilizado, vamos simplesmente obter o objeto ViewHolder desse item.

```
24   // classe para reutilizar views como itens de lista fora da tela e na tela
25   private static class ViewHolder {
26       ImageView conditionImageView;
27       TextView dayTextView;
28       TextView lowTextView;
29       TextView hiTextView;
30       TextView humidityTextView;
31   }
32
```

Figura 7.10 | Classe aninhada ViewHolder.

7.6.3 Variável de instância e construtor

A Figura 7.11 define a variável de instância e o construtor da classe WeatherArrayAdapter. Usamos a variável de instância bitmaps (linha 34) – um Map<String, Bitmap> – para colocar em cache as imagens de condição climática já carregadas, a fim de que não precisem ser baixadas novamente quando o usuário rolar pela previsão climática. As imagens colocadas em cache permanecerão na memória até que o Android encerre o aplicativo. O construtor (linhas 37 a 39) simplesmente chama o construtor de três argumentos da superclasse, passando como primeiro e terceiro argumentos o objeto Context (isto é, a atividade na qual o elemento ListView é exibido) e a lista List<Weather> (a lista de dados a exibir). O segundo argumento do construtor da superclasse representa um identificador de recurso de layout para um layout que contém um elemento TextView no qual os dados de um item de ListView são exibidos. O argumento -1 indica que usamos um layout personalizado neste aplicativo, a fim de que possamos exibir mais do que apenas um elemento TextView.

```
33    // armazena Bitmaps já baixados para reutilização
34    private Map<String, Bitmap> bitmaps = new HashMap<>();
35
36    // construtor para inicializar membros herdados da superclasse
37    public WeatherArrayAdapter(Context context, List<Weather> forecast) {
38       super(context, -1, forecast);
39    }
40
```

Figura 7.11 | Variável de instância e construtor da classe `WeatherArrayAdapter`.

7.6.4 Método sobrescrito getView de ArrayAdapter

O método getView (Figura 7.12) é chamado para obter a view que exibe os dados de um item de ListView. Sobrescrever esse método permite a você mapear dados para um item de ListView personalizado. O método recebe como argumentos a propriedade position do item de ListView, a view (convertView) que representa o item e o pai do item. Manipulando convertView, você pode personalizar o conteúdo do item de ListView. A linha 45 chama o método getItem herdado de ArrayAdapter para obter de List<Weather> o objeto Weather que será exibido. A linha 47 define a variável ViewHolder que será configurada como um novo objeto ViewHolder ou como um já existente, dependendo de o argumento convertView do método getView ser null.

```
41    // cria as views personalizadas para os itens de ListView
42    @Override
43    public View getView(int position, View convertView, ViewGroup parent) {
44       // obtém objeto Weather para esta posição de ListView especificada
45       Weather day = getItem(position);
46
47       ViewHolder viewHolder; // objeto que referencia as views do item da lista
48
49       // verifica se há ViewHolder reutilizável de um item de ListView que
50       // rolou para fora da tela; caso contrário, cria um ViewHolder
51       if (convertView == null) { // nenhum ViewHolder reutilizável; portanto,
                                      cria um
52          viewHolder = new ViewHolder();
53          LayoutInflater inflater = LayoutInflater.from(getContext());
54          convertView =
55             inflater.inflate(R.layout.list_item, parent, false);
56          viewHolder.conditionImageView =
57             (ImageView) convertView.findViewById(R.id.conditionImageView);
58          viewHolder.dayTextView =
59             (TextView) convertView.findViewById(R.id.dayTextView);
60          viewHolder.lowTextView =
61             (TextView) convertView.findViewById(R.id.lowTextView);
62          viewHolder.hiTextView =
63             (TextView) convertView.findViewById(R.id.hiTextView);
64          viewHolder.humidityTextView =
65             (TextView) convertView.findViewById(R.id.humidityTextView);
66          convertView.setTag(viewHolder);
67       }
68       else { // reutiliza o ViewHolder existente, armazenado como
                   identificador (tag) do item da lista
69          viewHolder = (ViewHolder) convertView.getTag();
70       }
```

Figura 7.12 | Método sobrescrito `getView` de `ArrayAdapter`. (Parte 1 de 2)

```
71
72       // se o ícone da condição climática já foi baixado, o utiliza;
73       // caso contrário, baixa o ícone em uma thread separada
74       if (bitmaps.containsKey(day.iconURL)) {
75          viewHolder.conditionImageView.setImageBitmap(
76             bitmaps.get(day.iconURL));
77       }
78       else {
79          // baixa e exibe a imagem de condição climática
80          new LoadImageTask(viewHolder.conditionImageView).execute(
81             day.iconURL);
82       }
83
84       // obtém outros dados do objeto Weather e coloca nas views
85       Context context = getContext(); // para carregar recursos de String
86       viewHolder.dayTextView.setText(context.getString(
87          R.string.day_description, day.dayOfWeek, day.description));
88       viewHolder.lowTextView.setText(
89          context.getString(R.string.low_temp, day.minTemp));
```

Figura 7.12 | (Parte 2 de 2)

Se convertView for null, a linha 52 cria um objeto ViewHolder a fim de armazenar referências para as views de um novo item de ListView. Em seguida, a linha 53 obtém o LayoutInflator de Context, o qual usamos nas linhas 54 e 55 para inflar o layout do item de ListView. O primeiro argumento é o layout a inflar (R.layout.list_item), o segundo é o ViewGroup pai do layout ao qual as views desse serão anexadas, e o último argumento é um valor boolean indicando se as views devem ser anexadas automaticamente. Neste caso, o terceiro argumento é false, pois ListView chama o método getView para obter a view do item e, então, a anexa a ListView. As linhas 56 a 65 obtêm referências para as views no layout recentemente inflado e configuram as variáveis de instância de ViewHolder. A linha 66 configura o novo objeto ViewHolder como identificador do item de ListView para armazenar ViewHolder com o item de ListView para uso futuro.

Se convertView não é null, ListView está reutilizando um item de ListView que rolou para fora da tela. Nesse caso, a linha 69 obtém o identificador do item de ListView atual, o qual é o ViewHolder anexado anteriormente a esse item de ListView.

Depois da criação ou obtenção do ViewHolder, as linhas 74 a 93 configuram os dados para as views de ListItem. As linhas 74 a 82 determinam se a imagem da condição climática já foi baixada, no caso em que o objeto bitmaps conterá uma chave para a iconURL do objeto Weather. Se assim for, as linhas 75 e 76 obtêm o Bitmap existente a partir de bitmaps e configuram a imagem de conditionImageView. Caso contrário, as linhas 80 e 81 criam uma nova LoadImageTask (Seção 7.6.5) para baixar a imagem em uma thread separada. O método execute da tarefa recebe a iconURL e inicia a tarefa. As linhas 86 a 93 configuram as Strings dos componentes TextView do item de ListView. Por fim, a linha 95 retorna a view configurada do item de ListView.

> **Observação sobre engenharia de software 7.1**
> *Sempre que uma AsyncTask é exigida, você deve criar um novo objeto para seu tipo AsyncTask — cada AsyncTask pode ser executada apenas uma vez.*

7.6.5 Subclasse AsyncTask para baixar imagens em uma thread separada

A classe aninhada LoadImageTask (Figura 7.13) estende a classe AsyncTask, define como baixar uma imagem de condição climática em uma thread separada e retorna a imagem para a thread da interface do usuário para exibição no componente ImageView do item de ListView.

```
98   // AsyncTask para carregar ícones de condição climática em uma thread separada
99   private class LoadImageTask extends AsyncTask<String, Void, Bitmap> {
100      private ImageView imageView; // exibe a miniatura
101
102      // armazena ImageView na qual configura o Bitmap baixado
103      public LoadImageTask(ImageView imageView) {
104         this.imageView = imageView;
105      }
106
107      // carrega a imagem; params[0] é a String da URL que representa a imagem
108      @Override
109      protected Bitmap doInBackground(String... params) {
110         Bitmap bitmap = null;
111         HttpURLConnection connection = null;
112
113         try {
114            URL url = new URL(params[0]); // cria a URL para a imagem
115
116            // abre uma HttpURLConnection, obtém seu InputStream
117            // e baixa a imagem
118            connection = (HttpURLConnection) url.openConnection();
119
120            try (InputStream inputStream = connection.getInputStream()) {
121               bitmap = BitmapFactory.decodeStream(inputStream);
122               bitmaps.put(params[0], bitmap); // coloca em cache para
                                                  uso posterior
123            }
124            catch (Exception e) {
125               e.printStackTrace();
126            }
127         }
128         catch (Exception e) {
129            e.printStackTrace();
130         }
131         finally {
132            connection.disconnect(); // fecha a HttpURLConnection
133         }
134
135         return bitmap;
136      }
137
138      // configura a imagem da condição climática no item da lista
139      @Override
140      protected void onPostExecute(Bitmap bitmap) {
141         imageView.setImageBitmap(bitmap);
142      }
143   }
144 }
```

Figura 7.13 | Subclasse AsyncTask para baixar imagens em uma thread separada.

AsyncTask é um tipo genérico que exige três parâmetros de tipo:

- O primeiro é o tipo de lista de parâmetros, de comprimento variável (String), para o método **doInBackground** de AsyncTask, o qual você *deve* sobrecarregar (linhas 108 a 136). Quando o método execute da tarefa é chamado, ele cria uma thread na qual doInBackground executa a tarefa. Este aplicativo passa a String da URL do ícone de condição climática como argumento para o método execute de AsyncTask (Figura 7.12, linhas 80 e 81).

- O segundo é o tipo de lista de parâmetros, de comprimento variável, para o método **onProgressUpdate** de AsyncTask. Esse método é executado na thread da interface gráfica do usuário e é usado para receber *atualizações intermediárias* do tipo especificado de uma tarefa de execução longa. A sobrescrita desse método é opcional. Não usamos isso neste exemplo, de modo que especificamos o tipo Void aqui e ignoramos esse parâmetro de tipo.

- O terceiro é o tipo do resultado da tarefa (Bitmap), que é passado para o método **onPostExecute** de AsyncTask. Esse método é executado na thread da interface gráfica do usuário e permite que a ImageView do item de ListView exiba os resultados de AsyncTask. O componente ImageView a ser atualizado é especificado como argumento para o construtor da classe LoadImageTask (linhas 103 a 105) e armazenado na variável de instância, na linha 100.

Uma vantagem importante de usar AsyncTask é que essa classe trata dos detalhes da criação de threads e da execução de seus métodos nas threads apropriadas, de modo que você não precisa interagir com o mecanismo de threads diretamente.

Download da imagem de condição climática
O método doInBackground usa uma HttpURLConnection para baixar a imagem de condição climática. A linha 114 converte em um objeto URL a String da URL passada para o método execute de AsyncTask (params[0]). Em seguida, a linha 118 chama o método openConnection da classe URL para obter uma HttpURLConnection – a conversão é necessária, pois o método retorna uma URLConnection. O método openConnection solicita o conteúdo especificado pela URL. A linha 120 obtém o InputStream de HttpURLConnection, o qual passamos para o método decodeStream de BitmapFactory para ler os bytes da imagem e retornar um objeto Bitmap contendo a imagem (linha 121). A linha 122 coloca em cache a imagem baixada no objeto bitmaps Map para possível reutilização, e a linha 132 chama o método disconnect herdado de HttpURLConnection para fechar a conexão e liberar seus recursos. A linha 135 retorna o Bitmap baixado, o qual então é passado para onPostExecute – na thread da interface gráfica do usuário – para exibir a imagem.

7.7 Classe MainActivity

A classe MainActivity define a interface do usuário do aplicativo, a lógica para interagir com o web service de previsão diária de OpenWeatherMap.org e a lógica para processar a resposta JSON do web service. A subclasse aninhada GetWeatherTask de AsyncTask faz a solicitação ao web service em uma thread separada (Seção 7.7.5). A MainActivity não exige um menu neste aplicativo; portanto, removemos os métodos onCreateOptionsMenu e onOptionsItemSelected do código gerado automaticamente.

7.7.1 A instrução package e as instruções import

A Figura 7.14 contém a instrução package e as instruções import de MainActivity. Vamos discutir os tipos importados à medida que os encontrarmos.

```java
1   // MainActivity.java
2   // Exibe a previsão climática de 16 dias para a cidade especificada
3   package com.deitel.weatherviewer;
4
5   import android.content.Context;
6   import android.os.AsyncTask;
7   import android.os.Bundle;
8   import android.support.design.widget.FloatingActionButton;
9   import android.support.design.widget.Snackbar;
10  import android.support.v7.app.AppCompatActivity;
11  import android.support.v7.widget.Toolbar;
12  import android.view.View;
13  import android.view.inputmethod.InputMethodManager;
14  import android.widget.EditText;
15  import android.widget.ListView;
16
17  import org.json.JSONArray;
18  import org.json.JSONException;
19  import org.json.JSONObject;
20
21  import java.io.BufferedReader;
22  import java.io.IOException;
23  import java.io.InputStreamReader;
24  import java.net.HttpURLConnection;
25  import java.net.URL;
26  import java.net.URLEncoder;
27  import java.util.ArrayList;
28  import java.util.List;
29
```

Figura 7.14 | Instrução package e instruções import da classe MainActivity.

7.7.2 Variáveis de instância

A classe MainActivity (Figura 7.15) estende a classe AppCompatActivity e define três variáveis de instância:

- weatherList (linha 32) é um ArrayList<Weather> que armazena os objetos Weather – cada um representa um dia na previsão diária.
- weatherArrayAdapter vai se referir a um objeto WeatherArrayAdapter (Seção 7.6) que vincula a lista weatherList aos itens de ListView.
- weatherListView vai se referir a ListView de MainActivity.

```java
30  public class MainActivity extends AppCompatActivity {
31     // Lista de objetos Weather que representam a previsão
32     private List<Weather> weatherList = new ArrayList<>();
33
34     // ArrayAdapter para vincular objetos Weather a uma ListView
35     private WeatherArrayAdapter weatherArrayAdapter;
36     private ListView weatherListView; // exibe informações climáticas
37
```

Figura 7.15 | Variáveis de instância da classe MainActivity.

7.7.3 Método sobrescrito onCreate de Activity

O método sobrescrito onCreate (Figura 7.15) configura a interface gráfica do usuário de MainActivity. As linhas 41 a 45 foram geradas pelo Android Studio quando você escolheu o template **Blank Activity** ao criar este projeto. Essas linhas inflam a interface gráfica, criam o elemento Toolbar do aplicativo e o anexam à atividade. Lembre-se de que uma AppCompatActivity deve fornecer seu próprio elemento Toolbar, pois as barras de aplicativo (anteriormente denominadas barras de ação) não são suportadas nas versões anteriores do Android.

As linhas 48 a 50 configuram o ListAdapter de weatherListView – neste caso, um objeto da subclasse WeatherArrayAdapter de ArrayAdapter. O método **setAdapter** de ListView conecta o WeatherArrayAdapter a ListView para preencher seus itens.

```
38   // configura Toolbar, ListView e FAB
39   @Override
40   protected void onCreate(Bundle savedInstanceState) {
41       super.onCreate(savedInstanceState);
42       // código gerado automaticamente para inflar o layout e configurar Toolbar
43       setContentView(R.layout.activity_main);
44       Toolbar toolbar = (Toolbar) findViewById(R.id.toolbar);
45       setSupportActionBar(toolbar);
46
47       // cria ArrayAdapter para vincular weatherList a weatherListView
48       weatherListView = (ListView) findViewById(R.id.weatherListView);
49       weatherArrayAdapter = new WeatherArrayAdapter(this, weatherList);
50       weatherListView.setAdapter(weatherArrayAdapter);
51
52       // configura FAB para ocultar o teclado e iniciar a solicitação ao web service
53       FloatingActionButton fab =
54           (FloatingActionButton) findViewById(R.id.fab);
55       fab.setOnClickListener(new View.OnClickListener() {
56           @Override
57           public void onClick(View view) {
58               // obtém texto de locationEditText e cria a URL do web service
59               EditText locationEditText =
60                   (EditText) findViewById(R.id.locationEditText);
61               URL url = createURL(locationEditText.getText().toString());
62
63               // oculta o teclado e inicia uma GetWeatherTask para o download
64               // de dados climáticos de OpenWeatherMap.org em uma thread separada
65               if (url != null) {
66                   dismissKeyboard(locationEditText);
67                   GetWeatherTask getLocalWeatherTask = new GetWeatherTask();
68                   getLocalWeatherTask.execute(url);
69               }
70               else {
71                   Snackbar.make(findViewById(R.id.coordinatorLayout),
72                       R.string.invalid_url, Snackbar.LENGTH_LONG).show();
73               }
74           }
75       });
76   }
77
```

Figura 7.16 | Método sobrescrito onCreate de Activity.

As linhas 53 a 75 configuram o `FloatingActionButton` do template **Blank Activity**. O método receptor `onClick` foi gerado automaticamente pelo Android Studio, mas reimplementamos seu corpo para este aplicativo. Obtemos uma referência para o elemento `EditText` do aplicativo e, então, a utilizamos na linha 61 para receber a entrada do usuário. Passamos isso para o método `createURL` (Seção 7.7.4) a fim de criar a URL que representa a solicitação ao web service que retornará a previsão climática da cidade.

Se a criação da URL é bem-sucedida, a linha 66 oculta o teclado via programação, chamando o método `dismissKeyboard` (Seção 7.7.4). Então, a linha 67 cria uma `GetWeatherTask` para obter a previsão climática em uma thread separada e a linha 68 executa a tarefa, passando a URL da solicitação ao web service como argumento para o método `execute` de `AsyncTask`. Se a criação da URL não é bem-sucedida, as linhas 71 e 72 criam um `Snackbar` indicando que a URL era inválida.

7.7.4 Métodos dismissKeyboard e createURL

A Figura 7.17 contém os métodos `dismissKeyboard` e `createURL` de `MainActivity`. O método `dismissKeyboard` (linhas 79 a 83) é chamado para ocultar o teclado virtual quando o usuário toca no `FloatingActionButton` para submeter uma cidade ao aplicativo. O Android fornece um serviço para gerenciar o teclado via programação. Você pode obter uma referência para esse serviço (e para muitos outros serviços do Android) chamando o método **getSystemService** herdado de `Context`, com a constante apropriada – `Context.INPUT_METHOD_SERVICE`, neste caso. Esse método pode retornar objetos de muitos tipos diferentes; portanto, você deve converter seu valor de retorno para o tipo apropriado – **InputMethodManager** (pacote **android.view.inputmethod**). Para remover o teclado, chame o método **hideSoftInputFromWindow** de InputMethodManager (linha 82).

```
78      // remove o teclado via programação quando o usuário toca no FAB
79      private void dismissKeyboard(View view) {
80          InputMethodManager imm = (InputMethodManager) getSystemService(
81              Context.INPUT_METHOD_SERVICE);
82          imm.hideSoftInputFromWindow(view.getWindowToken(), 0);
83      }
84
85      // cria a URL do web service de openweathermap.org usando city
86      private URL createURL(String city) {
87          String apiKey = getString(R.string.api_key);
88          String baseUrl = getString(R.string.web_service_url);
89
90          try {
91              // cria a URL para a cidade e para as unidades imperiais
                    (Fahrenheit) especificadas
92              String urlString = baseUrl + URLEncoder.encode(city, "UTF-8") +
93                  "&units=imperial&cnt=16&APPID=" + apiKey;
94              return new URL(urlString);
95          }
96          catch (Exception e) {
97              e.printStackTrace();
98          }
99
100         return null; // a URL foi mal formada
101     }
102
```

Figura 7.17 | Métodos `dismissKeyboard` e `createURL` de `MainActivity`.

O método `createURL` (linhas 86 a 101) monta a representação de `String` da URL para a solicitação ao web service (linhas 92 e 93). Então, a linha 94 tenta cria e retornar um objeto `URL` inicializado com a `String` da URL. Na linha 93, adicionamos parâmetros à consulta ao web service

```
&units=imperial&cnt=16&APPID=
```

O parâmetro `units` pode ser `imperial` (para temperaturas em Fahrenheit), `metric` (para Celsius) ou `standard` (para Kelvin) – `standard` é o padrão se você não incluir o parâmetro `units`. O parâmetro `cnt` especifica quantos dias devem ser incluídos na previsão. O máximo é 16, e o padrão é 7 – fornecer um número inválido de dias resulta em uma previsão para sete dias. Por fim, o parâmetro `APPID` é a sua chave de API para `OpenWeatherMap.org`, a qual carregamos no aplicativo a partir do recurso de `String` `api_key`. Por padrão, a previsão é retornada no formato JSON, mas você pode adicionar o parâmetro `mode`, com o valor `XML` ou `HTML`, para receber dados formatados em XML ou uma página web, respectivamente.

7.7.5 Subclasse `AsyncTask` para ativar um web service

A subclasse aninhada `GetWeatherTask` de `AsyncTask` (Figura 7.18) faz a solicitação ao web service e processa a resposta em uma thread separada; então, passa as informações da previsão como um `JSONObject` para a thread da interface gráfica do usuário, para exibição.

```
103    // faz a chamada ao web service REST para obter os dados
104    // climáticos e os salva em um arquivo HTML local
105    private class GetWeatherTask
106        extends AsyncTask<URL, Void, JSONObject> {
107
108        @Override
109        protected JSONObject doInBackground(URL... params) {
110            HttpURLConnection connection = null;
111
112            try {
113                connection = (HttpURLConnection) params[0].openConnection();
114                int response = connection.getResponseCode();
115
116                if (response == HttpURLConnection.HTTP_OK) {
117                    StringBuilder builder = new StringBuilder();
118
119                    try (BufferedReader reader = new BufferedReader(
120                        new InputStreamReader(connection.getInputStream()))) {
121
122                        String line;
123
124                        while ((line = reader.readLine()) != null) {
125                            builder.append(line);
126                        }
127                    }
128                    catch (IOException e) {
129                        Snackbar.make(findViewById(R.id.coordinatorLayout),
130                            R.string.read_error, Snackbar.LENGTH_LONG).show();
131                        e.printStackTrace();
132                    }
133
134                    return new JSONObject(builder.toString());
```

Figura 7.18 | Subclasse `AsyncTask` para ativar um web service. (Parte 1 de 2)

```
135            }
136            else {
137               Snackbar.make(findViewById(R.id.coordinatorLayout),
138                  R.string.connect_error, Snackbar.LENGTH_LONG).show();
139            }
140         }
141         catch (Exception e) {
142            Snackbar.make(findViewById(R.id.coordinatorLayout),
143               R.string.connect_error, Snackbar.LENGTH_LONG).show();
144            e.printStackTrace();
145         }
146         finally {
147            connection.disconnect(); // fecha a HttpURLConnection
148         }
149
150         return null;
151      }
152
153      // processa a resposta JSON e atualiza a ListView
154      @Override
155      protected void onPostExecute(JSONObject weather) {
156         convertJSONtoArrayList(weather); // preenche weatherList novamente
157         weatherArrayAdapter.notifyDataSetChanged(); // vincula a ListView
                                                              novamente
158         weatherListView.smoothScrollToPosition(0); // rola para o topo
159      }
160   }
161
```

Figura 7.18 | (Parte 2 de 2)

Para a classe `GetWeatherTask`, os três parâmetros de tipo genérico são:

- URL para o tipo de lista de parâmetros, de comprimento variável, do método doIn-Background de AsyncTask (linhas 108 a 151) – a URL da solicitação ao web service é passada como único argumento para o método `execute` de GetWeatherTask.

- Void para o tipo de lista de parâmetros, de comprimento variável, do método on-ProgressUpdate – mais uma vez, não usamos esse método.

- JSONObject para o tipo do resultado da tarefa, o qual é passado para onPostExecute (linhas 154 a 159) na thread da interface gráfica do usuário para exibir os resultados.

A linha 113 em doInBackground cria a HttpURLConnection utilizada para ativar o web service REST. Como na Seção 7.6.5, simplesmente abrir a conexão faz a solicitação. A linha 114 obtém o código de resposta do servidor web. Se o código de resposta for HttpURLConnection.HTTP_OK, o web service REST foi ativado corretamente e há uma resposta para processar. Nesse caso, as linhas 119 a 126 obtêm o InputStream de HttpURLConnection, o empacotam em um BufferedReader, leem cada linha de texto da resposta e a anexam a um StringBuilder. Então, a linha 134 converte a String JSON do StringBuilder em um JSONObject e o retornam para a thread da interface gráfica do usuário. A linha 147 desconecta a HttpURLConnection.

Se houver um erro na leitura dos dados climáticos ou na conexão com o web service, as linhas 129 e 130, 137 e 138 ou 142 e 143 exibirão um Snackbar indicando o problema ocorrido. Esses problemas podem ocorrer se o dispositivo perder o acesso à rede no meio de uma solicitação ou se não tiver acesso à rede – por exemplo, se o dispositivo estiver no modo avião.

Quando onPostExecute é chamado na thread da interface gráfica do usuário, a linha 156 chama o método convertJSONtoArrayList (Seção 7.7.6) para extrair os dados climáticos do JSONObject e colocá-los na weatherList. Então, a linha 157 chama o método notifyDataSetChanged de ArrayAdapter, o qual faz a weatherListView ser atualizada com os novos dados. A linha 158 chama o método smoothScrollToPosition de ListView para reposicionar seu primeiro item no topo da ListView – isso garante que o novo primeiro dia da previsão climática apareça no topo.

7.7.6 Método convertJSONtoArrayList

Na Seção 7.3.2, discutimos a resposta JSON retornada pelo web service de previsão climática diária de OpenWeatherMap.org. O método convertJSONtoArrayList (Figura 7.19) extrai esses dados climáticos de seu argumento JSONObject. Primeiramente, a linha 164 apaga da weatherList quaisquer objetos Weather existentes. Processar dados JSON em um JSONObject ou JSONArray pode resultar em exceções JSONException; portanto, as linhas 168 a 188 são colocadas em um bloco try.

```
162    // cria objetos Weather a partir do JSONObject que contém a previsão
163    private void convertJSONtoArrayList(JSONObject forecast) {
164       weatherList.clear(); // apaga os dados climáticos antigos
165
166       try {
167          // obtém a "lista" JSONArray da previsão
168          JSONArray list = forecast.getJSONArray("list");
169
170          // converte cada elemento da lista em um objeto Weather
171          for (int i = 0; i < list.length(); ++i) {
172             JSONObject day = list.getJSONObject(i); // obtém os dados de um dia
173
174             // obtém o JSONObject das temperaturas do dia ("temp")
175             JSONObject temperatures = day.getJSONObject("temp");
176
177             // obtém o JSONObject "weather" do dia para a descrição e para o ícone
178             JSONObject weather =
179                day.getJSONArray("weather").getJSONObject(0);
180
181             // adiciona novo objeto Weather a weatherList
182             weatherList.add(new Weather(
183                day.getLong("dt"), // carimbo de data/hora
184                temperatures.getDouble("min"), // temperatura mínima
185                temperatures.getDouble("max"), // temperatura máxima
186                day.getDouble("humidity"), // porcentagem de umidade
187                weather.getString("description"), // condições climáticas
188                weather.getString("icon"))); // nome do ícone
189          }
190       }
191       catch (JSONException e) {
192          e.printStackTrace();
193       }
194    }
195 }
```

Figura 7.19 | Método convertJSONtoArrayList de MainActivity.

A linha 168 obtém a "lista" JSONArray chamando o método **getJSONArray** de JSONObject com o nome da propriedade array como argumento. Em seguida, as linhas 171 a 189 criam um objeto Weather para cada elemento do JSONArray. O método **length** de JSONArray retorna o número de elementos do array (linha 171).

Então, a linha 172 obtém um JSONObject representando a previsão de um dia do JSONArray chamando o método **getJSONObject**, o qual recebe um índice como argumento. A linha 175 obtém o objeto JSON "temp", o qual contém os dados de temperatura do dia. As linhas 178 e 179 obtêm o array JSON "weather" e, então, obtém o primeiro elemento do array, o qual contém a descrição e o ícone do clima do dia.

As linhas 182 a 188 criam um objeto Weather e o adicionam a weatherList. A linha 183 usa o método **getLong** de JSONObject para obter o timestamp do dia ("dt"), o qual o construtor de Weather converte no nome do dia. As linhas 184 a 186 chamam o método **getDouble** de JSONObject para obter as temperaturas mínima ("min") e máxima ("max") do objeto temperatures e a porcentagem "humidity" do objeto day. Por fim, as linhas 187 e 188 usam **getString** para obter as Strings da descrição do clima e do ícone de condição climática do objeto weather.

7.8 Para finalizar

Neste capítulo, você construiu o aplicativo **WeatherViewer**. O aplicativo obteve a previsão climática de 16 dias para uma cidade a partir dos web services fornecidos por OpenWeatherMap.org e a exibiu em um componente ListView. Discutimos o estilo arquitetônico para implementar web services conhecido como REST (Representational State Transfer). Você aprendeu que os aplicativos usam padrões web, como HTTP (HyperText Transfer Protocol), para ativar web services RESTful e receber suas respostas.

O web service de OpenWeatherMap.org usado neste aplicativo retornou a previsão como uma String no formato JSON (JavaScript Object Notation). Você aprendeu que JSON é um formato baseado em texto no qual os objetos são representados como coleções de pares nome/valor. Usamos as classes JSONObject e JSONArray do pacote org.json para processar os dados JSON.

Para ativar o web service, você converteu a String da URL do web service em um objeto URL. Então, usou a URL para abrir uma HttpUrlConnection que ativava o web service por meio de uma solicitação HTTP. O aplicativo leu todos os dados do InputStream de HttpUrlConnection e os colocou em uma String; então, converteu essa String em um JSONObject para processamento. Demonstramos como efetuar operações de longa duração fora da thread da interface gráfica do usuário e como receber seus resultados nessa thread, usando objetos AsyncTask. Isso é particularmente importante para solicitações de web service, as quais têm tempos de resposta indeterminados.

Você exibiu os dados climáticos em uma ListView usando uma subclasse de ArrayAdapter para fornecer os dados para cada item de ListView. Mostramos como melhorar o desempenho de uma ListView por meio do padrão view-holder reutilizando views de itens de ListView existentes quando os itens saem da tela.

Por fim, você usou vários recursos Material Design da Android Design Support Library – um TextInputLayout para manter uma dica de EditText na tela mesmo depois que o usuário começava a digitar texto, um FloatingActionButton para permitir ao usuário submeter a entrada e um Snackbar para exibir uma mensagem informativa para o usuário.

No Capítulo 8, construíremos o aplicativo **Twitter® Searches**. Muitos aplicativos móveis exibem listas de itens, exatamente como fizemos neste aplicativo. No Capítulo 8, você vai fazer isso usando uma `RecyclerView` que obtém dados de um `ArrayList<String>`. Para conjuntos de dados grandes, `RecyclerView` é mais eficiente que `ListView`. Você também vai armazenar dados do aplicativo como preferências do usuário e vai aprender a ativar o navegador web do dispositivo para exibir uma página web.

8

Aplicativo Twitter® Searches

SharedPreferences, SharedPreferences.
Editor, objetos Intent implícitos,
selecionadores de intenção, RecyclerView,
RecyclerView.Adapter, RecyclerView.ViewHolder,
RecyclerView.ItemDecoration

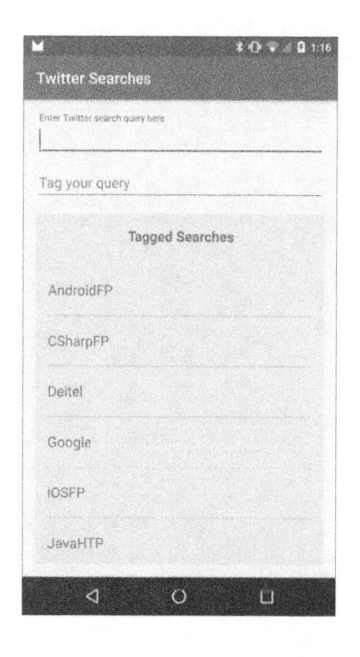

Objetivos
Neste capítulo, você vai:

- Usar `SharedPreferences` para armazenar pares chave-valor de dados associados a um aplicativo.
- Usar um objeto `Intent` implícito para abrir um site em um navegador.
- Usar um objeto `Intent` implícito para exibir um selecionador de intenção contendo uma lista de aplicativos que podem compartilhar texto.
- Exibir uma lista rolante de itens em uma `RecyclerView`.
- Usar uma subclasse de `RecyclerView.Adapter` para especificar os dados de uma `RecyclerView`.
- Usar uma subclasse de `RecyclerView.ViewHolder` a fim de implementar o padrão view-holder para uma `RecyclerView`.
- Usar uma subclasse de `RecyclerView.ItemDecoration` para exibir linhas entre os itens de uma `RecyclerView`.
- Usar um objeto `AlertDialog.Builder` para criar um componente `AlertDialog` que exibe uma lista de opções.

Resumo

8.1 Introdução
8.2 Teste do aplicativo
    8.2.1 Adição de uma pesquisa de favoritos
    8.2.2 Visualização dos resultados de uma pesquisa no Twitter
    8.2.3 Edição de uma pesquisa
    8.2.4 Compartilhamento de uma pesquisa
    8.2.5 Exclusão de uma pesquisa
    8.2.6 Rolagem por pesquisas salvas
8.3 Visão geral das tecnologias
    8.3.1 Armazenamento de dados de chave-valor em um arquivo `SharedPreferences`
    8.3.2 Objetos `Intent` implícitos e selecionadores de intenção
    8.3.3 `RecyclerView`
    8.3.4 `RecyclerView.Adapter` e `RecyclerView.ViewHolder`
    8.3.5 `RecyclerView.ItemDecoration`
    8.3.6 Exibição de uma lista de opções em um componente `AlertDialog`
8.4 Construção da interface gráfica do usuário e dos arquivos de recurso do aplicativo
    8.4.1 Criação do projeto
    8.4.2 `AndroidManifest.xml`
    8.4.3 Adição da biblioteca `RecyclerView`
    8.4.4 `colors.xml`
    8.4.5 `strings.xml`
    8.4.6 `arrays.xml`
    8.4.7 `dimens.xml`
    8.4.8 Adição do ícone do botão salvar
    8.4.9 `activity_main.xml`
    8.4.10 `content_main.xml`
    8.4.11 Layout do item de `RecyclerView`: `list_item.xml`
8.5 Classe `MainActivity`
    8.5.1 As instruções package e import
    8.5.2 Campos de `MainActivity`
    8.5.3 Método sobrescrito `onCreate` de `Activity`
    8.5.4 Rotina de tratamento de eventos `TextWatcher` e o método `updateSaveFAB`
    8.5.5 `OnClickListener` de `saveButton`
    8.5.6 Método `addTaggedSearch`
    8.5.7 Classe interna anônima que implementa `View.OnClickListener` para exibir resultados de pesquisa
    8.5.8 Classe interna anônima que implementa `View.OnLongClickListener` para compartilhar, editar ou excluir uma pesquisa
    8.5.9 Método `shareSearch`
    8.5.10 Método `deleteSearch`
8.6 Subclasse `SearchesAdapter` de `RecyclerView.Adapter`
    8.6.1 Instrução package, instruções import, variáveis de instância e construtor
    8.6.2 Subclasse aninhada `ViewHolder` de `RecyclerView.ViewHolder`
    8.6.3 Métodos sobrescritos de `RecyclerView.Adapter`
8.7 Subclassee `ItemDivider` de `RecyclerView.ItemDecoration`
8.8 Observação sobre Fabric: a nova plataforma de desenvolvimento de aplicativos móveis do Twitter
8.9 Para finalizar

8.1 Introdução

O mecanismo de pesquisa do Twitter facilita seguir os *trending topics* (assuntos do momento) discutidos por mais de 300 milhões de usuários do Twitter[1] (existe mais de 1 bilhão de contas no Twitter[2]). As pesquisas podem ser aperfeiçoadas com os *operadores de pesquisa* do Twitter (Seção 8.2), frequentemente resultando em strings de pesquisa longas, demoradas e inconvenientes para digitar em um dispositivo móvel. O aplicativo **Twitter® Searches** (Figura 8.1) permite salvar suas consultas de pesquisa prediletas, com nomes de identificador curtos e fáceis de lembrar (Figura 8.1(a)) exibidos em uma lista rolante. Você pode então rolar pelas pesquisas salvas e simplesmente tocar no nome de um identificador para ver rapidamente os tweets sobre determinado tópico (Figura 8.1(b)). Conforme verá, o aplicativo também permite *compartilhar*, *editar* e *excluir* pesquisas salvas.

---

[1] https://about.twitter.com/company.

[2] http://www.businessinsider.com/twitter-monthly-active-users-2015-7?r=UK&IR=T.

a) Aplicativo com várias pesquisas salvas

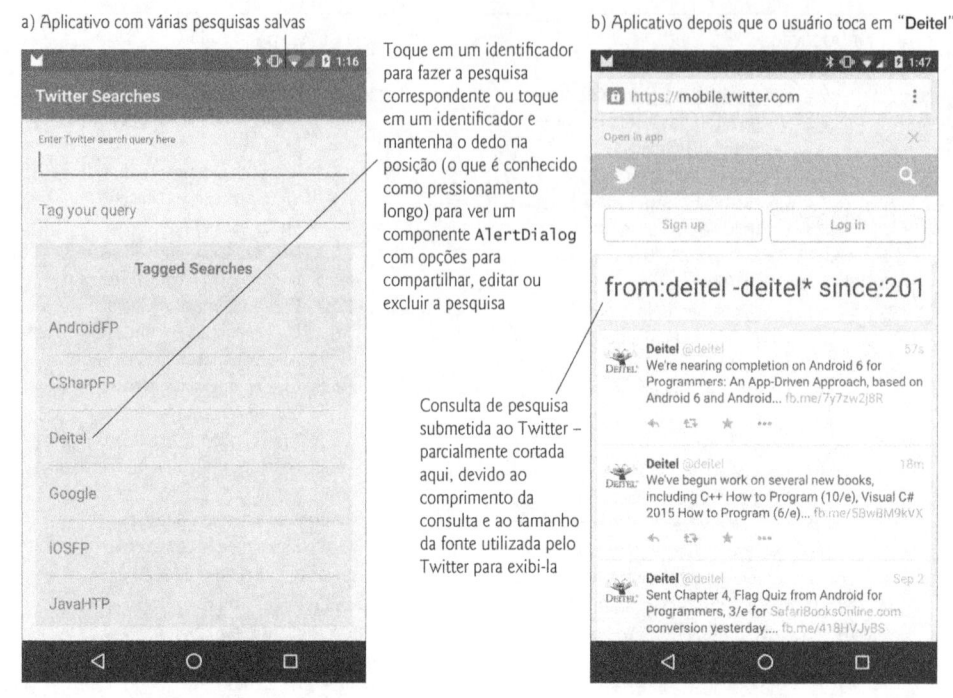

b) Aplicativo depois que o usuário toca em "Deitel"

Toque em um identificador para fazer a pesquisa correspondente ou toque em um identificador e mantenha o dedo na posição (o que é conhecido como pressionamento longo) para ver um componente `AlertDialog` com opções para compartilhar, editar ou excluir a pesquisa

Consulta de pesquisa submetida ao Twitter – parcialmente cortada aqui, devido ao comprimento da consulta e ao tamanho da fonte utilizada pelo Twitter para exibi-la

Figura 8.1 | Aplicativo **Twitter Searches**.

O aplicativo aceita as orientações retrato e paisagem. No aplicativo **Flag Quiz**, você fez isso fornecendo layouts separados para cada orientação. No aplicativo **Doodlz**, fez isso via programação, configurando a orientação. Neste aplicativo, damos suporte para as duas orientações, projetando uma interface gráfica do usuário que se ajusta *dinamicamente*, de acordo com a orientação atual.

Primeiramente, você vai testar o aplicativo. Em seguida, vamos ver um panorama das tecnologias utilizadas para construí-lo. Depois, vamos projetar a interface gráfica do usuário do aplicativo. Por fim, acompanharemos o código-fonte completo do aplicativo, discutindo os recursos novos com mais detalhes.

8.2 Teste do aplicativo

Abra e execute o aplicativo
Abra o Android Studio e abra o aplicativo **Twitter Searches** a partir da pasta `TwitterSearches` na pasta de exemplos do livro e, então, execute-o no AVD ou em um dispositivo. Isso constrói o projeto e executa o aplicativo (Figura 8.2).

8.2.1 Adição de uma pesquisa de favoritos

Toque no componente `EditText` superior e digite `from:deitel` como consulta de pesquisa – o operador `from:` localiza tweets de uma conta do Twitter especificada. A Figura 8.3 mostra diversos operadores de pesquisa do Twitter – vários operadores podem ser

Componente EditText para digitar a expressão de consulta – o texto de dica "**Enter Twitter search query here**" especifica a finalidade do componente

Componente EditText para identificar sua pesquisa – o texto de dica "**Tag your query**" especifica a finalidade do componente

Quando o componente EditText recebe o foco, seu elemento TextInputLayout incluso anima o texto de dica em uma posição acima do componente

As pesquisas salvas aparecem aqui

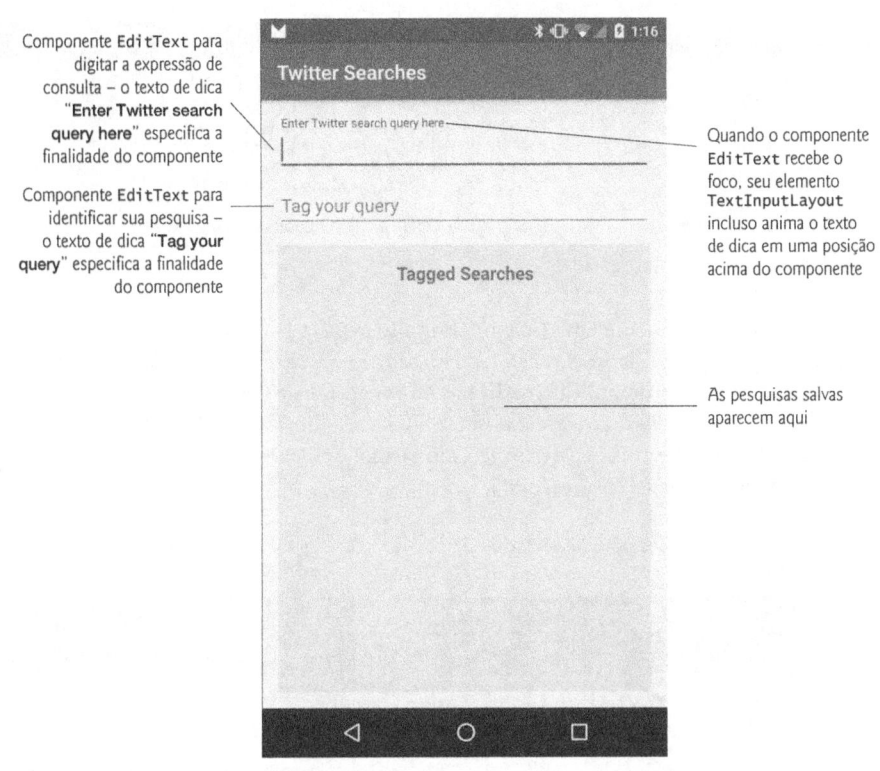

Figura 8.2 | O aplicativo **Twitter Searches** ao ser executado pela primeira vez.

usados em conjunto para construir consultas mais complexas. Uma lista completa pode ser encontrada em

```
http://bit.ly/TwitterSearchOperators
```

Exemplo	Localiza tweets contendo
google android	Operador *lógico E* implícito – Localiza tweets contendo google *e* android.
google OR android	Operador lógico OU – Localiza tweets contendo google *ou* android *ou* ambos.
"how to program"	String entre aspas ("") – Localiza tweets contendo "how to program".
android ?	? (ponto de interrogação) – Localiza tweets que fazem perguntas sobre android.
google -android	- (sinal de subtração) – Localiza tweets contendo google, mas não android.
android :)	:) (face alegre) – Localiza tweets de *atitude positiva* contendo android.
android :(	:((face triste) – Localiza tweets de *atitude negativa* contendo android.

Figura 8.3 | Alguns operadores de pesquisa do Twitter. (Parte 1 de 2)

Exemplo	Localiza tweets contendo
since:2013-10-01	Localiza tweets que ocorreram *na data* especificada *ou depois* dela, a qual deve estar na forma AAAA-MM-DD.
near:"New York City"	Localiza tweets que foram enviados perto de "New York City".
from:GoogleCode	Localiza tweets da conta @GoogleCode no Twitter.
to:GoogleCode	Localiza tweets para a conta @GoogleCode no Twitter.

Figura 8.3 | (Parte 2 de 2)

No componente EditText inferior, digite Deitel como identificador para a consulta de pesquisa (Figura 8.4(a)). Esse vai ser o *nome curto* exibido em uma lista na seção **Tagged Searches** do aplicativo. Toque no botão *salvar* (🖫) para salvar a pesquisa – o identificador "**Deitel**" aparece na lista sob o cabeçalho **Tagged Searches** (Figura 8.4(b)). Quando uma pesquisa é salva, o teclado virtual desaparece para que você possa ver sua lista de pesquisas salvas (Seção 8.5.5).

a) Inserindo uma pesquisa para o Twitter e um identificador de pesquisa

b) O aplicativo depois de salvar a pesquisa e o identificador

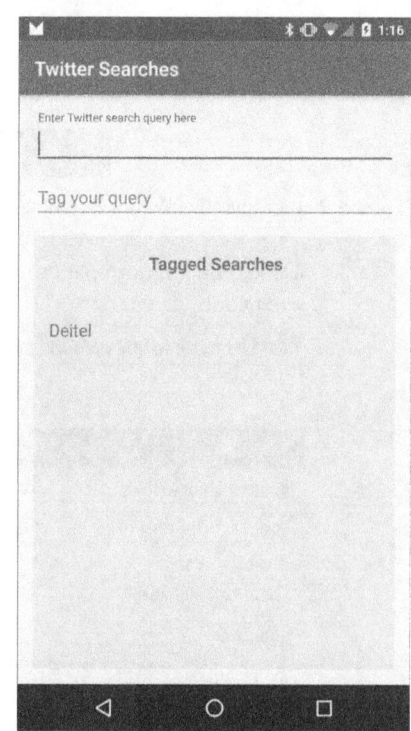

Figura 8.4 | Inserindo uma pesquisa para o Twitter.

8.2.2 Visualização dos resultados de uma pesquisa no Twitter

Para ver os resultados da pesquisa, toque no identificador "**Deitel**". Isso ativa o navegador web do dispositivo e passa uma URL que representa a pesquisa salva para o site do Twitter. O Twitter obtém a consulta de pesquisa a partir da URL e retorna os tweets correspondentes à consulta (se houver) como uma página web. Então, o navegador web exibe a página de resultados (Figura 8.5). Quando terminar de ver os resultados, toque no botão voltar (◁) para voltar ao aplicativo **Twitter Searches**, em que você pode salvar mais pesquisas e editar, excluir e compartilhar pesquisas salvas anteriormente. Para a consulta "from:deitel", o Twitter mostra contas de usuário relevantes, contendo deitel no nome da conta, e tweets recentes dessas contas.

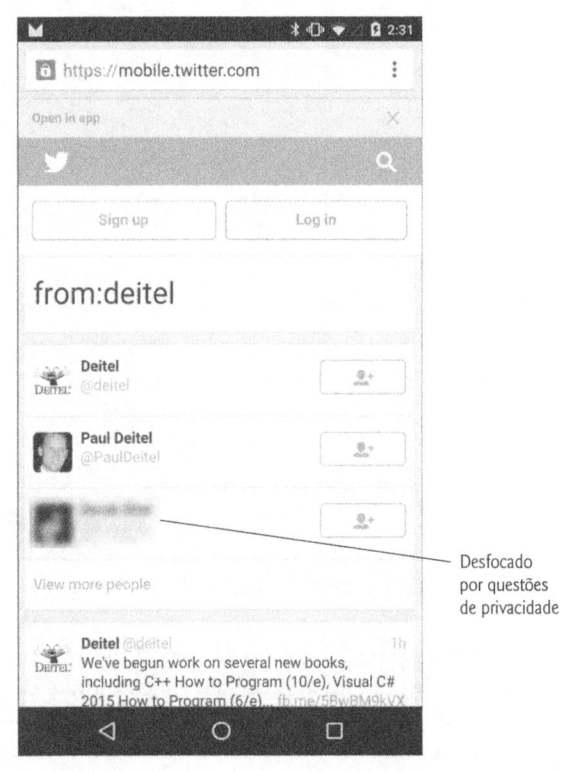

Figura 8.5 | Vendo resultados de pesquisa para from:deitel – tornamos indistinta uma conta do Twitter por questões de privacidade.

8.2.3 Edição de uma pesquisa

Também é possível *compartilhar*, *editar* ou *excluir* uma pesquisa. Para ver essas opções, faça um *pressionamento longo* no identificador da pesquisa – isto é, toque no identificador e mantenha o dedo na tela até que apareça a caixa de diálogo contendo as opções **Share**, **Edit** e **Delete**. Para fazer um pressionamento longo usando um AVD, clique e mantenha o botão esquerdo do mouse pressionado no identificador da pesquisa. Quando um pressionamento longo é feito em "**Deitel**", o componente AlertDialog, na Figura 8.6(a), exibe as opções **Share**, **Edit** e **Delete** para a pesquisa identificada como "**Deitel**". Se não quiser executar essas tarefas, toque em **CANCEL**.

a) Selecionando **Edit** para editar uma pesquisa já existente

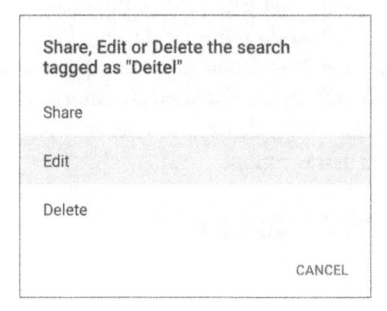

b) Editando a pesquisa "**Deitel**" salva

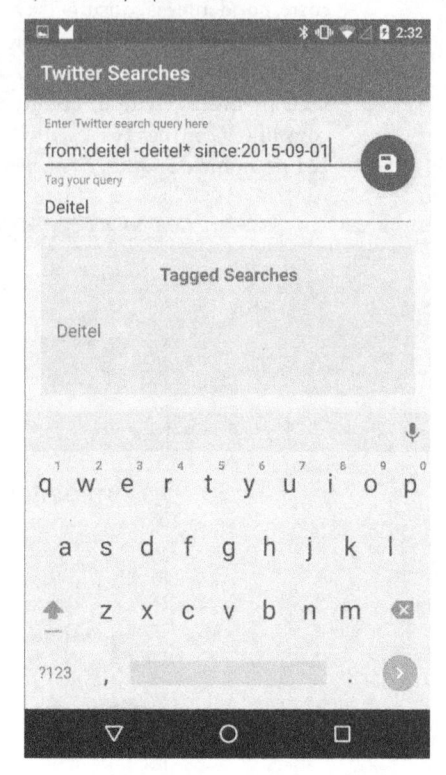

Figura 8.6 | Editando uma pesquisa salva.

Para editar a pesquisa identificada como "**Deitel**", toque na opção **Edit** da caixa de diálogo. O aplicativo carrega a consulta e o identificador da pesquisa nos componentes EditText para edição. Vamos restringir nossa pesquisa apenas aos tweets da conta @deitel desde 1º de setembro de 2015. Adicione um espaço e, então

```
-deitel* since:2015-09-01
```

ao final da consulta (Figura 8.6(b)), no componente EditText superior. -deitel* exclui dos resultados os tweets de contas que começam com "deitel", mas seguidas por outros caracteres. O operador since: restringe os resultados da pesquisa aos tweets que ocorreram *na data* especificada *ou depois* dela (na forma aaaa-mm-dd). Toque no botão *salvar* (◀) para atualizar a pesquisa salva e, então, veja os resultados atualizados (Figura 8.7) tocando em **Deitel** na seção **Tagged Searches** do aplicativo. [*Obs.*: Alterar o nome do identificador vai criar uma *nova* pesquisa – isso é útil se você quiser basear uma nova consulta em outra salva anteriormente.]

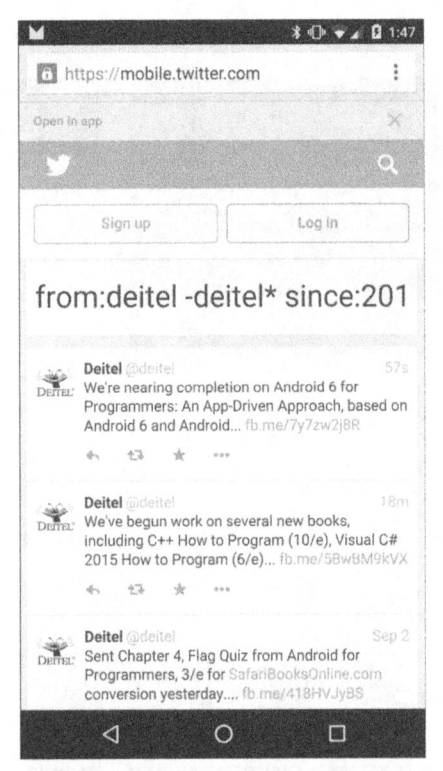

Figura 8.7 | Vendo os resultados atualizados da pesquisa "**Deitel**".

8.2.4 Compartilhamento de uma pesquisa

O Android facilita compartilhar vários tipos de informação de um aplicativo via e-mail, troca de mensagens instantânea (SMS), Facebook, Google+, Twitter e muito mais. Neste aplicativo, você pode compartilhar uma pesquisa favorita fazendo um *pressionamento longo* no identificador da pesquisa e selecionando **Share** no componente AlertDialog que aparece. Isso exibe o assim chamado **selecionador de intenção** (Figura 8.8(a)), o qual pode variar de acordo com o tipo de conteúdo que você está compartilhando e com os aplicativos que podem manipular esse conteúdo. Neste aplicativo, estamos compartilhando texto, e o selecionador de intenção em nosso telefone mostra muitos aplicativos capazes de manipular texto. Se nenhum aplicativo puder manipular o conteúdo, o selecionador de intenção exibirá uma mensagem informando isso. Se somente um aplicativo puder manipular o conteúdo, ele será ativado sem que você precise escolher o aplicativo a ser usado no selecionador de intenção. Para este teste, tocamos em **Gmail**. A Figura 8.8(b) mostra a tela **Compose** do aplicativo **Gmail** com o endereço, o assunto e o corpo do e-mail preenchidos. Na captura de tela, tornamos indistinto o endereço de e-mail de **From** por questões de privacidade.

a) Selecionador de intenção mostrando opções de compartilhamento

b) Tela Compose do aplicativo Gmail para um e-mail contendo a pesquisa "Deitel"

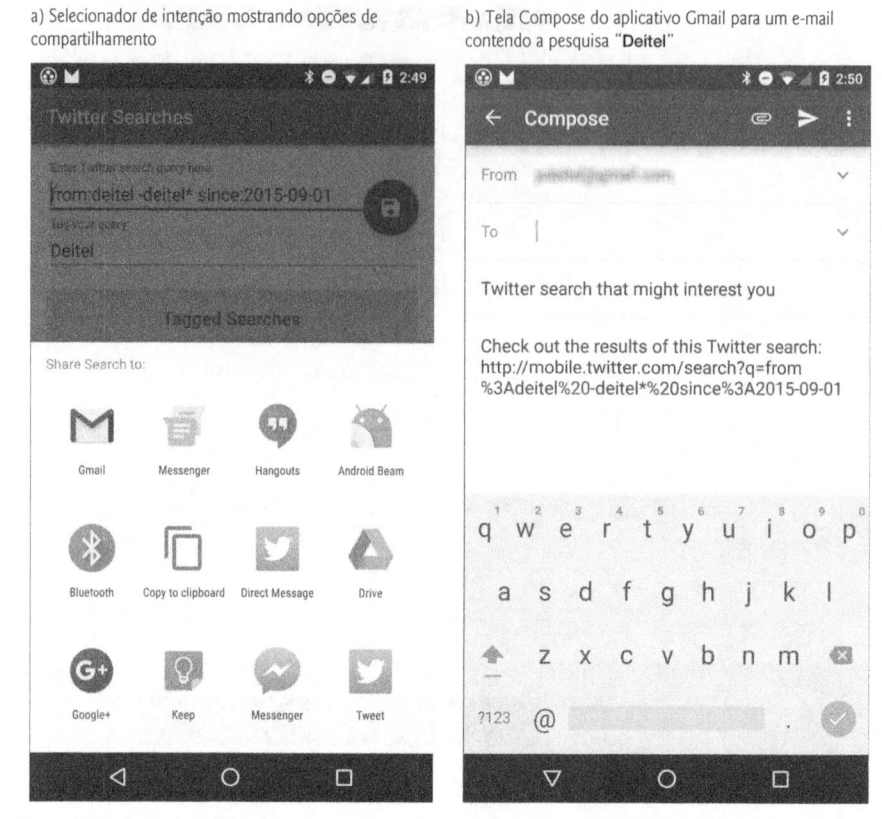

Figura 8.8 | Compartilhando uma pesquisa via e-mail – a janela **Compose** do Gmail mostra seu endereço de e-mail por padrão (tornado indistinto aqui por questões de privacidade), posiciona o cursor no campo **To** para que você possa digitar o endereço de e-mail do destinatário e preenche o assunto e o conteúdo do e-mail.

8.2.5 Exclusão de uma pesquisa

Para excluir uma pesquisa, faça um *pressionamento longo* no identificador da pesquisa e selecione **Delete** no componente AlertDialog que aparece. O aplicativo pede para você confirmar que deseja excluir a pesquisa (Figura 8.9) – tocar em **CANCEL** o leva de volta à tela principal *sem* excluir a pesquisa. Tocar em **DELETE** exclui a pesquisa.

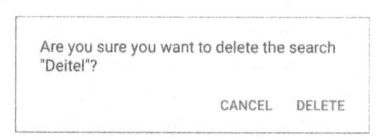

Figura 8.9 | Componente AlertDialog confirmando uma exclusão.

8.2.6 Rolagem por pesquisas salvas

A Figura 8.10 mostra o aplicativo depois de salvarmos várias pesquisas favoritas – seis das quais estão visíveis. O aplicativo permite rolar por suas pesquisas favoritas caso exista mais do que pode aparecer na tela simultaneamente. Ao contrário dos aplicativos de computador de mesa, os aplicativos touch-screen normalmente não exibem barras de rolagem para indicar as áreas da tela que podem rolar. Para rolar, simplesmente *arraste* ou *dê um toque* com o dedo (ou com o mouse, em um AVD) para cima ou para baixo na lista de **Tagged Searches**. Além disso, gire o dispositivo para a orientação *paisagem* a fim de ver a interface gráfica se ajustar dinamicamente.

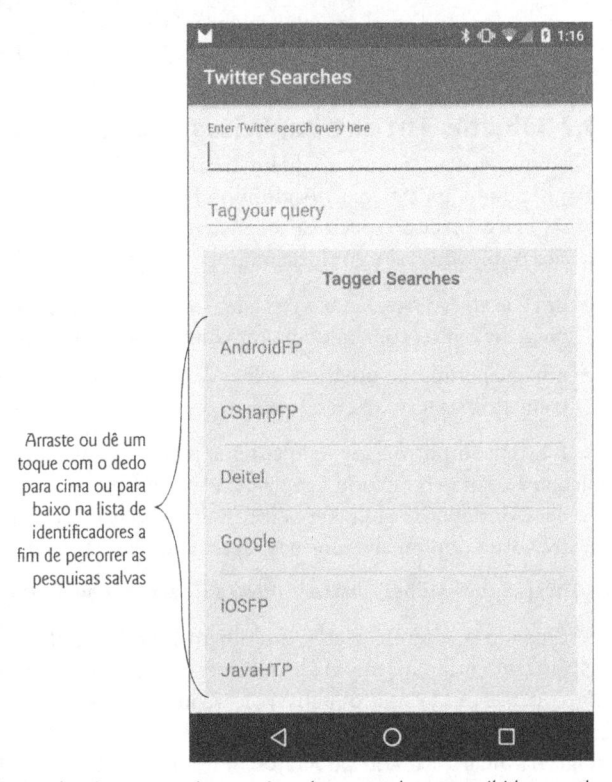

Figura 8.10 | O aplicativo com mais pesquisas do que podem ser exibidas na tela.

8.3 Visão geral das tecnologias

Esta seção apresenta os recursos que você vai usar para construir o aplicativo **Twitter Searches**.

8.3.1 Armazenamento de dados de chave-valor em um arquivo SharedPreferences

É possível ter arquivos `SharedPreferences` contendo pares chave-valor associados a cada aplicativo – cada chave permite pesquisar rapidamente um valor correspondente. O aplicativo **Flag Quiz** do Capítulo 4 armazenava suas preferências em um arquivo `SharedPreferences` no dispositivo. O elemento `PreferenceFragment` daquele aplicativo criou o arquivo `SharedPreferences` para você. Neste aplicativo, você vai criar e gerenciar um arquivo `SharedPreferences` chamado `searches`, no qual vai armazenar os pares de identificadores (as chaves) e as consultas de pesquisa no Twitter (os *valores*) criadas pelo usuário. Mais uma vez, você vai usar um `SharedPreferences.Editor` para fazer alterações nos pares identificador-consulta.

> **Dica de desempenho 8.1**
>
> *Este aplicativo não armazena muitos dados; portanto, lemos as pesquisas salvas do dispositivo no método* `onCreate` *de* `MainActivity`. *O acesso a dados extensos não deve ser feito na thread da interface do usuário; caso contrário, o aplicativo exibirá uma caixa de diálogo Application Not Responding (ANR) – normalmente após cinco segundos de inatividade. Para obter informações sobre o projeto de aplicativos ágeis nas respostas, consulte* http://developer.android.com/training/articles/perf-anr.html *e pense na possibilidade de usar* `AsyncTasks`, *como mostrado no Capítulo 7.*

8.3.2 Objetos `Intent` implícitos e selecionadores de intenção

No Capítulo 4, você usou um objeto `Intent` explícito para ativar uma atividade específica no mesmo aplicativo. O Android também aceita objetos `Intent` **implícitos**, para os quais *não* é preciso especificar explicitamente qual componente deve manipular a intenção. Aqui, você vai usar dois componentes `Intent` implícitos:

- um que ativa o navegador web padrão do dispositivo, para exibir os resultados de pesquisa do Twitter com base em uma consulta de pesquisa incorporada em uma URL; e
- um que permite ao usuário escolher dentre uma variedade de aplicativos que podem compartilhar texto, para que possa compartilhar uma pesquisa favorita do Twitter.

Em um ou outro caso, se o sistema não consegue encontrar uma atividade para tratar a ação, então o método `startActivity` lança uma exceção `ActivityNotFoundException`. Considera-se uma boa prática tratar essa exceção para evitar uma falha em seu aplicativo. Para obter mais informações sobre objetos `Intent`, visite

http://developer.android.com/guide/components/intents-filters.html

Quando o Android recebe um objeto `Intent` implícito, localiza todo aplicativo instalado contendo uma atividade que possa tratar a ação e o tipo de dado fornecido. Se houver apenas um, o Android ativará a atividade apropriada nesse aplicativo. Se houver vários aplicativos que possam tratar o objeto `Intent`, o Android exibirá uma caixa de diálogo na qual o usuário poderá escolher o aplicativo que deve tratar o objeto. Por exemplo, quando o usuário deste aplicativo escolhe uma pesquisa salva e o dispositivo contém apenas um navegador web, o Android ativa imediatamente esse navegador para fazer a pesquisa e exibir os resultados. Contudo, se dois ou mais navegadores web estiverem instalados, o usuário deverá escolher qual deles deve executar essa tarefa.

8.3.3 `RecyclerView`

No Capítulo 7, você usou uma `ListView` para exibir uma previsão climática – um conjunto de dados limitado. Muitos aplicativos móveis exibem listas de informação extensas. Por exemplo, um aplicativo de e-mail exibe uma lista de e-mails, um aplicativo de agenda eletrônica exibe uma lista de contatos, um aplicativo de notícias exibe uma lista de manchetes, etc. Em cada caso, o usuário toca em um item da lista para ver mais informações – por exemplo, o conteúdo do e-mail selecionado, os detalhes do contato selecionado ou o texto da matéria da notícia selecionada.

`RecyclerView` versus `ListView`

Neste aplicativo, você vai exibir a lista rolante de pesquisas identificadas usando uma `RecyclerView` (pacote `android.support.v7.widget`) – uma view flexível que pode ser personalizada, permitindo controlar como um aplicativo exibe uma lista rolante de dados. A classe `RecyclerView` foi projetada como uma `ListView` melhorada. Ela fornece melhor separação da apresentação dos dados dos recursos para reutilizar views (Seção 8.3.4), e também opções de personalização mais flexíveis (Seção 8.3.5) para apresentação dos seus itens. Por exemplo, os itens de uma `ListView` são sempre exibidos em uma lista vertical, enquanto uma `RecyclerView` tem gerenciadores de layout que podem exibi-los em uma lista vertical ou em uma grade. É possível até definir seu próprio gerenciador de layout personalizado.

Gerenciadores de layout de `RecyclerView`
Para este aplicativo, a `RecyclerView` vai usar `LinearLayoutManager` – uma subclasse de `RecyclerView.LayoutManager` – para especificar que os itens aparecerão em uma lista vertical e que cada um dos itens da lista exibirá um identificador de pesquisa como uma `String` em uma `TextView`. Você também pode projetar layouts personalizados para os itens de uma `RecyclerView`.

8.3.4 `RecyclerView.Adapter` e `RecyclerView.ViewHolder`

No Capítulo 7, usamos uma subclasse de `Adapter` para vincular dados à `ListView`. Apresentamos também o padrão view-holder para reutilizar views que rolam para fora da tela. Lembre-se de que criamos uma classe, chamada `ViewHolder` (Seção 8.6.2), que mantinha referências para as views de um item de `ListView`. A subclasse `Adapter` armazenava um objeto `ViewHolder` com cada item de `ListView`, para que pudéssemos reutilizar as views do item. Você não é obrigado a usar esse padrão, mas isso é recomendado para aumentar o desempenho da rolagem da `ListView`.

`RecyclerView` formaliza o padrão view-holder, tornando-o obrigatório. Você vai criar uma subclasse de `RecyclerView.Adapter` para vincular os itens da lista de `RecyclerView` aos dados de um elemento `List` (Seção 8.6). Cada item de uma `RecyclerView` tem um objeto correspondente de uma subclasse da classe `RecyclerView.ViewHolder` (Seção 8.6.2), o qual mantém referências para a view (ou views) do item para reutilização. `RecyclerView` e `RecyclerView.Adapter` trabalham juntas para reciclar a view (ou views) dos itens que rolam para fora da tela.

8.3.5 `RecyclerView.ItemDecoration`

A classe `ListView` exibe automaticamente uma linha horizontal entre os itens, mas `RecyclerView` não fornece uma decoração padrão. Para exibir linhas horizontais entre os itens, você vai definir uma subclasse de `RecyclerView.ItemDecoration` que desenha linhas divisórias na `RecyclerView` (Seção 8.7).

8.3.6 Exibição de uma lista de opções em um componente `AlertDialog`

Este aplicativo permite que o usuário faça um pressionamento longo em um item da `RecyclerView` para exibir um componente `AlertDialog` contendo uma lista de opções, das quais pode escolher apenas uma. Você vai usar o **método `setItems`** de `AlertDialog.Builder` para especificar um recurso de array de `Strings` contendo nomes das opções a exibir e para configurar a rotina de tratamento de eventos chamada quando o usuário toca em uma das opções.

8.4 Construção da interface gráfica do usuário e dos arquivos de recurso do aplicativo

Nesta seção, você vai construir a interface do usuário e os arquivos de recurso do aplicativo **Twitter Searches**. Lembre, da Seção 8.3.3, que `RecyclerView` não define como apresentar seus itens de lista. Portanto, você também vai criar um layout definindo a interface gráfica do usuário de um item de lista. `RecyclerView` vai inflar esse layout, conforme for necessário, ao criar itens de lista.

8.4.1 Criação do projeto

Crie um projeto usando o template **Blank Activity**. Este aplicativo não exige fragmentos; portanto, quando configurar o template **Blank Activity**, não marque a caixa de seleção **Use a Fragment**. Especifique os seguintes valores no passo **New Project** da caixa de diálogo **Create New Project**:

- **Application Name:** `Twitter Searches`
- **Company Domain:** `deitel.com` (ou especifique seu próprio nome de domínio)

Siga os passos utilizados em aplicativos anteriores para adicionar um ícone de aplicativo ao seu projeto. Exclua o componente `TextView` **Hello world!** de `content_main.xml`, pois não é utilizado. Além disso, siga os passos da Seção 4.4.3 a fim de configurar o suporte para Java SE 7 para o projeto.

8.4.2 `AndroidManifest.xml`

A maioria dos usuários vai ativar este aplicativo para executar uma pesquisa salva. Quando o primeiro componente da interface gráfica do usuário que pode receber o foco em uma atividade é `EditText`, o Android dá o foco a ele quando o aplicativo é exibido. Quando um componente `EditText` recebe o foco, o teclado virtual correspondente é exibido, a não ser que um teclado físico esteja presente. Neste aplicativo, queremos impedir a exibição do teclado virtual, até que o usuário toque em um dos componentes `EditText`. Para fazer isso, siga os passos da Seção 3.7 para configurar a opção `windowSoftInputMode`, mas defina seu valor como `stateAlwaysHidden`.

8.4.3 Adição da biblioteca `RecyclerView`

Este aplicativo utiliza os novos componentes de interface de usuário Material Design da Android Design Support Library, incluindo `TextInputLayout`, `FloatingActionButton` e `RecyclerView`. Os novos templates de aplicativo do Android Studio já são configurados com suporte da Android Design Support Library para `TextInputLayout` e `FloatingActionButton`. Contudo, para usar `RecyclerView`, você precisa atualizar as dependências do aplicativo a fim de incluir a biblioteca `RecyclerView`:

1. Clique com o botão direito do mouse na pasta **app** do projeto e selecione **Open Module Settings** para abrir a janela **Project Structure**.
2. Abra a guia **Dependencies**, clique no ícone do sinal de adição (+) e selecione **Library Dependency** para abrir a caixa de diálogo **Choose Library Dependency**.
3. Selecione a biblioteca **recyclerview-v7** na lista e clique em **OK**. A biblioteca vai aparecer na lista da guia **Dependencies**.
4. Na janela **Project Structure**, clique em **OK**.

O IDE atualiza o arquivo `build.gradle` do projeto – aquele que aparece como **build.gradle (Module: app)** no nó **Gradle Scripts** do projeto – para especificar a nova dependência. Então, a ferramenta de construção Gradle torna as bibliotecas disponíveis para uso em seu projeto.

8.4.4 colors.xml
Para este aplicativo, alteramos a cor de contraste padrão (usada para os componentes `EditText`, `TextInputLayout` e `FloatingActionButton`) e adicionamos um recurso de cor para a cor de fundo da área **Tagged Searches** da tela. Abra `colors.xml` e substitua o valor hexadecimal do recurso `colorAccent` por `#FF5722`; em seguida, adicione um novo recurso de cor, chamado `colorTaggedSearches`, com o valor `#BBDEFB`.

8.4.5 strings.xml
Adicione os recursos de `String` da Figura 8.11 a `strings.xml`.

Nome do recurso	Valores
query_prompt	Enter Twitter search query here
tag_prompt	Tag your query
save_description	Touch this button to save your tagged search
tagged_searches	Tagged Searches
search_URL	http://mobile.twitter.com/search?q=
share_edit_delete_title	Share, Edit or Delete the search tagged as \"%s\"
cancel	Cancel
share_subject	Twitter search that might interest you
share_message	Check out the results of this Twitter search: %s
share_search	Share Search to:
confirm_message	Are you sure you want to delete the search \"%s\"?
delete	Delete

Figura 8.11 | Recursos de `String` usados no aplicativo **Twitter Searches**.

8.4.6 arrays.xml
Lembre, do Capítulo 4, que os recursos de array normalmente são definidos em `arrays.xml`. Siga os passos da Seção 4.4.6 para criar um arquivo `arrays.xml` e adicione a ele o recurso da Figura 8.12.

Nome do recurso de array	Valores
dialog_items	Share, Edit, Delete

Figura 8.12 | Recursos de array de `Strings` definidos em `arrays.xml`.

8.4.7 dimens.xml
Adicione ao arquivo `dimens.xml` o recurso de dimensão mostrado na Figura 8.13.

Nome do recurso	Valor
fab_margin_top	90dp

Figura 8.13 | Recursos de dimensão em `dimens.xml`.

8.4.8 Adição do ícone do botão salvar

Use o **Vector Asset Studio** do Android Studio (Seção 4.4.9) para adicionar ao projeto o ícone salvar do Material Design (🖪; localizado no grupo **Content**) – isso será usado como ícone do `FloatingActionButton`. Depois de adicionar o ícone vetorial, acesse a pasta `res/drawable` do projeto, abra o arquivo XML do ícone e altere o valor `android:fillColor` do elemento `<path>` para

```
"@android:color/white"
```

Isso tornará o ícone mais visível contra a cor de contraste do aplicativo, a qual é aplicada ao `FloatingActionButton` pelo tema do aplicativo.

8.4.9 `activity_main.xml`

Nesta seção, você vai personalizar o `FloatingActionButton` incorporado ao template de aplicativo **Blank Activity** do Android Studio. Por padrão, o botão contém um ícone de e-mail e é posicionado no canto inferior direito do layout de `MainActivity`. Você vai substituir o ícone de e-mail pelo ícone salvar (🖪) que adicionou na Seção 8.4.8 e vai reposicionar o botão no canto superior direito do layout. Execute os passos a seguir:

1. Abra `activity_main.xml` e, na view **Design**, selecione `FloatingActionButton` na janela **Component Tree**.

2. Configure a propriedade **contentDescription** com o recurso de `String` `save_description` e a propriedade **src** com o recurso `Drawable` `ic_save_24dp`.

Quando este livro estava sendo produzido, o Android Studio não exibia propriedades de layout para componentes da Android Design Support Library, de modo que quaisquer alterações feitas nessas propriedades deviam ser implementadas diretamente no código XML do layout. Troque para a view **Text** e, então:

3. Altere o valor da propriedade `layout_gravity` de "bottom|end" para "top|end", a fim de que o `FloatingActionButton` fique na parte superior do layout.

4. Mude o nome da propriedade `layout_margin` para `layout_marginEnd`, para que se aplique apenas ao lado direito do `FloatingActionButton` (ou ao lado esquerdo, para idiomas escritos da direita para a esquerda).

5. Adicione a linha a seguir ao elemento XML do `FloatingActionButton` a fim de especificar um novo valor para sua margem superior – isso move o botão para baixo da parte superior do layout, sobre a parte da interface gráfica do usuário definida por `content_main.xml`:

```
android:layout_marginTop="@dimen/fab_margin_top"
```

8.4.10 `content_main.xml`

O `RelativeLayout` no arquivo `content_main.xml` deste aplicativo contém dois elementos `TextInputLayout` e um `LinearLayout` que, por sua vez, contém um componente `TextView` e uma `RecyclerView`. Use o editor de layout e a janela **Component Tree** para formar a estrutura de layout mostrada na Figura 8.14. À medida que criar os componentes da interface gráfica, configure as propriedades **id** conforme especificadas na figura. Nesse layout, existem vários componentes que não exigem propriedades **id**, pois o código Java do aplicativo não faz referência a eles diretamente.

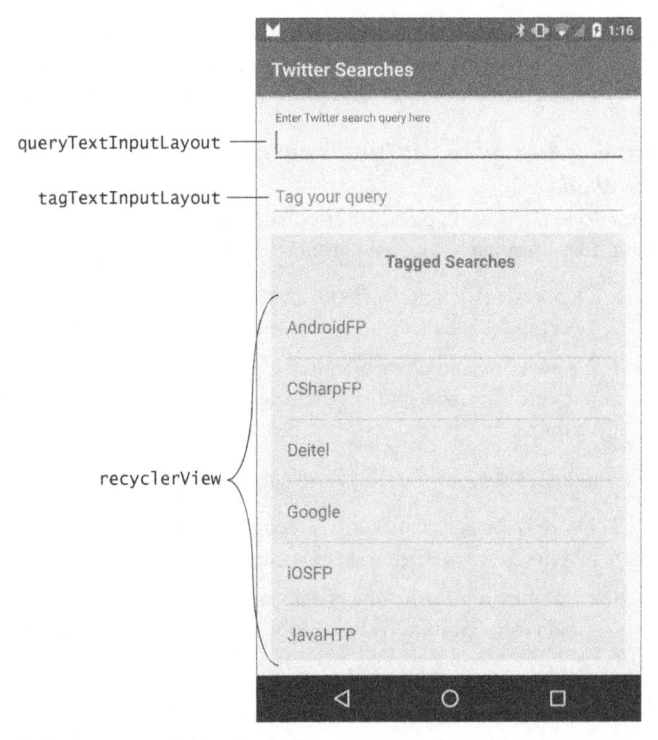

Figura 8.14 | Componentes da interface gráfica do usuário do aplicativo **Twitter Searches** rotulados com seus valores de propriedade **id**.

Passo 1: Adicione o `queryTextInputLayout` e seu componente `EditText` aninhado

Adicione o queryTextInputLayout e seu componente EditText aninhado, como segue:

1. Insira um TextInputLayout. Na view **Design** do editor de layout, clique em **CustomView** na seção **Custom** da **Palette**. Na caixa de diálogo que aparece, comece a digitar TextInputLayout para pesquisar a lista de componentes de interface gráfica do usuário personalizados. Quando o IDE realçar TextInputLayout, clique em **OK** e, então, na janela **Component Tree**, clique em RelativeLayout para inserir o TextInputLayout como um layout aninhado. Selecione o TextInputLayout e configure sua propriedade **id** como queryTextInputLayout.

2. Para adicionar um EditText ao TextInputLayout, troque para a view **Text** do editor de layout e, então, mude o sinal /> de fechamento do elemento TextInput-Layout para >, posicione o cursor à direita de >, pressione *Enter* e digite </. O IDE completará o identificador de fechamento automaticamente. Entre os identificadores de início e fim de TextInputLayout, digite <EditText. O IDE mostrará uma janela de preenchimento automático, com EditText selecionado. Pressione *Enter* para inserir um elemento EditText e configure seu layout_width como match_parent e layout_height como wrap_content.

3. Volte para a view **Design** e, então, na janela **Component Tree**, selecione o componente EditText e configure **imeOptions** como actionNext (o teclado exibe um botão para saltar para o próximo componente EditText), **hint** como o recurso

de String query_prompt e marque a caixa de seleção da propriedade **singleLine**. Para ver a propriedade **imeOptions**, você precisa primeiro clicar no botão **Show expert properties** ( ), na parte superior da janela **Properties**.

Passo 2: Adicione o `tagTextInputLayout` *e seu componente* `EditText` *aninhado*
Usando as técnicas do passo anterior, adicione o `tagTextInputLayout` e seu componente `EditText` aninhado, com as seguintes alterações:

1. Depois de adicionar o `TextInputLayout`, configure sua propriedade **id** como `tagTextInputLayout`.

2. Na view **Text**, adicione a seguinte linha ao elemento XML de `tagTextInputLayout` para indicar que esse `TextInputLayout` deve aparecer abaixo do `queryTextInputLayout`:

```
android:layout_below="@id/queryTextInputLayout"
```

3. Na view **Design**, configure o recurso de String `tag_prompt` como a propriedade **hint** do componente `EditText` `tagTextInputLayout`.

4. Configure a propriedade **imeOptions** do componente `EditText` como `actionDone` – para esta opção, o teclado exibe um botão para remover o teclado.

Passo 3: Adicione o `LinearLayout`
Em seguida, adicione um `LinearLayout` abaixo do `tagTextInputLayout`:

1. Na view **Design**, arraste um **LinearLayout (vertical)** para o nó **RelativeLayout** na janela **Component Tree**.

2. Na janela **Properties**, expanda o nó da propriedade **layout:alignComponent**, clique no campo de valor à direita de **top:bottom** e selecione `tagTextInputLayout`. Isso indica que a parte superior do `LinearLayout` será colocada abaixo da parte inferior do `tagTextInputLayout`.

Passo 4: Adicione os componentes aninhados `TextView` *e* `RecyclerView` *do* `LinearLayout`
Por último, adicione os componentes aninhados `TextView` e `RecyclerView` do `LinearLayout`:

1. Arraste um **Medium Text** para o nó **LinearLayout (vertical)** na janela **Component Tree**, configure **layout:width** como `match_parent`, **text** como o recurso de String chamado `tagged_searches`, **gravity** como `center_horizontal` e **textStyle** como **bold**. Além disso, expanda a propriedade **padding** e configure **top** e **bottom** com o recurso de dimensão chamado `activity_vertical_margin`.

2. Em seguida, você vai inserir uma `RecyclerView`. Na view **Design** do editor de layout, clique em **CustomView** na seção **Custom** da **Palette**. Na caixa de diálogo que aparece, comece a digitar `RecyclerView` para pesquisar a lista de componentes de interface gráfica do usuário personalizados. Quando o IDE realçar `RecyclerView`, clique em **OK** e, então, na janela **Component Tree**, clique em **LinearLayout** para inserir a `RecyclerView` como uma view aninhada.

3. Selecione a `RecyclerView` na janela **Component Tree** e, então, configure a propriedade **id** como `recyclerView`, **layout:width** como `match_parent`, **layout:height**

como 0dp e **layout:weight** como 1 – a `RecyclerView` vai preencher todo o espaço vertical restante no `LinearLayout`. Além disso, expanda a propriedade **padding** de `RecyclerView` e configure **left** e **right** com o recurso de dimensão chamado activity_horizontal_margin.

8.4.11 Layout do item de RecyclerView: `list_item.xml`

Ao preencher uma `RecyclerView` com dados, você deve especificar o layout de cada item de lista. Neste aplicativo, cada item de lista exibe o nome de identificador de uma pesquisa salva. Agora você vai criar um layout contendo apenas uma `TextView` com a formatação apropriada. Execute os passos a seguir:

1. Na janela **Project**, expanda a pasta res do projeto e, então, clique com o botão direito do mouse na pasta layout e selecione **New > Layout resource file** para exibir a caixa de diálogo **New Resource File**.
2. No campo **File name**, especifique `list_item.xml`.
3. No campo **Root element**, especifique `TextView`.
4. Clique em **OK**. O novo arquivo `list_item.xml` aparecerá na pasta res/layout.

O IDE abre o novo layout no editor de layout. Selecione a `TextView` na janela **Component Tree**, configure sua propriedade **id** como textView e configure as seguintes propriedades:

- **layout:width** – match_parent
- **layout:height** – ?android:attr/listPreferredItemHeight – Esse valor é um recurso predefinido do Android que representa a altura preferida de um item de lista para uma view que pode ser tocada.[3]

> **Observação sobre aparência e comportamento 8.1**
> As diretrizes de projeto do Android especificam que o tamanho mínimo recomendado para um item que pode ser tocado na tela seja de 48dp por 48dp. Para obter mais informações sobre dimensionamento e espaçamento na interface gráfica do usuário, consulte https://www.google.com/design/spec/layout/metrics-keylines.html.

- **gravity** – center_vertical
- **textAppearance** – ?android:attr/textAppearanceMedium – Esse é o recurso de tema predefinido que especifica a medida da fonte para texto de tamanho médio.

Outros recursos predefinidos do Android

Existem muitos recursos predefinidos do Android, como os utilizados para configurar as propriedades **height** e **textAppearance** de um item de lista. Veja uma lista completa em:

    http://developer.android.com/reference/android/R.attr.html

Para usar um valor em seus layouts, especifique-o no formato

    ?android:attr/*nomeDoRecurso*

---

[3] Quando este livro estava sendo produzido, era preciso configurar isso diretamente no código XML, devido a um problema no Android Studio que anexava erroneamente dp ao final do valor dessa propriedade, quando você o configurava por meio da janela **Properties**.

8.5 Classe `MainActivity`

O aplicativo consiste em três classes:

- A classe `MainActivity` – discutida nesta seção – configura a interface gráfica do usuário e define a lógica do aplicativo.
- A classe `SearchesAdapter` (Seção 8.6) é uma subclasse de `RecyclerView.Adapter` que define como vincular os nomes de identificador para as pesquisas do usuário aos itens de `RecyclerView`. O método `onCreate` da classe `MainActivity` cria um objeto da classe `SearchesAdapter` como adaptador de `RecyclerView`.
- A classe `ItemDivider` (Seção 8.7) é uma subclasse de `RecyclerView.ItemDecoration` utilizada por `RecyclerView` para desenhar uma linha horizontal entre os itens.

As Seções 8.5.1 a 8.5.10 discutem a classe `MainActivity` em detalhes. Este aplicativo não precisa de um menu; portanto, removemos de `MainActivity` os métodos `onCreateOptionsMenu` e `onOptionsItemSelected`, e o recurso de menu correspondente da pasta res/menu do projeto.

8.5.1 As instruções `package` e `import`

A Figura 8.15 mostra as instruções `package` e `import` de `MainActivity`. Discutimos os tipos importados na Seção 8.3 e à medida que os encontrarmos na classe `MainActivity`.

```java
1   // MainActivity.java
2   // Gerencia suas pesquisas favoritas no Twitter para
3   // facilitar o acesso e exibir no navegador web do dispositivo
4   package com.deitel.twittersearches;
5
6   import android.app.AlertDialog;
7   import android.content.Context;
8   import android.content.DialogInterface;
9   import android.content.Intent;
10  import android.content.SharedPreferences;
11  import android.net.Uri;
12  import android.os.Bundle;
13  import android.support.design.widget.FloatingActionButton;
14  import android.support.design.widget.TextInputLayout;
15  import android.support.v7.app.AppCompatActivity;
16  import android.support.v7.widget.LinearLayoutManager;
17  import android.support.v7.widget.RecyclerView;
18  import android.support.v7.widget.Toolbar;
19  import android.text.Editable;
20  import android.text.TextWatcher;
21  import android.view.View;
22  import android.view.View.OnClickListener;
23  import android.view.View.OnLongClickListener;
24  import android.view.inputmethod.InputMethodManager;
25  import android.widget.EditText;
26  import android.widget.TextView;
27
28  import java.util.ArrayList;
29  import java.util.Collections;
30  import java.util.List;
31
```

Figura 8.15 | Instruções `package` e `import` de `MainActivity`.

8.5.2 Campos de `MainActivity`

Como no aplicativo **WeatherViewer**, a classe `MainActivity` (Figura 8.16) estende `AppCompatActivity` (linha 32) para que possa exibir uma barra de aplicativo e usar outros recursos da biblioteca `AppCompat` em dispositivos que executam versões anteriores ou atuais de Android. A constante `String` estática `SEARCHES` (linha 34) representa o nome de um arquivo `SharedPreferences` que vai armazenar pares identificador-pesquisa no dispositivo.

```
32   public class MainActivity extends AppCompatActivity {
33      // nome do arquivo XML SharedPreferences que armazena as pesquisas salvas
34      private static final String SEARCHES = "searches";
35
36      private EditText queryEditText; // onde o usuário digita uma consulta
37      private EditText tagEditText; // onde o usuário digita o identificador de
                                       uma consulta
38      private FloatingActionButton saveFloatingActionButton; // salva a pesquisa
39      private SharedPreferences savedSearches; // pesquisas favoritas do usuário
40      private List<String> tags; // lista de identificadores das pesquisas salvas
41      private SearchesAdapter adapter; // para vincular dados a RecyclerView
42
```

Figura 8.16 | Campos de `MainActivity`.

As linhas 36 a 41 definem as variáveis de instância de `MainActivity`:

- As linhas 36 e 37 declaram os componentes `EditText` que vamos usar para acessar as consultas e os identificadores digitados pelo usuário como entrada.
- A linha 38 declara um `FloatingActionButton` em que o usuário toca para salvar uma pesquisa. No template de aplicativo **Blank Activity**, isso foi declarado como uma variável local no método `onCreate` (Seção 8.5.3) – o renomeamos e o tornamos uma variável de instância para podermos ocultar o botão quando os componentes `EditText` estiverem vazios e mostrá-lo quando contiverem entrada.
- A linha 39 declara a variável de instância `savedSearches`, do tipo `SharedPreferences`, a qual vamos usar para manipular os pares identificador-consulta que representam as pesquisas salvas do usuário.
- A linha 40 declara a lista dos identificadores (`List<String>`) que vão armazenar os nomes dos identificadores ordenados das pesquisas do usuário.
- A linha 41 declara o adaptador da variável de instância `SearchesAdapter`, o qual vai se referir ao objeto da subclasse `RecyclerView.Adapter` que fornece dados para a `RecyclerView`.

8.5.3 Método sobrescrito `onCreate` de `Activity`

O método sobrescrito `onCreate` de `Activity` (Figura 8.17) inicializa as variáveis de instância da atividade e configura os componentes da interface gráfica do usuário. As linhas 52 a 57 obtêm referências para os componentes `queryEditText` e `tagEditText` e, para cada um, registra um `TextWatcher` (Seção 8.5.4), o qual é notificado quando o usuário insere ou remove caracteres nos componentes `EditText`.

```
43    // configura a interface gráfica do usuário e registra receptores de evento
44    @Override
45    protected void onCreate(Bundle savedInstanceState) {
46       super.onCreate(savedInstanceState);
47       setContentView(R.layout.activity_main);
48       Toolbar toolbar = (Toolbar) findViewById(R.id.toolbar);
49       setSupportActionBar(toolbar);
50
51       // obtém referências para os componentes EditText e adiciona elementos
               TextWatcher a eles
52       queryEditText = ((TextInputLayout) findViewById(
53          R.id.queryTextInputLayout)).getEditText();
54       queryEditText.addTextChangedListener(textWatcher);
55       tagEditText = ((TextInputLayout) findViewById(
56          R.id.tagTextInputLayout)).getEditText();
57       tagEditText.addTextChangedListener(textWatcher);
58
59       // obtém o arquivo SharedPreferences que contém as pesquisas salvas do usuário
60       savedSearches = getSharedPreferences(SEARCHES, MODE_PRIVATE);
61
62       // armazena os identificadores salvos em um ArrayList e, então, os ordena
63       tags = new ArrayList<>(savedSearches.getAll().keySet());
64       Collections.sort(tags, String.CASE_INSENSITIVE_ORDER);
65
66       // obtém referência para a RecyclerView a fim de configurá-la
67       RecyclerView recyclerView =
68          (RecyclerView) findViewById(R.id.recyclerView);
69
70       // usa um LinearLayoutManager para exibir os itens em uma lista vertical
71       recyclerView.setLayoutManager(new LinearLayoutManager(this));
72
73       // cria RecyclerView.Adapter para vincular identificadores a RecyclerView
74       adapter = new SearchesAdapter(
75          tags, itemClickListener, itemLongClickListener);
76       recyclerView.setAdapter(adapter);
77
78       // especifica um ItemDecorator personalizado para desenhar linhas entre os
               itens da lista
79       recyclerView.addItemDecoration(new ItemDivider(this));
80
81       // registra receptor para salvar uma pesquisa nova ou editada
82       saveFloatingActionButton =
83          (FloatingActionButton) findViewById(R.id.fab);
84       saveFloatingActionButton.setOnClickListener(saveButtonListener);
85       updateSaveFAB(); // oculta o botão porque os componentes EditText são
                              inicialmente vazios
86    }
87
```

Figura 8.17 | Método sobrescrito onCreate de Activity.

Obtenção de um objeto SharedPreferences

A linha 60 usa o método **getSharedPreferences** (herdado indiretamente da classe Context) para obter um objeto SharedPreferences que pode ler *pares identificador-consulta* (se houver) armazenados anteriormente no arquivo searches. O primeiro argumento indica o nome do arquivo que contém os dados. O segundo argumento especifica o nível de acesso do arquivo e pode ser configurado como:

- **MODE_PRIVATE** – Acessível *somente* para este aplicativo. Na maioria dos casos, você vai usar esta opção.

- **MODE_WORLD_READABLE** – Qualquer aplicativo no dispositivo pode *ler* o arquivo.
- **MODE_WORLD_WRITABLE** – Qualquer aplicativo no dispositivo pode *gravar* no arquivo.

Essas constantes podem ser combinadas com o operador OU bit a bit (|).

*Obtenção das chaves armazenadas no objeto **SharedPreferences***
Queremos exibir os identificadores de pesquisa em ordem alfabética para que o usuário possa localizar facilmente uma pesquisa a ser feita. Primeiramente, a linha 63 obtém os objetos String que representam as chaves no objeto SharedPreferences e os armazena em tags (um ArrayList<String>). O método getAll de SharedPreferences retorna todas as pesquisas salvas como um objeto Map (pacote java.util) – uma coleção de pares chave–valor. Então, chamamos o método keySet nesse objeto para obter todas as chaves como um objeto Set<String> (pacote java.util) – uma coleção de valores únicos. O resultado é usado para inicializar a variável tags.

*Classificação do componente **ArrayList** de identificadores*
A linha 64 usa Collections.sort para ordenar a coleção tags. Como o usuário pode inserir identificadores usando misturas de letras maiúsculas e minúsculas, fazemos uma *ordenação sem diferenciação de maiúsculas e minúsculas*, passando o objeto predefinido String.CASE_INSENSITIVE_ORDER (um Comparator<String>) como o segundo argumento para Collections.sort.

*Configuração da **RecyclerView***
As linhas 67 a 79 configuram a RecyclerView:

- As linhas 67 e 68 obtêm uma referência para a RecyclerView.
- Uma RecyclerView pode organizar seus itens para exibi-los de diferentes maneiras. Para este aplicativo, usamos o LinearLayoutManager para exibi-los em uma lista vertical. O construtor de LinearLayoutManager recebe um objeto Context, o qual, neste caso, é MainActivity. A linha 71 cria um LinearLayoutManager e chama o método setLayoutManager de RecyclerView para configurar o novo objeto como o gerenciador de layout de RecyclerView.
- As linhas 74 e 75 criam um SearchesAdapter (Seção 8.6) – uma subclasse de RecyclerView.Adapter–, para o qual forneceremos dados para exibição na RecyclerView. A linha 76 chama o método setAdapter de RecyclerView para especificar que SearchesAdapter fornecerá os dados da RecyclerView.
- A linha 79 cria uma subclasse de RecyclerView.ItemDecoration chamada Item-Divider (Seção 8.7) e passa o objeto para o método addItemDecoration de RecyclerView. Isso permite que RecyclerView desenhe uma decoração de linha horizontal entre os itens de lista.

*Registro de um receptor para o **FloatingActionButton***
As linhas 82 a 85 obtêm uma referência para o botão saveFloatingActionButton e registram seu receptor OnClickListener. A variável de instância saveButtonListener refere-se a um *objeto de classe interna anônima* que implementa a interface View.OnClickListener (Seção 8.5.5). A linha 85 chama o método updateSaveFAB (Seção 8.5.4), o qual inicialmente oculta o botão saveFloatingActionButton, pois os componentes EditText estão vazios quando onCreate é chamado pela primeira vez – o botão só aparece quando os dois componentes EditText contêm entrada.

8.5.4 Rotina de tratamento de eventos `TextWatcher` e o método `updateSaveFAB`

A Figura 8.18 define uma classe interna anônima que implementa a interface `TextWatcher` (linhas 89 a 103). O método `onTextChanged` de `TextWatcher` chama `updateSaveFAB` quando o conteúdo muda em um dos componentes `EditText` do aplicativo. As linhas 54 e 57 (Figura 8.17) registram a variável de instância `textWatcher` como receptor para os eventos de `EditText`.

```
 88    // oculta/exibe saveFloatingActionButton com base no conteúdo dos
          componentes EditText
 89    private final TextWatcher textWatcher = new TextWatcher() {
 90       @Override
 91       public void beforeTextChanged(CharSequence s, int start, int count,
 92          int after) { }
 93
 94       // oculta/exibe o saveFloatingActionButton após o usuário alterar a entrada
 95       @Override
 96       public void onTextChanged(CharSequence s, int start, int before,
 97          int count) {
 98          updateSaveFAB();
 99       }
100
101       @Override
102       public void afterTextChanged(Editable s) { }
103    };
104
105    // exibe ou oculta o saveFloatingActionButton
106    private void updateSaveFAB() {
107       // verifica se existe entrada nos dois componentes EditText
108       if (queryEditText.getText().toString().isEmpty() ||
109          tagEditText.getText().toString().isEmpty())
110          saveFloatingActionButton.hide();
111       else
112          saveFloatingActionButton.show();
113    }
114
```

Figura 8.18 | Rotina de tratamento de eventos `TextWatcher` e o método `updateSaveFAB`.

O método `updatedSaveFAB` (Figura 8.18, linhas 106 a 113) verifica se existe texto nos dois componentes `EditText` (linhas 108 e 109). Se nenhum dos componentes (ou ambos) `EditText` está vazio, a linha 110 chama o método **hide** de `FloatingActionButton` para ocultar o botão, pois a consulta e o identificador são obrigatórios antes que um par identificador-consulta possa ser salvo. Se ambos contêm texto, a linha 112 chama o método **show** de `FloatingActionButton` para exibir o botão, a fim de que o usuário possa tocar nele para armazenar um par identificador–consulta.

8.5.5 `OnClickListener` de `saveButton`

A Figura 8.19 define a variável de instância `saveButtonListener`, a qual faz referência a um objeto de classe interna anônima que implementa a interface `OnClickListener`. A linha 84 (Figura 8.17) registrou `saveButtonListener` como rotina de tratamento de eventos de `saveFloatingActionButton`. As linhas 119 a 135 (Figura 8.19) sobrescrevem o método `onClick` da interface `OnClickListener`. As linhas 121 e 122 obtêm as `Strings` dos componentes `EditText`. Se o usuário digitou uma consulta e um identificador (linha 124):

- as linhas 126 a 128 ocultam o teclado virtual;

- a linha 130 chama o método addTaggedSearch (Seção 8.5.6) para armazenar o par identificador–consulta;
- as linhas 131 e 132 limpam os dois componentes EditText; e
- a linha 133 chama o método requestFocus de queryEditText para posicionar o cursor de entrada no componente queryEditText.

```
115   // saveButtonListener salva um par identificador-consulta em SharedPreferences
116   private final OnClickListener saveButtonListener =
117      new OnClickListener() {
118         // adiciona/atualiza a pesquisa se nenhuma consulta nem identificador
                está vazio
119         @Override
120         public void onClick(View view) {
121            String query = queryEditText.getText().toString();
122            String tag = tagEditText.getText().toString();
123
124            if (!query.isEmpty() && !tag.isEmpty()) {
125               // oculta o teclado virtual
126               ((InputMethodManager) getSystemService(
127                  Context.INPUT_METHOD_SERVICE)).hideSoftInputFromWindow(
128                     view.getWindowToken(), 0);
129
130               addTaggedSearch(tag, query); // adiciona/atualiza a pesquisa
131               queryEditText.setText(""); // limpa queryEditText
132               tagEditText.setText(""); // limpa tagEditText
133               queryEditText.requestFocus(); // queryEditText recebe o foco
134            }
135         }
136      };
137
```

Figura 8.19 | Classe interna anônima que implementa a interface OnClickListener de saveButton para salvar uma pesquisa nova ou atualizada.

8.5.6 Método addTaggedSearch

A rotina de tratamento de eventos da Figura 8.19 chama o método addTaggedSearch (Figura 8.20) para adicionar uma nova pesquisa a savedSearches ou para modificar uma pesquisa já existente.

```
138   // adiciona uma nova pesquisa ao arquivo e, então, atualiza todos os botões
139   private void addTaggedSearch(String tag, String query) {
140      // obtém uma editor de SharedPreferences.Editor para armazenar um novo
            par identificador-consulta
141      SharedPreferences.Editor preferencesEditor = savedSearches.edit();
142      preferencesEditor.putString(tag, query); // armazena a pesquisa atual
143      preferencesEditor.apply(); // armazena as preferências atualizadas
144
145      // se o identificador é novo, adiciona-o e ordena tags; então, exibe a
            lista atualizada
146      if (!tags.contains(tag)) {
147         tags.add(tag); // adiciona o novo identificador
148         Collections.sort(tags, String.CASE_INSENSITIVE_ORDER);
             adapter.notifyDataSetChanged(); // atualiza identificadores na
149                                              RecyclerView
150      }
151   }
152
```

Figura 8.20 | Método addTaggedSearch de MainActivity.

Edição do conteúdo de um objeto SharedPreferences

Lembre, da Seção 4.6.7, que, para alterar o conteúdo de um objeto SharedPreferences, você deve primeiramente chamar seu método edit a fim de obter um objeto SharedPreferences.Editor (Figura 8.20, linha 141), o qual pode adicionar e remover pares chave-valor e modificar o valor associado a uma chave específica em um arquivo SharedPreferences. A linha 142 chama o método **putString** de SharedPreferences.Editor para salvar o identificador da pesquisa (a chave) e a consulta (o valor correspondente) – caso o identificador já exista no objeto SharedPreferences, isso atualiza o valor. A linha 143 efetiva as alterações, chamando o método apply de SharedPreferences.Editor para fazer as mudanças no arquivo.

Notificação ao componente RecyclerView.Adapter e que seus dados mudaram

Quando o usuário adiciona uma nova pesquisa, o componente RecyclerView deve ser atualizado para exibi-la. A linha 146 determina se um novo identificador foi adicionado. Em caso positivo, as linhas 147 e 148 adicionam o identificador da nova pesquisa a tags e, então, ordenam tags. A linha 149 chama o método **notifyDataSetChanged** de RecyclerView.Adapter para indicar que os dados subjacentes em tags foram alterados. Assim como em um adaptador de ListView, RecyclerView.Adapter notifica RecyclerView para que atualize sua lista de itens exibidos.

8.5.7 Classe interna anônima que implementa View.OnClickListener para exibir resultados de pesquisa

A Figura 8.21 define a variável de instância itemClickListener, a qual faz referência a um objeto de classe interna anônima que implementa a interface OnClickListener (uma interface aninhada da classe View). As linhas 156 a 168 sobrescrevem o método onClick da interface. O argumento do método é a View em que o usuário tocou – neste caso, o componente TextView que exibe um identificador de pesquisa na RecyclerView.

```
153    // itemClickListener ativa o navegador web para exibir resultados da pesquisa
154    private final OnClickListener itemClickListener =
155       new OnClickListener() {
156          @Override
157          public void onClick(View view) {
158             // obtém a string de consulta e cria uma URL representando a pesquisa
159             String tag = ((TextView) view).getText().toString();
160             String urlString = getString(R.string.search_URL) +
161                Uri.encode(savedSearches.getString(tag, ""), "UTF-8");
162
163             // cria um objeto Intent para ativar um navegador web
164             Intent webIntent = new Intent(Intent.ACTION_VIEW,
165                Uri.parse(urlString));
166
167             startActivity(webIntent); // mostra os resultados em um navegador web
168          }
169       };
170
```

Figura 8.21 | Classe interna anônima que implementa View.OnClickListener para exibir resultados de pesquisa.

Obtenção dos recursos de String

A linha 159 obtém o texto da View em que o usuário tocou na RecyclerView – esse é o identificador de uma pesquisa. As linhas 160 e 161 criam um objeto String contendo a

URL de pesquisa no Twitter e a consulta a ser feita. A linha 160 chama o método herdado `getString` de `Activity` com um argumento para obter o recurso de `String` chamado `search_URL` e, então, anexamos a ele a `String` de consulta.

Obtenção dos objetos String a partir de um objeto SharedPreferences
Anexamos o resultado da linha 161 à URL de pesquisa para completar o objeto `urlString`. O método `getString` de `SharedPreferences` retorna a consulta associada ao identificador. Se o identificador ainda não existe, o segundo argumento ("", neste caso) é retornado. A linha 161 passa a consulta para o método encode de `Uri`, o qual *faz o escape* de quaisquer caracteres de URL especiais (como ?, /, :, etc.) e retorna o assim chamado objeto `String` *codificado em URL*. A classe `Uri` (uniform resource identifier) do pacote **android.net** permite converter uma URL para o formato exigido por um objeto `Intent` que ativa o navegador web do dispositivo.[4] Isso é importante para garantir que o servidor web do Twitter que recebe o pedido possa processar a URL adequadamente para obter a consulta de pesquisa.

Criação de um objeto Intent para ativar o navegador web do dispositivo
As linhas 164 e 165 criam um objeto `Intent`, o qual vamos usar para ativar o navegador web do dispositivo e exibir os resultados da pesquisa. No Capítulo 4, você usou um objeto `Intent` explícito para ativar outra atividade no mesmo aplicativo. Aqui, vai usar um objeto `Intent` implícito para ativar outro aplicativo. O primeiro argumento do construtor do objeto `Intent` é uma constante descrevendo a ação a ser executada. `Intent.ACTION_VIEW` indica que queremos exibir uma representação dos dados do objeto `Intent`. Na classe `Intent`, são definidas muitas constantes que descrevem ações como *pesquisar, escolher, enviar* e *reproduzir*:

> http://developer.android.com/reference/android/content/Intent.html

O segundo argumento (linha 165) é um `Uri` representando os *dados* para os quais a ação será executada. O **método parse** da classe `Uri` converte um objeto `String` representando uma URL (uniform resource locator) em um `Uri`.

Início de uma atividade para um objeto Intent
A linha 167 passa o objeto `Intent` para o método herdado `startActivity` de `Activity`, o qual inicia uma atividade que pode executar a *ação* especificada para os *dados*. Neste caso, como especificamos a visualização de um URI, o objeto `Intent` ativa o navegador web do dispositivo para exibir a página web correspondente. Essa página mostra os resultados da pesquisa fornecida pelo Twitter.

8.5.8 Classe interna anônima que implementa View.OnLongClickListener para compartilhar, editar ou excluir uma pesquisa

A Figura 8.22 define a variável de instância `itemLongClickListener`, a qual faz referência a um objeto de classe interna anônima que implementa a interface `OnLongClickListener`. As linhas 175 a 216 sobrescrevem o método `onLongClick` da interface `OnLongClickListener`.

---

[4] Um URI (Uniform Resource Identifier) identifica exclusivamente um recurso em uma rede. Um tipo comum de URI é a URL (Uniform Resource Locator) que identifica itens na Web, como páginas web, arquivos de imagem, métodos de web service e outros.

```
171      // itemLongClickListener exibe uma caixa de diálogo que permite ao
         usuário compartilhar
172      // editar ou excluir uma pesquisa salva
173      private final OnLongClickListener itemLongClickListener =
174         new OnLongClickListener() {
175            @Override
176            public boolean onLongClick(View view) {
177               // obtém o identificador (tag) em que o usuário fez o pressionamento
                  longo
178               final String tag = ((TextView) view).getText().toString();
179
180               // cria um componente AlertDialog
181               AlertDialog.Builder builder =
182                  new AlertDialog.Builder(MainActivity.this);
183
184               // configura o título de AlertDialog
185               builder.setTitle(
186                  getString(R.string.share_edit_delete_title, tag));
187
188               // configura a lista de itens a exibir e cria a rotina de tratamento
                  de eventos
189               builder.setItems(R.array.dialog_items,
190                  new DialogInterface.OnClickListener() {
191                     @Override
192                     public void onClick(DialogInterface dialog, int which) {
193                        switch (which) {
194                           case 0: // compartilha
195                              shareSearch(tag);
196                              break;
197                           case 1: // edita
198                              // configura componentes EditText para corresponder ao
                                 identificador e à consulta escolhidos
199                              tagEditText.setText(tag);
200                              queryEditText.setText(
201                                 savedSearches.getString(tag, ""));
202                              break;
203                           case 2: // exclui
204                              deleteSearch(tag);
205                              break;
206                        }
207                     }
208                  }
209               );
210
211               // configura o botão negativo de AlertDialog
212               builder.setNegativeButton(getString(R.string.cancel), null);
213
214               builder.create().show(); // exibe o componente AlertDialog
215               return true;
216            }
217         };
218
```

Figura 8.22 | Classe interna anônima que implementa view.OnLongClickListener.

Variáveis locais final para uso em classes internas anônimas

A linha 178 atribui à variável local final tag o texto do item em que o usuário fez um *pressionamento longo* – a palavra-chave final é exigida para qualquer variável local ou parâmetro de método usado em uma classe interna anônima.

Componente `AlertDialog` que exibe uma lista de itens

As linhas 181 a 186 criam um `AlertDialog.Builder` e configuram o título da caixa de diálogo com uma `String` formatada (`R.string.share_edit_delete_title`), na qual `tag` substitui o especificador de formato. A linha 186 chama o método herdado `getString` de `Activity`, o qual recebe vários argumentos – um identificador de recurso de `String` representando um objeto `String` de formato e os valores que devem substituir os especificadores de formato no objeto `String` de formato. Além dos botões, um componente `AlertDialog` pode exibir uma lista de itens. As linhas 189 a 209 usam o método `setItems` de `AlertDialog.Builder` para especificar que a caixa de diálogo deve exibir o array de `Strings R.array.dialog_items` e para definir um objeto de classe interna anônima que responde quando o usuário toca em qualquer item da lista.

Rotina de tratamento de eventos para a lista de itens da caixa de diálogo

A classe interna anônima nas linhas 190 a 208 determina o item selecionado pelo usuário na lista da caixa de diálogo e executa a ação apropriada. Se o usuário seleciona **Share**, o método `shareSearch` é chamado (linha 195). Se o usuário seleciona **Edit**, as linhas 199 a 201 exibem a consulta e o identificador da pesquisa (tag) nos componentes `EditText`. Se o usuário seleciona **Delete**, `deleteSearch` é chamado (linha 204).

Configuração do botão negativo e exibição da caixa de diálogo

A linha 212 configura o botão negativo da caixa de diálogo. Quando a rotina de tratamento de eventos do botão negativo é `null`, tocar nesse botão simplesmente remove a caixa de diálogo. A linha 214 cria e exibe a caixa de diálogo.

8.5.9 Método shareSearch

O método `shareSearch` (Figura 8.23) é chamado quando o usuário opta por compartilhar uma pesquisa (Figura 8.22). As linhas 222 e 223 criam um objeto `String` representando a pesquisa a ser compartilhada. As linhas 226 a 232 criam e configuram um objeto `Intent` que permite ao usuário enviar a URL da pesquisa usando uma atividade que pode manipular `Intent.ACTION_SEND`.

```
219    // permite ao usuário escolher um aplicativo para compartilhar a
       // URL de uma pesquisa salva
220    private void shareSearch(String tag) {
221       // cria a URL que representa a pesquisa
222       String urlString = getString(R.string.search_URL) +
223          Uri.encode(savedSearches.getString(tag, ""), "UTF-8");
224
225       // cria objeto Intent para compartilhar urlString
226       Intent shareIntent = new Intent();
227       shareIntent.setAction(Intent.ACTION_SEND);
228       shareIntent.putExtra(Intent.EXTRA_SUBJECT,
229          getString(R.string.share_subject));
230       shareIntent.putExtra(Intent.EXTRA_TEXT,
231          getString(R.string.share_message, urlString));
232       shareIntent.setType("text/plain");
233
234       // exibe os aplicativos que podem compartilhar texto puro
235       startActivity(Intent.createChooser(shareIntent,
236          getString(R.string.share_search)));
237    }
238
```

Figura 8.23 | Método `shareSearch` de `MainActivity`.

Adição de extras a um objeto `Intent`
Um objeto `Intent` inclui um elemento `Bundle` de *extras* – informações adicionais passadas para a atividade que manipula o objeto `Intent`. Por exemplo, uma atividade de e-mail pode receber *extras* representando o assunto do e-mail, endereços CC e BCC, e o corpo do texto. As linhas 228 a 231 usam o método `putExtra` de `Intent` para adicionar ao elemento `Bundle` os pares chave-valor que representam os extras do objeto `Intent`. O primeiro argumento do método é uma chave `String` representando a finalidade do extra, e o segundo são os dados extras correspondentes. Os extras podem ser valores de tipos primitivos, arrays de tipos primitivos, objetos `Bundle` inteiros e muito mais – consulte a documentação da classe `Intent` para ver uma lista completa das sobrecargas de `putExtra`.

O extra nas linhas 228 e 229 especifica o assunto de um e-mail com o recurso de `String R.string.share_subject`. Para uma atividade que *não* usa um assunto (como compartilhamento em uma rede social), esse extra é ignorado. O extra nas linhas 230 e 231 representa o texto a ser compartilhado – uma `String` formatada, na qual `urlString` é substituída no recurso de `String R.string.share_message`. A linha 232 configura como `text/plain` o tipo MIME do objeto `Intent` – esses dados podem ser manipulados por uma atividade capaz de enviar mensagens de texto puro.

Exibição de um selecionador de intenção
Para exibir o *selecionador de intenção* mostrado na Figura 8.8(a), passamos o objeto `Intent` e um título `String` para o método `static` **createChooser** de `Intent` (linha 235 e 236). O título do selecionador de intenção é especificado pelo segundo argumento (`R.string.share_search`). É importante definir esse título para lembrar ao usuário de selecionar uma atividade apropriada. Você não pode controlar os aplicativos instalados no telefone de um usuário nem os filtros de `Intent` que podem ativar esses aplicativos; portanto, é possível que atividades incompatíveis apareçam no selecionador. O método `createChooser` retorna um objeto `Intent`, que passamos para `startActivity` a fim de exibir o selecionador de intenção.

8.5.10 Método `deleteSearch`
O método `deleteSearch` (Figura 8.24) é chamado quando o usuário faz um pressionamento longo no identificador de uma pesquisa e seleciona **Delete** na caixa de diálogo exibida pelo código da Figura 8.22. Antes de excluir a pesquisa, o aplicativo exibe um componente `AlertDialog` para confirmar a operação de exclusão. A linha 243 (Figura 8.24) define o título da caixa de diálogo como uma `String` formatada, na qual `tag` substitui o especificador de formato no recurso de `String R.string.confirm_message`. A linha 246 configura o botão negativo da caixa de diálogo para removê-la. As linhas 249 a 264 configuram o botão positivo da caixa de diálogo para remover a pesquisa. A linha 252 remove o identificador da coleção de identificadores, e as linhas 255 a 258 utilizam `SharedPreferences.Editor` para remover a pesquisa do arquivo `SharedPreferences` do aplicativo. Então, a linha 261 notifica o adaptador `RecyclerView.Adapter` de que os dados subjacentes mudaram, para que o componente `RecyclerView` possa atualizar sua lista de itens exibidos.

```
239    // exclui uma pesquisa depois que o usuário confirma a operação de exclusão
240    private void deleteSearch(final String tag) {
241       // cria um componente AlertDialog e configura sua mensagem
242       AlertDialog.Builder confirmBuilder = new AlertDialog.Builder(this);
243       confirmBuilder.setMessage(getString(R.string.confirm_message, tag));
244
245       // configura o botão negativo (CANCEL)
246       confirmBuilder.setNegativeButton(getString(R.string.cancel), null);
247
248       // configura o botão positivo (DELETE)
249       confirmBuilder.setPositiveButton(getString(R.string.delete),
250          new DialogInterface.OnClickListener() {
251             public void onClick(DialogInterface dialog, int id) {
252                tags.remove(tag); // remove o identificador da lista tags
253
254                // obtém o SharedPreferences.Editor para remover pesquisa salva
255                SharedPreferences.Editor preferencesEditor =
256                   savedSearches.edit();
257                preferencesEditor.remove(tag); // remove a pesquisa
258                preferencesEditor.apply(); // salva as alterações
259
260                // vincula novamente os identificadores a RecyclerView para
                      mostrar a lista atualizada
261                adapter.notifyDataSetChanged();
262             }
263          }
264       );
265
266       confirmBuilder.create().show(); // exibe o componente AlertDialog
267    }
268 }
```

Figura 8.24 | Método deleteSearch de MainActivity.

8.6 Subclasse searchesAdapter de RecyclerView.Adapter

Esta seção apresenta o adaptador RecyclerView.Adapter que vincula os itens da lista List<String> de MainActivity, chamada tags, à view do aplicativo (RecyclerView).

8.6.1 Instrução package, instruções import, variáveis de instância e construtor

A Figura 8.25 mostra o início da definição da classe SearchesAdapter. A classe estende a classe genérica RecyclerView.Adapter usando como argumento de tipo a classe aninhada SearchesAdapter.ViewHolder (definida na Seção 8.6.2). As variáveis de instância nas linhas 17 e 18 mantêm referências para os receptores de evento (definidos na classe MainActivity) registrados para cada item da RecyclerView. A variável de instância na linha 21 mantém uma referência para o objeto List<String> de MainActivity, que contém os nomes dos identificadores a exibir.

```
I   // SearchesAdapter.java
2   // Subclasse de RecyclerView.Adapter para vincular dados a itens de RecyclerView
3   package com.deitel.twittersearches;
4
5   import android.support.v7.widget.RecyclerView;
6   import android.view.LayoutInflater;
7   import android.view.View;
8   import android.view.ViewGroup;
9   import android.widget.TextView;
10
11  import java.util.List;
12
13  public class SearchesAdapter
14     extends RecyclerView.Adapter<SearchesAdapter.ViewHolder> {
15
16     // receptores de MainActivity registrados para cada item da lista
17     private final View.OnClickListener clickListener;
18     private final View.OnLongClickListener longClickListener;
19
20     // List<String> usada para obter dados dos itens de RecyclerView
21     private final List<String> tags; // identificadores de pesquisa
22
23     // construtor
24     public SearchesAdapter(List<String> tags,
25        View.OnClickListener clickListener,
26        View.OnLongClickListener longClickListener) {
27        this.tags = tags;
28        this.clickListener = clickListener;
29        this.longClickListener = longClickListener;
30     }
31
```

Figura 8.25 | Instrução package, instruções import, variáveis de instância e construtor de SearchesAdapter.

8.6.2 Subclasse aninhada `ViewHolder` de `RecyclerView.ViewHolder`

Todo item em uma `RecyclerView` deve ser empacotado em seu próprio `RecyclerView.ViewHolder`. Para este aplicativo, definimos um `RecyclerView.ViewHolder` chamado `ViewHolder` (Figura 8.26). O construtor de `ViewHolder` (linha 39 a 48) recebe um objeto `View` e receptores para os eventos `OnClick` e `OnLongClick` desse objeto. O objeto `View` representa um item da view `RecyclerView`, o qual é passado para o construtor da superclasse (linha 42). A linha 43 armazena uma referência para a `TextView` do item. A linha 46 registra o `OnClickListener` da `TextView`, o qual exibe os resultados da pesquisa para o identificador dessa `TextView`. A linha 47 registra o `OnLongClickListener` da `TextView`, o qual abre a caixa de diálogo **Share**, **Edit** ou **Delete** para o identificador dessa `TextView`. O construtor é chamado quando o `RecyclerView.Adapter` cria um método de item de lista `onCreateViewHolder` (Seção 8.6.3).

```
32    // subclasse aninhada de RecyclerView.ViewHolder usada para implementar
33    // o padrão view-holder no contexto de uma RecyclerView--a lógica
34    // de reciclagem de views que rolaram para fora da tela é tratada para você
35    public static class ViewHolder extends RecyclerView.ViewHolder {
36       public final TextView textView;
37
38       // configura ViewHolder de um item de RecyclerView
39       public ViewHolder(View itemView,
40          View.OnClickListener clickListener,
41          View.OnLongClickListener longClickListener) {
42          super(itemView);
43          textView = (TextView) itemView.findViewById(R.id.textView);
44
45          // anexa receptores a itemView
46          itemView.setOnClickListener(clickListener);
47          itemView.setOnLongClickListener(longClickListener);
48       }
49    }
50
```

Figura 8.26 | Subclasse aninhada ViewHolder de RecyclerView.ViewHolder para SearchesAdapter.

8.6.3 Métodos sobrescritos de RecyclerView.Adapter

A Figura 8.27 define os métodos sobrescritos onCreateViewHolder (linhas 52 a 61), onBindViewHolder (linhas 64 a 67) e getItemCount (linhas 70 a 73) de RecyclerView.Adapter.

```
51    // configura novo item de lista e seu ViewHolder
52    @Override
53    public ViewHolder onCreateViewHolder(ViewGroup parent,
54       int viewType) {
55       // infla o layout do item de lista
56       View view = LayoutInflater.from(parent.getContext()).inflate(
57          R.layout.list_item, parent, false);
58
59       // cria um ViewHolder para o item atual
60       return (new ViewHolder(view, clickListener, longClickListener));
61    }
62
63    // configura o texto do item de lista para exibir o identificador da pesquisa
64    @Override
65    public void onBindViewHolder(ViewHolder holder, int position) {
66       holder.textView.setText(tags.get(position));
67    }
68
69    // retorna o número de itens vinculados pelo adaptador
70    @Override
71    public int getItemCount() {
72       return tags.size();
73    }
74 }
```

Figura 8.27 | Métodos sobrescritos onCreateViewHolder, onBindViewHolder e getItemCount SearchesAdapter de RecyclerView.Adapter.

Sobrescrita do método *onCreateViewHolder*

A `RecyclerView` chama o método `onCreateViewHolder` de seu `RecyclerView.Adapter` (linhas 52 a 61) para inflar o layout de cada item de `RecyclerView` (linhas 56 e 57) e empacotá-lo em um objeto da subclasse `RecyclerView.ViewHolder` chamado `ViewHolder` (linha 60). Então, esse novo objeto `ViewHolder` é retornado para a `RecyclerView` para exibição.

Sobrescrita do método *onBindViewHolder*

A `RecyclerView` chama o método `onBindViewHolder` de seu `RecyclerView.Adapter` (linhas 64 a 67) para configurar os dados exibidos para um item de `RecyclerView` em particular. O método recebe:

- um objeto de nossa subclasse personalizada de `RecyclerView.ViewHolder` contendo as views nas quais os dados vão ser exibidos – neste caso, um componente `TextView`; e
- um valor `int` representando a posição do item na `RecyclerView`.

A linha 66 define o texto da `TextView` como a `String` em `tags` na posição dada.

Sobrescrita do método *getItemCount*

A `RecyclerView` chama o método `getItemCount` de seu `RecyclerView.Adapter` (linhas 70 a 73) para obter o número total de itens que a `RecyclerView` precisa exibir – neste caso, o número de itens em `tags` (linha 72).

8.7 Subclasse `ItemDivider` de `RecyclerView.ItemDecoration`

Um objeto `RecyclerView.ItemDecoration` desenha *decorações* – como separadores entre itens – em uma `RecyclerView`. A subclasse `ItemDivider` de `RecyclerView.ItemDecoration` (Figura 8.28) desenha linhas divisórias entre os itens da lista. As linhas 17 e 18 no construtor obtêm o recurso `Drawable android.R.attr.listDivider` predefinido do Android, que é o divisor de itens de lista padrão utilizado em componentes `ListView`.

```
1   // ItemDivider.java
2   // Classe que define as divisórias entre os itens de RecyclerView;
3   // baseado no exemplo de implementação do Google, em bit.ly/DividerItemDecoration
4   package com.deitel.twittersearches;
5
6   import android.content.Context;
7   import android.graphics.Canvas;
8   import android.graphics.drawable.Drawable;
9   import android.support.v7.widget.RecyclerView;
10  import android.view.View;
11
12  class ItemDivider extends RecyclerView.ItemDecoration {
13     private final Drawable divider;
14
15     // o construtor carrega a divisória de itens de lista interna do Android
16     public ItemDivider(Context context) {
17        int[] attrs = {android.R.attr.listDivider};
18        divider = context.obtainStyledAttributes(attrs).getDrawable(0);
19     }
```

Figura 8.28 | Subclasse `ItemDivider` de `RecyclerView.ItemDecoration` para exibir uma linha horizontal entre os itens da `RecyclerView`. (Parte I de 2)

```
20
21    // desenha as divisórias de itens de lista na RecyclerView
22    @Override
23    public void onDrawOver(Canvas c, RecyclerView parent,
24       RecyclerView.State state) {
25       super.onDrawOver(c, parent, state);
26
27       // calcula as coordenadas x esquerda/direita de todas as divisórias
28       int left = parent.getPaddingLeft();
29       int right = parent.getWidth() - parent.getPaddingRight();
30
31       // para todos os itens, menos o último, desenha uma linha abaixo dele
32       for (int i = 0; i < parent.getChildCount() - 1; ++i) {
33          View item = parent.getChildAt(i); // obtém o i-ésimo item da lista
34
35          // calcula as coordenadas y superior/inferior da divisória atual
36          int top = item.getBottom() + ((RecyclerView.LayoutParams)
37             item.getLayoutParams()).bottomMargin;
38          int bottom = top + divider.getIntrinsicHeight();
39
40          // desenha a divisória com os limites calculados
41          divider.setBounds(left, top, right, bottom);
42          divider.draw(c);
43       }
44    }
45 }
```

Figura 8.28 | (Parte 2 de 2)

Sobrescrita do método onDrawOver

À medida que o usuário rola pelos itens da RecyclerView, o conteúdo da RecyclerView é repetidamente redesenhado para exibir os itens em suas novas posições na tela. Como parte desse processo, o código de RecyclerView chama o método onDrawOver de RecyclerView.ItemDecoration (linhas 22 a 44) para desenhar as decorações na RecyclerView. O método recebe:

- um objeto Canvas para desenhar as decorações na RecyclerView;
- o objeto RecyclerView no qual o objeto Canvas desenha;
- o RecyclerView.State— um objeto que armazena as informações passadas entre os vários componentes da RecyclerView. Neste aplicativo, simplesmente passamos esse valor para o método onDrawOver da superclasse (linha 25).

As linhas 28 e 29 calculam as coordenadas *x* esquerda e direita utilizadas para especificar os limites do Drawable que será exibido. A coordenada *x* esquerda é determinada pela chamada ao método getPaddingLeft de RecyclerView, o qual retorna a quantidade de preenchimento entre a margem esquerda da RecyclerView e seu conteúdo. A coordenada *x* direita é determinada pela chamada ao método getWidth de RecyclerView e subtraindo-se o resultado da chamada ao método getPaddingRight de RecyclerView, o qual retorna a quantidade de preenchimento entre a margem direita da RecyclerView e seu conteúdo.

As linhas 32 a 43 desenham as divisórias no objeto Canvas da RecyclerView, iterando por todos os itens, menos o último, e desenhando as divisórias abaixo de cada item. A linha 33 obtém e armazena o item atual da RecyclerView. As linhas 36 e 37 calculam a coordenada *y* superior da divisória usando a coordenada *y* do item inferior mais a margem do item. A linha 38 calcula a coordenada *y* inferior da divisória usando a coordenada *y* superior mais a altura da divisória – retornada pelo método `getIntrinsicHeight` de `Drawable`. A linha 41 define os limites da divisória, e a linha 42 a desenha no objeto `Canvas`.

8.8 Observação sobre Fabric: a nova plataforma de desenvolvimento de aplicativos móveis do Twitter

No Capítulo 7, você usou web services REST para obter uma previsão climática. O Twitter fornece web services REST amplos que permitem integrar funcionalidades do Twitter em seus aplicativos. Para usar esses web services são necessárias uma conta de desenvolvedor no Twitter e uma autenticação especial. O foco deste capítulo não é o uso de web services do Twitter. Por isso, o aplicativo faz as pesquisas como se você as digitasse diretamente no site do Twitter no navegador web. Então, o site do Twitter retorna os resultados diretamente para o navegador web do dispositivo, para exibição.

Pode ser desafiador trabalhar com os web services do Twitter diretamente, usando as técnicas do Capítulo 7. O Twitter reconheceu isso e agora oferece a Fabric – uma robusta plataforma de desenvolvimento de aplicativos móveis para Android e iOS. A plataforma Fabric encapsula os detalhes dos web services do Twitter em bibliotecas que você incorpora em seus projetos, tornando mais fácil para os desenvolvedores adicionar recursos do Twitter em seus aplicativos. Além disso, é possível adicionar gerenciamento de identidade móvel (chamado Digits – para registro do usuário em sites e aplicativos), recursos de monetização baseados em anúncios (chamados MoPub) e relatório de falhas de aplicativo (chamado Crashlytics).

Para usar a Fabric, registre-se em

```
https://get.fabric.io/
```

e instale o plug-in do Android Studio. Uma vez instalado, basta clicar no ícone do plug-in, na barra de ferramentas do Android Studio, e ele o conduz pelos passos que adicionam as bibliotecas Fabric ao seu projeto. O site supracitado também fornece documentação e tutoriais abrangentes sobre a Fabric.

8.9 Para finalizar

Neste capítulo, você criou o aplicativo **Twitter Searches**. Usou um arquivo `SharedPreferences` para armazenar e manipular pares chave–valor que representavam as pesquisas no Twitter salvas pelo usuário.

Apresentamos a `RecyclerView` (do pacote `android.support.v7.widget`) – uma view flexível e personalizável que permite controlar como um aplicativo exibe uma lista rolante de dados. Você aprendeu que as `RecyclerView`s suportam diferentes gerenciadores de layout e organizou os itens da `RecyclerView` deste aplicativo verticalmente, usando um `LinearLayoutManager`– uma subclasse de `RecyclerView.LayoutManager`.

Mais uma vez, usamos o padrão view-holder para reutilizar views que rolam para fora da tela. Você aprendeu que `RecyclerView` formaliza o padrão view–holder, tornando-o obrigatório. Você criou uma subclasse de `RecyclerView.Adapter` para vincular os itens de lista da `RecyclerView` a dados. Criou também uma subclasse de `RecyclerView.ViewHolder` para manter referências para a view de cada item da lista, para reutilização. Para exibir decorações entre os itens de uma `RecyclerView`, você definiu uma subclasse de `RecyclerView.ItemDecoration` para desenhar linhas divisórias na `RecyclerView`.

Você usou dois objetos `Intent` implícitos, para os quais não especificou o componente exato que devia tratar cada objeto `Intent`. Um deles foi usado para ativar o navegador web padrão do dispositivo a fim de exibir resultados de pesquisa no Twitter com base em uma consulta incorporada em uma URL, e que exibia um selecionador de intenção, permitindo ao usuário escolher dentre uma variedade de aplicativos que podiam compartilhar texto.

Por último, você exibiu um componente `AlertDialog` contendo uma lista de opções, das quais o usuário podia escolher apenas uma. Usou o método `setItems` de um `AlertDialog.Builder` para especificar um recurso de array de `Strings` contendo nomes da opção a exibir e para configurar a rotina de tratamento de eventos chamada quando o usuário tocava em uma das opções.

No Capítulo 9, construiremos o aplicativo **Address Book**, voltado a bancos de dados, o qual oferece acesso rápido e fácil às informações de contato armazenadas e capacidade de adicionar, excluir e editar contatos. Você vai aprender a alternar entre fragmentos dinamicamente em uma interface gráfica de usuário e a fornecer layouts que otimizam o espaço disponível na tela em telefones e tablets.

9

Aplicativo Address Book

FragmentTransactions e a pilha de retrocesso de fragmentos, SQLite, SQLiteDatabase, SQLiteOpenHelper, ContentProvider, ContentResolver, Loader, LoaderManager, Cursor e estilos de interface gráfica do usuário

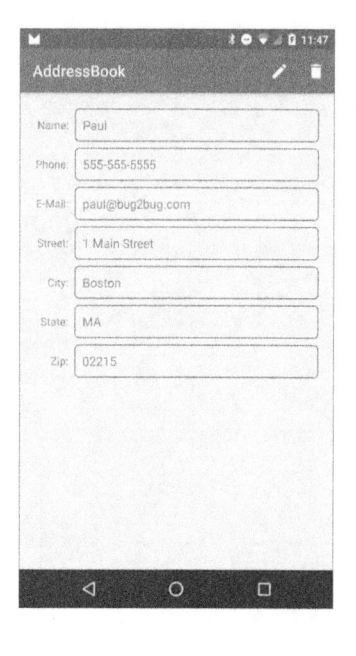

Objetivos

Neste capítulo, você vai:

- Usar objetos `FragmentTransaction` e a pilha de retrocesso para anexar e desanexar dinamicamente fragmentos da interface gráfica do usuário.
- Usar uma `RecyclerView` para exibir dados de um banco de dados.
- Criar e abrir bancos de dados com `SQLiteOpenHelper`.
- Usar um `ContentProvider` e um objeto `SQLiteDatabase` para interagir com dados em um banco de dados SQLite.
- Usar um `ContentResolver` para ativar métodos de um `ContentProvider` para executar tarefas com um banco de dados.
- Usar um `LoaderManager` e `Loader`s para acessar bancos de dados de forma assíncrona fora da thread da interface gráfica do usuário.
- Usar objetos `Cursor` para manipular resultados de uma consulta de banco de dados.
- Definir estilos contendo atributos e valores comuns de interface gráfica do usuário e, em seguida, aplicá-los em vários componentes da interface.

Resumo

9.1 Introdução
9.2 Teste do aplicativo **Address Book**
    9.2.1 Inclusão de um contato
    9.2.2 Visualização de um contato
    9.2.3 Edição de um contato
    9.2.4 Exclusão de um contato
9.3 Visão geral das tecnologias
    9.3.1 Exibição de fragmentos usando `FragmentTransactions`
    9.3.2 Comunicação de dados entre um fragmento e uma atividade hospedeira
    9.3.3 Manipulação de um banco de dados SQLite
    9.3.4 `ContentProviders` e `ContentResolvers`
    9.3.5 `Loader` e `LoaderManager` – acesso assíncrono ao banco de dados
    9.3.6 Definição de estilos e sua aplicação nos componentes da interface gráfica do usuário
    9.3.7 Especificação do plano de fundo de um componente `TextView`
9.4 Construção da interface gráfica do usuário e dos arquivos de recursos
    9.4.1 Criação do projeto
    9.4.2 Criação das classes do aplicativo
    9.4.3 Adição dos ícones do aplicativo
    9.4.4 `strings.xml`
    9.4.5 `styles.xml`
    9.4.6 `textview_border.xml`
    9.4.7 Layout de `MainActivity`
    9.4.8 Layout de `ContactsFragment`
    9.4.9 Layout de `DetailFragment`
    9.4.10 Layout de `AddEditFragment`
    9.4.11 Menu de `DetailFragment`
9.5 Visão geral das classes deste aplicativo
9.6 Classe `DatabaseDescription`
    9.6.1 Campos `static`
    9.6.2 Classe aninhada `Contact`
9.7 Classe `AddressBookDatabaseHelper`
9.8 Classe `AddressBookContentProvider`
    9.8.1 Campos de `AddressBookContentProvider`
    9.8.2 Métodos sobrescritos `onCreate` e `getType`
    9.8.3 Método sobrescrito `query`
    9.8.4 Método sobrescrito `insert`
    9.8.5 Método sobrescrito `update`
    9.8.6 Método sobrescrito `delete`
9.9 Classe `MainActivity`
    9.9.1 Superclasse, interfaces implementadas e campos

    9.9.2 Método sobrescrito `onCreate`
    9.9.3 Métodos de `ContactsFragment.ContactsFragmentListener`
    9.9.4 Método `displayContact`
    9.9.5 Método `displayAddEditFragment`
    9.9.6 Métodos de `DetailFragment.DetailFragmentListener`
    9.9.7 Método de `AddEditFragment.AddEditFragmentListener`
9.10 Classe `ContactsFragment`
    9.10.1 Superclasse e interface implementada
    9.10.2 `ContactsFragmentListener`
    9.10.3 Campos
    9.10.4 Método sobrescrito `onCreateView` de `Fragment`
    9.10.5 Métodos sobrescritos `onAttach` e `onDetach` de `Fragment`
    9.10.6 Método sobrescrito `onActivityCreated` de `Fragment`
    9.10.7 Método `updateContactList`
    9.10.8 Métodos de `LoaderManager.LoaderCallbacks<Cursor>`
9.11 Classe `ContactsAdapter`
9.12 Classe `AddEditFragment`
    9.12.1 Superclasse e interface implementada
    9.12.2 `AddEditFragmentListener`
    9.12.3 Campos
    9.12.4 Métodos sobrescritos `onAttach`, `onDetach` e `onCreateView` de `Fragment`
    9.12.5 `nameChangedListener` de `TextWatcher` e o método `updateSaveButtonFAB`
    9.12.6 `saveContactButtonClicked` de `View.OnClickListener` e o método `saveContact`
    9.12.7 Métodos de `LoaderManager.LoaderCallbacks<Cursor>`
9.13 Classe `DetailFragment`
    9.13.1 Superclasse e interface implementada
    9.13.2 `DetailFragmentListener`
    9.13.3 Campos
    9.13.4 Métodos sobrescritos `onAttach`, `onDetach` e `onCreateView`
    9.13.5 Métodos sobrescritos `onCreateOptionsMenu` e `onOptionsItemSelected`
    9.13.6 Método `deleteContact` e `confirmDelete` de `DialogFragment`
    9.13.7 Métodos de `LoaderManager.LoaderCallback<Cursor>`
9.14 Para finalizar

9.1 Introdução

O aplicativo **Address Book** (Figura 9.1) fornece acesso a informações de contato armazenadas em um banco de dados SQLite no dispositivo. Você pode:

- rolar por uma lista em ordem alfabética de contatos
- ver os detalhes de um contato tocando no nome dele na lista de contatos
- adicionar novos contatos
- editar ou excluir contatos existentes

O aplicativo fornece um layout separado para tablets (Figura 9.2), o qual sempre exibe a lista de contatos em um terço da tela e utiliza os dois terços restantes para exibir os dados do contato selecionado ou a tela para adição e edição de um contato.

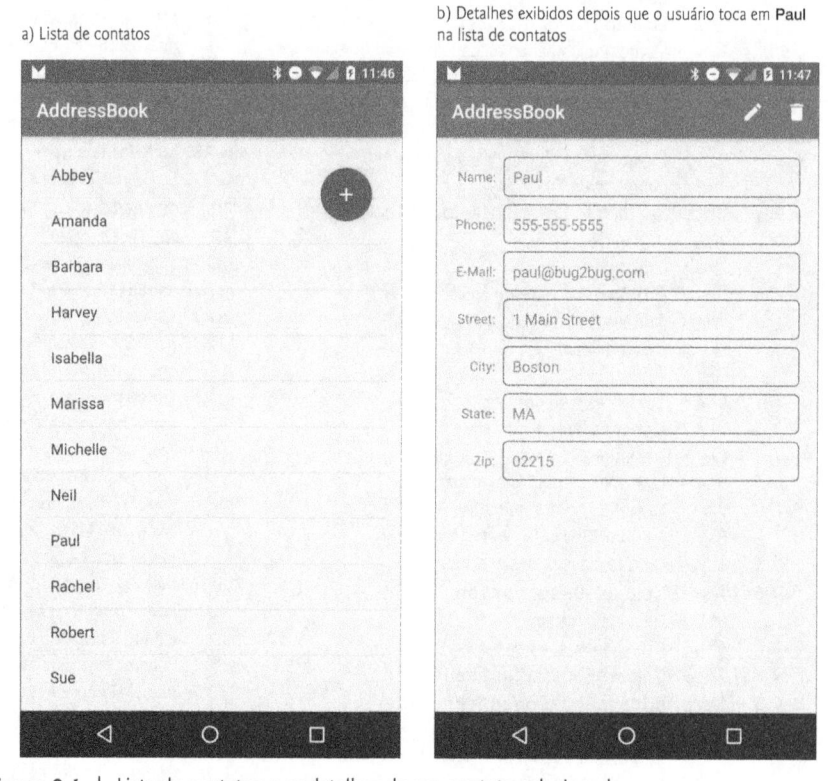

Figura 9.1 | Lista de contatos e os detalhes de um contato selecionado.

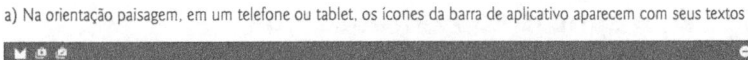

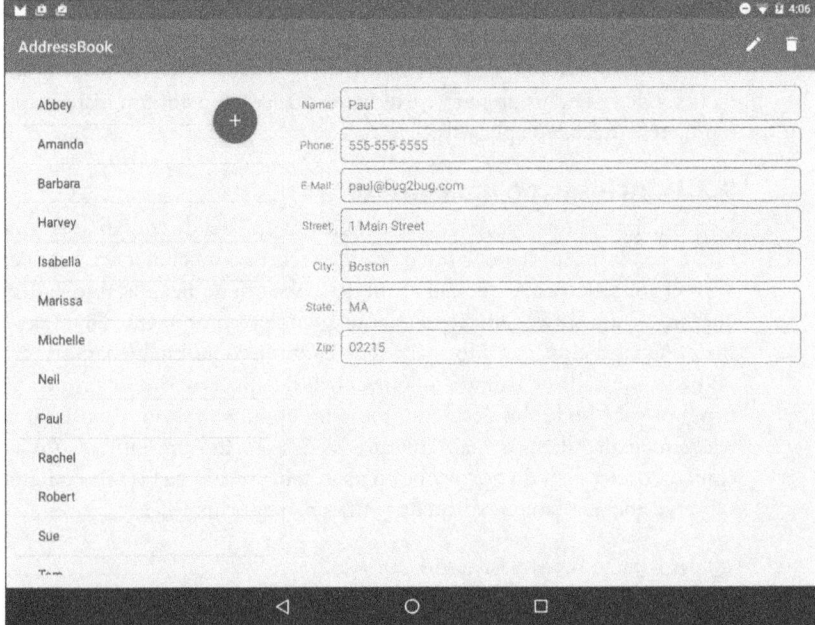

a) Na orientação paisagem, em um telefone ou tablet, os ícones da barra de aplicativo aparecem com seus textos

Figura 9.2 | O aplicativo **Address Book** sendo executado no modo paisagem em um tablet.

Este aplicativo apresenta diversas tecnologias novas. Você vai:

- Adicionar e remover fragmentos dinamicamente na interface gráfica do usuário de uma atividade, usando `FragmentTransactions`. Usar a **pilha de retrocesso de fragmentos** para habilitar o suporte para o botão voltar, de modo que o usuário possa navegar para trás pelos fragmentos que foram exibidos.
- Exibir dados de um banco de dados em uma `RecyclerView`.
- Criar e abrir um banco de dados com uma subclasse de `SQLiteOpenHelper`.
- Usar um `ContentProvider`, um `ContentResolver` e um objeto `SQLiteDatabase` para efetuar operações de inserção, atualização, exclusão e consulta em um banco de dados.
- Usar um `LoaderManager` e `Loaders` para acessar um banco de dados de forma assíncrona fora da thread da interface gráfica do usuário e receber os resultados nessa thread.
- Por fim, definir estilos contendo atributos e valores comuns de interface gráfica do usuário e, em seguida, aplicá-los em vários componentes da interface.

Primeiramente, você vai testar o aplicativo. Em seguida, vamos ver um panorama das tecnologias utilizadas para construí-lo. Depois, você vai criar a interface gráfica do usuário e os arquivos de recursos do aplicativo. Por fim, apresentaremos e acompanharemos o código-fonte completo do aplicativo, discutindo os recursos novos com mais detalhes.

9.2 Teste do aplicativo Address Book

Abra e execute o aplicativo
Abra o Android Studio e abra o aplicativo **Address Book** a partir da pasta AddressBook na pasta de exemplos do livro e execute-o no AVD ou em um dispositivo. Isso constrói o projeto e executa o aplicativo.

9.2.1 Inclusão de um contato

Na primeira vez que você executar o aplicativo, a lista de contato estará vazia. Toque no FloatingActionButton ➕ a fim de exibir a tela para adicionar uma nova entrada (Figura 9.3). O aplicativo exige que cada contato tenha um nome; portanto, o FloatingAction-Button de salvar (🖫) aparece somente quando o componente EditText **Name** não está vazio. Após adicionar as informações do contato, toque em 🖫 para armazenar o contato no banco de dados e voltar à tela principal do aplicativo. Se optar por não adicionar o contato, você pode simplesmente tocar no botão voltar do dispositivo para retornar à tela principal. Adicione mais contatos se desejar. Em um tablet, após a adição de um contato, os detalhes do novo contato aparecem ao lado da lista de contatos (Figura 9.2). Observe que, em tablets, a lista de contatos sempre aparece.

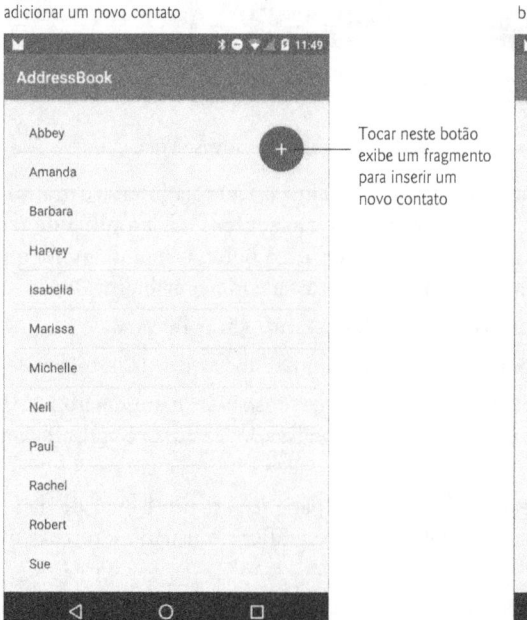

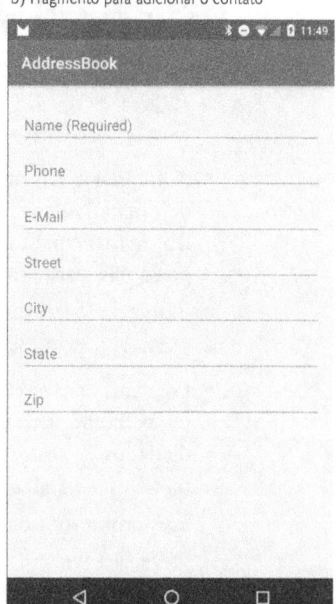

Figura 9.3 | Adicionando um contato ao banco de dados.

9.2.2 Visualização de um contato

Em um telefone ou AVD de telefone, toque no nome do contato que você acabou de adicionar para ver seus detalhes (como vimos na Figura 9.1). Novamente, em um tablet, os detalhes aparecem automaticamente à direita da lista de contatos (Figura 9.2).

9.2.3 Edição de um contato

Enquanto estiver vendo os detalhes de um contato, toque em ✏ na barra de aplicativo para exibir uma tela de componentes `EditText` previamente preenchidos com dados do contato (Figura 9.4). Edite os dados conforme for necessário e, em seguida, toque no `FloatingActionButton` 💾 para armazenar o contato atualizado no banco de dados e voltar à tela principal do aplicativo. Se optar por não adicionar o contato, você pode simplesmente tocar no botão voltar (◁) do dispositivo para retornar à tela anterior. Em um tablet, após a edição de um contato, os detalhes do contato atualizado aparecem à direita da lista de contatos.

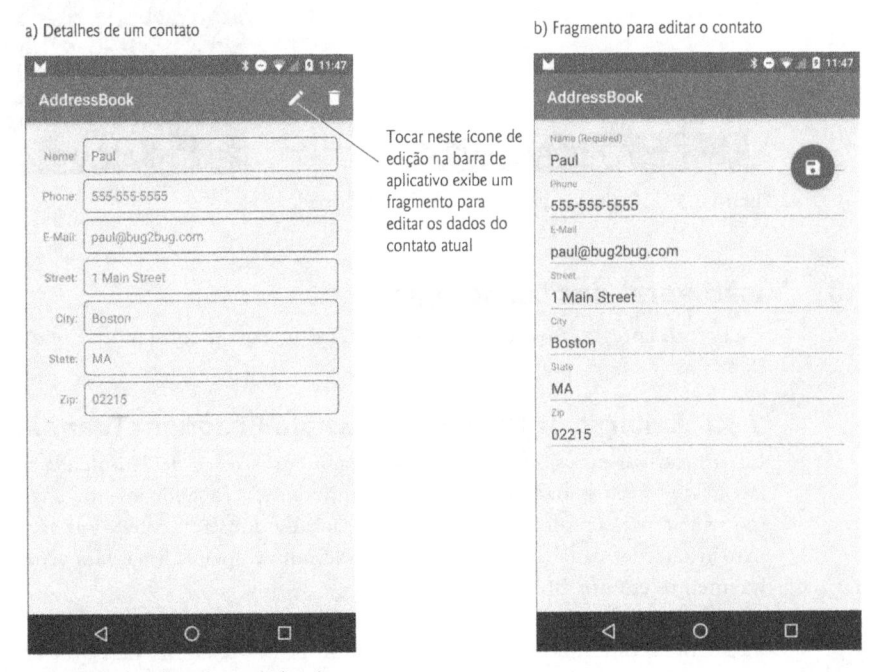

Figura 9.4 | Editando os dados de um contato.

9.2.4 Exclusão de um contato

Enquanto estiver vendo os detalhes de um contato, toque em 🗑, na barra de aplicativo, para excluir o contato. Uma caixa de diálogo pedirá que você confirme essa ação (Figura 9.5). Tocar em **DELETE** removerá o contato do banco de dados, e o aplicativo exibirá a lista de contatos atualizada. Tocar em **CANCEL** manterá o contato.

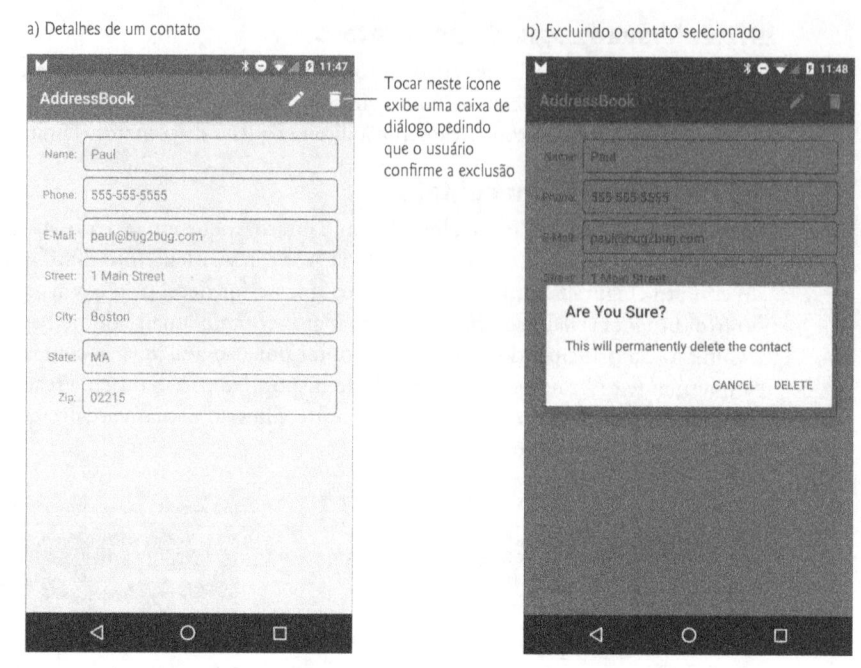

Figura 9.5 | Excluindo um contato do banco de dados.

9.3 Visão geral das tecnologias

Esta seção apresenta os recursos que você vai usar para construir o aplicativo **Address Book**.

9.3.1 Exibição de fragmentos usando `FragmentTransactions`

Em aplicativos anteriores, que usavam fragmentos, você declarou cada fragmento no layout de uma atividade ou, para um componente `DialogFragment`, chamou seu método `show` para criá-lo. O aplicativo **Flag Quiz** demonstrou como usar várias atividades para armazenar cada fragmento em um telefone, e apenas uma para armazenar vários fragmentos em um tablet.

Neste aplicativo, você vai usar apenas uma atividade para armazenar todos os fragmentos. Em um dispositivo do tamanho de um telefone, vai exibir um fragmento por vez. Em um tablet, sempre vai exibir o fragmento que contém a lista de contatos e os fragmentos para ver, adicionar e editar contatos, conforme for necessário. Para isso, vai usar o `FragmentManager` e a classe `FragmentTransaction` para exibir fragmentos dinamicamente. Além disso, vai usar a **pilha de retrocesso de fragmentos** do Android – uma estrutura de dados que armazena fragmentos na ordem "último a entrar, primeiro a sair" (LIFO) – para fornecer suporte automático para o botão voltar (◁) do Android. Isso permite que os usuários voltem para fragmentos anteriores usando o botão voltar. Para obter mais informações sobre fragmentos e operações de `FragmentTransaction`, visite:

http://developer.android.com/guide/components/fragments.html

9.3.2 Comunicação de dados entre um fragmento e uma atividade hospedeira

A melhor forma de comunicar dados entre fragmentos e uma atividade hospedeira ou outros fragmentos da atividade é por meio da atividade hospedeira – isso torna os fragmentos mais fáceis de reutilizar, pois não fazem referência entre si diretamente. Normalmente, cada fragmento define uma *interface* de *métodos de callback* que são implementados na atividade hospedeira. Vamos usar essa técnica para permitir que a MainActivity deste aplicativo seja notificada quando o usuário:

- selecionar um contato para exibição;
- tocar no FloatingActionButton de adição (+) do fragmento da lista de contatos;
- tocar nas ações ✏ ou 🗑 do fragmento de detalhes do contato; ou
- tocar em 💾 para finalizar a edição de um contato existente ou a adição de um novo.

9.3.3 Manipulação de um banco de dados SQLite

As informações de contato são armazenadas em um banco de dados SQLite. De acordo com o site www.sqlite.org, SQLite é um dos mecanismos de banco de dados mais amplamente distribuídos do mundo. Você vai usar uma subclasse de SQLite-OpenHelper (pacote android.database.sqlite) para simplificar a criação do banco de dados e obter um objeto SQLiteDatabase (pacote android.database.sqlite) para manipular o conteúdo do banco de dados. As consultas de banco de dados são realizadas com a linguagem SQL (Structured Query Language). Os resultados da consulta são gerenciados por meio de um Cursor (pacote android.database). Para obter mais informações sobre SQLite no Android, visite:

> http://developer.android.com/guide/topics/data/data-storage.html#db

9.3.4 ContentProviders e ContentResolvers

Um ContentProvider (pacote android.provider) expõe os dados de um aplicativo para uso nesse aplicativo ou em outros. O Android fornece vários ContentProviders internos. Por exemplo, seus aplicativos podem interagir com dados dos aplicativos **Contacts** e **Calendar** do Android. Também existem ContentProviders para vários recursos de telefonia, armazenamento de mídia (por exemplo, para imagens/vídeo) e dicionário do usuário (utilizado com os recursos de previsão de entrada de texto do Android).

Além de expor dados para outros aplicativos, os ContentProviders também permitem que seu aplicativo forneça sugestões de pesquisa personalizadas – quando um usuário faz pesquisas em um dispositivo – e são usados para suportar operações de cópia e colagem entre aplicativos.

Neste aplicativo, usamos um ContentProvider para ajudar a acessar o banco de dados de forma assíncrona, fora da thread da interface gráfica do usuário – isso é exigido ao se trabalhar com Loaders e o LoaderManager (apresentado na Seção 9.3.5). Você vai definir uma subclasse de ContentProvider que especifica como:

- consultar o banco de dados para localizar um contato específico ou todos os contatos;
- inserir um novo contato no banco de dados;
- atualizar um contato existente no banco de dados; e
- excluir um contato existente do banco de dados.

O `ContentProvider` vai usar uma subclasse de `SQLiteOpenHelper` a fim de criar o banco de dados e obter objetos `SQLiteDatabase` para executar as tarefas anteriores. Quando forem feitas alterações no banco de dados, o `ContentProvider` notificará os receptores sobre essas alterações para que os dados possam ser atualizados na interface gráfica do usuário.

Uris

O `ContentProvider` vai definir Uris que ajudam a determinar as tarefas a executar. Por exemplo, neste aplicativo, o método query do `ContentProvider` é usado para duas consultas diferentes – uma que retorna um `Cursor` para um único contato e outra que retorna um `Cursor` para os nomes de todos os contatos existentes no banco de dados.

ContentResolver

Para ativar os recursos query, insert, update e delete do `ContentProvider`, vamos usar os métodos correspondentes do `ContentResolver` interno da atividade (pacote android.content). O `ContentProvider` e o `ContentResolver` tratam da comunicação para você – inclusive entre os aplicativos, caso seu `ContentProvider` exponha seus dados para outros aplicativos. Como você vai ver, os métodos do `ContentResolver` recebem como primeiro argumento um `Uri` especificando o `ContentProvider` a acessar. Cada método de `ContentResolver` ativa o método correspondente do `ContentProvider`, o qual utiliza o `Uri` para ajudar a determinar a tarefa a executar. Para obter mais informações sobre `ContentProviders` e `ContentResolvers`, consulte

> http://developer.android.com/guide/topics/providers/
> content-providers.html

9.3.5 Loader e LoaderManager – acesso assíncrono ao banco de dados

Como já dito, operações longas ou operações que bloqueiam a execução até que terminem (por exemplo, acesso a arquivos e a bancos de dados) devem ser efetuadas fora da thread da interface gráfica do usuário. Isso ajuda a manter a velocidade de resposta do aplicativo e evita caixas de diálogo Activity Not Responding (ANR), que aparecem quando o Android determina que a interface gráfica não está respondendo. Loaders e o LoaderManager o ajudam a realizar acesso assíncrono aos dados a partir de qualquer atividade ou fragmento.

Loaders

Um **Loader** (pacote android.content) realiza acesso assíncrono aos dados. Ao interagir com um `ContentProvider` para carregar e manipular dados, você normalmente vai usar um **CursorLoader** – uma subclasse de `AsyncTaskLoader` que utiliza uma `AsyncTask` para acessar dados em uma thread separada. Os Loaders também:

- Verificam se existem alterações na fonte de dados correspondente e tornam os dados atualizados disponíveis para a atividade ou fragmento correspondente.
- Reconectam-se ao último `Cursor` do Loader, em vez de fazerem uma nova consulta, quando ocorre uma mudança de configuração.

LoaderManager e LoaderManager.LoaderCallbacks

Os Loaders de uma atividade ou fragmento são criados e gerenciados por seu **LoadManager** (pacote android.app), o qual vincula o ciclo de vida de cada Loader ao ciclo de vida de sua atividade ou fragmento. Além disso, um LoaderManager ativa métodos da interface `LoaderManager.LoaderCallbacks` para notificar uma atividade ou fragmento quando um `Loader`

- precisa ser criado;
- termina de carregar seus dados; ou
- é reiniciado e os dados não estão mais disponíveis.

Você vai usar `Loaders` e `LoaderManagers` em diversas subclasses de `Fragment` deste aplicativo. Para obter mais informações sobre `Loaders` e `LoadManagers`, consulte

```
http://developer.android.com/guide/components/loaders.html
```

9.3.6 Definição de estilos e sua aplicação nos componentes da interface gráfica do usuário

Você pode definir pares atributo-valor comuns de componentes da interface gráfica do usuário como **recursos style** (Seção 9.4.5). Então, pode aplicar os estilos em todos os componentes que compartilham esses valores (Seção 9.4.9) usando o **atributo style**. Todas as alterações subsequentes feitas em um componente `style` são aplicadas automaticamente a todos os componentes da interface gráfica que o utilizam. Usamos isso para estilizar os componentes `TextView` que exibem as informações de um contato. Para obter mais informações sobre estilos, visite:

```
http://developer.android.com/guide/topics/ui/themes.html
```

9.3.7 Especificação do plano de fundo de um componente `TextView`

Por padrão, os componentes `TextView` não têm borda. Para definir uma, você pode especificar `Drawable` como o valor do atributo `android:background` de `TextView`. Drawable pode ser uma imagem, mas, neste aplicativo, você vai definir um `Drawable` como um objeto `shape` em um arquivo de recurso (Seção 9.4.6). Assim como uma imagem, o arquivo de recurso desse `Drawable` é definido em uma (ou mais) das pastas `drawable` do aplicativo. Para obter mais informações sobre recursos `drawable`, visite

```
http://developer.android.com/guide/topics/resources/
    drawable-resource.html
```

9.4 Construção da interface gráfica do usuário e dos arquivos de recursos

Nesta seção, você vai criar os arquivos de código-fonte Java adicionais, os arquivos de recursos e os arquivos de layout da interface gráfica do usuário do aplicativo **Address Book**.

9.4.1 Criação do projeto

Crie um projeto usando o template **Blank Activity**. Quando configurar o projeto, marque a caixa de seleção **Use a Fragment**. Especifique os seguintes valores no passo **New Project** da caixa de diálogo **Create New Project**:

- **Application Name:** Address Book
- **Company Domain:** deitel.com (ou especifique seu próprio nome de domínio)

Siga os passos utilizados em aplicativos anteriores para adicionar um ícone de aplicativo ao seu projeto. Siga os passos da Seção 4.4.3 a fim de configurar o suporte para Java SE 7 para o projeto. Siga os passos da Seção 8.4.3 para adicionar a biblioteca `RecyclerView` a esse projeto. Em `colors.xml`, altere o valor da cor `colorAccent` para #FF4081.

9.4.2 Criação das classes do aplicativo

Quando você cria este projeto, o Android Studio define as classes `MainActivity` e `MainActivityFragment`. Neste aplicativo, mudamos o nome de `MainActivityFragment` para `ContactsFragment`. Para isso:

1 Abra a classe `MainActivityFragment` no editor.

2 Clique com o botão direito do mouse no nome da classe e selecione **Refactor > Rename**.... O IDE realça o nome da classe para edição.

3 Digite `ContactsFragment` e pressione *Enter*. O IDE muda o nome da classe e de seu construtor, e altera o nome de arquivo da classe.

Pacote `com.deitel.addressbook`

Este aplicativo é composto de sete classes adicionais que você deve acrescentar ao projeto (**File > New > Java Class**). As classes adicionais no pacote com.deitel.addressbook são:

- A classe `ContactsAdapter` é uma subclasse de `RecyclerView.Adapter` que fornece dados para a `RecyclerView` de `ContactsFragment`.
- A classe `AddEditFragment` é uma subclasse de `Fragment` que fornece uma interface gráfica de usuário para adicionar um novo contato ou editar um já existente.
- A classe `DetailFragment` é uma subclasse de `Fragment` que exibe os dados de um contato e fornece itens de menu para editar e excluir esse contato.
- A classe `ItemDivider` é uma subclasse de `RecyclerView.ItemDecoration` utilizada pela `RecyclerView` de `ContactsFragment` para desenhar uma linha horizontal entre os itens. Essa classe é idêntica à da Seção 8.7; portanto, você pode simplesmente copiá-la do projeto do aplicativo **Twitter Searches** e colá-la no nó **app > java > com.deitel.addressbook** na janela **Project**.

Pacote `com.deitel.addressbook.data`

Essa classe também define um pacote aninhado, chamado com.deitel.addressbook.data, que contém as classes utilizadas para manipular o banco de dados deste aplicativo. Para criar o pacote:

1 Na janela **Project**, clique com o botão direito do mouse no pacote com.deitel.addressbook e selecione **New > Package**.

2 Digite `data` como o novo nome de pacote a fim de criar o pacote com.deitel.addressbook.data.

Em seguida, adicione as seguintes classes ao pacote com.deitel.addressbook.data:

- A classe `DatabaseDescription` descreve a tabela de contatos do banco de dados.
- A classe `AddressBookDatabaseHelper` é uma subclasse de `SQLiteOpenHelper` que cria o banco de dados e é usada para acessá-lo.
- A classe `AddressBookContentProvider` é uma subclasse de `ContentProvider` que define como manipular o banco de dados. Para criar essa classe, use **New > Other >**

Content Provider. Para **URI authorities,** especifique `com.deitel.addressbook.data`, desmarque a caixa de seleção **Exported** e clique em **Finish**. Desmarcar **Exported** indica que esse `ContentProvider` é para ser usado apenas neste aplicativo. O IDE define uma subclasse de `ContentProvider` e sobrescreve seus métodos obrigatórios. Além disso, declara `AndroidManifest.xml` de `ContentProvider` como um elemento `<provider>` aninhado no elemento `<application>`. Isso é *obrigatório* para registrar o `ContentProvider` no sistema operacional Android – não apenas para uso neste aplicativo, mas também em outros (quando o `ContentProvider` for exportado).

Veremos um panorama de todas as classes na Seção 9.5 e discutiremos seus detalhes nas Seções 9.6 a 9.13.

9.4.3 Adição dos ícones do aplicativo

Use o **Vector Asset Studio** do Android Studio (Seção 4.4.9) para adicionar ao projeto os ícones salvar (🖫), adicionar (➕), editar (✏) e excluir (🗑) do Material Design – esses serão usados como ícones do `FloatingActionButton`. Depois de adicionar o ícone vetorial, acesse a pasta `res/drawable` do projeto, abra o arquivo XML de cada ícone e altere o valor `android:fillColor` do elemento `<path>` para

```
"@android:color/white"
```

9.4.4 `strings.xml`

A Figura 9.6 mostra os nomes dos recursos de `String` deste aplicativo e os valores correspondentes. Clique duas vezes em `strings.xml` na pasta `res/values` a fim de exibir o editor de recursos para criar esses recursos de `String`.

Nome do recurso	Valores
menuitem_edit	Edit
menuitem_delete	Delete
hint_name_required	Name (Required)
hint_email	E-Mail
hint_phone	Phone
hint_street	Street
hint_city	City
hint_state	State
hint_zip	Zip
label_name	Name:
label_email	E-Mail:
label_phone	Phone:
label_street	Street:
label_city	City:
label_state	State:
label_zip	Zip:

Figura 9.6 | Recursos de `String` usados no aplicativo **Address Book**. (Parte I de 2)

Nome do recurso	Valor
confirm_title	Are You Sure?
confirm_message	This will permanently delete the contact
button_cancel	Cancel
button_delete	Delete
contact_added	Contact added successfully
contact_not_added	Contact was not added due to an error
contact_updated	Contact updated
contact_not_updated	Contact was not updated due to an error
invalid_query_uri	Invalid query Uri:
invalid_insert_uri	Invalid insert Uri:
invalid_update_uri	Invalid update Uri:
invalid_delete_uri	Invalid delete Uri:
insert_failed	Insert failed: s

Figura 9.6 | (Parte 2 de 2)

9.4.5 `styles.xml`

Nesta seção, você vai definir os estilos dos componentes `TextView` de `DetailFragment` que exibem as informações de um contato (Seção 9.4.9). Assim como outros recursos, os recursos de estilo são colocados na pasta `res/values` do aplicativo. Quando um projeto é criado, o IDE gera um arquivo `styles.xml` contendo estilos predefinidos. Cada novo estilo criado especifica um nome que é usado para aplicar esse estilo nos componentes da interface gráfica do usuário e em um ou mais itens, especificando-se os valores de propriedade a serem aplicados. Para criar os estilos, na pasta `res/values` do aplicativo, abra o arquivo `styles.xml` e adicione o código da Figura 9.7 antes do identificador `</resources>` de fechamento do arquivo. Quando terminar, salve e feche `styles.xml`.

```
1   <style name="ContactLabelTextView">
2       <item name="android:layout_width">wrap_content</item>
3       <item name="android:layout_height">wrap_content</item>
4       <item name="android:layout_gravity">right|center_vertical</item>
5   </style>
6
7   <style name="ContactTextView">
8       <item name="android:layout_width">wrap_content</item>
9       <item name="android:layout_height">wrap_content</item>
10      <item name="android:layout_gravity">fill_horizontal</item>
11      <item name="android:textSize">16sp</item>
12      <item name="android:background">@drawable/textview_border</item>
13  </style>
```

Figura 9.7 | Novos estilos para formatar os componentes `TextView` de `DetailFragment`.

As linhas 1 a 5 definem um novo estilo, chamado `ContactLabelTextView`, o qual define valores para as propriedades de layout `layout_width`, `layout_height` e `layout_gravity`. Você vai aplicar esse estilo aos componentes `TextView` de `DetailFragment` exibidos à esquerda de cada informação de um contato. Cada estilo novo consiste em um elemento `style` contendo elementos `item`. O nome do estilo é usado para aplicá-lo. O nome de um elemento especifica a propriedade a configurar, e seu valor é atribuído a essa propriedade quando o estilo é aplicado a uma view. As linhas 7 a 13 definem outro estilo novo, chamado `ContactTextView`, o qual será aplicado aos componentes `TextView` de `DetailFragment` que exibem as informações do contato. A linha 12 define a propriedade `android:background` como o recurso `drawable` definido na Seção 9.4.6.

9.4.6 textview_border.xml

O estilo `ContactTextView` que você criou na seção anterior define a aparência dos componentes `TextView` utilizados para exibir os detalhes de um contato. Você especificou um `Drawable` (isto é, uma imagem ou um elemento gráfico) chamado `@drawable/textview_border` como valor para o atributo `android:background` dos componentes `TextView`. Nesta seção, você vai definir esse `Drawable` na pasta `res/drawable` do aplicativo. Para definir o `Drawable`:

1. Clique com o botão direito do mouse na pasta `res/drawable` e selecione **New > Drawable resource file**.

2. Especifique `textview_border.xml` para **File name** e clique em **OK**.

3. Substitua o conteúdo do arquivo pelo código XML da Figura 9.8.

```
1  <?xml version="1.0" encoding="utf-8"?>
2  <shape xmlns:android="http://schemas.android.com/apk/res/android"
3      android:shape="rectangle">
4      <corners android:radius="5dp"/>
5      <stroke android:width="1dp" android:color="#555"/>
6      <padding android:top="10dp" android:left="10dp" android:bottom="10dp"
7          android:right="10dp"/>
8  </shape>
```

Figura 9.8 | Representação em XML de um `Drawable` utilizado para colocar uma borda em um componente `TextView`.

O atributo `android:shape` do elemento **shape** (linha 3) pode ter o valor "rectangle" (usado neste exemplo), "oval", "line" ou "ring". O **elemento corners** (linha 4) especifica o raio do canto do retângulo, o que arredonda os cantos. O **elemento stroke** (linha 5) define a largura e a cor da linha do retângulo. O **elemento padding** (linhas 6 e 7) especifica o espaçamento em torno do conteúdo no elemento em que `Drawable` é aplicado. Você deve especificar separadamente os valores de preenchimento (padding) superior, esquerdo, inferior e direito. Os detalhes completos da definição de formas podem ser vistos em:

> http://developer.android.com/guide/topics/resources/
> drawable-resource.html#Shape

9.4.7 Layout de MainActivity

Por padrão, o layout de `MainActivity` contém um `FloatingActionButton` e inclui o arquivo de layout `content_main.xml`. Neste aplicativo, fornecemos `FloatingAction-Buttons`, conforme o necessário, nos fragmentos. Por isso, abra `activity_main.xml` na pasta `res/layout` e remova o `FloatingActionButton` predefinido. Além disso, configure a propriedade `id` do `CoordinatorLayout` como `coordinatorLayout` – usamos isso ao exibir SnackBars. Remova o código que configura o FloatingActionButton do método onCreate de MainActivity.

Layout para telefone: content_main.xml

Neste aplicativo, você vai fornecer dois layouts content_main.xml para serem incluídos em MainActivity – um para dispositivos do tamanho de um telefone e um para dispositivos do tamanho de um tablet. Para o layout de telefone, abra content_main.xml na pasta res/layout e substitua seu conteúdo pelo código XML da Figura 9.9. A MainActivity exibe dinamicamente os fragmentos do aplicativo no FrameLayout chamado fragmentContainer. Esse layout preenche o espaço disponível no layout de MainActivity com um preenchimento de 16dp em todos os lados. A propriedade app:layout_behavior (linha 20) é usada pelo CoordinatorLayout de activity_main.xml para gerenciar as interações entre suas views. Configurar essa propriedade garante que o conteúdo do FrameLayout role abaixo do componente Toolbar definido em activity_main.xml.

```
 9   <FrameLayout
10      android:id="@+id/fragmentContainer"
11      xmlns:android="http://schemas.android.com/apk/res/android"
12      xmlns:app="http://schemas.android.com/apk/res-auto"
13      xmlns:tools="http://schemas.android.com/tools"
14      android:layout_width="match_parent"
15      android:layout_height="match_parent"
16      android:paddingBottom="@dimen/activity_vertical_margin"
17      android:paddingLeft="@dimen/activity_horizontal_margin"
18      android:paddingRight="@dimen/activity_horizontal_margin"
19      android:paddingTop="@dimen/activity_vertical_margin"
20      app:layout_behavior="@string/appbar_scrolling_view_behavior"
21      tools:context=".MainActivity"/>
```

Figura 9.9 | Arquivo content_main.xml usado em um telefone.

Layout para tablet: content_main.xml para dispositivos grandes

Crie o layout para tablet content_main.xml (como na Seção 4.5.4). Esse layout deve usar um componente LinearLayout horizontal contendo um fragmento chamado ContactsFragment e um elemento FrameLayout vazio, como mostrado na Figura 9.10. Crie o recurso divider_margin (16dp) usado nas linhas 24 e 32. Esse LinearLayout utiliza várias propriedades ainda não discutidas:

- **divider** (linha 9) – Essa propriedade especifica um recurso drawable utilizado para separar itens no LinearLayout. Neste caso, usamos o recurso de tema drawable ?android:listDivider predefinido do Android. A parte ?android: indica que o LinearLayout deve usar o divisor de lista definido no tema atual.

- **showDividers** (linha 15) – Essa propriedade é usada com a propriedade divider para especificar onde os divisores aparecem – neste caso, middle indica que os divisores devem aparecer somente entre os elementos do LinearLayout. Também é possível exibir um divisor antes do primeiro item no layout (beginning) e depois do último item (end), e você pode combinar esses valores usando |.

- **weightSum** (linha 16) – Isso ajuda a alocar o espaço horizontal entre o ContactsFragment e o FrameLayout. Configurar weightSum como 3 e, então, configurar layout_weights de ContactsFragment e FrameLayout como 1 e 2, respectivamente, indica que ContactsFragment deve ocupar um terço da largura do LinearLayout e que FrameLayout deve ocupar os dois terços restantes.

```xml
1   <?xml version="1.0" encoding="utf-8"?>
2   <LinearLayout
3      xmlns:android="http://schemas.android.com/apk/res/android"
4      xmlns:app="http://schemas.android.com/apk/res-auto"
5      xmlns:tools="http://schemas.android.com/tools"
6      android:layout_width="match_parent"
7      android:layout_height="match_parent"
8      android:baselineAligned="false"
9      android:divider="?android:listDivider"
10     android:orientation="horizontal"
11     android:paddingBottom="@dimen/activity_vertical_margin"
12     android:paddingLeft="@dimen/activity_horizontal_margin"
13     android:paddingRight="@dimen/activity_horizontal_margin"
14     android:paddingTop="@dimen/activity_vertical_margin"
15     android:showDividers="middle"
16     android:weightSum="3"
17     app:layout_behavior="@string/appbar_scrolling_view_behavior">
18
19     <fragment
20        android:id="@+id/contactsFragment"
21        android:name="com.deitel.addressbook.ContactsFragment"
22        android:layout_width="0dp"
23        android:layout_height="match_parent"
24        android:layout_marginEnd="@dimen/divider_margin"
25        android:layout_weight="1"
26        tools:layout="@layout/fragment_contacts"/>
27
28     <FrameLayout
29        android:id="@+id/rightPaneContainer"
30        android:layout_width="0dp"
31        android:layout_height="match_parent"
32        android:layout_marginStart="@dimen/divider_margin"
33        android:layout_weight="2"/>
34  </LinearLayout>
```

Figura 9.10 | Arquivo content_main.xml usado em um tablet.

9.4.8 Layout de ContactsFragment

Além de mudar o nome da classe MainActivityFragment para ContactsFragment, mudamos o nome do arquivo de layout correspondente para fragment_contacts.xml. Então, removemos o componente TextView padrão, mudamos o layout padrão de RelativeLayout para FrameLayout e removemos as propriedades de preenchimento do layout. Em seguida, adicionamos uma RecyclerView chamada recyclerView e um FloatingActionButton chamado addButton. O código XML final do layout está mostrado na Figura 9.11. Certifique-se de configurar as propriedades de RecyclerView e de um FloatingActionButton como mostrado.

```xml
1   <FrameLayout
2      xmlns:android="http://schemas.android.com/apk/res/android"
3      android:layout_width="match_parent"
4      android:layout_height="match_parent">
5
6      <android.support.v7.widget.RecyclerView
7         android:id="@+id/recyclerView"
8         android:layout_width="match_parent"
9         android:layout_height="match_parent"/>
```

Figura 9.11 | Layout de fragment_contacts.xml. (Parte 1 de 2)

```
10
11      <android.support.design.widget.FloatingActionButton
12         android:id="@+id/addButton"
13         android:layout_width="wrap_content"
14         android:layout_height="wrap_content"
15         android:layout_gravity="top|end"
16         android:layout_margin="@dimen/fab_margin"
17         android:src="@drawable/ic_add_24dp"/>
18   </FrameLayout>
```

Figura 9.11 | (Parte 2 de 2)

9.4.9 Layout de DetailFragment

Quando o usuário toca em um contato na MainActivity, o aplicativo exibe o fragmento DetailFragment (Figura 9.12). O layout desse fragmento (fragment_details.xml) consiste em um componente ScrollView contendo um elemento GridLayout vertical com duas colunas de componentes TextView. Um **ScrollView** é um componente **ViewGroup** que fornece funcionalidade de rolagem para uma view com conteúdo grande demais para exibir na tela. Usamos um componente ScrollView aqui para garantir que o usuário possa rolar pelos detalhes de um contato caso o dispositivo não tenha espaço vertical suficiente para mostrar todos os componentes TextView da Figura 9.12. Para esse fragmento, criamos um arquivo de recurso de layout fragment_details.xml e especificamos um ScrollView como o elemento raiz (**Root Element**). Depois de criar o arquivo, adicione um GridLayout ao ScrollView.

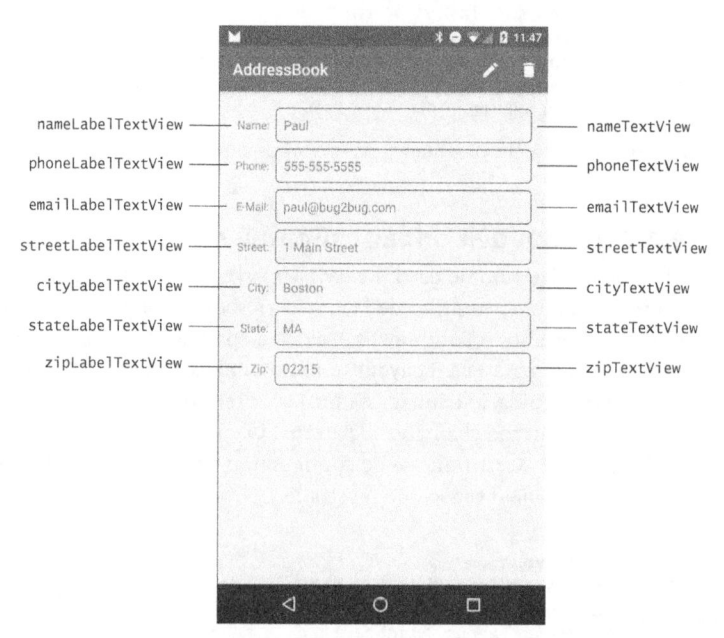

Figura 9.12 | Componentes da interface gráfica do usuário de DetailFragment rotulados com seus valores de propriedade id.

Configurações de `GridLayout`
Para `GridLayout`, configuramos **layout:width** como `match_parent`, **layout:height** como `wrap_content`, **columnCount** como `2` e **useDefaultMargins** como `true`. O valor de **layout:height** permite que o componente `ScrollView` pai determine a altura real do elemento `GridLayout` e decida se vai fornecer rolagem. Adicione componentes `TextView` ao elemento `GridLayout` conforme mostrado na Figura 9.12.

Configurações dos `TextViews` *da coluna da esquerda*
Para cada componente `TextView` na coluna da esquerda, configure sua propriedade **id** conforme especificado na Figura 9.12 e configure:

- **layout:row** com um valor de 0 a 6, dependendo da linha.
- **layout:column** como 0.
- **text** com o recurso de `String` apropriado de `strings.xml`.
- **style** como `@style/ContactLabelTextView` – os recursos de estilo são especificados com a sintaxe `@style/`*nomeDoEstilo*.

Configurações dos `TextViews` *da coluna da direita*
Para cada componente `TextView` na coluna da direita, configure sua propriedade **id** conforme especificado na Figura 9.12 e configure:

- **layout:row** com um valor de 0 a 6, dependendo da linha.
- **layout:column** como 1.
- **style** como `@style/ContactTextView`.

9.4.10 Layout de AddEditFragment

Quando o usuário toca no `FloatingActionButton` ✚ no `ContactsFragment` ou no item editar (✏) da barra de aplicativo no `DetailFragment`, `MainActivity` exibe o fragmento `AddEditFragment` (Figura 9.13) com o layout `fragment_add_edit.xml` com um `FrameLayout` raiz contendo um elemento `ScrollView` e um `FloatingActionButton`. O elemento `ScrollView` contém um `LinearLayout` vertical com sete componentes `TextInputLayout`.

Configurações de `ScrollView`
Para `ScrollView`, configuramos **layout:width** e **layout:height** como `match_parent`.

Configurações de `LinearLayout`
Para `LinearLayout`, configuramos **layout:width** como `match_parent`, **layout:height** como `wrap_content` e **orientation** como `vertical`. Então, adicionamos os sete elementos `TextInputLayout` com as propriedades **id** da Figura 9.13, cada um com **layout:width** configurado como `match_parent` e **layout:height** como `wrap_content`.

Configurações de `EditText`
Colocamos um componente `EditText` em cada `TextInputLayout` e configuramos sua propriedade **hint** com o recurso de `String` apropriado em `strings.xml`. Configuramos também as propriedades **inputType** e **imeOptions** de cada componente `EditText`. Para dispositivos que exibem um teclado virtual, **inputType** especifica o teclado a ser exibido para o componente `EditText` correspondente. Isso nos permite *personalizar o teclado* para o tipo de dados específico que o usuário deve digitar em determinado componente `EditText`. Para exibir um botão próximo ( ) nos teclados virtuais dos componentes

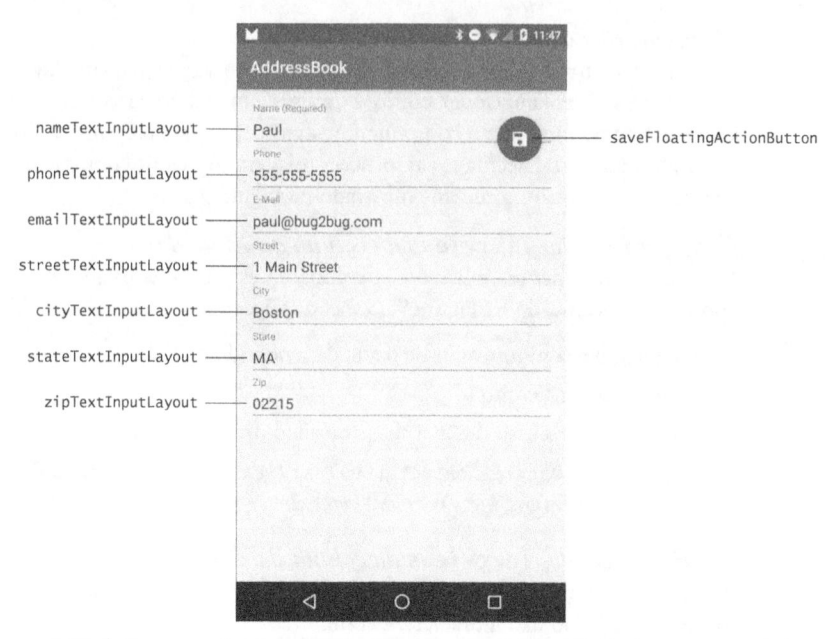

Figura 9.13 | Componentes da interface gráfica do usuário de `AddEditFragment` rotulados com seus valores de propriedade `id`. O componente raiz dessa interface gráfica do usuário é um `ScrollView` que contém um elemento `GridLayout` vertical.

`EditText` em `nameTextInputLayout`, `phoneTextInputLayout`, `emailTextInputLayout`, `streetTextInputLayout`, `cityTextInputLayout` e `stateTextInputLayout`, configuramos a propriedade **imeOptions** como `actionNext`. Quando um desses componentes `EditText` tem o foco, tocar em ⊙ transfere o foco para o próximo componente `EditText` no layout. Se o componente `EditText` de `zipTextInputLayout` tem o foco, você pode ocultar o teclado virtual tocando no botão ⊙ do teclado – para esse componente `EditText`, configure a propriedade **imeOptions** como `actionDone`.

Configure as propriedades **inputType** dos componentes `EditText` para exibir os teclados apropriados, como segue:

- `EditText` de `nameTextInputLayout`: marque `textPersonName` e `textCapWords` – para inserir nomes e iniciar cada palavra com uma letra maiúscula.
- `EditText` de `phoneTextInputLayout`: marque `phone` – para inserir números de telefone.
- `EditText` de `emailTextInputLayout`: marque `textEmailAddress` – para inserir endereços de e-mail.
- `EditText` de `streetTextInputLayout`: marque `textPostalAddress` e `textCapWords` – para inserir um endereço e iniciar cada palavra com uma letra maiúscula.
- `EditText` de `cityTextInputLayout`: marque `textPostalAddress` e `textCapWords`.
- `EditText` de `stateTextInputLayout`: marque `textPostalAddress` e `textCapCharacters` – garante que as abreviaturas de Estado sejam exibidas em letras maiúsculas.
- `EditText` de `zipTextInputLayout`: marque `number` – para inserir números.

9.4.11 Menu de DetailFragment

Quando você criou o projeto, o IDE definiu o recurso de menu menu_main.xml. Neste aplicativo, MainActivity não precisa de um menu; portanto, você pode remover os métodos onCreateOptionsMenu e onOptionsItemSelected de MainActivity e mudar o nome desse recurso de menu para usar no fragmento DetailFragment, o qual exibe itens de menu na barra de aplicativo para edição de um contato existente e exclusão de um contato. Mude o nome do arquivo menu_main.xml para fragment_details_menu.xml e substitua o item de menu **Settings** pelos itens de menu da Figura 9.14. Para o valor de **android:icon** de cada item de menu, especificamos um recurso drawable que você adicionou na Seção 9.4.3.

```
1   <?xml version="1.0" encoding="utf-8"?>
2   <menu xmlns:android="http://schemas.android.com/apk/res/android"
3         xmlns:app="http://schemas.android.com/apk/res-auto">
4
5      <item
6          android:id="@+id/action_edit"
7          android:icon="@drawable/ic_mode_edit_24dp"
8          android:orderInCategory="1"
9          android:title="@string/menuitem_edit"
10         app:showAsAction="always"/>
11
12     <item
13         android:id="@+id/action_delete"
14         android:icon="@drawable/ic_delete_24dp"
15         android:orderInCategory="2"
16         android:title="@string/menuitem_delete"
17         app:showAsAction="always"/>
18  </menu>
```

Figura 9.14 | Arquivo de recursos de menu fragment_details_menu.xml.

9.5 Visão geral das classes deste aplicativo

Este aplicativo é composto de nove classes de dois pacotes. Devido ao tamanho do aplicativo, damos um panorama das classes e suas finalidades aqui.

Pacote com.deitel.addressbook.data

Esse pacote contém as três classes que definem o acesso ao banco de dados SQLite deste aplicativo:

- DatabaseDescription (Seção 9.6) – Esta classe contém campos public static utilizados com o ContentProvider e o ContentResolver do aplicativo. A classe aninhada Contact define campos static para o nome de uma tabela do banco de dados, o Uri usado para acessar essa tabela por meio do ContentProvider e dos nomes das colunas da tabela do banco de dados, e um método static para criar um Uri que faz referência a um contato específico no banco de dados.

- AddressBookDatabaseHelper (Seção 9.7) – Uma subclasse de SQLiteOpenHelper que cria o banco de dados e permite ao AddressBookContentProvider acessá-lo.

- AddressBookContentProvider (Seção 9.8) – Uma subclasse de ContentProvider que define as operações query, insert, update e delete no banco de dados.

Pacote `com.deitel.addressbook`
Este pacote contém as classes que definem a `MainActivity`, os fragmentos e o adaptador deste aplicativo que é usado para exibir o conteúdo do banco de dados em uma `RecyclerView`:

- `MainActivity` (Seção 9.9) – Esta classe gerencia os fragmentos do aplicativo e implementa seus métodos de interface de callback para responder quando um contato é selecionado, um novo contato é adicionado ou um já existente é atualizado ou excluído.
- `ContactsFragment` (Seção 9.10) – Esta classe gerencia a `RecyclerView` da lista de contatos e o `FloatingActionButton` para adicionar contatos. Em um telefone, esse é o primeiro fragmento apresentado pela `MainActivity`. Em um tablet, a `MainActivity` sempre exibe esse fragmento. A interface aninhada de `ContactsFragment` define os métodos de callback implementados por `MainActivity` para que possam responder quando um contato for selecionado ou adicionado.
- `ContactsAdapter` (Seção 9.11) – Esta subclasse de `RecyclerView.Adapter` é usada pela `RecyclerView` de `ContactsFragment` para vincular a lista ordenada de nomes de contato à `RecyclerView`. O adaptador `RecyclerView.Adapter` foi apresentado nas Seções 8.3.4 e 8.6, de modo que para esta classe discutimos apenas as operações específicas de banco de dados.
- `AddEditFragment` (Seção 9.12) – Esta classe gerencia os `TextInputLayout`s e um `FloatingActionButton` para adicionar um novo contato ou editar um já existente. A interface aninhada de `AddEditFragment` define os métodos de callback implementados por `MainActivity` para que possam responder quando um contato novo ou atualizado for salvo.
- `DetailFragment` (Seção 9.13) – Esta classe gerencia os componentes `TextView` estilizados que exibem os detalhes de um contato selecionado e os itens da barra de aplicativo que permitem ao usuário editar ou excluir o contato que está sendo exibido. A interface aninhada de `DetailFragment` define métodos de callback implementados por `MainActivity` para que possam responder quando um contato for excluído ou quando o usuário tocar no item da barra de aplicativo para editar um contato.
- `ItemDivider` – Esta classe define o divisor exibido entre os itens da `RecyclerView` de `ContactsFragment`. Não apresentamos a classe neste capítulo porque é idêntica à que foi apresentada na Seção 8.7.

9.6 Classe `DatabaseDescription`

A classe `DatabaseDescription` contém campos `static` utilizados com o `ContentProvider` e o `ContentResolver` do aplicativo, e uma classe aninhada `Contact` que descreve a única tabela do banco de dados e suas colunas.

9.6.1 Campos `static`

A classe `DatabaseDescription` define dois campos `static` (Figura 9.15; linhas 12 a 17) que, juntos, são usados para definir a **autoridade** do `ContentProvider` – o nome fornecido para um `ContentResolver` para localizar um `ContentProvider`. Normalmente, a autoridade é o nome do pacote da subclasse de `ContentProvider`. Cada `Uri` utilizado para acessar um `ContentProvider` específico começa com "content://", seguido pela autoridade – esse é o `Uri` de base do `ContentProvider`. A linha 17 usa o método parse de `Uri` para criar o `Uri` de base.

```java
1   // DatabaseDescription.java
2   // Descreve o nome da tabela e das colunas para o banco de dados
3   // deste aplicativo e outras informações exigidas pelo ContentProvider
4   package com.deitel.addressbook.data;
5
6   import android.content.ContentUris;
7   import android.net.Uri;
8   import android.provider.BaseColumns;
9
10  public class DatabaseDescription {
11      // nome do ContentProvider: normalmente, o nome do pacote
12      public static final String AUTHORITY =
13         "com.deitel.addressbook.data";
14
15      // URI de base usado para interagir com o ContentProvider
16      private static final Uri BASE_CONTENT_URI =
17         Uri.parse("content://" + AUTHORITY);
18
```

Figura 9.15 | Declaração da classe `DatabaseDescription` e campos static.

9.6.2 Classe aninhada Contact

A classe aninhada `Contact` (Figura 9.16) define o nome da tabela do banco de dados (linha 21), o `Uri` da tabela para acessá-la por meio do `ContentProvider` (linhas 24 e 25) e os nomes das colunas da tabela (linhas 28 a 34). O nome da tabela e os nomes das colunas serão usados pela classe `AddressBookDatabaseHelper` (Seção 9.7) para criar o banco de dados. O método `buildContactUri` cria um `Uri` para um contato específico na tabela do banco de dados (linhas 37 a 39). A classe `ContentUris` (pacote `android.content`) contém métodos utilitários estáticos para manipular `Uris` "content://". O método `withAppendedId` anexa uma barra normal (/) e um identificador de registro ao final do `Uri` em seu primeiro argumento. Para toda tabela de banco de dados, você normalmente teria uma classe semelhante a `Contact`.

```java
19     // a classe aninhada define o conteúdo da tabela de contatos
20     public static final class Contact implements BaseColumns {
21         public static final String TABLE_NAME = "contacts"; // nome da tabela
22
23         // Uri para a tabela de contatos
24         public static final Uri CONTENT_URI =
25            BASE_CONTENT_URI.buildUpon().appendPath(TABLE_NAME).build();
26
27         // nomes para as colunas da tabela de contatos
28         public static final String COLUMN_NAME = "name";
29         public static final String COLUMN_PHONE = "phone";
30         public static final String COLUMN_EMAIL = "email";
31         public static final String COLUMN_STREET = "street";
32         public static final String COLUMN_CITY = "city";
33         public static final String COLUMN_STATE = "state";
34         public static final String COLUMN_ZIP = "zip";
35
```

Figura 9.16 | Classe aninhada `Contact` de `DatabaseDescription`. (Parte 1 de 2)

```
36        // cria um Uri para um contato específico
37        public static Uri buildContactUri(long id) {
38           return ContentUris.withAppendedId(CONTENT_URI, id);
39        }
40     }
41  }
```

Figura 9.16 | (Parte 2 de 2)

Em uma tabela de banco de dados, cada linha normalmente tem uma chave primária que a identifica exclusivamente. Ao trabalhar com componentes ListView e Cursor, o nome dessa coluna deve ser "_id" – o Android também usa isso para a coluna de identificação nas tabelas do banco de dados SQLite. Esse nome não é obrigatório para RecyclerViews, mas o utilizamos aqui devido às semelhanças entre ListViews e RecyclerViews, e porque estamos usando objetos Cursor e um banco de dados SQLite. Em vez de definirmos essa constante diretamente na classe Contact, implementamos a interface BaseColumns (pacote android.provider; linha 20), a qual define a constante _ID com o valor "_id".

9.7 Classe AddressBookDatabaseHelper

A classe AddressBookDatabaseHelper (Figura 9.17) estende a classe abstrata SQLiteOpenHelper, a qual ajuda os aplicativos a criar bancos de dados e a gerenciar mudanças de versão.

```
1   // AddressBookDatabaseHelper.java
2   // Subclasse de SQLiteOpenHelper que define o banco de dados do aplicativo
3   package com.deitel.addressbook.data;
4
5   import android.content.Context;
6   import android.database.sqlite.SQLiteDatabase;
7   import android.database.sqlite.SQLiteOpenHelper;
8
9   import com.deitel.addressbook.data.DatabaseDescription.Contact;
10
11  class AddressBookDatabaseHelper extends SQLiteOpenHelper {
12     private static final String DATABASE_NAME = "AddressBook.db";
13     private static final int DATABASE_VERSION = 1;
14
15     // construtor
16     public AddressBookDatabaseHelper(Context context) {
17        super(context, DATABASE_NAME, null, DATABASE_VERSION);
18     }
19
20     // cria a tabela de contatos quando o banco de dados é gerado
21     @Override
22     public void onCreate(SQLiteDatabase db) {
23        // SQL para criar a tabela de contatos
24        final String CREATE_CONTACTS_TABLE =
25           "CREATE TABLE " + Contact.TABLE_NAME + "(" +
26           Contact._ID + " integer primary key, " +
27           Contact.COLUMN_NAME + " TEXT, " +
28           Contact.COLUMN_PHONE + " TEXT, " +
```

Figura 9.17 | A subclasse AddressBookDatabaseHelper de SQLiteOpenHelper define o banco de dados do aplicativo. (Parte 1 de 2)

```
29                  Contact.COLUMN_EMAIL + " TEXT, " +
30                  Contact.COLUMN_STREET + " TEXT, " +
31                  Contact.COLUMN_CITY + " TEXT, " +
32                  Contact.COLUMN_STATE + " TEXT, " +
33                  Contact.COLUMN_ZIP + " TEXT);";
34         db.execSQL(CREATE_CONTACTS_TABLE); // cria a tabela de contatos
35      }
36
37      // normalmente, define como atualizar o banco de dados quando o esquema muda
38      @Override
39      public void onUpgrade(SQLiteDatabase db, int oldVersion,
40         int newVersion) { }
41   }
```

Figura 9.17 | (Parte 2 de 2)

Construtor

O construtor (linhas 16 a 18) simplesmente chama o construtor da superclasse, o qual exige quatro argumentos:

- o objeto `Context`, no qual o banco de dados está sendo criado ou aberto;
- o nome do banco de dados – pode ser `null`, caso você queira usar um banco de dados em memória;
- o objeto `CursorFactory` a ser usado – `null` indica que você quer usar o `CursorFactory` padrão do SQLite (normalmente usado para a maioria dos aplicativos); e
- o número da versão do banco de dados (começando com 1).

Métodos sobrescritos

Você deve sobrescrever os métodos abstratos `onCreate` e `onUpgrade` dessa classe. Se o banco de dados ainda não existir, o **método onCreate** de `DatabaseOpenHelper` vai ser chamado para criá-lo. Se você fornecer um número de versão mais recente que a versão do banco de dados que está armazenada no dispositivo, o **método onUpgrade** de `DatabaseOpenHelper` vai ser chamado para migrar o banco de dados para a nova versão (talvez para adicionar tabelas ou para adicionar colunas em uma tabela já existente).

O método `onCreate` (linhas 22 a 35) especifica a tabela a ser criada com o comando SQL `CREATE TABLE`, definido como uma `String` (linhas 24 a 33) construída com constantes da classe `Contact` (Seção 9.6.2). Neste caso, a tabela de contatos contém um campo de chave primária inteiro (`Contact._id`) e campos de texto para todas as outras colunas. A linha 34 usa o método `execSQL` de `SQLiteDatabase` para executar o comando `CREATE TABLE`.

Como não precisamos migrar o banco de dados, simplesmente sobrescrevemos o método `onUpgrade` com um corpo vazio. A classe `SQLiteOpenHelper` também fornece o **método onDowngrade**, que pode ser usado para rebaixar um banco de dados quando a versão correntemente armazenada tem um número mais alto que o solicitado na chamada do construtor da classe `SQLiteOpenHelper`. O rebaixamento pode ser usado para reverter o banco de dados para uma versão anterior, com menos colunas em uma tabela ou menos tabelas no banco de dados – talvez para corrigir um erro no aplicativo.

9.8 Classe AddressBookContentProvider

A subclasse `AddressBookContentProvider` de `ContentProvider` define como efetuar as operações `query`, `insert`, `update` e `delete` no banco de dados deste aplicativo.

> **Dica para evitar erros 9.1**
> *ContentProviders podem ser ativados a partir de várias threads em apenas um e em vários processos; portanto, é importante observar que ContentProviders não fornecem sincronização por padrão. Contudo, o SQLite sincroniza o acesso ao banco de dados; sendo assim, neste aplicativo é desnecessário fornecer seus próprios mecanismos de sincronização.*

9.8.1 Campos de AddressBookContentProvider

A classe `AddressBookContentProvider` (Figura 9.18) define vários campos:

- A variável de instância `dbHelper` (linha 17) é uma referência para um objeto `AddressBookDatabaseHelper` que cria o banco de dados e permite que esse `ContentProvider` obtenha acesso de leitura e escrita no banco de dados.

- A variável de classe `uriMatcher` (linhas 20 e 21) é um objeto da classe `UriMatcher` (pacote `android.content`). Um `ContentProvider` utiliza um `UriMatcher` para ajudar a determinar a operação a ser efetuada em seus métodos `query`, `insert`, `update` e `delete`.

- O `UriMatcher` retorna as constantes inteiras `ONE_CONTACT` e `CONTACTS` (linhas 24 e 25) – o `ContentProvider` usa essas constantes em instruções `switch` nos métodos `query`, `insert`, `update` e `delete`.

```
 1  // AddressBookContentProvider.java
 2  // Subclasse de ContentProvider para manipular o banco de dados do aplicativo
 3  package com.deitel.addressbook.data;
 4
 5  import android.content.ContentProvider;
 6  import android.content.ContentValues;
 7  import android.content.UriMatcher;
 8  import android.database.Cursor;
 9  import android.database.SQLException;
10  import android.database.sqlite.SQLiteQueryBuilder;
11  import android.net.Uri;
12
13  import com.deitel.addressbook.data.DatabaseDescription.Contact;
14
15  public class AddressBookContentProvider extends ContentProvider {
16     // usado para acessar o banco de dados
17     private AddressBookDatabaseHelper dbHelper;
18
19     // UriMatcher ajuda o ContentProvider a determinar a operação a executar
20     private static final UriMatcher uriMatcher =
21        new UriMatcher(UriMatcher.NO_MATCH);
22
23     // constantes usadas com UriMatcher para determinar a operação a executar
24     private static final int ONE_CONTACT = 1; // manipula um contato
25     private static final int CONTACTS = 2; // manipula a tabela de contatos
```

Figura 9.18 | Campos de AddressBookContentProvider. (Parte 1 de 2)

```
26
27     // bloco estático para configurar o UriMatcher desse ContentProvider
28     static {
29        // Uri para o contato com o identificador especificado (#)
30        uriMatcher.addURI(DatabaseDescription.AUTHORITY,
31           Contact.TABLE_NAME + "/#", ONE_CONTACT);
32
33        // Uri para a tabela de contatos
34        uriMatcher.addURI(DatabaseDescription.AUTHORITY,
35           Contact.TABLE_NAME, CONTACTS);
36     }
37
```

Figura 9.18 | (Parte 2 de 2)

As linhas 28 a 36 definem bloco estático que adiciona Uris a static UriMatcher – esse bloco executa uma vez quando a classe AddressBookContentProvider é carregada na memória. O método addUri de UriMatcher recebe três argumentos:

- uma String representando a autoridade do ContentProvider (neste aplicativo, DatabaseDescription.AUTHORITY);
- uma String representando um caminho – cada Uri usado para ativar o ContentProvider contém "content://", seguido da autoridade e de um caminho utilizado pelo ContentProvider para determinar a tarefa a executar;
- um código int retornado pelo UriMatcher quando um Uri fornecido ao ContentProvider corresponde a um Uri armazenado no UriMatcher.

As linhas 30 e 31 adicionam um Uri da forma

content://com.deitel.addressbook.data/contacts/#

onde # é um **curinga** que corresponde a uma string de caracteres numéricos – neste caso, o valor de chave primária exclusivo para um contato na tabela de contatos. Há também um curinga *, que corresponde a qualquer número de caracteres. Quando um Uri corresponde a esse formato, o UriMatcher retorna a constante ONE_CONTACT.

As linhas 34 e 35 adicionam um Uri da forma

content://com.deitel.addressbook.data/contacts

que representa a tabela de contatos inteira. Quando um Uri corresponde a esse formato, o UriMatcher retorna a constante CONTACTS. À medida que discutirmos o restante da classe AddressBookContentProvider, você vai ver como o UriMatcher e as constantes ONE_CONTACT e CONTACTS são usados.

9.8.2 Métodos sobrescritos onCreate e getType

Conforme vamos ver, você usa um ContentResolver para ativar os métodos de um ContentProvider. Quando o Android recebe uma solicitação de um ContentResolver, cria automaticamente o objeto ContentProvider correspondente – ou utiliza um existente, se já foi criado. Quando um ContentProvider é criado, o Android chama seu método **onCreate** para configurar o ContentProvider (Figura 9.19, linhas 39 a 44). A linha 42 cria o objeto AddressBookDatabaseHelper que permite ao provedor acessar o banco de dados. Na primeira vez que o provedor for ativado para escrever no banco de dados, o método `onCreate` do objeto `AddressBookDatabaseHelper` será chamado para criar o banco de dados (Figura 9.17, linhas 22 a 35).

```
38     // chamado quando o AddressBookContentProvider é criado
39     @Override
40     public boolean onCreate() {
41        // cria o AddressBookDatabaseHelper
42        dbHelper = new AddressBookDatabaseHelper(getContext());
43        return true; // êxito ao criar ContentProvider
44     }
45
46     // método obrigatório: não usado neste aplicativo; portanto, retornamos null
47     @Override
48     public String getType(Uri uri) {
49        return null;
50     }
51
```

Figura 9.19 | Métodos sobrescritos `onCreate` e `getType` de `ContentProvider`.

O método **getType** (Figura 9.19, linhas 47 a 50) é um método obrigatório de `ContentProvider` que simplesmente retorna `null` neste aplicativo. Normalmente, esse método é usado ao criar e iniciar objetos `Intent` para `Uris` com tipos MIME específicos. O Android pode usar tipos MIME a fim de determinar as atividades adequadas para manipular objetos `Intent`.

9.8.3 Método sobrescrito query

O método sobrescrito **query** de `ContentProvider` (Figura 9.20) recupera dados da fonte de dados do provedor – neste caso, o banco de dados. O método retorna um `Cursor`, usado para interagir com os resultados. O método `query` recebe cinco argumentos:

- `uri` – Um `Uri` representando os dados a recuperar.
- `projection` – Um array de `Strings` representando as colunas específicas a recuperar. Se esse argumento for `null`, todas as colunas serão incluídas no resultado.
- `selection` – Uma `String` contendo os critérios de seleção. Essa é a cláusula WHERE da linguagem SQL, especificada *sem* a palavra-chave WHERE. Se esse argumento for `null`, todas as linhas serão incluídas no resultado.
- `selectionArgs` – Um array de `Strings` contendo os argumentos usados para substituir quaisquer espaços reservados para argumentos (?) na `String` `selection`.
- `sortOrder` – Uma `String` representando a ordem de classificação. Essa é a cláusula ORDER BY da linguagem SQL, especificada *sem* as palavras-chave ORDER BY. Se esse argumento é `null`, o provedor determina essa ordem de classificação – a ordem na qual os resultados são retornados para o aplicativo não é garantida, a não ser que você forneça uma ordem apropriada.

SQLiteQueryBuilder
A linha 58 cria um `SQLiteQueryBuilder` (pacote `android.database.sqlite`) para construir consultas SQL que são submetidas a um banco de dados SQLite. A linha 59 usa o método `setTables` para especificar que a consulta selecionará dados da tabela contacts

```
52      // consulta o banco de dados
53      @Override
54      public Cursor query(Uri uri, String[] projection,
55         String selection, String[] selectionArgs, String sortOrder) {
56
57         // cria SQLiteQueryBuilder para consultar a tabela de contatos
58         SQLiteQueryBuilder queryBuilder = new SQLiteQueryBuilder();
59         queryBuilder.setTables(Contact.TABLE_NAME);
60
61         switch (uriMatcher.match(uri)) {
62            case ONE_CONTACT: // o contato com o identificador especificado será
                                  selecionado
63               queryBuilder.appendWhere(
64                  Contact._ID + "=" + uri.getLastPathSegment());
65               break;
66            case CONTACTS: // todos os contatos serão selecionados
67               break;
68            default:
69               throw new UnsupportedOperationException(
70                  getContext().getString(R.string.invalid_query_uri) + uri);
71         }
72
73         // executa a consulta para selecionar um ou todos os contatos
74         Cursor cursor = queryBuilder.query(dbHelper.getReadableDatabase(),
75            projection, selection, selectionArgs, null, null, sortOrder);
76
77         // configura para observar mudanças no conteúdo
78         cursor.setNotificationUri(getContext().getContentResolver(), uri);
79         return cursor;
80      }
81
```

Figura 9.20 | Método sobrescrito query de ContentProvider.

do banco de dados. O argumento String desse método pode ser usado para efetuar operações de junção de tabelas, especificando várias tabelas em uma lista separada por vírgulas ou como uma cláusula JOIN apropriada em SQL.

Uso de UriMatcher para determinar a operação a executar

Neste aplicativo existem duas consultas:

- selecionar um contato específico do banco de dados para exibir ou editar seus detalhes; e
- selecionar todos os contatos do banco de dados para exibir seus nomes na RecyclerView de ContactsFragment.

As linhas 61 a 71 usam o método **match** de UriMatcher para determinar a operação de consulta a executar. Esse método retorna uma das constantes registradas em UriMatcher (Seção 9.8.1). Se a constante retornada é ONE_CONTACT, apenas o contato com o identificador especificado no Uri deve ser selecionado. Nesse caso, as linhas 63 e 64 usam o método **appendWhere** de SQLiteQueryBuilder para adicionar à consulta uma cláusula WHERE contendo o identificador do contato. O método **getLastPathSegment** de Uri retorna o último segmento no Uri — por exemplo, o identificador de contato 5 no Uri a seguir

```
content://com.deitel.addressbook.data/contacts/5
```

Se a constante retornada é CONTACTS, a instrução switch termina sem adicionar nada à consulta – nesse caso, todos os contatos serão selecionados, pois não há cláusula WHERE. Para qualquer Uri que não seja uma correspondência, as linhas 69 e 70 lançam uma UnsupportedOperationException indicando que o Uri era inválido.

Consulta ao banco de dados

As linhas 74 e 75 usam o método **query** de SQLiteQueryBuilder para fazer a consulta ao banco de dados e obter um Cursor representando os resultados. Os argumentos do método são semelhantes àqueles recebidos pelo método query do ContentProvider:

- Um SQLiteDatabase para consultar – o método **getReadableDatabase** de AddressBookDatabaseHelper retorna um objeto SQLiteDatabase somente leitura.
- projection – Um array de Strings representando as colunas específicas a recuperar. Se esse argumento for null, todas as colunas serão incluídas no resultado.
- selection – Uma String contendo os critérios de seleção. Essa é a cláusula WHERE da linguagem SQL, especificada *sem* a palavra-chave WHERE. Se esse argumento for null, todas as linhas serão incluídas no resultado.
- selectionArgs – Um array de Strings contendo os argumentos usados para substituir quaisquer espaços reservados para argumentos (?) na String selection.
- groupBy – Uma String contendo os critérios de agrupamento. Essa é a cláusula GROUP BY da linguagem SQL, especificada *sem* as palavras-chave GROUP BY. Se esse argumento é null, nenhum agrupamento é feito.
- having – Ao se usar groupBy, este argumento é uma String indicando os grupos a serem incluídos nos resultados. Essa é a cláusula HAVING da linguagem SQL, especificada *sem* a palavra-chave HAVING. Se esse argumento for null, todos os grupos especificados pelo argumento groupBy serão incluídos nos resultados.
- sortOrder – Uma String representando a ordem de classificação. Essa é a cláusula ORDER BY da linguagem SQL, especificada *sem* as palavras-chave ORDER BY. Se esse argumento é null, o provedor determina essa ordem de classificação.

Registro do *Cursor* para observar mudanças de conteúdo

A linha 78 chama o método **setNotificationUri** de Cursor para indicar que o Cursor deve ser atualizado caso os dados a que faz referência mudem. Esse primeiro argumento é o ContentResolver que ativou o ContentProvider, e o segundo é o Uri usado para ativar o ContentProvider. A linha 79 retorna o Cursor contendo os resultados da consulta.

9.8.4 Método sobrescrito `insert`

O método sobrescrito **insert** de ContentProvider (Figura 9.21) adiciona um novo registro à tabela contacts. O método insert recebe dois argumentos:

- uri – Um Uri representando a tabela na qual os dados vão ser inseridos.
- values – Um objeto **ContentValues** contendo pares chave–valor nos quais os nomes de coluna são as chaves e o valor de cada chave é o dado a ser inserido nessa coluna.

As linhas 87 a 108 verificam se o Uri é para a tabela contacts – se não for, o Uri é inválido para a operação insert e as linhas 106 e 107 lançam uma UnsupportedOpe-

```
82    // insere um novo contato no banco de dados
83    @Override
84    public Uri insert(Uri uri, ContentValues values) {
85       Uri newContactUri = null;
86
87       switch (uriMatcher.match(uri)) {
88          case CONTACTS:
89             // insere o novo contato -- sucesso gera o identificador de linha do
                  novo contato
90             long rowId = dbHelper.getWritableDatabase().insert(
91                Contact.TABLE_NAME, null, values);
92
93             // se o contato foi inserido, cria um Uri apropriado;
94             // caso contrário, lança uma exceção
95             if (rowId > 0) { // os identificadores de linha do SQLite começam com 1
96                newContactUri = Contact.buildContactUri(rowId);
97
98                // notifica os observadores de que o banco de dados mudou
99                getContext().getContentResolver().notifyChange(uri, null);
100            }
101            else
102               throw new SQLException(
103                  getContext().getString(R.string.insert_failed) + uri);
104            break;
105         default:
106            throw new UnsupportedOperationException(
107               getContext().getString(R.string.invalid_insert_uri) + uri);
108      }
109
110      return newContactUri;
111   }
112
```

Figura 9.21 | Método sobrescrito `insert` de `ContentProvider`.

rationException. Se o Uri representa uma correspondência, as linhas 90 e 91 inserem o novo contato no banco de dados. Primeiramente, usamos o método getWritableDatabase de **AddressBookDatabaseHelper** a fim de obtermos um SQLiteDatabaseObject para modificar dados no banco de dados.

O método insert de SQLiteDatabase (linha 90 e 91) insere os valores do objeto ContentValues do terceiro argumento na tabela especificada como primeiro argumento – a tabela contacts, neste caso. O segundo parâmetro desse método, que não é utilizado neste aplicativo, é chamado nullColumnHack e é necessário porque *o SQLite não aceita a inserção de uma linha completamente vazia em uma tabela* – isso seria equivalente a passar um objeto ContentValues vazio para insert. Em vez de tornar inválido passar ContentValues vazio para o método, o parâmetro nullColumnHack é usado para identificar uma coluna que aceite valores NULL.

Se a operação de inserção for bem-sucedida, o método insert retornará o identificador exclusivo do novo contato; caso contrário, retornará -1. A linha 95 verifica se rowID é maior que 0 (no SQLite, as linhas são indexadas a partir de 1). Em caso positivo, a linha 96 cria um Uri representando o novo contato e a linha 99 notifica o ContentResolver de que o banco de dados mudou, para que o código cliente de ContentResolver possa responder às alterações feitas no banco de dados. Se rowID não é maior que 0, a operação no banco de dados falhou, e as linhas 102 e 103 lançam uma SQLException.

9.8.5 Método sobrescrito update

O método sobrescrito update de ContentProvider (Figura 9.22) atualiza um registro existente. O método update recebe quatro argumentos:

- uri – Um Uri representando as linhas a atualizar.
- values – Um objeto ContentValues contendo as colunas a atualizar e seus valores correspondentes.
- selection – Uma String contendo os critérios de seleção. Essa é a cláusula WHERE da linguagem SQL, especificada *sem* a palavra-chave WHERE. Se esse argumento for null, todas as linhas serão incluídas no resultado.
- selectionArgs – Um array de Strings contendo os argumentos usados para substituir quaisquer espaços reservados para argumentos (?) na String selection.

```
113    // atualiza um contato existente no banco de dados
114    @Override
115    public int update(Uri uri, ContentValues values,
116       String selection, String[] selectionArgs) {
117       int numberOfRowsUpdated; // 1 se a atualização teve êxito; 0, caso contrário
118
119       switch (uriMatcher.match(uri)) {
120          case ONE_CONTACT:
121             // obtém do uri o identificador do contato a atualizar
122             String id = uri.getLastPathSegment();
123
124             // atualiza o contato
125             numberOfRowsUpdated = dbHelper.getWritableDatabase().update(
126                Contact.TABLE_NAME, values, Contact._ID + "=" + id,
127                selectionArgs);
128             break;
129          default:
130             throw new UnsupportedOperationException(
131                getContext().getString(R.string.invalid_update_uri) + uri);
132       }
133
134       // se foram feitas alterações, notifica os observadores de que o banco de dados mudou
135       if (numberOfRowsUpdated != 0) {
136          getContext().getContentResolver().notifyChange(uri, null);
137       }
138
139       return numberOfRowsUpdated;
140    }
141
```

Figura 9.22 | Método sobrescrito update de ContentProvider.

Neste aplicativo, as atualizações são feitas apenas em um contato específico; portanto, as linhas 119 a 132 verificam somente por um Uri do tipo ONE_CONTACT. A linha 122 obtém o último segmento de caminho do argumento do Uri, o qual é o identificador exclusivo do contato. As linhas 125 a 127 obtêm um objeto SQLiteDatabase gravável e, então, chamam seu **método update** para atualizar o contato especificado com os valores do argumento de ContentValues. Os argumentos do método update são:

- a `String` do nome da tabela a atualizar;
- o objeto `ContentValues` contendo as colunas a atualizar e seus novos valores;
- a `String` representando a cláusula `WHERE` da linguagem SQL que especifica as linhas a atualizar;
- um array de `Strings` contendo os argumentos que devem substituir os espaços reservados ? na cláusula `WHERE`.

Se a operação é bem-sucedida, o método `update` retorna um inteiro indicando o número de linhas modificadas; caso contrário, `update` retorna 0. A linha 136 notifica o `ContentResolver` de que o banco de dados mudou, para que o código cliente de `ContentResolver` possa responder às alterações. A linha 139 retorna o número de linhas modificadas.

9.8.6 Método sobrescrito `delete`

O método sobrescrito `delete` de `ContentProvider` (Figura 9.23) remove um registro existente. O método `delete` recebe três argumentos:

- `uri` – Um `Uri` representando a linha (ou linhas) a excluir.
- `selection` – Uma `String` contendo a cláusula `WHERE` que especifica as linhas a excluir.
- `selectionArgs` – Um array de `Strings` contendo os argumentos usados para substituir quaisquer espaços reservados para argumentos (?) na `String` `selection`.

```
142    // exclui um contato existente do banco de dados
143    @Override
144    public int delete(Uri uri, String selection, String[] selectionArgs) {
145       int numberOfRowsDeleted;
146
147       switch (uriMatcher.match(uri)) {
148          case ONE_CONTACT:
149             // obtém do uri o identificador do contato a atualizar
150             String id = uri.getLastPathSegment();
151
152             // exclui o contato
153             numberOfRowsDeleted = dbHelper.getWritableDatabase().delete(
154                Contact.TABLE_NAME, Contact._ID + "=" + id, selectionArgs);
155             break;
156          default:
157             throw new UnsupportedOperationException(
158                getContext().getString(R.string.invalid_delete_uri) + uri);
159       }
160
161       // notifica os observadores de que o banco de dados mudou
162       if (numberOfRowsDeleted != 0) {
163          getContext().getContentResolver().notifyChange(uri, null);
164       }
165
166       return numberOfRowsDeleted;
167    }
168 }
```

Figura 9.23 | Método sobrescrito `delete` de `ContentProvider`.

Neste aplicativo, as exclusões são feitas apenas em um contato específico, de modo que as linhas 147 a 159 procuram por um `Uri` do tipo `ONE_CONTACT` – qualquer outro `Uri` representa uma operação não suportada. A linha 150 obtém o último segmento de caminho do argumento do `Uri`, o qual é o identificador exclusivo do contato. As linhas 153 e 154 obtêm um objeto `SQLiteDatabase` gravável e, então, chamam seu **método delete** para remover o contato especificado. Os três argumentos são: a tabela do banco de dados da qual o registro vai ser excluído, a cláusula `WHERE` e, se essa cláusula tiver argumentos, um array de `Strings` dos valores a serem substituídos na cláusula `WHERE`. O método retorna o número de linhas excluídas. A linha 163 notifica o `ContentResolver` de que o banco de dados mudou, para que o código cliente de `ContentResolver` possa responder às alterações. A linha 166 retorna o número de linhas excluídas.

9.9 Classe `MainActivity`

A classe `MainActivity` gerencia os fragmentos do aplicativo e coordena as interações entre eles. Em telefones, `MainActivity` exibe um fragmento por vez, começando com `ContactsFragment`. Em tablets, `MainActivity` sempre exibe `ContactsFragment` à esquerda do layout e, dependendo do contexto, exibe `DetailFragment` ou `AddEditFragment` nos dois terços à direita do layout.

9.9.1 Superclasse, interfaces implementadas e campos

A classe `MainActivity` (Figura 9.24) usa a classe `FragmentTransaction` da biblioteca de suporte v4 para adicionar e remover os fragmentos do aplicativo. `MainActivity` implementa três interfaces:

- `ContactsFragment.ContactsFragmentListener` (Seção 9.10.2) contém métodos de callback utilizados por `ContactsFragment` para informar a `MainActivity` quando o usuário seleciona um contato na lista de contatos ou adiciona um novo contato.

- `DetailFragment.DetailFragmentListener` (Seção 9.13.2) contém métodos de callback utilizados por `DetailFragment` para informar a `MainActivity` quando o usuário exclui um contato ou deseja editar um contato já existente.

- `AddEditFragment.AddEditFragmentListener` (Seção 9.12.2) contém um método de callback utilizado por `AddEditFragment` para informar a `MainActivity` quando o usuário salva um novo contato ou salva alterações em um contato já existente.

A constante `CONTACT_URI` (linha 17) é usada como chave em um par chave-valor que é passado entre `MainActivity` e seus fragmentos. A variável de instância `ContactsFragment` (linha 19) é usada para avisar a `ContactsFragment` que atualize a lista de contatos exibida, após um contato ser adicionado ou excluído.

```
1   // MainActivity.java
2   // Contém os fragmentos do aplicativo e manipula a comunicação entre eles
3   package com.deitel.addressbook;
4
5   import android.net.Uri;
6   import android.os.Bundle;
7   import android.support.v4.app.FragmentTransaction;
```

Figura 9.24 | Superclasse, interfaces implementadas e campos de `MainActivity`. (Parte I de 2)

```
 8   import android.support.v7.app.AppCompatActivity;
 9   import android.support.v7.widget.Toolbar;
10
11   public class MainActivity extends AppCompatActivity
12      implements ContactsFragment.ContactsFragmentListener,
13      DetailFragment.DetailFragmentListener,
14      AddEditFragment.AddEditFragmentListener {
15
16      // chave para armazenar o Uri de um contato em um Bundle passado para um
               fragmento
17      public static final String CONTACT_URI = "contact_uri";
18
19      private ContactsFragment contactsFragment; // exibe a lista de contatos
20
```

Figura 9.24 | (Parte 2 de 2)

9.9.2 Método sobrescrito onCreate

O método onCreate de Activity (Figura 9.25) infla a interface gráfica do usuário de MainActivity e, se o aplicativo estiver sendo executado em um dispositivo do tamanho de um telefone, cria e exibe um fragmento ContactsFragment. Se a atividade está sendo restaurada depois de ser desligada ou recriada a partir de uma mudança de configuração, savedInstanceState não será null. Nesse caso, as linhas 43 a 45 simplesmente obtêm uma referência para o fragmento ContactsFragment existente – em um telefone, ele seria salvo pelo Android e, em um tablet, faz parte do layout de MainActivity que foi inflado na linha 25.

```
21      // exibe ContactsFragment quando MainActivity é carregada
22      @Override
23      protected void onCreate(Bundle savedInstanceState) {
24         super.onCreate(savedInstanceState);
25         setContentView(R.layout.activity_main);
26         Toolbar toolbar = (Toolbar) findViewById(R.id.toolbar);
27         setSupportActionBar(toolbar);
28
29         // se o layout contém fragmentContainer, o layout de telefone está em uso;
30         // cria e exibe um ContactsFragment
31         if (savedInstanceState == null &&
32            findViewById(R.id.fragmentContainer) != null) {
33            // cria ContactsFragment
34            contactsFragment = new ContactsFragment();
35
36            // adiciona o fragmento a FrameLayout
37            FragmentTransaction transaction =
38               getSupportFragmentManager().beginTransaction();
39            transaction.add(R.id.fragmentContainer, contactsFragment);
40            transaction.commit(); // exibe ContactsFragment
41         }
42         else {
43            contactsFragment =
44               (ContactsFragment) getSupportFragmentManager().
45                  findFragmentById(R.id.contactsFragment);
46         }
47      }
48
```

Figura 9.25 | Método sobrescrito onCreate de Activity.

Se R.id.fragmentContainer existe no layout de MainActivity (linha 32), então o aplicativo está sendo executado em um telefone. Nesse caso, a linha 34 cria o fragmento ContactsFragment e, então, as linhas 37 a 40 usam um objeto FragmentTransaction para adicionar ContactsFragment à interface do usuário. As linhas 37 e 38 chamam o método **beginTransaction** de FragmentManager para obter um objeto FragmentTransaction. Em seguida, a linha 39 chama o método **add** de FragmentTransaction para especificar que, quando a transação terminar, ContactsFragment deve ser anexado à View com o identificador especificado como primeiro argumento. Por fim, a linha 40 usa o método **commit** de FragmentTransaction para finalizar a transação e exibir o fragmento ContactsFragment.

9.9.3 Métodos de ContactsFragment.ContactsFragmentListener

A Figura 9.26 contém as implementações de MainActivity dos métodos de callback na interface ContactsFragment.ContactsFragmentListener. O método onContactSelected (linhas 50 a 60) é chamado por ContactsFragment para notificar a MainActivity quando o usuário seleciona um contato para exibir. Se o aplicativo está sendo executado em um telefone (linha 52), a linha 53 chama o método displayContact (Seção 9.9.4), o qual substitui o fragmento ContactsFragment do elemento fragmentContainer (definido na Seção 9.4.7) pelo fragmento DetailFragment que mostra as informações do contato. Em um tablet, a linha 56 chama o método **popBackStack** de FragmentManager para *desempilhar* (remover) o fragmento superior da pilha de retrocesso (se houver um) e, então, a linha 58 chama displayContact, que substitui o conteúdo de rightPaneContainer (definido na Seção 9.4.7) pelo fragmento DetailFragment que mostra as informações do contato.

```
49      // exibe DetailFragment para o contato selecionado
50      @Override
51      public void onContactSelected(Uri contactUri) {
52         if (findViewById(R.id.fragmentContainer) != null) // telefone
53            displayContact(contactUri, R.id.fragmentContainer);
54         else { // tablet
55            // remove o topo da pilha de retrocesso
56            getSupportFragmentManager().popBackStack();
57
58            displayContact(contactUri, R.id.rightPaneContainer);
59         }
60      }
61
62      // exibe o fragmento AddEditFragment para adicionar um novo contato
63      @Override
64      public void onAddContact() {
65         if (findViewById(R.id.fragmentContainer) != null) // telefone
66            displayAddEditFragment(R.id.fragmentContainer, null);
67         else // tablet
68            displayAddEditFragment(R.id.rightPaneContainer, null);
69      }
70
```

Figura 9.26 | Métodos de ContactsFragment.ContactsFragmentListener.

O método onAddContact (linhas 63 a 69) é chamado pelo ContactsFragment para notificar a MainActivity quando o usuário opta por adicionar um novo contato. Se o layout contém o objeto fragmentContainer, a linha 66 chama displayAddEditFragment (Seção 9.9.5) para exibir o fragmento AddEditFragment no elemento fragmentContainer; caso contrário, a linha 68 exibe o fragmento no elemento rightPaneContainer. O segundo argumento de displayAddEditFragment é um objeto Bundle utilizado por AddEditFragment para determinar se um novo contato está sendo adicionado ou se um contato já existente está sendo editado – null indica que um novo contato está sendo adicionado; caso contrário, o objeto Bundle inclui o Uri do contato existente.

9.9.4 Método displayContact

O método displayContact (Figura 9.27) cria o DetailFragment que exibe o contato selecionado. Você pode passar argumentos para um fragmento colocando-os em um objeto Bundle de pares chave-valor – fazemos isso para passar o Uri do contato selecionado, a fim de que o componente DetailFragment saiba qual contato deve obter do ContentProvider. A linha 76 cria o objeto Bundle. A linha 77 chama seu método **putParcelable** para armazenar um par chave-valor contendo CONTACT_URI (uma String) como chave e contactUri (um Uri) como valor. A classe Uri implementa a interface Parcelable; portanto, um Uri pode ser armazenado em um objeto Bundle como um objeto Parcel. A linha 78 passa o objeto Bundle para o método **setArguments** de Fragment – o fragmento pode então extrair as informações do objeto Bundle (como você vai ver na Seção 9.13).

```
71    // exibe um contato
72    private void displayContact(Uri contactUri, int viewID) {
73       DetailFragment detailFragment = new DetailFragment();
74
75       // especifica o Uri do contato como argumento para DetailFragment
76       Bundle arguments = new Bundle();
77       arguments.putParcelable(CONTACT_URI, contactUri);
78       detailFragment.setArguments(arguments);
79
80       // usa um objeto FragmentTransaction para exibir o DetailFragment
81       FragmentTransaction transaction =
82          getSupportFragmentManager().beginTransaction();
83       transaction.replace(viewID, detailFragment);
84       transaction.addToBackStack(null);
85       transaction.commit(); // faz DetailFragment aparecer
86    }
87
```

Figura 9.27 | Método displayContact.

As linhas 81 e 82 obtêm um objeto FragmentTransaction e, então, a linha 83 chama o método **replace** de FragmentTransaction para especificar que, quando a transação terminar, o fragmento DetailFragment deve substituir o conteúdo da View pelo identificador especificado como primeiro argumento. A linha 84 chama o método **addToBackStack** de FragmentTransaction para *empilhar* (adicionar) o componente DetailFragment na pilha de retrocesso. Isso permite que o usuário toque no botão voltar para extrair o fragmento da pilha e permite que MainActivity extraia o fragmento dela via programação. O argumento do método addToBackStack é um nome opcional para um *estado de retrocesso*. Isso pode ser usado para extrair vários fragmentos da pilha de retrocesso, a fim de retornar a um estado anterior, depois que vários fragmentos forem adicionados à pilha. Por padrão, apenas o fragmento superior é extraído.

9.9.5 Método displayAddEditFragment

O método displayAddEditFragment (Figura 9.28) recebe o identificador de recurso de uma View especificando onde anexar o componente AddEditFragment e um Uri representando um contato a editar. Se o segundo argumento é null, um novo contato está sendo adicionado. A linha 90 cria o fragmento AddEditFragment. Se o argumento de contactUri não é null, a linha 95 o coloca no objeto Bundle utilizado para fornecer os argumentos do fragmento. Então, as linhas 100 a 104 criam o objeto FragmentTransaction, substituem o conteúdo da View pelo identificador de recurso especificado, adicionam o fragmento à pilha de retrocesso e efetivam a transação.

```
88    // exibe fragmento para adicionar um novo contato ou editar um já existente
89    private void displayAddEditFragment(int viewID, Uri contactUri) {
90       AddEditFragment addEditFragment = new AddEditFragment();
91
92       // se estiver editando um contato existente, fornece contactUri como argumento
93       if (contactUri != null) {
94          Bundle arguments = new Bundle();
95          arguments.putParcelable(CONTACT_URI, contactUri);
96          addEditFragment.setArguments(arguments);
97       }
98
99       // usa um objeto FragmentTransaction para exibir o AddEditFragment
100      FragmentTransaction transaction =
101         getSupportFragmentManager().beginTransaction();
102      transaction.replace(viewID, addEditFragment);
103      transaction.addToBackStack(null);
104      transaction.commit(); // faz AddEditFragment aparecer
105   }
106
```

Figura 9.28 | Método displayAddEditFragment.

9.9.6 Métodos de DetailFragment.DetailFragmentListener

A Figura 9.29 contém as implementações de MainActivity dos métodos de callback na interface DetailFragment.DetailFragmentListener. O método onContactDeleted (linhas 108 a 113) é chamado por DetailFragment para notificar a MainActivity quando o usuário exclui um contato. Nesse caso, a linha 111 extrai o DetailFragment da pilha de retrocesso para que as informações do contato, agora excluído, não sejam mais exibidas. A linha 112 chama o método updateContactList de ContactsFragment para atualizar a lista de contatos.

```
107    // retorna à lista de contatos quando exibiu contato excluído
108    @Override
109    public void onContactDeleted() {
110       // remove o topo da pilha de retrocesso
111       getSupportFragmentManager().popBackStack();
112       contactsFragment.updateContactList(); // atualiza os contatos
113    }
114
```

Figura 9.29 | Métodos de DetailFragment.DetailFragmentListener. (Parte 1 de 2)

```
115    // exibe AddEditFragment para editar um contato existente
116    @Override
117    public void onEditContact(Uri contactUri) {
118       if (findViewById(R.id.fragmentContainer) != null) // telefone
119          displayAddEditFragment(R.id.fragmentContainer, contactUri);
120       else // tablet
121          displayAddEditFragment(R.id.rightPaneContainer, contactUri);
122    }
123
```

Figura 9.29 | (Parte 2 de 2)

O método onEditContact (linhas 116 a 122) é chamado por DetailFragment para notificar a MainActivity quando o usuário toca no item da barra de aplicativo para editar um contato. DetailFragment passa um Uri representando o contato a editar, para que possa ser exibido nos componentes EditText de AddEditFragment para edição. Se o layout contém o objeto fragmentContainer, a linha 119 chama displayAddEditFragment (Seção 9.9.5) para exibir o fragmento AddEditFragment no elemento fragmentContainer; caso contrário, a linha 121 exibe o fragmento no elemento rightPaneContainer.

9.9.7 Método de AddEditFragment.AddEditFragmentListener

O método onAddEditCompleted (Figura 9.30) da interface AddEditFragment.AddEditFragmentListener é chamado por AddEditFragment para notificar a MainActivity quando o usuário salva um novo contato ou salva alterações feitas em um contato já existente. A linha 128 extrai o AddEditFragment da pilha de retrocesso e a linha 129 atualiza a lista de contatos de ContactsFragment. Se o aplicativo está sendo executado em um tablet (linha 131), a linha 133 extrai a pilha de retrocesso novamente para remover o fragmento DetailFragment (se houver um). Então, a linha 136 exibe os detalhes do contato novo ou atualizado no elemento rightPaneContainer.

```
124    // atualiza a interface gráfica do usuário após um contato novo ou
           atualizado ser salvo
125    @Override
126    public void onAddEditCompleted(Uri contactUri) {
127       // remove o topo da pilha de retrocesso
128       getSupportFragmentManager().popBackStack();
129       contactsFragment.updateContactList(); // atualiza os contatos
130
131       if (findViewById(R.id.fragmentContainer) == null) { // tablet
132          // remove o topo da pilha de retrocesso
133          getSupportFragmentManager().popBackStack();
134
135          // em um tablet, exibe o contato que acabou de ser adicionado
                ou editado
136          displayContact(contactUri, R.id.rightPaneContainer);
137       }
138    }
139 }
```

Figura 9.30 | Método de AddEditFragment.AddEditFragmentListener.

9.10 Classe ContactsFragment

A classe `ContactsFragment` exibe a lista de contatos em uma `RecyclerView` e fornece um `FloatingActionButton` em que o usuário pode tocar para adicionar um novo contato.

9.10.1 Superclasse e interface implementada

A Figura 9.31 lista a instrução package e as instruções import de ContactsFragment e o início de sua definição de classe. O fragmento `ContactsFragment` usa um `LoaderManager` e um `Loader` para consultar o `AddressBookContentProvider` e recebe um `Cursor` que `ContactsAdapter` (Seção 9.11) utiliza para fornecer dados para a `RecyclerView`. `ContactsFragment` implementa a interface `LoaderManager.LoaderCallbacks<Cursor>` (linha 23) para que possa responder às chamadas de método do `LoaderManager` a fim de criar o `Loader` e processar os resultados retornados pelo `AddressBookContentProvider`.

```
 1  // ContactsFragment.java
 2  // Subclasse de Fragment que exibe a lista de nomes de contato em ordem alfabética
 3  package com.deitel.addressbook;
 4
 5  import android.content.Context;
 6  import android.database.Cursor;
 7  import android.net.Uri;
 8  import android.os.Bundle;
 9  import android.support.design.widget.FloatingActionButton;
10  import android.support.v4.app.Fragment;
11  import android.support.v4.app.LoaderManager;
12  import android.support.v4.content.CursorLoader;
13  import android.support.v4.content.Loader;
14  import android.support.v7.widget.LinearLayoutManager;
15  import android.support.v7.widget.RecyclerView;
16  import android.view.LayoutInflater;
17  import android.view.View;
18  import android.view.ViewGroup;
19
20  import com.deitel.addressbook.data.DatabaseDescription.Contact;
21
22  public class ContactsFragment extends Fragment
23      implements LoaderManager.LoaderCallbacks<Cursor> {
24
```

Figura 9.31 | Superclasse ContactsFragment e a interface implementada.

9.10.2 ContactsFragmentListener

A Figura 9.32 define a interface aninhada `ContactsFragmentListener`, a qual contém os métodos de callback implementados por `MainActivity` para ser notificada quando o usuário selecionar um contato (linha 28) e quando tocar no `FloatingActionButton` para adicionar um novo contato (linha 31).

```
25      // método de callback implementado por MainActivity
26      public interface ContactsFragmentListener {
27         // chamado quando o contato é selecionado
28         void onContactSelected(Uri contactUri);
29
30         // chamado quando o botão de adição é pressionado
31         void onAddContact();
32      }
33
```

Figura 9.32 | Interface aninhada `ContactsFragmentListener`.

9.10.3 Campos

A Figura 9.33 mostra os campos da classe `ContactsFragment`. A linha 34 declara uma constante que é utilizada para identificar o `Loader` ao processar os resultados retornados do `AddressBookContentProvider`. Neste caso, temos apenas um `Loader` – se uma classe usa mais de um `Loader`, cada um deve ter uma constante com um valor inteiro exclusivo, para que você possa identificar qual deles vai manipular nos métodos de callback de `LoaderManager.LoaderCallbacks<Cursor>`. A variável de instância `listener` (linha 37) vai fazer referência ao objeto que implementa a interface (`MainActivity`). A variável de instância `contactsAdapter` (linha 39) vai fazer referência ao `ContactsAdapter` que vincula dados à `RecyclerView`.

```
34      private static final int CONTACTS_LOADER = 0; // identifica o Loader
35
36      // usado para informar MainActivity quando um contato é selecionado
37      private ContactsFragmentListener listener;
38
39      private ContactsAdapter contactsAdapter; // adaptador para recyclerView
40
```

Figura 9.33 | Campos de `ContactsFragment`.

9.10.4 Método sobrescrito onCreateView de Fragment

O método sobrescrito `onCreateView` de `Fragment` (Figura 9.34) infla e configura a interface gráfica do usuário do fragmento. A maior parte do código desse método foi apresentada em capítulos anteriores; portanto, nos concentramos aqui apenas nos novos recursos. A linha 47 indica que o fragmento `ContactsFragment` tem itens de menu que devem ser exibidos na barra de aplicativo da atividade (ou em seu menu de opções). As linhas 56 a 74 configuram a `RecyclerView`. As linhas 60 a 67 criam o `ContactsAdapter` que preenche a `RecyclerView`. O argumento do construtor é uma implementação da interface `ContactsAdapter.ContactClickListener` (Seção 9.11) especificando que, quando o usuário toca em um contato, `onContactSelected` de `ContactsFragmentListener` deve ser chamado com o `Uri` do contato, para exibir em um `DetailFragment`.

```
41    // configura a interface gráfica do usuário desse fragmento
42    @Override
43    public View onCreateView(
44       LayoutInflater inflater, ViewGroup container,
45       Bundle savedInstanceState) {
46       super.onCreateView(inflater, container, savedInstanceState);
47       setHasOptionsMenu(true); // o fragmento tem itens de menu para exibir
48
49       // infla a interface gráfica do usuário e obtém referência para a RecyclerView
50       View view = inflater.inflate(
51          R.layout.fragment_contacts, container, false);
52       RecyclerView recyclerView =
53          (RecyclerView) view.findViewById(R.id.recyclerView);
54
55       // recyclerView deve exibir os itens em uma lista vertical
56       recyclerView.setLayoutManager(
57          new LinearLayoutManager(getActivity().getBaseContext()));
58
59       // cria o adaptador da recyclerView e o receptor de clique em item
60       contactsAdapter = new ContactsAdapter(
61          new ContactsAdapter.ContactClickListener() {
62             @Override
63             public void onClick(Uri contactUri) {
64                listener.onContactSelected(contactUri);
65             }
66          }
67       );
68       recyclerView.setAdapter(contactsAdapter); // configura o adaptador
69
70       // anexa um ItemDecorator personalizado para desenhar divisórias entre os
              itens da lista
71       recyclerView.addItemDecoration(new ItemDivider(getContext()));
72
73       // melhora o desempenho se o tamanho do layout da RecyclerView nunca muda
74       recyclerView.setHasFixedSize(true);
75
76       // obtém o FloatingActionButton e configura seu receptor
77       FloatingActionButton addButton =
78          (FloatingActionButton) view.findViewById(R.id.addButton);
79       addButton.setOnClickListener(
80          new View.OnClickListener() {
81             // exibe o AddEditFragment quando o FAB é tocado
82             @Override
83             public void onClick(View view) {
84                listener.onAddContact();
85             }
86          }
87       );
88
89       return view;
90    }
91
```

Figura 9.34 | Método sobrescrito onCreateView de Fragment.

9.10.5 Métodos sobrescritos onAttach e onDetach de Fragment

A classe ContactsFragment sobrescreve os métodos de ciclo de vida onAttach e onDetach de Fragment (Figura 9.35) para configurar a variável de instância listener. Neste aplicativo, listener refere-se à atividade hospedeira (linha 96) quando o fragmento ContactsFragment é anexado, e é configurado como null (linha 103) quando o fragmento ContactsFragment é desanexado.

```
92      // configura ContactsFragmentListener quando o fragmento é anexado
93      @Override
94      public void onAttach(Context context) {
95          super.onAttach(context);
96          listener = (ContactsFragmentListener) context;
97      }
98
99      // remove ContactsFragmentListener quando o fragmento é desanexado
100     @Override
101     public void onDetach() {
102         super.onDetach();
103         listener = null;
104     }
105
```

Figura 9.35 | Métodos sobrescritos onAttach e onDetach de Fragment.

9.10.6 Método sobrescrito onActivityCreated de Fragment

O método de ciclo de vida **onActivityCreated** de Fragment (Figura 9.36) é chamado depois que a atividade hospedeira de um fragmento foi criada e o método onCreateView de Fragment termina de executar – nesse ponto, a interface gráfica do usuário do fragmento faz parte da hierarquia de views da atividade. Usamos esse método para dizer ao LoaderManager que inicialize um Loader – é importante fazer isso depois que a hierarquia de views existe, pois a RecyclerView precisa existir antes de podermos exibir os dados carregados. A linha 110 usa o método **getLoaderManager** de Fragment para obter o objeto LoaderManager do fragmento. Em seguida, chamamos o método initLoader de LoaderManager, o qual recebe três argumentos:

- o inteiro (identificador) usado para identificar o Loader
- um objeto Bundle contendo argumentos para o construtor do Loader, ou null se não houver argumentos
- uma referência para a implementação da interface LoaderManager. LoaderCallbacks<Cursor> (this representa o ContactsAdapter) – você vai ver as implementações dos métodos onCreateLoader, onLoadFinished e onLoaderReset dessa interface na Seção 9.10.8.

Se ainda não existe um Loader ativo com o identificador especificado, o método initLoader chama o método onCreateLoader de forma assíncrona para criar e iniciar um Loader para esse identificador. Se houver um Loader ativo, o método initLoader chama imediatamente o método onLoadFinished.

```
106    // inicializa um Loader quando a atividade desse fragmento é criada
107    @Override
108    public void onActivityCreated(Bundle savedInstanceState) {
109       super.onActivityCreated(savedInstanceState);
110       getLoaderManager().initLoader(CONTACTS_LOADER, null, this);
111    }
112
```

Figura 9.36 | Método sobrescrito onActivityCreated de Fragment.

9.10.7 Método updateContactList

O método updateContactList de ContactsFragment (Figura 9.37) simplesmente notifica o ContactsAdapter quando os dados mudam. Esse método é chamado quando novos contatos são adicionados e quando contatos existentes são atualizados ou excluídos.

```
113    // chamado a partir de MainActivity quando outro fragmento atualiza o banco
           de dados
114    public void updateContactList() {
115       contactsAdapter.notifyDataSetChanged();
116    }
117
```

Figura 9.37 | Método updateContactList de ContactsFragment.

9.10.8 Métodos de LoaderManager.LoaderCallbacks<Cursor>

A Figura 9.38 apresenta as implementações dos métodos de callback da classe ContactsFragment na interface LoaderManager.LoaderCallbacks<Cursor>.

```
118    // chamado por LoaderManager para criar um Loader
119    @Override
120    public Loader<Cursor> onCreateLoader(int id, Bundle args) {
121       // cria um CursorLoader apropriado com base no argumento id;
122       // somente um Loader neste fragmento; portanto, a instrução switch é
              desnecessária
123       switch (id) {
124          case CONTACTS_LOADER:
125             return new CursorLoader(getActivity(),
126                Contact.CONTENT_URI, // Uri da tabela de contatos
127                null, // projection = null retorna todas as colunas
128                null, // selection = null retorna todas as linhas
129                null, // nenhum argumento para selection
130                Contact.COLUMN_NAME + " COLLATE NOCASE ASC"); // ordem de
                                                                 classificação
131          default:
132             return null;
133       }
134    }
135
136    // chamado por LoaderManager quando o carregamento termina
137    @Override
138    public void onLoadFinished(Loader<Cursor> loader, Cursor data) {
139       contactsAdapter.swapCursor(data);
```

Figura 9.38 | Métodos de LoaderManager.LoaderCallbacks<Cursor>. (Parte 1 de 2)

```
140     }
141
142     // chamado por LoaderManager quando o Loader está sendo reiniciado
143     @Override
144     public void onLoaderReset(Loader<Cursor> loader) {
145         contactsAdapter.swapCursor(null);
146     }
147 }
```

Figura 9.38 | (Parte 2 de 2)

Método *onCreateLoader*

O `LoaderManager` chama o método `onCreateLoader` (linhas 119 a 134) para criar e retornar um `Loader` para o identificador especificado, que o `LoaderManager` gerencia no contexto do ciclo de vida do fragmento ou da atividade. As linhas 123 a 133 determinam o `Loader` a ser criado com base no identificador recebido como primeiro argumento de `onCreateLoader`.

> **Boa prática de programação 9.1**
> *Para ContactsFragment, precisamos de apenas um Loader; portanto, a instrução switch é desnecessária, mas a incluímos aqui como boa prática.*

As linhas 125 a 130 criam e retornam um `CursorLoader` que consulta o `AddressBookContentProvider` para obter a lista de contatos e, então, torna os resultados disponíveis como um `Cursor`. O construtor de `CursorLoader` recebe o contexto no qual o ciclo de vida do `Loader` é gerenciado e os argumentos `uri`, `projection`, `selection`, `selectionArgs` e `sortOrder` que têm o mesmo significado daqueles do método query do `ContentProvider` (Seção 9.8.3). Neste caso, especificamos `null` para os argumentos `projection`, `selection` e `selectionArgs` e indicamos que os contatos devem ser ordenados pelo nome, sem levar em conta letras maiúsculas e minúsculas.

Método *onLoadFinished*

O método **onLoadFinished** (linhas 137 a 140) é chamado pelo `LoaderManager` depois que um `Loader` acaba de carregar seus dados, para que você possa processar os resultados no argumento de `Cursor`. Neste caso, chamamos o método `swapCursor` de `ContactsAdapter` com `Cursor` como argumento, para que o `ContactsAdapter` possa atualizar a `RecyclerView` com base no conteúdo do novo `Cursor`.

Método *onLoaderReset*

O método `onLoaderReset` (linhas 143 a 146) é chamado pelo `LoaderManager` quando um `Loader` é redefinido e seus dados não estão mais disponíveis. Nesse ponto, o aplicativo deve se desconectar imediatamente dos dados. Neste caso, chamamos o método `swapCursor` de `ContactsAdapter` com o argumento `null`, para indicar que não há dados para vincular à `RecyclerView`.

9.11 Classe ContactsAdapter

Na Seção 8.6, discutimos como criar um `RecyclerView.Adapter` para vincular dados a uma `RecyclerView`. Aqui, destacamos apenas o código novo que ajuda o `ContactsAdapter` (Figura 9.39) a preencher a `RecyclerView` com nomes de contato a partir de um `Cursor`.

```java
 1   // ContactsAdapter.java
 2   // Subclasse de RecyclerView.Adapter que vincula contatos à RecyclerView
 3   package com.deitel.addressbook;
 4
 5   import android.database.Cursor;
 6   import android.net.Uri;
 7   import android.support.v7.widget.RecyclerView;
 8   import android.view.LayoutInflater;
 9   import android.view.View;
10   import android.view.ViewGroup;
11   import android.widget.TextView;
12
13   import com.deitel.addressbook.data.DatabaseDescription.Contact;
14
15   public class ContactsAdapter
16      extends RecyclerView.Adapter<ContactsAdapter.ViewHolder> {
17
18      // interface implementada por ContactsFragment para responder
19      // quando o usuário toca em um item na RecyclerView
20      public interface ContactClickListener {
21         void onClick(Uri contactUri);
22      }
23
24      // subclasse aninhada de RecyclerView.ViewHolder usada para implementar
25      // o padrão view-holder no contexto de uma RecyclerView
26      public class ViewHolder extends RecyclerView.ViewHolder {
27         public final TextView textView;
28         private long rowID;
29
30         // configura ViewHolder de um item de RecyclerView
31         public ViewHolder(View itemView) {
32            super(itemView);
33            textView = (TextView) itemView.findViewById(android.R.id.text1);
34
35            // anexa receptor a itemView
36            itemView.setOnClickListener(
37               new View.OnClickListener() {
38                  // executa quando o contato nesse ViewHolder é clicado
39                  @Override
40                  public void onClick(View view) {
41                     clickListener.onClick(Contact.buildContactUri(rowID));
42                  }
43               }
44            );
45         }
46
47         // configura o identificador de linha do banco de dados para o contato
             nesse ViewHolder
48         public void setRowID(long rowID) {
49            this.rowID = rowID;
50         }
51      }
```

Figura 9.39 | Subclasse de `RecyclerView.Adapter` que vincula contatos à `RecyclerView`. (Parte 1 de 2)

```
52
53     // variáveis de instância de ContactsAdapter
54     private Cursor cursor = null;
55     private final ContactClickListener clickListener;
56
57     // construtor
58     public ContactsAdapter(ContactClickListener clickListener) {
59        this.clickListener = clickListener;
60     }
61
62     // configura novo item de lista e seu ViewHolder
63     @Override
64     public ViewHolder onCreateViewHolder(ViewGroup parent, int viewType) {
65        // infla o layout android.R.layout.simple_list_item_1
66        View view = LayoutInflater.from(parent.getContext()).inflate(
67           android.R.layout.simple_list_item_1, parent, false);
68        return new ViewHolder(view); // retorna o ViewHolder do item atual
69     }
70
71     // configura o texto do item de lista para exibir o identificador da pesquisa
          (search tag)
72     @Override
73     public void onBindViewHolder(ViewHolder holder, int position) {
74        cursor.moveToPosition(position);
75        holder.setRowID(cursor.getLong(cursor.getColumnIndex(Contact._ID)));
76        holder.textView.setText(cursor.getString(cursor.getColumnIndex(
77           Contact.COLUMN_NAME)));
78     }
79
80     // retorna o número de itens vinculados pelo adaptador
81     @Override
82     public int getItemCount() {
83        return (cursor != null) ? cursor.getCount() : 0;
84     }
85
86     // troca o Cursor atual desse adaptador por um novo
87     public void swapCursor(Cursor cursor) {
88        this.cursor = cursor;
89        notifyDataSetChanged();
90     }
91  }
```

Figura 9.39 | (Parte 2 de 2)

Interface aninhada ContactClickListener

As linhas 20 a 22 definem a interface aninhada ContactClickListener que a classe ContactsFragment implementa para ser notificada quando o usuário toca em um contato na RecyclerView. Cada item da RecyclerView tem um receptor de clique que chama o método onClick de ContactClickListener e passa o Uri do contato selecionado. Então, ContactsFragment notifica a MainActivity de que um contato foi selecionado, para que MainActivity possa exibi-lo em um componente DetailFragment.

Classe aninhada `ViewHolder`
A classe `ViewHolder` (linhas 26 a 51) mantém uma referência para o componente `TextView` do item da `RecyclerView` e o `rowID` do banco de dados para o contato correspondente. O `rowID` é necessário porque ordenamos os contatos antes de exibi-los, de modo que o número da posição de cada contato na `RecyclerView` muito provavelmente não coincide com o identificador de linha do contato no banco de dados. O construtor de `ViewHolder` armazena uma referência para o componente `TextView` do item da `RecyclerView` e configura seu `View.OnClickListener`, o qual passa o URI do contato para o `ContactClickListener` do adaptador.

Método sobrescrito **onCreateViewHolder** *de* `RecyclerView.Adapter`
O método `onCreateViewHolder` (linhas 63 a 69) infla a interface gráfica do usuário para um objeto `ViewHolder`. Nesse caso, usamos o layout predefinido `android.R.layout.simple_list_item_1`, o qual define um layout contendo um componente `TextView` chamado `text1`.

Método sobrescrito **onBindViewHolder** *de* `RecyclerView.Adapter`
O método `onBindViewHolder` (linhas 72 a 78) usa o método `moveToPosition` de `Cursor` para ir até o contato que corresponde à posição do item de `RecyclerView` atual. A linha 75 configura o `rowID` do `ViewHolder`. Para obter esse valor, usamos o método **getColumnIndex** de `Cursor` para pesquisar o número da coluna `Contact._ID`. Então, passamos esse número para o método **getLong** de `Cursor` a fim de obtermos o identificador de linha do contato. As linhas 76 e 77 configuram o texto do componente `textView` do `ViewHolder` usando um processo semelhante – nesse caso, pesquisando o número da coluna `Contact.COLUMN_NAME` e chamando o método **getString** de `Cursor` para obter o nome do contato.

Método sobrescrito **getItemCount** *de* `RecyclerView.Adapter`
O método `getItemCount` (linhas 81 a 84) retorna o número total de linhas no `Cursor` ou 0, se `Cursor` for `null`.

Método **swapCursor**
O método `swapCursor` (linhas 87 a 90) substitui o `Cursor` atual do adaptador e notifica o adaptador de que seus dados mudaram. Esse método é chamado a partir dos métodos `onLoadFinished` e `onLoaderReset` de `ContactsFragment`.

9.12 Classe AddEditFragment

A classe `AddEditFragment` fornece a interface gráfica do usuário para adicionar novos contatos ou editar os já existentes. Muitos dos conceitos de programação usados nessa classe foram apresentados anteriormente neste capítulo ou em capítulos anteriores; portanto, vamos nos concentrar aqui apenas nos recursos novos.

9.12.1 Superclasse e interface implementada

A Figura 9.40 lista a instrução `package`, as instruções `import` e o início da definição da classe `AddEditFragment`. A classe estende `Fragment` e implementa a interface `LoaderManager.LoaderCallbacks<Cursor>` para responder aos eventos de `LoaderManager`.

```
1   // AddEditFragment.java
2   // Fragmento para adicionar um novo contato ou editar um já existente
3   package com.deitel.addressbook;
4
5   import android.content.ContentValues;
6   import android.content.Context;
7   import android.database.Cursor;
8   import android.net.Uri;
9   import android.os.Bundle;
10  import android.support.design.widget.CoordinatorLayout;
11  import android.support.design.widget.FloatingActionButton;
12  import android.support.design.widget.Snackbar;
13  import android.support.design.widget.TextInputLayout;
14  import android.support.v4.app.Fragment;
15  import android.support.v4.app.LoaderManager;
16  import android.support.v4.content.CursorLoader;
17  import android.support.v4.content.Loader;
18  import android.text.Editable;
19  import android.text.TextWatcher;
20  import android.view.LayoutInflater;
21  import android.view.View;
22  import android.view.ViewGroup;
23  import android.view.inputmethod.InputMethodManager;
24
25  import com.deitel.addressbook.data.DatabaseDescription.Contact;
26
27  public class AddEditFragment extends Fragment
28     implements LoaderManager.LoaderCallbacks<Cursor> {
29
```

Figura 9.40 | Instrução package e instruções import de AddEditFragment.

9.12.2 AddEditFragmentListener

A Figura 9.41 declara a interface aninhada AddEditFragmentListener que contém o método de callback onAddEditCompleted. MainActivity implementa essa interface para ser notificada quando o usuário salvar um novo contato ou salvar alterações em um já existente.

```
30     // define método de callback implementado por MainActivity
31     public interface AddEditFragmentListener {
32        // chamado quando o contato é salvo
33        void onAddEditCompleted(Uri contactUri);
34     }
35
```

Figura 9.41 | Interface aninhada AddEditFragmentListener.

9.12.3 Campos

A Figura 9.42 lista os campos da classe:

- A constante CONTACT_LOADER (linha 37) identifica o Loader que consulta o AddressBookContentProvider para recuperar um contato para edição.
- A variável de instância listener (linha 39) faz referência ao AddEditFragment-Listener (MainActivity) que é notificado quando o usuário salva um contato novo ou atualizado.

- A variável de instância contactUri (linha 40) representa o contato a editar.
- A variável de instância addingNewContact (linha 41) especifica se um novo contato está sendo adicionado (true) ou se um já existente está sendo editado (false).
- As variáveis de instância nas linhas 44 a 53 fazem referência aos TextInputLayouts, FloatingActionButton e CoordinatorLayout do fragmento.

```
36      // constante usada para identificar o Loader
37      private static final int CONTACT_LOADER = 0;
38
39      private AddEditFragmentListener listener; // MainActivity
40      private Uri contactUri; // Uri do contato selecionado
41      private boolean addingNewContact = true; // adição (true) ou edição
42
43      // componentes EditText para informações de contato
44      private TextInputLayout nameTextInputLayout;
45      private TextInputLayout phoneTextInputLayout;
46      private TextInputLayout emailTextInputLayout;
47      private TextInputLayout streetTextInputLayout;
48      private TextInputLayout cityTextInputLayout;
49      private TextInputLayout stateTextInputLayout;
50      private TextInputLayout zipTextInputLayout;
51      private FloatingActionButton saveContactFAB;
52
53      private CoordinatorLayout coordinatorLayout; // usado com SnackBars
54
```

Figura 9.42 | Campos de AddEditFragment.

9.12.4 Métodos sobrescritos onAttach, onDetach e onCreateView de Fragment

A Figura 9.43 contém os métodos sobrescritos onAttach, onDetach e onCreateView de Fragment. Os métodos onAttach e onDetach configuram a variável de instância listener para fazer referência à atividade hospedeira quando o AddEditFragment é anexado e para configurar listener como null quando o AddEditFragment é desanexado.

```
55      // configura AddEditFragmentListener quando o fragmento é anexado
56      @Override
57      public void onAttach(Context context) {
58          super.onAttach(context);
59          listener = (AddEditFragmentListener) context;
60      }
61
62      // remove AddEditFragmentListener quando o fragmento é desanexado
63      @Override
64      public void onDetach() {
65          super.onDetach();
66          listener = null;
67      }
```

Figura 9.43 | Métodos sobrescritos onAttach, onDetach e onCreateView de Fragment. (Parte 1 de 2)

```java
68
69     // chamado quando a view do fragmento precisa ser criada
70     @Override
71     public View onCreateView(
72        LayoutInflater inflater, ViewGroup container,
73        Bundle savedInstanceState) {
74        super.onCreateView(inflater, container, savedInstanceState);
75        setHasOptionsMenu(true); // o fragmento tem itens de menu para exibir
76
77        // infla a interface gráfica do usuário e obtém referências para os
                  componentes EditText
78        View view =
79           inflater.inflate(R.layout.fragment_add_edit, container, false);
80        nameTextInputLayout =
81           (TextInputLayout) view.findViewById(R.id.nameTextInputLayout);
82        nameTextInputLayout.getEditText().addTextChangedListener(
83           nameChangedListener);
84        phoneTextInputLayout =
85           (TextInputLayout) view.findViewById(R.id.phoneTextInputLayout);
86        emailTextInputLayout =
87           (TextInputLayout) view.findViewById(R.id.emailTextInputLayout);
88        streetTextInputLayout =
89           (TextInputLayout) view.findViewById(R.id.streetTextInputLayout);
90        cityTextInputLayout =
91           (TextInputLayout) view.findViewById(R.id.cityTextInputLayout);
92        stateTextInputLayout =
93           (TextInputLayout) view.findViewById(R.id.stateTextInputLayout);
94        zipTextInputLayout =
95           (TextInputLayout) view.findViewById(R.id.zipTextInputLayout);
96
97        // configura o receptor de eventos de FloatingActionButton
98        saveContactFAB = (FloatingActionButton) view.findViewById(
99           R.id.saveFloatingActionButton);
100       saveContactFAB.setOnClickListener(saveContactButtonClicked);
101       updateSaveButtonFAB();
102
103       // usado para exibir SnackBars com mensagens breves
104       coordinatorLayout = (CoordinatorLayout) getActivity().findViewById(
105          R.id.coordinatorLayout);
106
107       Bundle arguments = getArguments(); // null, se estiver criando um contato
108
109       if (arguments != null) {
110          addingNewContact = false;
111          contactUri = arguments.getParcelable(MainActivity.CONTACT_URI);
112       }
113
114       // se estiver editando um contato existente, cria Loader para obter o contato
115       if (contactUri != null)
116          getLoaderManager().initLoader(CONTACT_LOADER, null, this);
117
118       return view;
119    }
120
```

Figura 9.43 | (Parte 2 de 2)

O método onCreateView infla a interface gráfica do usuário, obtém referências para os TextInputLayouts do fragmento e configura o FloatingActionButton. Em seguida, usamos o método getArguments de Fragment para obter o objeto Bundle de argumentos (linha 107). Quando ativamos o fragmento AddEditFragment a partir de MainActivity, passamos null para o argumento Bundle, pois o usuário está adicionando as informações de um novo contato. Nesse caso, getArguments retorna null. Se getArguments retorna um objeto Bundle (linha 109), então o usuário está editando um contato existente. A linha 111 lê o Uri do contato a partir do objeto Bundle, chamando o método getParcelable. Se contactUri não é null, a linha 116 usa o LoaderManager do fragmento para inicializar um Loader que AddEditFragment vai usar para obter os dados do contato que está sendo editado.

9.12.5 nameChangedListener de TextWatcher e o método updateSaveButtonFAB

A Figura 9.44 mostra nameChangedListener de TextWatcher e o método updatedSaveButtonFAB. O receptor chama o método updatedSaveButtonFAB quando o usuário edita o texto no componente EditText de nameTextInputLayout. Neste aplicativo, o nome não deve ser vazio, pois o método updatedSaveButtonFAB só exibe o FloatingActionButton quando o componente EditText de nameTextInputLayout não está vazio.

```
121    // detecta quando o texto no componente EditText de nameTextInputLayout muda
122    // para ocultar ou exibir saveButtonFAB
123    private final TextWatcher nameChangedListener = new TextWatcher() {
124       @Override
125       public void beforeTextChanged(CharSequence s, int start, int count,
126          int after) {}
127
128       // chamado quando o texto em nameTextInputLayout muda
129       @Override
130       public void onTextChanged(CharSequence s, int start, int before,
131          int count) {
132          updateSaveButtonFAB();
133       }
134
135       @Override
136       public void afterTextChanged(Editable s) { }
137    };
138
139    // mostra saveButtonFAB somente se o nome não está vazio
140    private void updateSaveButtonFAB() {
141       String input =
142          nameTextInputLayout.getEditText().getText().toString();
143
144       // se existe um nome para o contato, mostra o FloatingActionButton
145       if (input.trim().length() != 0)
146          saveContactFAB.show();
147       else
148          saveContactFAB.hide();
149    }
150
```

Figura 9.44 | nameChangedListener de TextWatcher e o método updateSaveButtonFAB.

9.12.6 saveContactButtonClicked de View.OnClickListener e o método saveContact

Quando o usuário toca no FloatingActionButton desse fragmento, o receptor saveContactButtonClicked (Figura 9.45, linhas 152 a 162) executa. O método onClick oculta o teclado (linhas 157 a 159) e chama o método saveContact.

```
151    // responde ao evento gerado quando o usuário salva um contato
152    private final View.OnClickListener saveContactButtonClicked =
153       new View.OnClickListener() {
154          @Override
155          public void onClick(View v) {
156             // oculta o teclado virtual
157             ((InputMethodManager) getActivity().getSystemService(
158                Context.INPUT_METHOD_SERVICE)).hideSoftInputFromWindow(
159                getView().getWindowToken(), 0);
160             saveContact(); // salva o contato no banco de dados
161          }
162       };
163
164    // salva informações de um contato no banco de dados
165    private void saveContact() {
166       // cria objeto ContentValues contendo pares chave-valor do contato
167       ContentValues contentValues = new ContentValues();
168       contentValues.put(Contact.COLUMN_NAME,
169          nameTextInputLayout.getEditText().getText().toString());
170       contentValues.put(Contact.COLUMN_PHONE,
171          phoneTextInputLayout.getEditText().getText().toString());
172       contentValues.put(Contact.COLUMN_EMAIL,
173          emailTextInputLayout.getEditText().getText().toString());
174       contentValues.put(Contact.COLUMN_STREET,
175          streetTextInputLayout.getEditText().getText().toString());
176       contentValues.put(Contact.COLUMN_CITY,
177          cityTextInputLayout.getEditText().getText().toString());
178       contentValues.put(Contact.COLUMN_STATE,
179          stateTextInputLayout.getEditText().getText().toString());
180       contentValues.put(Contact.COLUMN_ZIP,
181          zipTextInputLayout.getEditText().getText().toString());
182
183       if (addingNewContact) {
184          // usa o ContentResolver da atividade para ativar
185          // insert no AddressBookContentProvider
186          Uri newContactUri = getActivity().getContentResolver().insert(
187             Contact.CONTENT_URI, contentValues);
188
189          if (newContactUri != null) {
190             Snackbar.make(coordinatorLayout,
191                R.string.contact_added, Snackbar.LENGTH_LONG).show();
192             listener.onAddEditCompleted(newContactUri);
193          }
194          else {
195             Snackbar.make(coordinatorLayout,
196                R.string.contact_not_added, Snackbar.LENGTH_LONG).show();
```

Figura 9.45 | saveContactButtonClicked de View.OnClickListener e o método saveContact. (Parte 1 de 2)

```
197          }
198       }
199       else {
200          // usa o ContentResolver da atividade para ativar
201          // insert no AddressBookContentProvider
202          int updatedRows = getActivity().getContentResolver().update(
203             contactUri, contentValues, null, null);
204
205          if (updatedRows > 0) {
206             listener.onAddEditCompleted(contactUri);
207             Snackbar.make(coordinatorLayout,
208                R.string.contact_updated, Snackbar.LENGTH_LONG).show();
209          }
210          else {
211             Snackbar.make(coordinatorLayout,
212                R.string.contact_not_updated, Snackbar.LENGTH_LONG).show();
213          }
214       }
215    }
216
```

Figura 9.45 | (Parte 2 de 2)

O método saveContact (linhas 165 a 215) cria um objeto ContentValues (linha 167) e adiciona a ele pares chave–valor representando os nomes de coluna e valores a serem inseridos ou atualizados no banco de dados (linhas 168 a 181). Se o usuário está adicionando um novo contato (linhas 183 a 198), as linhas 186 e 187 usam o método insert de ContentResolver para ativar **insert** no AddressBookContentProvider e colocar o novo contato no banco de dados. Se a inserção é bem-sucedida, o Uri retornado não é null e as linhas 190 a 192 exibem uma SnackBar indicando que o contato foi adicionado; então, notificam o AddEditFragmentListener com o contato que foi adicionado. Lembre-se de que, quando o aplicativo está executando em um tablet, isso resulta nos dados do contato sendo exibidos em um componente DetailFragment ao lado do ContactsFragment. Se a inserção não é bem-sucedida, as linhas 195 e 196 exibem uma SnackBar apropriada.

Se o usuário está editando um contato existente (linhas 199 a 214), as linhas 202 e 203 usam o método **update** de ContentResolver para ativar **update** no AddressBookContentProvider e armazenar os dados do contato editado. Se a atualização é bem-sucedida, o inteiro retornado é maior que 0 (indicando o número específico de linhas atualizadas), e as linhas 206 a 208 notificam o AddEditFragmentListener com o contato que foi editado e, em seguida, exibem uma mensagem apropriada. Se a atualização não é bem-sucedida, as linhas 211 e 212 exibem uma SnackBar apropriada.

9.12.7 Métodos de LoaderManager.LoaderCallbacks<Cursor>

A Figura 9.46 apresenta as implementações dos métodos de AddEditFragment na interface LoaderManager.LoaderCallbacks<Cursor>. Esses métodos são usados na classe AddEditFragment somente quando o usuário está editando um contato existente. O método onCreateLoader (linhas 219 a 233) cria um CursorLoader para o contato específico que está sendo editado. O método onLoadFinished (linhas 236 a 267) verifica se o cursor não é null e, em caso positivo, chama o método **moveToFirst** de cursor. Se esse método retorna **true**, foi encontrado um contato correspondente a contactUri no banco de dados, e as linhas 241 a 263 obtêm as informações do contato a partir do Cursor e as exibem na interface gráfica do usuário. O método onLoaderReset não é necessário em AddEditFragment, de modo que não faz nada.

```
217    // chamado por LoaderManager para criar um Loader
218    @Override
219    public Loader<Cursor> onCreateLoader(int id, Bundle args) {
220       // cria um CursorLoader apropriado com base no argumento id;
221       // somente um Loader neste fragmento; portanto a instrução switch é
                desnecessária
222       switch (id) {
223          case CONTACT_LOADER:
224             return new CursorLoader(getActivity(),
225                contactUri, // Uri do contato a exibir
226                null, // projection = null retorna todas as colunas
227                null, // selection = null retorna todas as linhas
228                null, // nenhum argumento de seleção
229                null); // ordem de classificação
230          default:
231             return null;
232       }
233    }
234
235    // chamado por LoaderManager quando o carregamento termina
236    @Override
237    public void onLoadFinished(Loader<Cursor> loader, Cursor data) {
238       // se o contato existe no banco de dados, exibe seus dados
239       if (data != null && data.moveToFirst()) {
240          // obtém o índice de coluna de cada item de dado
241          int nameIndex = data.getColumnIndex(Contact.COLUMN_NAME);
242          int phoneIndex = data.getColumnIndex(Contact.COLUMN_PHONE);
243          int emailIndex = data.getColumnIndex(Contact.COLUMN_EMAIL);
244          int streetIndex = data.getColumnIndex(Contact.COLUMN_STREET);
245          int cityIndex = data.getColumnIndex(Contact.COLUMN_CITY);
246          int stateIndex = data.getColumnIndex(Contact.COLUMN_STATE);
247          int zipIndex = data.getColumnIndex(Contact.COLUMN_ZIP);
248
249          // preenche componentes EditText com os dados recuperados
250          nameTextInputLayout.getEditText().setText(
251             data.getString(nameIndex));
252          phoneTextInputLayout.getEditText().setText(
253             data.getString(phoneIndex));
254          emailTextInputLayout.getEditText().setText(
255             data.getString(emailIndex));
256          streetTextInputLayout.getEditText().setText(
257             data.getString(streetIndex));
258          cityTextInputLayout.getEditText().setText(
259             data.getString(cityIndex));
260          stateTextInputLayout.getEditText().setText(
261             data.getString(stateIndex));
262          zipTextInputLayout.getEditText().setText(
263             data.getString(zipIndex));
264
```

Figura 9.46 | Métodos de LoaderManager.LoaderCallbacks<Cursor>. (Parte I de 2)

```
265            updateSaveButtonFAB();
266        }
267    }
268
269    // chamado por LoaderManager quando o Loader está sendo redefinido
270    @Override
271    public void onLoaderReset(Loader<Cursor> loader) { }
272 }
```

Figura 9.46 | (Parte 2 de 2)

9.13 Classe DetailFragment

A classe `DetailFragment` exibe as informações de um contato e fornece itens de menu na barra de aplicativo que permitem ao usuário editar ou excluir esse contato.

9.13.1 Superclasse e interface implementada

A Figura 9.47 lista a instrução package, as instruções `import` e o início da definição da classe `DetailFragment`. A classe estende `Fragment` e implementa a interface `LoaderManager.LoaderCallbacks<Cursor>` para responder aos eventos de `LoaderManager`.

```
 1  // DetailFragment.java
 2  // Subclasse de Fragment que exibe os detalhes de um contato
 3  package com.deitel.addressbook;
 4
 5  import android.app.AlertDialog;
 6  import android.app.Dialog;
 7  import android.content.Context;
 8  import android.content.DialogInterface;
 9  import android.database.Cursor;
10  import android.net.Uri;
11  import android.os.Bundle;
12  import android.support.v4.app.DialogFragment;
13  import android.support.v4.app.Fragment;
14  import android.support.v4.app.LoaderManager;
15  import android.support.v4.content.CursorLoader;
16  import android.support.v4.content.Loader;
17  import android.view.LayoutInflater;
18  import android.view.Menu;
19  import android.view.MenuInflater;
20  import android.view.MenuItem;
21  import android.view.View;
22  import android.view.ViewGroup;
23  import android.widget.TextView;
24
25  import com.deitel.addressbook.data.DatabaseDescription.Contact;
26
27  public class DetailFragment extends Fragment
28      implements LoaderManager.LoaderCallbacks<Cursor> {
29
```

Figura 9.47 | Instrução package, instruções import, superclasse e interface implementada.

9.13.2 DetailFragmentListener

A Figura 9.48 declara a interface aninhada DetailFragmentListener que contém os métodos de callback implementados por MainActivity para ser notificada quando o usuário excluir um contato (linha 32) e quando tocar no item de menu de edição para editar um contato (linha 35).

```
30     // métodos de callback implementados por MainActivity
31     public interface DetailFragmentListener {
32        void onContactDeleted(); // chamado quando um contato é excluído
33
34        // passa o Uri do contato a editar para o DetailFragmentListener
35        void onEditContact(Uri contactUri);
36     }
37
```

Figura 9.48 | Interface aninhada DetailFragmentListener.

9.13.3 Campos

A Figura 9.49 mostra os campos da classe:

- A constante CONTACT_LOADER (linha 38) identifica o Loader que consulta o AddressBookContentProvider para recuperar um contato para exibição.
- A variável de instância listener (linha 40) faz referência ao DetailFragmentListener (MainActivity) que é notificado quando o usuário exclui ou inicia a edição de um contato.
- A variável de instância contactUri (linha 41) representa o contato a exibir.
- As variáveis de instância nas linhas 43 a 49 fazem referência aos componentes TextViews do fragmento.

```
38     private static final int CONTACT_LOADER = 0; // identifica o Loader
39
40     private DetailFragmentListener listener; // MainActivity
41     private Uri contactUri; // Uri do contato selecionado
42
43     private TextView nameTextView; // exibe o nome do contato
44     private TextView phoneTextView; // exibe o telefone do contato
45     private TextView emailTextView; // exibe o e-mail do contato
46     private TextView streetTextView; // exibe a rua do contato
47     private TextView cityTextView; // exibe a cidade do contato
48     private TextView stateTextView; // exibe o estado do contato
49     private TextView zipTextView; // exibe o código postal do contato
50
```

Figura 9.49 | Campos de DetailFragment.

9.13.4 Métodos sobrescritos onAttach, onDetach e onCreateView

A Figura 9.50 contém os métodos sobrescritos onAttach, onDetach e onCreateView de Fragment. Os métodos onAttach e onDetach configuram a variável de instância listener para fazer referência à atividade hospedeira quando o DetailFragment é anexado e para configurar listener como null quando DetailFragment é desanexado. O método onCreateView (linhas 66 a 95) obtém o Uri do contato selecionado (linhas 74 a 77). As linhas 80 a 90 inflam a interface gráfica do usuário e obtêm referências para os componentes TextView. A linha 93 usa o LoaderManager do fragmento para inicializar um Loader que DetailFragment vai usar para obter os dados do contato a exibir.

```
51    // configura DetailFragmentListener quando o fragmento é anexado
52    @Override
53    public void onAttach(Context context) {
54       super.onAttach(context);
55       listener = (DetailFragmentListener) context;
56    }
57
58    // remove DetailFragmentListener quando o fragmento é desanexado
59    @Override
60    public void onDetach() {
61       super.onDetach();
62       listener = null;
63    }
64
65    // chamado quando a view de DetailFragmentListener precisa ser criada
66    @Override
67    public View onCreateView(
68       LayoutInflater inflater, ViewGroup container,
69       Bundle savedInstanceState) {
70       super.onCreateView(inflater, container, savedInstanceState);
71       setHasOptionsMenu(true); // este fragmento tem itens de menu para exibir
72
73       // obtém o objeto Bundle de argumentos e extrai o Uri do contato
74       Bundle arguments = getArguments();
75
76       if (arguments != null)
77          contactUri = arguments.getParcelable(MainActivity.CONTACT_URI);
78
79       // infla o layout de DetailFragment
80       View view =
81          inflater.inflate(R.layout.fragment_detail, container, false);
82
83       // obtém os componentes EditText
84       nameTextView = (TextView) view.findViewById(R.id.nameTextView);
85       phoneTextView = (TextView) view.findViewById(R.id.phoneTextView);
86       emailTextView = (TextView) view.findViewById(R.id.emailTextView);
87       streetTextView = (TextView) view.findViewById(R.id.streetTextView);
88       cityTextView = (TextView) view.findViewById(R.id.cityTextView);
89       stateTextView = (TextView) view.findViewById(R.id.stateTextView);
90       zipTextView = (TextView) view.findViewById(R.id.zipTextView);
91
92       // carrega o contato
93       getLoaderManager().initLoader(CONTACT_LOADER, null, this);
94       return view;
95    }
96
```

Figura 9.50 | Métodos sobrescritos onAttach, onDetach e onCreateView.

9.13.5 Métodos sobrescritos onCreateOptionsMenu e onOptionsItemSelected

DetailFragment aparece nas opções da barra de aplicativo para editar o contato atual e para excluí-lo. O método onCreateOptionsMenu (Figura 9.51, linhas 98 a 102) infla o arquivo de recursos de menu fragment_details_menu.xml. O método onOptionsItemSelected (linhas 105 a 117) usa o identificador de recurso do componente MenuItem selecionado para determinar qual deles foi selecionado. Se o usuário tocou na opção editar (✏), a linha 109 chama o método onEditContact de DetailFragmentListener com o contactUri – MainActivity passa isso para AddEditFragment. Se o usuário tocou na opção excluir (🗑), a linha 112 chama o método deleteContact (Figura 9.52).

```
97    // exibe os itens de menu desse fragmento
98    @Override
99    public void onCreateOptionsMenu(Menu menu, MenuInflater inflater) {
100       super.onCreateOptionsMenu(menu, inflater);
101       inflater.inflate(R.menu.fragment_details_menu, menu);
102   }
103
104   // trata as seleções de item de menu
105   @Override
106   public boolean onOptionsItemSelected(MenuItem item) {
107       switch (item.getItemId()) {
108          case R.id.action_edit:
109             listener.onEditContact(contactUri); // passa o Uri para o receptor
110             return true;
111          case R.id.action_delete:
112             deleteContact();
113             return true;
114       }
115
116       return super.onOptionsItemSelected(item);
117   }
118
```

Figura 9.51 | Métodos sobrescritos onCreateOptionsMenu e onOptionsItemSelected.

9.13.6 Método deleteContact e confirmDelete de DialogFragment

O método deleteContact (Figura 9.52, linha 120 a 123) exibe um DialogFragment (linhas 126 a 157) para pedir confirmação ao usuário de que o contato atualmente exibido deve ser excluído. Se o usuário toca em **DELETE** na caixa de diálogo, as linhas 147 e 148 chamam o método delete de ContentResolver (linhas 147 e 148) para ativar o método delete de AddressBookContentProvider e remover o contato do banco de dados. O método delete recebe o Uri do conteúdo a excluir, uma String representando a cláusula WHERE que determina o que vai ser excluído e um array de Strings dos argumentos a inserir na cláusula WHERE. Neste caso, os dois últimos argumentos são null, pois o identificador de linha do contato a excluir está incorporado no Uri – esse identificador é extraído do Uri pelo método delete de AddressBookContentProvider. A linha 149 chama o método onContactDeleted de listener para que MainActivity possa remover o componente DetailFragment da tela.

```
119    // exclui um contato
120    private void deleteContact() {
121       // usa FragmentManager para exibir o componente DialogFragment confirmDelete
122       confirmDelete.show(getFragmentManager(), "confirm delete");
123    }
124
125    // DialogFragment para confirmar exclusão de contato
126    private final DialogFragment confirmDelete =
127       new DialogFragment() {
128          // cria um componente AlertDialog e o retorna
129          @Override
130          public Dialog onCreateDialog(Bundle bundle) {
131             // cria um AlertDialog Builder
132             AlertDialog.Builder builder =
133                new AlertDialog.Builder(getActivity());
134
135             builder.setTitle(R.string.confirm_title);
136             builder.setMessage(R.string.confirm_message);
137
138             // fornece um botão OK que simplesmente descarta a caixa de diálogo
139             builder.setPositiveButton(R.string.button_delete,
140                new DialogInterface.OnClickListener() {
141                   @Override
142                   public void onClick(
143                      DialogInterface dialog, int button) {
144
145                      // usa ContentResolver da atividade para ativar
146                      // delete no AddressBookContentProvider
147                      getActivity().getContentResolver().delete(
148                         contactUri, null, null);
149                      listener.onContactDeleted(); // notifica o receptor
150                   }
151                }
152             );
153
154             builder.setNegativeButton(R.string.button_cancel, null);
155             return builder.create(); // retorna o componente AlertDialog
156          }
157       };
158
```

Figura 9.52 | Método deleteContact e confirmDelete de DialogFragment.

9.13.7 Métodos de LoaderManager.LoaderCallback<Cursor>

A Figura 9.53 apresenta as implementações dos métodos de DetailFragment na interface LoaderManager.LoaderCallbacks<Cursor>. O método onCreateLoader (linhas 160 a 181) cria um CursorLoader para o contato específico que está sendo exibido. O método onLoadFinished (linhas 184 a 206) verifica se o cursor não é null e, em caso positivo, chama o método moveToFirst de cursor. Se esse método retorna true, foi encontrado um contato correspondente a contactUri no banco de dados, e as linhas 189 a 204 obtêm as informações do contato a partir do Cursor e as exibem na interface gráfica do usuário. O método onLoaderReset não é necessário em DetailFragment, de modo que não faz nada.

```
159    // chamado por LoaderManager para criar um Loader
160    @Override
161    public Loader<Cursor> onCreateLoader(int id, Bundle args) {
162       // cria um CursorLoader apropriado com base no argumento id;
163       // somente um Loader neste fragmento; portanto a instrução switch é
              desnecessária
164       CursorLoader cursorLoader;
165
166       switch (id) {
167          case CONTACT_LOADER:
168             cursorLoader = new CursorLoader(getActivity(),
169                contactUri, // Uri do contato a exibir
170                null, // projection = null retorna todas as colunas
171                null, // selection = null retorna todas as linhas
172                null, // nenhum argumento de seleção
173                null); // ordem de classificação
174             break;
175          default:
176             cursorLoader = null;
177             break;
178       }
179
180       return cursorLoader;
181    }
182
183    // chamado por LoaderManager quando o carregamento termina
184    @Override
185    public void onLoadFinished(Loader<Cursor> loader, Cursor data) {
186       // se o contato existe no banco de dados, exibe seus dados
187       if (data != null && data.moveToFirst()) {
188          // obtém o índice de coluna de cada item de dado
189          int nameIndex = data.getColumnIndex(Contact.COLUMN_NAME);
190          int phoneIndex = data.getColumnIndex(Contact.COLUMN_PHONE);
191          int emailIndex = data.getColumnIndex(Contact.COLUMN_EMAIL);
192          int streetIndex = data.getColumnIndex(Contact.COLUMN_STREET);
193          int cityIndex = data.getColumnIndex(Contact.COLUMN_CITY);
194          int stateIndex = data.getColumnIndex(Contact.COLUMN_STATE);
195          int zipIndex = data.getColumnIndex(Contact.COLUMN_ZIP);
196
197          // preenche componentes TextView com os dados recuperados
198          nameTextView.setText(data.getString(nameIndex));
199          phoneTextView.setText(data.getString(phoneIndex));
200          emailTextView.setText(data.getString(emailIndex));
201          streetTextView.setText(data.getString(streetIndex));
202          cityTextView.setText(data.getString(cityIndex));
203          stateTextView.setText(data.getString(stateIndex));
204          zipTextView.setText(data.getString(zipIndex));
205       }
206    }
207
208    // chamado por LoaderManager quando o Loader está sendo reiniciado
209    @Override
210    public void onLoaderReset(Loader<Cursor> loader) { }
211 }
```

Figura 9.53 | Métodos de LoaderManager.LoaderCallback<Cursor>.

9.14 Para finalizar

Neste capítulo, você criou o aplicativo **Address Book** para adicionar, ver, editar e excluir informações de contato armazenadas em um banco de dados SQLite.

Você usou uma atividade para armazenar todos os fragmentos do aplicativo. Em um dispositivo do tamanho de um telefone, exibiu um fragmento por vez. Em um tablet, a atividade exibiu o fragmento que continha a lista de contatos, e você substituiu isso por fragmentos para ver, adicionar e editar contatos, conforme fossem necessários. Usou o `FragmentManager` e objetos `FragmentTransaction` para exibir fragmentos dinamicamente. Usou a pilha de retrocesso de `Fragment` para fornecer suporte automático para o botão voltar do Android. Para comunicar dados entre os fragmentos e a atividade hospedeira, em cada subclasse de `Fragment`, você definiu uma interface aninhada de métodos de callback implementados pela atividade hospedeira.

Você usou uma subclasse de `SQLiteOpenHelper` a fim de simplificar a criação do banco de dados e a fim de obter um objeto `SQLiteDatabase` para manipular o conteúdo do banco de dados. Também gerenciou resultados de consulta do banco de dados por meio de um `Cursor` (pacote `android.database`).

Para acessar o banco de dados de forma assíncrona, fora da thread da interface gráfica do usuário, você definiu uma subclasse de `ContentProvider` que especificava como consultar, inserir, atualizar e excluir dados. Quando foram feitas alterações no banco de dados SQLite, o `ContentProvider` notificou os receptores para que os dados pudessem ser atualizados na interface gráfica do usuário. O `ContentProvider` definiu `Uris`, os quais utilizou para determinar as tarefas a executar.

Para ativar os recursos `query`, `insert`, `update` e `delete` de `ContentProvider`, chamamos os métodos correspondentes do `ContentResolver` interno da atividade. Vimos que o `ContentProvider` e o `ContentResolver` tratam da comunicação para você. Os métodos de `ContentResolver` receberam como primeiro argumento um `Uri` especificando o `ContentProvider` a acessar. Cada método de `ContentResolver` ativou o método correspondente do `ContentProvider`, o qual, por sua vez, utilizou o `Uri` para ajudar a determinar a tarefa a executar.

Como já dito, operações longas ou operações que bloqueiam a execução até que terminem (por exemplo, acesso a arquivos e a bancos de dados) devem ser efetuadas fora da thread da interface gráfica do usuário. Você usou um `CursorLoader` para acessar dados de forma assíncrona. Aprendeu que `Loaders` são criados e gerenciados pelo `LoaderManager` de uma atividade ou fragmento, o qual vincula o ciclo de vida de cada `Loader` ao de sua atividade ou fragmento. Implementou a interface `LoaderManager.LoaderCallbacks` para responder a eventos de `Loader`, indicando quando um `Loader` deve ser criado, quando termina de carregar os dados ou quando é redefinido e os dados não estão mais disponíveis.

Você definiu, como recursos de estilo, pares atributo-valor de componentes comuns da interface gráfica do usuário, e aplicou o estilo aos componentes `TextView` que exibiam as informações de um contato. Definiu também a borda de um componente `TextView`, especificando um `Drawable` para o plano de fundo do componente. `Drawable` poderia ser uma imagem, mas neste aplicativo você definiu o `Drawable` como um objeto `shape` de um arquivo de recursos.

No Capítulo 10, vamos discutir o lado comercial do desenvolvimento de aplicativos Android. Você também vai ver como preparar seu aplicativo para enviar ao Google Play, incluindo a produção de ícones. Vamos discutir como testar seus aplicativos em dispositivos e publicá-los no Google Play. Discutiremos as características de aplicativos notáveis e as diretrizes de projeto do Android a serem seguidas. Forneceremos dicas para fixação de preço e comercialização de seu aplicativo. Examinaremos também as vantagens de oferecer seu aplicativo gratuitamente para alavancar as vendas de outros produtos, como uma versão mais completa do aplicativo ou conteúdo melhor. Mostraremos como usar o Google Play para monitorar as vendas do aplicativo, os pagamentos e muito mais.

10

Google Play e questões de comercialização de aplicativos

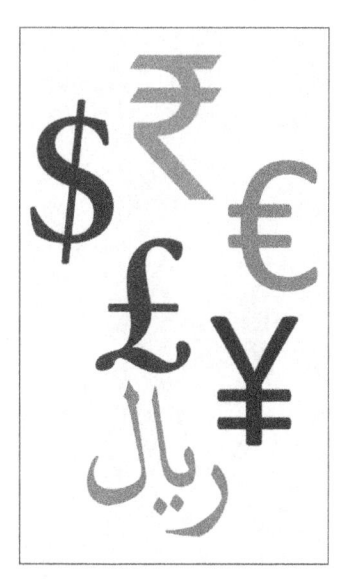

Objetivos
Neste capítulo, você vai:
- Preparar aplicativos para publicação.
- Determinar o preço de seus aplicativos e conhecer as vantagens dos aplicativos gratuitos *versus* pagos.
- Monetizar seus aplicativos com anúncios incorporados.
- Aprender a vender bens virtuais utilizando cobrança incorporada ao aplicativo.
- Registrar-se no Google Play.
- Abrir uma conta bancária.
- Carregar seus aplicativos no Google Play.
- Ativar o Google Play dentro de um aplicativo.
- Conhecer outras lojas de aplicativos Android.
- Conhecer outras plataformas populares de aplicativos móveis para as quais você pode portar seus aplicativos a fim de ampliar seu mercado.
- Aprender a comercializar seus aplicativos.

Resumo

10.1 Introdução
10.2 Preparação dos aplicativos para publicação
    10.2.1 Teste do aplicativo
    10.2.2 Acordo de Licença de Usuário Final
    10.2.3 Ícones e rótulos
    10.2.4 Controle de versão de seu aplicativo
    10.2.5 Licenciamento para controle de acesso a aplicativos pagos
    10.2.6 Ofuscação de seu código
    10.2.7 Obtenção de uma chave privada para assinar digitalmente seu aplicativo
    10.2.8 Imagem retratada e capturas de tela
    10.2.9 Vídeo promocional do aplicativo
10.3 Precificação de seu aplicativo: gratuito ou pago
    10.3.1 Aplicativos pagos
    10.3.2 Aplicativos gratuitos
10.4 Monetização de aplicativos com anúncio incorporado
10.5 Monetização de aplicativos: utilização de cobrança incorporada para vender bens virtuais
10.6 Registro no Google Play
10.7 Abertura de uma conta no Google Payments
10.8 Carregamento de seus aplicativos no Google Play
10.9 Ativação do Play Store dentro de seu aplicativo
10.10 Gerenciamento de seus aplicativos no Google Play
10.11 Outras lojas de aplicativos Android
10.12 Outras plataformas de aplicativos móveis e como portar seus aplicativos
10.13 Comercialização de seus aplicativos
10.14 Para finalizar

10.1 Introdução

Nos Capítulos 2 a 9, desenvolvemos diversos aplicativos Android completos. Uma vez desenvolvidos e testados, tanto no emulador como em dispositivos Android, o próximo passo é enviá-los ao Google Play – e/ou a outras lojas de aplicativos – para distribuição ao público do mundo todo. Neste capítulo, vamos discutir:

- registro no Google Play e abertura de uma conta bancária Google Payments para que você possa vender seus aplicativos;
- preparação de aplicativos para publicação; e
- carregamento de aplicativos no Google Play.

Em alguns casos, vamos encaminhá-lo à documentação do Android, em vez de mostrar os passos no livro, pois é provável que as etapas mudem. Vamos falar sobre outras lojas de aplicativos Android em que você pode distribuir seus aplicativos. Vamos discutir se você deve oferecer seus aplicativos gratuitamente ou vendê-los, e mencionar importantes maneiras de monetizar aplicativos, incluindo anúncios incorporados, cobranças incorporadas e venda de bens virtuais. Vamos fornecer recursos para comercializar seus aplicativos e mencionaremos outras plataformas para as quais você pode portar seus aplicativos Android a fim de ampliar seu mercado.

10.2 Preparação de aplicativos para publicação

O Google fornece vários documentos para ajudá-lo a se preparar para lançar seu aplicativo. O documento *Preparing for Release*

> http://developer.android.com/tools/publishing/preparing.html

resume o que é necessário fazer, incluindo:

- obter uma *chave criptográfica* para *assinar digitalmente* seu aplicativo
- criar um *ícone* de aplicativo

- incluir um *Acordo de Licença de Usuário Final* em seu aplicativo (opcional)
- fazer o *controle de versão* de seu aplicativo (por exemplo, 1.0, 1.1, 2.0, 2.3, 3.0)
- *compilar* o aplicativo para lançamento
- *testar* a versão de lançamento de seu aplicativo em dispositivos Android

> http://developer.android.com/tools/testing/what_to_test.html

Antes de publicar seu aplicativo, você também deve ler o documento *Core App Quality*

> http://developer.android.com/distribute/essentials/quality/core.html

que fornece diretrizes de qualidade para todos os aplicativos, o documento *Tablet App Quality*

> http://developer.android.com/distribute/essentials/quality/
> tablets.html

que fornece diretrizes especificamente para aplicativos de tablet, a *Launch Checklist* para publicar aplicativos na loja Google Play

> http://developer.android.com/distribute/tools/launch-checklist.html

e a *Localization Checklist* para aplicativos que serão comercializados mundialmente

> http://developer.android.com/distribute/tools/
> localization-checklist.html

O restante desta seção discute com mais detalhes alguns dos itens necessários e outras considerações, antes de você publicar um aplicativo.

10.2.1 Teste do aplicativo

Você deve testar completamente seu aplicativo em diversos dispositivos. O aplicativo pode funcionar perfeitamente usando o emulador em seu computador, mas podem surgir problemas ao executá-lo em dispositivos Android específicos. O Cloud Test Lab do Google[1]

> https://developers.google.com/cloud-test-lab

o ajuda a testar seu aplicativo em uma ampla variedade de dispositivos.

10.2.2 Acordo de Licença de Usuário Final

Você tem a opção de incluir um **Acordo de Licença de Usuário Final (EULA – End User License Agreement)** em seu aplicativo. O EULA é um acordo por meio do qual você licencia seu software para o usuário. Normalmente, ele estipula termos de uso, limitações em relação à redistribuição e engenharia reversa, confiabilidade do produto, obediência às leis aplicáveis e muito mais. Talvez você queira consultar um advogado quando esboçar um EULA para seu aplicativo. Para ver um exemplo de EULA, consulte

> http://www.rocketlawyer.com/document/end-user-license-agreement.rl

---

[1] Ainda não disponível quando da produção deste livro.

10.2.3 Ícones e rótulos

Projete um ícone para seu aplicativo e forneça um rótulo textual (um nome) que aparecerá no Google Play e no dispositivo do usuário. O ícone pode ser o logotipo de sua empresa, uma imagem do aplicativo ou uma imagem personalizada. A documentação do Material Design do Google fornece todos os detalhes a considerar para os ícones do aplicativo:

```
https://www.google.com/design/spec/style/icons.html
```

Ícones de produto devem ser de 48 por 48 dp, com borda de 1 dp. O Android muda a escala disso para a dimensão exigida para vários tamanhos e densidades de tela. Por isso, as diretrizes recomendam projetar o ícone com 192 por 192 dp, com uma margem de 4 dp – imagens maiores, reduzidas para tamanhos menores, aparecem melhor do que imagens menores ampliadas.

O Google Play também exibe um ícone de aplicativo de alta resolução. Esse ícone deve ter:

- 512 por 512 pixels
- PNG de 32 bits
- no máximo 1 MB

Como o ícone do aplicativo é o item mais importante da marca, é fundamental ter um de alta qualidade. Pense na possibilidade de contratar um designer gráfico experiente para ajudá-lo a criar um ícone atraente e profissional. A Figura 10.1 lista alguns sites e empresas de design que oferecem serviços de projeto de ícones profissionais, gratuitos e pagos. Uma vez criado o ícone, você pode adicioná-lo ao seu projeto usando o **Asset Studio** do Android Studio (como fez na Seção 4.4.9), o qual vai produzir ícones de vários tamanhos, baseados em seu ícone original.

Empresa	URL	Serviços
glyphlab	http://www.glyphlab.com/icon_design/	Projeta ícones personalizados.
Iconiza	http://www.iconiza.com	Projeta ícones personalizados por um valor fixo e vende ícones comuns.
The Iconfactory	http://iconfactory.com/home	Ícones comuns e personalizados.
Rosetta®	http://icondesign.rosetta.com/	Projeta ícones personalizados pagos.
The Noun Project	https://thenounproject.com/	Milhares de ícones de muitos artistas.
Elance®	http://www.elance.com	Busca de designers de ícone freelance.

Figura 10.1 Algumas empresas de projeto de ícones de aplicativo personalizados.

10.2.4 Controle de versão de seu aplicativo

É importante incluir um *nome* (mostrado para os usuários) e um *código* (um número inteiro, usado internamente pelo Google Play) *de versão* para seu aplicativo e avaliar sua estratégia de numeração de atualizações. Por exemplo, o primeiro nome de versão de seu aplicativo poderia ser 1.0, pequenas atualizações poderiam ser 1.1 e 1.2, e a próxima atualização importante poderia ser 2.0. O código da versão é um valor inteiro que normalmente começa em 1 e é incrementado por 1 a cada nova versão postada de seu aplicativo. Para ver mais diretrizes, consulte *Versioning Your Applications*, no endereço

```
http://developer.android.com/tools/publishing/versioning.html
```

10.2.5 Licenciamento para controle de acesso a aplicativos pagos

O *serviço de licenciamento* do Google Play permite criar políticas de licenciamento para controlar o acesso aos seus aplicativos pagos. Por exemplo, você poderia usar uma política de licenciamento para limitar o número de instalações de dispositivo simultâneas permitidas. Para saber mais sobre o serviço de licenciamento, visite:

```
http://developer.android.com/google/play/licensing/index.html
```

10.2.6 Ofuscação de seu código

Você deve "ofuscar" o código dos aplicativos que carregar no Google Play para desencorajar a engenharia reversa e dar maior proteção aos seus aplicativos. A ferramenta gratuita **ProGuard** – executada quando você compila seu aplicativo no *modo release* – reduz o tamanho de seu arquivo .apk (o arquivo de pacote de aplicativo do Android que contém seu aplicativo para instalação), otimiza e ofusca o código, "removendo código não utilizado e substituindo o nome de classes, campos e métodos por nomes semanticamente obscuros".[2] Para saber como configurar e usar a ferramenta ProGuard, acesse

```
http://developer.android.com/tools/help/proguard.html
```

10.2.7 Obtenção de uma chave privada para assinar digitalmente seu aplicativo

Antes de carregar seu aplicativo em um dispositivo no Google Play ou em outras lojas de aplicativos, você deve *assinar digitalmente* o arquivo .apk usando um **certificado digital** que o identifique como autor do aplicativo. Um certificado digital inclui seu nome ou o nome de sua empresa, informações de contato, etc. Ele pode ser assinado automaticamente usando uma **chave privada** (isto é, uma senha segura usada para *criptografar* o certificado); você não precisa adquirir um certificado de uma autoridade de certificação (embora seja uma opção). O Android Studio assina digitalmente seu aplicativo de forma automática quando você o executa em um emulador ou em um dispositivo para propósitos de *depuração*. Esse certificado digital *não* é válido para uso no Google Play. Para ver instruções detalhadas sobre a assinatura digital de seus aplicativos, consulte *Signing Your Applications* em

```
http://developer.android.com/tools/publishing/app-signing.html
```

10.2.8 Imagem retratada e capturas de tela

A loja Google Play mostra elementos gráficos e capturas de tela promocionais na listagem de seu aplicativo – isso proporciona aos compradores em potencial suas primeiras impressões em relação ao seu aplicativo.

---

2 http://developer.android.com/tools/help/proguard.html.

Imagem retratada

A imagem retratada é usada pelo Google Play para promover um aplicativo em telefones, tablets e no site do Google Play. A seguinte postagem do Android Developers Blog discute a importância da imagem retratada e seus requisitos:

```
http://android-developers.blogspot.com/2011/10/android-market-
    featured-image.html
```

Capturas de tela e o uso da ferramenta Screen Capture do Android Device Manager

Você pode carregar no máximo oito capturas de tela para cada dispositivo em que seu aplicativo funciona – smartphone, tablet pequeno, tablet grande, Android TV e Android Wear. Essas capturas oferecem uma visualização prévia de seu aplicativo, pois os usuários não podem testá-lo antes de baixá-lo – embora possam devolver um aplicativo, com reembolso garantido, dentro de duas horas após adquiri-lo. Escolha capturas de tela atraentes que mostrem a funcionalidade do aplicativo. A Figura 10.2 descreve os requisitos de imagem.

Especificação	Descrição
Tamanho	Largura ou altura mínima de 320 pixels e máxima de 3.840 pixels – a dimensão máxima não pode ser maior que duas vezes a mínima.
Formato	Formato PNG de 24 bits ou JPEG, sem efeitos alfa (transparência).

Figura 10.2 | Especificações para captura de tela.

Você pode usar o Android Device Monitor para capturar telas do dispositivo – essa ferramenta é instalada com o Android Studio e também ajuda a depurar seus aplicativos que estejam executando em emuladores e dispositivos. Para obter as capturas de tela:

1 Execute seu aplicativo em um emulador ou dispositivo.

2 No Android Studio, selecione **Tools > Android > Android Device Monitor** para abrir o Android Device Monitor.

3 Na janela **Devices** (Figura 10.3), selecione o dispositivo do qual você deseja obter uma captura de tela.

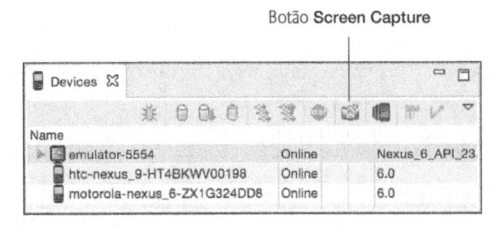

Figura 10.3 | Janela **Devices** na perspectiva DDMS.

4 Clique no botão **Screen Capture** para exibir a janela **Device Screen Capture**.

5 Após se certificar de que a tela está mostrando o que você deseja capturar, clique no botão **Save** para salvar a imagem.

6 Se quiser mudar o que está na tela de seu dispositivo antes de salvar uma imagem, faça a alteração no dispositivo e, em seguida, pressione o botão **Refresh** na janela

Device Screen Capture para recapturar a tela do dispositivo. Você também pode clicar em **Rotate** para capturar uma imagem na orientação paisagem.

Para obter mais informações sobre as imagens que podem ser incluídas em sua listagem de aplicativo, visite

```
https://support.google.com/googleplay/android-developer/
    answer/1078870
```

10.2.9 Vídeo promocional do aplicativo

O Google Play também permite incluir uma URL para um vídeo promocional curto, hospedado no YouTube. Para usar esse recurso, você precisa ter uma conta no YouTube e carregar seu vídeo no site. A Figura 10.4 lista vários exemplos de vídeo promocional. Alguns vídeos mostram uma pessoa segurando um dispositivo e interagindo com o aplicativo. Outros utilizam capturas de tela. A Figura 10.5 lista diversas ferramentas e serviços de criação de vídeo (alguns gratuitos, alguns pagos). Além disso, o Android Studio fornece a ferramenta **Screen Record** na janela **Android Monitor**.

Aplicativo	URL
Pac-Man 256	https://youtu.be/RF0GfRvm-yg
Angry Birds 2	https://youtu.be/jOUEjknadEY
Real Estate and Homes by Trulia®	https://youtu.be/BJDPKBNuqzE
Essential Anatomy 3	https://youtu.be/xmBqxbOaZr8

Figura 10.4 | Exemplos de vídeos promocionais para aplicativos no Google Play.

Ferramentas e serviços	URL
Animoto	http://animoto.com
Apptamin	http://www.apptamin.com
CamStudio™	http://camstudio.org
Jing	http://www.techsmith.com/jing.html
Camtasia Studio®	http://www.techsmith.com/camtasia.html
TurboDemo™	http://www.turbodemo.com/eng/index.php

Figura 10.5 | Ferramentas e serviços para criação de vídeos promocionais.

10.3 Precificação de seu aplicativo: gratuito ou pago

Você define os preços de seus aplicativos distribuídos por meio do Google Play. Muitos desenvolvedores oferecem seus aplicativos gratuitamente, como uma ferramenta de marketing, publicidade e impressão de marca, lucrando com a venda de produtos e serviços, de versões com mais recursos dos mesmos aplicativos e de conteúdo adicional no aplicativo com *venda incorporada* ou *anúncios incorporados ao aplicativo*. A Figura 10.6 lista várias maneiras de monetizar seus aplicativos. As maneiras específicas do Google Play monetizar seus aplicativos estão listadas em

```
http://developer.android.com/distribute/monetize/index.html
```

> **Maneiras de monetizar um aplicativo**
> - Venda do aplicativo no Google Play.
> - Venda do aplicativo em outras lojas de aplicativos Android.
> - Venda de atualizações pagas.
> - Venda de bens virtuais (Seção 10.5).
> - Venda de um aplicativo para uma empresa que coloca sua própria marca nele.
> - Uso de serviços de propaganda móvel para anúncios incorporados ao aplicativo (Seção 10.4).
> - Venda direta ao consumidor de espaço de propaganda incorporado ao aplicativo.
> - Uso do aplicativo para impulsionar as vendas de uma versão do aplicativo com mais recursos.

Figura 10.6 | Maneiras de monetizar um aplicativo.

10.3.1 Aplicativos pagos

O preço médio dos aplicativos varia muito de acordo com a categoria. Por exemplo, de acordo com o site de descoberta de aplicativos AppBrain (http://www.appbrain.com), o preço médio de aplicativos tipo quebra-cabeça é de US$1,51, e de aplicativos comerciais é de US$8,44.[3] Embora esses preços pareçam baixos, lembre-se de que aplicativos de sucesso podem vender dezenas de milhares, centenas de milhares ou mesmo milhões de cópias.

Ao estabelecer um preço para seu aplicativo, comece pesquisando seus concorrentes. Quanto eles cobram? Os aplicativos deles têm funcionalidade semelhante? O seu tem mais recursos? Oferecer seu aplicativo a um preço mais baixo do que o dos concorrentes vai atrair usuários? Seu objetivo é recuperar os custos do desenvolvimento e gerar lucros?

Se mudar de estratégia, você pode finalmente oferecer seu aplicativo gratuitamente. Contudo, atualmente não é possível cobrar por um aplicativo que antes era gratuito.

As transações financeiras para aplicativos pagos no Google Play são feitas pelo Google Wallet

```
http://google.com/wallet
```

embora os clientes de algumas operadoras de telefonia móvel (como AT&T, Sprint e T-Mobile) possam optar por usar a fatura da operadora para cobrar por aplicativos pagos. Seus lucros são pagos mensalmente em sua conta bancária Google Payments.[4] Você é responsável por pagar os impostos sobre a renda obtida por meio do Google Play.

10.3.2 Aplicativos gratuitos

Mais de 90% dos aplicativos baixados pelos usuários são gratuitos, e essa porcentagem está aumentando há vários anos.[5] Dado que é mais provável que os usuários baixem um aplicativo se for gratuito, pense na possibilidade de oferecer uma versão "lite" gratuita de seu aplicativo, para estimular os usuários a experimentá-lo. Por exemplo, se seu aplicativo é um jogo, você poderia oferecer uma versão gratuita apenas com os primeiros níveis. Quando o usuário terminasse de jogar os níveis gratuitos, o aplicativo

---

[3] http://www.appbrain.com/stats/android-market-app-categories.

[4] http://support.google.com/googleplay/android-developer/answer/137997?hl=en&ref_topic=15867.

[5] http://www.statista.com/topics/1002/mobile-app-usage/.

ofereceria uma opção para, pelo Google Play, comprar seu aplicativo mais robusto, com numerosos níveis de jogo. Ou, então, exibiria uma mensagem dizendo que o usuário pode comprar mais níveis dentro do aplicativo, em uma atualização transparente (consulte a Seção 10.5). Muitas empresas disponibilizam aplicativos gratuitos para difundir o conhecimento da marca e estimular as vendas de outros produtos e serviços (Figura 10.7).

Aplicativo gratuito	Funcionalidade
Amazon® Mobile	Localizar e adquirir itens no site da Amazon.
Bank of America	Localizar caixas eletrônicos e agências em sua região, consultar saldos e pagar contas.
Best Buy®	Localizar e adquirir itens.
CNN	Receber as notícias mais recentes do mundo, notícias de última hora e assistir a vídeos ao vivo.
Epicurious Recipe	Ver milhares de receitas de várias revistas da Condé Nast, incluindo *Gourmet* e *Bon Appetit*.
ESPN® ScoreCenter	Configurar tabelas personalizadas para acompanhar suas equipes esportivas amadoras e profissionais favoritas.
NFL Mobile	Receber as notícias e atualizações mais recentes da NFL, programação ao vivo, NFL Replay e muito mais.
UPS® Mobile	Monitorar cargas, localizar lugares de entrega, obter estimativas de custos de despacho e muito mais.
NYTimes	Ler gratuitamente os artigos do *The New York Times*.
Pocket Agent™	O aplicativo do State Farm Insurance permite que você entre em contato com um agente, faça reclamações, encontre centros de reparos locais, consulte suas contas no State Farm e no fundo mútuo e muito mais.
Progressive® Insurance	Fazer uma reclamação e enviar fotos da cena de um acidente automobilístico, encontrar um agente local, obter informações sobre segurança automobilística quando estiver comprando um carro novo e muito mais.
USA Today®	Ler artigos do *USA Today* e receber os resultados esportivos mais recentes.
Wells Fargo® Mobile	Localizar caixas eletrônicos e agências em sua região, consultar saldos, fazer transferências e pagar contas.
Women's Health Workouts Lite	Ver numerosos exercícios físicos de uma das mais importantes revistas femininas.

Figura 10.7 | Empresas que disponibilizam aplicativos Android gratuitos para difundir o conhecimento da marca.

10.4 Monetização de aplicativos com anúncio incorporado

Muitos desenvolvedores oferecem aplicativos gratuitos monetizados com **anúncios incorporados** – frequentemente publicidade em banners semelhante às encontradas em sites. Redes de anúncio móvel, como AdMob

```
http://www.google.com/admob/
```

e Google AdSense for Mobile

    http://www.google.com/adsense/start/

reúnem anunciantes para você e apresentam anúncios relevantes para seu aplicativo (consulte a Seção 10.13). Você recebe os lucros do anúncio com base no número da métrica *click-through*. Os 100 aplicativos gratuitos mais vistos podem render desde algumas centenas até milhares de dólares por dia. O anúncio incorporado não gera lucros significativos para a maioria dos aplicativos; portanto, se seu objetivo é recuperar os custos do desenvolvimento e gerar lucros, você deve pensar em cobrar uma taxa por seu aplicativo.

10.5 Monetização de aplicativos: utilização de cobrança incorporada para vender bens virtuais

O serviço de **cobrança incorporada** do Google Play

    http://developer.android.com/google/play/billing/index.html

permite que você venda bens virtuais (por exemplo, conteúdo digital) por meio de aplicativos em dispositivos com Android 2.3 ou superior (Figura 10.8). O serviço de cobrança incorporada está disponível apenas para aplicativos adquiridos através do Google Play; ele *não* pode ser usado em aplicativos comercializados por outras lojas de aplicativo. Para usar cobrança incorporada ao aplicativo, você vai precisar de uma conta de publicador no Google Play (consulte a Seção 10.6) e de uma conta no Google Payments (consulte a Seção 10.7). O Google paga a você 70% dos lucros de todas as compras incorporadas feitas por meio dos seus aplicativos.

Bens virtuais		
Assinaturas eletrônicas de revistas	Guias adaptados ao idioma local	Avatares
Vestuário virtual	Níveis de jogo adicionais	Cenário de jogo
Recursos complementares	Tons de chamada	Ícones
Cartões eletrônicos	Presentes eletrônicos	Moeda virtual
Papéis de parede	Imagens	Animais de estimação virtuais
Áudios	Vídeos	Livros eletrônicos e muito mais

Figura 10.8 | Bens virtuais.

A venda de bens virtuais pode gerar lucros mais altos *por usuário* do que o anúncio incorporado ao aplicativo.[6] Alguns aplicativos particularmente bem-sucedidos na venda de bens virtuais incluem Angry Birds, DragonVale, Zynga Poker, Bejeweled Blitz, NYTimes e Candy Crush Saga. Os bens virtuais são especialmente populares em jogos móveis.

Para implementar cobrança incorporada ao aplicativo, siga os passos que se encontram em

    http://developer.android.com/google/play/billing/
        billing_integrate.html

---

[6] http://www.businessinsider.com/its-morning-in-venture-capital-2012-5?utm_source=readme&utm_medium=rightrail&utm_term=&utm_content=6&utm_campaign=recirc.

Para obter mais informações sobre cobrança incorporada ao aplicativo, incluindo assinaturas, amostras de aplicativo, melhores práticas de segurança, testes e muito mais, visite

```
http://developer.android.com/google/play/billing/
    billing_overview.html
```

Também é possível assistir à aula de treinamento gratuita *Selling In-app Products* em

```
http://developer.android.com/training/in-app-billing/index.html
```

Aquisição incorporada para aplicativos vendidos por meio de outras lojas

Se você optar por vender seus aplicativos por meio de outras lojas (consulte a Seção 10.11), vários provedores de pagamento móvel permitem que os aplicativos tenham *aquisição incorporada* usando APIs dos provedores de pagamento móvel (Figura 10.9) – você não pode usar a cobrança incorporada ao aplicativo do Google Play. Comece incorporando *funcionalidades bloqueadas* adicionais (por exemplo, níveis de jogo, avatares) em seu aplicativo. Quando o usuário optar por fazer uma compra, a ferramenta de aquisição incorporada ao aplicativo cuida da transação financeira e retorna uma mensagem para o aplicativo confirmando o pagamento. Então, o aplicativo desbloqueia a funcionalidade adicional.

Provedor	URL	Descrição
PayPal Mobile Payments Library	https://developer.paypal.com/webapps/developer/docs/classic/mobile/gs_MPL/	Os usuários clicam no botão **Pay with PayPal**, fazem login em sua conta no PayPal e, então, clicam em **Pay**.
Amazon In-App Purchasing	https://developer.amazon.com/appsandservices/apis/earn/in-app-purchasing	Aquisição incorporada para aplicativos vendidos por meio da Amazon App Store para Android.
Samsung In-App Purchase	http://developer.samsung.com/in-app-purchase	Aquisição incorporada para aplicativos projetados especificamente para dispositivos Samsung.
Boku	http://www.boku.com	Os usuários clicam em **Pay by Mobile**, digitam o número de seus celulares e, então, completam a transação respondendo a uma mensagem de texto enviada para seus telefones.

Figura 10.9 | Provedores de pagamento móvel para aquisição incorporada ao aplicativo.

10.6 Registro no Google Play

Para publicar seus aplicativos no Google Play, você deve registrar uma conta no endereço

```
http://play.google.com/apps/publish
```

Há uma taxa de registro de US$25, paga somente uma vez. Ao contrário de outras plataformas móveis populares, o *Google Play não tem nenhum processo de aprovação para o carregamento de aplicativos*, embora existam testes automáticos contra malware. Contudo, você precisa aceitar as *Google Play Developer Program Policies*. Se seu aplicativo violar essas políticas, poderá ser removido a qualquer momento. Violações graves ou repetidas podem resultar no encerramento da conta (Figura 10.10).

Violações da Google Play Content Policy for Developers	
• Infringir os direitos de propriedade intelectual de outros (por exemplo, marcas registradas, patentes e direitos autorais).	• Invadir privacidade pessoal.
	• Interferir nos serviços de terceiros.
	• Danificar o dispositivo ou os dados pessoais do usuário.
• Atividades ilegais.	
• Criar experiência de usuário tipo "spam" (por exemplo, enganar o usuário sobre o propósito do aplicativo).	• Jogos de azar.
	• Promover ódio ou violência.
	• Fornecer conteúdo pornográfico ou obsceno, ou qualquer coisa inadequada a menores de 18 anos.
• Causar impacto negativo nas taxas de serviço do usuário ou na rede da operadora de telefonia sem fio.	
	• Anúncios em notificações e widgets em nível de sistema.
• Personificação ou fraude.	

Figura 10.10 | Algumas violações da *Google Play Content Policy for Developers* (http://play.google.com/about/developer-content-policy.html#showlanguages).

10.7 Abertura de uma conta no Google Payments

Para vender seus aplicativos no Google Play, você vai precisar de uma **conta no Google Payments**, disponível para desenvolvedores do Google Play em mais de 150 países.[7] Quando estiver registrado e tiver feito login no Google Play, em

```
http://play.google.com/apps/publish/
```

clique no link **set up a Merchant account** e forneça

- informações para o Google entrar em contato com você; e
- informações de contato de suporte ao cliente para que os usuários possam contatá-lo.

10.8 Carregamento de seus aplicativos no Google Play

Uma vez que você tenha preparado os seus arquivos e esteja pronto para carregar o aplicativo na loja, examine os passos na *Launch Checklist*, no endereço:

```
http://developer.android.com/distribute/tools/launch-checklist.html
```

Depois, faça login no Google Play em http://play.google.com/apps/publish (Seção 10.6) e clique no botão **Publish an Android App on Google Play** para iniciar o processo de carregamento. Será solicitado que você faça upload dos seguintes itens:

1. *O arquivo* .apk, que inclui os arquivos de código do aplicativo, itens, recursos e o arquivo de manifesto.

2. Pelo menos *duas capturas de tela* de seu aplicativo, para serem incluídas no Google Play. Você pode incluir capturas de tela para um telefone Android, tablet de 7 polegadas, tablet de 10 polegadas, Android TV e Android Wear.

3. *Ícone de aplicativo de alta resolução* (512 × 512 pixels) para ser incluído no Google Play.

4. *Elemento gráfico retratado*, usado pela equipe editorial do Google Play para promover aplicativos e na página de produto de seu aplicativo. Essa imagem deve ter

---

[7] http://support.google.com/googleplay/android-developer/answer/150324?hl=en&ref_topic=15867.

1024 pixels de largura x 500 pixels de altura, no formato JPEG ou PNG de 24 bits, sem efeitos alfa (transparência).

5 *Elemento gráfico promocional* (opcional) do Google Play para ser usado pelo Google caso eles decidam promover seu aplicativo (para ver exemplos, veja alguns dos elementos gráficos de aplicativos especiais no Google Play). Esse elemento gráfico deve ter 180 pixels de largura x 120 pixels de altura, no formato JPEG ou PNG de 24 bits, sem efeitos alfa (transparência).

6 *Vídeo promocional* (opcional) para ser incluído no Google Play. Você pode incluir uma URL para um vídeo promocional de seu aplicativo (por exemplo, um link no YouTube para um vídeo demonstrando o funcionamento do aplicativo).

Além dos itens do aplicativo, será solicitado que você forneça a seguinte listagem adicional de detalhes para o Google Play:

1 ***Language (Idioma).*** Por padrão, seu aplicativo vai ser listado em inglês. Se quiser listá-lo em mais idiomas, selecione-os na relação fornecida (Figura 10.11).

Idioma			
Africâner	Dinamarquês	Indonésio	Polonês
Alemão	Eslovaco	Inglês	Português (Brasil)
Amárico	Esloveno	Inglês (Britânico)	Português (Portugal)
Árabe	Espanhol (A. Latina)	Islandês	Quirguiz
Armênico	Espanhol (Espanha)	Italiano	Romeno
Azerbaijanês	Espanhol (EUA)	Japonês	Romanche
Basco	Estoniano	Khme	Russo
Bengali	Filipino	Laociano	Sérvio
Bielorusso	Finlandês	Letão	Suaíli
Birmanês	Francês	Lituano	Sueco
Búlgaro	Francês (Canadá)	Macedônio	Tailandês
Canarês	Galego	Malaiala	Tâmil
Catalão	Georgiano	Malaio	Tcheco
Chinês (Simplificado)	Grego	Marata	Telugu
Chinês (Traditional)	Hebraico	Mongol	Turquia
Cingalês	Hindi	Nepalês	Ucraniano
Coreano (Sul)	Holandês	Norueguês	Vietnamita
Croata	Húngaro	Persa	Zulu

Figura 10.11 | Idiomas para listar aplicativos no Google Play.

2 ***Title (Título).*** O título de seu aplicativo, conforme vai aparecer no Google Play (30 caracteres no máximo). *Não* precisa ser único entre todos os aplicativos Android.

3 ***Short description (Breve descrição).*** Uma descrição curta de seu aplicativo (80 caracteres no máximo).

4 **Description (Descrição).** Uma descrição do aplicativo e seus recursos (4.000 caracteres no máximo). Recomenda-se usar a última parte da descrição para explicar por que o aplicativo exige cada permissão e como é usada.

5 **Recent changes (Alterações recentes).** Um acompanhamento de quaisquer alterações específicas na versão mais recente de seu aplicativo (500 caracteres no máximo).

6 **Promo text (Texto promocional).** O texto promocional para comercializar seu aplicativo (80 caracteres no máximo).

7 **Application type (Tipo de aplicativo).** Escolha **Applications** ou **Games**.

8 **Category (Categoria).** Selecione a categoria mais adequada ao seu jogo ou aplicativo.

9 **Price (Preço).** Para vender seu aplicativo, você vai precisar de uma conta bancária.

10 **Content rating (Classificação de conteúdo).** Você pode selecionar **High Maturity**, **Medium Maturity**, **Low Maturity** ou **Everyone**. Para obter mais informações, consulte *Rating your application content for Google Play* em

```
http://support.google.com/googleplay/android-developer/answer/188189
```

11 **Locations (Locais).** Por padrão, o aplicativo vai ser listado em todos os países abrangidos pelo Google Play, atuais e futuros. Se não quiser que seu aplicativo esteja disponível em todos esses países, escolha cuidadosamente aqueles específicos em que deseja listá-lo.

12 **Webiste (Site).** Um link **Visit Developer's Website** será incluído na listagem de seu aplicativo no Google Play. Forneça um link direto para a página em seu site, em que os usuários interessados em baixar seu aplicativo possam encontrar mais informações, incluindo material de marketing, listagens de recursos, mais capturas de tela, instruções, etc.

13 **E-mail (E-mail).** Seu endereço de e-mail também vai ser incluído no Google Play, para que os clientes possam entrar em contato com você para fazer perguntas, relatar erros, etc.

14 **Phone number (Número de telefone).** Às vezes, seu número de telefone é incluído no Google Play. Portanto, recomenda-se deixar esse campo em branco, a não ser que você dê suporte via telefone. Talvez você queira fornecer o número do telefone do atendimento ao cliente em seu site.

15 **Privacy policy (Política de privacidade).** Um link para sua política de privacidade.

Além disso, se você vende produtos incorporados ao aplicativo ou utiliza quaisquer serviços do Google, deve adicionar os produtos e especificar os serviços utilizados. Para obter informações sobre como adicionar produtos incorporados ao aplicativo, visite

```
http://developer.android.com/google/play/billing/billing_admin.html
```

10.9 Ativação do Play Store dentro de seu aplicativo

Para estimular suas vendas, você pode ativar o aplicativo **Play Store** (Google Play) dentro de seu aplicativo (normalmente, incluindo um botão) para que o usuário possa baixar outros aplicativos seus publicados ou comprar um aplicativo relacionado com funcionalidade maior que a da versão "lite" baixada anteriormente. Você também pode ativar o aplicativo **Play Store** para permitir que os usuários baixem as atualizações mais recentes.

Existem duas maneiras de ativar o aplicativo **Play Store**. Primeiramente, você pode pesquisar no Google Play em busca de aplicativos com um nome de desenvolvedor, nome de pacote ou uma string de caracteres específicos. Por exemplo, se quiser estimular os usuários a baixar outros aplicativos seus publicados, você pode incluir em seu aplicativo um botão que, quando tocado, ativa o aplicativo **Play Store** e inicia uma busca por aplicativos contendo o seu nome ou o de sua empresa. A segunda opção é levar o usuário para a página de detalhes no aplicativo **Play Store** a fim de buscar um aplicativo específico. Para saber como ativar o **Play Store** dentro de um aplicativo, consulte *Linking Your Products* em

```
http://developer.android.com/distribute/tools/promote/linking.html
```

10.10 Gerenciamento de seus aplicativos no Google Play

O *Google Play Developer Console* permite gerenciar sua conta e seus aplicativos, verificar as pontuações em estrelas dadas pelos usuários para seus aplicativos (1 a 5 estrelas), responder aos comentários dos usuários e monitorar o número total de instalações de cada aplicativo e o número de instalações ativas (instalações menos desinstalações). Você pode ver as tendências de instalação e a distribuição de downloads de aplicativo pelas versões de Android, dispositivos e muito mais. Crash reports lista qualquer informação de falha e congelamento dada pelos usuários. Caso tenha feito atualizações em seu aplicativo, você pode publicar a nova versão facilmente. Você pode retirar o aplicativo do Google Play, mas os usuários que o tiverem baixado anteriormente podem mantê-lo em seus dispositivos. Os usuários que desinstalaram o aplicativo poderão reinstalá-lo mesmo após ele ser removido (ele vai permanecer nos servidores do Google, a não ser que seja removido por violar os termos de serviço).

10.11 Outras lojas de aplicativos Android

Você pode optar por disponibilizar seus aplicativos em outras lojas de aplicativos Android (Figura 10.12) ou mesmo em seu próprio site, usando serviços como AndroidLicenser (`http://www.androidlicenser.com`). Para saber mais sobre como lançar seu aplicativo por meio de um site, consulte

```
http://developer.android.com/tools/publishing/
    publishing_overview.html
```

Loja	URL
Amazon Appstore	https://developer.amazon.com/public/solutions/ platforms/android
Opera Mobile Store	http://android.oms.apps.opera.com/en_us/
Moborobo	http://www.moborobo.com
Appitalism®	http://www.appitalism.com/index.html
GetJar	http://www.getjar.com
SlideMe	http://www.slideme.org
AndroidPIT	http://www.androidpit.com

Figura 10.12 | Outras lojas de aplicativos Android.

10.12 Outras plataformas de aplicativos móveis e como portar seus aplicativos

De acordo com o site statista.com, os usuários vão baixar aproximadamente 225 bilhões de aplicativos em 2016 e quase 270 bilhões em 2017.[8] Portando seus aplicativos Android para outras plataformas móveis (Figura 10.13), especialmente para iOS (para dispositivos iPhone, iPad e iPod Touch), você poderá alcançar um público ainda maior. Várias ferramentas podem ajudá-lo a portar seus aplicativos. Por exemplo, a Microsoft fornece ferramentas que os desenvolvedores de iOS e Android podem usar para portar aplicativos para Windows, e existem ferramentas similares para portar aplicativos Android para o iOS e vice-versa.[9] Também estão disponíveis várias ferramentas de desenvolvimento de aplicativo independentes de plataforma (Figura 10.14).

Plataforma	URL
Android	http://developer.android.com
iOS (Apple)	http://developer.apple.com/ios
Windows	https://dev.windows.com/en-us/windows-apps

Figura 10.13 | Plataformas populares de aplicativos móveis.

Ferramenta	Site
Appcelerator Titanium	http://www.appcelerator.com/product/
PhoneGap	http://phonegap.com/
Sencha	https://www.sencha.com/
Visual Studio	https://www.visualstudio.com/en-us/features/mobile-app-development-vs.aspx
Xamarin	https://xamarin.com/

Figura 10.14 | Diversas ferramentas para desenvolvimento de aplicativos móveis independentemente de plataforma – existem muitas outras.

10.13 Comercialização de seus aplicativos

Uma vez publicado seu aplicativo, você vai querer vendê-lo para seu público.[10] O *marketing viral*, por meio de sites de mídia social, como Facebook, Twitter, Google+ e YouTube, pode ajudá-lo a transmitir sua mensagem. Esses sites têm enorme visibilidade. De acordo com um estudo do Pew Research Center, 71% dos adultos na Internet utilizam redes sociais.[11] A Figura 10.15 lista alguns dos sites de mídia social mais populares. Além disso, e-mail e boletins eletrônicos ainda são ferramentas de marketing eficazes e frequentemente baratas.

---

[8] http://www.statista.com/statistics/266488/forecast-of-mobile-app-downloads/.

[9] http://www.wired.com/2015/04/microsoft-unveils-tools-moving-android-ios-apps-onto-windows/.

[10] Existem muitos livros sobre comercialização de aplicativos móveis. Verifique os mais recentes em http://amzn.to/1ZgpYxZ.

[11] http://bits.blogs.nytimes.com/2015/01/09/americans-use-more-online-social-networks/?_r=0.

Nome	URL	Descrição
Facebook	http://www.facebook.com	Rede social
Instagram	https://instagram.com/	Compartilhamento de fotos e vídeos
Twitter	http://www.twitter.com	Microblog, rede social
Google+	http://plus.google.com	Rede social
Vine	http://vine.co	Compartilhamento de vídeo social
Tumblr	http://www.tumblr.com	Blogs
Groupon	http://www.groupon.com	Comércio eletrônico
Foursquare	http://www.foursquare.com	Check-in
Snapchat	http://www.snapchat.com	Troca de mensagens em vídeo
Pinterest	http://www.pinterest.com	Quadro de avisos online
YouTube	http://www.youtube.com	Compartilhamento de vídeos
LinkedIn	http://www.linkedin.com	Rede social para negócios
Flickr	http://www.flickr.com	Compartilhamento de fotos

Figura 10.15 | Sites de mídia social populares.

Facebook

O Facebook, o mais importante site de rede social, tem aproximadamente 1,5 bilhão de usuários ativos,[12] com quase um bilhão ativos diariamente.[13] É um excelente recurso para o *marketing viral*. Comece criando uma página oficial para seu aplicativo ou sua empresa no Facebook. Use a página para postar informações sobre o aplicativo, novidades, atualizações, análises, dicas, vídeos, capturas de tela, pontuações mais altas de jogos, opinião dos usuários e links para o Google Play, onde eles podem baixar seu aplicativo. Por exemplo, postamos notícias e atualizações sobre as publicações da Deitel em nossa página no Facebook, no endereço http://www.facebook.com/DeitelFan.

    Em seguida, você precisa difundir a notícia. Estimule seus colegas e amigos a "curtir" sua página no Facebook e peça aos amigos deles para fazerem o mesmo. À medida que as pessoas interagirem com sua página, histórias vão aparecer nos feeds de notícias de seus amigos, divulgando o conhecimento para um público crescente.

Twitter

O Twitter é um site de rede social do tipo microblog, com aproximadamente 1 bilhão de usuários e 316 milhões de usuários ativos mensalmente.[14] Você posta tweets – mensagens com até 140 caracteres. Então, o Twitter distribui seus tweets para todos os seus seguidores (quando este livro estava sendo produzido, um cantor famoso tinha mais de 40 milhões de seguidores). Muitas pessoas usam o Twitter para monitorar notícias e tendências. Envie tweets sobre seu aplicativo – inclua anúncios sobre novos lançamen-

---

[12] http://www.statista.com/statistics/272014/global-social-networks-ranked-by-number-of-users/.

[13] http://expandedramblings.com/index.php/by-the-numbers-17-amazing-facebook-stats/.

[14] http://www.statisticbrain.com/twitter-statistics/.

tos, dicas, informações, comentários dos usuários, etc. Estimule também seus colegas e amigos a enviar um tweet sobre seu aplicativo. Use uma *hashtag* (#) para referenciar seu aplicativo. Por exemplo, ao enviar um tweet sobre este livro em nosso feed no Twitter, @deitel, usamos a hashtag #AndroidFP3. Outros também podem usar essa hashtag para escrever comentários sobre o livro. Isso permite que você procure facilmente tweets de mensagens relacionadas.

Vídeo viral
O vídeo viral – compartilhado em sites de vídeo (por exemplo, YouTube), em sites de rede social (por exemplo, Facebook, Instagram, Twitter e Google+), por meio de e-mail, etc. – é outra excelente maneira de divulgar seu aplicativo. Se você criar um vídeo cativante, talvez humorístico ou mesmo escandaloso, ele pode ganhar popularidade rapidamente e ser marcado por usuários de várias redes sociais.

Boletins por e-mail
Caso você tenha um boletim por e-mail, utilize-o para promover seu aplicativo. Inclua links para o Google Play, onde os usuários podem baixar o aplicativo. Inclua também links para suas páginas de rede social, onde os usuários podem permanecer atualizados com as notícias mais recentes sobre seu aplicativo.

Análises de aplicativo
Entre em contato com blogs e sites de análise de aplicativo influentes (Figura 10.16) e informe-os sobre seu aplicativo. Forneça a eles um código promocional para baixar seu aplicativo gratuitamente (consulte a Seção 10.3). Blogueiros e analistas influentes recebem muitos pedidos; portanto, mantenha o seu conciso e informativo. Muitos analistas de aplicativo postam análises em vídeo no YouTube e em outros sites (Figura 10.17).

Site de análise de aplicativos Android	URL
Appolicious™	http://www.androidapps.com
AppBrain	http://www.appbrain.com
AppZoom	http://www.appzoom.com
Appstorm	http://android.appstorm.net
Best Android Apps Review	http://www.bestandroidappsreview.com
Android App Review Source	http://www.androidappreviewsource.com
Androinica	http://www.androinica.com
AndroidLib	http://www.androlib.com
Android and Me	http://www.androidandme.com
AndroidGuys	http://www.androidguys.com/category/reviews
Android Police	http://www.androidpolice.com
AndroidPIT	http://www.androidpit.com
Phandroid	http://phandroid.com

Figura 10.16 | Sites de análise de aplicativos Android.

Site com vídeo de análise de aplicativos Android	URL
State of Tech	http://http://stateoftech.net/
Crazy Mike's Apps	http://crazymikesapps.com
Appolicious™	http://www.appvee.com/?device_filter=android
Life of Android™	http://www.lifeofandroid.com/video/

Figura 10.17 | Sites com vídeo de análise de aplicativos Android.

Relações públicas na Internet

O setor de relações públicas utiliza os meios de comunicação para ajudar as empresas a transmitir sua mensagem aos consumidores. Os profissionais de relações públicas incorporam blogs, tweets, podcasts, feeds RSS e mídia social em suas campanhas. A Figura 10.18 lista alguns recursos de relações públicas na Internet, gratuitos e pagos, incluindo sites de distribuição de press release, serviços de redação de press release e muito mais.

Recurso de relações públicas na Internet	URL	Descrição
Serviços gratuitos		
PRWeb®	http://www.prweb.com	Serviços de distribuição de press release online, *gratuitos* e *pagos*.
ClickPress™	http://www.clickpress.com	Envie novas matérias para aprovação (*grátis*). Se forem aprovadas, elas estarão disponíveis no site da ClickPress e nos mecanismos de busca de notícias. Mediante uma *taxa*, a ClickPress distribui seus press releases em escala global para as principais revistas online de economia.
PRLog	http://www.prlog.org/pub/	Envio e distribuição *gratuitos* de press release.
Newswire	http://www.newswire.com	Envio e distribuição *gratuitos* e *pagos* de press release.
openPR®	http://www.openpr.com	Publicação *gratuita* de press release.
Serviços pagos		
PR Leap	http://www.prleap.com	Serviço de distribuição de press release online.
Marketwired	http://www.marketwired.com	O serviço de distribuição de press release permite a você atingir seu público por área geográfica, segmento, etc.
Mobility PR	http://www.mobilitypr.com	Serviços de relações públicas para empresas no setor de equipamentos móveis.
eReleases	http://www.ereleases.com	Distribuição de press release e serviços que incluem redação, revisão e edição de press release. Consulte as dicas para redigir press releases eficazes.

Figura 10.18 | Recursos de relações públicas na Internet.

Redes de anúncios móveis
Comprar espaços de publicidade (por exemplo, em outros aplicativos, online, em jornais e revistas ou no rádio e na televisão) é outra maneira de comercializar seu aplicativo. As redes de anúncios móveis (Figura 10.19) são especializadas em divulgar aplicativos Android (e outros) móveis em plataformas móveis. Muitas dessas redes podem atingir o público de acordo com o local, operadora de telefonia sem fio, plataforma (por exemplo, Android, iOS, Windows, BlackBerry) e muito mais. A maioria dos aplicativos não gera muito dinheiro; portanto, cuidado com quanto vai gastar em anúncios.

Redes de anúncios móveis	URL
AdMob (da Google)	http://www.google.com/admob/
Medialets	http://www.medialets.com
Tapjoy®	http://www.tapjoy.com
Millennial Media®	http://www.millennialmedia.com/
Smaato®	http://www.smaato.com
mMedia™	http://mmedia.com
InMobi™	http://www.inmobi.com

Figura 10.19 | Redes de anúncios móveis.

Você também pode usar essas redes de anúncios móveis para monetizar seus aplicativos gratuitos incluindo anúncios (por exemplo, banners, vídeos) em seus aplicativos. O eCPM (custo efetivo por 1.000 impressões) médio para anúncios em aplicativos Android varia de acordo com a rede, o dispositivo, a região do mundo, etc. A maioria dos anúncios no Android é paga com base na *click-through rate* (*CTR*) dos anúncios, em vez de no número de impressões geradas. Assim como o eCPM, as CTRs variam de acordo com o aplicativo, dispositivo, alvo dos anúncios pela rede anunciante, etc. Se seu aplicativo tem muitos usuários e as CTRs dos anúncios em seus aplicativos são altas, você pode lucrar muito com publicidade. Além disso, sua rede de anúncios pode render publicidade de valor mais alto, aumentando assim seus lucros.

10.14 Para finalizar

Neste capítulo, explicamos o processo de registro do Google Play e a abertura de uma conta no Google Wallet para que você possa vender seus aplicativos. Discutimos como preparar aplicativos para envio ao Google Play, incluindo como testá-los no emulador e em dispositivos Android, e os vários recursos necessários para enviar seu aplicativo para o Google Play. Explicamos os passos necessários para carregar seus aplicativos no Google Play. Mostramos lojas de aplicativos Android alternativas. Fornecemos dicas para determinar o preço de seus aplicativos e recursos para monetizá-los com anúncio incorporado e vendas de bens virtuais no aplicativo. Além disso, incluímos recursos para comercializar seus aplicativos quando estiverem disponíveis por meio do Google Play.

Índice

Números

100 Destinations 5

A

abordagem baseada em aplicativos xxii, **2**
ação negativa em uma caixa de diálogo 118
ação neutra em uma caixa de diálogo 118
ação positiva em uma caixa de diálogo 118
acelerômetro, sensor **174**, 192
acelerômetro **17**
  captando 190
Acessibilidade
  localização de TalkBack 71
  TalkBack 36, **38**, 66
acessibilidade 32, 36, 38, 66
  contentDescription, propriedade **67**
  Explore by Touch 9, 36, **38**, 66
acesso a provedores de conteúdo Android 15
acesso à rede 15
acompanhamento de código 2
Acordo de Licença de Usuário Final (EULA) **386**
action, elemento do arquivo de manifesto 103
ACTION_SEND, constante da classe Intent **313**
ACTION_VIEW, constante da classe Intent **311**
Activity
  estados 77
Activity, classe **76**, 77, 93, 94
  armazenar um fragmento 114
  enviada para segundo plano 226

findFragmentById, método **114**, 143
getFragmentManager, método **114**, 159
getMenuInflater, método **144**
getResources, método **143**, 144
getString, método, com vários argumentos 313
getSystemService, método 190
métodos de ciclo de vida 173, 220
onCreate, método 77, 95, 173
onCreateOptionsMenu, método **113**, 144
onDestroy, método 173, **220**
onOptionsItemSelected, método **113**, 145
onPause, método 173
onResume, método 173
onStart, método **143**, 173
onStop, método 173
runOnUiThread, método **247**
setContentView, método **96**
setRequestedOrientation, método **143**
setVolumeControlStream, método **221**, 226
Activity, elemento em AndroidManifest.xml 102
launchMode 163
Activity Not Responding (ANR), caixa de diálogo 263, 330
activity_main.xml **49**
ActivityNotFoundException, classe 119, 296
adaptação ao local 37, **38**, 54, 67, 124

Adapter, classe **263**
AdapterView, classe **263**
Add, método da classe FragmentTransaction **356**
addCallback, método da classe SurfaceHolder **240**
addItemDecoration, método da classe RecyclerView 307
addPreferencesFromResource, método da classe PreferenceFragment 161
addToBackStack, método da classe FragmentTransaction **357**
adjustViewBounds, propriedade de uma ImageView 135
AdMob 392
alavancar vendas 392
AlertDialog, classe **118**, 174
AlertDialog.Builder, classe **118**
  setItems, método **297**, 313
alpha, animação de uma View **128**
alpha, método da classe Color **209**
altura de uma linha de tabela 81
Amazon Mobile, aplicativo 392
análise **20**
análise e projeto orientados a objetos (OOAD) **20**
android, espaço de nomes XML 179
android.app, pacote **76**, 113, 114, 118, 330
android.content, pacote **115**, 142, 175, 330, 343
android.content.res, pacote 115, **117**, **143**
android.database, pacote **329**
android.database.sqlite, pacote **329**, 348

android.graphics, pacote 175
android.graphics.drawable, pacote 155
android.intent.action.MAIN 103
android.intent.category.LAUNCHER 103
android.media, pacote 220, 221
android.net, pacote **311**
android.os, pacote 93, 117, **263**
android.permission.WRITE_EXTERNAL_PERMISSION 176
android.preference, pacote **113**
android.provider, pacote **329**, **344**
android.support.design.widget, pacote **265**
android.support.v4.app, pacote 113, 114
android.support.v7.app, pacote 77, 93
android.support.v7.widget, pacote **296**
android.text, pacote **79**, 93
android.util, pacote 119, 239
android.view, pacote 113, 220
android.view.animation, pacote 117
android.view.inputmethod, pacote **280**
android.widget, pacote **78**, 81, 94, 117, 263, 264
android:allowBackup, atributo do elemento application do manifesto **101**
android:background, atributo de uma TextView 335
android:colorAccent 89
android:colorPrimary 89
android:colorPrimaryDark 89
android:duration, atributo de uma animação translate **129**
android:fromXDelta, atributo de uma animação translate **129**
android:icon, atributo do elemento application do manifesto **101**

android:id, atributo **54**
android:label, atributo do elemento activity do manifesto **102**
android:label, atributo do elemento application do manifesto **101**
android:layout_gravity, atributo 60
android:name, atributo do elemento activity do manifesto **102**
android:screenOrientation, atributo do elemento activity do manifesto **102**
android:startOffset, atributo de uma animação translate **129**
android:supportsRtl, atributo do elemento application do manifesto **101**
android:theme, atributo do elemento application do manifesto **101**
android:toXDelta, atributo de um animação translate **129**
android:windowSoftInputMode, atributo do elemento activity do manifesto **102**
Android 2.2 (Froyo) 7
Android 2.3 (Gingerbread) 7
Android 3.x Honeycomb **8**
Android 4.0 (Ice Cream Sandwich) **8**
Android 6.0 permissões 167, 176, 195
Android 6.0 (Marshmallow) permissões 176, 181
Android Beam **9**, 10
Android Cloud to Device Messaging (C2DM) 7
Android Design Support Library xxiv, 121, 122, 264, 265, 298
Android Developers Blog 388
Android Device Monitor 389
Android Jelly Bean **9**
Android KitKat **10**
Android Lint 60
Android Lollipop 11

Android Market
  language 396
  location 397
  price 397
Android Marshmallow **12**
Android Newsgroups
  Android Discuss 33
Android Studio xxxi, xxxii, **2**, **16**, 36, 37
  Component Tree, janela 74, 78
  dicas e truques xxxii
  documentação 33
  editor de layout 36, 37, 38, 44, 46, 47, 49, 52, 60, 67
  Screen Record, ferramenta 390
Android Support Library xxiv, 77, 78, 114, 176, **177**, 206
Android TV xxv
Android Virtual Device (AVD) **xxxiv, 16**
  Setting hardware emulation options 30
Android Virtual Device Manager 24
Android Virtual Devices (AVDs) xxxiii, 24
Android Wear xxv
AndroidLicenser 398
AndroidManifest.xml **81**, 120, 121
  action, elemento **103**
  activity, elemento 102
  application, elemento 101
  category, elemento **103**
  intent-filter, elemento 103
  manifest, elemento 101
  provider, elemento **332**
anim, pasta de um projeto Android **46, 115**, 116
animação de propriedades 116, 129
animação xxv, 110
  animação alpha para uma View **128**
  animação rotate para uma View **128**
  animação scale para uma View **128**
  animação translate para uma View **128**

Índice **407**

baseada em View **128**
framework 8
manual 221
opções em um arquivo XML 117
set **128**
thread 221
tween **128**
Animation, classe **117**
　setRepeatCount, método **117**, 151
AnimationUtils, classe **117**, 151
　loadAnimation, método **117**, 151
Animator, classe
　revelação circular 118
　setDuration, método **118**
　start, método **118**
animator, pasta de um projeto Android **46**, z
AnimatorListenerAdapter, classe **157**
　onAnimationEnd, método **157**
ANR (activity not responding), caixa de diálogo 263, 330
ANR (Application Not Responding), caixa de diálogo **95**, 296
anti-aliasing 199
anúncio incorporado ao aplicativo 390, **392**
anúncio móvel 391
API Calendar 9
API Text-to-Speech 9
API Voice Interaction 13
APIs de Acessibilidade 9
APIs do Android 4
APIs do Google 4
aplicativo **Cannon Game** 17
aplicativo de tela única 43
aplicativo gratuito 390
aplicativo pago
　preço médio 391
aplicativo **Play Store** 397
aplicativo **Tip Calculator** 17
aplicativo **Welcome** 17
aplicativo xxxi
aplicativos de código-fonte aberto 4

aplicativos para reconhecimento da marca
　Amazon Mobile 392
　Bank of America 392
　Best Buy 392
　CNN 392
　Epicurious Recipe 392
　ESPN ScoreCenter 392
　NFL Mobile 392
　NYTimes 392
　Pocket Agent 392
　Progressive Insurance 392
　UPS Mobile 392
　USA Today 392
　Wells Fargo Mobile 392
　Women's Health Workouts Lite 392
app, espaço de nomes XML 179
AppCompatActivity, classe 77, 93, 94
appendWhere, método de um SQLiteQueryBuilder **349**
application, elemento em AndroidManifest.xml 101
Application Not Responding (ANR), caixa de diálogo **95**, 296
apply, método da classe SharedPreferences.Editor **146**, 310
área cliente 37
argb, método da classe Color **210**
ARGB **207**
ARGB_8888 constante **200**
armazenar um fragmento em uma atividade 114
arquivo .apk (aplicativo Android, arquivo de pacote) 388
arquivo de código 395
arquivo de manifesto 395
arquivo de recurso de lista de cores de estados **118**
arquivos de mídia 220
arquivos de recurso 38
arquivos de recurso XML 38
arquivos de som 223
ArrayAdapter, classe **263**, 272
　getView, método 273
ArrayList, classe **120**, 263
asset vetorial
　adicionar ao projeto 127

AssetManager, classe **115**
　list, método 152
assets, pasta de um aplicativo Android **115**
assinar aplicativos 386
assinar digitalmente seu aplicativo 388
AsyncTask, classe **263**, 276, 276, 277, 282, 282, 330
　execute, método **275**
AsyncTaskLoader, classe 330
ativar atividades 103
ativar outro aplicativo 311
ativar um web service REST 282
atividade 76
atributo
　de um objeto 20
　de uma classe 18
　na UML 20
AttributeSet, classe 239
áudio xxv, 15
AudioAttributes, classe **221**
　setUsage, método **221**, 240
AudioAttributes.Builder, classe 240
　setAudioAttributes, método 240
AudioManager, classe **221**, 226
autoridade (ContentProvider) **342**
AVD (Android Virtual Device) **xxxiv, 16**

B

background, propriedade de uma view **87**, 88
backup automático 13
baixar código-fonte xxvi
banco de dados na memória 345
barra de ação 77
barra de aplicativo 43, 77, 107
barra de sistema 37
BaseColumns, interface 344
beginTransaction, método da classe FragmentManager **356**
bens virtuais 393
biblioteca de classe **4**
biblioteca de suporte
　FragmentManager 114

biblioteca de suporte Data Binding 97
Bitmap, classe 175, 214
    codificação de bitmap 200
    createBitmap, método 200
    eraseColor, método 214
    recycle, método 200
Bitmap.Config.ARGB_8888 constante 200
BitmapFactory, classe 277
    decodeStream, método 277
Blank Activity, template 43
bloqueio de widgets de tela 10
blue, método da classe Color 209
Bluetooth Health Devices 9
boletim
    Deitel Buzz 403
botão de ação flutuante (FAB) 264
botão subir 131, 161
botões programáveis 27
Build.VERSION_SDK_INT 253
Bundle, classe 93, 96
    para um objeto Intent 314
    putParcelable, método 357
Button, classe
    lines, propriedade 137
    textColor, propriedade 137

C

C2DM (Android Cloud to Device Messaging) 7
caixa de diálogo
    ação negativa 118
    ação neutra 118
    ação positiva 118
caixa de texto 78
câmera 5
campo de texto 78
Canvas, classe 175, 175
    drawBitmap, método 201
    drawCircle, método 236
    drawLine, método 233
    drawPath, método 201, 205
    drawRect, método 247
    drawText, método 248
captura de tela 389
captura e compartilhamento de tela 12

características de desenho 175
    cor 175
    espessura da linha 175
    tamanho da fonte 175
características de excelentes aplicativos 31
category, elemento do arquivo de manifesto 103
célula em um GridLayout 81
certificado digital 388
chamada de método 19
chave criptográfica 385
chave de API (web services) 260
chave primária 344
chave privada 388
check-in 400
ciclo de vida de Fragment 174, 363, 370, 378
ciclo de vida de fragmento 114
classe 15, 19
    variável de instância 20
classe interna anônima 76, 79
classes
    Activity 76, 77, 93
    ActivityNotFoundException 119, 296
    Adapter 263
    AdapterView 263
    AlertDialog.Builder 118
    AlertDialog 118
    Animation 117
    AnimationUtils 117, 151
    AnimatorListenerAdapter 157
    AppCompatActivity 77, 93
    ArrayAdapter 263, 272
    ArrayList 120, 263
    AssetManager 115
    AsyncTask 263, 330
    AsyncTaskLoader 330
    AttributeSet 239
    AudioManager 221, 226
    Bitmap 175, 214
    BitmapFactory 277
    Bundle 93, 96
    Canvas 175, 175
    Collections 120
    Color 209
    Configuration 117, 143
    ContentProvider 329, 346

ContentResolver 175, 330, 342, 347, 350, 351, 353, 354, 374, 380
ContentUris 343
ContentValues 350, 374
Context 142
CoordinatorLayout 121
Cursor 329
CursorFactory 345
CursorLoader 330
DialogFragment 114, 159, 160
DialogInterface 119
Drawable 155
EditText 78, 94, 265
FloatingActionButton 264
Fragment 113
FragmentManager 114, 328
FragmentTransaction 114, 328, 356, 357
FrameLayout 224
GridLayout 78, 81
Handler 117
HttpURLConnection 277
ImageView 38, 60
InputMethodManager 280
InputStream 155
Intent 102, 119
JSONArray 263
JSONObject 262
LayoutInflater 114
LinearLayout 37, 48
LinearLayoutManager 297
ListPreference 115
Loader 330, 363
LoaderManager 330, 360, 363
Log 119, 152
MediaStore.Images.Media 175
MediaStore 175
Menu 113, 144
MenuInflater 144
MotionEvent 175, 202, 220, 251
MultiSelectListPreference 115
NumberFormat 78, 94, 270
Paint 175
Path 175

Preference 115
PreferenceFragment 113, 115, 161
PreferenceManager 115, 141, 142
PrintHelper 206
R.drawable 96
R.id 96
R.layout 96
R.string 96
R 96
RecyclerView.Adapter 297, 307, 332
RecyclerView.ItemDecoration 297, 307, 332
RecyclerView.LayoutManager 297
RecyclerView.ViewHolder 297
RecyclerView 296, 307
RelativeLayout 48
Resources 143
ScrollView 338
SeekBar 74, 78, 94
Sensor 174
SensorEvent 193
SensorManager 190
SharedPreferences.Editor 115, 146, 296, 309, 310
SharedPreferences 115, 295, 305
Snackbar 265, 267, 280
SoundPool 220, 240
SQLiteDatabase 329
SQLiteOpenHelper 329
SQLiteQueryBuilder 348
SurfaceHolder 221, 240
SurfaceView 221, 240
TextView 38, 54, 78, 94
Thread 221, 252
Toast 117, 147
Uri 311, 330
UriMatcher 346
View 76, 221
ViewAnimationUtils 118
ViewGroup 338
classificação com estrelas para aplicativos 398
Cloud Test Lab xxv, xxxiv, 386
cobrança da operadora 391

cobrança incorporada ao aplicativo 393
melhores práticas de segurança 393
código de versão 387
código-fonte 2
código-fonte aberto 3
código-fonte e documentação Android
código-fonte 3, 4
FAQs 4
licenças 4
coleção
embaralhar 155
Collections, classe 120
shuffle, método 120
sort, método 307
Color, classe 209
alpha, método 209
argb, método 210
blue, método 209
green, método 209
red, método 209
color, pasta de um projeto Android 46, 115, 116
colorAccent 89
colorPrimary 89
colorPrimaryDark 89
colors.xml 126
columnCount, propriedade de um GridLayout 83
commit, método da classe FragmentTransaction 356
commit, método da classe SharedPreferences.Editor 147
Comparator<String>, objeto String.CASE_INSENSITIVE_ORDER 307
compartilhamento de fotos 400
compartilhamento de vídeos 400
compilação de aplicativos 386
Component Tree, janela no Android Studio 45, 74, 78, 83, 136
componente 18
componentes da interface gráfica do usuário
convenção de atribuição de nomes 82
criar via programação 114
EditText 78

ImageView 38, 49, 60
ScrollView 338
SeekBar 74, 78
TextView 38, 49, 54
ViewGroup 338
view 37
componentes de software reutilizáveis 18
componentes executáveis
atividade 76
provedor de conteúdo 76
receptor de transmissão por broadcast 76
serviço 76
comportamento
de uma classe 18
compra incorporada ao aplicativo 390, 394
computação na nuvem 7
comunicação em campo próximo (NFC) 8
configuração de dispositivo 15
Configuration, classe 117, 143, 144
orientation, variável de instância 117
conhecimento da marca 392
console de jogo 5
constantes
MODE_PRIVATE 306
MODE_WORLD_READABLE 306
MODE_WORLD_WRITABLE 306
conta bancária 391, **395**
conta no Google Payments 391, 393
contentDescription, propriedade 67
contentDescription, propriedade de uma View 135
ContentProvider
Uri de base 342
ContentProvider, autoridade 342
ContentProvider, classe 329, 346
delete, método 353
getType, método 348
insert, método 350
onCreate, método 347
query, método 348
update, método 352

ContentResolver, classe **175**, **330**, 342, 347, 350, 351, 353, 354, 374, 380
   delete, método **380**
   insert, método **374**
   update, método **374**
ContentUris, classe 343
ContentValues, classe **350**, 374
Context, classe **142**
   getSharedPreferences, método **306**
   getSystemService, método **280**
   startActivity, método 311
ContextWrapper, classe
   getAssets, método **152**, 155
controle 17
controle de versão de seu aplicativo 386
controle deslizante (SeekBar) 76
convenção de atribuição de nomes
   componentes da interface gráfica do usuário 82
convenções de atribuição de nomes de recurso alternativos 68
coordenação de esforços entre aplicativos separados 102
CoordinatorLayout, classe 121
cor 175
   matiz 80
   tom 80
corners, elemento de um objeto shape **335**
Create New Project, caixa de diálogo 39, 82, 83, 121, 176, 222, 265, 298, 331
createBitmap, método da classe Bitmap **200**
createChooser, método da classe Intent **314**
createCircularReveal, método da classe ViewAnimationUtils **118**, 157
createFromStream, método da classe Drawable **155**
criação de um recurso de dimensão 56
criar componentes de interface gráfica do usuário via programação 114

criar um layout 139
CT
   Google Play e questões de comercialização de aplicativos 384
curinga em um Uri **347**
Cursor, classe **329**
   getColumnIndex, método **368**
   getLong, método **368**
   getString, método **368**
   moveToFirst, método **375**, 381
   moveToPosition, método **368**
   setNotificationUri, método **350**
CursorFactory, classe 345
CursorLoader, classe **330**
curva Bezier 204
curva de Bezier quadrática 204

D

Daydream 10
decodeStream, método da classe BitmapFactory 277
deficiência visual 36
deficiências 38, 66
definição de um novo estilo 334
Deitel Buzz Online Newsletter 403
Deitel Training 404
delete, método da classe SQLiteDatabase **354**
delete, método de um ContentProvider **353**
delete, método de um ContentResolver **380**
densidade de pixel 50
dependências
   adição de, ao projeto 298
depuração
   registro de exceções **119**, 152
desdobramento de código xxxiii
desempilhar a pilha de retrocesso 356
desenhar
   círculos 175
   linhas 175
   texto 175
desenvolvimento de aplicativo xxxi

Design, guia no editor de layout 37
detecção de colisão 221, 235, 244
detecção de colisão simples 235
detecção de face 9
Device Screen Capture, janela 389
DialogFragment, classe **114**, 159, 160
   onCreateDialog, método **159**
   show, método **159**
DialogInterface, classe **119**
DialogInterface.OnClickListener, interface **119**, 160
dica de ferramenta no editor de layout 61
digits, propriedade de um componente EditText 87
@dimen, recurso 56
dimens.xml 134
Direct Share 13
disconnect, método da classe HttpURLConnection 277
dispositivo de tela grande 8
divider, propriedade de um LinearLayout 336
documentação
   Android Design 33
   App Components 32
   Class Index 32
   Data Backup 33
   Debugging 33
   Getting Started with Publishing 33
   Google Play Developer Distribution Agreement 33
   Launch Checklist (for Google Play) 33
   Managing Your App's Memory 33
   Package Index 32
   Security Tips 33
   Tools Help 33
   Using the Android Emulator 32
documentação para desenvolvedor
   Core App Quality 386
   Keeping Your App Responsive 33
   Launch Checklist 386
   Lista de verificação para adaptação ao local 386
   Performance Tips 33

Signing Your Applications 388
Tablet App Quality 386
documentação para desenvolvedor de Android (`developer.android.com`) x
documentos e atividades concorrentes 12
`doInBackground`, método da classe `AsyncTask` 276, 282, **282**
dp (pixels independentes da densidade) **56**
`Drawable`, classe **155**
   `createFromStream`, método **155**
`drawable`, pasta de um projeto Android 47
`Drawable`, recurso
   `shape`, elemento **335**
`drawBitmap`, método da classe `Canvas` **201**
`drawCircle`, método da classe `Canvas` **236**
`drawLine`, método da classe `Canvas` **233**
`drawPath`, método da classe `Canvas` **201**, 205
`drawRect`, método da classe `Canvas` **247**
`drawText`, método da classe `Canvas` **248**

E

e, método da classe `Log` **152**
`edit`, método da classe `SharedPreferences` **146**, 309
`Editable`, interface 93
editor de código XML de layout
   visualização do projeto 46
editor de layout 36, 37, 38, 44, 46, 47, 49, 52, 60, 67
   dica de ferramenta 61
   guia **Design** 37, 46
   guia **Text** 37, 46
   linhas-guia 60
   Palette 48
`EditText`
   `imeOptions` 339, 340
   `inputType` 339, 340
`EditText`, classe **78**, 94, 265
   `digits`, propriedade 87
   `maxLength`, propriedade 87

   restringir o número máximo de dígitos 78
   tipo de entrada 84
efeitos sonoros 220
elemento `activity` do manifesto
   `android:label`, atributo **102**
   `android:name`, atributo 102
   `android:screenOrientation`, atributo **102**
   `android:windowSoftInputMode`, atributo **102**
elemento `application` do manifesto
   `android:allowBackup`, atributo **101**
   `android:icon`, atributo **101**
   `android:label`, atributo **101**
   `android:supportsRtl`, atributo **101**
   `android:theme`, atributo **101**
elemento gráfico vetorial escalonável 127
elemento `padding` de um objeto `shape` **335**
elementos gráficos xxv, 15
elevação 122
`elevation`, propriedade de uma view **80**, 87, 88
embaralhar uma coleção 155
empilhar na pilha de retrocesso 357
empresas de projeto de ícones
   99designs 387
   Elance 387
   glyphlab 387
   Iconiza 387
emulador 16, 386
   gestos 17
emulador Android **xxxiii, 16,** 36
emulador Intel HAXM xxxiv
encapsulamento **20**, 20
engenharia reversa 388
entrada numérica 78
enviar uma mensagem para um objeto 19
`eraseColor`, método da classe `Bitmap` **214**
espaço de nomes XML
   android 179
   app 179

especificações para captura de tela 389
especificador de formato
   numeração em um recurso de `String` 124
   vários, em um recurso de `String` 124
espessura da linha 175
esquema de cores ARGB 169
estado salvo 96
estados de uma atividade 77
estilo (definir novo) 334
evento arrastar 204
evento de toque 175, **202**
   simples 220
`execSQL`, método da classe `SQLiteDatabase` **345**
execução manual de uma animação 221
`execute`, método da classe `AsyncTask` **275**
Explore by Touch 36, **38**, 66
Extensible Markup Language (XML) **38**
externalizar recursos 54
extras de intenção 314

F

FAB (botão de ação flutuante) **264**
Fabric (plataforma para desenvolvimento de aplicativos móveis do Twitter) 320
fabricante de equipamento original (OEM) 4
fabricantes de dispositivos Android xxi
Facebook 293, **400**
   página da Deitel 400
Ferramentas: `logcat` **119**
filtro de intenção 119
`final`, variável local para uso em uma classe interna anônima 312
`findFragmentById`, método da classe `Activity` **114**, 143
`FloatingActionButton`, classe 122, **264**
   `hide`, método **308**
   `show`, método **308**
fluxo de áudio
   música 221, 226

fonte de tamanho médio 84
format, método da classe NumberFormat 97
fóruns 33
    Android Developers 33
    Android Forums 33
    Stack Overflow 33
Fragment, classe 76, **113**
    getActivity, método 151
    getLoaderManager, método 363
    getString, método **146**, 151
    onActivityCreated, método 226, **363**
    onAttach, método **174**, 209, 363, 370, 378
    onCreate, método **114**
    onCreateOptionsMenu, método 114, **193**
    onCreateView, método **114**, 149, 226
    onDestroy, método **220**, 227
    onDetach, método **174**, 209, 363, 370, 378
    onOptionsItemSelected, método 114, **193**
    onPause, método **173**, 226
    onPause, método de ciclo de vida 191
    onRequestPermissionsResult, método **196**
    onResume, método de ciclo de vida 190
    requestPermissions, método **195**, 196
    setArguments, método **357**
    setHasOptionsMenu, método 189
    shouldShowRequestPermissionRationale, método **195**
FragmentActivity, classe
    getSupportFragmentManager, método **114**, 143, 145
FragmentManager, classe **114**, 328
    beginTransaction, método **356**
    getFragmentByTag, método **159**
    popBackStack, método **356**
fragmento 8, **113**

FragmentTransaction, classe **114**, **328**, 356, 357
    add, método **356**
    addToBackStack, método **357**
    commit, método **356**
    replace, método **357**
FrameLayout, classe **224**
framework Android@Home 9
Froyo (Android 2.2) 7
Fullscreen Activity, template **43**
funcionalidade de emulador 17

G

gesto 5, 17
    arrastar 5
    movimento rápido 5
    pinça 5
    pressionamento longo 5
    toque 5
    toque duplo 5
    toque duplo rápido 5
    toque rápido 5
    zoom de pinça 5
gestos e controles de emulador 17
getActionIndex, método da classe MotionEvent **203**
getActionMasked, método da classe MotionEvent **202**
getActivity, método da classe Fragment 151
getAll, método da classe SharedPreferences **307**
getAssets, método da classe ContextWrapper **152**, 155
getColumnIndex, método da classe Cursor **368**
getConfiguration, método da classe Resources **143**, 144
getDefaultSensor, método da classe SensorManager **190**
getDouble, método da classe JSONObject **284**
getFragmentByTag, método da classe FragmentManager **159**
getFragmentManager, método da classe Activity **114**, 159
getHolder, método da classe SurfaceView **240**
getItemCount, método da classe RecyclerView.Adapter **318**, 368

getItemID, método da classe MenuItem **193**
getJSONArray, método da classe JSONObject **284**
getJSONObject, método da classe JSONArray **284**
getLastPathSegment, método da classe Uri **349**
getLoaderManager, método da classe Fragment **363**
getLong, método da classe Cursor **368**
getLong, método da classe JSONObject **284**
getMenuInflater, método da classe Activity **144**
getPointerCount, método da classe MotionEvent **204**
getReadableDatabase, método da classe SQLiteOpenHelper **350**
getResources, método da classe Activity **143**, 144
getSharedPreferences, método da classe Context **306**
getString, método da classe Activity **313**
getString, método da classe Cursor **368**
getString, método da classe Fragment **146**, 151
getString, método da classe JSONObject **284**
getString, método da classe SharedPreferences **311**
getStringSet, método da classe SharedPreferences **146**
getSupportFragmentManager, método da classe FragmentActivity **114**, 143, 145
getSystemService, método da classe Activity **190**
getSystemService, método da classe Context **280**
getTag, método da classe View **264**
getType, método de um ContentProvider **348**
getView, método da classe ArrayAdapter **273**

getWritableDatabase, método
da classe SQLiteOpenHelper 351
getX, método da classe MotionEvent 204
getY, método da classe MotionEvent 204
Go to next state, botão 64
Google Cloud Messaging 7
Google Maps 5
Google Payments 385, **395**
Google Play **13**, 385, 391, 394
   capturas de tela 395
   conta de publicador 393
   ícone de aplicativo de alta resolução 395
   imagem gráfica promocional 395
   países 397
   publicar 395
   Publish an Android App on Google Play 395
   relatório de falha 398
   vídeo promocional 390, 396
Google Play Developer Console 398
Google Play Developer Program Policies 394
Google Wallet 391
Google+ 293
Graphical Layout, editor no Android Developer Tools 38
gravity, propriedade de uma TextView **58**, 88
green, método da classe Color **209**
GridLayout
   columnCount, propriedade 83
   layout:column de uma view 84
   layout:columnSpan de uma view 84
   layout:row de uma view 84
   rowCount, propriedade 83
   useDefaultMargins, propriedade **83**
GridLayout, classe **78**, 81
grupos de discussão Open Source Project 3
guia **LogCat** na perspectiva DDMS do Android **119**
guia **Text** no editor de layout 37

H

Handler, classe **117**
   postDelayed, método **117**, 160
hashtag 400
HAXM (hardware accelerated execution manager) xviii
herança **20**
hide, método da classe FloatingActionButton **308**
hideSoftInputFromWindow, método da classe InputMethodManager **280**
hint, propriedade de uma TextView **86**
Holo, interface de usuário, 8
HttpURLConnection, classe 277
   disconnect, método 277
   openConnection, método 277
HyperText Transfer Protocol (HTTP) 260

I

ícone 386, **387**
ícone de aplicativo
   adição de 51
ícone de configurações 107, 108
ícone de produto
   tamanho 387
Id, propriedade de um layout ou componente **53**
Identificador exclusivo para um aplicativo 40
imagem retratada 388
imagens xxv
ImageView, classe
   adjustViewBounds, propriedade 135
   scaleType, propriedade 135
   src, propriedade **53**, 62
ImageView **38**, 49, 60
imeOptions de um componente EditText 339, 340
impedir que o teclado virtual seja exibido na inicialização do aplicativo 298
<include>, elemento em um arquivo XML de layout 122
i-Newswire 402
inflar a interface gráfica do usuário **96**, 241

inflate, método da classe LayoutInflater **149**
inflate, método da classe MenuInflater **144**
InputMethodManager, classe **280**
   hideSoftInputFromWindow, método **280**
InputStream, classe 155
   setImageDrawable, método **155**
inputType de um componente EditText 339, 340
insert, método da classe SQLiteDatabase **351**
insert, método de um ContentProvider **350**
insert, método de um ContentResolver **374**
insertImage, método da classe MediaStore.Images.Media **175**
instância **19**
IntelliJ® IDEA xxxii
intenções
   ativação de atividades 103
   coordenação dos esforços entre aplicativos separados 102
Intent, classe **102**, 119
   Bundle 314
   constante ACTION_SEND **313**
   constante ACTION_VIEW **311**
   createChooser, método **314**
   objeto, explícito **119**, 296
   objeto, implícito **119**, 296
   putExtra, método **314**
   resolveActivity, método **119**
intent-filter, elemento em AndroidManifest.xml 103
interface gráfica do usuário
   layout 46
   view (componente) 46
interfaces
   BaseColumns 344
   DialogInterface.OnClickListener **119**, 160
   Editable 93
   implementação de métodos em Java **99**
   List **120**

LoaderManager.LoaderCall-
    backs 330
OnLongClickListener 311
OnSeekBarChangeListener 98
Runnable 117
SeekBar.OnSeekBarChange-
    Listener 79, 94, 210
SensorEventListener 192
Set 120
SurfaceHolder.Callback
    221, 240, 250
TextWatcher 79, 93, 307
View.OnClickListener 151
View.OnLongClickListener
    311
internacionalização 37, 38, 67,
    78
invalidate, método da classe
    View 200
item 395
item de menu
    showAsAction 128, 179

J

janela de preenchimento de có-
    digo 53
java.io, pacote 155
java.text, pacote 78, 94
java.util, pacote 120
Java for Programmers xxii
Java Fundamentals xxii
Java How to Program xxii
Java SE 7 Software Development
    Kit xxxi
Java xxii, 4
JavaScript Object Notation
    (JSON) 261
JDK 7 xxxi
JetBrains xxxii
jogos 31
join operações 349
JSON (JavaScript Object Nota-
    tion) 257, 261
JSONArray, classe 263
    getJSONObject, método 284
    length, método 284
JSONObject, classe 262
    getDouble, método 284
    getJSONArray, método 284
    getLong, método 284
    getString, método 284

K

keySet, método da interface
    Map 307

L

largura de uma coluna 81
launchMode do elemento <ac-
    tivity> 163
    "singleTop" 163
    "standard" 163
layout (interface gráfica do
    usuário) 46
layout, pasta de um projeto 47
layout:column de uma view em
    um GridLayout 84
layout:columnPan de uma view
    em um GridLayout 84
layout:gravity propriedade
    de uma view 59, 61, 86, 87,
    88, 134
layout:margin propriedade de
    uma view 134
layout:row de uma view em um
    GridLayout 84
layout:weight propriedade de
    uma view 60, 61, 134
layout 16, 37
    criar 139
layout de fragmento 132
LayoutInflater, classe 114
    inflate, método 149
layouts
    activity_main.xml 49
    GridLayout 78, 81
    LinearLayout 37, 48
    RelativeLayout 48
length, método da classe JSO-
    NArray 284
licença Creative Commons pú-
    blica 260
licença de código xxi
licença para Android 4
LinearLayout 37, 48
    Orientation, propriedade 53
LinearLayoutManager, classe
    (para RecyclerViews) 297, 307
lines, propriedade de um But-
    ton 137
linguagem 20
linhas-guia laranja no editor de
    layout 60

linhas-guia no editor de layout
    60
linhas-guia verdes no editor de
    layout 60
Lint, Android 60
Linux 16
List, interface 120
list, método da classe AssetMa-
    nager 152
lista de cores de estados 118
lista de verificação para adaptação
    ao local 71
listagem de código-fonte 2
ListPreference, classe 115
ListView, classe 360
    desempenho 264
    setAdapter, método 279
    smoothScrollToPosition,
        método 283
    vinculação de dados 263
load, método da classe Sound-
    Pool 241
loadAnimation, método da clas-
    se AnimationUtils 117, 151
Loader, classe 330, 363
LoaderManager, classe 330, 360,
    363
LoaderManager.LoaderCall-
    backs, interface 330
    onCreateLoader, método
        365, 374, 381
    onLoaderReset, método 365,
        375, 381
    onLoadFinished, método
        365, 374, 381
lockCanvas, método da classe
    SurfaceHolder 253
Log, classe 119, 152
    e, método 152
logcat, ferramenta 119
LogCat no Android Studio 119
lojas de aplicativos Android 398
    Amazon Appstore 398
    AndroidPIT 398
    Appitalism 398
    GetJar 398
    Moborobo 398
    Opera Mobile Store 398
    SlideMe 398
loop do jogo 221, 244, 253
lucro com anúncios 392

Índice **415**

M
Mac OS X 16
makeText, método da classe Toast **147**
manifest, elemento em AndroidManifest.xml 101
Map, interface
 keySet, método **307**
marketing viral 399, 400
mashup **5**
Master/Detail Flow, template **43**
Material Design **11**, 12, 264
 especificação xxiii
 ícones 127
 ícones vetoriais 178
 paleta de cores 38, 57
 temas Material xxiii
matizes de uma cor 80
max, propriedade de uma SeekBar 88
maxLength propriedade de um EditText 87
MediaStore, classe **175**
MediaStore.Images.Media, classe 175
 insertImage, método **175**
Menu, classe **113**, 144, 193
menu, pasta de um projeto Android **46**, 115, 116
menu de opções **27**, **113**, 167, 168
menu de opções excedentes 167, 168
MenuInflater, classe **144**, 193
 inflate, método **144**
MenuItem, classe
 getItemID, método 193
método **19**
métodos de callback 329
métodos de ciclo de vida 173, 220
métodos de ciclo de vida de Fragment 209
métodos de ciclo de vida de um aplicativo 93
microblog 399, 400
mipmap, pasta de um projeto Android **46**
mipmap 51
modal, caixa de diálogo 118
MODE_PRIVATE constante **306**

MODE_WORLD_READABLE constante **306**
MODE_WORLD_WRITABLE constante **306**
modo de escala 206
modo avião 283
modo imersivo 222, 247, 253, 254
modo paisagem 241
modo teclado virtual
 stateAlwaysHidden 298
monetização de aplicativos 385, 392
monitorar instalações de aplicativo 398
MotionEvent, classe **175**, 202, 220, 251
 getActionIndex, método **203**
 getActionMasked, método **202**
 getPointerCount, método **204**
 getX, método 204
 getY, método 204
moveTo, método da classe Path **203**
moveToFirst, método da classe Cursor **375**, 381
moveToPosition, método da classe Cursor **368**
MP3 player 5
multimídia xxv
MultiSelectListPreference, classe **115**
multitouch 202

N
New String Value Resource, caixa de diálogo 55, 86
nome de classe totalmente qualificado de uma View personalizada em um layout XML 174
nome de domínio usado em um pacote 40
nome de pacote 40
nome de versão 387
notifyDataSetChanged, método **263**, 283, **310**
notifyDataSetChanged, método da classe ArrayAdapter **263**, 283, **310**

NumberFormat, classe **78**, 94, 270
 format, método **97**
numeração de especificadores de formato 124
número de versão de banco de dados 345

O
objeto (ou instância) 20
objeto 18
objeto Intent explícito **119**, 145, 296
objeto Intent implícito **119**, **296**, 311
objeto String.CASE_INSENSITIVE_ORDER Comparator<String> 307
objeto String codificado em URL 311
Oceania 109
ocultação de informações **20**
ocultar o teclado virtual 308
OEM (fabricante de equipamento original) 4
offset, método da classe Rect **236**
ofuscação de código 388
onActivityCreated, método da classe Fragment 226, **363**
onAnimationEnd, método da classe AnimatorListenerAdapter **157**
onAttach, método da classe Fragment **174**, 209, 363, 370, 378
onBindViewHolder, método da classe RecyclerView.Adapter 318, 368
onCreate, método da classe Activity 77, 95, 173
onCreate, método da classe Fragment **114**
onCreate, método da classe SQLiteOpenHelper **345**
onCreate, método de um ContentProvider 347
onCreateDialog, método da classe DialogFragment **159**
onCreateLoader, método da interface

LoaderManager.Loader-Callbacks 365, 374, 381
onCreateOptionsMenu, método da classe Activity 113, 144
onCreateOptionsMenu, método da classe Fragment 114, 193, 379
onCreateView, método da classe Fragment 114, 149, 226
onCreateViewHolder, método da classe RecyclerView.Adapter 318, 368
onDestroy, método da classe Activity 173, 220
onDestroy, método da classe Fragment 220, 227
onDetach, método da classe Fragment 174, 209, 363, 370, 378
onDowngrade, método da classe SQLiteOpenHelper 345
onDraw, método da classe View 201
onLoaderReset, método da interface LoaderManager.LoaderCallbacks 365, 375, 381
onLoadFinished, método da interface LoaderManager.LoaderCallbacks 365, 374, 381
onLongClick, método da interface OnLongClick-Listener 311
OnLongClickListener, interface onLongClick, método 311
OnLongClickListener interface aninhada da classe View 311
onOptionsItemSelected, método da classe Activity 113, 145
onOptionsItemSelected, método da classe Fragment 114, 193, 379
onPause, método da classe Activity 173, 173
onPause, método da classe Fragment 173, 191, 226
onPostExecute, método 277, 282
onPostExecute, método da classe AsyncTask 277, 282
onProgressChanged, método da interface SeekBar.OnSeekBarChangeListener 79

onProgressUpdate, método da classe AsyncTask 277, 282
onRequestPermissionsResult, método da classe Fragment 196
onResume, método da classe Activity 173, 173
onResume, método da classe Fragment 190
OnSeekBarChangeListener, interface 98
onSensorChanged, método 192
onSensorChanged, método da interface SensorEventListener 192
onSizeChanged, método da classe View 200, 241
onStart, método da classe Activity 143, 173
onStop, método da classe Activity 173
onTextChanged, método da interface TextWatcher 79
onTouchEvent, método da classe View 175, 220, 251
OnTouchEvent, método da classe View 202
onUpgrade, método da classe SQLiteOpenHelper 345
OOAD (análise e projeto orientados a objetos) 20
OOP (programação orientada a objetos) 21
opção windowSoftInputMode 298
opções do desenvolvedor 10
Open Handset Alliance 6
openConnection, método da classe HttpURLConnection 277
openPR 402
operações de execução longa 263, 330
operador de câmera virtual 9
operadores de pesquisa (Twitter) 287
ordenação sem diferenciação de maiúsculas e minúsculas 307
org.json, pacote 262
orientação
  paisagem 36, 102
  retrato 36, 102

orientation, propriedade de um LinearLayout 53
orientation, variável de instância da classe Configuration 117
ORIENTATION_LANDSCAPE constante 117
ORIENTATION_PORTRAIT constante 117

P

pacote 14
pacotes
  android.animation 15
  android.app 15, 76, 113, 114, 118, **330**
  android.content.res 15, 115, **117**, **143**
  android.content 15, **115**, 142, 175, **330**, 343
  android.database.sqlite 15, **329**, 348
  android.database 15, **329**
  android.graphics.drawable 15, 155
  android.graphics 15, 175
  android.hardware 15
  android.media 15, 220, 221
  android.net 15, **311**
  android.os 15, 93, 117
  android.preference 15, **113**
  android.provider 15, **329**, 344
  android.support.design. widget **265**
  android.support.v4.app 113, 114
  android.support.v7.app 77, 93
  android.support.v7.widget **296**
  android.text 16, 79, 93
  android.util 16, 119, 239
  android.view.animation 117
  android.view.inputmethod **280**
  android.view 16, 113, 220
  android.widget 16, 78, 81, 94, 117

java.io 155
java.text 78, 94
java.util 120
org.json 262
padding propriedade de uma
   view 87, 87, 88
padrão view–holder 264, 297
página da Deitel no Facebook
   400
pai hierárquico de uma atividade
   163
Paint, classe 175
   estilos 199
   forma preenchida com borda
      199
   forma preenchida sem borda
      199
   linha 199
   setAntiAlias, método 199
   setStrokeCap, método 199,
      214
   setStrokeWidth, método
      199
   setStyle, método 199
paisagem, orientação 36
Palette no editor de layout 48
pares chave–valor associados a
   um aplicativo 114, 295
parse, método da classe Uri 311
pasta de recurso
pastas
   assets 115
   res/drawable 335
   res/raw 220, 223
pastas de recurso
   nomes qualificados 116
   mipmap 51
Path, classe 175
   moveTo, método 203
   quadTo, método 204
   reset, método 203
permissão no Android 6.0 (Marshmallow) 176, 181
   WRITE_EXTERNAL_PERMISSION
      176
personalizar o teclado 339
perspectiva DDMS
   guia LogCat 119
pesquisa no Twitter 287
   operadores 288

Photo Sphere 10
pilha de retrocesso 328, 356,
   357, 358, 359
   desempilhar 356, 357
   empilhar 357
pixels independentes da densidade
   dp 56, 56
pixels independentes de escala
   (sp) 56
plataformas de aplicativo
   Android 399
   iPhone 399
   Windows 399
play, método da classe SoundPool 241
política de licenciamento 388
ponteiro (dedo) em eventos de
   toque 175, 198
ponteiro (para eventos de toque)
   202
popBackStack, método da classe
   FragmentManager 356
postDelayed, método da classe
   Handler 117, 160
PR Leap 402
precificação de seu aplicativo
   390
preço 391
preenchimento de código 46
Preference, classe 115
PreferenceFragment, classe
   113, 115, 161
   addPreferencesFromResource, método 161
PreferenceManager, classe 115,
   141, 142
   setDefaultValues, método
      141, 142
preferências padrão 141
preparado para o futuro 32
Preparing for Release 385
pressionamento longo 291
Preview All Screen Sizes 64,
   138
printBitmap, método da classe
   PrintHelper 206
PrintHelper, classe 206
   printBitmap, método 206
   SCALE_MODE_FILL 206
   SCALE_MODE_FIT 206

PRLog 402
processador de pagamentos 391
processo de projeto 20
programação orientada a objetos
   (OOP) 21
progress, propriedade de uma
   SeekBar 87
ProGuard 388
Project, janela 45
projeto 39
   dependências 298
projeto Android
   res, pasta 46, 54
   values, pasta 55
projeto de interface gráfica do
   usuário 31
   tipo de tela 47
Projeto Volta 12
Properties, janela 45, 52, 55,
   56, 86
PROTECTION_NORMAL permissões
   266
provedor de conteúdo 76
provedor de pagamento móvel
   394
   Boku 394
   PayPal Mobile Libraries 394
   Samsung In-App Purchase 394
<provider>, elemento em AndroidManifest.xml 332
publicar dados em um dispositivo Android 15
publicar uma nova versão de um
   aplicativo 398
putExtra, método da classe Intent 314
putParcelable, método da classe Bundle 357
putString, método da classe
   SharedPreferences.Editor
      310
putStringSet, método da classe
   SharedPreferences.Editor
      146

Q

quadTo, método da classe Path
   204
qualificador de largura de tela
   mínima 116

qualificador de orientação 116
query, método da classe `SQLite-QueryBuilder` **350**
query, método de um `Content-Provider` **348**

R
R, classe **96**
`R.drawable`, classe **96**
`R.id`, classe **96**
`R.layout`, classe **96**
`R.layout.activity_main` constante **96**
`R.string`, classe **96**
raw, pasta de um projeto Android **46**, 115, 116
realce em código xxv, 2
receptor de transmissão por broadcast 76
receptor `SensorEventListener` **192**
Rect, classe
  offset, método **236**
recurso `@string` 55
recurso de aplicativo 15
recurso de dimensão 56, 134
  criação de 56
recurso de lista de cores de estados 126
recurso de `String` contendo vários especificadores de formato 124
recurso de string 55
recursos
  adaptados ao local 68
  convenções de atribuição de nomes de recurso alternativos 68
  de aplicativo **38**, 46
  Lista de verificação para adaptação ao local 71
  padrão 68
  `style` **88**, **331**
recursos de relações públicas na Internet
  ClickPress 402
  eReleases 402
  Marketwired 402
  Mobility PR 402
  Newswire 402

openPR 402
PR Leap 402
PRLog 402
PRWeb 402
`recycle`, método da classe `Bitmap` 200
`RecyclerView`, classe **296**, 307
  `addItemDecoration`, método 307
  formato de um item de lista 302
  `setAdapter`, método 307
  `setLayoutManager`, método 307
`RecyclerView.Adapter`, classe **297**, 307, 332
  `getItemCount`, método 318, 368
  `onBindViewHolder`, método 318, 368
  `onCreateViewHolder`, método 318, 368
  para um `Cursor` 365
`RecyclerView.ItemDecoration`, classe **297**, 307, 332
`RecyclerView.LayoutManager`, classe **297**
`RecyclerView.ViewHolder`, classe **297**
recursos padrão 68
red, método da classe `Color` **209**
rede social 399, 400
redes de anúncio móvel 402
  AdMob 403
  InMobi 403
  Medialets 403
  Millennial Media 403
  mMedia 403
  Smaato 403
  Tapjoy 403
redesenhar uma view 201
`registerListener`, método da classe `SensorManager` 190
`registerOnSharedPreferenceChangeListener`, método da classe `SharedPreferences` **142**
registro 119
registro de desenvolvedor 394
registro de exceções **119**, 152

relações públicas 401
`RelativeLayout` **48**
relato de erros 3
relatório de falha 398
`release`, método da classe `SoundPool` **250**
remover aplicativos da loja 398
renderizar e monitorar texto 16
`replace`, método da classe `FragmentTransaction` **357**
Representational State Transfer (REST) **260**
`requestFocus`, método da classe `View` **308**
`requestPermissions`, método da classe `Fragment` **195**, 196
requisitos **20**
requisitos de sistema operacional xxxi
res, pasta de um projeto Android **46**, 54
res/drawable-mdpi, pasta 335
res/raw, pasta de um projeto Android **220**, 223
`reset`, método da classe `Path` **203**
resolução de tela 50
`resolveActivity`, método da classe `Intent` **119**
Resources, caixa de diálogo 55, 56, 86
Resources, classe **143**
  `getConfiguration`, método **143**, 144
REST (Representational State Transfer) **260**
restringir o número máximo de dígitos em um componente `EditText` 78
retrato, orientação 36
reutilização **19**
revelação circular, animação 156
revelação circular, `Animator` 118
RGB 169
rotate, animação de uma view **128**
`rowCount`, propriedade de um `GridLayout` 83
`Runnable`, interface 117, 247

Índice **419**

runOnUiThread, método da classe Activity **247**
runtime ART 12

S
scale, animação de uma view 128
SCALE_MODE_FILL 206
SCALE_MODE_FIT 206
scaleType, propriedade de uma ImageView 135
Screen Record, ferramenta no Android Studio 390
ScrollView, classe **338**
SDK Android xxi, xxii, xxxi, xxxiii, **2**, 16
   versões e níveis de API 42
SeekBar
   max, propriedade 88
   progress, propriedade 87
SeekBar, classe 74, **78**, 94
SeekBar.OnSeekBarChangeListener, interface 79, 94, 210
   onProgressChanged, método 79
segundo plano
   atividade enviada para 226
selecionador de intenção **293**, 314
Sensor, classe **174**
Sensor.TYPE_ACCELEROMETER constante 190
SensorManager.SENSOR_DELAY_NORMAL constante 190
SENSOR_DELAY_NORMAL constante da classe SensorManager 190
sensores
   aceleração linear 174
   acelerômetro **174**, 192
   campo magnético 174
   giroscópio 174
   gravidade 174
   luz 174
   orientação 174
   pressão 174
   proximidade 174
   temperatura 174
   vetor de rotação 174
SensorEvent, classe **193**
SensorEventListener, interface 192

SensorManager, classe 190
   getDefaultSensor, método **190**
   registerListener, método 190
   unregisterListener, método **191**
serviço 76
serviço de licenciamento **388**
serviços Android para acesso 142
serviços de sistemas operacionais 15
Set, interface **120**
set em uma animação 128
setAdapter, método da classe ListView **279**
setAdapter, método da classe RecyclerView 307
setAntiAlias, método da classe Paint **199**
setArguments, método da classe Fragment **357**
setAudioAttributes, método da classe AudioAttributes.Builder 240
setBackgroundColor, método **210**
setBackgroundColor, método da classe View **210**
setContentView, método da classe Activity **96**
setDefaultValues, método da classe PreferenceManager 141, **142**
setDuration, método da classe Animator **118**
setDuration, método da classe ViewAnimationUtils 157
setHasOptionsMenu, método da classe Fragment 189
setImageBitmap, método da classe View **214**
setImageDrawable, método da classe InputStream **155**
setItems, método da classe AlertDialog.Builder 297, 313
setLayoutManager, método da classe RecyclerView 307

setNotificationUri, método da classe Cursor **350**
setRepeatCount, método da classe Animation 117, 151
setRequestedOrientation, método da classe Activity **143**
setStrokeCap, método da classe Paint 199, **214**
setStrokeWidth, método da classe Paint 199
setStyle, método da classe Paint **199**
setSystemUiVisibility, método da classe View **253**
setTables, método de um SQLiteQueryBuilder 348, **349**
setTag, método da classe View **264**
Setting hardware emulation options 30
setUsage, método da classe AudioAttributes 221, **240**
setVolumeControlStream, método da classe Activity **221**, 226
shape, elemento **335**
SharedPreferences, classe **115**, 295, 305
   edit, método **146**, 309
   getAll, método **307**
   getString, método **311**
   getStringSet, método 146
   registerOnSharedPreferenceChangeListener, método **142**
SharedPreferences.Editor, classe **115**, 146, 296, 309, 310
   apply, método **146**, 310
   commit, método **147**
   putString, método **310**
   putStringSet, método 146
shouldShowRequestPermissionRationale, método da classe Fragment **195**
show, método da classe DialogFragment **159**
show, método da classe FloatingActionButton **308**
showAsAction, atributo de um item de menu 128, 179

showDividers, propriedade de um LinearLayout 336
shuffle, método da classe Collections 120
simple_list_item_1 368
sintaxe em tons diferentes xxv, 2
sistema de construção Gradle 176
sistema operacional 6
site de *Android for Programmers* xxi, xxvi
sites de análise de aplicativo
   Android and Me 401
   Android App Review Source 401
   Android Police 401
   AndroidGuys 401
   AndroidLib 401
   AndroidPIT 401
   Androinica 401
   AppBrain 401
   Appolicious 401
   Appstorm 401
   AppZoom 401
   Best Android Apps Review 401
   Phandroid 401
sites de análise de aplicativo em vídeo
   Appolicious 401
   Crazy Mike's Apps 401
   Life of Android 401
   State of Tech 401
sites de mídia social 399
smoothScrollToPosition, método da classe ListView 283
SMS 293
Snackbar, classe 265, 267, 280
Social API 9
Software Development Kit (SDK) Android xxxii
sons 220
sort, método da classe Collections 307
SoundPool, classe 220, 240
   load, método 241
   play, método 241
   release, método 250
SoundPool.Builder, classe 221, 240

sp (pixels independentes de escala) 56
SQL (Structured Query Language) 329
SQLite 15, 324, 329
SQLiteDatabase, classe 329
   delete, método 354
   execSQL, método 345
   insert, método 351
   update, método 352
SQLiteOpenHelper, classe 329, 344
   getReadableDatabase, método 350
   getWritableDatabase, método 351
   onCreate, método 345
   onDowngrade, método 345
   onUpgrade, método 345
SQLiteQueryBuilder, classe 348
   appendWhere, método 349
   junção 349
   query, método 350
   setTables, método 348, 349
src, propriedade de uma ImageView 53, 62
start, método da classe Animator 118
startActivity, método da classe Context 311
startAnimation, método da classe View 117
stateAlwaysHidden (modo teclado virtual) 298
strings.xml 55
stroke, elemento de um objeto shape 335
Structured Query Language (SQL) 329
style, atributo de um componente de interface gráfica do usuário 331
style, propriedade de um objeto View 339
style, propriedade de uma view 91
style, recurso 331, 339
style, recursos 88
styles.xml 334

subclasse personalizada de View 237
suporte de hardware 15
suporte para caneta eletrônica bluetooth 13
surfaceChanged, método da interface SurfaceHolder.Callback 250
surfaceCreated, método da interface SurfaceHolder.Callback 250
surfaceDestroyed, método da interface SurfaceHolder.Callback 250
SurfaceHolder, classe 221, 240
   addCallback, método 240
   lockCanvas, método 253
SurfaceHolder.Callback interface 221, 240, 250
   surfaceChanged, método 250
   surfaceCreated, método 250
   surfaceDestroyed, método 250
SurfaceView, classe 221, 240
   getHolder, método 240
synchronized 253
SYSTEM_UI_FLAG_IMMERSIVE 254

T

tablet 8
TalkBack 36, **38**, 66, 135
   adaptação ao local 71
   habilitar/desabilitar 66
tamanho da fonte 175
tamanho da tela 50
teclado 5
teclado escuro 74
teclado numérico 74
teclado virtual
   impedir a exibição na inicialização do aplicativo 298
   permanecer na tela 81
   tipos 339
tela multitouch 5
tema 88
templates de Activity 43
templates de aplicativo xxiii

templates de projeto
  Blank Activity 43
  Fullscreen Activity 43
  Master-Detail Application 43
text, propriedade de uma TextView 53, 55, 134
textAppearance, propriedade de uma TextView 84
textColor, propriedade de um objeto Button 137
textColor, propriedade de uma TextView 58
textSize, propriedade de uma TextView 56, 136
textStyle, propriedade de uma TextView 136
TextView
  gravity, propriedade 58, 88
  text, propriedade 53, 55
  textAppearance, propriedade 84
  textColor, propriedade 58
  textSize, propriedade 56
TextView, classe 38, 54, 78, 94
  hint, propriedade 86
  text, propriedade 134
  textSize, propriedade 136
  textStyle, propriedade 136
TextView, componente 49
TextWatcher, interface 79, 93, 307
  onTextChanged, método 79
Theme.AppCompat.Light.DarkActionBar 79, 88
Theme Editor 80
thread (de animação) 221
Thread, classe 252
thread da interface gráfica do usuário 117, 263, 330
thread principal 117
Threadr, classe 221
tipo de dispositivo Android para um projeto 40
tipo de entrada de um componente EditText 84
tipo de tela para o projeto de uma interface gráfica do usuário 47
tipos de teclado 339
tipos MIME 314

Toast, classe 117, 147
  makeText, método 147
tonalidades de uma cor 80
transação financeira 394
translate, animação
  android:duration, atributo 129
  android:fromXDelta, atributo 129
  android:startOffset, atributo 129
  android:toXDelta, atributo 129
translate, animação para uma View 128
tratamento de eventos 76
treinamento da Deitel 404
troca de mensagens de intenção 102, 119
Twitter 5, 293, **400**
  @deitel 400
  hashtag 400
  tweet 400
Twitter Fabric (plataforma para desenvolvimento de aplicativos móveis) 320
TYPE_ACCELEROMETER constante da classe Sensor 190

U

unidade de processamento gráfico (GPU) xxxiii
Uniform Resource Identifier (URI) 311
Uniform Resource Locator (URL) 311
unregisterListener, método da classe SensorManager 191
update, método da classe SQLiteDatabase 352
update, método de um ContentProvider 352
update, método de um ContentResolver 374
URI (Uniform Resource Identifier) 311
Uri, classe 311, 330
  getLastPathSegment, método 349
  parse, método 311

Uri de base de um ContentProvider 342
UriMatcher, classe 346
URL (Uniform Resource Locator) 311
USB debugging 30
useDefaultMargins, propriedade de um GridLayout 83
utilitários 31
utilitários XML 16

V

valores alfa (transparência) 57
valores RGB 57
values, pasta de um projeto Android 47, 55
variável de instância 20
vários especificadores de formato 124
Vector Asset Studio 113, 127, 178
VERSION_SDK_INT 253
Versioning Your Applications 387
versões de Android
  Android 1.5 (Cupcake) 7
  Android 1.6 (Donut) 7
  Android 2.0–2.1 (Eclair) 7
  Android 2.2 (Froyo) 7
  Android 2.3 (Gingerbread) 7
  Android 3.0–3.2 7
  Android 4.0 (Ice Cream Sandwich) 7
  Android 4.1–4.3 7
  Android 4.4 7
  Android 5 7
  Android 6 7
versões de SDK e níveis de API 42
vídeo 15
vídeo viral 400
view (componente da interface gráfica do usuário) 37, 46, 76
View, classe 76, 210, 221
  contentDescription, propriedade 135
  getTag, método 264
  invalidate, método 200
  layout:gravity, propriedade 134
  layout:margin, propriedade 134

layout:weight, propriedade 134
mudanças de tamanho 241
onDraw, método **201**
onSizeChanged, método 200, **241**
onTouchEvent, método 175, 202, **220**, 251
redesenhar uma View 201
requestFocus, método **308**
setImageBitmap, método **214**
setSystemUiVisibility, método **253**
setTag, método **264**
startAnimation, método **117**
subclasse personalizada 237
View.OnClickListener, interface **151**
View.OnLongClickListener, interface 311
View.SYSTEM_UI_FLAG_IMMERSIVE 254
view 76
   componente da interface gráfica do usuário **37**
view personalizada 174
ViewAnimationUtils, classe **118**
   createCircularReveal, método 118, 157
   setDuration, método 157

ViewGroup, classe **338**
views
   ImageView **38**, 49, 60
   TextView **38**, 49, 54
vinculação de dados 263
vinculação de seus aplicativos 397
vincular dados a uma ListView 263
vínculo de aplicativo 13
visualização do projeto no editor de XML do layout 46
volume do áudio **221**

W
WeatherBug 6
web service **259**
   chave de API **260**
   host **259**
   REST **260**
web service
   ativar 282
web services **5**
   Amazon eCommerce 6
   eBay 6
   Facebook 6
   Flickr 6
   Foursquare 6
   Google Maps 6
   Instagram 6

LinkedIn 6
Microsoft Bing 6
Netflix 6
PayPal 6
Salesforce.com 6
Skype 6
Twitter 6
Wikipedia 6
Yahoo Search 6
YouTube 6
Zillow 6
weightSum, propriedade de um LinearLayout 336
Welcome, janela no Android Studio 39
widget 16, 94
Wi-Fi Direct 9
Windows 16
WRITE_EXTERNAL_PERMISSION 176
www.deitel.com/training 404

X
xml, pasta de um projeto Android **46**, 115, 116
XML 49

Y
YouTube 390